상호금융업법

이상복

박영사

머리말

이 책은 신용협동조합법, 농업협동조합법, 수산업협동조합법, 산림조합법, 새마을금고법 5개 법률("상호금융업법")의 주요 내용을 비교 분석하였다. 이 책은 다음과 같이 구성되어 있다. 제1편에서는 상호금융업법의 목적과 성격, 상호금융업법 및 관련 법규, 예탁금에 대한 과세특례 등을 비교 분석하였다. 제2편 조합에서는 상호금융업법과 관련하여 개별법상의 설립, 신용사업 등 주요업무, 진입규제, 조합원, 출자, 지배구조, 사업, 건전성규제 등을 비교 분석하였다. 제3편 중앙회에서는 상호금융업법과 관련하여 개별법상의 설립, 회원, 출자, 지배구조, 사업, 건전성규제 등을 비교 분석하였다. 제4편 감독, 검사 및 제재 등에서는 상호금융업법과 관련하여 개별법상의 내용을 비교 분석하였다.

이 책의 특징을 몇 가지 들면 다음과 같다.

첫째, 상호금융업법이라는 단일 법률이 있는 것은 아니지만 5개의 개별법은 공통점도 많고, 개별 특성을 반영한 차이점도 뚜렷한 점을 고려하여 상세히 비교 분석하였다. 특정 개별법에 관심이 있는 독자는 특정 개별법과 상호금융업법을 함께 공부하면 능률적인 학습이 될 것이다.

둘째, 이해의 편의를 위해 법조문 순서에 구애받지 않고 상호금융업법과 관련하여 개별법, 동법 시행령, 동법 시행규칙, 상호금융업감독규정, 상호금융업감독업무시행세칙상의 주요 내용을 반영하였으며, 새마을금고 감독기준과 동시행세칙 등을 반영하였다.

셋째, 실무에서 많이 이용되는 상호금융업법과 관련하여 개별 조합과 금고의 정관례, 중앙회의 정관, 여수신업무방법 등의 주요 내용을 비교 분석하였다.

이 책을 출간하면서 감사드릴 분들이 많다. 금융감독원 한홍규 국장님과 신협중앙회 이태영 변호사님에게 감사드린다. 한홍규 국장님은 신용협동조합법 등 상호금융업법 실무를 오랫동안 다룬 분으로 바쁜 일정 중에도 초고를 읽고 조언과 논평을 해주었고 교정작업도 도와주었다. 이태영 변호사님은 신협중앙회 사내변호사로 근무하면서 익힌 상호금융업법 관련 실무를 반영할 수 있도록 조언을 해주었고 교정작업도 도와주었다. 박영사의 김선민 이사가 제작 일정을 잡아 적시에 출간이 되도록 해주어 감사드린다. 출판계의 어려움에도 출판을 맡아 준 박영사 안종만 회장님과 안상준 대표님께 감사의 말씀을 드리며, 기획과 마케팅에 애쓰는 최동인 대리의 노고에 감사드린다.

2023년 7월

이 상 복

차 례

제 1 편 서 론

제1장 상호금융업법의 목적과 성격

제2장 다른 협동조합과의 협력 등

제3장 과세특례

제2편 조 합

제1장 설립

제2장 조합원

제3장 출자

제4장 지배구조

제5장 사업

제6장 건전성규제

제7장 구조조정 관련 제도

제3편 중앙회

제1장 설립

제2장 회원

제3장 출자

제4장 지배구조

제5장 사업

제6장 회계

제4편 감독, 검사 및 제재

제1장 감독

제2장 검사(감사)

제3장 제재

제5장 벌칙

제
1
편

서 론

상호금융업법의 목적과 성격

제1절 상호금융업법의 목적

Ⅰ. 신용협동조합법

신용협동조합법("법" 또는 "신협법")은 공동유대를 바탕으로 하는 신용협동조직의 건전한 육성을 통하여 그 구성원의 경제적·사회적 지위를 향상시키고, 지역주민에게 금융편의를 제공함으로써 지역경제의 발전에 이바지함을 목적으로 한다(법1).

Ⅱ. 농업협동조합법

농업협동조합법("법" 또는 "농협법")은 농업인의 자주적인 협동조직을 바탕으로 농업인의 경제적·사회적·문화적 지위를 향상시키고, 농업의 경쟁력 강화를 통하여 농업인의 삶의 질을 높이며, 국민경제의 균형 있는 발전에 이바지함을 목적으로 한다(법1).

Ⅲ. 수산업협동조합법

수산업협동조합법("법" 또는 "수협법")은 어업인과 수산물가공업자의 자주적인 협동조직을 바탕으로 어업인과 수산물가공업자의 경제적·사회적·문화적 지위의 향상과 어업 및 수산물가공업의 경쟁력 강화를 도모함으로써 어업인과 수산물가공업자의 삶의 질을 높이고 국민경제의 균형 있는 발전에 이바지함을 목적으로 한다(법1).

Ⅳ. 산림조합법

산림조합법("법")은 산림소유자와 임업인의 자주적인 협동조직을 통하여 지속 가능한 산림경영을 촉진하고 산림생산력을 증진시키며 그 구성원의 경제적·사회적·문화적 지위향상을 도모함으로써 국민경제의 균형 있는 발전에 이바지함을 목적으로 한다(법1).

Ⅴ. 새마을금고법

새마을금고법("법")은 국민의 자주적인 협동조직을 바탕으로 우리나라 고유의 상부상조 정신에 입각하여 자금의 조성과 이용, 회원의 경제적·사회적·문화적 지위의 향상, 지역사회 개발을 통한 건전한 국민정신의 함양과 국가경제 발전에 이바지함을 목적으로 한다(법1).

제2절 상호금융업법의 성격

Ⅰ. 신용협동조합법

신용협동조합법은 민법에 대하여 특별법적 성격을 갖는다. 또한 신용협동조합법은 행정법적 성격을 갖는다. 즉 조합 및 중앙회에 대한 감독 및 처분에 관한 규정, 행정제재인 과태료에 관한 규정을 두고 있다. 그리고 신용협동조합법은 형사법적 성격을 갖는다. 조합 및 중앙회에 대하여 여러 가지 준수사항과 금지사항을 정해 놓고, 이에 위반한 경우 형벌인 징역형과 벌금형의 제재를 가하는 규정을 두고 있다.

Ⅱ. 농업협동조합법

농업협동조합법은 민법에 대하여 특별법적 성격을 갖는다. 또한 농업협동조합법은 행정법적 성격을 갖는다. 즉 조합 및 중앙회에 대한 감독 및 처분에 관한 규정, 행정제재인 과태료에 관한 규정을 두고 있다. 그리고 농업협동조합법은 형사법적 성격을 갖는다. 즉 조합 및 중앙회에 대하여 여러 가지 준수사항과 금지사항을 정해 놓고, 이에 위반한 경우 형벌인 징역형과 벌금형의 제재를 가하는 규정을 두고 있다.

Ⅲ. 수산업협동조합법

수산업협동조합법은 민법에 대하여 특별법적 성격을 갖는다. 또한 수산업협동조합법은 행정법적 성격을 갖는다. 즉 조합 및 중앙회에 대한 감독 및 처분에 관한 규정, 행정제재인 과태료에 관한 규정을 두고 있다. 그리고 수산업협동조합법은 형사법적 성격을 갖는다. 즉 조합 및 중앙회에 대하여 여러 가지 준수사항과 금지사항을 정해 놓고, 이에 위반한 경우 형벌인 징역형과 벌금형의 제재를 가하는 규정을 두고 있다.

Ⅳ. 산림조합법

산림조합법은 민법에 대하여 특별법적 성격을 갖는다. 또한 산림조합법은 행정법적 성격을 갖는다. 즉 조합 및 중앙회에 대한 감독 및 처분에 관한 규정, 행정제재인 과태료에 관한 규정을 두고 있다. 그리고 산림조합법은 형사법적 성격을 갖는다. 즉 조합 및 중앙회에 대하여 여러 가지 준수사항과 금지사항을 정해 놓고, 이에 위반한 경우 형벌인 징역형과 벌금형의 제재를 가하는 규정을 두고 있다.

Ⅴ. 새마을금고법

새마을금고법은 민법에 대하여 특별법적 성격을 갖는다. 또한 새마을금고법은 행정법적 성격을 갖는다. 즉 금고 및 중앙회에 대한 감독 및 처분에 관한 규정, 그리고 행정제재인 과태료에 관한 규정을 두고 있다. 그리고 새마을금고법은 형사법적 성격을 갖는다. 조합 및 중앙회에 대하여 여러 가지 준수사항과 금지사항을 정해 놓고, 이에 위반한 경우 형벌인 징역형과 벌금형의 제재를 가하는 규정을 두고 있다.

제3절 상호금융업법 및 관련 법규

Ⅰ. 신용협동조합법

1. 법령

신용협동조합법 이외에 신용협동조합과 관련된 법률로는 금융소비자보호법, 금융위원회법, 금융회사지배구조법, 금융실명법, 한국주택금융공사법, 협동조합기본법 등이 있다. 또한 법률 이외에 시행령과 시행규칙이 있다.

(1) 금융소비자보호법

신용협동조합은 금융소비자보호법의 적용을 받는 금융회사에 해당하여 영업행위와 금융소비자 보호 관련 규제를 받는다(금융소비자보호법2(6) 바목, 동법 시행령2⑥(6), 금융소비자 보호에 관한 감독규정2① 마목).

(2) 금융위원회법

신용협동조합 및 그 중앙회는 금융위원회법에 따라 금융감독원의 검사를 받는 기관에 해당한다(금융위원회법38(5)).

(3) 금융회사지배구조법

신용협동조합은 금융회사지배구조법상 금융회사가 아니므로 동법의 적용을 받지 않는다(금융사지배구조법2(1) 참조).

신용협동조합법(금융회사지배구조법2(7), 동법 시행령5(28))은 금융회사지배구조법상 "금융관계법령"에 해당하므로, 개별법에 따라 "벌금 이상의 형을 선고받고 그 집행이 끝나거나(집행이 끝난 것으로 보는 경우를 포함) 집행이 면제된 날부터 5년이 지나지 아니한 사람"은 다른 금융회사의 임원이 될 수 없다(금융회사지배구조법5①(1)). 또한 금융위원회, 금융감독원장 및 개별법에 의한 조치권한을 가진 중앙회로부터 문책경고 또는 감봉요구 이상에 해당하는 조치를 받은 사실이 있는 경우에는 5년간 금융회사의 준법감시인이나 위험관리책임자가 될 수 없다(금융회사지배구조법26①(1)), 동법28③(1)).

(4) 금융실명법

신용협동조합 및 신용협동조합중앙회는 금융실명법상의 금융회사에 해당(금융실명법2(1) 차목)하기 때문에 실지명의(實地名義)에 의한 금융거래를 실시하고 그 비밀을 보장하여 금융거래의 정상화를 꾀함으로써 경제정의를 실현하고 국민경제의 건전한 발전을 도모함을 목적으로 하는 금융실명법의 적용을 받는다.

(5) 한국주택금융공사법

신용협동조합중앙회는 대출채권 유동화 등의 원활화를 위하여 주택저당채권 양수기준에 맞는 경우(대통령령으로 정하는 경우만 해당)에는 주택저당대출을 할 수 있다(한국주택금융공사법66).

(6) 협동조합기본법

협동조합기본법은 "다른 법률에 따라 설립되었거나 설립되는 협동조합에 대하여는 협동조합기본법을 적용하지 아니한다"고 규정하고 있다(협동조합기본법13①). 따라서 신용협동조합법은 협동조합기본법의 적용을 받지 않는다. 다만, 협동조합의 설립 및 육성과 관련되는 다른 법령을 제정하거나 개정하는 경우에는 협동조합기본법의 목적과 원칙에 맞도록 하여야 한다(협동조합기본법13②).

2. 규정

법령 이외에 구체적이고 기술적인 사항을 신속하게 규율하기 위하여 금융위원회 등이 제정한 규정이 적용된다.

(1) 상호금융업감독규정

상호금융업감독규정(금융위원회 고시 제2022-27호)은 신용협동조합 규제의 핵심이 되는 규범이다.

이 규정은 신용협동조합법 및 동법 시행령·시행규칙과 금융위원회법 및 동법 시행령, 기타 관계법령에서 정하는 상호금융의 감독에 관련되는 사항 중 금융위원회 소관사항의 시행에 필요한 사항을 정함을 목적으로 한다(동감독규정1).

상호금융이라 함은 조합이 신용사업과 공제사업을 영위하는 것을 말한다(동규정2(1)). 상호금융의 감독에 관하여 법령이나 금융위원회가 따로 정한 경우를 제외하고는 이 규정이 정하는 바에 따른다(동감독규정3①).

(2) 금융기관 검사 및 제재에 관한 규정

금융기관 검사 및 제재에 관한 규정(금융위원회고시 제2022-8호)은 금융감독원장이 검사를 실시하는 금융기관에 적용되며, 필요한 범위 내에서 금융위원회법 및 금융업관련법에 따라 금융위원회가 검사를 실시하는 금융기관에 준용한다.

또한 관계법령 등에 의하여 금융감독원장이 검사를 위탁받은 기관에 대한 검사 및 그 검사결과 등에 따른 제재조치에 대하여는 관계법령 및 검사를 위탁한 기관이 별도로 정하는 경우를 제외하고는 이 규정을 적용한다(동규정2).

신용협동조합법은 금융업관련법에 해당하므로(동규정3(1) 하목) 금융기관 검사 및 제재에 관한 규정이 준용된다.

3. 자치법규

(1) 의의

신용협동조합은 조합원들이 자신들의 이익을 옹호하기 위하여 자주적으로 결성한 임의단체로서 그 내부 운영에 있어서 조합 정관 및 다수결에 의한 자치가 보장된다.

조합의 자치법규는 정관, 규약, 규정, 세칙, 예규의 순으로 적용된다.

(2) 정관

정관은 법인의 조직과 활동에 관하여 단체 내부에서 자율적으로 정한 자치규범으로서, 대내적으로만 효력을 가질 뿐 대외적으로 제3자를 구속하지는 않는 것이 원칙이고, 그 생성과정 및 효력발생요건에 있어 법규명령과 성질상 차이가 크다.

(3) 표준정관과 표준규정

표준정관이란 조합의 설립 및 운영에 필요한 사항을 규정하여 모든 **조합**에 공통적으로 적용하기 위하여 중앙회가 정하는 정관을 말한다(신협법2(6)). 표준규정이란 조합의 운영에 필요한 세부적인 사항을 규정하여 모든 조합에 공통적으로 적용하기 위하여 중앙회가 정하는 규정을 말한다(신협법2(7)).

정관의 변경은 총회의 결의사항이며(신협법24①(1)), 정관을 변경하였을 때에는 중앙회장의 승인을 받은 후 이를 등기하여야 한다(신협법24② 본문). 다만, 제75조(이사회 결의사항) 제1항 제1호에 따른 중앙회 이사회 결의에 의해 표준정관을 변경하는 경우에는 중앙회장의 승인이 필요하지 아니하다(신협법24② 단서).

Ⅱ. 농업협동조합법

1. 법령

농업협동조합법 이외에 농업협동조합과 관련된 법률로는 신용협동조합법, 금융소비자보호법, 금융위원회법, 금융회사지배구조법, 금융실명법, 협동조합기본법 등이 있다. 또한 법률 이외에 시행령과 시행규칙이 있다.

(1) 신용협동조합법
(가) 신용사업과 신용협동조합 의제

지역농업협동조합과 지역축산업협동조합(신용사업을 하는 품목조합을 포함)이 신용사업(신협법39①(1)) 및 국가 또는 공공단체가 위탁하거나 다른 법령에서 조합의 사업으로 정하는 사업(신협법39①(6))을 하는 경우에는 신용협동조합법에 따른 신용협동조합으로 본다(신협법95①(1)).

이 경우 신용협동조합중앙회의 사업(농업협동조합중앙회의 경우에는 조합 및 조합원을 위한 공제사업은 제외)은 농업협동조합중앙회가 각각 수행한다(신협법95②).

(나) 사업의 구분

지역농업협동조합과 지역축산업협동조합(신용사업을 하는 품목조합을 포함) 및 농업협동조합중앙회가 신용협동조합 사업을 하는 경우에는 다른 사업과 구분하여야 한다(신협법95③).

(다) 조합 및 중앙회의 사업과 신용협동조합법 적용 규정

지역농업협동조합과 지역축산업협동조합(신용사업을 하는 품목조합을 포함) 및 농업협동조합중앙회의 사업에 관하여는 신용협동조합법 제6조(다른 법률과의 관계) 제3항·제4항, 제39조(사업의 종류 등) 제1항 제1호(신용사업)·제6호(국가 또는 공공단체가 위탁하거나 다른 법령에서 조합의 사업으로 정하는 사업), 제42조(동일인에 대한 대출등의 한도), 제43조(상환준비금), 제45조(부동산의 소유 제한), 제45조의3(금리인하 요구), 제78조(사업의 종류 등) 제1항 제3호(조합의 신용사업에 대한 검사·감독만 해당)·제5호(신용사업), 제78조(사업의 종류 등) 제6항, 제79조의2(금리인하 요구의 준용), 제83조(금융위원회의 감독 등), 제83조의2(경영공시), 제83조의3(경영건전성 기준), 제84조(임직원에 대한 행정처분), 제89조(중앙회의 지도·감독) 제3항, 제96조(권한의 위탁), 제101조(과태료) 제1항 제1호의38) 및 같은 조 제3항이 적용되고, 동 규정을 제외하고는 신용협동조합법을 적용하지 아니한다(신협법95④).

(2) 금융소비자보호법

농업협동조합 및 농업협동조합중앙회는 금융소비자보호법의 적용을 받는 금융회사에 해당하지 아니하므로 금융소비자보호법의 적용을 받지 않는다(명문규정 없음). 그러나 농협은행(금융소비자보호법2(6) 바목, 동법 시행령2⑥(6), 금융소비자보호에 관한 감독규정2① 나목)은 금융소비자보호법의 적용을 받는다.

(3) 금융위원회법

농협은행(금융위원회법38(7))은 금융위원회법에 따라 금융감독원의 감독·검사를 받는 기관에 해당한다.

(4) 금융회사지배구조법

농업협동조합은 금융회사지배구조법상 금융회사가 아니므로 동법의 적용을 받지 않는다(금융사지배구조법2(1)).

농협은행(금융사지배구조법2(1) 사목, 동법 시행령2(3))은 금융회사지배구조법상 금융회사에 해당하므로 동법의 적용을 받는다.

농업협동조합법(금융회사지배구조법2(7), 동법 시행령5(11))은 금융회사지배구조법상 "금융관계법령"에 해당하므로, 개별법에 따라 "벌금 이상의 형을 선고받고 그 집행이 끝나거나(집행이 끝난 것으로 보는 경우를 포함) 집행이 면제된 날부터 5년이 지나지 아니한 사람"은 다른 금융회사의 임원이 될 수 없다(금융회사지배구조법5①(1)). 또한, 금융위원회, 금융감독원장 및 개별법에 의한 조치권한을 가진 중앙회로부터 문책경고 또는 감봉요구 이상에 해당하는 조치를 받은 사실이 있는 경우에는 5년간 금융회사의 준법감시인이나 위험관리책임자가 될 수 없다(금융회사지배구조법26①(1)), 동법28③(1)).

(5) 금융실명법

농업협동조합과 그 중앙회 및 농협은행은 금융실명상의 금융회사에 해당(금융실명법2(1) 아목)하기 때문에 실지명의(實地名義)에 의한 금융거래를 실시하고 그 비밀을 보장하여 금융거래의 정상화를 꾀함으로써 경제정의를 실현하고 국민경제의 건전한 발전을 도모함을 목적으로 하는 금융실명법의 적용을 받는다.

(6) 협동조합기본법

협동조합기본법은 "다른 법률에 따라 설립되었거나 설립되는 협동조합에 대하여는 협동조합기본법을 적용하지 아니한다"고 규정하고 있다(협동조합기본법13①). 따라서 농업협동조합법에 의하여 설립된 농업협동조합은 협동조합기본법의 적용을 받지 않는다. 다만, 협동조합의 설립 및 육성과 관련되는 다른 법령을 제정하거나 개정하는 경우에는 이 법의 목적과 원칙에 맞도록 하여야 한다(협동조합기본법13②).

2. 규정

법령 이외에 구체적이고 기술적인 사항을 신속하게 규율하기 위하여 금융위원회 등이 제정한 규정이 적용된다.

(1) 상호금융업감독규정

상호금융업감독규정(금융위원회 고시 제2022-49호)은 상호금융의 감독에 관한 세부사항을 정하고 있으며, 신용협동조합뿐만 아니라 농업협동조합[농업협동조합법에 의하여 설립된 지역농업협동조합과 지역축산업협동조합(신용사업을 실시하는 품목조합을 포함)]에 적용된다(동감독규정3②).

(2) 금융기관 검사 및 제재에 관한 규정

금융기관 검사 및 제재에 관한 규정(금융위원회고시 제2022-8호)은 금융감독원장이 검사를 실시하는 금융기관에 적용되며, 필요한 범위 내에서 금융위원회법 및 금융업관련법에 따라 금융위원회가 검사를 실시하는 금융기관에 준용한다. 또한 관계법령 등에 의하여 금융감독원장이 검사를 위탁받은 기관에 대한 검사 및 그 검사결과 등에 따른 제재조치에 대하여는 관계법령 및 검사를 위탁한 기관이 별도로 정하는 경우를 제외하고는 이 규정을 적용한다(동규정2).

농업협동조합법(동규정3(1) 거목)은 금융업관련법에 해당하므로, 금융기관 검사 및 제재에 관한 규정이 준용된다.

(3) 농업협동조합법에 따른 조합등과 중앙회 감독규정

「농업협동조합법에 따른 조합등과 중앙회 감독규정」(농림축산식품부 고시 제2016-24호)은 농업협동조합법에 따라 설립된 지역농업협동조합, 지역축산업협동조합, 품목별·업종별협동조합("일선조합")과 농업협동조합중앙회("중앙회")에 적용한다(동규정2①). 조합공동사업법인과 품목조합연합회에 관하여는 농림축산식품부장관이 별도로 정한 지침이 있는 경우를 제외하고는 이 고시에서 정한 일선조합에 관한 조항을 준용한다(동규정2②). 이 고시에서 감독기관이란 농림축산식품부와 중앙회를 말한다(동규정3①).

3. 자치법규

(1) 의의

농업협동조합은 조합원들이 자신들의 이익을 옹호하기 위하여 자주적으로 결성한 임의단체로서 그 내부 운영에 있어서 조합 정관 및 다수결에 의한 자치가 보장된다.

조합의 자치법규는 정관, 규약, 규정, 세칙, 예규의 순으로 적용된다.

(2) 정관

정관은 법인의 조직과 활동에 관하여 단체 내부에서 자율적으로 정한 자치규범으로서, 대내적으로만 효력을 가질 뿐 대외적으로 제3자를 구속하지는 않는 것이 원칙이고, 그 생성과정 및 효력발생요건에 있어 법규명령과 성질상 차이가 크다.

정관의 변경은 총회의 결의사항이며(농협법35①(1)), 정관의 변경은 농림축산식품부장관의 인가를 받지 아니하면 효력을 발생하지 아니한다(농협법35② 본문). 다만, 정관의 변경을 농림축산식품부장관이 정하여 고시한 정관례에 따라 변경하는 경우에는 그러하지 아니하다(농협법35② 단서).

(3) 정관례

정관례는 주무부처의 장관이 협동조합 관련법에 근거하여 작성·고시한 모범 정관안을 말한다. 정관례는 행정법규이며, 정관은 아니다. 협동조합은 정관례를 참고하여 조합의 정관(안)을 작성한 후 총회에서 의결하여 정관을 제개정하게 된다.

Ⅲ. 수산업협동조합법

1. 법령

수산업협동조합법 이외에 수산업협동조합과 관련된 법률로는 신용협동조합법, 금융소비자보호법, 금융위원회법, 금융회사지배구조법, 금융실명법, 협동조합기본법 등이 있다. 또한 법률 이외에 시행령과 시행규칙이 있다.

(1) 신용협동조합법
(가) 신용사업과 신용협동조합 의제

지구별수협(법률 제4820호 수산업협동조합법중개정법률 부칙 제5조에 따라 신용사업을 하는 조합을 포함)이 신용사업(신협법39①(1))을 하는 경우에는 신용협동조합법에 따른 신용협동조합으로 본다(신협법95①(1)).

이 경우 신용협동조합중앙회의 사업은 수산업협동조합중앙회가 각각 수행한다(신협법95②).

(나) 사업의 구분

지구별수협과 수산업협동조합중앙회가 신용협동조합 사업을 하는 경우에는 다른 사업과 구분하여야 한다(신협법95③).

(다) 조합 및 중앙회의 사업과 신용협동조합법 적용 규정

지구별수협과 수산업협동조합중앙회의 사업에 관하여는 신용협동조합법 제6조(다른 법률과의 관계) 제3항·제4항, 제39조(사업의 종류 등) 제1항 제1호(신용사업)·제6호(국가 또는 공공단체가 위탁하거나 다른 법령에서 조합의 사업으로 정하는 사업), 제42조(동일인에 대한 대출등의 한도), 제43조(상환준비금), 제45조(부동산의 소유 제한), 제45조의3(금리인하 요구), 제78조(사업의 종류 등) 제1항 제3호(조합의 신용사업에 대한 검사·감독만 해당)·제5호(신용사업), 제78조(사업의 종류 등) 제6항, 제79조의2(금리인하 요구의 준용), 제83조(금융위원회의 감독 등), 제83조의2(경영공시), 제83조의3(경영건전성 기준), 제84조(임직원에 대한 행정처분), 제89조(중앙회의 지도·감독) 제3항, 제96조(권한의 위탁), 제101조(과태료) 제1항 제1호의3 및 같은 조 제3항을 제외하고는 신용협동조합법을 적용하지 아니한다(신협법95④).

(2) 금융소비자보호법

수산업협동조합은 금융소비자보호법의 적용을 받지 않는다(명문규정 없음). 수협은행은 금융소비자보호법의 적용을 받는다(금융소비자보호법2(6) 바목, 동법 시행령2⑥(6), 금융소비자 보호에 관한 감독규정2① 라목).

(3) 금융위원회법

수협은행은 금융위원회법에 따라 금융감독원의 감독·검사를 받는 기관에 해당한다(금융위원회법38(8)).

(4) 금융회사지배구조법

수협은행은 금융회사지배구조법상 금융회사에 해당한다(금융사지배구조법 2(1) 사목, 동법 시행령2(3)).

수산업협동조합법은 금융회사지배구조법상 "금융관계법령"에 해당하므로 (금융회사지배구조법2(7), 동법 시행령5(25)), 개별법에 따라 "벌금 이상의 형을 선고받고 그 집행이 끝나거나(집행이 끝난 것으로 보는 경우를 포함) 집행이 면제된 날부터 5년이 지나지 아니한 사람"은 다른 금융회사의 임원이 될 수 없다(금융회사지배구조법5①(1)). 또한, 금융위원회, 금융감독원장, 개별법에 의한 중앙회로부터 문책경고 또는 감봉요구 이상에 해당하는 조치를 받은 사실이 있는 경우에는 5년간 금융회사의 준법감시인이나 위험관리책임자가 될 수 없다(금융회사지배구조법26①(1)), 동법28③(1)).

(5) 금융실명법

수산업협동조합과 그 중앙회 및 수협은행은 금융실명상의 금융회사에 해당 (금융실명법2(1) 자목)하기 때문에 실지명의(實地名義)에 의한 금융거래를 실시하고 그 비밀을 보장하여 금융거래의 정상화를 꾀함으로써 경제정의를 실현하고 국민경제의 건전한 발전을 도모함을 목적으로 하는 금융실명법의 적용을 받는다.

(6) 협동조합기본법

협동조합기본법은 "다른 법률에 따라 설립되었거나 설립되는 협동조합에 대하여는 협동조합기본법을 적용하지 아니한다"고 규정하고 있다(협동조합기본법13①). 따라서 수산업협동조합법에 의하여 설립된 수협은 협동조합기본법의 적용을 받지 않는다. 다만, 협동조합의 설립 및 육성과 관련되는 다른 법령을 제정하거나 개정하는 경우에는 협동조합기본법의 목적과 원칙에 맞도록 하여야 한다(협동조합기본법13②).

2. 규정

법령 이외에 구체적이고 기술적인 사항을 신속하게 규율하기 위하여 금융위원회 등이 제정한 규정이 적용된다.

(1) 상호금융업감독규정

상호금융업감독규정(금융위원회 고시 제2022-49호)은 상호금융의 감독에 관한 세부사항을 정하고 있으며, 신용협동조합뿐만 아니라 수산업협동조합(수산업협동조합법에 의하여 설립된 지구별수협(법률 제4820호 수산업협동조합법중 개정법률 부칙 제5조의 규정에 의하여 신용사업을 실시하는 조합을 포함))에도 적용된다(상호금융업감독규정3②).

(2) 금융기관 검사 및 제재에 관한 규정

금융기관 검사 및 제재에 관한 규정(금융위원회고시 제2022-8호)은 금융감독원장이 검사를 실시하는 금융기관에 적용되며, 필요한 범위 내에서 금융위원회법 및 금융업관련법에 따라 금융위원회가 검사를 실시하는 금융기관에 준용한다. 또한 관계법령 등에 의하여 금융감독원장이 검사를 위탁받은 기관에 대한 검사 및 그 검사결과 등에 따른 제재조치에 대하여는 관계법령 및 검사를 위탁한 기관이 별도로 정하는 경우를 제외하고는 이 규정을 적용한다(동규정2).

수산업협동조합법(동규정3(1) 너목)은 금융업관련법에 해당하므로, 동 규정이 준용된다.

(3) 수산업협동조합법에 따른 조합등과 중앙회 감독규정

수산업협동조합법에 따른 조합등과 중앙회 감독규정(해양수산부 고시 제2019-211호)은 수산업협동조합법에 따라 설립된 지구별·업종별·수산물가공협동조합("조합")과 수산업협동조합중앙회("중앙회")에 적용한다(동규정2①). 조합공동사업법인과 수산업협동조합협의회("조합협의회")에 관하여는 해양수산부장관이 별도로 정한 지침이 있는 경우를 제외하고는 이 고시에서 정한 조합에 관한 조항을 준용한다(동규정2②).

이 고시에서 감독기관이란 해양수산부와 중앙회를 말한다(동규정3①).

3. 자치법규

(1) 의의

수산업협동조합은 조합원들이 자신들의 이익을 옹호하기 위하여 자주적으로 결성한 임의단체로서 그 내부 운영에 있어서 조합 정관 및 다수결에 의한 자치가 보장된다.

조합의 자치법규는 정관, 규약, 규정, 세칙, 예규의 순으로 적용된다.

(2) 정관

정관은 법인의 조직과 활동에 관하여 단체 내부에서 자율적으로 정한 자치규범으로서, 대내적으로만 효력을 가질 뿐 대외적으로 제3자를 구속하지는 않는 것이 원칙이고, 그 생성과정 및 효력발생요건에 있어 법규명령과 성질상 차이가 크다.

(3) 정관례

정관례는 주무부처의 장관이 협동조합 관련법에 근거하여 작성·고시한 모범 정관안을 말한다. 정관례는 행정법규이며, 정관은 아니다. 협동조합은 정관례를 참고하여 조합의 정관(안)을 작성한 후 총회에서 의결하여 정관을 제·개정하게 된다.

Ⅳ. 산림조합법

1. 법령

산림조합법 이외에 산림조합과 관련된 법률로는 신용협동조합법, 금융소비자보호법, 금융위원회법, 금융회사지배구조법, 금융실명법, 협동조합기본법 등이 있다. 또한 법률 이외에 시행령과 시행규칙이 있다.

(1) 신용협동조합법

(가) 신용사업과 신용협동조합 의제

산림조합이 신용사업(신협법39①(1)) 및 국가 또는 공공단체가 위탁하거나 다른 법령에서 조합의 사업으로 정하는 사업(신협법39①(6))을 하는 경우에는 신용협동조합법에 따른 신용협동조합으로 본다(신용협동조합법95①(3)).

이 경우 산림조합중앙회의 사업은 산림조합중앙회가 수행한다(신협법95②).

(나) 사업의 구분

산림조합 및 산림조합중앙회가 신용협동조합 사업을 하는 경우에는 다른 사업과 구분하여야 한다(신협법95③).

(다) 조합 및 중앙회의 사업과 신용협동조합법 적용 규정

산림조합 및 산림조합중앙회의 사업에 관하여는 신용협동조합법 제6조(다른 법률과의 관계) 제3항·제4항, 제39조(사업의 종류 등) 제1항 제1호(신용사업)·제6호(국가 또는 공공단체가 위탁하거나 다른 법령에서 조합의 사업으로 정하는 사업), 제42조(동일인에 대한 대출등의 한도), 제43조(상환준비금), 제45조(부동산의 소유 제한), 제45조의3(금리인하 요구), 제78조(사업의 종류 등) 제1항 제3호(조합의 신용사업에 대한 검사·감독만 해당)·제5호(신용사업), 제78조(사업의 종류 등) 제6항, 제79조의2(금리인하 요구의 준용), 제83조(금융위원회의 감독 등), 제83조의2(경영공시), 제83조의3(경영건전성 기준), 제84조(임직원에 대한 행정처분), 제89조(중앙회의 지도·감독) 제3항, 제96조(권한의 위탁), 제101조(과태료) 제1항 제1호의3 및 같은 조 제3항을 제외하고는 신용협동조합법을 적용하지 아니한다(신협법95④).

(2) 금융소비자보호법

산림조합은 금융소비자보호법상 금융회사에 해당하지 않으므로 금융소비자보호법의 적용을 받지 않는다(명문규정 없음).

(3) 금융위원회법

산림조합은 금융위원회법에 따라 금융감독원의 검사를 받는 기관이 아니므로 동법이 적용되지 않는다(금융위원회법 제38조 참조).

(4) 금융회사지배구조법

산림조합은 금융회사지배구조법상 금융회사가 아니므로 동법의 적용을 받지 않는다.

(5) 금융실명법

산림조합과 그 중앙회는 금융실명상의 금융회사에 해당(금융실명법2(1) 하목, 동법 시행령2(7))하기 때문에 실지명의(實地名義)에 의한 금융거래를 실시하고 그 비밀을 보장하여 금융거래의 정상화를 꾀함으로써 경제정의를 실현하고 국민경제의 건전한 발전을 도모함을 목적으로 하는 금융실명법의 적용을 받는다.

(6) 협동조합기본법

협동조합기본법은 "다른 법률에 따라 설립되었거나 설립되는 협동조합에 대하여는 협동조합기본법을 적용하지 아니한다"고 규정하고 있다(협동조합기본법13①). 따라서 산림조합법에 의하여 설립된 산림조합은 협동조합기본법의 적용을 받지 않는다. 다만, 협동조합의 설립 및 육성과 관련되는 다른 법령을 제정하거나 개정하는 경우에는 협동조합기본법의 목적과 원칙에 맞도록 하여야 한다(협동조합기본법13②).

2. 규정

법령 이외에 구체적이고 기술적인 사항을 신속하게 규율하기 위하여 금융위원회 등이 제정한 규정이 적용된다.

(1) 상호금융업감독규정

상호금융업감독규정(금융위원회 고시 제2022-27호)은 협동조합의 건전성 규제 등 감독과 관련된 세부사항을 정하고 있으며, 산림조합에도 적용된다(동규정3②).

(2) 금융기관 검사 및 제재에 관한 규정

금융기관 검사 및 제재에 관한 규정(금융위원회고시 제2022-8호)은 금융감독원장이 검사를 실시하는 금융기관에 적용되며, 필요한 범위 내에서 금융위원회법 및 금융업관련법에 따라 금융위원회가 검사를 실시하는 금융기관에 준용한다.

또한 관계법령 등에 의하여 금융감독원장이 검사를 위탁받은 기관에 대한 검사 및 그 검사결과 등에 따른 제재조치에 대하여는 관계법령 및 검사를 위탁한 기관이 별도로 정하는 경우를 제외하고는 이 규정을 적용한다(동규정 제2조).

산림조합법(동규정3(1) 더목)은 금융업관련법에 해당하므로, 동 규정이 준용된다.

3. 자치법규

(1) 의의

산림조합은 조합원들이 자신들의 이익을 옹호하기 위하여 자주적으로 결성한 임의단체로서 그 내부 운영에 있어서 조합 정관 및 다수결에 의한 자치가 보장된다.

조합의 자치법규는 정관, 규약, 규정, 세칙, 예규의 순으로 적용된다.

(2) 정관

정관은 법인의 조직과 활동에 관하여 단체 내부에서 자율적으로 정한 자치규범으로서, 대내적으로만 효력을 가질 뿐 대외적으로 제3자를 구속하지는 않는 것이 원칙이고, 그 생성과정 및 효력발생요건에 있어 법규명령과 성질상 차이가 크다.

(3) 정관례

정관례는 주무부처의 장관이 협동조합 관련법에 근거하여 작성·고시한 모범 정관안을 말한다. 정관례는 행정법규이며, 정관은 아니다. 협동조합은 정관례를 참고하여 조합의 정관(안)을 작성한 후 총회에서 의결하여 정관을 제개정하게 된다.

산림청장은 조합의 정관례를 정할 수 있다(산림조합법16 전단). 이 경우 신용사업부문에 관하여는 금융위원회와 합의하여야 한다(산림조합법16 후단).

Ⅴ. 새마을금고법

1. 법령

새마을금고법 이외에 새마을금고와 관련된 법률로는 금융소비자보호법, 금융위원회법, 금융회사지배구조법, 협동조합기본법 등이 있다. 또한 법률 이외에 시행령과 시행규칙이 있다.

(1) 금융소비자보호법

새마을금고는 금융소비자보호법 및 시행령상 금융회사에 해당하지 않으므로 동법의 적용을 받지 않는다.

(2) 금융위원회법

새마을금고는 금융위원회법에 따라 금융감독원의 검사를 받는 기관이 아니므로 동법이 적용되지 않는다(금융위원회법 제38조 참조). 다만, 행정안전부장관은 금고 또는 중앙회를 검사하기 위하여 필요한 경우에는 금융감독원장에게 지원요청을 할 수 있고(새마을금고법74④), 이 경우 금융감독원장은 검사대상기관에 대하여 업무 또는 재산에 관한 보고, 자료의 제출, 관계자의 출석 및 진술을 요구할 수 있다(금융위원회법40①).

(3) 금융회사지배구조법

새마을금고는 금융회사지배구조법상 금융회사가 아니므로 동법의 적용을 받지 않는다(금융사지배구조법2(1) 참조).

새마을금고법(금융회사지배구조법2(7), 동법 시행령5(22))은 금융회사지배구조법상 "금융관계법령"에 해당하므로, 개별법에 따라 "벌금 이상의 형을 선고받고 그 집행이 끝나거나(집행이 끝난 것으로 보는 경우를 포함) 집행이 면제된 날부터 5년이 지나지 아니한 사람"은 다른 금융회사의 임원이 될 수 없다(금융회사지배구조법5①(1)). 또한 금융위원회, 금융감독원장 및 개별법에 의한 조치권한을 가진 중앙회로부터 문책경고 또는 감봉요구 이상에 해당하는 조치를 받은 사실이 있는 경우에는 5년간 금융회사의 준법감시인이나 위험관리책임자가 될 수 없다(금융회사지배구조법26①(1)), 동법28③(1)).

(4) 금융실명법

새마을금고법에 따른 금고 및 중앙회는 금융실명법상의 금융회사에 해당(금융실명법2(1) 카목)하기 때문에 실지명의(實地名義)에 의한 금융거래를 실시하고 그 비밀을 보장하여 금융거래의 정상화를 꾀함으로써 경제정의를 실현하고 국민경제의 건전한 발전을 도모함을 목적으로 하는 금융실명법의 적용을 받는다.

(5) 협동조합기본법

협동조합기본법은 "다른 법률에 따라 설립되었거나 설립되는 협동조합에 대하여는 협동조합기본법을 적용하지 아니한다"고 규정하고 있다(협동조합기본법13①). 따라서 새마을금고법은 협동조합기본법의 적용을 받지 않는다. 다만, 협동조합의 설립 및 육성과 관련되는 다른 법령을 제정하거나 개정하는 경우에는 협동조합기본법의 목적과 원칙에 맞도록 하여야 한다(협동조합기본법13②).

2. 규정

법령 이외에 구체적이고 기술적인 사항을 신속하게 규율하기 위하여 행정안전부 등이 제정한 규정이 적용된다.

(1) 상호금융업감독규정

새마을금고의 건전성 감독은 금융위원회 소관 사항이 아니므로 동규정의 적용을 받지 않는다.

(2) 금융기관 검사 및 제재에 관한 규정

금융기관 검사 및 제재에 관한 규정(금융위원회고시 제2022-8호)은 금융감독원장이 검사를 실시하는 금융기관에 적용되며, 필요한 범위 내에서 금융위원회법 및 금융업관련법에 따라 금융위원회가 검사를 실시하는 금융기관에 준용한다. 또한 관계법령 등에 의하여 금융감독원장이 검사를 위탁받은 기관에 대한 검사 및 그 검사결과 등에 따른 제재조치에 대하여는 관계법령 및 검사를 위탁한 기관이 별도로 정하는 경우를 제외하고는 이 규정을 적용한다(동규정 제2조).

새마을금고법은 금융업관련법에 해당하지 아니하므로 동규정이 준용되지 않는다.

(3) 새마을금고 감독기준

새마을금고 감독기준(행정안전부 고시 제2019-79호)은 "새마을금고법 및 같은 법 시행령이 정하고 있는 새마을금고("금고") 및 새마을금고중앙회("중앙회")의 감독에 관련되는 사항 중 행정안전부장관("장관") 소관사항의 시행에 필요한 사항을 정함을 목적"으로 제정되었다.

금고 및 중앙회의 감독에 관하여 법령이나 장관이 따로 정하고 있는 경우를 제외하고는 이 기준에 의한다(동규정2).

(4) 새마을금고 검사규정

새마을금고는 새마을금고법 제79조 제3항의 규정에 의하여 새마을금고중앙회 직원이 새마을금고의 재산과 업무집행상황을 검사한다. 따라서 새마을금고중앙회는 새마을금고 검사규정 및 동규정 시행세칙을 제정하여 시행하고 있다.

3. 자치법규

(1) 의의

새마을금고는 회원들이 자신들의 이익을 옹호하기 위하여 자주적으로 결성한 임의단체로서 그 내부 운영에 있어서 금고 정관 및 다수결에 의한 자치가 보장된다.

조합의 자치법규는 정관, 규약, 규정, 세칙, 예규의 순으로 적용된다.

(2) 정관

정관은 법인의 조직과 활동에 관하여 단체 내부에서 자율적으로 정한 자치규범으로서, 대내적으로만 효력을 가질 뿐 대외적으로 제3자를 구속하지는 않는 것이 원칙이고, 그 생성과정 및 효력발생요건에 있어 법규명령과 성질상 차이가 크다.

다른 협동조합과의 협력 등

제1절 다른 협동조합과의 협력

Ⅰ. 신용협동조합법

중앙회는 조합의 발전을 위하여 다른 법률에 따른 협동조합 간의 상호협력, 이익증진, 공동사업개발 등을 위하여 노력하여야 한다(법5①). 중앙회는 앞의 목적을 달성하기 위하여 필요하면 다른 법률에 따른 협동조합과 협의회를 구성·운영할 수 있다(법5②).

Ⅱ. 농업협동조합법

조합등(조합, 조합공동사업법인, 품목조합연합회), 중앙회, 농협경제지주회사 및 그 자회사는 다른 조합, 조합공동사업법인, 품목조합연합회, 다른 법률에 따른 협동조합 및 외국의 협동조합과의 상호협력, 이해증진 및 공동사업 개발 등을 위하여 노력하여야 한다(법10).

Ⅲ. 수산업협동조합법

조합등과 중앙회는 조합등 간, 조합등과 중앙회 간 또는 다른 법률에 따른 협동조합 및 외국의 협동조합과의 상호협력·이해증진 및 공동사업 개발 등을 위하여 노력하여야 한다(법10).

Ⅳ. 산림조합법

조합등과 중앙회는 다른 조합, 조합공동사업법인, 다른 법률에 따른 협동조합 및 외국의 협동조합과의 상호협력, 이해증진 및 공동사업개발 등을 위하여 노력하여야 한다(법10).

Ⅴ. 새마을금고법

금고와 중앙회는 다른 법률에 따른 협동조합 및 외국의 협동조합과의 상호협력을 위하여 노력하여야 한다(법4).

제2절 정부의 협력 등

Ⅰ. 신용협동조합법

1. 정부의 지원과 시설 제공

정부는 조합을 육성하기 위하여 조합과 중앙회의 사업에 필요한 지원을 하여야 하며, 국가 또는 공공단체의 시설을 조합과 중앙회가 우선적으로 이용할 수 있도록 제공하여야 한다(법92①).

2. 정부 또는 지방자치단체의 보조금 지급

정부 또는 지방자치단체는 예산의 범위에서 조합과 중앙회의 사업에 필요한 보조금을 지급할 수 있다(법92②).

Ⅱ. 농업협동조합법

1. 자율성 존중

국가와 공공단체는 조합등(조합, 조합공동사업법인, 품목조합연합회)과 중앙회의 자율성을 침해하여서는 아니 된다(법9①).

2. 경비 보조 또는 융자 제공

국가와 공공단체는 조합등(조합, 조합공동사업법인, 품목조합연합회)과 중앙회의 사업에 대하여 적극적으로 협력하여야 한다(법9② 전단). 이 경우 국가나 공공단체는 필요한 경비를 보조하거나 융자할 수 있다(법9② 후단).

3. 중앙회 회장의 의견 제출 및 반영

중앙회의 회장은 조합등(조합, 조합공동사업법인, 품목조합연합회)과 중앙회의 발전을 위하여 필요한 사항에 관하여 국가와 공공단체에 의견을 제출할 수 있다(법9③ 전단). 이 경우 국가와 공공단체는 그 의견이 반영되도록 최대한 노력하여야 한다(법9③ 후단).

Ⅲ. 수산업협동조합법

1. 경비 보조 또는 융자 제공

국가와 공공단체는 조합등과 중앙회의 사업에 적극적으로 협력하여야 한다(법9① 전단). 이 경우 국가와 공공단체는 조합등과 중앙회의 사업에 필요한 경비를 보조하거나 융자할 수 있다(법9① 후단).

2. 자율성 존중

국가와 공공단체는 조합등과 중앙회의 자율성을 침해하여서는 아니 된다(법9②).

3. 중앙회 회장의 의견 제출 및 반영

중앙회의 회장은 조합등과 중앙회의 발전을 위하여 필요한 사항에 관하여 국가와 공공단체에 의견을 제출할 수 있다(법9③ 전단). 이 경우 국가와 공공단체는 그 의견이 반영되도록 노력하여야 한다(법9③ 후단).

Ⅳ. 산림조합법

1. 자율성 존중

국가와 공공단체는 조합등과 중앙회의 자율성을 침해하여서는 아니 된다(법9①).

2. 경비 보조 또는 융자 제공

국가와 공공단체는 조합등과 중앙회의 사업에 적극적으로 협력하여야 한다(법9② 전단). 이 경우 국가 또는 공공단체는 필요한 경비를 보조하거나 융자할 수 있다(법9② 후단).

3. 중앙회 회장의 의견 제출 및 반영

중앙회의 회장은 조합등과 중앙회의 발전을 위하여 필요한 사항에 관하여 국가와 공공단체에 의견을 제출할 수 있다(법9③ 전단). 이 경우 국가와 공공단체는 그 의견이 반영되도록 최대한 노력하여야 한다(법9③ 후단).

V. 새마을금고법

1. 사업 지원과 국공유재산 우선 대여 등

국가나 지방자치단체는 금고나 중앙회가 행하는 사업의 육성을 위하여 필요한 지원을 하여야 하며, 국공유재산을 금고나 중앙회가 필요로 하는 경우에는 우선적으로 대여하거나 사용·수익하게 할 수 있다(법3①).

2. 보조금 지급

국가나 지방자치단체는 금고의 원활한 발전을 위하여 예산의 범위에서 중앙회에 보조금을 내줄 수 있다(법3②).

제3절 정치 관여의 금지

I. 신용협동조합법

조합과 중앙회는 정치에 관여하는 어떠한 행위도 해서는 아니 된다(법93).

II. 농업협동조합법

1. 조합 등 및 중앙회의 특정 정당 지지 등 금지

조합, 조합공동사업법인, 품목조합연합회("조합등") 및 중앙회는 공직선거에서 특정 정당을 지지하거나 특정인을 당선되도록 하거나 당선되지 아니하도록 하는 행위를 하여서는 아니 된다(법7①).

2. 조합등과 중앙회 이용행위 금지

누구든지 조합등(조합, 조합공동사업법인, 품목조합연합회)과 중앙회를 이용하여 제1항에 따른 행위를 하여서는 아니 된다(법7②).

Ⅲ. 수산업협동조합법

1. 조합 등 및 중앙회의 특정 정당 지지 등 금지

조합, 조합공동사업법인("조합등") 및 중앙회는 공직선거에서 특정 정당을 지지하는 행위와 특정인이 당선되게 하거나 당선되지 아니하도록 하는 행위를 하여서는 아니 된다(법7①).

2. 조합등과 중앙회 이용행위 금지

누구든지 조합등과 중앙회를 이용하여 제1항에 따른 행위를 하여서는 아니 된다(법7②).

Ⅳ. 산림조합법

1. 조합 등 및 중앙회의 특정 정당 지지 등 금지

조합 및 조합공동사업법인("조합등")과 중앙회는 공직선거에서 특정정당을 지지하거나 특정인을 당선되게 하거나 당선되지 아니하도록 하는 행위를 하여서는 아니 된다(법7①).

2. 조합등과 중앙회 이용행위 금지

누구든지 조합등과 중앙회를 이용하여 제1항에 따른 행위를 하여서는 아니 된다(법7②).

Ⅴ. 새마을금고법

금고와 중앙회는 정치에 관여하는 일체의 행위를 할 수 없다(법5).

제
3
장
/

과세특례

제1절 의의

　우리나라의 협동조합은 특별법으로 설립된 협동조합[1]과 협동조합기본법에
의한 협동조합 두 가지로 나눌 수 있다. 이 중 협동조합기본법으로 설립된 협동
조합은 조세특례의 적용 범위가 일반법인과 크게 다르지 않다. 하지만 우리나라
는 특별법에 의해 설립된 협동조합에 대해서 각종 비과세·감면 등의 과세 혜택
을 부여하여 그 설립목적을 달성하도록 지원하고 있다.[2]

---

[1] 우리나라는 9개의 특별법으로 각 협동조합의 설립 및 지원 근거를 규정하고 있다. 구체적
　으로 중소기업협동조합법, 신용협동조합법, 농업협동조합법, 수산업협동조합법, 산림조합
　법, 새마을금고법, 엽연초생산협동조합법, 소비자생활협동조합법, 염업조합법이 있다.
[2] 박경환·정래용(2020), "협동조합 과세제도에 관한 연구: 과세특례 규정을 중심으로", 홍
　익법학 제21권 제2호(2020. 6), 516쪽.

제2절 조합법인 등에 대한 법인세 과세특례

신용협동조합법에 따라 설립된 신용협동조합 및 새마을금고법에 따라 설립된 새마을금고, 농업협동조합법에 따라 설립된 조합 및 조합공동사업법인, 수산업협동조합법에 따라 설립된 조합(어촌계 포함) 및 조합공동사업법인, 산림조합법에 따라 설립된 산림조합(산림계 포함) 및 조합공동사업법인의 각 사업연도의 소득에 대한 법인세는 2025년 12월 31일 이전에 끝나는 사업연도까지 법인세법 제13조 및 같은 법 제55조에도 불구하고 해당 법인의 결산재무제표상 당기순이익(법인세 등을 공제하지 아니한 당기순이익)에 법인세법 제24조에 따른 기부금(해당 법인의 수익사업과 관련된 것만 해당)의 손금불산입액과 같은 법 제25조에 따른 기업업무추진비(해당 법인의 수익사업과 관련된 것만 해당)의 손금불산입액 등 대통령령으로 정하는 손금의 계산에 관한 규정을 적용하여 계산한 금액을 합한 금액에 9%[해당금액이 20억원(2016년 12월 31일 이전에 조합법인 간 합병하는 경우로서 합병에 따라 설립되거나 합병 후 존속하는 조합법인의 합병등기일이 속하는 사업연도와 그 다음 사업연도에 대하여는 40억원)을 초과하는 경우 그 초과분에 대해서는 12%]의 세율을 적용하여 과세("당기순이익과세")한다(조세특례제한법72① 본문). 다만, 해당 법인이 대통령령으로 정하는 바에 따라 당기순이익과세를 포기한 경우에는 그 이후의 사업연도에 대하여 당기순이익과세를 하지 아니한다(조세특례제한법72① 단서).

제3절 조합 등 출자금 등에 대한 과세특례

농민·어민 및 그 밖에 상호 유대를 가진 거주자를 조합원·회원 등으로 하는 금융기관에 대한 대통령령으로 정하는 출자금으로서 1명당 1천만원 이하의 출자금에 대한 배당소득과 그 조합원·회원 등이 그 금융기관으로부터 받는 사업 이용 실적에 따른 배당소득("배당소득등") 중 2025년 12월 31일까지 받는 배당소득등에 대해서는 소득세를 부과하지 아니하며, 이후 받는 배당소득등에 대한 원천징수세율은 소득세법 제129조에도 불구하고 ⅰ) 2026년 1월 1일부터 2026년

12월 31일까지 받는 배당소득등: 5%(제1호), ⅱ) 2027년 1월 1일 이후 받는 배당소득등: 9%(제2호)의 구분에 따른 세율을 적용하고, 그 배당소득등은 같은 법 제14조 제2항에 따른 종합소득과세표준에 합산하지 아니한다(조세특례제한법88의5).

제4절 조합등 예탁금에 대한 저율과세 등

농민·어민 및 그 밖에 상호 유대를 가진 거주자를 조합원·회원 등으로 하는 조합 등에 대한 예탁금으로서 가입 당시 19세 이상인 거주자가 가입한 대통령령으로 정하는 예탁금(1명당 3천만원 이하의 예탁금만 해당하며, 이하 "조합등 예탁금")에서 2007년 1월 1일부터 2025년 12월 31일까지 발생하는 이자소득에 대해서는 비과세하고, 2026년 1월 1일부터 2026년 12월 31일까지 발생하는 이자소득에 대해서는 소득세법 제129조에도 불구하고 5%의 세율을 적용하며, 그 이자소득은 소득세법 제14조 제2항에 따른 종합소득과세표준에 합산하지 아니하며, 지방세법에 따른 개인지방소득세를 부과하지 아니한다(조세특례제한법89의3①).

2027년 1월 1일 이후 조합등 예탁금에서 발생하는 이자소득에 대해서는 소득세법 제129조에도 불구하고 9%의 세율을 적용하고, 같은 법 제14조 제2항에 따른 종합소득과세표준에 합산하지 아니하며, 지방세법에 따른 개인지방소득세를 부과하지 아니한다(조세특례제한법89의3②).

제
2
편

조 합

설 립

제1절 설립목적

Ⅰ. 신용협동조합

신용협동조합법에 따르면 "신용협동조합은 공동유대를 바탕으로 하는 신용 협동조직의 건전한 육성을 통하여 그 구성원의 경제적·사회적 지위를 향상시키고, 지역주민에게 금융편의를 제공함으로써 지역경제의 발전에 이바지함"을 목적으로 설립되었다(법1).

Ⅱ. 농업협동조합

농업협동조합법에 따르면 "농업협동조합은 농업인의 자주적인 협동조직을 바탕으로 농업인의 경제적·사회적·문화적 지위를 향상시키고, 농업의 경쟁력 강화를 통하여 농업인의 삶의 질을 높이며, 국민경제의 균형 있는 발전에 이바지함"을 목적으로 설립되었다(법1).

Ⅲ. 수산업협동조합

수산업협동조합법에 따르면 "수산업협동조합은 어업인과 수산물가공업자의 자주적인 협동조직을 바탕으로 어업인과 수산물가공업자의 경제적·사회적·문화적 지위의 향상과 어업 및 수산물가공업의 경쟁력 강화를 도모함으로써 어업인과 수산물가공업자의 삶의 질을 높이고 국민경제의 균형 있는 발전에 이바지함"을 목적으로 설립되었다(법1).

Ⅳ. 산림조합

산림조합법에 따르면 "산림조합은 산림소유자와 임업인의 자주적인 협동조직을 통하여 지속 가능한 산림경영을 촉진하고 산림생산력을 증진시키며 그 구성원의 경제적·사회적·문화적 지위 향상을 도모함으로써 국민경제의 균형 있는 발전에 이바지함"을 목적으로 설립되었다(법1).

Ⅴ. 새마을금고

새마을금고법"에 따르면 "새마을금고는 국민의 자주적인 협동조직을 바탕으로 우리나라 고유의 상부상조 정신에 입각하여 자금의 조성과 이용, 회원의 경제적·사회적·문화적 지위의 향상, 지역사회 개발을 통한 건전한 국민정신의 함양과 국가경제 발전에 이바지함"을 목적으로 설립되었다(법1).

제2절 주요업무

Ⅰ. 신용협동조합

조합은 그 목적을 달성하기 위하여 다음의 사업을 한다(법39①).

1. 신용사업

신용사업은 수신과 여신을 수단으로 하여 조합원 간 자금의 유통을 꾀하는 상호금융의 성격을 가진 업무이다.

(1) 신용사업의 종류

조합은 그 목적을 달성하기 위하여 신용사업을 한다(법39①(1)). 신용사업에는 ⅰ) 조합원으로부터의 예탁금·적금의 수납(가목), ⅱ) 조합원에 대한 대출(나목), ⅲ) 내국환(다목), ⅳ) 국가·공공단체·중앙회 및 금융기관의 업무 대리(라목), ⅴ) 조합원을 위한 유가증권·귀금속 및 중요 물품의 보관 등 보호예수 업무(마목), ⅵ) 어음할인(바목), ⅶ) 전자금융거래법에서 정하는 직불전자지급수단의 발행·관리 및 대금의 결제(중앙회의 업무를 공동으로 수행하는 경우로 한정)(사목) ⅷ) 전자금융거래법에서 정하는 선불전자지급수단의 발행·관리·판매 및 대금의 결제(중앙회의 업무를 공동으로 수행하는 경우로 한정)(아목)가 포함된다.

(2) 여수신업무방법

금융위원회는 조합의 신용사업과 관련하여 예탁금·적금 또는 대출등에 관한 업무방법을 고시할 수 있다(법39③). 이에 따라 금융위원회는 「상호금융업감독규정」("감독규정")을 제정하여 시행하고 있다.

조합의 신용사업과 관련한 예탁금·적금 또는 대출등의 업무방법("여수신업무방법")에 관한 사항은 중앙회장이 이를 정한다(상호금융업감독규정4①).

2. 복지사업

조합은 그 목적을 달성하기 위하여 복지사업을 한다(법39①(2)). 복지사업의 범위는 사회복지사업, 문화후생사업, 지역사회개발사업이다(법39②, 영16①).

(1) 사회복지사업

사회복지사업은 어린이집, 노인 및 장애인 복지시설을 설치·운영하는 사업 기타 이에 준하는 사업을 말한다(영16①(1)).

(2) 문화후생사업

문화후생사업은 ⅰ) 주부대학 및 취미교실 등 사회교육시설을 설치·운영하는 사업(가목), ⅱ) 탁구장·테니스장 및 체력단련장 등 생활체육시설을 설치·운영하는 사업(나목), ⅲ) 예식장·독서실·식당 및 목욕탕 등 생활편의시설을 설치·운영하는 사업(다목), ⅳ) 장학사업(라목)과 기타 이에 준하는 사업을 말한다(영16①(2)).

(3) 지역사회개발사업

지역사회개발사업은 공동구매·판매사업, 창고업 및 장의업 기타 이에 준하는 사업을 말한다(영16①(3)).

3. 공제사업

조합은 그 목적을 달성하기 위하여 조합원을 위한 공제사업을 한다(법39①(3)). 공제사업은 조합원으로부터 공제료를 모아 공동준비재산을 마련해 놓고, 일정한 공제사고가 발생하였을 경우에 조합원이나 유가족에게 공제금을 지급하는 사업으로서 조합원 간의 상부상조를 목적으로 하는 사업이다.

조합과 중앙회의 공제사업에 관하여는 보험업법을 적용하지 아니한다(법6①).

4. 조합원의 경제적·사회적 지위 향상을 위한 교육

조합은 그 목적을 달성하기 위하여 조합원의 경제적·사회적 지위 향상을 위한 교육사업을 한다(법39①(4)).

5. 중앙회가 위탁하는 사업

조합은 그 목적을 달성하기 위하여 중앙회가 위탁하는 사업을 한다(법39①(5)).

6. 기타 위탁사업 등

조합은 그 목적을 달성하기 위하여 국가 또는 공공단체가 위탁하거나 다른 법령에서 조합의 사업으로 정하는 사업을 한다(법39①(6)).

7. 부대사업

조합은 그 목적을 달성하기 위하여 앞의 신용사업 등 제1호부터 제6호까지의 사업에 부대하는 사업을 한다(법39①(7)).

Ⅱ. 농업협동조합

지역농협은 그 목적을 달성하기 위하여 다음 사업의 전부 또는 일부를 수행한다(법57①).

1. 신용사업

(1) 신용사업의 종류

지역농협(지역축협의 경우도 동일함)은 그 목적을 달성하기 위하여 신용사업의 전부 또는 일부를 수행한다(법57①(3)). 여기서 신용사업에는 ⅰ) 조합원의 예금과 적금의 수입(가목), ⅱ) 조합원에게 필요한 자금의 대출(나목), ⅲ) 내국환(다목), ⅳ) 어음할인(라목), ⅴ) 국가·공공단체 및 금융기관의 업무 대리(마목), ⅵ) 조합원을 위한 유가증권·귀금속·중요물품의 보관 등 보호예수 업무(바목), ⅶ) 공과금, 관리비 등의 수납 및 지급대행(사목), ⅷ) 수입인지, 복권, 상품권의 판매대행(아목)이 포함된다.

지역농협과 지역축협(신용사업을 하는 품목조합을 포함)이 신용사업(신협법39①(1))을 하는 경우에는 신용협동조합법에 따른 신용협동조합으로 본다(신협법95①(1)).

(2) 여수신업무방법

조합의 신용사업과 관련한 예탁금·적금 또는 대출등의 업무방법("여수신업무방법")에 관한 사항은 중앙회장이 이를 정한다(상호금융업감독규정4①).

2. 교육·지원사업

지역농협은 그 목적을 달성하기 위하여 교육·지원사업의 전부 또는 일부를 수행한다(법57①(1)). 여기서 교육·지원 사업에는 ⅰ) 조합원이 생산한 농산물의 공동출하와 판매를 위한 교육·지원(가목), ii) 농업 생산의 증진과 경영능력의 향상을 위한 상담 및 교육훈련(나목), iii) 농업 및 농촌생활 관련 정보의 수집 및 제공(다목), iv) 주거 및 생활환경 개선과 문화 향상을 위한 교육·지원(라목), v) 도시와의 교류 촉진을 위한 사업(마목), vi) 신품종의 개발, 보급 및 농업기술의 확산을 위한 시범포(示範圃), 육묘장(育苗場), 연구소의 운영(바목), vii) 농촌 및 농업인의 정보화 지원(사목), viii) 귀농인·귀촌인의 농업경영 및 농촌생활 정착을 위한 교육·지원(아목), ix) 그 밖에 사업 수행과 관련한 교육 및 홍보(자목)가 포함된다.

3. 경제사업

지역농협은 그 목적을 달성하기 위하여 경제사업의 전부 또는 일부를 수행한다(법57①(2)). 여기서 경제사업에는 i) 조합원이 생산하는 농산물의 제조·가공·판매·수출 등의 사업(가목), ii) 조합원이 생산한 농산물의 유통 조절 및 비축사업(나목), iii) 조합원의 사업과 생활에 필요한 물자의 구입·제조·가공·공급 등의 사업(다목), iv) 조합원의 사업이나 생활에 필요한 공동이용시설의 운영 및 기자재의 임대사업(라목), v) 조합원의 노동력이나 농촌의 부존자원(賦存資源)을 활용한 가공사업·관광사업 등 농외소득(農外所得) 증대사업(마목), vi) 농지의 매매·임대차·교환의 중개(바목), vii) 위탁영농사업(사목), viii) 농업 노동력의 알선 및 제공(아목), ix) 농촌형 주택 보급 등 농촌주택사업(자목), x) 보관사업(차목), xi) 조합원과 출자법인의 경제사업의 조성, 지원 및 지도(카목)가 포함된다.

4. 복지후생사업

지역농협은 그 목적을 달성하기 위하여 복지후생사업의 전부 또는 일부를 수행한다(법57①(5)). 여기서 복지후생사업에는 i) 복지시설의 설치 및 관리(가목), ii) 장제(葬祭)사업(나목), iii) 의료지원사업(다목)이 포함된다.

5. 다른 경제단체·사회단체 및 문화단체와의 교류·협력

지역농협은 그 목적을 달성하기 위하여 다른 경제단체·사회단체 및 문화단체와의 교류·협력을 수행한다(법57①(6)).

6. 기타 위탁사업 등

지역농협은 그 목적을 달성하기 위하여 국가, 공공단체, 중앙회, 농협경제지주회사 및 그 자회사, 농협은행 또는 다른 조합이 위탁하는 사업의 전부 또는 일부를 수행한다(법57①(7)).

7. 다른 법령에서 지역농협의 사업으로 규정하는 사업

지역농협은 그 목적을 달성하기 위하여 다른 법령에서 지역농협의 사업으로 규정하는 사업의 전부 또는 일부를 수행한다(법57①(8)).

8. 부대사업

지역농협은 그 목적을 달성하기 위하여 앞에서 열거한 사업과 관련되는 부대사업의 전부 또는 일부를 수행한다(법57①(9)).

9. 농림축산식품부장관의 승인 사업

지역농협은 그 목적을 달성하기 위하여 그 밖에 설립 목적의 달성에 필요한 사업으로서 농림축산식품부장관의 승인을 받은 사업의 전부 또는 일부를 수행한다(법57①(10)).

Ⅲ. 수산업협동조합

지구별수협은 그 목적을 달성하기 위하여 다음 사업의 전부 또는 일부를 수행한다(법60①).

1. 신용사업

(1) 신용사업의 종류

지구별수협은 그 목적을 달성하기 위하여 신용사업의 전부 또는 일부를 수행한다(법60①(3)). 여기서 신용사업은 ⅰ) 조합원의 예금 및 적금의 수납업무(가목), ⅱ) 조합원에게 필요한 자금의 대출(나목), ⅲ) 내국환(다목), ⅳ) 어음할인(라목), ⅴ) 국가, 공공단체 및 금융기관 업무의 대리(마목), ⅵ) 조합원의 유가증권·

귀금속·중요물품의 보관 등 보호예수 업무(바목)를 포함한다.

지구별수협(법률 제4820호 수산업협동조합법중개정법률 부칙 제5조에 따라 신용사업을 하는 조합을 포함)이 신용사업을 하는 경우에는 신용협동조합법에 따른 신용협동조합으로 본다(신협법95①(2)).

(2) 여수신업무방법

조합의 신용사업과 관련한 예탁금·적금 또는 대출등의 업무방법("여수신업무방법")에 관한 사항은 중앙회장이 이를 정한다(상호금융업감독규정4①).

2. 교육·지원 사업

지구별수협은 그 목적을 달성하기 위하여 교육·지원 사업의 전부 또는 일부를 수행한다(법60①(1)). 여기서 교육·지원 사업은 ⅰ) 수산종자의 생산 및 보급(가목), ⅱ) 어장 개발 및 어장환경의 보전·개선(나목), ⅲ) 어업질서 유지(다목), ⅳ) 어업권·양식업권과 어업피해 대책 및 보상 업무 추진(라목), ⅴ) 어촌지도자 및 후계어업경영인 발굴·육성과 수산기술자 양성(마목), ⅵ) 어업 생산의 증진과 경영능력의 향상을 위한 상담 및 교육훈련(바목), ⅶ) 생활환경 개선과 문화 향상을 위한 교육 및 지원과 시설의 설치·운영(사목), ⅷ) 어업 및 어촌생활 관련 정보의 수집 및 제공(아목), ⅸ) 조합원의 노동력 또는 어촌의 부존자원(賦存資源)을 활용한 관광사업 등 어가(漁家) 소득증대사업(자목), ⅹ) 외국의 협동조합 및 도시와의 교류 촉진을 위한 사업(차목), ⅺ) 어업에 관한 조사·연구(카목), ⅻ) 각종 사업과 관련한 교육 및 홍보(타목), ⅹⅲ) 그 밖에 정관으로 정하는 사업(파목)을 포함한다.

3. 경제사업

지구별수협은 그 목적을 달성하기 위하여 경제사업의 전부 또는 일부를 수행한다(법60①(2)). 여기서 경제사업은 ⅰ) 구매사업(가목), ⅱ) 보관·판매 및 검사 사업(나목), ⅲ) 이용·제조 및 가공(수산물의 처리를 포함) 사업(다목), ⅳ) 수산물 유통조절 및 비축사업(라목), ⅴ) 조합원의 사업 또는 생활에 필요한 공동시설의 운영 및 기자재의 임대사업(마목)을 포함한다.

4. 공제사업

지구별수협은 그 목적을 달성하기 위하여 공제사업의 전부 또는 일부를 수행한다(법60①(4)).

5. 후생복지사업

지구별수협은 그 목적을 달성하기 위하여 후생복지사업의 전부 또는 일부를 수행한다(법60①(5)). 여기서 후생복지사업은 ⅰ) 사회·문화 복지시설의 설치·운영 및 관리(가목), ⅱ) 장제사업(葬祭事業)(나목), ⅲ) 의료지원사업(다목)을 포함한다.

6. 운송사업

지구별수협은 그 목적을 달성하기 위하여 운송사업의 전부 또는 일부를 수행한다(법60①(6)).

7. 어업통신사업

지구별수협은 그 목적을 달성하기 위하여 어업통신사업의 전부 또는 일부를 수행한다(법60①(7)). 국가나 공공단체는 어업통신사업을 하는 과정에서 발생하는 비용을 지원할 수 있다(법60⑤).

8. 기타 위탁 또는 보조 사업

지구별수협은 그 목적을 달성하기 위하여 국가, 공공단체, 중앙회, 수협은행 또는 다른 조합이 위탁하거나 보조하는 사업의 전부 또는 일부를 수행한다(법60①(8).

9. 다른 경제단체·사회단체 및 문화단체와의 교류·협력

지구별수협은 그 목적을 달성하기 위하여 다른 경제단체·사회단체 및 문화단체와의 교류·협력의 전부 또는 일부를 수행한다(법60①(9)).

10. 기타 공동사업 및 업무의 대리

지구별수협은 그 목적을 달성하기 위하여 다른 조합·중앙회 또는 다른 법률에 따른 협동조합과의 공동사업 및 업무의 대리의 전부 또는 일부를 수행한다(법60①(10)).

11. 타법령에서 정하는 사업

지구별수협은 그 목적을 달성하기 위하여 다른 법령에서 지구별수협의 사업으로 정하는 사업의 전부 또는 일부를 수행한다(법60①(11)).

12. 상기 사업에 관련된 대외무역

지구별수협은 그 목적을 달성하기 위하여 앞의 제1호부터 제11호까지의 사업에 관련된 대외무역의 전부 또는 일부를 수행한다(법60①(12)).

13. 차관사업

지구별수협은 그 목적을 달성하기 위하여 차관사업의 전부 또는 일부를 수행한다(법60①(13)).

14. 부대사업

지구별수협은 그 목적을 달성하기 위하여 앞의 제1호부터 제13호까지의 사업에 부대하는 사업의 전부 또는 일부를 수행한다(법60①(14)).

15. 중앙회 회장의 승인 사업

지구별수협은 그 목적을 달성하기 위하여 그 밖에 지구별수협의 목적 달성에 필요한 사업으로서 중앙회의 회장의 승인을 받은 사업의 전부 또는 일부를 수행한다(법60①(15)).

Ⅳ. 산림조합

지역산림조합(지역조합)은 그 목적을 달성하기 위하여 다음 사업의 전부 또는 일부를 한다(법46①).

1. 조합원을 위한 신용사업

(1) 신용사업의 종류

지역산림조합(지역조합)은 그 목적을 달성하기 위하여 조합원을 위한 신용사업의 전부 또는 일부를 한다(법46①(4)). 여기서 조합원을 위한 신용사업에는 ⅰ) 조합원의 예금과 적금의 수납(가목), ⅱ) 조합원에게 필요한 자금의 대출(나목), ⅲ) 내국환(다목), ⅳ) 조합원의 유가증권, 귀금속, 중요 물품의 보관 등 보호예수 업무(라목), ⅴ) 국가, 지방자치단체 등의 공공단체와 금융회사 등의 업무대행(마목)이 포함된다.

산림조합이 신용사업을 하는 경우에는 신용협동조합법에 따른 신용협동조합으로 본다(신용협동조합법95①(3)).

(2) 여수신업무방법

조합의 신용사업과 관련한 예탁금·적금 또는 대출등의 업무방법("여수신업무방법")에 관한 사항은 중앙회장이 이를 정한다(상호금융업감독규정4①).

2. 교육·지원 사업

지역산림조합(지역조합)은 그 목적을 달성하기 위하여 교육·지원 사업의 전부 또는 일부를 한다(법46①(1)). 여기서 교육·지원 사업에는 ⅰ) 임업생산 및 경영능력의 향상을 위한 상담 및 교육·훈련(가목), ⅱ) 임업생산 및 임산물 유통 관련 정보의 수집 및 제공(나목), ⅲ) 임업인·영림단(營林團) 등의 육성 및 지도(다목), ⅳ) 농촌·산촌 생활환경 개선과 문화향상을 위한 교육·지원(라목), ⅴ) 도시와의 교류촉진을 위한 사업(마목), ⅵ) 그 밖에 산림사업의 수행과 관련한 교육 및 홍보(바목)가 포함된다.

3. 경제사업

지역산림조합(지역조합)은 그 목적을 달성하기 위하여 경제사업의 전부 또는 일부를 한다(법46①(2)). 여기서 경제사업에는 ⅰ) 조합원의 사업과 생활에 필요한 물자의 구입·제조·가공·공급 등의 사업(가목), ⅱ) 조합원이 생산하는 임산물의 제조·가공·판매·알선·수출 등의 사업(나목), iii) 조합원의 사업 또는 생활에 필요한 공동이용시설의 설치·운영, 기자재의 임대사업(다목), iv) 조합원이 생산한 임산물의 유통조절 및 비축사업(라목), v) 조합원의 노동력 또는 농촌·산촌의 부존자원을 활용한 가공사업·관광사업 등 산림 외 소득증대사업(마목), vi) 임산물을 이용한 사료 및 비료의 생산·판매·알선(바목), vii) 산림용 종묘(種苗) 등 임산물의 채취·보관·육성·판매·알선(사목), viii) 가로수 식재(植栽) 및 조경사업(아목), ix) 임목·임야의 매매·임대차·교환 등의 중개(자목), x) 임산물을 소재로 하는 건물이나 그 밖의 인공구조물의 건설 및 판매(차목), xi) 보관사업(카목), xii) 조수(鳥獸) 보호사업(타목)이 포함된다.

4. 산림경영사업

지역산림조합(지역조합)은 그 목적을 달성하기 위하여 산림경영사업의 전부 또는 일부를 한다(법46①(3)). 여기서 산림경영사업에는 i) 산림의 대리경영(가목), ii) 산림경영계획의 작성과 양묘장조성, 조림, 숲가꾸기, 벌채 및 특수산림사업지구에서의 산림사업(나목), iii) 임도의 시설 및 보수, 사방(砂防), 산지복구나 그 밖의 산림토목공사의 시공 및 유지·관리(다목), iv) 산림복지시설, 수목원, 생태숲, 도시림, 생활림, 학교숲, 숲속수련장, 산림박물관, 수렵장의 조성과 그 시설의 설치·관리(라목), v) 산촌개발사업(마목), vi) 산림시업(山林施業)의 공동화(共同化)와 임업노동력의 알선 및 제공 등 효율화사업(바목). vii) 산림병해충·산사태·산불 등 재해의 예방·방제 및 복구 등 산림보호사업(사목), viii) 앞의 나목부터 마목까지 및 사목의 규정에 따른 사업의 설계·감리(아목)가 포함된다.

5. 임업자금 등의 관리·운용과 자체자금 조성 및 운용

지역산림조합(지역조합)은 그 목적을 달성하기 위하여 임업자금 등의 관리·운용과 자체자금 조성 및 운용 사업의 전부 또는 일부를 한다(법46①(5)).

6. 공제사업

지역산림조합(지역조합)은 그 목적을 달성하기 위하여 공제사업의 전부 또는 일부를 한다(법46①(6)).

7. 복지후생사업

　지역산림조합(지역조합)은 그 목적을 달성하기 위하여 복지후생사업의 전부 또는 일부를 한다(법46①(6)). 여기서 복지후생사업에는 ⅰ) 복지시설의 설치 및 관리(가목), ⅱ) 공원묘지·수목장림·봉안당(奉安堂)의 조성 및 관리, 사설묘지관리 등 장제사업(葬祭事業)(나목)이 포함된다.

8. 재생에너지 발전사업 중 산림분야와 관련된 사업

　지역산림조합(지역조합)은 그 목적을 달성하기 위하여 신에너지 및 재생에너지 개발·이용·보급 촉진법("신재생에너지법) 제2조 제2호[1])에 따른 재생에너지 발전사업 중 산림분야와 관련된 사업의 전부 또는 일부를 한다(법46①(7의2)).

9. 다른 경제단체·사회단체 및 문화단체와의 교류·협력

　지역산림조합(지역조합)은 그 목적을 달성하기 위하여 다른 경제단체·사회단체 및 문화단체와의 교류·협력 사업의 전부 또는 일부를 한다(법46①(8)).

10. 국가, 공공단체, 중앙회 또는 다른 조합에서 위탁하는 사업

　지역산림조합(지역조합)은 그 목적을 달성하기 위하여 국가, 공공단체, 중앙회 또는 다른 조합에서 위탁하는 사업의 전부 또는 일부를 한다(법46①(9)).

---

1) 2. "재생에너지"란 햇빛·물·지열(地熱)·강수(降水)·생물유기체 등을 포함하는 재생 가능한 에너지를 변환시켜 이용하는 에너지로서 다음 어느 하나에 해당하는 것을 말한다.
　가. 태양에너지
　나. 풍력
　다. 수력
　라. 해양에너지
　마. 지열에너지
　바. 생물자원을 변환시켜 이용하는 바이오에너지로서 대통령령으로 정하는 기준 및 범위에 해당하는 에너지
　사. 폐기물에너지(비재생폐기물로부터 생산된 것은 제외)로서 대통령령으로 정하는 기준 및 범위에 해당하는 에너지
　아. 그 밖에 석유·석탄·원자력 또는 천연가스가 아닌 에너지로서 대통령령으로 정하는 에너지

11. 다른 법령에서 지역조합의 사업으로 규정하는 사업

지역산림조합(지역조합)은 그 목적을 달성하기 위하여 다른 법령에서 지역조합의 사업으로 규정하는 사업의 전부 또는 일부를 한다(법46①(10)).

12. 부대사업

지역산림조합(지역조합)은 그 목적을 달성하기 위하여 앞의 제1호부터 제7호까지, 제7호의2 및 제8호부터 제10호까지의 사업과 관련되는 부대사업의 전부 또는 일부를 한다(법46①(11)).

13. 시·도지사의 승인 사업

지역산림조합(지역조합)은 그 목적을 달성하기 위하여 그 밖에 설립목적의 달성에 필요한 사업으로서 시·도지사의 승인을 받은 사업의 전부 또는 일부를 한다(법46①(12)).

V. 새마을금고

금고는 그 목적을 달성하기 위하여 다음 사업의 전부 또는 일부를 행한다(법28①).

1. 신용사업

금고는 그 목적을 달성하기 위하여 신용사업의 전부 또는 일부를 행한다(법28①(1)). 여기서 신용사업에는 ⅰ) 회원으로부터 예탁금과 적금 수납(가목), ⅱ) 회원을 대상으로 한 자금의 대출(나목), ⅲ) 내국환과 외국환거래법에 따른 외국환업무(다목), ⅳ) 국가, 공공단체 및 금융기관의 업무 대리(라목), ⅴ) 회원을 위한 보호예수(마목), ⅵ) 어음할인(바목), ⅶ) 상품권의 판매대행(사목)이 포함된다.

2. 문화 복지 후생사업

금고는 그 목적을 달성하기 위하여 문화 복지 후생사업의 전부 또는 일부를 행한다(법28①(2)).

문화 복지 후생사업에 대한 투자한도는 금고의 출자금 총액과 적립금 합계액의 50%를 초과하지 아니하는 범위에서 정관으로 정한다(법28②).

3. 회원에 대한 교육사업

금고는 그 목적을 달성하기 위하여 회원에 대한 교육사업의 전부 또는 일부를 행한다(법28①(3)).

회원에 대한 교육사업에 대한 투자한도는 금고의 출자금 총액과 적립금 합계액의 50%를 초과하지 아니하는 범위에서 정관으로 정한다(법28②).

4. 지역사회 개발사업

금고는 그 목적을 달성하기 위하여 지역사회 개발사업의 전부 또는 일부를 행한다(법28①(4)).

지역사회 개발사업에 대한 투자한도는 금고의 출자금 총액과 적립금 합계액의 50%를 초과하지 아니하는 범위에서 정관으로 정한다(법28②).

5. 회원을 위한 공제사업

금고는 그 목적을 달성하기 위하여 회원을 위한 공제사업의 전부 또는 일부를 행한다(법28①(5)). 회원을 위한 공제사업 시행을 위하여 필요한 사항은 대통령령으로 정한다(법28④).

금고가 회원을 위한 공제사업을 하려면 공제규정을 정하여 행정안전부장관의 인가를 받아야 한다(영13① 전단). 공제규정을 변경 또는 폐지하려는 경우에도 또한 같다(영13① 후단). 행정안전부장관은 공제규정을 인가하려는 때에는 미리 금융위원회와 협의하여야 한다(영13②).

6. 중앙회 또는 다른 금고가 위탁하는 사업

금고는 그 목적을 달성하기 위하여 중앙회 또는 다른 금고가 위탁하는 사업의 전부 또는 일부를 행한다(법28①(6)).

7. 국가나 공공단체가 위탁하는 사업 등

금고는 그 목적을 달성하기 위하여 국가나 공공단체가 위탁하거나 다른 법령으로 금고의 사업으로 정하는 사업의 전부 또는 일부를 행한다(법28①(7)).

8. 의료지원사업

금고는 그 목적을 달성하기 위하여 의료지원사업의 전부 또는 일부를 행한다(법28①(8)). 의료지원사업에 대한 투자한도는 금고의 출자금 총액과 적립금 합계액의 50%를 초과하지 아니하는 범위에서 정관으로 정한다(법28②).

9. 부대사업

금고는 그 목적을 달성하기 위하여 앞의 제1호부터 제8호까지의 사업과 관련되는 부대사업의 전부 또는 일부를 행한다(법28①(9)).

10. 행정안전부장관의 승인 사업

금고는 그 목적을 달성하기 위하여 그 밖에 목적달성에 필요한 사업으로서 행정안전부장관의 승인을 받은 사업의 전부 또는 일부를 행한다(법28①(10)).

제3절 종류와 신용사업 영위 여부

Ⅰ. 신용협동조합

1. 종류

신용협동조합의 종류에는 지역조합, 직장조합, 단체조합이 있다.

(1) 공동유대의 의의 및 범위
(가) 의의

공동유대란 조합의 설립과 구성원의 자격을 결정하는 단위를 말한다(법2(3)). 공동유대(共同紐帶)는 조합원을 모집할 수 있는 범위를 뜻하여 조합의 업무영역을 한정짓는다.

조합의 공동유대는 행정구역·경제권·생활권 또는 직장·단체 등을 중심으로 하여 정관에서 정한다(법9① 전단). 이 경우 공동유대의 범위, 종류 및 변경에 관한 사항은 대통령령으로 정하는 바에 따른다(법9① 후단).

(나) 공동유대의 범위

조합의 종류별 공동유대의 범위는 다음과 같다(영12①).

1) 지역조합

지역조합이란 동일한 행정구역·경제권 또는 생활권을 공동유대로 하는 조합을 말한다(법2(8)). 여기서 지역조합의 공동유대는 같은 시·군 또는 구에 속하는 읍·면·동이다(영12①(1) 본문). 다만, 생활권 또는 경제권이 밀접하고 행정구역이 인접하고 있어 공동유대의 범위 안에 있다고 인정되는 경우로서 공동유대의 범위별로 재무건전성 등의 요건을 충족하여 금융위원회가 승인한 경우에는 같은 시·군 또는 구에 속하지 아니하는 읍·면·동을 포함할 수 있다(영12①(1) 단서). 이에 따른 공동유대의 범위별로 정하는 재무건전성 등 승인 요건 및 승인 절차 등에 관하여 필요한 사항은 금융위원회가 정하여 고시한다(영12⑥).

그러나 지역조합이 행정구역의 변경으로 인하여 공동유대가 변경된 경우에는 종전의 공동유대를 당해 지역조합의 공동유대로 본다(영12⑤).

2) 직장조합

직장조합의 공동유대는 같은 직장이다(영12①(2) 본문). 이 경우 당해 직장의 지점·자회사·계열회사 및 산하기관을 포함할 수 있다(영12①(2) 단서).

3) 단체조합

단체조합의 공동유대는 ⅰ) 교회·사찰 등의 종교단체(가목), ⅱ) 시장상인단체(나목), ⅲ) 구성원 간에 상호 밀접한 협력관계가 있는 사단법인(다목), ⅳ) 국가로부터 공인된 자격 또는 면허 등을 취득한 자로 구성된 같은 직종단체로서 법령에 의하여 인가를 받은 단체(라목)이다(영12①(3)).

그러나 위 ⅰ)의 교회·사찰 등의 종교단체는 동일한 시·군 또는 구에 소재하는 다른 종교단체와 공동유대를 구성할 수 있다(영12②).

2. 신용사업 영위 여부

지역조합, 직장조합, 단체조합은 모두 신용사업을 영위할 수 있다(법39①(1)).

Ⅱ. 농업협동조합

1. 종류

농업협동조합의 종류에는 지역조합과 품목조합이 있다(법2(1)).

(1) 지역조합(지역농협과 지역축협)

지역조합이란 농업협동조합법에 따라 설립된 지역농업협동조합("지역농협")과 지역축산업협동조합("지역축협")을 말한다(법2(2)).

(2) 품목조합

품목조합이란 농업협동조합법에 따라 설립된 품목별·업종별 협동조합을 말한다(법2(3)).

2. 신용사업 영위 여부

지역조합인 지역농협(법57①(3))과 지역축협(법106(3))은 신용사업을 영위할 수 있고, 품목조합(법111 참조)은 신용사업을 영위할 수 없다(법111 참조). 다만 품목조합의 경우 법 개정전 신용사업을 영위하던 조합은 신용사업을 영위할 수 있다. 2022년 12월 말 현재 79개의 품목조합이 있는데 신용사업을 영위하지 않는 조합은 없다.

품목별·업종별협동조합정관례 제5조(사업의 종류) 제3호는 신용사업의 종류로 조합원으로부터의 예금과 적금의 수납, 조합원에 대한 자금의 대출, 내국환, 국가·공공단체 및 금융기관의 업무의 대리를 규정하고 있다. 제3호는 1995년 6월 23일 전에 설립된 품목조합과 2000년 7월 1일 전에 설립된 인삼조합으로 법률 제6018호 농업협동조합법 부칙 제14조2)에 따라 신용사업을 실시하고 있는

---

2) 부칙 [1999.9.7. 제6018호] 제14조 (품목조합의 신용사업에 관한 경과조치) ① 이 법 시행
당시 종전의 법률 제4819호 농업협동조합법중개정법률 부칙 제6조, 종전의 법률 제4821
호 축산업협동조합법중개정법률 부칙 제7조 및 종전의 인삼협동조합법의 규정에 의하여
신용사업을 실시하고 있는 조합은 종전의 규정에 의한 신용사업의 범위안에서 당해 사업
을 실시할 수 있다.
② 종전의 인삼협동조합법의 규정에 따라 신용사업을 실시하고 있는 조합은 제1항의 규
정에 불구하고 정관이 정하는 바에 따라 신용사업과 관련하여 국가·공공단체 및 금융기
관의 업무의 대리를 할 수 있다. [신설 2004.12.31]

조합의 경우에만 적고 신용사업을 실시하지 아니하는 품목조합은 본호를 삭제하
도록 하고 있다.

Ⅲ. 수산업협동조합

1. 종류

수산업협동조합에는 지구별 수산업협동조합("지구별수협"), 업종별 수산업협
동조합("업종별수협") 및 수산물가공 수산업협동조합("수산물가공수협")이 있다(법
2(4)).

2. 신용사업 영위 여부

지구별수협은 신용사업을 영위할 수 있으며(법60①(3), 업종별수협(법107①
참조)과 수산물가공수협(법112① 참조)은 신용사업 및 어업통신사업을 영위할 수
없다.

Ⅳ. 산림조합

1. 종류

산림조합에는 지역조합과 전문조합이 있다(법2(1)). 지역조합이란 산림조합
법에 따라 설립된 지역산림조합을 말한다(법2(2)). 전문조합이란 산림조합법에 따
라 설립된 품목별·업종별 산림조합을 말한다(법2(3)).

2022년 말 현재 전문조합은 없다.

2. 신용사업 영위 여부

지역조합은 조합원을 위한 신용사업(법46①(4))을 영위할 수 있으며, 전문조
합은 신용사업을 영위할 수 없다(법46② 참조).

V. 새마을금고

1. 종류

새마을금고("금고")에는 지역금고와 직장금고가 있다(법2② 및 영6②, 새마을금고 설립인가 처리기준 참조).

지역금고란 금고 중 동일한 행정구역, 경제권 또는 생활권을 업무구역으로 하는 금고를 말한다(법2②). 2021년 12월 기준 지역금고는 1,200개이다.

직장금고란 직장 명칭을 금고 명칭으로 사용하는 금고를 말한다(새마을금고 설립인가 처리기준 참조). 2021년 12월 기준 직장금고는 97개이다.

2. 신용사업 영위 여부

지역금고와 직장금고 모두 신용사업을 영위할 수 있다(법28①(1)).

제4절 영업구역

I. 신용협동조합

1. 지역조합

지역조합은 같은 시·군 또는 구에 속하는 읍·면·동을 영업구역으로 한다(법9① 전단). 지역조합은 동일구역 내 중복 설립이 가능하며, 금융위원회 승인으로 같은 시·군 또는 구에 속하지 아니하는 읍·면·동을 포함할 수 있다(법9① 후단, 영12①(1)).

2. 직장조합

직장조합은 같은 직장을 영업구역으로 한다(영12①(2) 전단). 이 경우 당해 직장의 지점·자회사·계열회사 및 산하기관을 포함할 수 있다(영12①(2) 후단).

3. 단체조합

단체조합은 단체 또는 법인을 영업구역으로 한다(영12①(3)).

Ⅱ. 농업협동조합

1. 지역농협

지역농협의 구역은 하나의 시·군·구에서 정관으로 정한다(법14① 본문). 다만, 생활권·경제권 등을 고려하여 하나의 시·군·구를 구역으로 하는 것이 부적당한 경우로서 농림축산식품부장관의 인가를 받은 경우에는 2개 이상의 시·군·구에서 정관으로 정할 수 있다(법14① 단서)

2. 지역축협

지역축협의 구역은 행정구역이나 경제권 등을 중심으로 하여 정관으로 정한다(법104 본문). 다만, 같은 구역에서는 2개 이상의 지역축협을 설립할 수 없다(법104 단서).

3. 품목조합

품목조합의 구역은 정관으로 정한다(법109).

Ⅲ. 수산업협동조합

1. 지구별수협과 어촌계

(1) 지구별수협

지구별수협의 구역은 시·군의 행정구역에 따른다(법14① 본문). 다만, 해양수산부장관의 인가를 받은 경우에는 그러하지 아니하다(법14① 단서).

(2) 어촌계

(가) 어촌계의 조직과 목적

지구별수협의 조합원은 행정구역 · 경제권 등을 중심으로 어촌계를 조직할 수 있으며, 그 구역은 어촌계의 정관으로 정한다(법15①). 어촌계는 어촌계원의 어업 생산성을 높이고 생활 향상을 위한 공동사업의 수행과 경제적 · 사회적 및 문화적 지위의 향상을 도모함을 목적으로 한다(영2).

(나) 어촌계의 설립

어촌계는 구역에 거주하는 지구별수협의 조합원 10명 이상이 발기인이 되어 설립준비위원회를 구성하고, 어촌계 정관을 작성하여 창립총회의 의결을 거쳐 특별자치도지사 · 시장 · 군수 · 구청장(구청장은 자치구의 구청장을 말하며, 이하 "시장 · 군수 · 구청장"이라 한다)의 인가를 받아야 한다(영4① 본문). 다만, 섬 발전 촉진법 제2조3)에 따른 섬의 경우에는 조합원 5명 이상이 발기인이 되어 설립준비위원회를 구성한다(영4① 단서).

(다) 어촌계의 지도 · 감독

지구별수협의 조합장은 조합구역의 어촌계의 업무를 지도 · 감독한다(영10① 본문). 다만, 지방자치단체가 보조한 사업 및 그 관련 업무에 대해서는 해당 지방자치단체의 장이 지도 · 감독할 수 있다(영10① 단서).

2. 업종별수협

업종별수협의 구역은 정관으로 정한다(법105①). 업종별수산업협동조합정관(예)에 따르면 어업권역별 · 경제권 등을 중심으로 수개의 시 · 도 또는 시 · 군으로 구역을 정할 수 있다(정관례3).

3. 수산물가공수협

수산물가공수협의 구역은 정관으로 정한다(법110①). 수산물가공수산업협동

---

3) 제2조(정의) ① 이 법에서 "섬"이란 만조(滿潮) 시에 바다로 둘러싸인 지역을 말한다. 다만, 다음의 어느 하나에 해당하는 지역은 제외한다.
   1. 제주특별자치도 본도(本島)
   2. 방파제 또는 교량 등으로 육지와 연결된 때부터 대통령령으로 정하는 기간이 지난 섬
   ② 제1항 제2호에 해당하는 섬 중 제4조에 따라 지정된 개발대상섬으로서 제6조에 따라 수립된 개발사업이 완료되지 아니한 섬은 예외로 한다.

조합정관(예)에 따르면 경제권 등을 중심으로 수개의 시·도 또는 시·군으로 구역을 정할 수 있다(정관례3).

Ⅳ. 산림조합

1. 지역조합

지역조합의 구역은 특별자치시·특별자치도·시·군·구(구는 자치구를 말하며, 이하 "시·군·구"라 한다)의 구역으로 한다(법13① 본문). 다만, 시·군·구의 구역으로 조직하는 것이 부적당한 경우에는 산림청장의 승인을 받아 따로 구역을 정할 수 있다(법13① 단서).

같은 구역에서는 지역조합을 2개 이상 설립할 수 없다(법13③).

2. 전문조합

전문조합의 구역은 경제권역 또는 주 생산단지를 중심으로 정관으로 정한다(법13②).

같은 구역에서는 전문조합을 2개 이상 설립할 수 없다(법13③).

Ⅴ. 새마을금고

1. 지역금고

지역금고는 동일한 행정구역, 경제권 또는 생활권을 업무구역으로 한다(법2①). 새마을금고 정관(예) 제5조는 지역금고의 업무구역을 규정하고 있다.

「새마을금고 설립인가 처리기준」(행정안전부고시 제2021-22호)에 따르면 지역금고의 업무구역은 시·군·구 단위의 행정구역을 원칙으로 한다. 다만 생활권·경제권이 인접한 경우에는 지역을 관할하는 시장·군수·구청장간 협의를 통해 인접시·군·구의 읍·면·동을 업무구역으로 할 수 있다(제4장).

2. 직장금고

직장금고는 같은 직장을 업무구역으로 한다(법2① 및 법8 참조). 새마을금고

정관(예) 제5조는 직장금고의 업무구역을 규정하고 있다.

「새마을금고 설립인가 처리기준」(행정안전부고시 제2021-22호)에 따르면 직장금고의 업무구역은 직장 사업체 경내로 한다. 다만, 해당 직장 사업체와 협력관계에 있는 인접한 타 직장 사업체 경내까지를 업무구역으로 할 수 있다(제4장).

제5절 진입규제

Ⅰ. 신용협동조합

1. 인가요건

조합 설립의 인가를 받으려는 자는 다음의 요건을 갖추어야 한다(법8①).

(1) 조합원의 수

1조합의 조합원의 수는 100인 이상이어야 한다(법11③).

(2) 최저출자금 요건

출자금 합계액의 최저한도는 다음과 같다(법8①(1), 법14④).

(가) 지역조합

지역조합의 경우에는 주된 사무소의 소재지에 따라 특별시·광역시는 3억원(가목), 특별자치시·시(제주특별자치도 설치 및 국제자유도시 조성을 위한 특별법 제15조 제2항에 따른 행정시를 포함)는 2억원(나목), 군(광역시·특별자치시 또는 시에 속하는 읍·면을 포함)은 5천만원(다목)으로 한다(법8①(1), 법14④(1)).

(나) 직장조합

직장조합의 경우에는 4천만원으로 한다(법8①(1), 법14④(2)).

(다) 단체조합

단체조합의 경우에는 주된 사무소의 소재지에 따라 특별시·광역시는 1억원(가목), 특별자치시·시는 8천만원(나목), 군은 5천만원(다목)으로 한다(법8①(1),

법14④(3)).

(3) 인적 · 물적 시설 요건

조합원의 보호가 가능하고 조합의 사업을 수행하기에 충분한 전문인력과 전산설비 등 물적 시설을 갖추어야 한다(법8①(2)).

(가) 전문인력 요건

인력은 ⅰ) 발기인(발기인이 개인인 경우에 한함) 및 임원이 임원의 결격사유(법28)에 해당되지 아니하고(가목), ⅱ) 임직원은 중앙회장이 실시하는 조합설립에 필요한 교육과정을 이수하고(나목), ⅲ) 금융위원회가 사업수행의 전문성을 고려하여 정하는 요건을 갖춘 인력을 확보(다목)[4]하여야 한다(영11①(1)).

(나) 물적 시설 요건

물적 시설은 ⅰ) 업무 수행에 필요한 공간을 충분히 확보하여야 하고(가목), ⅱ) 중앙회 전산조직과 호환이 가능한 전산조직을 갖추어야(나목) 한다(영11①(2)).

(4) 사업계획의 타당성과 건전성 요건

사업계획이 타당하고 건전하여야 한다(법8①(3)). 즉 ⅰ) 사업계획이 지속적으로 사업을 시행하기에 적합하고 사업개시 후 3년간의 추정재무제표 및 수익전망이 타당성이 있어야 하며(가목), ⅱ) 사업계획의 추진에 소요되는 자본 등 자금의 조달방법이 적정(나목)하여야 한다(영11①(3)).

(5) 발기인 요건

발기인이 충분한 출자능력, 건전한 재무상태 및 사회적 신용을 갖추어야 한다(법8①(4)).

---

4) 상호금융업감독규정 제4조의2(전문인력의 세부요건) 시행령 제11조 제1항 제1호 다목에 따라 조합설립의 인가를 받고자 하는 자는 다음의 어느 하나에 해당하는 자를 임직원으로 확보하여야 한다.
   1. 영위하고자 하는 업무 수행에 필요한 전문교육과정이나 연수과정을 이수하여 상당한 전문지식을 구비한 자
   2. 영위하고자 하는 업무에 5년 이상 근무한 경력이 있는자
   3. 전문 자격증 보유 등 영위하고자 하는 업무 수행에 필요한 전문성이 있다고 볼 수 있는 자

2. 인가절차

(1) 금융위원회의 인가

조합을 설립하려면 조합의 공동유대에 소속된 30인 이상의 발기인이 정관을 작성하여 창립총회의 결의를 받아 신용협동조합중앙회("중앙회")의 회장("중앙회장")을 거쳐 금융위원회의 인가를 받아야 한다(법7①).

창립총회의 의사(議事)는 발기인 대표에게 조합 설립동의서를 회의 개최일 전날까지 제출한 자 과반수의 출석과 출석한 자 3분의 2 이상의 찬성으로 결의한다(법7②).

(2) 인가신청서 제출
(가) 인가신청서 기재사항

조합의 설립인가 신청을 하고자 하는 자는 금융위원회가 정하는 설립인가신청서에 ⅰ) 정관(제1호), ⅱ) 창립총회 의사록(제2호), ⅲ) 사업계획서(제3호), ⅳ) 발기인 대표 및 임원의 이력서(제4호), ⅴ) 법 제7조 제2항의 규정에 의한 설립동의서를 제출한 자의 명부(제5호), ⅵ) 사무소 소재지의 약도(제6호), ⅶ) 발기인회 의사록(제7호), ⅷ) 기타 조합설립에 관련된 사항을 기재한 서류(제8호)를 첨부하여 중앙회장을 거쳐 금융위원회에 제출하여야 한다(법7③, 영10①).

(나) 조합설립이 분할로 인한 경우

조합의 설립이 분할(법55①)로 인한 것인 때에는 창립총회 의사록은 분할을 결의한 총회의 의사록으로 갈음할 수 있다(영10② 전단). 이 경우 분할을 결의한 총회의 의사록에는 설립되는 조합이 승계하는 권리·의무에 관한 결의사항을 기재하여야 한다(영10② 후단).

(다) 중앙회장의 의견 첨부와 금융위원회 제출

중앙회장은 설립인가신청서를 접수한 때에는 의견을 붙여 30일 이내에 금융위원회에 제출하여야 한다(영10③).

(3) 인가신청서 심사
(가) 심사기간, 인가여부 결정 및 통지

금융위원회는 조합 설립에 관한 신청을 받으면 중앙회장으로부터 인가신청서류를 제출받은 경우에는 그 내용을 심사하여 접수한 날부터 60일 이내에 조합의 설립인가 여부를 결정하고, 그 결과와 이유를 지체 없이 신청인에게 알려야 한다(법8② 전단, 영10④). 이 경우 인가하지 아니할 때에는 그 이유를 분명히 밝혀야 한다(법8② 후단).

(나) 심사기간 제외

심사기간을 산정할 때 ⅰ) 인가요건을 충족하는지를 확인하기 위하여 다른 기관 등으로부터 필요한 자료를 제공받는 데에 걸리는 기간(제1호), ⅱ) 설립인가 신청서 또는 첨부서류의 흠결에 대하여 보완을 요구한 경우에는 그 보완기간(제2호), ⅲ) 조합의 설립인가를 받으려는 자의 발기인 및 임원(창립총회에서 선출된 임원)을 상대로 형사소송 절차가 진행되고 있거나 금융위원회, 공정거래위원회, 국세청, 검찰청 또는 금융감독원 등에 의한 조사·검사 등의 절차가 진행되고 있고, 그 소송이나 조사·검사 등의 내용이 인가심사에 중대한 영향을 미칠 수 있다고 인정되는 경우에는 그 소송이나 조사·검사 등의 절차가 끝날 때까지의 기간(제3호)은 심사기간에 산입하지 아니한다(영10⑤).

(다) 인가 의제

금융위원회가 60일 이내에 인가 여부 또는 민원 처리 관련 법령에 따른 처리기간의 연장을 신청인에게 알리지 아니하면 그 기간(민원 처리 관련 법령에 따라 처리기간이 연장 또는 재연장된 경우에는 해당 처리기간)이 끝난 날의 다음 날에 인가를 한 것으로 본다(법8③).

(4) 인가 조건의 부기

금융위원회는 인가에 조건을 붙일 수 있다(법7④).

(5) 인가의 공고

금융위원회는 인가를 하였을 때에는 지체 없이 그 내용을 관보에 공고하고 컴퓨터 통신 등을 이용하여 일반인에게 알려야 한다(법8의2).

3. 인가취소

(1) 취소사유

금융위원회는 조합이 ⅰ) 거짓이나 그 밖의 부정한 방법으로 설립인가를 받은 경우(제1호), ⅱ) 인가내용 또는 인가조건을 위반한 경우(제2호), ⅲ) 업무의 정지기간에 그 업무를 한 경우(제3호), ⅳ) 해당 위반행위의 시정명령을 이행하지 아니한 경우(제4호), ⅴ) 조합원이 1년 이상 계속하여 100인 미만인 경우(제5호), ⅵ) 조합의 출자금 합계액이 1년 이상 계속하여 출자금 합계액의 최저한도(법14④ 각호)의 구분에 따른 금액에 미달한 경우(제6호), ⅶ) 정당한 사유 없이 1년 이상 계속하여 사업을 하지 아니한 경우(제7호), ⅷ) 설립인가를 받은 날부터 6개월 이내에 등기를 하지 아니한 경우(제8호), ⅸ) 금융소비자보호법 제51조 제1항 제4호5) 또는 제5호6)에 해당하는 경우(제9호), ⅹ) 금융소비자보호법 제51조 제2항 각 호 외의 부분 중 대통령령으로 정하는 경우7)(업무의 전부정지를 명하는 경우로 한정)(제10호)의 어느 하나에 해당하는 경우에는 조합의 설립인가를 취소할 수 있다(법85②).

(2) 금융감독원장 및 중앙회장의 보고

금융감독원장 및 중앙회장은 조합에 대한 지도·검사·감독과정에서 설립인가 취소사유가 있음을 알게 된 때에는 즉시 금융위원회에 관련자료를 첨부하여 보고하여야 한다(영21).

(3) 중앙회장의 의견 청취

금융위원회가 업무의 전부정지를 명하거나 설립인가를 취소하려면 중앙회

---

5) 4. 금융위원회의 시정명령 또는 중지명령을 받고 금융위원회가 정한 기간 내에 시정하거나 중지하지 아니한 경우(금융소비자보호법51①(4)).

6) 5. 그 밖에 금융소비자의 이익을 현저히 해칠 우려가 있거나 해당 금융상품판매업등을 영위하기 곤란하다고 인정되는 경우로서 ⅰ) 판매제한·금지명령(금융소비자보호법49②)에 따르지 않은 경우, ⅱ) 1년 이상 계속하여 정당한 사유 없이 영업을 하지 않는 경우, ⅲ) 업무와 관련하여 제3자로부터 부정한 방법으로 금전등을 받거나 금융소비자에게 지급해야 할 금전등을 받는 경우, ⅳ) 6개월 이내의 업무의 전부 또는 일부의 정지, 위법행위에 대한 시정명령, 위법행위에 대한 중지명령, 위법행위로 인하여 조치를 받았다는 사실의 공표명령 또는 게시명령, 기관경고, 기관주의, 영업소의 전부 또는 일부 폐쇄, 수사기관에의 통보, 다른 행정기관에의 행정처분 요구, 경영이나 업무에 대한 개선요구의 조치를 받은 날부터 3년 이내에 3회(금융소비자 보호에 관한 감독규정34②) 이상 동일한 위반행위를 반복한 경우(금융소비자보호법51①(5) 및 영41②).

7) "대통령령으로 정하는 경우"란 [별표 1] 각 호의 경우를 말한다(금융소비자보호법51② 및 같은법 시행령41③). [별표 1]은 금융상품판매업자등 및 그 임직원에 대한 조치 또는 조치요구 기준을 규정하고 있다.

장의 의견을 들어야 한다(법85③).

(4) 인가취소와 청문
금융위원회는 설립인가를 취소하려면 청문을 하여야 한다(법98).

(5) 인가취소의 공고 및 통지
금융위원회는 인가를 취소하였을 때에는 지체 없이 그 내용을 관보에 공고하고 컴퓨터 통신 등을 이용하여 일반인에게 알려야 한다(법8의2).

(6) 인가취소와 해산
조합은 설립인가의 취소 사유가 있을 때에는 해산한다(법54①(4)) 조합은 해산하였을 때에는 14일 이내에 해산등기를 하여야 한다(법54③).

Ⅱ. 농업협동조합

1. 인가요건
조합(지역조합과 품목조합)의 설립인가에 필요한 조합원 수, 출자금 등 인가에 필요한 기준은 다음과 같다(법15① 후단, 영2).

(1) 설립동의자의 수
(가) 지역조합
지역조합(지역농협과 지역축협)의 경우 조합원 자격이 있는 설립동의자(분할 또는 합병에 따른 설립의 경우에는 조합원)의 수가 1천명 이상이어야 한다(영2(1) 가목 전단).

다만, 해당 조합의 구역으로 하는 지역이 특별시 또는 광역시(군은 제외)이거나 섬 발전 촉진법에 따른 섬지역 중 농가호수가 700호 미만인 지역으로서 농림축산식품부장관이 지정·고시하는 지역인 경우에는 300명 이상으로 한다(영2(1) 가목 후단).

(나) 품목조합

품목조합(품목별·업종별 협동조합)의 경우 조합원 자격이 있는 설립동의자의 수가 200명 이상이어야 한다(영2(2) 가목).

(2) 최저출자금 요건

(가) 지역조합

지역조합(지역농협과 지역축협)의 경우 출자금은 조합원 자격이 있는 설립동의자의 출자금납입확약총액(분할 또는 합병에 따른 설립의 경우에는 출자금총액)이 5억원 이상이어야 한다(영2(1) 나목).

(나) 품목조합

품목조합(품목별·업종별 협동조합)의 경우 출자금은 조합원 자격이 있는 설립동의자의 출자금납입확약총액이 3억원 이상이어야 한다(영2(2) 나목).

(3) 발기인회 개최

조합을 설립하려는 발기인은 ⅰ) 명칭(제1호), ⅱ) 구역(제2호), ⅲ) 조합원 또는 회원의 자격(제3호), ⅳ) 조합원 또는 회원의 권리·의무(제4호), ⅴ) 그 밖에 필요한 사항(제5호)을 적은 설립준비서를 작성한 후 발기인회를 개최하여야 한다(시행규칙2①).

발기인회는 정관안과 사업계획서안을 작성하고 가입신청에 관한 사항과 창립총회의 일시 및 장소를 정한 후 설립동의자로부터 가입신청서를 받아야 한다(시행규칙2② 전단). 이 경우 가입신청서를 제출하는 설립동의자에게 창립총회에 관한 사항을 알려야 한다(시행규칙2② 후단).

(4) 창립총회 의결

정관, 사업계획서, 임원의 선출, 그 밖에 설립에 필요한 사항은 창립총회의 의결을 받아야 한다(시행규칙2③).

2. 인가절차

(1) 농림축산식품부장관의 인가

지역농협(지역축협 및 품목조합 포함)을 설립하려면 그 구역에서 20인 이상의 조합원 자격을 가진 자가 발기인이 되어 정관을 작성하고 창립총회의 의결을 거친 후 농림축산식품부장관의 인가를 받아야 한다(법15①).

창립총회의 의사는 개의 전까지 발기인에게 설립동의서를 제출한 자 과반수의 찬성으로 의결한다(법15②).

(2) 인가신청서 제출

(가) 인가신청서 기재사항

조합의 설립인가를 받으려는 자는 설립인가신청서에 ⅰ) 정관(제1호), ⅱ) 창립총회의사록(제2호), ⅲ) 사업계획서(제3호), ⅳ) 임원명부(제4호), ⅴ) 조합원의 자격과 조합의 설립인가기준에 적합함을 증명할 수 있는 서류(제5호), ⅵ) 분할 또는 합병을 의결한 총회의사록 또는 조합원투표록(분할 또는 합병에 따른 설립의 경우만 해당하며, 신설되는 조합이 승계하여야 할 권리·의무의 범위가 의결사항으로 적혀 있어야 한다)(제6호)을 첨부하여 농림축산식품부장관에게 제출하여야 한다(영3).

이 경우는 중앙회장의 경유 절차가 없다.

(나) 신청 거부자의 사유서 첨부

발기인 중 설립인가의 신청을 할 때 이를 거부하는 자가 있으면 나머지 발기인이 신청서에 그 사유서를 첨부하여 신청할 수 있다(법15③).

(3) 인가신청서 심사

(가) 인가 제한 사유

농림축산식품부장관은 설립인가 신청을 받으면 ⅰ) 설립인가 구비서류가 미비된 경우(제1호), ⅱ) 설립의 절차, 정관 및 사업계획서의 내용이 법령을 위반한 경우(제2호), ⅲ) 그 밖에 설립인가 기준에 미치지 못하는 경우(제3호) 외에는 인가하여야 한다(법15④).

(나) 심사기간과 인가 여부 통지

농림축산식품부장관은 인가의 신청을 받은 날부터 60일 이내에 인가 여부를 신청인에게 통지하여야 한다(법15⑤).

(다) 인가 의제

농림축산식품부장관이 정한 60일의 기간 내에 인가 여부 또는 민원처리 관련 법령에 따른 처리기간의 연장을 신청인에게 통지하지 아니하면 그 기간(민원 처리 관련 법령에 따라 처리기간이 연장 또는 재연장된 경우에는 해당 처리기간)이 끝난 날의 다음 날에 인가를 한 것으로 본다(법15⑥).

3. 인가취소

(1) 취소사유

농림축산식품부장관은 조합등이 ⅰ) 설립인가일부터 90일을 지나도 설립등기를 하지 아니한 경우(제1호), ⅱ) 정당한 사유 없이 1년 이상 사업을 실시하지 아니한 경우(제2호), ⅲ) 2회 이상 위법행위에 대한 행정처분(법164①)을 받고도 시정하지 아니한 경우(제3호), ⅳ) 업무정지 기간에 해당 업무를 계속한 경우(제4호), ⅴ) 조합등의 설립인가기준에 미치지 못하는 경우(제5호), ⅵ) 조합등에 대한 감사나 경영평가의 결과 경영이 부실하여 자본을 잠식한 조합등으로서 제142조(중앙회의 지도) 제2항, 제146조(회원에 대한 감사 등) 또는 제166조(경영지도)의 조치에 따르지 아니하여 조합원(조합공동사업법인 및 연합회의 경우에는 회원) 및 제3자에게 중대한 손실을 끼칠 우려가 있는 경우(제6호), ⅶ) 거짓이나 그 밖의 부정한 방법으로 조합등의 설립인가를 받은 경우(제7호)에 해당하게 되면 회장 및 사업전담대표이사등의 의견을 들어 설립인가를 취소할 수 있다(법167① 본문). 다만, 위 ⅳ)와 ⅶ)에 해당하면 설립인가를 취소하여야 한다(법167① 단서).

(2) 인가취소와 청문

농림축산식품부장관은 설립인가를 취소하려면 청문을 하여야 한다(법169).

(3) 인가취소의 공고

농림축산식품부장관은 조합등의 설립인가를 취소하면 즉시 그 사실을 공고하여야 한다(법167②).

(4) 인가취소와 해산

조합은 설립인가의 취소 사유가 있을 때에는 해산한다(법82(4), 법107, 법112). 농림축산식품부장관은 설립인가의 취소로 인한 해산등기를 촉탁하여야 한다(법97④, 법107, 법112).

Ⅲ. 수산업협동조합

1. 인가요건

조합의 설립인가 기준은 다음과 같다(법16①, 영12 본문).

(1) 설립동의자의 수
(가) 지구별조합

조합원 자격이 있는 설립동의자(합병 또는 분할에 따른 설립의 경우에는 조합원)의 수가 구역에 거주하는 조합원 자격자의 과반수로서 최소한 200명 이상이어야 한다(영12(1) 가목).

(나) 업종별조합 및 수산물가공조합

조합원 자격이 있는 설립동의자의 수가 구역에 거주하는 조합원 자격자의 과반수이어야 한다(영12(2) 가목). 업종별조합 및 수산물가공조합의 경우는 최저 조합원 수의 제한이 없다.

(2) 최저출자금 요건
(가) 지구별조합

조합원 자격이 있는 설립동의자의 출자금납입확약총액(합병 또는 분할에 따른 설립의 경우에는 출자금총액)이 3억원 이상이어야 한다(영12(1) 다목).

(나) 업종별조합 및 수산물가공조합

조합원 자격이 있는 설립동의자의 출자금납입확약총액이 2억원 이상이어야 한다(영12(2) 다목).

2. 인가절차

(1) 해양수산부장관의 인가

지구별수협을 설립하려면 해당 구역(시·군의 행정구역에 따른다)의 조합원 자격을 가진 자 20인 이상이 발기인이 되어 정관을 작성하고 창립총회의 의결을 거친 후 해양수산부장관의 인가를 받아야 한다(법16①). 지구별수협의 경우 중앙회장 경유 절차가 없다.

창립총회의 의사는 개의 전까지 발기인에게 설립동의서를 제출한 자 과반수의 찬성으로 의결한다(법16②).

(2) 인가신청서 제출

발기인이 조합의 설립인가를 받으려고 할 때에는 설립인가신청서에 ⅰ) 정관(제1호), ⅱ) 처음 연도 및 다음 연도의 사업계획서와 수지예산서(제2호), ⅲ) 창립총회의 의사록(제3호), ⅳ) 임원 명부(제4호), ⅴ) 해당 조합이 설립인가 기준에 적합함을 증명하는 서류(제5호), ⅵ) 합병 또는 분할을 의결한 총회 의사록 또는 조합원 투표록(수산물가공수협의 경우는 제외하며, 의사록 및 투표록에는 신설되는 조합이 승계하여야 할 권리·의무의 범위가 적혀 있어야 한다)(제6호), ⅶ) 조합구역의 어업자 또는 수산물가공업자의 명단과 조합 가입에 동의한 사람의 동의서 및 그 실태조서(성명, 주소·거소 또는 사업장 소재지, 어업 또는 수산물가공업의 종류, 어업의 기간 또는 가공 기간, 어획고 또는 제품 생산량, 보유 선박 수·톤수 또는 시설 규모 및 종사자 수를 적어야 한다)(제7호)를 첨부하여 해양수산부장관에게 제출하여야 한다(영13).

지구별수협의 경우 중앙회장 경유 절차가 없다.

(3) 인가신청서 심사
(가) 인가 제한 사유

해양수산부장관은 지구별수협의 설립인가 신청을 받으면 ⅰ) 설립인가 구비서류를 갖추지 못한 경우(제1호), ⅱ) 설립의 절차, 정관 및 사업계획서의 내용이 법령을 위반한 경우(제2호), ⅲ) 그 밖에 설립인가기준에 미달된 경우(3호)를 제외하고는 인가하여야 한다(법16③).

(나) 심사기간과 인가 여부 통지

해양수산부장관은 지구별수협의 설립인가 신청을 받은 날부터 60일 이내에 인가 여부를 신청인에게 통지하여야 한다(법16④).

(다) 인가 의제

해양수산부장관이 60일의 기간 내에 인가 여부 또는 민원 처리 관련 법령에 따른 처리기간의 연장 여부를 신청인에게 통지하지 아니하면 그 기간(민원 처리 관련 법령에 따라 처리기간이 연장 또는 재연장된 경우에는 해당 처리기간)이 끝난 날의 다음날에 인가를 한 것으로 본다(법16⑤).

3. 인가취소

(1) 취소사유

해양수산부장관은 조합등이 ⅰ) 설립인가일부터 90일이 지나도 설립등기를 하지 아니한 경우(제1호), ⅱ) 정당한 사유 없이 1년 이상 사업을 하지 아니한 경우(제2호), ⅲ) 2회 이상 법령 위반에 대한 조치(법170)를 받고도 시정하지 아니한 경우(제3호), ⅳ) 조합등의 설립인가기준에 미달하게 된 경우(제4호), ⅴ) 조합등에 대한 감사 또는 경영평가의 결과 경영이 부실하여 자본을 잠식한 조합등으로 제142조(중앙회의 지도) 제2항, 제146조 제3항 각 호 또는 제172조(경영지도)에 따른 조치에 따르지 아니하여 조합원 또는 제3자에게 중대한 손실을 끼칠 우려가 있는 경우(제5호)에는 중앙회 회장의 의견을 들어 설립인가를 취소할 수 있다(법173①).

(2) 인가취소와 청문

해양수산부장관은 설립인가의 취소를 하려면 청문을 하여야 한다(법175(2)).

(3) 인가취소의 공고

해양수산부장관은 조합등의 설립인가를 취소하였을 때에는 즉시 그 사실을 공고하여야 한다(법173②).

(4) 인가취소와 해산

조합은 설립인가의 취소 사유가 있을 때에는 해산한다(법84(5), 법108, 법113). 해양수산부장관은 설립인가를 취소하였을 때에는 지체 없이 해산등기를 촉탁하여야 한다(법98④, 법108, 법113).

Ⅳ. 산림조합

1. 인가요건

조합을 설립하는 경우 조합원의 수, 출자금 등 인가에 필요한 기준은 다음과 같다(법14①, 영4).

(1) 설립동의자의 수
(가) 지역조합

조합원의 자격이 있는 설립동의자(분할 또는 합병에 의한 설립의 경우에는 조합원)의 수가 1천인 이상이어야 한다(영4(1) 가목 본문). 다만, 해당 조합의 구역으로 하는 지역이 특별시 또는 광역시(군은 제외)이거나 섬 발전 촉진법에 따른 섬지역인 경우에는 300인 이상으로 한다(영4(1) 가목 단서).

(나) 전문조합

조합원의 자격이 있는 설립동의자의 수가 200인 이상이어야 한다(영4(2) 가목).

(2) 최저출자금 요건
(가) 지역조합

조합원의 자격이 있는 설립동의자의 출자금납입확약총액(분할 또는 합병에 의한 설립의 경우에는 출자금총액)이 1억원 이상이어야 한다(영4(1) 나목 본문). 다만, 해당 조합의 구역으로 하는 지역이 섬 발전 촉진법에 따른 섬지역인 경우에는 1천만원 이상으로 한다(영4(1) 나목 단서).

(나) 전문조합

조합원의 자격이 있는 설립동의자의 출자금납입확약총액이 1억원 이상이어야 한다(영4(2) 나목).

(3) 발기인회 개최

조합을 설립하고자 하는 발기인은 명칭, 구역, 조합원의 자격, 조합원의 권리·의무, 기타 필요한 사항을 기재한 설립준비서를 작성한 후 발기인회를 개최하여야 한다(영5①).

발기인회는 정관안과 사업계획서안을 작성하고 설립동의서의 제출에 관한 사항과 창립총회의 일시 및 장소를 정한 후 설립동의자로부터 설립동의서를 받아야 한다(영5② 전단). 이 경우 설립동의서를 제출하는 설립동의자에 대하여는 창립총회에 관한 사항을 통지하여야 한다(영5② 후단).

(4) 창립총회 의결

정관, 사업계획서 및 수지예산서, 임원의 선출, 기타 설립에 필요한 사항은 창립총회의 의결을 얻어야 한다(영5③).

2. 인가절차

(1) 시·도지사의 인가

조합을 설립하려면 해당 구역의 30인 이상의 조합원 자격을 가진 자가 발기인이 되어 정관을 작성하고 창립총회의 의결을 받은 후 시·도지사(전문조합의 경우에는 주된 사무소 소재지의 시·도지사)의 인가를 받아야 한다(법14① 전단). 산림조합의 경우 중앙회장 경유 절차가 없다.

창립총회의 의사는 개의 전까지 발기인에게 설립동의서를 제출한 자 과반수의 찬성으로 의결한다(법14②).

(2) 인가신청서 제출

(가) 인가신청서 기재사항

조합의 설립인가를 받고자 하는 자는 설립인가신청서에 ⅰ) 정관(제1호), ⅱ) 창립총회의사록(제2호), ⅲ) 사업계획서(제3호), ⅳ) 임원명부(제4호), ⅴ) 조합원자격과 설립인가기준에 적합함을 증명할 수 있는 서류(제5호), ⅵ) 분할 또는 합병을 의결한 총회의사록 또는 조합원투표록(분할 또는 합병에 의한 설립의 경우에 한하며, 신설되는 조합이 승계하여야 할 권리·의무의 범위가 의결사항으로 기재되어 있어야 한다)(제6호)을 첨부하여 특별시장·광역시장·특별자치시장·도지사 및 특별자치도지사("시·도지사")에게 신청하여야 한다(영6).

(나) 신청 거부자의 사유서 첨부

발기인 중 설립인가의 신청을 거부하는 자가 있을 때에는 나머지 발기인이 신청서에 그 사유서를 첨부하여 신청할 수 있다(법14③).

(3) 인가신청서 심사

(가) 인가 제한 사유

시·도지사는 조합의 설립인가 신청을 받았을 때에는 ⅰ) 설립인가기준에 미치지 못하였을 때(제1호), ⅱ) 설립절차, 정관 및 사업계획서의 내용이 법령을 위반하였을 때(제2호), ⅲ) 설립인가에 필요한 구비서류를 갖추지 못하였을 때(제3호)를 제외하고는 인가하여야 한다(법14④).

(나) 심사기간과 인가 여부 통지

시·도지사는 조합 설립인가의 신청을 받은 날부터 60일 이내에 인가 여부를 신청인에게 통지하여야 한다(법14⑤).

(다) 인가 의제

시·도지사는 60일 이내에 인가 여부 또는 민원 처리 관련 법령에 따른 처리기간의 연장을 신청인에게 통지하지 아니하면 그 기간(민원 처리 관련 법령에 따라 처리기간이 연장 또는 재연장된 경우에는 해당 처리기간)이 끝난 날의 다음 날에 인가를 한 것으로 본다(법14⑥).

3. 인가취소

(1) 취소사유

산림청장 또는 시·도지사는 조합등이 ⅰ) 설립인가일부터 90일이 지나도 설립등기를 하지 아니한 때(제1호), ⅱ) 정당한 사유 없이 1년 이상 사업을 실시하지 아니한 때(제2호), ⅲ) 두 차례 이상 위법행위에 대한 행정처분(법125)을 받고도 시정하지 아니하였을 때(제3호), ⅳ) 조합등의 설립인가 기준에 미치지 못하게 되었을 때(제4호), ⅴ) 조합등에 대한 감사 또는 경영평가 결과 경영이 부실하여 자본을 잠식한 조합등으로서 제117조 제2항, 제121조 또는 제126조의 조치에 따르지 아니하여 조합원(제86조의3에 따른 조합공동사업법인의 경우에는 회원) 및 제3자에게 중대한 손실을 끼칠 우려가 있을 때(제5호)에 해당하게 되었을 때에는 회장의 의견을 들어 그 설립인가를 취소하거나 합병을 명할 수 있다(법127①).

(2) 인가취소와 청문

산림청장 또는 시·도지사는 설립인가를 취소하려면 청문을 하여야 한다(법128).

(3) 인가취소의 공고

산림청장 또는 시·도지사는 조합등의 설립인가를 취소하였을 때에는 즉시 그 사실을 공고하여야 한다(법127②).

(4) 인가취소와 해산

조합은 설립인가의 취소 사유가 있을 때에는 해산한다(법67(4)). 시·도지사는 설립인가의 취소로 인한 해산등기를 촉탁하여야 한다(법81④).

Ⅴ. 새마을금고

1. 인가요건

새마을금고 설립의 인가를 받으려는 자는 다음과 같은 요건을 모두 갖추어야 한다(법7의2①).

(1) 회원수

한 금고의 회원 수는 100명 이상으로 한다(법9②).

(2) 최저출자금 요건

일정한 금액 이상의 출자금을 보유하여야 한다(법7의2①(1)). 이에 따른 출자금은 회원의 자격이 있는 설립동의자(100명 이상)가 납입한 출자금의 총액(합병에 따른 설립의 경우에는 출자금 총액)으로 하되, 다음의 구분에 따른 기준에 맞아야 한다(영4①).

(가) 지역금고

지역금고의 경우 ⅰ) 주된 사무소가 특별시 또는 광역시에 소재하는 경우: 5억원 이상(가목), ⅱ) 주된 사무소가 시(지방자치단체가 아닌 시를 포함)에 소재하는 경우: 3억원 이상(나목), ⅲ) 주된 사무소가 읍·면(광역시 또는 시에 설치된 읍·면을 포함)에 소재하는 경우: 1억원 이상(다목)의 출자금을 보유하여야 한다(영4①(1)).

(나) 지역금고 외의 금고

지역금고 외의 금고의 경우 1억원 이상의 출자금을 보유하여야 한다(영4①(2)).

(3) 인적·물적 시설 요건

회원의 보호가 가능하고 금고의 사업을 수행하기에 충분한 전문인력과 전산설비 등 물적 시설을 갖추고 있어야 한다(법7의2①(2)).

(가) 전문인력 요건

전문인력은 ⅰ) 임원이 법 제21조(임원의 결격 사유)에 따른 결격 사유에 해당하지 아니하여야 하고(제1호), ⅱ) 새마을중앙회("중앙회")가 실시하는 금고 설립에 필요한 교육과정 또는 이와 동등하다고 인정되는 교육과정을 이수한 사람을 임직원으로 확보(제2호)하여야 한다(영4②).

(나) 물적 시설 요건

물적 시설은 ⅰ) 업무 수행에 필요한 공간을 확보하여야 하고(제1호), ⅱ) 업무 수행에 필요한 전산설비(중앙회 전산설비와 호환이 가능하여야 한다)를 갖추어야(제2호) 한다(영4③).

(4) 사업계획의 타당성과 건전성 요건

사업계획이 타당하고 건전하여야 한다(법7의2①(3)). 따라서 ⅰ) 사업계획이 지속적으로 사업을 시행하기에 적합하고 사업개시 후 3년간의 추정재무제표와 수익 전망이 타당하여야 하고(제1호), ⅱ) 사업계획의 추진에 필요한 자금의 조달 방법이 적정하여야 하며(제2호), ⅲ) 지역경제 활성화 및 지역사회 공헌 등 지역공동체 발전에 이바지(제3호)할 수 있어야 한다(영4④).

(5) 발기인 요건

발기인이 충분한 출자능력, 건전한 재무상태 및 사회적 신용을 갖추어야 한다(법7의2①(4)). 따라서 발기인(개인인 경우로 한정)은 법 제21조(임원의 결격 사유)에 따른 임원의 결격 사유에 해당하지 아니하여야 한다(영4⑤).

2. 인가절차

(1) 특별자치시장 · 특별자치도지사 또는 시장 · 군수 · 구청장의 인가

금고는 50명 이상의 발기인이 중앙회장("회장")이 정하는 정관례에 따라 정관을 작성하여 창립총회의 의결을 거친 뒤에 회장을 거쳐 특별자치시장 · 특별자치도지사 또는 시장 · 군수 · 구청장(구청장은 자치구의 구청장)의 인가를 받아 그 주된 사무소의 소재지에서 설립등기를 함으로써 성립한다(법7①).

창립총회의 의사(議事)는 발기인에게 금고 설립 동의서를 개의(開議) 전까지 제출한 자 과반수의 출석과 출석자 3분의 2 이상의 찬성으로 의결한다(법7②).

인가절차(인가신청서 제출 등)에 대해서는 행정안전부의 「새마을금고 설립인가 처리기준」이 규정하고 있다.

(2) 창립총회의 공고 · 의결사항
(가) 창립총회 개최 및 공고

금고를 설립하려는 발기인은 정관안과 사업계획안을 작성하고, ⅰ) 창립총회의 일시 및 장소(제1호), ⅱ) 회원의 자격(제2호), ⅲ) 창립총회에 부칠 사항(제3호)을 15일 이상 공고한 후 창립총회를 개최하여야 한다(영2①).

공고는 금고의 주된 사무소 게시판에 게시하는 방법으로 한다(영2②).

(나) 창립총회의 의결

정관안, 사업계획안, 임원의 선임, 설립경비에 관한 사항 등 설립에 필요한 사항은 창립총회의 의결을 얻어야 한다(영2③).

(3) 인가신청서 제출
(가) 인가신청서 첨부서류

발기인이 금고의 설립인가를 받으려는 때에는 설립인가 신청서에 ⅰ) 정관(제1호), ⅱ) 창립총회 의사록 사본(제2호), ⅲ) 사업계획서(제3호), ⅳ) 발기인 대표와 임원의 이력서 및 취임승낙서(제4호), ⅴ) 금고 설립 동의서를 제출한 자의 명부(제5호)를 첨부하여 중앙회장("회장")을 거쳐 특별자치시장·특별자치도지사 또는 시장·군수·구청장(자치구의 구청장을 말한다. 이하 같다)에게 설립인가 신청을 해야 한다(영3①).

금고의 설립이 합병으로 인한 것이면 첨부서류 외에 그 설립되는 금고가 승계할 권리·의무의 범위를 의결한 합병총회의 의사록 사본을 첨부하여야 한다(영3②).

(나) 중앙회장의 인가신청서 제출기한

회장은 설립인가 신청서를 받은 날부터 30일 이내에 의견을 붙여 특별자치시장·특별자치도지사 또는 시장·군수·구청장에게 제출해야 한다(영3③).

(4) 인가신청서 심사기간과 인가 여부 통지

특별자치시장·특별자치도지사 또는 시장·군수·구청장은 제3항에 따라 회장으로부터 설립인가 신청서를 받은 날부터 60일 이내에 인가 여부를 신청인에게 알려야 한다(영3④).

(5) 설립인가서의 발급

금고의 설립인가권자는 금고의 설립을 인가하면 신청인에게 [별지 제2호서식]에 따른 설립인가서를 발급하여야 한다(시행규칙3).

3. 인가취소

(1) 취소사유

특별자치시장·특별자치도지사 또는 시장·군수·구청장은 금고가 ⅰ) 설립인가를 받은 날부터 90일이 지나도록 설립등기를 하지 아니한 경우(제1호), ⅱ) 거짓이나 그 밖의 부정한 방법으로 설립인가를 받은 경우(제2호), ⅲ) 설립인가의 요건을 갖추지 못하게 된 경우(제3호), ⅳ) 회원이 1년 이상 계속하여 100명 미만인 경우(제4호), ⅴ) 정당한 사유 없이 1년 이상 계속하여 사업을 시행하지 아니한 경우(제5호), ⅵ) 임직원에 대한 제재처분(제74조의2) 및 제74조의3 제1항에 따른 조치(제79조 제7항에 따라 준용되는 경우를 포함) 등을 이행하지 아니한 경우(제6호), ⅶ) 제79조 제6항에 따른 합병 권고를 받은 날부터 6개월 내에 총회의 의결을 거치지 아니한 경우(제7호)에는 새마을금고의 설립인가를 취소할 수 있다(법74의3② 본문). 다만, 위 ⅱ)의 경우에는 취소하여야 한다(법74의3② 단서).

(2) 중앙회장의 의견 청취

특별자치시장·특별자치도지사 또는 시장·군수·구청장이 설립인가를 취소하려면 중앙회장의 의견을 들어야 한다(법74의3③).

(3) 중앙회장의 인가취소 요청

회장은 금고가 인가취소 사유에 해당하는 경우에는 특별자치시장·특별자치도지사 또는 시장·군수·구청장에게 해당 금고의 설립인가 취소를 요청하여야 한다(법74의3④).

(4) 인가취소의 공고

특별자치시장·특별자치도지사 또는 시장·군수·구청장은 금고의 설립인가를 취소한 경우에는 즉시 그 사실을 공고하여야 한다(법74의3⑤).

(5) 인가취소와 청문

특별자치시장·특별자치도지사 또는 시장·군수·구청장이 설립인가를 취소하려면 미리 그 처분의 상대방 또는 그 대리인에게 의견을 진술할 기회를 주어야 한다(법83 본문). 다만, 그 처분의 상대방 또는 그 대리인이 정당한 사유 없이 이에 응하지 아니하거나 주소불명 등으로 의견 진술의 기회를 줄 수 없는 경우에는 그러하지 아니하다(법83 단서).

(6) 인가취소와 해산

새마을금고는 설립인가의 취소사유가 있을 때에는 해산한다(법36(4)).

조합원

제1절 자격

Ⅰ. 신용협동조합

1. 원칙: 공동유대에 소속된 자

조합원은 조합의 공동유대에 소속된 자로서 제1회 출자금을 납입한 자로 한다(법11①). 이에 의한 조합원의 자격은 다음과 같다(영13①).

(1) 지역조합

정관이 정하는 공동유대안에 주소나 거소가 있는 자(단체 및 법인 포함) 및 공동유대안에서 생업에 종사하는 자이다(영13①(1)). 2 이상의 지역조합 가입이 가능하다.

(2) 직장조합

정관이 정하는 직장에 소속된 자(단체 및 법인 포함)이다(영13①(2)). 직장조합은 직장의 지점·자회사·계열회사 및 산하기관을 포함할 수 있다(영12①(2)).

(3) 단체조합

정관이 정하는 단체에 소속된 자(단체 및 법인 포함)이다(영13①(2)). 여기서 단체는 ⅰ) 교회·사찰 등의 종교단체, ⅱ) 시장상인단체, ⅲ) 구성원 간에 상호 밀접한 협력관계가 있는 사단법인, ⅳ) 국가로부터 공인된 자격 또는 면허 등을 취득한 자로 구성된 같은 직종단체로서 법령에 의하여 인가를 받은 단체를 말한다(영12①(3))

2. 예외: 공동유대에 소속되지 아니한 자

조합은 조합의 설립목적 및 효율적인 운영을 저해하지 아니하는 범위에서 해당 공동유대에 소속되지 아니한 자 중 ⅰ) 조합원의 가족(배우자 및 세대를 같이 하는 직계존·비속)(제1호), ⅱ) 조합의 합병 또는 분할, 계약이전, 조합의 공동유대의 범위조정 또는 종류전환으로 인하여 조합의 공동유대에 해당하지 아니하게 된 자(제1의2호), ⅲ) 단체 사무소의 직원 및 그 가족(제2호), ⅳ) 조합의 직원 및 그 가족(제3호), ⅴ) 조합이 소속한 당해 직장(당해 직장안의 단체 포함)(제4호), ⅵ) 같은 직종단체를 공동유대로 하는 조합의 경우에는 조합원이 그 직종과 관련하여 운영하는 사업체의 종업원(제5호)을 조합원에 포함시킬 수 있다(법11②, 영13②).

Ⅱ. 농업협동조합

1. 지역조합

(1) 지역농협
(가) 농업인

조합원은 지역농협의 구역에 주소, 거소나 사업장이 있는 농업인이어야 하며, 2개 이상의 지역농협에 가입할 수 없다(법19①).

1) 농업인의 범위: 원칙

지역농협의 조합원의 자격요건인 농업인의 범위는 ⅰ) 1천제곱미터 이상의 농지를 경영하거나 경작하는 자(제1호), ii) 1년 중 90일 이상 농업에 종사하는 자(제2호), iii) 누에씨 0.5상자[2만립(粒) 기준상자]분 이상의 누에를 사육하는 자(제3호), iv) [별표 1]에 따른 기준 이상의 가축을 사육하는 자와 그 밖에 축산법 제2조 제1호[1])에 따른 가축으로서 농림축산식품부장관이 정하여 고시하는 기준 이상을 사육하는 자(제4호), v) 농지에서 330제곱미터 이상의 시설을 설치하고 원예작물을 재배하는 자(제5호), vi) 660제곱미터 이상의 농지에서 채소·과수 또는 화훼를 재배하는 자(제6호)이다(영4①).

2) 농업인의 범위: 예외

지역농협의 이사회는 위의 제1항 각 호의 자가 다음 각 호의 어느 하나에 해당하는 경우 조합원의 자격요건인 농업인으로 인정할 수 있다(영4② 전단). 이 경우 그 인정 기간은 다음 각 호의 사유가 발생한 날부터 1년을 초과할 수 없다(영4② 후단).

1. 제1항 제1호 또는 제3호부터 제6호까지의 규정에 따른 농지 또는 농업·축산업 경영에 사용되는 토지·건물 등의 수용이나 일시적인 매매로 제1항 제1호 또는 제3호부터 제6호까지의 요건을 갖추지 못하게 된 경우
2. 제1항 제3호 또는 제4호에 따른 누에나 가축의 일시적인 매매 또는 가축전염병 예방법 제20조에 따른 가축의 살처분으로 제1항 제3호 또는 제4호의 요건을 갖추지 못하게 된 경우
3. 그 밖에 천재지변 등 불가피한 사유로 제1항 각 호의 요건을 일시적으로 충족하지 못하게 된 경우

3) 농업인의 범위에 해당 여부 확인 방법·기준

위의 농업인의 범위에 해당하는지를 확인하는 방법·기준 등에 관하여 필요한 사항은 농림축산식품부장관이 정하여 고시한다(영4③).

농업협동조합법 시행령 제4조 제3항 및 제10조 제3항에 따라 지역조합의 조합원이 조합원의 자격요건인 농업인의 범위에 해당하는지 여부를 확인하는데 필요한 방법과 기준을 정함을 목적으로 농림축산식품부 고시인 「조합원의 자격

---

1) 1. "가축"이란 사육하는 소·말·면양·염소[유산양(乳山羊: 젖을 생산하기 위해 사육하는 염소)을 포함한다. 이하 같다]·돼지·사슴·닭·오리·거위·칠면조·메추리·타조·꿩, 그 밖에 대통령령으로 정하는 동물(動物) 등을 말한다.

요건인 농업인의 확인 방법 및 기준」(농림축산식품부 고시 제2018-7호)이 시행되고 있다. 이 고시 제2조는 농업인 확인 방법 및 기준을, 제3조는 현지실태조사를, 제4조는 농업인의 인정을 규정하고 있다.

(나) 영농조합법인과 농업경영법인

농어업경영체법 제16조(영농조합법인 및 영어조합법인의 설립신고 등) 및 제19조(농업회사법인 및 어업회사법인의 설립신고 등)에 따른 영농조합법인과 농업회사법인으로서 그 주된 사무소를 지역농협의 구역에 두고 농업을 경영하는 법인은 지역농협의 조합원이 될 수 있다(법19②).

(다) 특별시 또는 광역시의 자치구를 구역의 전부 또는 일부로 하는 품목조합

특별시 또는 광역시의 자치구를 구역의 전부 또는 일부로 하는 품목조합은 해당 자치구를 구역으로 하는 지역농협의 조합원이 될 수 있다(법19③).

(2) 지역축협

조합원은 지역축협의 구역에 주소나 거소 또는 사업장이 있는 자로서 축산업을 경영하는 농업인이어야 하며, 조합원은 2개 이상의 지역축협에 가입할 수 없다(법105①).

(가) 원칙: 축산업을 경영하는 농업인의 범위

지역축협의 조합원의 자격요건인 축산업을 경영하는 농업인의 범위는 ⅰ) [별표 3]에 따른 기준 이상의 가축을 사육하는 사람(제1호), ⅱ) 그 밖에 축산법 제2조 제1호에 따른 가축으로서 농림축산식품부장관이 정하여 고시하는 기준 이상을 사육하는 사람(제2호)이다(영10①).

(나) 예외: 축산업을 경영하는 농업인의 범위

지역축협의 이사회는 제1항 각호의 사람이 다음 각호의 어느 하나에 해당하는 경우 조합원의 자격요건인 축산업을 경영하는 농업인으로 인정할 수 있다(영10② 전단). 이 경우 그 인정 기간은 다음 각호의 사유가 발생한 날부터 1년을 초과할 수 없다(영10② 후단).

1. 제1항 제1호 또는 제2호에 따른 축산업 경영에 사용되는 토지·건물 등의 수용이나 일시적인 매매로 제1항 제1호 또는 제2호의 요건을 갖추지 못하게 된 경우

2. 제1항 제1호 또는 제2호에 따른 가축의 일시적인 매매 또는 가축전염병 예방 법 제20조에 따른 가축의 살처분으로 제1항 제1호 또는 제2호의 요건을 갖 추지 못하게 된 경우

3. 그 밖에 천재지변 등 불가피한 사유로 제1항 제1호 또는 제2호의 요건을 일 시적으로 충족하지 못하게 된 경우

(다) 농업인의 범위 확인 방법과 기준

위의 농업인의 범위에 해당하는지를 확인하는 방법·기준 등에 관한 사항은 농림축산식품부장관이 정하여 고시한다(영10③).

2. 품목조합

품목조합의 조합원은 그 구역에 주소나 거소 또는 사업장이 있는 농업인으 로서 정관으로 정하는 자격을 갖춘 자로 한다(법110①).

조합원은 같은 품목이나 업종을 대상으로 하는 2개 이상의 품목조합에 가입 할 수 없다(법110② 본문). 다만, 연작(連作)에 따른 피해로 인하여 사업장을 품목 조합의 구역 외로 이전하는 경우에는 그러하지 아니하다(법110② 단서).

Ⅲ. 수산업협동조합

1. 지구별조합

(1) 어업인

(가) 원칙

조합원은 지구별수협의 구역에 주소·거소 또는 사업장이 있는 어업인이어 야 한다(법20① 본문). 여기서 어업인의 범위는 1년 중 60일 이상 조합의 정관에 서 정하는 어업을 경영하거나 이에 종사하는 사람을 말한다(영14). 따라서 조합 원의 자격 요건인 어업인의 범위는 "1년 중 60일 이상 조합의 정관에서 정하는 어업을 경영하거나 이에 종사하는 사람"을 말한다.

(나) 예외

사업장 외의 지역에 주소 또는 거소만이 있는 어업인이 그 외의 사업장 소 재지를 구역으로 하는 지구별수협의 조합원이 되는 경우에는 주소 또는 거소를

구역으로 하는 지구별수협의 조합원이 될 수 없다(법20① 단서).

(2) 영어조합법인과 어업경영법인

농어업경영체법 제16조(영농조합법인 및 영어조합법인의 설립신고 등) 및 제19조(농업회사법인 및 어업회사법인의 설립신고 등)에 따른 영어조합법인과 어업회사법인으로서 그 주된 사무소를 지구별수협의 구역에 두고 어업을 경영하는 법인은 지구별수협의 조합원이 될 수 있다(법20②).

2. 업종별조합

업종별수협의 조합원은 그 구역에 주소·거소 또는 사업장이 있는 자로서 대통령령으로 정하는 종류의 어업을 경영하는 어업인[2]이어야 한다(법106①). 업종별수협의 조합원 자격을 가진 자 중 단일 어업을 경영하는 자는 해당 업종별수협에만 가입할 수 있다(법106②).

3. 수산물가공조합

수산물가공수협의 조합원은 그 구역에 주소·거소 또는 사업장이 있는 자로서 대통령령으로 정하는 종류의 수산물가공업을 경영하는 자[3]여야 한다(법111).

---

2) "대통령령으로 정하는 종류의 어업"이란 다음의 어업을 말한다(영22). 1. 정치망어업, 2. 외끌이대형저인망어업, 3. 쌍끌이대형저인망어업, 4. 동해구외끌이중형저인망어업, 5. 서남해구외끌이중형저인망어업, 6. 서남해구쌍끌이중형저인망어업, 7. 대형트롤어업, 8. 동해구중형트롤어업, 9. 대형선망어업, 10. 근해자망어업, 11. 근해안강망어업[어선의 규모가 30톤(수산업법 시행령 [별표 2] 비고란의 구톤수에 따른 경우에는 40톤) 이상인 어업으로 한정한다], 12. 근해장어통발어업, 13. 근해통발어업, 14. 기선권현망어업, 15. 잠수기어업, 16. 다음 각 목의 어느 하나에 해당하는 양식방법으로 어류 등(패류 외의 수산동물을 말하며, 이하 이 호에서 "어류등"이라 한다)을 양식하거나 어류등의 종자를 생산하는 어업, 가. 가두리식, 나. 축제식(築堤式), 다. 수조식(水槽式), 라. 연승식(延繩式)·뗏목식, 마. 살포식(撒布式)·투석식(投石式)·침하식(沈下式), 17. 다음 각 목의 어느 하나에 해당하는 양식방법으로 패류를 양식하거나 패류의 종자를 생산하는 어업, 가. 간이식·연승식·뗏목식, 나. 살포식·투석식·침하식, 다. 가두리식, 18. 다음 각 목의 어느 하나에 해당하는 양식방법으로 해조류를 양식하거나 해조류의 종자를 생산하는 어업, 가. 건홍식(建篊式)·연승식, 나. 투석식, 19. 내수면에서 뱀장어 등 수산동식물을 포획·채취하거나 양식·종자 생산하는 어업

3) "대통령령으로 정하는 종류의 수산물가공업을 경영하는 자"란 다음의 어느 하나에 해당하는 자를 말한다(영23).
　1. 수산물냉동·냉장업을 경영하는 자(해당 사업장에서 수산물과 농산물·축산물 또는 임산물을 함께 냉동·냉장하는 경우를 포함)

Ⅳ. 산림조합

1. 지역조합

지역조합은 ⅰ) 해당 구역에 주소 또는 산림이 있는 산림소유자(제1호), ⅱ) 해당 구역에 주소 또는 사업장이 있는 임업인(제2호)을 조합원으로 한다(법18① 본문).

(1) 산림소유자

산림소유자란 정당한 권원에 의하여 산림을 소유하는 자를 말한다(법2(7)). 조합원이 될 수 있는 산림소유자의 최소 산림면적에 대해서는 300제곱미터부터 1천제곱미터까지의 범위에서 정관으로 정한다(법18③).

여기서 "산림"이란 산림자원법 제2조 제1호에 따른 산림을 말한다(법2(5)). 산림자원법 제2조 제1호에 따른 산림이란 ⅰ) 집단적으로 자라고 있는 입목·대나무와 그 토지(가목), ⅱ) 집단적으로 자라고 있던 입목·대나무가 일시적으로 없어지게 된 토지(나목), ⅲ) 입목·대나무를 집단적으로 키우는 데에 사용하게 된 토지(다목), ⅳ) 산림의 경영 및 관리를 위하여 설치한 도로["임도(林道)"라 한다(라목)], ⅴ) 가목부터 다목까지의 토지에 있는 암석지(巖石地)와 소택지(沼澤地: 늪과 연못으로 둘러싸인 습한 땅)(마목)의 어느 하나에 해당하는 것을 말한다(산림자원법2(1) 본문). 다만, 농지, 초지(草地), 주택지, 도로, 과수원, 차밭, 꺾꽂이순 또는 접순의 채취원(採取園), 입목(立木)·대나무가 생육하고 있는 건물 담장 안의 토지, 입목·대나무가 생육하고 있는 논두렁·밭두렁, 입목·대나무가 생육하고 있는 하천·제방·도랑 또는 연못에 있는 입목(立木)·대나무와 그 토지는 제외한다(산림자원법2(1) 단서, 동법 시행령2①).

---

2. 수산물통조림가공업을 경영하는 자(해당 사업장에서 수산물과 농산물·축산물 또는 임산물을 원료로 하거나 함께 혼합하여 통조림 가공을 하는 경우를 포함)
3. 수산물건제품가공업을 경영하는 자(해당 사업장의 공장 면적이 330제곱미터 이상으로 등록되어 있 는 경우만 해당)
4. 해조류가공업을 경영하는 자(해당 사업장의 공장 면적이 200제곱미터 이상으로 등록되어 있는 경우만 해당)

(2) 임업인

임업인이란 임업에 종사하는 자로서 ⅰ) 3헥타르 이상의 산림에서 임업을 경영하는 자(제1호), ⅱ) 1년 중 90일 이상 임업에 종사하는 자(제2호), ⅲ) 임업 경영을 통한 임산물의 연간 판매액이 120만원 이상인 자(제3호), ⅳ) 산림자원법 제16조 제1항 및 같은 법 시행령 제12조 제1항 제1호에 따라 등록된 산림용 종묘 생산업자(제4호), ⅴ) 3백제곱미터 이상의 포지(圃地: 묘목을 생산 및 관리하여 배출하는 곳)를 확보하고 조경수 또는 분재소재를 생산하거나 산채 등 산림부산물을 재배하는 자(제5호), ⅵ) 대추나무 1천제곱미터 이상을 재배하는 자(제6호), ⅶ) 호두나무 1천제곱미터 이상을 재배하는 자(제7호), ⅷ) 밤나무 5천제곱미터 이상을 재배하는 자(제8호), ⅸ) 잣나무 1만제곱미터 이상을 재배하는 자(제9호), ⅹ) 연간 표고자목 20세제곱미터 이상을 재배하는 자(제10호)를 말한다(법2(10), 영2).

여기서 임업이란 임업진흥법 제2조 제1호[4]에 따른 임업과 산림용 종자·묘목 또는 균류(버섯종균을 포함)의 생산업을 말한다(법2(9)).

(3) 2개 이상 지역조합 가입 제한

조합원은 2개 이상의 지역조합의 조합원이 될 수 없다(법18① 단서).

2. 전문조합

전문조합은 그 구역에 주소나 사업장이 있는 임업인으로서 정관으로 정하는 자격을 갖춘 자를 조합원으로 한다(법18② 본문).

(1) 구역 안에 주소나 사업장이 있는 임업인

본조합의 조합원은 본조합의 구역 안에 주소 또는 사업장이 있는 다음의 재배(경영)기준 이상을 재배(경영)하는 자로 한다(산림조합정관(예)13①, 이하 "정관예"). 즉 ⅰ) 종묘 생산업: 산림자원법 제16조 제1항[5] 및 같은 법 시행령 제12조

---

[4] 1. "임업"이란 영림업(산림문화·휴양에 관한 법률과 수목원·정원의 조성 및 진흥에 관한 법률에 따른 자연휴양림, 수목원 및 정원의 조성 또는 관리·운영을 포함한다), 임산물 생산업, 임산물유통·가공업, 야생조수사육업과 이에 딸린 업으로서 농림축산식품부령으로 정하는 업을 말한다.

[5] ① 산림청장이 정하여 고시하는 산림용 종자와 산림용 묘목을 판매할 목적으로 생산하려는 자는 대통령령으로 정하는 기준을 갖추어 특별자치시장·특별자치도지사·시장·군수·구청장에게 등록하여야 한다. 등록한 사항 중 대통령령으로 정하는 중요 사항을 변경하려

제1항 제1호6)에 따라 등록된 산림용 종묘생산업자(제1호), ⅱ) 조경목 생산업: 1
천제곱미터 이상의 포지를 확보하고 조경수 또는 분재소재를 1년 이상 재배한
경력이 있거나, 분재 점포 1백제곱미터 이상을 확보하고 1년 이상 분재를 생산
및 판매한 경력이 있는 자(제2호), ⅲ) 밤 생산업: 밤나무 식재면적 1만제곱미터
이상을 재배하는 자(제3호), ⅳ) 대추 생산업: 대추나무 식재면적 3천제곱미터 이
상을 재배하는 자(제4호), ⅴ) 호도 생산업: 호두나무 식재면적 3천제곱미터 이상
을 재배하는 자(제5호), ⅵ) 잣생산업: 잣나무 식재면적 3만제곱미터 이상을 재배
하는 자(제6호), ⅶ) 표고 생산업: 연간 표고자목 50세제곱미터 이상을 재배하는
자(제7호), ⅷ) 감 생산업: 감나무 식재면적 3천제곱미터 이상을 재배하는 자(제8
호)이다.

(2) 2개 이상 전문조합 가입 제한

조합원은 같은 품목 또는 업종을 대상으로 하는 2개 이상의 전문조합에 가
입할 수 없다(법18② 단서).

Ⅴ. 새마을금고

금고의 회원은 그 금고의 정관으로 정하는 업무구역에 주소나 거소가 있는
자 또는 생업에 종사하는 자로서 출자 1좌 이상을 현금으로 납입한 자로 한다(법
9①).

는 경우에도 또한 같다.
6) 1. 산림용 종묘생산업자: 다음의 어느 하나에 해당하는 자일 것
　　가. 국가기술자격법에 따른 임업종묘기능사 이상의 자격을 가진 사람
　　나. 임업직렬 또는 녹지직렬 공무원으로서 임업 또는 조경분야에서 4년 이상 근무하고
　　　　종묘기술 관계 분야에서 1년 이상 종사한 사람
　　다. 고등교육법 제2조 각 호에 따른 학교의 임업, 원예 또는 조경 분야 학과를 졸업(법
　　　　령에 따라 이와 같은 수준의 학력이 있다고 인정되는 경우를 포함)한 후 종묘기술
　　　　관계 분야에서 1년 이상 종사한 사람
　　라. 초·중등교육법 시행령 제91조에 따른 농업 분야의 특성화고등학교에서 임업 또는
　　　　조경 분야 학과를 졸업한 후 종묘기술 관계 분야에서 2년 이상 종사한 사람
　　마. 가목부터 라목까지의 규정 중 어느 하나에 해당하는 사람을 상시 고용하고 있는
　　　　개인 또는 법인

1. 지역금고

지역금고의 회원은 본 금고의 업무구역 안에 주소나 서소가 있는 자 또는 생업에 종사하는 자(법인·단체에 소속된 자 포함) 중에서 회원으로 가입한 자로 한다(법9①, 정관예8). 또는 지역금고의 회원은 ○○(단체명·시장·상가명)에 소속된 자와 그의 배우자 및 직계혈족인 자 중에서 회원으로 가입한 자로 한다(법9①, 정관예8).

2. 직장금고

직장금고의 회원은 ○○(공공기관명, 법인·조합 등의 직장명)에 소속된 자와 그의 배우자 및 직계혈족이 자 또느 ○○과 협력관계에 있는 법인·단체에 소속된 자 중에서 회원으로 가입한 자로 한다(법9①, 정관예8).

제2절 책임

Ⅰ. 신용협동조합

조합원의 책임은 그 출자액을 한도로 한다(법20).

Ⅱ. 농업협동조합

조합원의 책임은 그 출자액을 한도로 하고(법24①), 조합원은 지역농협의 운영과정에 성실히 참여하여야 하며, 생산한 농산물을 지역농협을 통하여 출하하는 등 그 사업을 성실히 이용하여야 한다(법24②).

Ⅲ. 수산업협동조합

조합원의 책임은 그 출자액을 한도로 하고(법25①), 조합원은 지구별수협의 운영 과정에 성실히 참여하여야 하며, 생산한 수산물을 지구별수협을 통하여 출하하는 등 그 사업을 성실히 이용하여야 한다(법25②).

Ⅳ. 산림조합

조합원의 책임은 그 출자액을 한도로 하고(법20⑥), 조합원은 조합의 운영과정에 성실히 참여하여야 하며, 생산한 임산물을 조합을 통하여 출하하는 등 조합의 사업을 성실히 이용하여야 한다(법20⑦).

Ⅴ. 새마을금고

회원의 책임은 그 출자액을 한도로 한다(법9⑩).

제3절 의결권과 선거권

Ⅰ. 신용협동조합

1. 평등한 의결권과 선거권 보유

조합원은 출자좌수에 관계없이 평등한 의결권과 선거권을 가진다(법19① 본문). 즉 1인 1표제이다.

2. 의결권과 선거권 제한

정관에서 정하는 바에 따라 미성년자 또는 조합원 자격을 유지한 기간이 3개월 미만인 조합원의 의결권과 선거권은 제한할 수 있다(법19① 단서). 신용협동조합 표준정관에 따르면 다음에 해당하는 자, 즉 ⅰ) 민법상 미성년자(제1호), ⅱ) 출자 1좌 미만이 된 조합원(제2호), ⅲ) 계약관계 종료시까지 조합원으로 의제되는 자(제3호), ⅳ) 조합원 자격을 유지한 기간이 3월 미만인 조합원(제4호)은 총회의 성원에 계산하지 않고 의결권과 선거권을 가지지 아니한다(표준정관14① 단서).

3. 의결권과 선거권의 대리 행사

조합원은 대리인으로 하여금 의결권과 선거권을 행사하게 할 수 있다(법19 ② 본문). 다만, 지역 또는 단체를 공동유대로 하는 조합의 조합원은 대리인으로 하여금 선거권을 행사하게 할 수 없다(법19② 단서). 그러나 직장신협의 경우는 선거권을 대리 행사할 수 있다.

이에 따라 조합원 1인이 대리할 수 있는 조합원의 수는 정관에서 정한다(법 19③). 대리인은 의결권과 선거권을 가진 자로 한다(표준정관38②). 총회에 참석하여 의결권 및 선거권을 행사할 수 있는 조합원은 조합에 가입된 조합원으로서 총회 개최 공고일 전일을 기준으로 의결권과 선거권의 제한 사유에 해당하지 아니한 자로 한다(표준정관14②).

4. 대리권의 증명

대리인은 대리권을 증명하는 서면을 조합에 제출하여야 한다(법19④).

Ⅱ. 농업협동조합

1. 평등한 의결권과 선거권 보유

조합원은 출자액의 많고 적음에 관계없이 평등한 의결권 및 선거권을 가진다(법26 전단, 법107①, 법112①).

2. 선거권 제한

선거권은 임원 또는 대의원의 임기만료일(보궐선거 등의 경우 그 선거의 실시 사유가 확정된 날) 전 180일까지 해당 조합의 조합원으로 가입한 자만 행사할 수 있다(법26 후단, 법107①, 법112①).

3. 의결권의 대리 행사

조합원은 대리인에게 의결권을 행사하게 할 수 있다(법27① 전단, 법107①, 법

112①). 이 경우 그 조합원은 출석한 것으로 본다(법27① 후단, 법107①, 법112①).

4. 대리인의 자격

대리인은 다른 조합원 또는 본인과 동거하는 가족(법인 또는 조합의 경우에는 조합원·사원 등 그 구성원)이어야 하며, 대리인이 대리할 수 있는 조합원의 수는 1인으로 한정한다(법27②, 법107①, 법112①).

5. 대리권의 증명

대리인은 대리권을 증명하는 서면을 조합에 제출하여야 한다(법27③, 법107①, 법112①).

Ⅲ. 수산업협동조합

1. 평등한 의결권과 선거권 보유

조합원은 출자금의 많고 적음과 관계없이 평등한 의결권 및 선거권을 가진다(법27 전단, 법108, 법113).

2. 선거권 제한

선거권은 임원 또는 대의원의 임기 만료일(보궐선거 등의 경우에는 그 선거 실시 사유가 확정된 날) 전 180일까지 해당 조합의 조합원으로 가입한 자만 행사할 수 있다(법27 후단, 법108, 법113).

3. 의결권의 대리 행사

조합원은 대리인에게 의결권을 행사하게 할 수 있다(법28① 전단, 법108, 법113). 이 경우 그 조합원은 출석한 것으로 본다(법28① 후단, 법108, 법113).

4. 대리인의 자격

대리인은 ⅰ) 다른 조합원(제1호), ⅱ) 본인과 동거하는 가족(제2호), ⅲ) 제20조 제2항(영어조합법인과 어업회사법인)에 따른 법인의 경우에는 조합원·사원 등 그 구성원(제3호)의 어느 하나에 해당하는 자이어야 하고, 대리인은 조합원 1인만을 대리할 수 있다(법28②, 법108, 법113).

5. 대리권의 증명

대리인은 대리권을 증명하는 서면을 조합에 제출하여야 한다(법28③, 법108, 법113).

Ⅳ. 산림조합

1. 평등한 의결권과 선거권 보유

조합원은 출자액의 다소에 관계없이 평등한 의결권 및 선거권을 가진다(법24 전단).

2. 선거권 제한

선거권은 임원 또는 대의원의 임기만료일(보궐선거 등의 경우에는 그 선거의 실시 사유가 확정된 날) 전 180일까지 해당 조합의 조합원으로 가입한 자만 행사할 수 있다(법24 후단).

3. 의결권의 대리 행사

조합원은 대리인으로 하여금 의결권을 행사하게 할 수 있다(법25① 전단). 이 경우 그 조합원은 출석한 것으로 본다(법25① 후단).

4. 대리인의 자격

대리인은 조합원 또는 본인과 동거하는 가족(법인의 경우에는 사원 등 그 구성원)이어야 하며, 대리인이 대리할 수 있는 조합원의 수는 1명으로 한정한다(법25②).

5. 대리권의 증명

대리인은 대리권을 증명하는 서면을 조합에 제출하여야 한다(법25③).

Ⅴ. 새마을금고

1. 평등한 의결권과 선거권 보유

회원은 출자좌수에 관계없이 평등한 의결권과 선거권을 가진다(법9⑤ 본문).

2. 의결권과 선거권 제한

미성년자 또는 본 금고에 회원으로 가입한 후 6월이 경과되지 아니한 회원은 의결권과 선거권을 가지지 아니한다(법9⑤ 단서, 정관예10① 단서).

3. 의결권의 대리 행사

회원은 다른 회원을 대리인으로 하여 의결권을 행사할 수 있다(법9⑥ 전단). 이 경우 한 회원이 대리할 수 있는 회원의 수는 2명을 초과할 수 없다(법9⑥ 후단).

4. 대리인의 자격

회원은 다른 회원을 대리인으로 하여 그의 의결권을 행사할 수 있다(정관예10② 전단). 이 경우 그 회원은 출석한 것으로 본다(정관예10② 후단). 다만, 제24조의 단서(＝재적회원이 300인을 초과하는 경우에는 151인 이상 출석으로 개의하고 출석회원 과반수의 찬성으로 의결)의 규정에 의하여 개의 및 의결하는 경우에는 그러하지 아니하다(정관예10② 단서).

5. 대리권의 증명

1회원이 대리할 수 있는 회원의 수는 2인 이내로 하고 대리인은 대리권을 증명하는 서면을 금고에 제출하여야 한다(정관예10③).

제4절 준조합원

신용협동조합과 새마을금고는 준조합원 제도가 없다.

Ⅰ. 농업협동조합

1. 준조합원의 자격

조합은 정관으로 정하는 바에 따라 조합의 구역에 주소나 거소를 둔 자로서 그 조합의 사업을 이용함이 적당하다고 인정되는 자를 준조합원으로 할 수 있다 (법20①, 법107①, 법112①).

2. 준조합원의 권리

준조합원은 정관으로 정하는 바에 따라 조합의 사업을 이용할 권리를 가진다(법20③, 법107①, 법112①).

3. 준조합원의 의무

조합은 준조합원에 대하여 정관으로 정하는 바에 따라 가입금과 경비를 부담하게 할 수 있다(법20②, 법107①, 법112①).

Ⅱ. 수산업협동조합

1. 준조합원의 자격

조합은 정관으로 정하는 바에 따라 ⅰ) 조합의 구역에 주소를 둔 어업인이 구성원이 되거나 출자자가 된 해양수산 관련 단체(제1호), ⅱ) 조합의 사업을 이용하는 것이 적당하다고 인정되는 자(제2호)를 준조합원으로 할 수 있다(법21①, 법108, 법113).

2. 준조합원의 권리

준조합원은 정관으로 정하는 바에 따라 조합의 사업을 이용할 권리 및 탈퇴 시 가입금의 환급을 청구할 권리를 가진다(법21③, 법108, 법113).

3. 준조합원의 의무

조합은 준조합원에 대하여 정관으로 정하는 바에 따라 가입금과 경비를 부담하게 할 수 있다(법21②, 법108, 법113).

Ⅲ. 산림조합

1. 준조합원의 자격

조합은 정관으로 정하는 바에 따라 그 조합의 사업을 이용함이 적당하다고 인정되는 자를 준조합원으로 할 수 있다(법19①). 산림조합은 준조합원의 자격요건에 주소 또는 거소 요건이 없다.

2. 준조합원의 권리

준조합원은 정관으로 정하는 바에 따라 조합의 사업을 이용할 권리를 가진다(법19③).

3. 준조합원의 의무

조합은 준조합원에 대하여 정관으로 정하는 바에 따라 가입금 및 경비를 부담하게 할 수 있다(법19②).

출 자

제1절 종류 및 내용

Ⅰ. 신용협동조합

1. 출자금

(1) 출자 1좌 이상 보유

조합원은 출자 1좌 이상을 가져야 한다(법14①).

(2) 출자 1좌의 금액

출자 1좌의 금액은 정관에서 정한다(법14②). 신용협동조합 표준정관에 따르면 "출자 1좌의 금액은 ( )원으로 한다"고 규정(표준정관20①)하여 최소 출자금액을 정관을 통해 정할 수 있도록 하고 있다.

(3) 조합원 1인당 출자한도

조합원 1인의 출자좌수는 총 출자좌수의 10%를 초과할 수 없다(법14③).

조합원 1인당 출자한도는 신협, 농협(정관례), 산림조합(정관례)의 경우 총 출자좌수의 10%이며, 수협은 정관으로 정하며, 새마을금고는 총 출자좌수의 15%

이다.

(4) 현금납입과 상계 금지

조합에 납입할 출자금은 현금으로 납입하여야 하며, 조합에 대한 채권과 상계할 수 없다(법14⑤).

최초의 출자금은 1좌 금액 이상을 일시에 현금으로 납입한다(표준정관21①). 제2회 이후의 출자금은 분납할 수 있으며 배당금은 출자의 납입에 충당할 수 있다(표준정관21②).

(5) 질권설정 금지

조합원의 출자금은 질권의 목적이 될 수 없다(법14⑥).

(6) 출자증서 또는 출자금통장의 교부

조합의 이사장은 조합원이 출자금을 납입한 때에는 ⅰ) 조합의 명칭(제1호), ⅱ) 조합원의 성명 또는 명칭(제2호), ⅲ) 조합가입연월일(제3호), ⅳ) 출자금의 납입연월일과 금액(제4호), ⅴ) 발행연월일(제5호)을 기재한 출자증서 또는 출자금통장에 기명날인하여 이를 조합원에게 교부하여야 한다(시행규칙3①).

2. 출자금의 양도

(1) 출자금의 양도 · 양수

조합원의 출자금은 정관에서 정하는 바에 따라 다른 조합원에게 양도할 수 있다(법15①). 이에 따라 조합원의 출자금은 이사장의 승인을 얻어 다른 조합원에게 양도할 수 있다(표준정관22①).

(2) 권리의무의 승계

출자금의 양수인은 양도인의 권리와 의무를 승계한다(법15②). 이에 따라 출자금의 양수인은 양도인의 재산상의 권리와 의무를 승계한다(표준정관22②).

(3) 출자금의 공유 금지

조합원은 출자금을 공유할 수 없다(법15③).

3. 회전출자 제도 부존재

회전출자는 조합 이용실적에 따라 발생하는 이용고배당을 조합원에게 배당하지 않고 다음 회차 사업을 위해서 출자금으로 전환하는 것을 말하며, 신용협동조합에는 회전출자 제도가 없다.

4. 우선출자 제도 부존재

우선출자란 주식회사의 우선주 개념을 조합에 도입한 것으로 의결권을 부여하지 않는 대신 잉여금 배당에서 우선적 지위를 가지는 것으로 신용협동조합에는 우선출자 제도가 없다.

Ⅱ. 농업협동조합

1. 출자금

(1) 정관이 정하는 좌수 이상의 출자

조합원은 정관으로 정하는 좌수 이상을 출자하여야 한다(법21①, 법107①, 법112①).

지역농협정관례에 의하면 조합원은 20좌 이상의 출자를 한다(지역농협정관례18② 본문). 다만, 법인(영농조합법인 및 농업회사법인으로서 그 주된 사무소를 조합의 구역에 두고 농업을 경영하는 법인)조합원은 100좌 이상을 출자한다(지역농협정관례18② 단서).

(2) 출자 1좌의 금액

출자 1좌의 금액은 균일하게 정하여야 한다(법21②, 법107①, 법112①). 출자 1좌의 금액은 정관으로 정한다(법21③, 법107①, 법112①). 이에 따라 출자 1좌의 금액은 5천원으로 한다(지역농협정관례18①).

(3) 조합원 1인당 출자한도

조합원 1인당 출자한도는 정관으로 정한다(법21③, 법107①, 법112①). 지역농협정관례에 따르면 조합원 1인의 출자는 1만좌를 초과하지 못한다(지역농협정관례18③ 본문). 다만, 조합 총출자좌수의 10% 이내에서는 그러하지 아니하다(지역농협정관례18③ 단서).

(4) 질권설정 금지

조합원의 출자액은 질권의 목적이 될 수 없다(법21④).

(5) 상계 금지

조합원은 출자의 납입 시 지역농협에 대한 채권과 상계할 수 없다(법21⑤).

2. 출자배당금의 출자전환

(1) 배당금의 출자

조합은 정관으로 정하는 바에 따라 조합원의 출자액에 대한 배당 금액의 전부 또는 일부를 그 조합원으로 하여금 출자하게 할 수 있다(법21의3 전단, 법107①, 법112①).

(2) 상계 금지

출자배당금을 출자하는 조합원은 배당받을 금액을 조합에 대한 채무와 상계할 수 없다(법21의3 후단, 법107①, 법112①).

3. 지분의 양도

(1) 지분양도 금지

조합원은 조합의 승인 없이 그 지분을 양도할 수 없다(법23①, 법107①, 법112①).

(2) 비조합원의 지분 양수 조건

조합원이 아닌 자가 지분을 양수하려면 가입신청, 자격심사 등 가입의 예에 따른다(법23②, 법107①, 법112①).

(3) 양수인의 권리의무 승계

지분양수인은 그 지분에 관하여 양도인의 권리의무를 승계한다(법23③, 법107①, 법112①).

(4) 지분공유 금지

조합원의 지분은 공유할 수 없다(법23④, 법107①, 법112①).

4. 회전출자

(1) 사업이용배당금의 재출자

조합은 출자 외에 정관으로 정하는 바에 따라 그 사업의 이용실적에 따라 조합원에게 배당할 금액의 전부 또는 일부를 그 조합원으로 하여금 출자하게 할 수 있다(법22 전단, 법107①, 법112①).

(2) 상계 금지

조합원은 배당받을 금액을 조합에 대한 채무와 상계할 수 없다(법22 후단, 법21의3 후단, 법107①, 법112①).

(3) 출자금 전환 기간

회전출자금은 출자 후 5년이 경과하면 출자금으로 전환한다(지역농협정관례20③, 지역축협정관례20③, 품목조합정관례20③).

5. 우선출자

(1) 서설

(가) 의의

우선출자란 우선적 배당을 받을 목적으로 하는 출자로서 조합원보다 우선적으로 배당을 받는 출자를 말한다.

(나) 제도적 취지

우선출자제도의 도입은 자본조달 능력이 취약한 조합의 현실을 고려하여 자본금의 확충으로 조합의 경영안정과 사업 활성화를 도모하기 위함이다.

(2) 우선출자 발행 등

(가) 우선출자 발행

조합은 자기자본의 확충을 통한 경영의 건전성을 도모하기 위하여 정관으로 정하는 바에 따라 잉여금 배당에서 우선적 지위를 가지는 우선출자를 발행할 수 있다(법21의2, 법147①, 법107②, 법112②).

(나) 우선출자 1좌의 금액과 우선출자의 총액

우선출자 1좌의 금액은 출자 1좌의 금액과 같아야 하며, 우선출자의 총액은 자기자본의 2분의 1을 초과할 수 없다(법21의2, 법147②, 법107②, 법112②).

(다) 의결권과 선거권 불인정

우선출자에 대하여는 의결권과 선거권을 인정하지 아니한다(법21의2, 법147 ③, 법107②, 법112②).

(라) 우선출자에 대한 배당과 배당률

우선출자에 대한 배당은 출자에 대한 배당보다 우선하여 실시하되, 그 배당 률은 정관으로 정하는 최저 배당률과 최고 배당률 사이에서 정기총회에서 정한 다(법21의2, 법147④, 법107②, 법112②).

지역농협정관례에 따르면 우선출자에 대한 배당은 출자에 대한 배당보다 우 선하여 실시하되, 그 배당률은 액면금액의 3% 이상 10% 이하의 범위 안에서 정 기총회에서 정한다(지역농협정관례21④ 본문). 다만, 당해 회계 연도의 이익잉여금 이 우선출자총액의 3%에 해당하는 금액에 미치지 못할 때 또는 우선출자자와 별 도계약에 의할 때에는 달리 정할 수 있다(지역농협정관례21④ 단서).

(마) 우선출자 발행사항의 공고

조합은 우선출자를 발행할 때에는 우선출자의 납입기일 2주 전까지 발행하 려는 우선출자의 내용, 좌수(座數), 발행가액, 납입기일 및 모집방법을 공고하고 출자자 및 우선출자자에게 알려야 한다(영31의2①, 영23).

(3) 우선출자의 청약 등

(가) 우선출자의 청약

우선출자의 청약을 하려는 자는 우선출자청약서에 인수하려는 우선출자의 좌수 및 인수가액과 주소를 적고 기명날인하여야 한다(영31의2①, 영24①).

우선출자청약서의 서식은 조합장이 작성하되, ⅰ) 조합의 명칭(제1호), ⅱ)

출자 1좌의 금액 및 총좌수(제2호), iii) 우선출자 총좌수의 최고한도(제3호), iv) 이미 발행한 우선출자의 종류 및 종류별 좌수(제4호), ⅴ) 조합의 자기자본(제5호), ⅵ) 발행하려는 우선출자의 액면금액, 내용 및 좌수(제6호), vii) 발행하려는 우선출자의 발행가액 및 납입기일(제7호), ⅷ) 우선출자의 매입소각을 하는 경우에는 그에 관한 사항(제8호)이 포함되어야 한다(영31의2①, 영24②).

(나) 우선출자 금액의 납입 등

우선출자의 청약을 한 자는 조합장이 배정한 우선출자의 좌수에 대하여 우선출자를 인수할 수 있다(영31의2①, 영25①). 이에 따라 우선출자를 인수하려는 자는 납입기일까지 우선출자 발행가액의 전액을 납입하여야 한다(영31의2①, 영25②).

우선출자를 인수한 자는 우선출자 발행가액의 납입기일의 다음날부터 우선출자자가 된다(영31의2①, 영25③).

(다) 우선출자증권의 발행 등

1) 우선출자증권의 발행

선출자의 전액납입이 있은 후가 아니면 우선출자증권("증권")을 발행할 수 없다(영31의2①, 영26①). 조합은 우선출자의 납입기일 후 지체 없이 증권을 발행하여야 한다(영31의2①, 영26②).

2) 우선출자증권의 형식

우선출자증권은 기명식으로 한다(영31의2①, 영27).

3) 우선출자증권의 기재사항

증권에는 조합의 명칭, 우선출자의 액면금액, 우선출자의 내용, 증권번호, 발행 연월일, 우선출자 좌수 및 우선출자자의 성명(법인의 경우에는 명칭)을 적고 조합장이 기명날인하여야 한다(영31의2①, 영28).

(라) 우선출자자명부의 비치 및 기재사항

조합은 주된 사무소에 우선출자자명부를 갖춰 두고 증권소유자의 성명과 주소, 증권의 수와 번호, 증권의 취득 연월일을 적어야 한다(영31의2①, 영29).

(마) 우선출자의 매입소각

조합은 이사회의 의결을 거쳐 우선출자를 매입하여 소각할 수 있다(영31의2①, 영30).

(4) 우선출자자의 책임

우선출자자의 책임은 그가 가진 우선출자의 인수가액을 한도로 한다(영31의 2①, 영30의2).

(5) 우선출자의 양도

(가) 양도와 그 효력

우선출자는 양도할 수 있다(영31의2①, 영30의3① 본문). 다만, 증권 발행 전의 양도는 조합에 대하여 효력이 없다(영31의2①, 영30의3① 단서).

(나) 양도방법

우선출자를 양도할 때에는 증권을 내주어야 한다(영31의2①, 영30의3②).

(다) 점유자의 소지인 추정

증권의 점유자는 적법한 소지인으로 추정한다(영31의2①, 영30의3③).

(라) 증권 명의변경의 대항력

증권의 명의변경은 취득자의 성명과 주소를 우선출자자 명부에 등록하고 그 성명을 증권에 적지 아니하면 조합나 그 밖의 제3자에게 대항하지 못한다(영31의 2①, 영30의3④).

(마) 등록질권의 대항력

증권을 질권의 목적으로 하는 경우에는 질권자의 성명과 주소를 우선출자자 명부에 등록하지 아니하면 조합나 그 밖의 제3자에게 대항하지 못한다(영31의2①, 영30의3⑤).

(6) 우선출자자 총회 등

(가) 우선출자자 총회

1) 정관변경

조합은 정관이 변경되어 우선출자자에게 손해를 미치게 되는 경우에는 우선출자자 총회의 의결을 거쳐야 한다(영31의2①, 영30의4①).

2) 의결정족수

우선출자자 총회의 의결은 발행한 우선출자 총좌수의 과반수의 출석과 출석한 출자좌수의 3분의 2 이상의 찬성이 있어야 한다(영31의2①, 영30의4②).

3) 운영사항

우선출자자 총회의 운영 등에 필요한 사항은 정관으로 정한다(영31의2①, 영30의4③).

(나) 통지와 최고

우선출자신청인 또는 우선출자자에 대한 통지나 최고는 따로 그 주소를 조합에 통지한 때를 제외하고는 우선출자청약서 또는 우선출자자명부에 적힌 주소로 한다(영31의2①, 영31).

(다) 우선출자의 금지

조합의 다른 조합에 대한 우선출자는 금지된다(영31의2③(1)).

Ⅲ. 수산업협동조합

1. 출자금

(1) 정관이 정하는 좌수 이상의 출자

조합의 조합원은 정관으로 정하는 계좌 수 이상을 출자하여야 한다(법22①, 법108, 법113).

(가) 지구별수협

지구별수협정관예에 의하면 조합원은 20계좌 이상을 출자하여야 한다(지구별수협정관예19①).

(나) 업종별수협

업종별수협정관예에 의하면 조합원은 100계좌 이상을 출자하여야 한다(업종별수협정관예18①).

(다) 수산물가공수협

수산물가공수협정관예에 의하면 조합원은 200계좌 이상을 출자하여야 한다(수산물가공수협정관예18①).

(2) 출자 1계좌의 금액

출자 1계좌의 금액은 균일하게 정하여야 한다(법22②, 법108, 법113). 출자 1계좌의 금액 및 조합원 1인의 출자계좌 수의 한도는 정관으로 정한다(법22③, 법

108, 법113).

지구별수협, 업종별수협, 수산물가공수협 모두 출자 1계좌의 금액은 10,000 원으로 한다(지구별수협정관예19②, 업종별수협정관예18②, 수산물가공수협정관예18②).

(3) 조합원 1인당 출자한도

지구별수협, 업종별수협, 수산물가공수협 모두 조합원 1인이 가질 수 있는 출자계좌 수의 최고한도는 평균출자계좌 수의 ○○배 이내로 한다(지구별수협정 관예19③, 업종별수협정관예18③, 수산물가공수협정관예18③).

(4) 질권설정 금지

조합원의 출자금은 질권의 목적이 될 수 없다(법22④, 법108, 법113).

(5) 상계 금지

조합원은 조합에 대한 채권과 출자금 납입을 상계할 수 없다(법22⑤, 법108, 법113).

2. 출자배당금의 출자전환

(1) 배당금의 출자

조합은 정관으로 정하는 바에 따라 조합원의 출자액에 대한 배당 금액의 전부 또는 일부를 그 조합원으로 하여금 출자하게 할 수 있다(법22의3 전단, 법108, 법113).

(2) 상계 금지

출자배당금을 출자하는 조합원은 배당받을 금액을 조합에 대한 채무와 상계할 수 없다(법22의3 후단, 법108, 법113).

3. 지분의 양도

(1) 지분양도 금지

조합원은 이사회의 승인 없이 그 지분을 양도할 수 없다(법24①, 법108, 법113).

(2) 비조합원의 지분 양수 조건

조합원이 아닌 자가 지분을 양수할 때에는 수산업협동조합법 또는 정관에서 정하고 있는 가입 신청, 자격 심사 등 조합원 가입에 관한 규정에 따른다(법24②, 법108, 법113).

(3) 양수인의 권리의무 승계

지분의 양수인은 그 지분에 관하여 양도인의 권리·의무를 승계한다(법24③, 법108, 법113).

(4) 지분공유 금지

조합원의 지분은 공유할 수 없다(법24④, 법108, 법113).

4. 회전출자

(1) 사업이용배당금의 재출자

조합은 출자 외에 정관으로 정하는 바에 따라 그 사업의 이용실적에 따라 조합원에게 배당할 금액의 전부 또는 일부를 그 조합원에게 출자하게 할 수 있다(법23 전단, 법108, 법113).

(2) 상계 금지

조합원은 조합에 대한 채권과 출자금 납입을 상계할 수 없다(법23 후단, 법22 ⑤, 법108, 법113).

(3) 출자금 전환 기간

회전출자금은 출자 후 5년이 경과하면 출자금으로 전환한다(지구별수협정관례29③, 업종별수협정관례28③, 수산물가공수협정관례28③).

5. 우선출자

(1) 서설
(가) 의의

우선출자란 우선적 배당을 받을 목적으로 하는 출자로서 조합원보다 우선적으로 배당을 받는 출자를 말한다.

(나) 제도적 취지

우선출자제도의 도입은 자본조달 능력이 취약한 조합의 현실을 고려하여 자본금의 확충으로 조합의 경영안정과 사업 활성화를 도모하기 위함이다.

(2) 우선출자 발행 등

(가) 우선출자 발행

조합은 자기자본의 확충을 통한 경영의 건전성을 도모하기 위하여 조합에 대하여 정관으로 정하는 바에 따라 조합원 또는 임직원 등을 대상으로 잉여금 배당에 관하여 내용이 다른 종류의 우선적 지위를 가지는 우선출자를 하게 할 수 있다(법22의2①, 법147①, 법108, 법113).

(나) 우선출자 1좌의 금액 및 우선출자의 총액

우선출자에 대해서는 정관으로 우선출자의 내용과 계좌 수를 정하여야 한다(법22의2①, 법147②, 법108, 법113).

우선출자 1계좌의 금액은 출자 1계좌의 금액과 같아야 하며, 우선출자의 총액은 자기자본의 2분의 1을 초과할 수 없다(법22의2①, 법147③ 전단). 다만, 국가와 공공단체의 우선출자금에 대하여는 총 출자계좌 수의 제한을 받지 아니한다(법22의2①, 법147③ 후단).

(다) 의결권과 선거권 불인정

잉여금 배당에 우선적 지위를 가지는 우선출자를 한 자("우선출자자")는 의결권과 선거권을 가지지 아니한다(법22의2①, 법147④, 법108, 법113).

(라) 우선출자에 대한 배당률

우선출자의 배당률은 정관으로 정하는 최저 배당률과 최고 배당률 사이에서 정기총회에서 정한다(법22의2①, 법147⑤, 법108, 법113).

(마) 우선출자 발행사항의 공고

조합장은 우선출자를 하게 할 때에는 우선출자의 납입일 2주 전까지 발행하려는 우선출자증권의 내용, 좌수(座數), 발행가액, 납입일 및 모집방법을 공고하고 출자자와 우선출자자에게 알려야 한다(영38의2①, 영31 전단). 이 경우 국가가 우선출자자일 때에는 해양수산부장관에게 알려야 한다(영38의2①, 영31 후단).

(3) 우선출자의 청약 등

(가) 우선출자의 청약

우선출자의 청약을 하려는 자는 우선출자청약서에 인수하려는 우선출자의 좌수 및 인수가액과 주소를 적고 기명날인하여야 한다(영38의2①, 영32①).

우선출자청약서의 서식은 조합장이 정하되, ⅰ) 조합의 명칭(제1호), ⅱ) 출자 1좌의 금액 및 총좌수(제2호), ⅲ) 우선출자 총좌수의 최고한도(제3호), ⅳ) 이미 발행한 우선출자의 종류 및 종류별 좌수(제4호), ⅴ) 우선출자를 발행하는 날이 속하는 연도의 전년도 말 현재의 자기자본(제5호), ⅵ) 발행하려는 우선출자의 액면금액·내용 및 좌수(제6호), ⅶ) 발행하려는 우선출자의 발행가액 및 납입일(제7호), ⅷ) 우선출자의 매입소각을 하는 경우에는 그에 관한 사항(제8호), ⅸ) 우선출자 인수금액의 납입을 취급하는 금융기관(제9호)이 포함되어야 한다(영38의2①, 영32②).

(나) 우선출자 금액의 납입 등

우선출자의 청약을 한 자는 조합장이 배정한 우선출자의 좌수에 대하여 우선출자를 인수할 수 있다(영38의2①, 영33①). 이에 따라 우선출자를 인수하려는 자는 납입일까지 우선출자 발행가액 전액을 납입하여야 한다(영38의2①, 영33②).

우선출자를 인수한 자는 우선출자 발행가액의 납입일의 다음 날부터 우선출자자가 된다(영38의2①, 영33③).

(다) 우선출자의 매입소각

조합은 이사회의 의결을 거쳐 우선출자를 매입하여 소각할 수 있다(영38의2①, 영37).

(라) 우선출자증권의 발행

조합은 우선출자의 납입기일 후 지체 없이 우선출자증권을 발행하여야 한다(법22의2①, 법148, 법108, 법113).

(4) 우선출자자의 책임

우선출자자의 책임은 그가 가진 우선출자의 인수가액을 한도로 한다(법22의2①, 법149, 법108, 법113).

(5) 우선출자의 양도

(가) 양도와 그 효력

우선출자는 이를 양도할 수 있다(법22의2①, 법150① 본문, 법108, 법113). 다만, 우선출자증권 발행 전의 양도는 조합에 대하여 효력이 없다(법22의2①, 법150① 단서, 법108, 법113).

(나) 양도방법

우선출자자는 우선출자를 양도할 때에는 우선출자증권을 내주어야 한다(법22의2①, 법150②, 법108, 법113).

(다) 점유자의 소지인 추정

우선출자증권의 점유자는 그 증권의 적법한 소지인으로 추정한다(법22의2①, 법150③, 법108, 법113).

(라) 증권 명의변경의 대항력

우선출자증권의 명의변경은 그 증권 취득자의 성명과 주소를 우선출자자 명부에 등록하고 그 성명을 증권에 기재하지 아니하면 조합이나 그 밖의 제3자에게 대항하지 못한다(법22의2①, 법150④, 법108, 법113).

(마) 등록질권의 대항력

우선출자증권을 질권의 목적으로 하는 경우에는 질권자의 성명 및 주소를 우선출자자 명부에 등록하지 아니하면 조합이나 그 밖의 제3자에게 대항하지 못한다(법22의2①, 법150⑤, 법108, 법113).

(6) 우선출자자 총회

(가) 설치

조합에 대한 우선출자자로 구성하는 우선출자자총회를 각각 둔다(법22의2①, 법151①, 법108, 법113).

(나) 정관변경

조합은 정관의 변경으로 조합의 우선출자자에게 손해를 입히게 될 사항에 관하여는 각각 우선출자자총회의 의결을 거쳐야 한다(법22의2①, 법151② 전단, 법108, 법113).

(다) 의결정족수

우선출자자총회는 발행한 우선출자자 총 출자계좌 수의 과반수의 출석과 출석한 우선출자자 출자계좌 수의 3분의 2 이상의 찬성으로 의결한다(법22의2①, 법 151② 후단, 법108, 법113).

(라) 운영사항

우선출자자총회의 운영 등에 필요한 사항은 정관으로 정한다(법22의2①, 법 151③, 법108, 법113).

(7) 우선출자의 금지

조합은 중앙회 및 다른 조합을 대상으로 우선출자를 하게 할 수 없다(법22의 2②, 법108, 법113).

Ⅳ. 산림조합

1. 출자금

(1) 정관이 정하는 좌수 이상의 출자

조합원은 정관으로 정하는 계좌 수 이상을 출자하여야 한다(법20①). 이에 따라 조합원은 20계좌 이상의 출자를 하여야 한다(정관예23② 본문). 다만, 법인조 합원은 100계좌 이상을 출자하여야 한다(정관예23② 단서).

(2) 출자 1계좌의 금액

출자 1계좌의 금액은 균일하게 정하여야 한다(법20②). 출자 1계좌의 금액은 정관으로 정한다(법20③). 이에 따라 출자 1계좌의 금액은 5천원으로 한다(정관예 23①).

(3) 조합원 1인당 출자한도

조합원 1명의 출자는 1만계좌를 초과하지 못한다(정관예23③ 본문). 다만, 조 합 총출자계좌 수의 10% 이내에서는 그러하지 아니하다(정관예23③ 단서).

(4) 질권설정 금지

조합원의 출자액은 질권의 목적이 될 수 없다(법20④).

(5) 상계 금지

조합원은 출자액의 납입에 있어서 조합에 대한 채권과 상계할 수 없다(법20⑤).

2. 지분의 양도

(1) 지분양도 금지

조합원은 조합의 승인 없이 그 지분을 양도할 수 없다(법22①).

(2) 비조합원의 지분 양수 조건

조합원이 아닌 자가 지분을 양수하려면 가입신청, 자격심사 등 가입의 예에 따른다(법22②).

(3) 양수인의 권리의무 승계

지분양수인은 그 지분에 관하여 양도인의 권리·의무를 승계한다(법22③).

(4) 지분공유 금지

조합원의 지분은 공유할 수 없다(법22④).

3. 회전출자

(1) 사업이용배당금의 재출자

(가) 원칙

조합은 출자 외에 정관으로 정하는 바에 따라 그 사업의 이용실적에 따라 조합원에게 배당할 금액의 전부 또는 일부를 해당 조합원으로 하여금 출자하게 할 수 있다(법21①). 이에 따라 조합원은 배당되는 매회계연도의 잉여금의 전액을 회전출자하여야 한다(정관례26① 본문).

(나) 예외

출자계좌 수의 최고한도를 초과하는 경우의 그 초과분과 총회에서 회전출자 외의 방법으로 배당하도록 의결하는 경우에는 그러하지 아니하다(정관례26① 단서).

(2) 상계 금지

조합원은 회전출자금의 납입에 있어서 조합에 대한 채권과 상계할 수 없다 (법21②, 법20⑤).

4. 우선출자

(1) 서설
(가) 의의

우선출자란 우선적 배당을 받을 목적으로 하는 출자로서 조합원보다 우선적으로 배당을 받는 출자를 말한다.

(나) 제도적 취지

우선출자제도의 도입은 자본조달 능력이 취약한 조합의 현실을 고려하여 자본금의 확충으로 조합의 경영안정과 사업 활성화를 도모하기 위함이다.

(2) 우선출자 발행 등
(가) 우선출자 발행

조합은 자기자본의 확충을 통한 경영의 건전성을 도모하기 위하여 정관으로 정하는 바에 따라 조합원 외의 자를 대상으로 잉여금 배당에서 우선적 지위를 가지는 우선출자를 하게 할 수 있다(법60의2①).

(나) 우선출자 1좌의 금액 및 우선출자의 총액

우선출자 1계좌의 금액은 출자 1계좌의 금액과 동일하여야 하며, 우선출자의 총액은 자기자본의 2분의 1을 초과할 수 없다(법60의2②). 정관예에 따르면 우선출자 1계좌의 금액은 5,000원으로 한다(정관예26의2②).

(다) 의결권과 선거권 불인정

우선출자자는 의결권 및 선거권을 가지지 아니한다(법60의2③).

(라) 우선출자에 대한 배당률

우선출자에 대한 배당은 조합원에 대한 배당보다 우선하여 실시하되, 그 배당률은 정관으로 정하는 최저배당률과 최고배당률 사이에서 정기총회에서 정한다(법60의2④).

정관례에 따르면 우선출자에 대한 배당률은 액면금액의 5% 이상 15% 이내에서 정기총회에서 정한다(정관예26의2④ 본문). 다만, 해당 회계연도에 잔여

이익잉여금이 최저배당률에 미치지 못할 때에는 달리 정할 수 있다(정관예26의2 ④ 단서).

(마) 우선출자 발행사항의 공고

조합이 우선출자를 하게 하는 때에는 우선출자의 납입기일 2주 전까지 우선출자의 내용·계좌 수·발행가액·납입기일 및 모집방법을 공고하고 출자자 및 우선출자자에게 통지해야 한다(법60의6, 영11의2).

(3) 우선출자의 청약 등

(가) 우선출자의 청약

우선출자의 청약을 하려는 자는 우선출자청약서에 인수하려는 우선출자의 계좌 수 및 인수가액과 주소를 기재하고 기명날인해야 한다(법60의6, 영11의3①).

우선출자청약서의 서식은 조합에서 정하되, i) 조합의 명칭(제1호), ii) 출자 1계좌의 금액 및 총 계좌 수(제2호), iii) 우선출자 총 계좌 수의 최고한도(제3호), iv) 이미 발행한 우선출자의 종류 및 종류별 계좌 수(제4호), v) 우선출자를 발행하는 날이 속하는 연도의 전년도말 현재의 자기자본(제5호), vi) 발행하려는 우선출자의 액면금액·내용 및 계좌 수(제6호), vii) 발행하고자 하는 우선출자의 발행가액 및 납입기일(제7호), viii) 우선출자의 매입소각이 행해지는 경우에는 그에 관한 사항(제8호), ix) 우선출자 인수금액의 납입을 취급하는 금융회사 등(제9호)이 포함되어야 한다(법60의6, 영11의3②).

(나) 우선출자 금액의 납입 등

우선출자의 청약을 한 자는 조합에서 배정한 우선출자의 계좌 수에 대하여 우선출자를 인수할 수 있다(법60의6, 영11의4①). 이에 따라 우선출자를 인수하려는 자는 납입기일까지 우선출자 발행가액의 전액을 납입해야 한다(법60의6, 영11의4②).

우선출자를 인수한 자는 우선출자 발행가액의 납입기일의 다음 날부터 우선출자자가 된다(법60의6, 영11의4③).

(다) 우선출자증권의 발행

조합은 우선출자의 납입기일 후 지체 없이 우선출자증권을 발행하여야 한다(법60의3).

(라) 우선출자의 매입소각

조합은 이사회의 의결을 거쳐 우선출자를 매입하여 이를 소각할 수 있다(법 60의6, 영11의9).

(4) 우선출자자의 책임

우선출자자의 책임은 그가 가진 우선출자의 인수가액을 한도로 한다(법60의 2⑤).

(5) 우선출자의 양도
(가) 양도와 그 효력

우선출자는 양도할 수 있다(법60의4① 본문). 다만, 우선출자증권 발행 전의 양도는 조합에 대하여 효력이 없다(법60의4① 단서).

(나) 양도방법

우선출자를 양도할 때에는 우선출자증권을 내주어야 한다(법60의4②).

(다) 점유자의 소지인 추정

우선출자증권의 점유자는 적법한 소지인으로 추정한다(법60의4③).

(라) 증권 명의변경의 대항력

우선출자증권의 명의 변경은 취득자의 성명 및 주소를 우선출자자 명부에 등록하고 그 성명을 증권에 적지 아니하면 조합과 그 밖의 제3자에게 대항하지 못한다(법60의4④).

(마) 등록질권의 대항력

우선출자증권을 질권의 목적으로 할 때에는 질권자의 성명 및 주소를 우선 출자자 명부에 등록하지 아니하면 조합과 그 밖의 제3자에게 대항하지 못한다(법 60의4⑤).

(6) 우선출자자 총회
(가) 정관변경

조합은 정관의 변경에 의하여 우선출자자에게 손해를 미치게 될 때에는 우 선출자자총회의 의결을 받아야 한다(법60의5①).

(나) 의결정족수

우선출자자총회의 의결은 발행한 우선출자 총 계좌 수의 과반수 출석과 출석한 출자계좌 수의 3분의 2 이상의 찬성이 있어야 한다(법60의5②).

(다) 운영사항

우선출자자총회의 운영 등에 필요한 사항은 정관으로 정한다(법60의5③).

(7) 통지와 최고

우선출자신청인 또는 우선출자자에 대한 통지나 최고는 따로 그 주소를 조합에 통지한 때를 제외하고는 우선출자청약서 또는 우선출자자명부에 기재된 주소로 한다(법60의6, 영11의10).

Ⅴ. 새마을금고

1. 출자금

(1) 1좌 이상 출자

금고의 회원은 출자 1좌 이상을 현금으로 납입한 자로 한다(법9①).

(2) 출자 1좌의 금액

출자 1좌의 금액은 정관으로 정한다(법9④ 전단). 정관예에 따르면 금고의 출자 1좌의 금액은 ○○○원으로 한다(정관예15①).

(3) 회원 1인당 출자한도

한 회원이 가질 수 있는 출자좌수의 최고한도는 총출자좌수의 15%를 초과할 수 없다(법9④ 후단).

(4) 질권설정 금지

출자금은 질권의 목적이 될 수 없다(법9⑧).

(5) 상계 금지

회원이 금고에 납입할 출자금은 금고에 대한 채권과 상계하지 못한다(법9 ⑦).

2. 출자금의 양도

(1) 회원간 양도

회원은 이사장의 승인을 받아 그의 출자금을 다른 회원에게 양도할 수 있다 (법9⑨ 전단). 출자금의 양도·양수는 금고의 회원 간에 한하며 회원이 출자금을 양도·양수하고자 할 때에는 이사장의 승인을 얻어야 한다(정관예16①).

(2) 권리의무의 승계

출자금을 양수한 회원은 그 출자금을 양도한 회원의 출자금에 관한 재산상의 권리의무를 승계한다(법9⑨ 후단, 정관예16②).

(3) 출자금의 공유 금지

출자금은 이를 공유할 수 없다(정관예16③).

3. 출자배당금의 출자전환

금고는 정관으로 정하는 바에 따라 회원의 출자액에 대한 배당금액의 전부 또는 일부를 그 회원으로 하여금 출자하게 할 수 있다(법9의2 전단). 이 경우 그 회원은 배당받을 금액을 금고에 대한 채무와 상계할 수 없다(법9의2 후단).[1]

4. 회전출자

금고는 출자 외에 정관으로 정하는 바에 따라 그 사업의 이용실적에 따라 회원에게 배당할 금액의 전부 또는 일부를 그 회원으로 하여금 출자하게 할 수 있다(법9의3 전단). 이 경우 그 회원은 배당받을 금액을 금고에 대한 채무와 상계할 수 없다(법9의3 후단).[2]

---

1) [제9조의2 신설 2023. 4. 11.][시행일: 2023. 10. 12.]
2) [제9조의3 신설 2023. 4. 11.][시행일: 2023. 10. 12.]

5. 우선출자

(1) 서설

(가) 의의

우선출자란 우선적 배당을 받을 목적으로 하는 출자로서 회원보다 우선적으로 배당을 받는 출자를 말한다.

(나) 제도적 취지

우선출자제도의 도입은 자본조달 능력이 취약한 금고의 현실을 고려하여 자본금의 확충으로 금고의 경영안정과 사업 활성화를 도모하기 위함이다.

(2) 우선출자 발행 등

(가) 우선출자 발행

금고는 자기자본의 확충을 통한 경영의 건전성을 도모하기 위하여 정관으로 정하는 바에 따라 잉여금배당에서 우선적 지위를 가지는 우선출자를 하게 할 수 있다(법9의4①).3)

금고의 우선출자에 관하여는 제70조의2 제2항부터 제4항까지 및 제70조의3부터 제70조의6까지를 준용한다(법9의4②).

(나) 우선출자 1좌의 금액 및 우선출자의 총액

우선출자 1좌의 금액은 출자 1좌의 금액과 같아야 하며, 우선출자의 총액은 납입 출자금의 2분의 1을 초과할 수 없다(법9의4②, 법70의2②).

(다) 의결권과 선거권 불인정

우선출자자는 의결권 및 선거권이 없다(법9의4②, 법70의2③).

(라) 우선출자에 대한 배당과 배당률

우선출자에 대한 배당은 출자에 대한 배당보다 우선하여 실시하되, 그 배당률은 정관으로 정하는 최저배당률과 최고배당률 사이에서 정기총회에서 정한다(법9의4②, 법70의2④).

(마) 우선출자 발행사항의 공고

금고는 우선출자를 하게 할 때에는 우선출자의 납입일 2주 전까지 발행하려

---

3) [제9조의4 신설 2023. 4. 11.][시행일: 2023. 10. 12.]

는 우선출자증권의 내용, 좌수(座數), 발행가액, 납입일 및 모집방법을 공고하고
출자자와 우선출자자에게 알려야 한다(영41의2).

(3) 우선출자의 청약 등

(가) 우선출자의 청약

우선출자의 청약을 하려는 자는 우선출자청약서에 인수하려는 우선출자의
좌수 및 인수가액과 주소를 적고 기명날인 또는 서명하여야 한다(영41의3①).

우선출자청약서의 서식은 이사장이 정하되, ⅰ) 금고의 명칭(제1호), ⅱ) 출
자 1좌의 금액 및 총좌수(제2호), ⅲ) 우선출자 총좌수의 최고한도(제3호), ⅳ) 이
미 발행한 우선출자의 종류 및 종류별 좌수(제4호), ⅴ) 발행하려는 우선출자증권
의 발행가액 및 납입일(제5호), ⅵ) 발행하려는 우선출자의 액면금액·내용 및 좌
수(제6호), ⅶ) 우선출자의 매입소각을 하는 경우에는 그에 관한 사항(제7호)이 포
함되어야 한다(영41의3②).

(나) 우선출자 금액의 납입 등

우선출자의 청약을 한 자는 이사장이 배정한 우선출자의 좌수에 대하여 우
선출자를 인수할 수 있다(영41의4①). 이에 따라 우선출자를 인수하려는 자는 납
입일까지 우선출자 발행가액 전액을 납입하여야 한다(영41의4②).

우선출자를 인수한 자는 우선출자 발행가액의 납입일의 다음 날부터 우선출
자자가 된다(영41의4③).

(4) 우선출자증권의 발행 등

(가) 우선출자증권의 발행

금고는 우선출자의 납입기일 후 지체 없이 우선출자증권을 발행하여야 한다
(법9의4②, 법70의3①). 우선출자증권("증권")은 기명식으로 하되, 우선출자의 전액
을 납입한 후가 아니면 증권을 발행할 수 없다(영41의5).

(나) 우선출자증권의 기재사항

증권에는 ⅰ) 금고의 명칭(제1호), ⅱ) 우선출자의 액면금액(제2호), ⅲ) 우선
출자의 내용(제3호), ⅳ) 증권번호(제4호), ⅴ) 발행 연월일(제5호), ⅵ) 우선출자
좌수(제6호), ⅶ) 우선출자자의 성명(법인인 경우에는 법인의 명칭)(제7호)을 적고 이
사장이 기명날인 또는 서명하여야 한다(영41의6).

(다) 우선출자자명부의 비치 및 기재사항

이사장은 우선출자자명부를 작성하여 주된 사무소에 갖추어 두어야 한다(법 9의4②, 법70의3②).

금고는 주된 사무소에 우선출자자명부를 갖추어 두고 ⅰ) 증권소유자의 성명과 주소(제1호), ⅱ) 증권의 수와 번호(제2호), ⅲ) 증권의 취득 연월일(제3호)을 적어야 한다(영41의7).

(라) 우선출자자명부의 열람 및 사본 청구

회원, 우선출자자 또는 금고의 채권자는 영업시간 내에 우선출자자명부를 열람할 수 있으며, 금고에서 정한 비용을 내고 그 사본을 청구할 수 있다(법9의4②, 법70의3③).

(5) 우선출자의 매입소각

금고는 이사회의 의결을 거쳐 우선출자를 매입하여 소각할 수 있다(영41의8).

(6) 우선출자자의 책임

우선출자자의 책임은 그가 가진 우선출자의 인수가액(引受價額)을 한도로 한다(법9의4②, 법70의4).

(7) 우선출자의 양도

(가) 양도와 그 효력

우선출자는 양도할 수 있다(법9의4②, 법70의5① 본문). 다만, 우선출자증권 발행 전의 양도는 금고에 대하여 효력이 없다(법9의4②, 법70의5① 단서).

(나) 양도방법

우선출자를 양도하는 때에는 우선출자증권을 교부하여야 한다(법9의4②, 법70의5②).

(다) 점유자의 소지인 추정

우선출자증권의 점유자는 적법한 소지인으로 추정한다(법9의4②, 법70의5③).

(라) 증권 명의변경의 대항력

우선출자증권의 명의변경은 취득자의 성명과 주소를 우선출자자명부에 등록하고 그 성명을 증권에 적지 아니하면 금고나 그 밖의 제3자에게 대항하지 못한다(법9의4②, 법70의5④).

(마) 등록질권의 대항력

우선출자증권을 질권의 목적으로 하는 경우에는 질권자의 성명 및 주소를 우선출자자명부에 등록하지 아니하면 금고나 그 밖의 제3자에게 대항하지 못한다(법9의4②, 법70의5⑤).

(8) 우선출자자 총회

(가) 정관변경

금고는 정관이 변경되어 우선출자자에게 손해를 미치게 되는 경우에는 우선출자자총회의 의결을 받아야 한다(법9의4②, 법70의6①).

(나) 의결정족수

우선출자자 총회의 의결은 발행한 우선출자 총좌수의 과반수의 출석과 출석한 출자좌수의 3분의 2 이상의 찬성이 있어야 한다(법9의4②, 법70의6②).

(다) 운영사항

우선출자자 총회의 운영 등에 필요한 사항은 정관으로 정한다(법9의4②, 법70의6③).

(9) 통지와 최고

우선출자 신청인 또는 우선출자자에 대한 통지나 최고는 따로 그 주소를 금고에 통지한 경우를 제외하고는 우선출자청약서 또는 우선출자자명부에 적힌 주소로 한다(영41의9).

제2절 환급

Ⅰ. 신용협동조합

1. 환급 사유 및 시기

조합은 조합원이 탈퇴하거나 제명되었을 때에는 지체없이 그의 대출금등 채권을 회수하고 출자금·예탁금·적금을 환급하여야 한다(법17① 전단, 표준정관16①).

2. 출자금에 배당금 지급

출자금에 대한 배당금은 다른 조합원에 대하여 배당금을 지급할 때 지급할 수 있다(법17① 후단).

탈퇴하거나 제명된 조합원의 배당금은 사업연도 경과 후에 지급하며, 결산 확정 후 조합원에게 배당금 지급의 뜻을 통지하여야 한다(표준정관16②). 배당금 지급을 통지한 때로부터 5년 내에 배당금 청구가 없는 경우에 탈퇴하거나 제명된 조합원의 배당금은 기타영업외수익으로 전입한다(표준정관16③).

3. 손실액 제외 후 환급

조합은 조합의 재산으로 그 채무를 다 갚을 수 없는 경우에는 출자금을 환급할 때 정관에서 정하는 바에 따라 탈퇴하거나 제명된 조합원이 부담하여야 할 손실액을 빼고 환급할 수 있다(법17②). 따라서 탈퇴하거나 제명된 조합원의 출자금을 환급할 때 조합은 조합의 재산으로 그 채무를 다 갚을 수 없는 경우에는 규정으로 정하는 바에 따라 탈퇴하거나 제명된 조합원이 부담하여야 할 손실액을 빼고 환급한다(표준정관16④).

Ⅱ. 농업협동조합

1. 지분환급청구권과 환급정지

(1) 지분환급청구권의 행사

탈퇴 조합원(제명된 조합원 포함)은 탈퇴(제명 포함) 당시의 회계연도의 다음 회계연도부터 정관으로 정하는 바에 따라 그 지분의 환급을 청구할 수 있다(법31 ①, 법107①, 법112①).

(2) 지분환급청구권 행사기간

청구권은 2년간 행사하지 아니하면 소멸된다(법31②, 법107①, 법112①).

(3) 환급정지

조합은 탈퇴 조합원(제명된 조합원 포함)이 조합에 대한 채무를 다 갚을 때까지는 지분의 환급을 정지할 수 있다(법31③, 법107①, 법112①).

2. 탈퇴 조합원의 손실액 부담

(1) 손실액 납입청구

조합은 조합의 재산으로 그 채무를 다 갚을 수 없는 경우에는 환급분을 계산할 때 정관으로 정하는 바에 따라 탈퇴 조합원(제명된 조합원 포함)이 부담하여야 할 손실액의 납입을 청구할 수 있다(법32 전단, 법107①, 법112①).

(2) 행사시기

탈퇴 조합원(제명된 조합원 포함)은 탈퇴(제명 포함) 당시의 회계연도의 다음 회계연도부터 정관으로 정하는 바에 따라 그 지분의 환급을 청구할 수 있다(법32 후단, 법31①, 법107①, 법112①).

(3) 행사기간

청구권은 2년간 행사하지 아니하면 소멸된다(법32 후단, 법31②, 법107①, 법112①).

Ⅲ. 수산업협동조합

1. 지분환급청구권과 환급정지

(1) 지분환급청구권의 행사

탈퇴 조합원(제명된 조합원 포함)은 탈퇴(제명 포함) 당시 회계연도의 다음 회계연도부터 정관으로 정하는 바에 따라 그 지분의 환급을 청구할 수 있다(법33①, 법108, 법113).

(2) 지분 산정 시기

지분은 탈퇴(제명 포함)한 회계연도 말의 조합의 자산과 부채에 따라 정한다(법33②, 법108, 법113).

(3) 지분환급청구권 행사기간

청구권은 2년간 행사하지 아니하면 시효로 인하여 소멸된다(법33③, 법108, 법113).

(4) 환급정지

조합은 탈퇴 조합원(제명된 조합원 포함)이 조합에 대한 채무를 다 갚을 때까지는 지분의 환급을 정지할 수 있다(법33④, 법108, 법113).

2. 탈퇴 조합원의 손실액 부담

(1) 손실액 납입청구

조합은 조합의 재산으로 그 채무를 다 갚을 수 없는 경우에는 지분의 환급분을 계산할 때 정관으로 정하는 바에 따라 탈퇴 조합원(제명된 조합원 포함)이 부담하여야 할 손실액의 납입을 청구할 수 있다(법34 전단, 법108, 법113).

(2) 행사기간

청구권은 2년간 행사하지 아니하면 시효로 인하여 소멸된다(법34 후단, 법33③, 법108, 법113).

Ⅳ. 산림조합

1. 지분환급청구권과 환급정지

(1) 탈퇴조합원의 환급청구
(가) 탈퇴 조합원에 대한 지분의 합계액 환급

본조합은 탈퇴한 조합원의 청구에 따라 탈퇴한 회계연도말의 본조합 재산에 대하여 제33조(지분계산) 제1호부터 제3호까지에 따라 산출된 지분의 합계액을 환급한다(법28①, 정관예20① 본문).

1) 납입출자금

납입출자금에 대하여는 납입한 출자액에 따라 매회계연도마다 이를 계산한다(정관예33(1) 본문). 다만, 그 재산이 납입출자액이 총액보다 감소되었을 때에는 각 조합원의 출자액의 비율에 따라 감액하여 계산한다(정관예33(1) 단서).

2) 회전출자금

회전출자금에 상당하는 재산에 대하여는 각 조합원이 납입한 회전출자액의 비율에 따라 매회계연도마다 이를 계산하여 가산한다(정관예33(2) 본문). 다만, 회전출자금이 감소되었을 때에는 각 조합원의 출자액의 비율에 따라 감액하여 계산한다(정관예33(2) 단서).

3) 사업준비금

정관예 제31조 제1항의 사업준비금에 대해서는 매회계연도마다 제78조(영여금의 배당) 제1항의 방법에 따라 계산하여 더한다(정관예33(3) 본문). 다만, 사업준비금이 감소되었을 때에는 각 조합원의 지분액에 따라 감액하여 계산한다(정관예33(3) 단서).

(나) 제명으로 탈퇴한 조합원에 대한 지분액 한정

제명으로 인하여 탈퇴한 조합원에 대하여는 위의 제33조 제1호 및 제2호에 따라 산출된 지분액으로 한정한다(법28①, 정관예20① 단서).

(2) 지분환급청구권 행사시기

탈퇴조합원은 탈퇴 당시 회계연도의 다음 회계연도부터 정관으로 정하는 바에 따라 그 지분의 환급을 청구할 수 있다(법28①).

(3) 지분환급청구권 행사기간

청구권은 2년간 행사하지 아니하면 소멸된다(법28②).

(4) 환급정지

조합은 탈퇴조합원이 조합에 대한 채무를 완전 변제할 때까지는 환급을 정지할 수 있다(법28③).

2. 탈퇴 조합원의 손실액 부담

(1) 손실액 납입청구

환급분을 계산하는 경우에 조합이 그 재산으로 조합의 채무를 완전 변제할 수 없을 때에는 조합은 정관으로 정하는 바에 따라 탈퇴조합원이 부담하여야 할 손실액의 납입을 청구할 수 있다(법29①).

(2) 환급청구권 행사시기

탈퇴조합원은 탈퇴 당시 회계연도의 다음 회계연도부터 정관으로 정하는 바에 따라 그 손실액의 환급을 청구할 수 있다(법29②, 법28①).

(3) 손실액 납입청구권의 행사기간

청구권은 2년간 행사하지 아니하면 소멸된다(법29②, 법28②).

Ⅴ. 새마을금고

1. 환급청구권과 환급정지

(1) 금고의 환급의무

임의탈퇴한 회원(당연탈퇴한 것으로 보는 경우와 제명된 경우를 포함)은 정관으로 정하는 바에 따라 그의 예탁금 및 적금의 환급을 청구할 수 있다(법10④). 이에 따라 금고는 탈퇴 또는 제명된 회원의 청구에 따라 그의 예탁금 및 적금을 환급한다(정관예14①).

(2) 환급청구권의 행사시기

임의탈퇴한 회원은 탈퇴 당시 회계연도 다음 회계연도부터 정관으로 정하는 바에 따라 출자금의 환급을 청구할 수 있다(법10⑤). 이에 따라 탈퇴 또는 제명된 회원은 출자금 및 그에 대한 배당금을 탈퇴 또는 제명된 날이 속하는 회계연도의 결산총회 의결 후 환급할 수 있다(정관예14②).

(3) 환급청구권의 행사기간

출자금 환급청구권은 환급을 청구할 수 있는 날부터 출자금은 2년간, 예탁금·적금은 5년간 행사하지 아니하면 시효의 완성으로 소멸한다(법10⑦).

(4) 환급정지

탈퇴 또는 제명된 회원이 금고에 대하여 채무가 있을 때에는 환급을 정지할 수 있다(정관예14④).

(5) 자본금 감소와 출자금 감액 지급

금고의 자본금이 감소된 경우에는 탈퇴회원의 출자금을 감액하여 지급할 수 있다(정관예14⑤).

2. 탈퇴 회원의 손실액 부담

금고는 금고의 재산으로 그 채무를 다 갚을 수 없는 경우에는 출자금을 환급할 때 탈퇴하거나 제명된 회원이 부담하여야 할 손실액을 빼고 환급할 수 있다(법10⑥, 정관예14⑥ 전단). 이 경우 손실액 계산은 중앙회장이 정하는 바에 따른다(정관예14⑥ 후단).

지배구조

제1절 총회

Ⅰ. 신용협동조합

1. 정기총회와 임시총회

조합은 조합원으로 구성하는 정기총회와 임시총회를 두며 이사장이 의장이 된다(법23①②③).

(1) 정기총회 소집

정기총회는 매사업연도 종료 후 2월 이내에 1회 개최하며 이사장이 이를 소집한다(법23②, 표준정관30).

(2) 임시총회 소집

임시총회는 ⅰ) 이사장이 필요하다고 인정한 때, ⅱ) 이사회의 결의로 소집을 요구한 때, ⅲ) 조합원이 조합원 5분의 1 이상의 동의를 얻어 소집을 요구한 때, ⅳ) 중앙회장이 법 제89조(중앙회의 지도·감독)의 규정에 의한 감독상 필요하여 소집을 요구한 때, ⅴ) 감사가 소집을 요구한 때에 이사장이 이를 소집한다(법 23②, 표준정관31①).

위의 ⅲ) 및 ⅴ)의 규정에 의한 임시총회 소집은 법 제26조(총회의 소집 청구)에 규정한 절차와 방법에 의한다(표준정관31②).

이사장이 위 ⅳ)에 의한 중앙회장의 소집요구를 받고 지체없이 총회를 개최하지 아니한 때에는 중앙회장이 총회를 소집할 자를 지정할 수 있다(표준정관31③ 전단). 이 경우 중앙회장이 지정한 자가 의장의 직무를 대행한다(표준정관31③ 후단).

2. 총회 결의사항 등

(1) 총회 결의사항

다음의 사항, 즉 ⅰ) 정관의 변경, ⅱ) 사업계획 및 예산의 결정, ⅲ) 임원의 선출 및 해임, ⅳ) 결산보고서(사업보고서·대차대조표·손익계산서 및 잉여금처분안 또는 손실금처리안 포함)의 승인, ⅴ) 감사보고서의 승인, ⅵ) 조합의 해산·합병·분할 또는 휴업, ⅶ) 조합원의 제명, ⅷ) 규약의 제정·변경 또는 폐지, ⅸ) 이사장이 아닌 상임임원 및 상임이사장의 보수, ⅹ) 자본금의 감소, ⅺ) 기타 이사장 또는 이사회가 필요하다고 인정하는 사항은 총회의 결의를 얻어야 한다(법24①, 표준정관33①).

(2) 정관변경과 중앙회장 승인 여부

정관을 변경하였을 때에는 중앙회장의 승인을 받은 후 이를 등기하여야 한다(법24② 본문). 다만, 표준정관에 따라 변경하는 경우에는 중앙회장의 승인이 필요하지 아니하다(법24② 단서).

(3) 총회 결의의 특례
(가) 조합원의 투표로 총회 결의 갈음

다음의 사항, 즉 ⅰ) 조합의 해산·합병 또는 분할(제1호), ⅱ) 임원(제27조 제3항에 따른 임원: 이사장과 부이사장, 이사장 및 부이사장을 제외한 임원 중 조합원이어야 하는 임원으로 한정)의 선임(제2호)에 대해서는 조합원의 투표로 총회의 결의를 갈음할 수 있다(법26의2① 전단). 이 경우 조합원 투표의 통지·방법, 그 밖에 투표에 필요한 사항은 정관에서 정한다(법26의2① 후단).

(나) 조합원 투표와 결의 정족수

조합원의 투표는 다음의 구분에 따른다(법26의2②). 즉 ⅰ) 조합의 해산·합병 또는 분할(법26의2①(1)): 재적조합원 과반수(재적조합원이 500인을 초과하는 경우에는 251인 이상)의 투표와 투표한 조합원 3분의 2 이상의 찬성으로 결의(제1호), ⅱ) 임원(제27조 제3항에 따른 임원: 이사장과 부이사장, 이사장 및 부이사장을 제외한 임원 중 조합원이어야 하는 임원으로 한정)의 선임(법26의2①(2)): 이사장과 부이사장은 선거인(정관으로 정하는 바에 따라 선거권을 가진 자) 과반수의 투표로써 다수 득표자를 당선인으로 결정하고, 이사장 및 부이사장을 제외한 임원 중 조합원이어야 하는 임원은 선거인 과반수의 투표로써 다수 득표자순으로 당선인을 결정. 이 경우 재적조합원이 500인을 초과하는 경우에는 251인 이상의 출석으로 개의하고 출석조합원 과반수의 찬성으로 결의할 수 있다(제2호).

3. 총회의 개의와 결의

(1) 총회의 보통결의

총회는 신용협동조합법에 다른 규정이 있는 경우를 제외하고는 재적조합원 과반수의 출석으로 개의하고 출석조합원 과반수의 찬성으로 결의한다(법25① 본문). 다만, 재적조합원이 500인을 초과하는 경우에는 251인 이상의 출석으로 개의하고 출석조합원 과반수의 찬성으로 결의할 수 있다(법25① 단서).

(2) 총회의 특별결의

다음의 사항, 즉 ⅰ) 정관의 변경, ⅱ) 해산·합병·분할 또는 휴업, ⅲ) 자본금의 감소는 출석조합원 3분의 2 이상의 찬성으로 결의한다(법25②, 표준정관35).

(3) 이해상충과 결의 배제

조합과 조합원의 이해가 상충되는 의사에 관하여 해당 조합원은 그 결의에 참여할 수 없다(법25③).

4. 총회의 소집

(1) 조합원의 소집 청구

조합원은 조합원 5분의 1 이상의 동의를 받아 회의의 목적과 소집 이유를 적은 서면을 제출하여 총회의 소집을 이사장에게 청구할 수 있다(법26①).

이사장은 조합원의 총회 소집 청구를 받으면 15일 이내에 총회를 개최하여야 한다(법26③).

(2) 감사의 소집 청구

감사는 감사결과 부정한 사실이 발견되어 그 내용을 총회에 신속히 보고할 필요가 있을 때에는 회의의 목적과 소집 이유를 적은 서면을 제출하여 총회의 소집을 이사장에게 청구할 수 있다(법26②).

이사장은 감사의 총회 소집 청구를 받으면 15일 이내에 총회를 개최하여야 한다(법26③).

(3) 감사의 총회소집

총회를 소집할 자가 없거나 이사장의 총회 개최 기간인 15일 이내(법26③)에 정당한 이유 없이 이사장이 총회를 개최하지 아니한 경우에는 감사가 지체 없이 총회를 소집하여야 한다(법26④ 전단). 이 경우 감사가 의장의 직무를 대행한다(법26④ 후단).

감사의 총회 소집에 따라 총회를 소집하는 경우에는 미리 중앙회장에게 보고하여야 한다(법26⑥).

(4) 조합원 대표의 총회소집

조합원이 총회의 소집을 청구한 경우로서 감사가 총회를 소집하지 아니한 경우에는 총회의 소집을 청구한 조합원의 대표가 총회를 소집한다(법26⑤ 전단). 이 경우 그 조합원의 대표가 의장의 직무를 대행한다(법26⑤ 후단).

조합원 대표의 총회 소집에 따라 총회를 소집하는 경우에는 미리 중앙회장에게 보고하여야 한다(법26⑥).

총회소집승인을 신청하고자 하는 자는 ⅰ) 신청인 직·성명, 회의의 목적사항 및 소집이유 등을 기재한 서면(제1호), ⅱ) 조합원 20% 이상의 동의서(제2호), ⅲ) 소집청구서 사본(제3호)을 중앙회장에게 제출하여야 한다(표준업무방법서5①).

5. 총회소집의 통지

(1) 소집 공고 및 통지 기간

총회의 소집은 총회일 10일 전까지 그 회의의 목적, 일시, 장소를 기재하여 제6조1)에 정한 방법에 따라 공고 한다(표준정관32① 본문). 다만, ⅰ) 조합의 해산·합병·분할, ⅱ) 임원의 선출과 해임, ⅲ) 자본금의 감소, ⅳ) 정관의 변경, ⅴ) 기타 이사회에서 통지가 필요하다고 인정하는 사항의 결정을 위하여 소집하는 경우에는 제6조 및 제7조2)에 정한 방법에 따라 공고 및 통지하여야 하며, 직장신협의 경우에는 직장 내 전자통신망에 게시하고 전자우편으로 통지할 수 있다(표준정관32① 단서).

(2) 소집 공고 및 통지 기간의 예외

임원의 선출(상임임원만 선출하는 경우는 제외)을 위하여 총회를 소집함에는 총회 15일 전까지 공고 및 통지하여야 한다(표준정관32②).

(3) 의결권 및 선거권이 없는 자 제외

위의 (1) 및 (2)는 의결권 및 선거권이 없는 자에 대하여는 이를 적용하지 아니한다(표준정관32③).

6. 의결권의 제한

총회(속행의 경우를 포함)는 미리 공고 또는 통지한 사항에 대해서만 의결할 수 있다(표준정관37①).

---

1) 표준정관 제6조(공고방법) 조합의 공고는 조합의 게시판에 10일 이상 게시한다. 다만, 필요한 경우에는 ( )에서 발행하는 일간신문에 게재하거나 서면으로 조합원에게 통지한다.
2) 표준정관 제7조(통지 또는 최고방법) ① 조합원에 대한 통지 또는 최고는 조합원 명부에 기재된 주소 또는 거소로 한다. 다만, 조합원이 따로 연락처를 고지하였을 경우에는 이에 의한다.
② 제1항의 통지 또는 최고는 보통 도착할 수 있었던 시기에 도달한 것으로 본다.

7. 총회 의사록

(1) 총회 의사록 작성
총회의 의사에는 의사록을 작성하여야 한다(표준정관40①).

(2) 총회 의사록 기재사항과 기명날인 또는 서명
의사록에는 의사의 경과 및 결과를 기재하고 의장과 총회에서 선출한 3인 이상의 조합원이 기명날인 또는 서명한다(표준정관40②).

Ⅱ. 농업협동조합

1. 정기총회와 임시총회
조합에 총회를 두며(법34①, 법107①, 법112①), 총회는 조합원으로 구성하고 (법34②, 법107①, 법112①), 조합장이 그 의장이 된다(각 정관례31①).

(1) 정기총회 소집
정기총회는 매년 1회 회계연도 종료 후 2개월 이내에 조합장이 이를 소집한 다(법34③, 각 정관례32, 법107①, 법112①).

(2) 임시총회 소집
임시총회는 ⅰ) 조합장이 필요하다고 인정한 때, ⅱ) 이사회가 필요하다고 인정하여 소집을 청구한 때, ⅲ) 조합원이 조합원 300인 또는 10% 이상의 동의 를 받아 소집의 목적과 이유를 적은 서면을 제출하여 조합장에게 소집을 청구한 때, ⅳ) 감사가 조합의 재산상황이나 업무집행에 부정한 사실이 있는 것을 발견 하고 그 내용을 총회에 신속히 보고할 필요가 있다고 인정하여 조합장에게 소집 을 요구한 때에 조합장이 이를 소집한다(법34③, 각 정관례33①, 법107①, 법112①).

조합장은 위 ⅱ) 및 ⅲ)에 따른 청구를 받으면 정당한 사유가 없는 한 2주일 이내에 총회소집통지서를 발송하여야 하며, 위 ⅳ)의 경우에는 7일 이내에 총회 소집통지서를 발송하여야 한다(법34③, 각 정관례33②, 법107①, 법112①).

2. 총회 의결사항 등

(1) 총회 의결사항

다음의 사항, 즉 ⅰ) 정관의 변경, ⅱ) 해산·분할 또는 품목조합으로의 조직변경, ⅲ) 조합원의 제명, ⅳ) 합병, ⅴ) 임원의 선출 및 해임, ⅵ) 조합장 및 감사에 대한 징계 및 변상(감독기관 또는 중앙회장으로부터 조치요구가 있는 경우에는 감독기관 또는 중앙회장의 조치요구보다 가중하여 직무의정지 이상의 징계를 의결하는 경우에 한한다), ⅶ) 규약의 제정·개정 및 폐지, ⅷ) 사업계획의 수립, 수지예산의 편성과 사업계획 및 수지예산 중 다음 사항의 변경, 즉 ㉠ 수지예산 확정 후 발생한 사유로 소요되는 총지출예산의 추가편성에 관한 사항(다만, 비례성 예산과 규정에서 정하는 법적 의무비용·영업외비용 및 특별손실의 경우에는 그러하지 아니하다), ㉡ 업무용 부동산 취득과 관련된 총액 1억원 이상의 예산 추가편성 또는 1억원 이상의 업무용 부동산 취득예산의 용도조정에 관한 사항, ㉢ 다른 법인에 대한 출자와 관련된 총액 1억원 이상의 예산 추가편성 또는 1억원 이상의 다른 법인에 대한 출자예산의 용도조정에 관한 사항(다만, 중앙회에 대한 출자예산 및 중앙회와 공동으로 출자하거나, 중앙회가 실질적 경영지배력을 가지는 법인에 대한 출자예산의 추가편성의 경우에는 그러하지 아니하다), ⅸ) 사업보고서, 재무상태표, 손익계산서, 잉여금 처분안과 손실금 처리안, ⅹ) 중앙회의 설립발기인이 되거나 이에 가입 또는 탈퇴하는 것, ⅺ) 임원의 보수 및 실비변상, ⅻ) 그 밖에 조합장이나 이사회가 필요하다고 인정하는 사항은 총회의 의결을 거쳐야 한다(법35①, 각 정관례37①, 법107①, 법112①).

(2) 농림축산식품부장관의 인가와 효력 발생

위의 ⅰ) 정관의 변경, ⅱ) 해산·분할 또는 품목조합으로의 조직변경, ⅳ) 합병 사항은 농림축산식품부장관의 인가를 받지 아니하면 효력을 발생하지 아니한다(법35② 본문, 법107①, 법112①). 다만, ⅰ) 정관의 변경을 농림축산식품부장관이 정하여 고시한 정관례에 따라 변경하는 경우에는 그러하지 아니하다(법35② 단서, 법107①, 법112①).

조합이 해산, 합병, 분할 또는 품목조합으로의 조직변경의 인가를 받으려는 경우에는 인가신청서에 해당 사항을 의결한 총회 의사록을 첨부하여 농림축산식품부장관에게 제출하여야 한다(시행규칙7).

(3) 총회 의결사항의 서면 부의

총회의결사항을 부의하는 때에는 이를 서면으로 하여야 한다(각 정관례37②).

(4) 총회 의결의 특례

(가) 조합원의 투표로 총회 결의 갈음

다음의 사항, 즉 ⅰ) 해산, 분할 또는 품목조합으로의 조직변경(제1호), ⅱ) 조합장의 선출(법45⑤(1): 제2호), ⅲ) 임원의 해임(법54①: 제3호), ⅳ) 합병(제4호)에 대하여는 조합원의 투표로 총회의 의결을 갈음할 수 있다(법41① 전단, 법107①, 법112①). 이 경우 조합원 투표의 통지·방법, 그 밖에 투표에 필요한 사항은 정관으로 정한다(법41① 후단, 법107①, 법112①).

(나) 조합원 투표와 결의 정족수

다음의 사항에 대한 의결이나 선출은 다음의 방법에 따른다(법41②, 법107①, 법112①). 즉 ⅰ) 해산, 분할 또는 품목조합으로의 조직변경(법41①(1)): 조합원 과반수의 투표와 투표한 조합원 3분의 2 이상의 찬성으로 의결한다(제1호). ⅱ) 조합장의 선출(법41①(2)): 유효 투표의 최다득표자를 선출한다(다만, 최다득표자가 2명 이상이면 연장자를 당선인으로 결정한다)(제2호). ⅲ) 임원의 해임(법41①(3)): 조합원 과반수의 투표와 투표한 조합원 3분의 2 이상의 찬성으로 의결한다(제3호). ⅳ) 합병(법41①(4)): 조합원 과반수의 투표와 투표한 조합원 과반수의 찬성으로 의결한다(제4호).

3. 총회의 개의와 의결

(1) 총회의 보통결의

총회는 농업협동조합법에 다른 규정이 있는 경우를 제외하고는 조합원 과반수의 출석으로 개의하고 출석조합원 과반수의 찬성으로 의결한다(법38 본문, 법107①, 법112①).

(2) 총회의 특별결의

다음의 사항, 즉 ⅰ) 정관의 변경, ⅱ) 해산·분할 또는 품목조합으로의 조직변경, iii) 조합원의 제명은 조합원 과반수의 출석과 출석조합원 3분의 2 이상의 찬성으로 의결한다(법38 단서, 법107①, 법112①).

(3) 의장의 의결 참여

의장은 총회의 의결에 참여한다(각 정관례38②).

4. 총회의 소집

(1) 조합원의 소집 청구

조합원은 조합원 300인이나 10% 이상의 동의를 받아 소집의 목적과 이유를 서면에 적어 조합장에게 제출하고 총회의 소집을 청구할 수 있다(법36①, 법107①, 법112①).

조합장은 청구를 받으면 2주일 이내에 총회소집통지서를 발송하여야 한다(법36②, 법107①, 법112①).

(2) 감사의 총회소집

총회를 소집할 사람이 없거나 조합장의 총회소집통지서를 발송 기간(법36②) 이내에 정당한 사유 없이 조합장이 총회소집통지서를 발송하지 아니할 때에는 감사가 5일 이내에 총회소집통지서를 발송하여야 한다(법36③, 법107①, 법112①). 이 경우 감사가 의장의 직무를 대행한다(각 정관례34② 후단).

(3) 조합원 대표의 총회소집

다음의 경우, 즉 i) 감사가 정당한 사유없이 총회소집사유가 발생한 날부터 5일 이내에 총회소집통지서를 발송하지 아니할 때, ii) 임원의 결원으로 총회를 소집할 사람이 없는 때에는 조합원 300인 또는 10% 이상의 동의를 얻은 조합원대표가 총회를 소집한다(법36④ 전단, 정관례35①, 법107①, 법112①). 이 경우 조합원이 의장의 직무를 수행한다(법36④ 후단, 법107①, 법112①).

5. 총회소집의 통지

(1) 조합원에 대한 통지와 최고

조합이 조합원에게 통지나 최고를 할 때에는 조합원명부에 적힌 조합원의 주소나 거소로 하여야 한다(법37①, 법107①, 법112①). 조합원명부에는 ⅰ) 조합원의 성명과 주소 또는 거소, ⅱ) 조합원의 가입 연월일을 적어야 한다(영4의3).

(2) 총회소집의 통지 기간

총회를 소집하려면 총회 개회 7일 전까지 회의 목적 등을 적은 총회소집통지서를 조합원에게 발송하여야 한다(법37② 본문, 법107①, 법112①). 다만, 같은 목적으로 총회를 다시 소집할 때에는 개회 전날까지 알린다(법37② 단서, 법107①, 법112①).

6. 의결권의 제한 등

(1) 의결권 제한 사항

총회에서는 통지한 사항에 대하여만 의결할 수 있다(법39① 본문, 법107①, 법112①). 다만, ⅰ) 정관의 변경, ⅱ) 해산·분할 또는 품목조합으로의 조직변경, ⅲ) 조합원의 제명, ⅳ) 합병, ⅴ) 임원의 선출 및 해임을 제외한 긴급한 사항으로서 조합원 과반수의 출석과 출석조합원 3분의 2 이상의 찬성이 있을 때에는 그러하지 아니하다(법39① 단서, 법107①, 법112①).

(2) 이해상충과 결의 배제

조합과 조합원의 이해가 상반되는 의사를 의결할 때에는 해당 조합원은 그 의결에 참여할 수 없다(법39②, 법107①, 법112①).

(3) 조합원제안

(가) 의의

조합원은 조합원 100인이나 3% 이상의 동의를 받아 총회 개회 30일 전까지 조합장에게 서면으로 일정한 사항을 총회의 목적 사항으로 할 것을 제안("조합원제안")할 수 있다(법39③ 전단, 법107①, 법112①).

(나) 설명기회 부여

조합원제안의 내용이 법령이나 정관을 위반하는 경우를 제외하고는 이를 총회의 목적 사항으로 하여야 하고, 조합원제안을 한 자가 청구하면 총회에서 그 제안을 설명할 기회를 주어야 한다(법39③ 후단, 법107①, 법112①).

(다) 총회소집 청구서에 기재 청구

조합원제안을 제안한 조합원은 조합장에게 총회 개회 30일 전에 서면으로 총회의 목적사항에 추가하여 총회소집 통지서에 적을 것을 청구할 수 있다(각 정관례41④).

7. 총회 의사록

(1) 총회 의사록 작성

총회의 의사에 관하여는 의사록을 작성하여야 한다(법40①, 법107①, 법112①).

(2) 총회 의사록 기재사항과 기명날인 또는 서명

총회 의사록에는 의사의 진행 상황과 그 결과를 적고 의장과 총회에서 선출한 조합원 5인 이상이 기명날인하거나 서명하여야 한다(법40②, 법107①, 법112①).

8. 대의원회

(1) 대의원회 설치와 의결사항

조합은 정관으로 정하는 바에 따라 ⅰ) 해산, 분할 또는 품목조합으로의 조직변경(제1호), ⅱ) 조합장의 선출(법45⑤(1): 제2호), ⅲ) 임원의 해임(법54①: 제3호), ⅳ) 합병(제4호)(법41①) 외의 사항에 대한 총회의 의결에 관하여 총회를 갈음하는 대의원회를 둘 수 있다(법42①, 법107①, 법112①).

(2) 대의원 자격

대의원은 조합원이어야 한다(법42②, 법107①, 법112①).

(3) 대의원의 정수, 임기 및 선출 방법

대의원의 정수, 임기 및 선출 방법은 정관으로 정한다(법42③ 본문, 법107①, 법112①). 다만, 임기만료연도 결산기의 마지막 달부터 그 결산기에 관한 정기총회 전에 임기가 끝난 경우에는 정기총회가 끝날 때까지 그 임기가 연장된다(법42③ 단서, 법107①, 법112①).

(4) 겸직 금지

대의원은 해당 조합의 조합장을 제외한 임직원과 다른 조합의 임직원을 겸직하여서는 아니 된다(법42④, 법107①, 법112①).

(5) 총회 규정 준용과 의결권 대리행사 금지

대의원회에 대하여는 총회에 관한 규정을 준용한다(법42⑤ 본문, 법107①, 법112①). 다만, 대의원의 의결권은 대리인이 행사할 수 없다(법42⑤ 단서, 법107①, 법112①).

Ⅲ. 수산업협동조합

1. 정기총회와 임시총회

조합에 총회를 두며(법36①, 법108, 법113), 총회는 조합원으로 구성하고(법36②, 법108, 법113), 총회의 의장은 조합장이 된다(지구별수협정관예31②, 업종별수협정관예30②, 수산물가공수협정관예30②).

(1) 정기총회 소집

정기총회는 매년 1회 회계연도 경과 후 3개월 이내에 조합장이 소집한다(법36③, 법108, 법113, 지구별수협정관례32, 업종별수협정관예31, 수산물가공수협정관예31).

(2) 임시총회 소집

임시총회는 ⅰ) 조합장이 필요하다고 인정할 때, ⅱ) 이사회가 필요하다고 인정하여 소집의 청구를 한 때, ⅲ) 조합원 5분의 1 이상이 회의의 목적으로 하는 사항과 소집의 이유를 기재한 서면을 조합장에게 제출하고 소집을 청구한 때, ⅳ) 감사가 조합의 재산상황 또는 업무집행에 관하여 부정한 사실을 발견한 경우에 있어서 이를 신속히 총회에 보고할 목적으로 총회의 소집을 요구한 때에 조합장이 소집한다(법36③, 법108, 법113, 지구별수협정관례33①, 업종별수협정관예32①, 수산물가공수협정관예32①).

조합장은 위 ⅱ) 및 ⅲ)에 따른 청구를 받으면 정당한 사유가 없는 한 2주일 이내에, 위 iv)의 경우에는 7일 이내에 총회 소집절차를 취하여야 한다(법36③, 법108, 법113, 지구별수협정관례33②, 업종별수협정관예32②, 수산물가공수협정관예32②).

2. 총회 의결사항 등

(1) 총회 의결사항

다음의 사항, 즉 ⅰ) 정관의 변경(제1호), ⅱ) 해산·합병 또는 분할(제2호), ⅲ) 조합원의 제명(제3호), ⅳ) 임원의 선출 및 해임(제4호), ⅴ) 법정적립금의 사용(제5호), ⅵ) 사업계획의 수립, 수지예산의 편성, 사업계획 및 수지예산 중 정관으로 정하는 중요한 사항의 변경(제6호), ⅶ) 차입금의 최고한도(제7호), ⅷ) 사업보고서, 재무상태표 및 손익계산서와 잉여금처분안 또는 손실금처리안(제8호), ⅸ) 사업계획 및 수지예산으로 정한 것 외에 새로 의무를 부담하거나 권리를 상실하는 행위(다만, 정관으로 정하는 행위는 제외)(제9호), ⅹ) 어업권·양식업권의 취득·처분 또는 이에 관한 물권의 설정(다만, 정관으로 정하는 행위는 제외)(제10호), ⅺ) 중앙회의 설립 발기인이 되거나 이에 가입 또는 탈퇴하는 것(제11호), ⅻ) 그 밖에 조합장이나 이사회가 필요하다고 인정하는 사항(제12호)은 총회의 의결을 거쳐야 한다(법37①, 법108, 법113).

(2) 해양수산부장관의 인가와 효력 발생

위의 ⅰ) 정관의 변경, ⅱ) 해산·합병 또는 분할은 해양수산부장관의 인가를 받지 아니하면 효력이 발생하지 아니한다(법37② 본문, 법108, 법113). 다만, ⅰ) 정관의 변경을 해양수산부장관이 정하는 정관예에 따라 변경하는 경우에는 그러하지 아니하다(법37② 단서, 법108, 법113).

조합이 정관의 변경 또는 해산·합병·분할의 인가를 받으려는 경우에는 인가신청서에 정관의 변경 또는 해산·합병·분할을 의결한 총회 의사록을 첨부하여 해양수산부장관에게 제출하여야 한다(시행규칙6①).

(3) 총회 의결의 특례
(가) 조합원의 투표로 총회 결의 갈음

다음의 사항, 즉 ⅰ) 해산·합병 또는 분할(제1호), ⅱ) 조합장 선출 방식에 관한 정관의 변경(제2호)에 대하여는 조합원의 투표로 총회의 의결을 갈음할 수 있다(법43① 전단, 법108, 법113). 이 경우 조합원 투표의 통지·방법, 그 밖에 투표에 필요한 사항은 정관으로 정한다(법43① 후단, 법108, 법113).

(나) 조합원 투표와 결의 정족수

조합원 투표는 조합원 과반수의 투표와 투표한 조합원 3분의 2 이상의 찬성을 얻어야 한다(법43②, 법108, 법113).

3. 총회의 개의와 의결

(1) 총회의 보통결의

총회는 수산업협동조합법에 다른 규정이 있는 경우를 제외하고는 구성원 과반수의 출석으로 개의하고 출석구성원 과반수의 찬성으로 의결한다(법40 본문, 법108, 법113).

(2) 총회의 특별결의

다음의 사항, 즉 ⅰ) 정관의 변경(법37①(1)), ⅱ) 해산·합병 또는 분할(법37①(2)), ⅲ) 조합원의 제명(법37①(3)), ⅳ) 중앙회의 설립 발기인이 되거나 이에 가입 또는 탈퇴하는 것(법37①(11))은 구성원 과반수의 출석과 출석구성원 3분의 2 이상의 찬성으로 의결한다(법40 단서, 법108, 법113).

4. 총회의 소집

(1) 조합원의 소집 청구

조합원은 조합원 5분의 1 이상의 동의를 받아 소집의 목적과 이유를 서면에 적어 조합장에게 제출하고 총회의 소집을 청구할 수 있다(법38①, 법108, 법113).

조합장은 청구를 받으면 2주 이내에 총회를 소집하여야 한다(법38②, 법108, 법113).

(2) 감사의 총회소집

총회를 소집할 사람이 없거나 조합장의 총회소집 기간(법38②) 이내에 정당한 사유 없이 총회를 소집하지 아니할 때에는 감사가 5일 이내에 총회를 소집하여야 한다(법38③ 전단, 법108, 법113). 이 경우 감사가 의장의 직무를 수행한다(법38③ 후단, 법108, 법113).

(3) 조합원 대표의 총회소집

다음의 경우, 즉 ⅰ) 감사가 정당한 사유없이 총회소집사유가 발생한 날부터 5일 이내에 총회 소집절차를 취하지 아니한 때, ⅱ) 임원 전원의 결원으로 총회를 소집할 사람이 없을 때에는 조합원 5분의 1 이상의 동의를 받은 조합원 대표가 임시총회를 소집한다(법38④ 전단, 법108, 법113, 지구별수협정관예35①, 업종별수협정관예34①, 수산물가공수협정관예34①). 이 경우 조합원의 대표가 의장의 직무를 수행한다(법38④ 후단, 법108, 법113).

5. 총회소집의 통지

(1) 조합원에 대한 통지와 최고

조합이 조합원에게 통지 또는 최고를 할 때에는 조합원 명부에 기재된 조합원의 주소 또는 거소나 조합원이 조합에 통지한 연락처로 하여야 한다(법39①, 법108, 법113).

(2) 총회소집의 통지 기간

총회를 소집하려면 총회 개회 7일 전까지 회의 목적 등을 적은 총회소집통지서를 조합원에게 발송하여야 한다(법39② 본문, 법108, 법113). 다만, 같은 목적으로 총회를 다시 소집할 때에는 개회 전날까지 통지한다(법39② 단서, 법108, 법113).

6. 의결권의 제한 등

(1) 의결권 제한 사항

총회에서는 통지한 사항에 대하여만 의결할 수 있다(법41① 본문, 법108, 법113). 다만, ⅰ) 정관의 변경(법37①(1)), ⅱ) 해산·합병 또는 분할(법37①(2)), ⅲ) 조합원의 제명(법37①(3)), ⅳ) 임원의 선출 및 해임(법37①(4))을 제외한 긴급한 사항으로서 구성원 과반수의 출석과 출석구성원 3분의 2 이상의 찬성이 있을 때에는 그러하지 아니하다(법41① 단서, 법108, 법113).

(2) 이해상충과 결의 배제

조합과 총회 구성원의 이해가 상반되는 의사를 의결할 때에는 해당 구성원은 그 의결에 참여할 수 없다(법41②, 법108, 법113).

(3) 조합원제안

(가) 의의

조합원은 조합원 10% 이상의 동의를 받아 총회 개회 30일 전까지 조합장에게 서면으로 일정한 사항을 총회의 목적 사항으로 할 것을 제안("조합원제안")할 수 있다(법41③ 전단, 법108, 법113).

(나) 설명기회 부여

조합원제안 내용이 법령 또는 정관을 위반하는 경우를 제외하고는 이를 총회의 목적 사항으로 하여야 하고, 조합원제안을 한 사람이 청구하면 총회에서 그 제안을 설명할 기회를 주어야 한다(법41③ 후단, 법108, 법113)

7. 총회 의사록

(1) 총회 의사록 작성

총회의 의사에 관하여는 의사록을 작성하여야 한다(법42①, 법108, 법113).

(2) 총회 의사록 기재사항과 기명날인 또는 서명

총회 의사록에는 의사의 진행 상황 및 그 결과를 기록하고 의장과 총회에서 선출한 조합원 3인 이상이 기명날인하거나 서명하여야 한다(법42②, 법108, 법113).

(3) 총회 의사록의 비치

조합장은 의사록을 주된 사무소에 갖추어 두어야 한다(법42③, 법108, 법113).

8. 대의원회

(1) 대의원회 설치와 의결사항

조합은 정관으로 정하는 바에 따라 ⅰ) 해산·합병 또는 분할, ⅱ) 조합장 선출 방식에 관한 정관의 변경 외의 사항에 대한 총회의 의결에 관하여 총회를 갈음하는 대의원회를 둘 수 있으며, 대의원회는 조합장과 대의원으로 구성한다(법44①, 법108, 법113).

(2) 대의원 자격

대의원은 조합원(법인인 경우에는 그 대표자)이어야 한다(법44②, 법108, 법113).

(3) 대의원의 정수, 임기 및 선출 방법

대의원의 정수 및 선출 방법은 정관으로 정하며, 그 임기는 2년으로 한다(법44③ 본문, 법108, 법113). 다만, 임기 만료 연도 결산기의 마지막 달 이후 그 결산기에 관한 정기총회 전에 임기가 만료된 경우에는 정기총회가 끝날 때까지 그 임기가 연장된다(법44③ 단서, 법108, 법113).

(4) 겸직 금지

대의원은 해당 조합의 조합장을 제외한 임직원과 다른 조합(다른 법률에 따른 협동조합을 포함)의 임직원을 겸직하여서는 아니 된다(법44④, 법108, 법113).

(5) 총회 규정 준용과 의결권 대리행사 금지

대의원회에 대하여는 총회에 관한 규정을 준용한다(법44⑤ 본문, 법108, 법113). 다만, 대의원의 의결권은 대리인이 행사할 수 없다(법44⑤ 단서, 법108, 법113).

Ⅳ. 산림조합

1. 정기총회와 임시총회

조합에 총회를 두며(법31①), 총회는 조합원으로 구성하며 정관으로 정하는 바에 따라 조합장이 소집한다(법31③). 조합장은 총회의 의장이 되며(정관례39③), 의장은 총회의 의결에 참가한다(정관례39④).

(1) 정기총회 소집

정기총회는 매년 1회 회계연도 종료 후 60일 이내에 조합장이 소집한다(법31②, 정관례40①).

(2) 임시총회 소집

임시총회는 ⅰ) 조합장이 필요하다고 인정한 때(제1호), ⅱ) 이사회가 필요하다고 인정하여 소집을 요구한 때(제2호), ⅲ) 조합원 300명 또는 10% 이상의 동의를 받아 소집의 목적과 사유를 적어 서면으로 제출하여 조합장에게 청구한 때(제3호), ⅳ) 감사 또는 중앙회장이 조합의 재산의 상황 또는 업무의 집행에 관하여 부정한 사실을 발견하여 그 내용을 총회에 신속히 보고할 필요가 있어 조합장에게 소집을 요구한 때(제4호)에 조합장이 소집한다(법31②, 정관례40②).

위 ⅱ) 및 ⅲ)의 청구를 받으면 정당한 사유가 없는 한 조합장은 그 청구가 있는 날부터 2주 이내에 총회를 소집하여야 한다(정관례40③).

2. 총회 의결사항 등

(1) 총회 의결사항

다음의 사항, 즉 ⅰ) 정관의 변경(제1호), ⅱ) 해산 또는 분할(제2호), ⅲ) 합병(제3호), ⅳ) 조합원의 제명(제4호), ⅴ) 임원의 선출 및 해임(제5호), ⅵ) 사업계획 및 수지예산(제6호), ⅶ) 중앙회의 설립발기인이 되거나 중앙회에 가입 또는 탈퇴(제7호), ⅷ) 임원의 보수 및 실비변상(제8호), ⅸ) 사업보고서·재무상태표·손익계산서·잉여금처분안 및 손실금처리안(제9호), ⅹ) 그 밖에 조합장 또는 이사회가 필요하다고 인정하는 사항(제10호)은 총회의 의결을 거쳐야 한다(법31⑤).

(2) 총회 의결의 특례

(가) 조합원의 투표로 총회 결의 갈음

다음의 사항, 즉 ⅰ) 해산 또는 분할(제1호), ⅱ) 합병(제2호), ⅲ) 총회 외에서의 조합장 선출(제3호)에 대하여는 조합원투표로써 총회의 의결을 갈음할 수 있다(법31의2① 전단). 이 경우 조합원투표의 통지·방법과 그 밖에 투표에 필요한 사항은 정관으로 정한다(법31의2① 후단).

(나) 조합원 투표와 결의 정족수

다음의 사항에 대한 의결 또는 선출은 다음의 방법에 따른다(법31의2②). 즉 ⅰ) 해산 또는 분할(법31의2①(1))은 조합원 과반수의 투표와 투표조합원 3분의 2 이상의 찬성으로 의결하고(제1호), ⅱ) 합병(법31의2①(2))은 조합원 과반수의 투표와 투표조합원 과반수의 찬성으로 의결하며(제2호), ⅲ) 총회 외에서의 조합장

선출(법31의2①(3))은 유효투표의 최다득표자를 선출한다(제3호 본문). 다만, 최다 득표자가 2명 이상인 경우에는 연장자를 당선인으로 결정한다(제3호 단서).

3. 총회의 개의와 의결

(1) 총회의 보통결의

총회는 산림조합법에 다른 규정이 있는 경우를 제외하고는 조합원 과반수의 출석으로 개의하고, 출석조합원 과반수의 찬성으로 의결한다(법31④ 본문).

(2) 총회의 특별결의

ⅰ) 정관의 변경(법31⑤(1)), ⅱ) 해산 또는 분할(법31⑤(2)), ⅲ) 조합원의 제 명(법31⑤(4))은 조합원 과반수의 출석과 출석조합원 3분의 2 이상의 찬성으로 의 결한다(법31④ 단서).

4. 총회의 소집

(1) 조합원의 소집 청구

조합원은 조합원 300인 또는 10% 이상의 동의를 받아 소집의 목적과 이유 를 적은 서면을 제출하여 조합장에게 총회의 소집을 청구할 수 있다(법31의3①).

조합장은 청구를 받으면 2주 이내에 총회를 소집하여야 한다(법31의3②).

(2) 감사의 총회소집

감사는 ⅰ) 총회를 소집할 자가 없을 때(제1호), ⅱ) 이사회가 필요하다고 인 정하여 소집을 요구한 때 및 조합원 300명 또는 10% 이상의 동의를 받아 소집의 목적과 사유를 적어 서면으로 제출하여 조합장에게 청구한 때에 청구가 있는 날 부터 2주 이내에 정당한 사유 없이 조합장이 총회를 소집하지 아니할 때(제2호), ⅲ) 감사 또는 중앙회장이 조합의 재산의 상황 또는 업무의 집행에 관하여 부정 한 사실을 발견하여 그 내용을 총회에 신속히 보고할 필요가 있어 조합장에게 소집을 요구한 때에 청구가 있는 날부터 7일 이내에 조합장이 총회를 소집하지 아니할 때(제3호)의 어느 하나에 해당하는 경우에는 임시총회를 소집하여야 한다 (법31의3③, 정관예41①).

이 경우 감사는 5일 이내에 총회소집의 절차를 밟아야 한다(법31의3③, 정관예41②). 이 경우 감사가 의장의 직무를 수행한다(법31의3③ 후단).

(3) 조합원 대표의 총회소집

감사가 총회를 소집하여야 하는 5일 이내(법31의3③)의 기간에 총회를 소집하지 아니하면 소집을 청구한 조합원의 대표가 소집한다(법31의3④ 전단). 이 경우 조합원의 대표가 의장의 직무를 수행한다(법31의3④ 후단).

5. 총회소집의 통지

(1) 조합원에 대한 통지와 최고

조합이 조합원에게 통지 또는 최고를 할 때에는 조합원 명부에 적힌 조합원의 주소 또는 거소로 하여야 한다(법31의4①).

(2) 총회소집의 통지 기간

총회소집의 통지는 총회 개회 7일 전까지 회의목적 등을 적은 총회소집통지서의 발송에 의한다(법31의4② 본문). 다만, 같은 목적으로 총회를 다시 소집하려는 경우에는 개회 전날까지 통지한다(법31의4② 단서).

6. 의결권의 제한 등

(1) 의결권 제한 사항

총회에서는 통지한 사항만 의결할 수 있다(법31의5① 본문). 다만, 총회 의결사항 중 ⅰ) 정관의 변경(법31⑤(1)), ⅱ) 해산 또는 분할(법31⑤(2)), ⅲ) 합병(법31⑤(3)), ⅳ) 조합원의 제명(법31⑤(4)), ⅴ) 임원의 선출 및 해임(법31⑤(5))을 제외한 긴급한 사항으로서 조합원 과반수의 출석과 출석조합원 3분의 2 이상의 찬성이 있을 때에는 그러하지 아니하다(법31의5① 단서).

(2) 이해상충과 결의 배제

조합과 조합원의 이해가 상반되는 의사에 관하여 해당 조합원은 그 의결에 참여할 수 없다(법31의5②).

(3) 조합원제안

조합원은 조합원 100인 또는 3% 이상의 동의를 받아 총회 개최 30일 전까지 조합장에 대하여 서면으로 일정한 사항을 총회의 목적사항으로 할 것을 제안("조합원제안")할 수 있다(법31의5③ 전단).

이 경우 조합원제안의 내용이 법령 또는 정관을 위반하는 경우를 제외하고는 총회의 목적사항으로 하여야 하고, 조합원제안을 한 자의 청구가 있을 때에는 총회에서 그 제안을 설명할 기회를 주어야 한다(법31의5③ 후단).

7. 총회 의사록

(1) 총회 의사록 작성

총회의 의사에 관하여는 의사록을 작성하여야 한다(법31의6①).

(2) 총회 의사록 기재사항과 기명날인 또는 서명

총회 의사록에는 의사의 진행상황 및 그 결과를 적고 의장과 총회에서 선출한 3인 이상의 조합원이 기명날인하여야 한다(법31의6②).

(3) 총회 의사록의 비치

조합장은 의사록을 주사무소에 비치하여야 한다(정관례50③).

8. 대의원회

(1) 대의원회 설치와 의결사항

조합에는 정관으로 정하는 바에 따라 총회를 갈음하는 대의원회를 둘 수 있다(법32①). 다만, 조합장 선거를 조합원총회 또는 총회 외에서 직접 투표로 선출하는 경우에는 조합장 선출방식에 대한 정관의 변경은 대의원회로 갈음할 수 없다(정관례51① 단서).

대의원회는 조합장과 대의원으로 구성한다(법32②).

(2) 대의원 자격

대의원은 조합원(법인인 경우에는 그 대표자)이어야 하며 대의원의 정수와 선출에 관하여는 정관으로 정한다(법32③).

(3) 대의원의 정수, 임기 및 선출 방법

대의원의 임기는 2년으로 하되, 보궐선거로 선출된 대의원의 임기는 전임자 임기의 남은 기간으로 한다(법32④ 본문). 다만, 임기가 만료하는 연도의 결산기 마지막 달 이후 그 결산기에 관한 정기총회 전에 임기가 만료될 때에는 그 정기총회가 끝나는 날까지 임기가 연장된다(법32④ 단서).

(4) 겸직 금지

대의원은 해당 조합의 조합장을 제외한 임직원과 다른 조합(다른 법률에 따른 협동조합을 포함)의 임직원을 겸직하여서는 아니 된다(법32⑤).

(5) 총회 규정 준용과 의결권 대리행사 금지

대의원회에는 총회에 관한 규정을 준용하되, 그 의결권은 대리인으로 하여금 행사하게 할 수 없다(법32⑥). 대의원의 대리인과 조합장직무대행자는 의결권을 행사할 수 없다(정관례51③ 단서).

Ⅴ. 새마을금고

1. 정기총회와 임시총회

금고에 총회를 두며(법12①), 총회는 회원으로 구성하며 이사장이 소집한다(법12③).

(1) 정기총회 소집

정기총회는 매사업연도 종료 후 2개월 이내에 개최하며, 그 일시 및 장소는 이사회에서 정한다(법12②, 정관예18).

(2) 임시총회 소집

임시총회는 ⅰ) 이사장이 필요하다고 인정한 때(제1호), ⅱ) 이사회가 필요하다고 인정하여 서면으로 소집을 요구한 때(제2호), ⅲ) 회원 3분의 1 이상이 그들의 대표자를 선임한 후 회의의 목적과 이유를 기재하고 서명날인한 서면으로 그 소집을 요구한 때(제3호), ⅳ) 감사가 감사결과 금고의 재산 상황 또는 업무집행에 부정한 사실이 발견되어 그 내용을 총회에 신속히 보고할 필요가 있다고 판단(감사가 2인 이상인 경우에는 합의하여 판단)하여 회의의 목적과 소집 이유를 적은 서면으로 그 소집을 요구한 때(제4호), ⅴ) 중앙회장이 법 제79조(중앙회의 금고에 대한 지도·감독) 제1항의 규정에 의한 감독상 필요하여 그 소집을 요구한 때(제5호)에 이사장이 이를 소집한다(법12②, 정관예19①).

위의 ⅱ), ⅲ), ⅳ)에 의한 요구가 있을 때에는 이사장은 2주일 이내에 총회를 개최하여야 한다(정관예19②).

2. 총회 의결사항 등

(1) 총회 의결사항

다음의 사항, 즉 ⅰ) 정관의 변경(제1호), ⅱ) 해산, 합병 또는 휴업(제2호), ⅲ) 임원의 선임(이사장의 선임은 정관으로 이사장을 총회에서 선출하도록 한 경우로 한정)과 해임(제3호), ⅳ) 기본재산의 처분(제4호), ⅴ) 결산보고서(사업보고서·재무상태표·손익계산서와 잉여금처분안 또는 손실금처리안을 포함)의 승인(제5호), ⅵ) 사업계획, 예산의 결정(제6호), ⅶ) 경비의 부과와 징수 방법(제7호), ⅷ) 그 밖의 중요한 사항(제8호)은 총회의 의결이 있어야 한다(법12④).

(2) 정관변경의 인가와 효력 발생

위 ⅰ)의 사항은 회장을 거쳐 특별자치시장·특별자치도지사 또는 시장·군수·구청장의 인가를 받지 아니하면 그 효력을 발생하지 아니한다(법12⑤).

(가) 정관 변경인가 신청

금고는 정관의 변경인가를 받으려는 경우에는 정관 변경인가 신청서에 ⅰ) 정관 변경 내용과 그 변경 사유를 적은 서류(제1호), ⅱ) 정관 변경안(제2호), ⅲ) 정관의 변경을 의결한 총회의 의사록 사본(제3호)을 첨부하여 회장을 거쳐 특별자치시장·특별자치도지사 또는 시장·군수·구청장에게 정관의 변경인가를 신청해야 한다(영4의2①).

(나) 중앙회장의 의견 첨부와 제출 기간

회장은 정관 변경인가 신청서를 받은 날부터 30일 이내에 의견을 붙여 특별자치시장·특별자치도지사 또는 시장·군수·구청장에게 제출해야 한다(영4의2

②).

(다) 변경인가 여부의 금고 통지 기간

특별자치시장·특별자치도지사 또는 시장·군수·구청장은 회장으로부터 정관 변경인가 신청서를 받은 날부터 60일 이내에 변경인가 여부를 금고에 알려야 한다(영4의2③).

3. 총회의 개의와 의결

(1) 총회의 보통결의

총회는 새마을금고법에 다른 규정이 있는 경우 외에는 재적회원 과반수의 출석으로 개의하고 출석회원 과반수의 찬성으로 의결한다(법13① 본문).

재적회원이 300명을 초과하는 경우에는 151명 이상 출석으로 개의하고 출석회원 과반수의 찬성으로 의결할 수 있다(법13① 단서).

(2) 총회의 특별결의

ⅰ) 정관의 변경(법12④(1)), ⅱ) 해산, 합병 또는 휴업(법12④(2))은 재적회원 과반수(재적회원이 300명을 초과하는 경우에는 151명 이상의 회원)의 출석과 출석회원 3분의 2 이상의 찬성으로 의결하여야 한다(법13②).

4. 총회의 소집

(1) 회원의 소집 청구

회원은 회원 3분의 1 이상의 동의를 받아 회의의 목적과 이유를 적고 서명 날인한 서면을 제출하여 임시총회의 소집을 이사장에게 요구할 수 있다(법14①).

회원의 총회 소집 요구가 있으면 이사장은 요구가 있는 날부터 2주일 이내에 총회를 개최하여야 한다(법14③).

(2) 감사의 소집 요구

감사는 감사를 실시한 결과 금고의 재산 상황 또는 업무집행에 부정한 사실이 발견되어 그 내용을 총회에 신속히 보고할 필요가 있을 때에는 회의의 목적과 소집 이유를 적은 서면을 제출하여 총회의 소집을 이사장에게 요구할 수 있다(법14②).

감사의 총회 소집 요구가 있으면 이사장은 요구가 있는 날부터 2주일 이내에 총회를 개최하여야 한다(법14③).

(3) 감사의 총회소집

총회를 소집할 자가 없거나 이사장의 총회 개최 기간인 2주일 이내(법14③)에 정당한 사유 없이 이사장이 총회를 개최하지 아니하면 감사가 5일 이내에 총회를 소집하여야 하며, 이 경우 감사가 의장의 직무를 대행한다(법14④).

감사가 총회를 소집할 때에는 소집 공고 전에 회장에게 알려야 한다(법14⑥).

(4) 회원대표의 총회소집

감사가 총회 소집 기간인 5일 이내(법14④)에 총회를 소집하지 아니하면 총회 소집을 요구한 회원의 대표가 총회를 개최하며, 이 경우 그 회원의 대표가 의장의 직무를 대행한다(법14⑤).

회원대표가 총회를 소집할 때에는 소집 공고 전에 회장에게 알려야 한다(법14⑥).

(5) 중앙회장의 총회소집

중앙회장이 법 제79조(중앙회의 금고에 대한 지도·감독) 제1항의 규정에 의한 감독상 필요하여 그 소집을 요구하였음에도 이사장이 총회를 소집하지 아니한 때에는 중앙회장이 지정한 자가 총회를 소집한다(정관예22①). 이 경우 중앙회장이 지정한 자가 의장의 직무를 대행한다(정관예22②).

5. 총회소집의 통지

(1) 회원에 대한 통지

금고가 그 회원에게 하는 통지는 회원 명부에 적은 회원의 주소 또는 거소로 한다(법15①).

(2) 총회소집의 통지 기간

총회는 개최일 7일 전까지 그 회의의 개회 일시, 개회장소, 회의목적사항 등을 금고의 게시판(분사무소의 게시판을 포함)에 공고함과 아울러 회원에게 서면의 통지서를 발송하여야 한다(법15②, 정관예23①).

재적회원 과반수가 출석하지 아니하여 총회를 개의하지 못한 때에는 15일 이내에 앞의 제1항의 규정에 의한 소집절차를 이행하여야 한다(정관예23②).

6. 의결권의 제한 등

(1) 의결권 제한 사항

총회에서는 공고한 사항에 대하여만 의결할 수 있다(법13③ 본문). 다만, 긴급한 사항으로서 재적회원 과반수(재적회원이 300명을 초과하는 경우에는 151명 이상의 회원)의 출석과 출석회원 3분의 2 이상의 찬성이 있는 경우에는 그러하지 아니하다(법13③ 단서).

(2) 이해상충과 결의 배제

금고와 특정회원과의 관련 사항을 의결하는 경우에는 그 회원은 의결권이 없다(법13④).

7. 총회 의사록

(1) 총회 의사록 작성

금고는 총회 의사록을 작성하여야 한다(법12⑥).

(2) 총회 의사록 기재사항과 기명날인

총회 의사록에는 총회의 진행 상황 및 결과를 적고, 의장과 총회에서 선출한 5명 이상의 출석회원이 기명·날인하여야 한다(영5).

8. 대의원회

(1) 대의원회 설치와 의결사항

회원이 300명을 초과하는 금고는 총회를 갈음할 대의원회를 둘 수 있다(법16①). 금고의 대의원회는 그 금고의 이사장과 대의원으로 구성한다(영6①).

(2) 대의원 자격

대의원의 자격은 정관으로 정하되, 회원으로 가입한 후 1년이 지난 자이어야 한다(영6② 본문). 다만, 금고가 설립된 후 1년이 지나지 아니하였거나 직장금고의 경우에는 그러하지 아니하다(영6② 단서).

(3) 대의원의 정수, 임기 및 선임 방법

금고의 대의원의 수는 회원 수에 비례하여 정관으로 정하되, 100명 이상으로 한다(영6③). 대의원의 임기는 3년으로 한다(법16②). 대의원 중 일부의 궐원으로 인한 재선거 또는 보궐선거로 선임된 대의원의 임기는 ⅰ) 재선거의 경우에는 재선거 실시 전에 실시한 선거로 선출된 대의원의 남은 임기(제1호), ⅱ) 보궐선거의 경우에는 전임자의 남은 임기(제2호)로 한다(법16③).[3]

대의원의 선임방법에 관하여 필요한 사항은 정관으로 정한다(영6④).

(4) 겸직 금지

대의원은 ⅰ) 해당 금고의 임직원(이사장 제외), ⅱ) 다른 금고의 대의원, ⅲ) 다른 금고의 임직원을 겸할 수 없다(법16⑤).

(5) 총회 규정 준용

대의원회에 관하여는 총회에 관한 규정을 준용한다(법16⑥).

---

3) 부칙 <법률 제19329호, 2023. 4. 11.> 제2조(재선거로 선임된 대의원의 임기에 관한 적용례) 제16조 제3항의 개정규정(제58조 제6항에서 준용하는 경우를 포함)은 이 법 시행 이후 선임되는 대의원부터 적용한다.

제2절 이사회

Ⅰ. 신용협동조합

1. 이사회의 설치 및 구성

조합에 이사로 구성되는 이사회를 둔다(법34①). 이사장은 이사회의 의장이 된다(법34②).

2. 이사회의 소집 등

(1) 이사회의 소집

이사회는 필요한 때에 정관에서 정하는 바에 따라 이사장이 소집한다(법35①). 정기이사회는 2월마다 1회 이사장이 이를 소집한다(법35①, 표준정관42①). 임시이사회는 ⅰ) 이사장이 필요하다고 인정한 때, ⅱ) 이사 2인 또는 감사의 요구가 있는 때에 소집한다(법35②, 표준정관42②).

(2) 소집을 요구한 이사대표 또는 감사의 이사회 소집

이사장이 이사 2인 또는 감사의 소집요구를 받은 날로부터 정당한 사유없이 7일 이내에 이사회를 개최하지 않는 경우에는 소집을 요구한 이사대표 또는 감사가 이사회를 소집할 수 있다(표준정관42③ 전단). 이 경우 소집한 이사 또는 감사가 의장의 직무를 대행한다(표준정관42③ 후단).

(3) 이사회 소집 통지 기간

이사회를 소집할 때에는 개최 5일 전까지 각 이사 및 감사에게 통지하여야 한다(표준정관42⑤ 본문). 다만, 긴급을 요할 경우에는 개최전일까지 통지할 수 있다(표준정관42⑤ 단서).

3. 이사회의 결의사항

(1) 이사회의 결의사항

다음의 사항, 즉 ⅰ) 규정의 제정·변경 또는 폐지(제1호), ⅱ) 기본재산의 취득과 처분(제2호), ⅲ) 사업집행에 대한 기본방침의 결정(제3호), ⅳ) 소요자금의 차입(중앙회로부터 차입하는 경우에는 최고한도)(제4호), ⅴ) 제적립금의 처분(제5호), ⅵ) 조합원 자격상실(제6호), ⅶ) 임원의 업무집행정지(제7호), ⅷ) 총회에 부의할 사항 및 총회에서 위임한 사항(제8호), ⅸ) 상임임원후보자의 결정(제9호), ⅹ) 전문임원 정수의 결정(제10호), ⅺ) 총회의 권한에 속하지 아니하는 중요사항(제11호)은 이사회의 결의를 얻어야 한다(법36①, 표준정관44①).

(2) 위원회 설치

이사회는 신용사업 등의 사업을 수행하기 위하여 필요한 위원회를 설치 운영할 수 있다(표준정관44②). 위원회의 구성 및 운영에 관하여는 규정으로 정한다(표준정관44③).

(3) 적립금 처분의 차기총회 보고

제적립금의 처분(표준정관44①(5))에 의한 적립금의 처분은 차기총회에 보고하여야 한다(표준정관44④).

4. 이해상충 이사의 이사회 의사 관여 금지

이사의 이익과 조합의 이익이 상반되는 사항이나 신분에 관련되는 사항에 관하여는 당해 이사는 이사회의 그 의사에 관여할 수 없다(법34③, 표준정관43③).

5. 이사회의 업무집행 감독과 보고요구

이사회는 이사회 결의사항에 대하여 이사장(상임이사가 전담하여 처리하는 사업의 경우에는 상임이사) 및 간부직원의 업무집행을 감독하고, 필요한 사항을 이사회에 보고하도록 요구할 수 있다(법34④).

6. 이사회의 개의와 결의

이사회는 이사 과반수의 출석으로 개의하고, 출석이사 과반수의 찬성으로 결의한다(법36②). 이사장은 의결에 참가한다(표준정관43②).

Ⅱ. 농업협동조합

1. 이사회의 설치 및 구성

조합에 이사회를 둔다(법43①, 법107①, 법112①). 이사회는 조합장을 포함한 이사로 구성하며, 조합장이 이를 소집하고 그 의장이 된다(법43②, 법107①, 법112①, 각 정관례 48②).

2. 이사회의 소집 등

(1) 이사회의 소집

조합장은 이사 3분의 1 이상 또는 감사가 회의목적 및 부의안건과 소집이유를 적은 서면으로 회의소집을 요구하였을 때에는 지체없이 회의를 소집하여야 한다(각 정관례48⑥).

(2) 소집을 요구한 이사대표 또는 감사의 이사회 소집

조합장이 소집이 요구된 이사회를 정당한 사유없이 소집하지 아니하는 경우에는 이사 3분의 1 이상의 동의를 얻어 소집을 요구한 이사대표(감사가 소집을 요구한 경우에는 감사)가 이를 소집한다(각 정관례48⑦ 전단). 이 경우 이사회가 정하는 이사가 의장의 직무를 수행한다(각 정관례48⑦ 후단).

(3) 이사회 소집통지 기간

조합장은 회의개최일 3일 전까지 회의사항을 서면으로 구성원과 감사에게 알린다(각 정관례48⑤ 본문). 다만, 긴급을 요할 경우에는 그러하지 아니하다(각 정관례48⑤ 단서).

3. 이사회의 결의사항

이사회는 ⅰ) 조합원의 자격 심사 및 가입 승낙(제1호), ⅱ) 법정적립금의 사용(제2호), ⅲ) 차입금의 최고 한도(제3호), ⅳ) 경비의 부과와 징수방법(제4호), ⅴ) 사업 계획 및 수지예산(收支豫算) 중 정관으로 정하는 중요한 사항 외의 경미한 사항의 변경(제5호), ⅵ) 간부직원의 임면(제6호), ⅶ) 정관으로 정하는 금액이상의 업무용 부동산의 취득과 처분(제7호), ⅷ) 업무규정의 제정·개정 및 폐지와 사업 집행 방침의 결정(제8호), ⅸ) 총회로부터 위임된 사항(제9호), ⅹ) 법령또는 정관에 규정된 사항(제10호), ⅺ) 상임이사의 해임 요구에 관한 사항(제11호), ⅻ) 상임이사 소관 업무의 성과평가에 관한 사항(제12호), ⅹⅲ) 그 밖에 조합장, 상임이사 또는 이사의 3분의 1 이상이 필요하다고 인정하는 사항(제13호)을 의결한다(법43③, 법107①, 법112①).

4. 이사회의 업무집행 감독과 간부직원의 의견 진술

이사회는 이사회 의결사항에 대하여 조합장이나 상임이사의 업무집행상황을 감독한다(법43④, 법107①, 법112①).

간부직원은 이사회에 출석하여 의견을 진술할 수 있다(법43⑥, 법107①, 법112①).

5. 이사회의 개의와 결의

이사회는 구성원 과반수의 출석으로 개의하고 출석자 과반수의 찬성으로 의결한다(법43⑤, 법107①, 법112①).

6. 운영평가자문회의의 구성·운영

(1) 구성

조합은 조합의 건전한 발전을 도모하기 위하여 조합원 및 외부 전문가 15명이내로 운영평가자문회의를 구성·운영할 수 있다(법44①, 법107①, 법112①). 운영평가자문회의의 구성과 운영에 필요한 사항은 정관으로 정한다(법44⑤, 법107①, 법112①).

(2) 이사회 보고

운영되는 운영평가자문회의는 지역농협의 운영상황을 평가하였으면 그 결과를 이사회에 보고하여야 한다(법44②, 법107①, 법112①).

(3) 이사회의 총회 보고

이사회는 운영평가자문회의의 평가결과를 총회에 보고하여야 한다(법44③, 법107①, 법112①).

(4) 조합장의 평가결과 반영

조합장은 운영평가자문회의의 평가결과를 조합의 운영에 적극 반영하여야 한다(법44④, 법107①, 법112①).

Ⅲ. 수산업협동조합

1. 이사회의 설치 및 구성

조합에 이사회를 둔다(법45①, 법108, 법113). 이사회는 조합장을 포함한 이사로 구성하되, 조합장이 이를 소집하고 그 의장이 된다(법45②, 법108, 법113, 지구별수협정관예49②, 업종별수협정관예48②, 수산물가공수협정관예48②).

2. 이사회의 소집 등

(1) 이사회의 소집

조합장은 이사 5분의 1 이상 또는 감사가 회의목적 및 부의안건과 소집이유를 기재한 서면으로 회의소집을 요구하는 때에는 지체 없이 이를 소집하여야 한다(지구별수협정관예49⑥, 업종별수협정관예48⑥, 수산물가공수협정관예48⑥).

(2) 이사회 소집 통지 기간

이사회를 소집하려면 이사회 개회 5일 전까지 회의목적, 부의안건 및 회의일자 등을 적은 이사회소집통지서를 구성원과 감사에게 발송하여야 한다(지구별수협정관예49③ 본문, 업종별수협정관예48③ 본문, 수산물가공수협정관예48③ 본문). 다만, 같은 목적으로 이사회를 다시 소집하거나 긴급을 요할 경우에는 그러하지 아니하다(지구별수협정관예49③ 단서, 업종별수협정관예48③ 단서, 수산물가공수협정관예48③ 단서).

3. 이사회의 결의사항

이사회는 ⅰ) 조합원의 자격 및 가입에 관한 심사(제1호), ⅱ) 규약의 제정·변경 또는 폐지(제2호), ⅲ) 업무집행의 기본방침의 결정(제3호), ⅳ) 부동산의 취득·처분 또는 이에 관한 물권의 설정(다만, 정관으로 정하는 행위는 제외)(제4호), ⅴ) 경비의 부과 및 징수 방법(제5호), ⅵ) 사업계획 및 수지예산 중 중요한 사항(법37①(6)) 외의 변경(제6호), ⅶ) 인사추천위원회 구성에 관한 사항(제7호), ⅸ) 간부직원의 임면에 관한 사항(제8호), ⅸ) 총회에서 위임한 사항(제9호), ⅹ) 법령 또는 정관에 규정된 사항(제10호), ⅺ) 그 밖에 조합장 또는 이사 5분의 1 이상이 필요하다고 인정하는 사항(제11호)을 의결한다(법45③, 법108, 법113).

4. 이사회의 업무집행 감독과 간부직원의 의견 진술

이사회는 이사회 의결사항에 대하여 조합장 또는 상임이사의 업무집행상황을 감독한다(지구별수협정관예49⑧, 업종별수협정관예48⑧, 수산물가공수협정관예48⑧).

간부직원은 이사회에 출석하여 의견을 진술할 수 있다(법45⑤, 법108, 법113).

5. 이사회의 개의와 결의

(1) 정족수

이사회는 구성원 과반수의 출석으로 개의하고 출석구성원 과반수의 찬성으로 의결한다(법45④, 법108, 법113).

(2) 특별이해관계 있는 이사의 의결권 제한

이사회에서 의결할 때에는 해당 안건과 특별한 이해관계가 있는 이사회의 구성원은 그 안건의 의결에 참여할 수 없다(법45⑦ 전단, 법108, 법113). 이 경우 의결에 참여하지 못하는 이사 등은 이사회의 구성원 수에 포함되지 아니한다(법45⑦ 후단, 법108, 법113).

Ⅳ. 산림조합

1. 이사회의 설치 및 구성

조합에 이사회를 둔다(법33①). 이사회는 조합장과 이사로 구성하며, 조합장이 소집한다(법33②).

2. 이사회의 소집 등

(1) 이사회의 소집

조합장은 이사 3분의 1 이상 또는 감사로부터 회의소집의 요구가 있을 때에는 지체 없이 이를 소집하여야 한다(정관례55⑥). 소집요구는 회의목적 및 부의안건과 소집이유를 적어 서면으로 하여야 한다(정관례55⑦).

특별한 사정에 따라 이사회소집이 곤란할 때에는 서면결의, 전자회의, 화상회의 등으로 이사회 의결에 갈음할 수 있다(정관례55⑨ 전단). 서면결의의 경우에는 구성원 3분의 2 이상의 찬성을 받아야 한다(정관례55⑨ 후단).

(2) 이사회 소집 통지 기간

조합장은 회의사항을 서면으로 개최일 3일 전까지 구성원에게 통지하여야 한다(정관례55⑤ 본문). 다만, 긴급을 요할 경우에는 그러하지 아니하다(정관례55⑤ 단서).

3. 이사회의 결의사항

이사회는 ⅰ) 조합원의 자격 심사 및 가입 승낙(제1호), ⅱ) 간부직원의 임면(제2호), ⅲ) 업무규정의 제정·변경 또는 폐지(제3호), ⅳ) 법정적립금의 사용(제4호), ⅴ) 차입금의 최고한도(제5호), ⅵ) 기본재산의 취득과 처분(제6호), ⅶ) 법령 또는 정관에 규정된 사항(제7호), ⅷ) 총회에서 위임한 사항 및 총회에 부칠 사항(제8호), ⅸ) 그 밖에 조합장 또는 이사 3분의 1 이상이 필요하다고 인정하는 사항(제9호)을 의결한다(법33③).

4. 이사회의 업무집행 감독과 감사 및 간부직원의 의견 진술

이사회는 이사회 의결사항에 대하여 조합장 또는 상임이사의 업무집행상황을 감독한다(법33④). 감사와 간부직원은 이사회에 출석하여 의견을 진술할 수 있다(정관례55③).

5. 이사회의 개의와 결의

이사회는 구성원 과반수의 출석으로 개의하고, 출석구성원 과반수의 찬성으로 의결한다(법33⑤).

6. 운영평가자문회의의 구성 · 운영

(1) 구성

조합은 조합의 건전한 발전을 도모하기 위하여 조합원 및 외부전문가 15명 이내로 운영평가자문회의를 구성 · 운영할 수 있다(법34①).

(2) 업무

운영평가자문회의는 조합의 운영상황을 평가하고 그 개선사항을 조합장에게 건의할 수 있다(법34②).

(3) 조합장의 이사회 및 총회에 보고

조합장은 운영평가자문회의의 건의사항을 이사회 및 총회에 보고하여야 한다(법34③ 전단).

(4) 조합장의 평가결과 반영

조합장은 운영평가자문회의의 건의사항을 조합 운영에 적극 반영하여야 한다(법34③ 후단).

Ⅴ. 새마을금고

1. 이사회의 설치 및 구성

금고에 이사회를 둔다(법17①). 이사회는 이사장을 포함한 이사로 구성하며, 이사장이 이를 소집한다(법17②).

2. 이사회의 소집 등

이사회의 소집 방법, 의사록 작성 등은 정관으로 정하는 바에 따른다(법17⑥).

(1) 이사회의 소집

이사회는 분기마다 1회 개최함을 원칙으로 하고 ⅰ) 이사장이 필요하다고 인정한 때(제1호), ⅱ) 이사 3분의 1 이상의 요구가 있을 때(제2호), ⅲ) 감사의 요구가 있을 때(제3호)에는 이사회를 개최하여야 한다(정관예30①).

위 ⅱ) 및 ⅲ)에 의한 소집요구는 회의의 목적과 소집 이유를 적은 서면으로 하여야 한다(정관예30② 전단). 이 경우 이사장이 정당한 이유 없이 7일 이내에 소집하지 아니한 때에는 이사회의 소집을 요구한 이사의 대표 또는 감사가 이사회를 소집한다(정관예30② 후단). 이 경우에는 이사 중에서 선임된 이사가 의장의 직무를 대행한다(정관예30③).

(2) 이사회 소집 통지 기간

이사회의 소집방법은 그 개최일 3일 전까지 그 회의의 일시·장소·목적 사항 등을 기재한 서면으로 이사회의 구성원 및 감사에게 통지하는 것으로 한다(정관예30④ 전단). 다만, 이사회 구성원 전원의 동의가 있거나 또는 긴급을 요한 경우에는 그러하지 아니하다(정관예30④ 후단).

(3) 이사회 의사록 작성 등

이사회의 의사록에는 의사의 경과 및 결과를 기재하고 의장과 출석한 이사 전원이 기명·날인하여야 한다(정관예31②).

금고와 특정 이사와의 관련 사항을 의결하는 경우에는 그 이사는 의결권이 없다(정관예31③).

3. 이사회의 결의사항

이사회는 ⅰ) 규정의 제정, 변경 또는 폐지(제1호), ⅱ) 사업 집행에 대한 기본방침의 결정(제2호), ⅲ) 소요 자금의 차입(다만, 중앙회에서 차입할 경우는 최고한도)(제3호), ⅳ) 정관으로 정하는 간부 직원의 임면과 직원의 징계(제4호), ⅴ) 총회로부터 위임된 사항과 총회에 부칠 사항(제5호), ⅵ) 그 밖에 이사장이 회의에 부치는 사항(제6호)을 의결한다 (법17③).

4. 이사장의 이사회 보고사항

이사장은 ⅰ) 감사결과, ⅱ) 경영평가결과, ⅲ) 검사결과를 이사회에 보고하여야 한다(법17④).

5. 이사회의 개의와 의결

이사회는 재적이사 과반수의 출석으로 개의하고 출석이사 과반수의 찬성으로 의결한다(법17⑤).

제3절 임원

Ⅰ. 신용협동조합

1. 임원의 정수 및 선출

(1) 임원의 정수

조합에 임원으로 이사장 1명, 부이사장 1명을 포함하여 5명 이상 9명 이하의 이사와 감사 2명 또는 3명을 둔다(법27①).

(2) 임원의 선출

임원은 정관에서 정하는 바에 따라 총회에서 선출(임원의 결원으로 인한 보궐선거의 경우에는 정관에서 따로 정하는 바에 따른다)한다(법27② 전단).

(가) 이사장과 부이사장의 선출

이사장과 부이사장의 선출은 선거인 과반수의 투표로써 다수 득표자를 당선인으로 결정한다(법27③ 전단). 이 경우 재적조합원이 500인을 초과하는 경우에는 251인 이상의 출석으로 개의하고 출석조합원 과반수의 찬성으로 결의할 수 있다(법27③ 후단, 법25① 단서).

(나) 이사장 및 부이사장을 제외한 임원 중 조합원이어야 하는 임원의 선출

이사장 및 부이사장을 제외한 임원 중 조합원이어야 하는 임원의 선출은 선거인 과반수의 투표로써 다수 득표자순으로 당선인을 결정한다(법27③ 전단). 이 경우 재적조합원이 500인을 초과하는 경우에는 251인 이상의 출석으로 개의하고 출석조합원 과반수의 찬성으로 결의할 수 있다(법27③ 후단, 법25① 단서).

(다) 상임이사 및 상임감사(상임임원)의 선출

상임이사 및 상임감사("상임임원")는 조합 업무에 대한 전문지식과 경험이 풍부한 사람으로서 이사회의 결의를 거쳐 총회에서 선출한다(법27⑨).

(라) 전문임원의 선출

전문임원은 총회에서 총회의 결의방법에 의하여 선출한다(표준정관50②).

(3) 임원의 자격

이사장을 포함한 임원의 3분의 2 이상은 조합원이어야 한다(법27② 후단). 임원의 3분의 2 이상은 조합원이어야 하므로 조합원이 아닌 임원은 이사의 3분의 1 이내이다. 조합원이 아닌 임원(전문임원) 제도를 도입한 이유는 임원의 전문성을 제고하기 위한 것이다.

(가) 비상임 이사장의 자격요건

지역·단체조합(교회·사찰 등의 종교단체는 제외)의 비상임이사장은 ⅰ) 조합의 임원으로 2년 이상 재임한 경력이 있는 사람(제1호), ⅱ) 금융위원회법 제38조[4])에 따른 검사대상기관에서 금융관련 업무에 상근직으로 10년 이상 근무한 경력이 있는 사람(제2호), ⅲ) 금융관련 연구기관에서 연구위원으로 5년 이상 근무

한 경력이 있는 사람(제3호), ⅳ) 금융감독기관 또는 금융관련 국가직 공무원으로
서 금융관련 업무에 10년 이상 근무한 경력이 있는 사람(제4호)으로 한다(표준정
관45⑤).

(나) 상임 이사장의 자격요건

상임 이사장은 ⅰ) 조합의 임원으로 4년 이상 재임한 경력이 있는 사람(제1
호), ⅱ) 금융위원회법 제38조에 따른 검사대상기관에서 금융관련 업무에 상근직
으로 10년 이상 근무한 경력이 있는 사람(제2호), ⅲ) 금융관련 연구기관에서 연
구위원으로 5년 이상 근무한 경력이 있는 사람(제3호), ⅳ) 금융감독기관 또는 금
융관련 국가직 공무원으로서 금융관련 업무에 10년 이상 근무한 경력이 있는 사
람(제4호)으로 한다(표준정관45⑥).

(다) 상임이사 또는 상임감사의 자격요건

상임이사 또는 상임감사로 선임될 수 있는 사람은 ⅰ) 조합(다른 조합 포함)
또는 중앙회에서 상근직으로 10년 이상 근무한 경력이 있는 사람(제1호), ⅱ) 금
융관련 국가기관, 연구기관 또는 교육기관에 상근직으로 10년 이상 근무한 경력
이 있는 사람(제2호), ⅲ) 금융감독원 또는 금융위원회법 제38조에 따른 검사대상
기관에서 금융 관련 업무에 상근직으로 10년 이상 근무한 경력이 있는 사람(제3
호)으로 한다(영14의3 본문, 표준정관45⑦ 본문).

다만, 상임감사는 임원선거일 현재 3년 이내에 조합의 임직원(상임감사를 제
외)이었던 사람이 아니어야 한다(영14의3 단서, 표준정관45⑦ 단서).

(라) 전문임원의 자격요건

다음의 어느 하나에 해당하는 사람, 즉 ⅰ) 금융·법률·세무 및 회계 관련
의 국가공인 전문자격증을 소지한 사람, ⅱ) 금융위원회법 제38조에 따른 검사대
상기관에서 금융관련 업무에 상근직으로 10년 이상 근무한 경력이 있는 사람,
ⅲ) 금융관련 연구기관에서 연구위원으로 5년 이상 근무한 경력이 있는 사람,
ⅳ) 금융감독기관 또는 금융관련 국가직 공무원으로서 금융관련 업무에 10년 이
상 근무한 경력이 있는 사람을 전문임원으로 선출할 수 있다(표준정관45⑧ 전단).
이 경우 상임임원을 포함하여 임원정수의 3분의 1을 초과할 수 없다(표준정

---

4) 은행, 금융투자업자, 증권금융회사, 종합금융회사 및 명의개서대행회사, 보험회사, 상호저
축은행과 그 중앙회, 신용협동조합 및 그 중앙회, 여신전문금융회사 및 겸영여신업자, 농
협은행, 수협은행, 다른 법령에서 금융감독원이 검사를 하도록 규정한 기관, 그 밖에 금융
업 및 금융 관련 업무를 하는 자로서 대통령령으로 정하는 자를 말한다.

관45⑧ 후단).

2. 임원의 직무

(1) 이사장의 직무와 직무대행

(가) 업무총괄 및 조합 대표

이사장은 조합의 업무를 총괄하고 조합을 대표한다(법27④, 표준정관46① 전단).

(나) 직무대행 순서

이사장이 부득이한 사유로 직무를 수행할 수 없을 때에는 부이사장, 정관에서 정하는 이사의 순서로 그 직무를 대행한다(법27⑤).

표준정관에 따르면 이사장의 사고시에는 부이사장, 미리 이사회가 정한 이사의 순으로 그 직무를 대행한다(표준정관46① 후단). 직무대행자가 없거나 기타 다른 사유로 직무대행자를 선임할 수 없는 때에는 중앙회장이 임시임원을 선임하여 이사장의 직무를 대행하게 할 수 있다(표준정관46의2②).

(2) 이사장 또는 상임이사의 설치와 자격

(가) 이사장 또는 상임이사의 설치

1) 이사장 또는 상임이사의 설치 대상 조합

자산규모, 재무구조 등을 고려하여 대통령령으로 정하는 조합은 이사장 또는 이사장이 아닌 이사("상임이사") 중에서 1명 이상을 상임으로 한다(법27⑥ 본문).

가) 상임 이사장 또는 상임이사의 설치 대상 조합

직전 사업연도 평균잔액으로 계산한 총자산이 300억원 이상인 지역조합 또는 단체조합은 이사장 또는 상임이사 중에서 1명만을 상임으로 한다(영14① 본문). 다만, 직전 사업연도 평균잔액으로 계산한 총자산이 1,500억원 이상인 지역조합 또는 단체조합은 이사장과 상임이사 1명까지 상임으로 할 수 있다(영14① 단서).

이사장은 비상근·명예직이 원칙이지만 총자산 300억원 이상인 조합은 이사장을 상임으로 할 수 있다.

나) 비상임 이사장 또는 비상임이사의 설치 대상 조합

다음의 어느 하나에 해당하는 단체조합(직전 사업연도 평균잔액으로 계산한 총자산이 1,500억원 이상인 단체조합은 제외), 즉 ⅰ) 교회·사찰 등의 종교단체(영12①

(3) 가목) 또는 구성원 간에 상호 밀접한 협력관계가 있는 사단법인(영12①(3) 다목)으로서 해당 조합의 특성, 자산규모 등을 고려하여 금융위원회가 정하여 고시하는 기준5)에 따라 중앙회장의 승인을 받은 종교단체 또는 사단법인(제1호), ii) 국가로부터 공인된 자격 또는 면허 등을 취득한 자로 구성된 같은 직종단체로서 법령에 의하여 인가를 받은 단체(영12①(3) 라목)(제2호)는 이사장 또는 상임이사를 상임으로 하지 아니할 수 있다(영14②).

상임이 아닌 임원은 명예직으로 하되, 정관으로 정하는 바에 따라 실비의 변상을 받을 수 있다(법27⑬).

2) 상임이사의 설치 대상 조합

상임인 이사장을 두지 아니한 조합인 경우에는 상임이사를 두어야 한다(법27⑥ 단서). 따라서 직전 사업연도 평균잔액으로 계산한 총자산이 300억원 이상인 지역조합 또는 단체조합으로서 재무상태 개선조치(법89④)를 요청받은 날부터 2년이 되는 날까지 그 재무상태 개선조치가 종료되지 아니한 지역조합 또는 단체조합은 상임이사 1명만을 둔다(영14③).

(나) 상임 이사장 등의 선임절차 등

1) 이사장 또는 상임이사를 상임으로 선임하는 조합

이사장 또는 상임이사를 선임하는 조합은 "상임 이사장 또는 상임이사의 설치 대상 조합(영14①)" 및 "비상임 이사장 또는 비상임이사의 설치 대상 조합(영14②)"의 요건에 해당하게 된 후 최초로 소집되는 임원 선임을 위한 총회에서 이사장 또는 상임이사를 선임하여야 한다(영14의2①).

2) 상임이사만을 선임하는 조합

상임이사만을 선임하는 조합은 "상임이사의 설치 대상 조합(영14③)"에서 정하는 지역조합 또는 단체조합에 해당하게 된 날부터 60일 이내에 상임이사를 선임하여야 한다(영14의2②).

3) 임기만료시까지 재임

이사장 또는 상임이사를 선임하는 조합에서 선임된 이사장 또는 상임이사나 상임이사만을 선임하는 조합에서 선임된 상임이사는 임기 중에 해당 조합이 총자

---

5) "금융위가 정하여 고시하는 기준"이라 함은 직전 사업연도 평균잔액으로 계산한 총자산이 300억 이상인 조합으로서 이사장 또는 이사장 아닌 임원("이사장 등")이 이사장 등으로서의 업무 외에 본래의 자신의 업(業)에 상근직으로 종사하여야 하는 등의 불가피한 사유로 이사장 등을 상임으로 두기 곤란한 조합을 말한다(감독규정4의4).

산이 300억원 이상 또는 총자산이 1,500억원 이상 및 총자산이 1,500억원 이상의
총자산 기준에 미달하거나 해당 조합에 대한 재무상태 개선조치(법89④)가 종료되
더라도 그 임기가 만료될 때까지는 이사장 또는 상임이사로 재임한다(영14의2③).

4) 상임 이사장의 비상임 이사장 재임

이사장 또는 상임이사를 선임하는 조합에서 선임된 상임인 이사장은 임기
중에 해당 조합이 상임이사의 설치 대상 조합(영14③)에서 정하는 지역조합 또는
단체조합에 해당하게 된 경우에는 ⅰ) 해당 조합이 총자산 300억원(영14① 본문)
의 요건에 해당하는 경우: 상임이사(영14②)가 선임된 때(제1호), ⅱ) 해당 조합이
총자산 1,500억원(영14① 단서)의 요건에 해당하는 경우로서 상임이사를 선임하지
아니하는 경우: 상임이사(영14②)가 선임된 때(제2호), ⅲ) 해당 조합이 총자산
1,500억원(영14① 단서)의 요건에 해당하는 경우로서 상임이사를 선임한 경우: 총
자산이 300억원 이상인 지역조합 또는 단체조합으로서 재무상태 개선조치(법89
④)를 요청받은 날부터 2년이 되는 날까지 그 재무상태 개선조치가 종료되지 아
니한 지역조합 또는 단체조합에 해당하게 된 때(제3호)부터 비상임 이사장으로
재임한다(영14의2④).

(3) 상임이사의 직무와 직무대행
(가) 상임이사의 직무

상임이사는 신용사업·조합원을 위한 공제사업 및 이에 부대하는 사업을 전
담하여 처리한다(법27⑦ 전단). 이 경우 이사장은 해당 상임이사가 소관 사업을 독
립하여 수행할 수 있도록 권한의 위임 등 적절한 조치를 하여야 한다(법27⑦ 후단).

(나) 상임이사의 직무대행

상임이사가 궐위·구금되거나 의료법에 따른 의료기관에 입원한 경우 등 부
득이한 사유로 직무를 수행할 수 없는 때에는 이사회가 정한 순서에 따른 간부
직원이 직무를 대행한다(법27⑪, 표준정관46의2②).

(4) 감사의 설치와 자격
(가) 상임감사의 기준 등
1) 감사의 상임 기준: 감사를 상임으로 선임하여야 하는 조합의 범위

직전 사업연도 평균잔액으로 계산한 총자산이 2,000억원 이상인 지역조합

또는 단체조합은 감사 중 1명을 상임으로 한다(법27⑧ 전단, 영14⑤ 본문).

　가) 상임감사의 자격

　상임감사는 조합원이 아닌 자로 한다(법27⑧ 후단).

　3) 감사를 상임으로 하는 조합의 상임감사의 재임

　감사를 상임으로 하는 조합은 "감사를 상임으로 선임하여야 하는 조합(영14⑤)"의 요건에 해당하게 된 후 최초로 소집되는 감사 선임을 위한 총회에서 감사를 선임하여야 하며, 선임된 상임감사는 임기 중에 해당 조합이 총자산이 2,000억원(영14⑤)의 총자산 기준에 미달하더라도 그 임기가 만료될 때까지는 상임감사로 재임한다(영14의2⑤).

　(나) 감사의 비상임 기준: 감사를 비상임으로 선임하여야 하는 조합의 범위

　교회·사찰 등의 종교단체(영12①(3) 가목), 구성원 간에 상호 밀접한 협력관계가 있는 사단법인(영12①(3) 다목) 또는 국가로부터 공인된 자격 또는 면허 등을 취득한 자로 구성된 같은 직종단체로서 법령에 의하여 인가를 받은 단체(영12①(3) 라목)에 단체조합으로서 해당 조합의 특성, 자산규모 등을 고려하여 "금융위원회가 정하여 고시하는 기준"에 따라 중앙회장의 승인을 받은 조합은 상임감사를 두지 아니할 수 있다(법28⑤, 영14⑤ 단서).

　여기서 "금융위가 정하여 고시하는 기준"이라 함은 ⅰ) 최근 3년간 법 제100조(양벌규정)에서 정하는 벌금형에 과해지지 아니한 조합(제1호), ⅱ) 최근 1년간 법 제85조(조합 등에 대한 행정처분) 제1항 및 제2항 각 호의 행정처분 중 주의를 제외한 조치를 받지 아니한 조합(제2호), ⅲ) 감독규정 제12조(건전성 비율) 제3항에서 정하는 재무상태개선조치 조합 또는 재무상태개선조치가 종료된 후 1년이 경과하지 않은 조합이 아닌 조합(제3호)에 해당하는 조합으로서 조합 임직원의 인력구조, 조합원의 구성 및 운영현황 등을 고려하여 감사를 상임으로 두기 적당하지 않은 조합을 말한다(감독규정4의5).

　상임이 아닌 임원은 명예직으로 하되, 정관으로 정하는 바에 따라 실비의 변상을 받을 수 있다(법27⑬).

(5) 감사의 직무와 대표권

(가) 감사의 직무

1) 재산상태 등 감사와 감사보고서 및 연차보고서 정기총회 제출

감사는 분기마다 1회 이상 조합의 업무집행상황, 재산상태, 장부 및 서류 등을 감사하여야 하며, 분기별 감사보고서는 이사회에 분기별 감사보고서를 종합한 연차보고서는 정기총회에 각각 제출하여야 한다(법37①, 표준정관47①).

2) 감사실시 통보 및 감사의견 제출

감사실시 통보 및 감사보고서 제출은 2명 이상의 감사가 공동으로 하여야 한다(법37③ 본문). 다만, 감사보고서를 제출할 때 감사의 의견이 일치하지 아니할 경우에는 각각 그 의견을 제출할 수 있다(법37③ 단서).

3) 조합원의 예탁금통장 등 대조 확인 의무

감사는 반기(半期)마다 1회 이상 예고 없이 상당수 조합원의 예탁금 통장이나 그 밖의 증서와 조합의 장부나 기록을 대조하고 확인하여야 한다(법37②).

4) 이사회에 대한 시정요구의무

감사는 이사회가 법령·정관 또는 총회의 결의에 위반하여 업무를 집행한 때에는 이사회에 그 시정을 요구하여야 한다(표준정관47④).

5) 중앙회장에 대한 보고의무

감사는 감사결과 중대한 부정사실 또는 조합에 현저하게 손해를 미칠 염려가 있는 사실을 발견한 때에는 즉시 이를 중앙회장에게 보고하여야 한다(표준정관47⑤).

6) 대표감사와 감사의 호선

감사 중 1인은 대표감사로 하며, 대표감사는 감사가 호선한다(표준정관47⑥).

7) 준용규정

감사의 직무에 관하여는 상법 제391조의2, 제402조, 제412조의2, 제413조 및 제413조의2를 준용한다(법37④). 여기서는 준용되는 상법의 규정을 살펴본다.

가) 감사의 이사회출석·의견진술권 등

감사는 이사회에 출석하여 의견을 진술할 수 있다(상법391의2①).

감사는 이사가 법령 또는 정관에 위반한 행위를 하거나 그 행위를 할 염려가 있다고 인정한 때에는 이사회에 이를 보고하여야 한다(상법391의2②).

나) 유지청구권

이사가 법령 또는 정관에 위반한 행위를 하여 이로 인하여 회사에 회복할 수 없는 손해가 생길 염려가 있는 경우에는 감사 또는 출자좌수 총수의 1% 이상에 해당하는 좌수를 가진 조합원은 회사를 위하여 이사에 대하여 그 행위를 유지할 것을 청구할 수 있다(상법402).

다) 감사의 보고수령권

이사는 회사에 현저하게 손해를 미칠 염려가 있는 사실을 발견한 때에는 즉시 감사에게 이를 보고하여야 한다(상법412의2).

라) 조합원 총회에서의 의견진술

감사는 이사가 조합원 총회에 제출할 의안 및 서류를 조사하여 법령 또는 정관에 위반하거나 현저하게 부당한 사항이 있는지의 여부에 관하여 조합원 총회에 그 의견을 진술하여야 한다(상법413).

마) 감사록의 작성

감사는 감사에 관하여 감사록을 작성하여야 한다(상법413의2①). 감사록에는 감사의 실시요령과 그 결과를 기재하고 감사를 실시한 감사가 기명날인 또는 서명하여야 한다(상법413의2②).

(나) 상임감사의 직무대행

상임감사가 부득이한 사유로 직무를 수행할 수 없을 때에는 이사회가 정하는 순서에 따라 간부직원이 그 직무를 대행한다(법27⑪).

(다) 감사의 대표권

조합이 이사장과의 소송, 계약 등의 법률행위를 하는 경우에는 감사가 조합을 대표한다(법38).

(6) 상임 이사장 및 상임 임원의 보수

상임인 이사장 및 상임 임원의 보수는 중앙회장이 정하는 기준에 따라 총회에서 정한다(법27⑫).

3. 임원의 임기

(1) 임원의 임기와 연임

임원의 임기는 4년으로 하며, 연임할 수 있다(법31① 본문). 다만, 이사장은 2

차례만 연임할 수 있다(법31① 단서). 임원의 임기는 전임자의 임기 만료일의 다음날로부터 기산한다(표준정관51②).

(2) 보궐선거로 선출된 임원의 임기

보궐선거로 선출된 임원의 임기는 전임자 임기의 남은 기간으로 한다(법31②, 표준정관51③ 전단). 이 경우 임원정수의 증원 또는 임원 전원이 보궐선거에 의하여 선출된 경우에도 이를 준용한다(표준정관51③ 후단).

(3) 설립 당시의 임원의 임기

설립당시의 임원의 임기는 당선일로부터 4회차 도래하는 정기총회 종료일까지로 한다(법31③, 표준정관51⑤).

(4) 임원 임기의 연장

임원의 임기가 최종의 결산에 관한 정기 총회전에 만료된 때에는 정기총회 종결일까지 그 임기는 연장된다(표준정관51④).

4. 임원 등의 자격 제한

(1) 임원과 발기인의 결격사유

다음의 어느 하나에 해당하는 사람, 즉 ⅰ) 피성년후견인, 피한정후견인 및 파산선고를 받고 복권되지 아니한 사람(제1호), ⅱ) 금고 이상의 실형을 선고받고 그 집행이 끝나거나(집행이 끝난 것으로 보는 경우 포함) 집행이 면제된 날부터 3년이 지나지 아니한 사람(제2호), ⅲ) 형의 집행유예를 선고받고 그 유예기간 중에 있는 사람(제3호), ⅳ) 금고 이상의 형의 선고유예를 받고 그 선고유예기간 중에 있는 사람(제4호), ⅴ) 신용협동조합법 또는 대통령령으로 정하는 금융 관련 법령("금융관계법령")6)을 위반하여 벌금 이상의 형을 선고받고 그 집행이 끝나거나(집행이 끝난 것으로 보는 경우 포함) 집행이 면제된 날부터 5년이 지나지 아니한 사람(제5호), ⅵ) 법원의 판결 또는 다른 법률에 따라 자격이 상실되거나 정지된 사람

---

6) "대통령령으로 정하는 금융 관련 법령"이란 ⅰ) 금융산업구조개선법, ⅱ) 은행법, ⅲ) 자본시장법, ⅳ) 금융소비자보호법, ⅴ) 보험업법, ⅵ) 상호저축은행법, ⅶ) 여신전문금융업법, ⅷ) 신용정보보호법, ⅸ) 농업협동조합법, ⅹ) 수산업협동조합법, ⅺ) 산림조합법, ⅻ) 새마을금고법, xⅲ) 한국주택금융공사법을 말한다(영15①).

(제6호), vii) 신용협동조합법 또는 금융관계법령에 따라 해임[임원에 대한 개선(改選)을 포함]되거나 징계면직된 사람으로서 해임되거나 징계면직된 후 5년이 지나지 아니한 사람(제7호), viii) 신용협동조합법 또는 금융관계법령에 따라 영업의 허가·인가 또는 등록이 취소된 법인 또는 회사의 임직원이었던 사람(그 취소 사유의 발생에 직접적 책임이 있거나 이에 상응하는 책임이 있는 사람으로서 대통령령으로 정하는 사람7)만 해당)으로서 그 법인이나 회사에 대한 취소 처분이 있었던 날부터 5년이 지나지 아니한 사람(제8호), ix) 신용협동조합법 또는 금융관계법령에 따라 직무의 정지, 정직 또는 업무집행정지(영15③)를 받은 사람으로서 제재조치의 종료일부터 4년(영15③)이 지나지 아니한 사람(제9호), x) 신용협동조합법 또는 금융관계법령에 따라 재임 중이었거나 재직 중이었더라면 해임요구 또는 징계면직의 조치를 받았을 것으로 통보된 퇴임한 임원 또는 퇴직한 직원으로서 그 통보가 있었던 날부터 5년(통보가 있었던 날부터 5년이 퇴임 또는 퇴직한 날부터 7년을 초과한 경우에는 퇴임 또는 퇴직한 날부터 7년으로 한다)이 지나지 아니한 사람(제10호), xi) 신용협동조합법 또는 금융관계법령에 따라 재임 중이었거나 재직 중이었더라면 직무의 정지, 정직 또는 업무집행정지(영15④)를 요구받았을 것으로 통보된 퇴임한 임원 또는 퇴직한 직원으로서 그 통보가 있었던 날부터 4년(영15④)[통보가 있었던 날부터 4년(영15④)이 퇴임 또는 퇴직한 날부터 6년을 초과한 경우에는 퇴임 또는 퇴직한 날부터 6년으로 한다]이 지나지 아니한 사람(제11호), xii) 그 밖에 정관에서 정한 자격 제한 사유에 해당하는 사람(제12호)은 조합의 임원이나 발기인이 될 수 없다(법28①).

---

7) "대통령령으로 정하는 사람"이란 허가·인가 또는 등록취소의 원인이 되는 사유가 발생한 당시의 임·직원(금융산업구조개선법 제14조의 규정에 의하여 허가·인가 등이 취소된 법인 또는 회사의 경우에는 적기시정조치의 원인이 되는 사유 발생 당시의 임·직원)으로서 다음에 해당하는 자를 말한다(영15②).
   1. 감사 또는 감사위원회의 위원
   2. 허가·인가 또는 등록취소의 원인이 되는 사유의 발생과 관련하여 위법·부당한 행위로 신용협동조합법 또는 금융관련법령에 의하여 주의·경고·문책·직무정지·해임요구 기타의 조치를 받은 임원
   3. 허가·인가 또는 등록취소의 원인이 되는 사유의 발생과 관련하여 위법·부당한 행위로 신용협동조합법 또는 금융관련법령에 의하여 직무정지 요구 이상에 해당하는 조치를 받은 직원
   4. 제2호 또는 제3호의 규정에 의한 제재대상자로서 그 제재를 받기 전에 사임 또는 사직한 자

(2) 임원 결격사유의 발견과 면직

임원에게서 결격사유(제9호는 제외)의 사유가 발견되거나 발생되었을 때에는 해당 임원은 즉시 면직된다(법28②).

(3) 면직 전 행위의 효력 유지

면직된 임원이 면직 전에 관여한 행위는 그 효력을 잃지 아니한다(법28③).

5. 임직원의 겸직 금지

(1) 상호 겸직 금지

조합의 이사, 감사 및 직원은 상호 겸직할 수 없다(표준정관58①).

(2) 임직원 겸직 제한 기관

다음의 해당하는 기관, 즉 ⅰ) 지역농업협동조합과 지역축산업협동조합, 품목별·업종별협동조합 및 농업협동조합중앙회, ⅱ) 지구별수산업협동조합, 업종별수산업협동조합, 수산물가공수산업협동조합 및 수산업협동조합중앙회, ⅲ) 지역산림조합, 품목별·업종별산림조합 및 산림조합중앙회, ⅳ) 새마을금고와 그 중앙회, ⅴ) 금융위원회법 제38조에 따른 검사대상기관(제38조 제5호는 제외), ⅵ) 보험사업자·보험모집인·보험대리인 및 보험중개인, ⅶ) 파이낸스, 투자금융, 투자개발 등의 사설금융회사, ⅷ) 대부업 종사자, ⅸ) 체신관서에 종사하는 임직원은 조합의 임직원이 될 수 없다(표준정관58② 본문). 다만, 당해 법인이 설립한 직장조합의 경우에는 그러하지 아니하다(표준정관58② 단서).

(3) 상임이사장과 상임임원의 직무 제한

상임이사장과 상임임원은 다른 직무에 종사하지 못한다(표준정관58③ 본문). 다만, 중앙회장이 그 업무수행에 영향을 미치지 않는다고 인정하는 직무에 대해서는 예외로 한다(표준정관58③ 단서).

(4) 임시임원의 겸직 제한 제외

중앙회장이 다른 조합의 임직원을 법 제89조(중앙회의 지도·감독)의 규정에 따라 임시임원으로 선임한 경우 겸직으로 보지 아니한다(표준정관58④).

6. 임원의 의무와 책임

(1) 성실의무

임원은 신용협동조합법, 신용협동조합법에 따른 명령, 정관·규정 및 총회와 이사회의 결의를 준수하고 조합을 위하여 성실히 그 직무를 수행하여야 한다(법 33①).

(2) 직무수행: 조합 또는 타인에 대한 손해배상책임

임원이 그 직무를 수행하면서 고의 또는 중대한 과실(상임인 임원의 경우에는 고의 또는 과실)로 조합 또는 타인에게 끼친 손해에 대해서는 연대하여 손해배상의 책임을 진다(법33②).

(3) 거짓 결산보고 등: 조합 또는 타인에 대한 손해배상책임

임원이 거짓으로 결산보고·등기 또는 공고를 하여 조합 또는 타인에게 손해를 끼쳤을 때에도 연대하여 손해배상의 책임을 진다(법33③, 법33②).

(4) 이사회 출석 임원의 손해배상책임 및 면제

이사회가 고의 또는 중대한 과실로 조합 또는 타인에게 손해를 끼쳤을 때에는 그 고의 또는 중대한 과실에 관련된 이사회에 출석한 임원은 그 손해에 대하여 연대하여 손해배상의 책임을 진다(법33④ 본문). 다만, 그 회의에서 반대 의사를 표시한 임원은 그러하지 아니하다(법33④ 단서).

Ⅱ. 농업협동조합

1. 임원의 정수 및 선출

(1) 임원의 정수

조합에 임원으로서 조합장 1명을 포함한 7명 이상 25명 이하의 이사와 2명의 감사를 두되, 그 정수는 정관으로 정한다(법45① 전단, 법107①, 법112①).

(2) 임원의 자격

이사의 3분의 2 이상은 조합원이어야 하며, 자산 등 조합의 사업규모가 조합장 임기 개시일 이전에 정기총회의 승인을 받은 최근 결산보고서에 적힌 자산총액이 1,500억원 이상인 경우에는 조합원이 아닌 이사를 1명 이상 두어야 한다(법45① 후단, 영4의4, 법107①, 법112①).

(3) 상임 임원
(가) 이사(조합장 포함)
1) 상임이사 선출 여부: 임의

조합은 정관으로 정하는 바에 따라 조합장을 포함한 이사 중 2명 이내를 상임으로 할 수 있다(법45② 본문, 법107①, 법112①).

2) 상임이사를 두어야 하는 조합: 의무

조합장을 비상임으로 운영하는 조합과 자산 등 사업규모가 조합장 임기 개시일 이전에 정기총회의 승인을 받은 최근 결산보고서에 적힌 자산총액이 1천 5백억원 이상인 조합에는 조합원이 아닌 이사 중 1명 이상을 상임이사로 두어야 한다(법45② 단서, 영4의5, 법107①, 법112①).

(나) 감사
1) 상임감사 선출 여부: 임의

조합은 정관으로 정하는 바에 따라 감사 중 1명을 상임으로 할 수 있다(법45③ 본문, 법107①, 법112①).

2) 상임감사를 두어야 하는 조합: 의무

자산 등 사업규모가 감사의 임기 개시일 이전에 정기총회의 승인을 받은 최근 결산보고서에 적힌 자산총액이 1조원 이상인 조합에는 조합원이 아닌 상임감사 1명을 두어야 한다(법45③ 단서, 영4의6, 법107①, 법112①).

(4) 비상임 조합장을 두어야 하는 조합

자산 등 조합의 사업규모가 조합장 임기 개시일 이전에 정기총회의 승인을 받은 최근 결산보고서에 적힌 자산총액이 2천 5백억원 이상인 경우에는 조합장을 비상임으로 한다(법45④, 영4의7, 법107①, 법112①).

(5) 임원의 선출

(가) 조합장의 선출

조합장은 조합원 중에서 정관으로 정하는 바에 따라 다음의 어느 하나의 방법, 즉 ⅰ) 조합원이 총회 또는 총회 외에서 투표로 직접 선출(제1호), ⅱ) 대의원회가 선출(제2호), ⅲ) 이사회가 이사 중에서 선출(제3호)하는 방법으로 선출한다(법45⑤, 법107①, 법112①).

(나) 조합장 외의 임원 선출

조합장 외의 임원은 총회에서 선출한다(법45⑥ 본문, 법107①, 법112①). 다만, 상임이사 및 상임감사는 조합 업무에 대한 전문지식과 경험이 풍부한 사람으로서 "대통령령으로 정하는 요건에 맞는 사람" 중에서 인사추천위원회에서 추천된 사람을 총회에서 선출한다(법45⑥ 단서, 법107①, 법112①).

1) 상임이사의 자격요건

"대통령령으로 정하는 요건에 맞는 사람" 중 상임이사는 ⅰ) 조합, 중앙회(중앙회의 자회사 및 손자회사를 포함) 또는 품목조합연합회("연합회")에서 상근직으로 5년 이상 종사한 경력이 있는 사람(제1호), ⅱ) 농업·축산업과 관련된 국가기관·지방자치단체·공공기관운영법 제4조에 따른 공공기관("공공기관") 또는 금융위원회법 제38조에 따른 검사대상기관(이에 상당하는 외국금융기관 포함)에서 상근직으로 5년 이상 종사한 경력이 있는 사람(제2호), ⅲ) 농업·축산업 또는 금융업과 관련된 국가기관·연구기관·교육기관 또는 기업에서 종사한 경력이 있는 사람으로서 제1호 또는 제2호의 사람과 같은 수준 이상의 자격이 있다고 조합의 정관에서 정하는 요건에 해당되는 사람(제3호)을 말한다(영5①).

2) 상임감사의 자격요건

"대통령령으로 정하는 요건에 맞는 사람" 중 상임감사는 ⅰ) 조합·연합회에서 감사·회계·금융 또는 재무 관련 업무에 상근직으로 5년 이상 종사한 경력이 있는 사람. 다만, 해당 조합에서 최근 2년 이내에 임직원으로 근무한 사람(조합 감사로 근무 중이거나 근무한 사람은 제외)은 제외한다(제1호). ⅱ) 농업·축산업과 관련된 국가기관·지방자치단체·공공기관·연구기관 또는 교육기관에서 감사·회계·재무 또는 조합 관련 업무에 상근직으로 5년 이상 종사한 경력이 있는 사람, ⅲ) 중앙회, 금융업과 관련된 국가기관·연구기관·교육기관 또는 금융위원회법 제38조에 따른 검사대상기관(이에 상당하는 외국금융기관 포함)에서 감사·회계·금융·재무 또는 조합 관련 업무에 상근직으로 5년 이상 종사한 경력이 있는 사람을 말한다(영5②).

(다) 비상임 임원의 명예직

상임인 임원을 제외한 조합의 임원은 명예직으로 한다(법45⑦, 법107①, 법112①).

(6) 여성조합원 중 이사 선출의무

조합은 이사 정수의 5분의 1 이상을 여성조합원과 품목을 대표할 수 있는 조합원에게 배분되도록 노력하여야 한다(법45⑧ 본문, 법107①, 법112①). 다만, 여성조합원이 전체 조합원의 30% 이상인 조합은 이사 중 1명 이상을 여성조합원 중에서 선출하여야 한다(법45⑧ 단서, 법107①, 법112①).

(7) 조합장 보궐선거의 입후보 자격 제한

조합의 조합장 선거에 입후보하기 위하여 임기 중 그 직을 그만 둔 조합의 이사 및 감사는 그 사직으로 인하여 실시사유가 확정된 보궐선거의 후보자가 될 수 없다(법45⑨, 법107①, 법112①).

(8) 정관 규정

임원의 선출과 추천, 인사추천위원회 구성과 운영에 관하여 농업협동조합법에서 정한 사항 외에 필요한 사항은 정관으로 정한다(법45⑩, 법107①, 법112①).

2. 임원의 직무

(1) 조합장의 직무

(가) 대표권과 업무집행권

조합장은 조합을 대표하며 업무를 집행한다(법46①, 법107①, 법112①).

1) 조합장이 상임인 경우로서 상임이사를 두는 경우: 업무의 일부 상임이사 위임 의무

조합장이 상임인 경우로서 상임이사를 두는 경우에는 조합장은 정관으로 정하는 바에 따라 업무의 일부를 상임이사에게 위임·전결처리하도록 하여야 한다(법46② 본문, 법107①, 법112①).

2) 조합장이 비상임인 경우: 상임이사의 업무집행 등

조합장이 비상임인 경우에는 상임이사가 업무를 집행한다(법46② 본문, 법107①, 법112①). 다만, 비상임 조합장은 정관으로 정하는 바에 따라 사업(신용사업과 이와 관련되는 부대사업 제외) 중 전부 또는 일부를 집행할 수 있다(법46② 단서, 법107①, 법112①).

(나) 총회와 이사회 의장

조합장은 총회와 이사회의 의장이 된다(법46③, 법107①, 법112①).

(다) 조합장 또는 상임이사의 직무대행

조합장 또는 상임이사가 ⅰ) 궐위된 경우(제1호), ⅱ) 공소 제기된 후 구금상태에 있는 경우(제2호),[8] ⅲ) 의료법에 따른 의료기관에 60일 이상 계속하여 입원한 경우(제4호), ⅳ) 조합장의 해임(법54②(3))을 대의원회에서 의결한 경우(제5호), ⅴ) 그 밖에 부득이한 사유로 직무를 수행할 수 없는 경우(제6호)(상임이사의 경우 제5호 제외)로 그 직무를 수행할 수 없을 때에는 이사회가 정하는 순서에 따라 이사(조합장의 경우에는 조합원이 아닌 이사는 제외)가 그 직무를 대행한다(법46④, 법107①, 법112①).

(라) 조합장의 선거 입후보와 직무대행

조합장이 그 직을 가지고 해당 조합의 조합장 선거에 입후보하면 후보자로 등록한 날부터 선거일까지 이사회가 정하는 순서(법46④)에 따른 이사가 그 조합장의 직무를 대행한다(법46⑤, 법107①, 법112①).

(2) 감사의 직무

(가) 재산과 업무집행상황 감사권 등

감사는 조합의 재산과 업무집행상황을 감사하며, 전문적인 회계감사가 필요하다고 인정되면 중앙회에 회계감사를 의뢰할 수 있다(법46⑥, 법107①, 법112①).

(나) 부정 사실의 총회 보고 및 총회소집

감사는 조합의 재산 상황이나 업무집행에 부정한 사실이 있는 것을 발견하면 총회에 보고하여야 하고, 그 내용을 총회에 신속히 보고하여야 할 필요가 있으면 정관으로 정하는 바에 따라 조합장에게 총회의 소집을 요구하거나 총회를

---

8) 제3호 삭제 [2014. 12. 31.]

소집할 수 있다(법46⑦, 법107①, 법112①).

(다) 총회 또는 이사회 출석 · 의견진술권

감사는 총회나 이사회에 출석하여 의견을 진술할 수 있다(법46⑧, 법107①, 법112①).

(라) 상법의 준용

감사의 직무에 관하여는 상법 제412조의5 · 제413조 및 제413조의2를 준용한다(법46⑨, 법107①, 법112①). 여기서는 준용되는 상법 규정을 살펴본다.

1) 자회사의 조사권

가) 보고요구권

감사는 그 직무를 수행하기 위하여 필요한 때에는 조합에 대하여 영업의 보고를 요구할 수 있다(상법412의5①).

나) 조사권

감사는 조합이 지체없이 보고를 하지 아니할 때 또는 그 보고의 내용을 확인할 필요가 있는 때에는 조합의 업무와 재산상태를 조사할 수 있다(상법412의5②).

다) 조합의 수인의무

조합은 정당한 이유가 없는 한 이상의 보고 또는 조사를 거부하지 못한다(상법412의5③).

2) 조합원 총회에서의 의견진술

감사는 이사가 조합원총회에 제출할 의안 및 서류를 조사하여 법령 또는 정관에 위반하거나 현저하게 부당한 사항이 있는지의 여부에 관하여 조합원총회에 그 의견을 진술하여야 한다(상법413).

3) 감사록의 작성

감사는 감사에 관하여 감사록을 작성하여야 한다(상법413의2①). 감사록에는 감사의 실시요령과 그 결과를 기재하고 감사를 실시한 감사가 기명날인 또는 서명하여야 한다(상법413의2②).

(마) 감사의 대표권

조합이 조합장이나 이사와 계약을 할 때에는 감사가 조합을 대표한다(법47①, 법107①, 법112①). 조합과 조합장 또는 이사 간의 소송에 관하여는 감사가 조합을 대표한다(법47②, 법107①, 법112①).

3. 임원의 임기

(1) 조합장의 임기

조합장의 임기는 4년이며, 상임 조합장의 경우 2차에 한하여 연임할 수 있다(법48① 본문, 법107①, 법112①).

(2) 조합원인 이사 및 그 외의 이사 임기

조합원인 이사는 4년이며, 그 외의 이사는 2년이다(법48① 본문, 법107①, 법112①).

(3) 감사의 임기

감사의 임기는 3년이며 연임할 수 있다(법48① 본문, 법107①, 법112①).

(4) 설립 당시의 조합장, 조합원인 이사 및 감사의 임기

설립 당시의 조합장, 조합원인 이사 및 감사의 임기는 정관으로 정하되, 2년을 초과할 수 없다(법48① 단서, 법107①, 법112①).

(5) 임원 임기의 연장

임원의 임기가 끝나는 경우에는 임기만료연도 결산기의 마지막 달부터 그 결산기에 관한 정기총회 전에 임기가 끝난 경우에는 정기총회가 끝날 때까지 그 임기가 연장된다(법48②, 법42③ 단서, 법107①, 법112①).

4. 임원의 결격사유

(1) 임원의 자격제한

다음의 어느 하나에 해당하는 사람, 즉 ⅰ) 대한민국 국민이 아닌 사람(제1호), ⅱ) 미성년자·피성년후견인 또는 피한정후견인(제2호), ⅲ) 파산선고를 받고 복권되지 아니한 사람(제3호), ⅳ) 법원의 판결이나 다른 법률에 따라 자격이 상실되거나 정지된 사람(제4호), ⅴ) 금고 이상의 실형을 선고받고 그 집행이 끝나거나(집행이 끝난 것으로 보는 경우 포함) 집행이 면제된 날부터 3년이 지나지 아니한 사람(제5호), ⅵ) 위법행위에 대한 행정처분(법164①)이나 임직원에 대한 행정처분(신용협동조합법84)에 규정된 개선(改選) 또는 징계면직의 처분을 받은 날부터 5년이 지나지 아니한 사람(제6호), vii) 형의 집행유예선고를 받고 그 유예기간 중에 있는 사람(제7호), viii) 벌칙(법172) 또는 위탁선거법 제58조(매수 및 이해유도죄)·제59조(기부행위의 금지·제한 등 위반죄)·제61조(허위사실 공표죄)부터 제66조(각종 제한규정 위반죄)까지에 규정된 죄를 범하여 벌금 100만원 이상의 형을 선고받고 4년이 지나지 아니한 사람(제8호), ix) 농업협동조합법에 따른 임원선거에서 당선되었으나 제173조 제1항 제1호(＝당선인이 해당 선거에서 제172조에 해당하는 죄를 범하여 징역형 또는 100만원 이상의 벌금형을 선고받은 때) 또는 위탁선거법 제70조(위탁선거범죄로 인한 당선무효) 제1호9)에 따라 당선이 무효로 된 사람으로서 그 무효가 확정된 날부터 5년이 지나지 아니한 사람(제9호), x) 선거일 공고일 현재 해당 조합의 정관으로 정하는 출자좌수 이상의 납입 출자분을 2년 이상 계속 보유하고 있지 아니한 사람(다만, 설립이나 합병 후 2년이 지나지 아니한 조합의 경우에는 그러하지 아니하다)(제10호). xi) 선거일 공고일 현재 해당 조합, 중앙회 또는 ㉠ 은행, ㉡ 한국산업은행, ㉢ 중소기업은행, ㉣ 그 밖에 대통령령으로 정하는 금융기관10)에 대하여 정관으로 정하는 금액과 기간을 초과하여 채무 상환을 연체하고 있는 사람(제11호), xii) 선거일 공고일 현재 사업(법57①) 중 대통령령으로 정하는 사업11)에 대하여 해당 조합의 정관으로 정하는 일정 규모 이상의 사업 이

---

9) 1. 당선인이 해당 위탁선거에서 이 법에 규정된 죄를 범하여 징역형 또는 100만원 이상의 벌금형을 선고받은 때
10) "대통령령으로 정하는 금융기관"이란 1. 조합, 농협은행, 농협생명보험 및 농협손해보험, 2. 기술보증기금, 3. 농림수산업자 신용보증법에 따른 농림수산업자 신용보증기금, 4. 보험회사, 5. 산림조합과 그 중앙회, 6. 상호저축은행과 그 중앙회, 7. 새마을금고와 그 중앙회, 8. 수산업협동조합과 그 중앙회 및 수협은행, 9. 신용보증기금, 10. 신용협동조합과 그 중앙회, 11. 여신전문금융회사, 12. 벤처투자 촉진에 관한 법률 제2조 제10호 및 제11호에 따른 중소기업창업투자회사 및 벤처투자조합, 13. 중소기업협동조합법에 따른 중소기업협동조합, 14. 지역신용보증재단법에 따른 신용보증재단과 그 중앙회, 15. 한국수출입은행, 16. 한국주택금융공사를 말한다(영5의2).
11) 농업협동조합법 시행령 제5조의3(임원이 이용하여야 하는 사업) ① 법 제49조 제1항 제12호에서 "대통령령으로 정하는 사업"이란 다음의 사업을 말한다.
1. 법 제57조 제1항 제2호 가목의 사업. 이 경우 해당 조합이 출자한 법 제112조의2에 따른 조합 공동사업법인의 사업 중 법 제112조의8 제1호에 따른 상품의 공동판매 사업을 포함할 수 있다.
2. 그 밖에 조합의 정관으로 정하는 사업
② 조합 중 법 제57조 제1항 제2호 가목의 경제사업을 이용하는 조합원이 전체 조합원의 50% 이상인 조합의 경우에는 제1항 제1호의 사업을 반드시 포함하여야 한다.

용실적이 없는 사람(제12호)은 조합의 임원이 될 수 없다(법49① 본문, 법107①, 법112①). 다만, 제10호와 제12호는 조합원인 임원에게만 적용한다(법49① 단서, 법107①, 법112①).

(2) 임원 결격사유의 발생과 퇴직

위의 임원 결격사유가 발생하면 해당 임원은 당연히 퇴직된다(법49②, 법107①, 법112①).

(3) 퇴직 전 행위의 효력 유지

퇴직한 임원이 퇴직 전에 관여한 행위는 그 효력을 상실하지 아니한다(법49③, 법107①, 법112①).

5. 임직원의 겸직 금지 등

(1) 조합장과 이사의 감사 겸직 금지

조합장과 이사는 그 조합의 감사를 겸직할 수 없다(법52①, 법107①, 법112①).

(2) 임원과 직원의 겸직 금지

조합의 임원은 그 조합의 직원을 겸직할 수 없다(법52②, 법107①, 법112①).

(3) 임원의 타 조합 임직원 겸직 금지

조합의 임원은 다른 조합의 임원이나 직원을 겸직할 수 없다(법52③, 법107①, 법112①).

(4) 임직원 및 대의원의 자격 제한

조합의 사업과 실질적으로 경쟁관계에 있는 사업을 경영하거나 이에 종사하는 사람은 조합의 임직원 및 대의원이 될 수 없다(법52④, 법107①, 법112①).

여기서 실질적인 경쟁관계에 있는 사업의 범위는 [별표 2]의 사업으로 하되, 해당 조합, 조합공동사업법인 및 중앙회가 수행하고 있는 사업에 해당하는 경우로 한정한다(법52⑤, 영5의4①, 법107①, 법112①). 그러나 조합·조합공동사업법인 및 중앙회가 사업을 위하여 출자한 법인이 수행하고 있는 사업은 실질적인 경쟁 관계에 있는 사업으로 보지 아니한다(영5의4②).

(5) 조합장과 이사의 자기거래 제한

조합장과 이사는 이사회의 승인을 받지 아니하고는 자기 또는 제3자의 계산 으로 해당 조합과 정관으로 정하는 규모 이상의 거래를 할 수 없다(법52⑥, 법107 ①, 법112①).

6. 임원의 의무와 책임

(1) 충실의무

조합의 임원은 농업협동조합법과 농업협동조합법에 따른 명령 및 정관이 규 정을 지켜 충실히 그 직무를 수행하여야 한다(법53①, 법107①, 법112①).

(2) 조합에 대한 손해배상책임

임원이 그 직무를 수행할 때 법령이나 정관을 위반한 행위를 하거나 그 임 무를 게을리하여 조합에 끼친 손해에 대하여는 연대하여 손해배상의 책임을 진 다(법53②, 법107①, 법112①).

(3) 제3자에 대한 손해배상책임

임원이 그 직무를 수행할 때 고의나 중대한 과실로 제3자에게 끼친 손해에 대하여는 연대하여 손해배상의 책임을 진다(법53③, 법107①, 법112①).

(4) 찬성 이사의 손해배상책임

위의 (2)와 (3)의 행위가 이사회의 의결에 따른 것이면 그 의결에 찬성한 이 사도 연대하여 손해배상의 책임을 진다(법53④ 전단, 법107①, 법112①). 이 경우 의결에 참가한 이사 중 이의를 제기한 사실이 의사록에 적혀 있지 아니한 이사 는 그 의결에 찬성한 것으로 추정한다(법53④ 후단, 법107①, 법112①).

(5) 거짓 결산보고 등: 조합 또는 제3자에 대한 손해배상책임

임원이 거짓으로 결산보고·등기 또는 공고를 하여 조합이나 제3자에게 끼친 손해에 대하여도 연대하여 손해배상의 책임을 진다(법53⑤, 법53②③, 법107①, 법112①).

7. 임원의 해임

(1) 조합원의 해임요구

조합원은 조합원 5분의 1 이상의 동의를 받아 총회에 임원의 해임을 요구할 수 있다(법54① 전단, 법107①, 법112①). 이 경우 총회는 조합원 과반수의 출석과 출석조합원 3분의 2 이상의 찬성으로 의결한다(법54① 후단, 법107①, 법112①).

(2) 조합원의 해임의결 방법

조합원은 다음의 어느 하나의 방법, 즉 ⅰ) 대의원회에서 선출된 임원: 대의원 3분의 1 이상의 요구로 대의원 과반수의 출석과 출석대의원 3분의 2 이상의 찬성으로 해임 의결할 수 있다(제1호). ⅱ) 이사회에서 선출된 조합장: 이사회의 해임요구에 따라 총회에서 해임 의결할 수 있으며, 이 경우 이사회의 해임요구와 총회의 해임 의결은 제1호에 따른 의결 정족수를 준용한다(제2호). ⅲ) 조합원이 직접 선출한 조합장: 대의원회의 의결을 거쳐 조합원 투표로 해임 결정할 수 있고, 이 경우 대의원회의 의결은 제1호에 따른 의결 정족수를 준용하며, 조합원 투표에 의한 해임 결정은 조합원 과반수의 투표와 투표 조합원 과반수의 찬성으로 한다(제3호)(법54②, 법107①, 법112①).

(3) 이사회 상임이사 해임 요구

이사회의 요구로 상임이사를 해임(법43③(11))하려면 대의원 과반수의 출석과 출석대의원 3분의 2 이상의 찬성으로 의결한다(법54③, 법107①, 법112①).

(4) 해임 이유의 통지와 의견진술 기회 부여

해임을 의결하려면 해당 임원에게 해임의 이유를 알려 총회나 대의원회에서 의견을 진술할 기회를 주어야 한다(법54④, 법107①, 법112①).

Ⅲ. 수산업협동조합

1. 임원의 정수 및 선출

(1) 임원의 정수

조합에 임원으로 조합장을 포함한 7명 이상 11명 이하의 이사와 2명의 감사를 두되, 이사의 정수는 정관으로 정한다(법46① 본문, 법108, 법113).

(2) 상임 임원

(가) 조합장의 상임 여부

조합장의 상임이나 비상임 여부는 정관으로 정한다(법46① 본문, 법108, 법113). 다만, 수협구조개선법 제9조에 따라 경영정상화 이행약정을 체결한 조합이 2년 연속하여 그 경영정상화 이행약정을 이행하지 못한 경우에는 해당 조합의 조합장은 비상임으로 한다(법46① 단서, 법108, 법113).

(나) 이사(조합장 포함)

1) 상임이사 선출 여부: 의무

조합은 이사 중 2명 이내의 상임이사를 두어야 한다(법46② 본문, 법108, 법113).

2) 상임이사 외에 조합원이 아닌 1명의 이사: 임의

조합은 상임이사 외에 조합원이 아닌 1명의 이사를 정관으로 정하는 바에 따라 둘 수 있다(법46② 본문, 법108, 법113).

3) 상임이사를 두어야 하는 기준: 임의

조합은 자산규모가 직전 회계연도 말 자산규모 500억원(시행규칙8)에 미달하거나 신용사업을 수행하지 아니하는 경우에는 상임이사를 두지 아니할 수 있다(법46② 단서, 법108, 법113).

(다) 상임감사 선출 여부: 임의

조합은 감사 중 1명을 상임으로 할 수 있다(법46② 본문, 법108, 법113).

(3) 임원의 선출

(가) 조합장의 선출

조합장은 조합원(법인인 경우에는 그 대표자) 중에서 정관으로 정하는 바에 따라 다음의 어느 하나의 방법, 즉 ⅰ) 조합원이 총회 또는 총회 외에서 투표로 직접 선출(제1호), ⅱ) 대의원회의 선출(제2호), ⅲ) 이사회가 이사회 구성원 중에서 선출(제3호)하는 방법으로 선출한다(법46③, 법108, 법113).

(나) 감사의 선출

1) 감사의 자격요건

감사 중 1명은 "대통령령으로 정하는 요건에 적합한 외부전문가" 중에서 선출하여야 한다(법46① 본문, 법108, 법113).

여기서 "대통령령으로 정하는 요건에 적합한 외부전문가"란 ⅰ) 중앙회, 조합 또는 금융위원회법 제38조에 따른 검사대상기관(이에 상당하는 외국금융기관을 포함)에서 5년 이상 종사한 경력이 있는 사람[다만, 해당 조합에서 최근 2년 이내에 임직원으로 근무한 사람(감사로 근무 중이거나 근무한 사람은 제외)은 제외](제1호). ⅱ) 수산업 또는 금융 관계 분야의 석사학위 이상의 학위를 소지하고 연구기관 또는 대학에서 연구원 또는 조교수 이상의 직에 5년 이상 종사한 경력이 있는 사람(제2호), ⅲ) 판사·검사·군법무관의 직에 5년 이상 종사하거나 변호사 또는 공인회계사로서 5년 이상 종사한 경력이 있는 사람(제3호), ⅳ) 주권상장법인에서 법률·재무·감사 또는 회계 관련 업무에 임직원으로 5년 이상 종사한 경력이 있는 사람(제4호), ⅴ) 국가, 지방자치단체, 공공기관운영법에 따른 공공기관("공공기관") 및 금융감독원에서 재무 또는 회계 관련 업무 및 이에 대한 감독업무에 5년 이상 종사한 경력이 있는 사람(제5호)을 말한다(영14의2).

2) 중앙회의 조합 감사선출 지원

감사 선출에서 ⅰ) 조합의 주된 사무소가 도서지역에 있는 경우(제1호), ⅱ) 조합의 직전 회계연도 말 자산 규모가 500억원 미만인 경우(제2호)에는 중앙회에서 외부전문가인 감사를 파견하거나 감사 선출과 관련한 재정적 지원을 할 수 있다(법46⑨, 영15의2, 법108, 법113).

(다) 조합장 외의 임원 선출(상임이사와 조합원이 아닌 이사의 자격요건)

조합장 외의 임원은 총회에서 선출한다(법46④ 본문, 법108, 법113). 다만, 상임이사와 상임이사 외의 조합원이 아닌 이사는 조합 업무에 관한 전문지식과 경험이 풍부한 사람으로서 ⅰ) 조합, 중앙회 또는 수협은행에서 상근직으로 5년 이상 종사한 경력이 있는 사람(제1호), ⅱ) 수산업과 관련된 국가기관, 지방자치단체, 공공기관에서 상근직으로 5년 이상 종사한 경력이 있는 사람(제2호), ⅲ) 은행에서 상근직으로 5년 이상 종사한 경력이 있는 사람(제3호), ⅳ) 수산업과 관련된 연구기관·교육기관 또는 상사회사에서 상근직으로 5년 이상 종사한 경력이 있는 사람(제4호)의 어느 하나에 해당하는 사람 중에서 인사추천위원회에서 추천한 사람을 총회에서 선출한다(법46④ 단서, 영15, 법108, 법113).

(라) 비상임 임원의 명예직

조합장(상임인 경우에만 해당), 상임이사 및 상임감사를 제외한 조합의 임원은 명예직으로 하되, 정관으로 정하는 바에 따라 실비변상을 받을 수 있다(법46⑤, 법108, 법113).

(4) 여성조합원 중 이사 선출의무

조합은 이사 정수의 5분의 1 이상을 여성조합원에게 배분되도록 노력하여야 한다(법46⑧ 본문, 법108, 법113). 다만, 여성조합원이 전체 조합원의 30% 이상인 조합은 이사 중 1명 이상을 여성조합원 중에서 선출하여야 한다(법46⑧ 단서, 법108, 법113).

(5) 조합장 보궐선거의 입후보 자격 제한

조합의 조합장선거에 입후보하기 위하여 임기 중 그 직을 그만둔 조합의 이사 또는 감사는 그 사직으로 인하여 공석이 된 이사 또는 감사의 보궐선거의 후보자가 될 수 없다(법46⑥, 법108, 법113).

(6) 정관 규정

임원의 선출과 추천, 인사추천위원회 구성과 운영에 관하여 수산업협동조합법에서 정한 사항 외에 필요한 사항은 정관으로 정한다(법46⑦, 법108, 법113).

2. 임원의 직무

(1) 조합장 및 상임이사의 직무

(가) 조합장의 직무

1) 대표권과 업무집행권

조합장은 조합을 대표하며 업무를 집행한다(법47① 본문, 법108, 법113). 다만, 조합장이 비상임일 경우에는 상임이사나 간부직원인 전무가 그 업무를 집행한다(법47① 단서, 법108, 법113).

2) 총회와 이사회 의장

조합장은 총회와 이사회의 의장이 된다(법47②, 법108, 법113).

(나) 상임이사의 직무

다음의 업무, 즉 ⅰ) 제60조(사업) 제1항 제3호 및 제4호[12]의 신용사업 및 공제사업(제1호), ⅱ) 제60조(사업) 제1항 제8호부터 제13호까지 및 제15호의 사업 중 같은 항 제3호·제4호[13]의 사업에 관한 사업과 그 부대사업(제2호), ⅲ) 제1호 및 제2호의 소관 업무에 관한 경영목표의 설정, 조직 및 인사에 관한 사항(제3호), ⅳ) 제1호 및 제2호의 소관 업무에 관한 사업계획, 예산·결산 및 자금조달·운용계획의 수립(제4호), ⅴ) 제1호 및 제2호의 소관 업무의 부동산등기에 관한 사항(제5호), ⅵ) 그 밖에 정관으로 정하는 업무(제6호)는 상임이사가 전담하여 처리하고 그에 대하여 경영책임을 진다(법47③, 법108, 법113).

수협구조개선법 제2조 제3호에 따른 부실조합으로서 해양수산부장관으로부터 적기시정조치(권고에 관한 사항은 제외)를 받은 조합의 경우에는 상임이사가 대통령령으로 정하는 바에 따라 그 조합이 그 적기시정조치의 이행을 마칠 때까지 수산업협동조합법 제47조 제3항 각 호의 업무 외에도 ⅰ) 제60조 제1항 제2호[14]의 경제사업(제1호), ⅱ) 제60조 제1항 제8호부터 제13호까지 및 제15호의 사업

---

12) 업종별수협은 제107조 제1항 제3호 및 법률 제4820호 수산업협동조합법중개정법률 부칙 제5조로, 수산물가공수협은 제112조 제1항 제3호 및 법률 제4820호 수산업협동조합법중 개정법률 부칙 제5조로 한다.

13) 업종별수협은 제107조 제1항 제6호부터 제11호까지 및 제13호의 사업 중 같은 항 제3호 및 법률 제4820호 수산업협동조합법중개정법률 부칙 제5조로, 수산물가공수협은 제112조 제1항 제6호부터 제11호까지 및 제13호의 사업 중 같은 항 제3호 및 법률 제4820호 수산 업협동조합법중개정법률 부칙 제5조로 한다.

14) 업종별수협은 제107조 제1항 제2호로, 수산물가공수협은 제112조 제1항 제2호로 한다.

중 같은 항 제2호15)의 사업에 관한 사업과 그 부대사업(제2호), iii) 제1호 및 제2호의 소관 업무에 관한 경영목표의 설정, 조직 및 인사에 관한 사항(제3호), iv) 제1호 및 제2호의 소관 업무에 관한 사업계획, 예산·결산 및 자금 조달·운용계획의 수립(제4호), v) 제1호 및 제2호의 소관 업무의 부동산등기에 관한 사항(제5호), vi) 그 밖에 정관으로 정하는 업무(제6호)를 전담하여 처리하고 그에 대하여 경영책임을 진다(법47④, 법108, 법113).

(다) 조합장의 직무대행: 이사

조합장이 궐위·구금되거나 의료법에 따른 의료기관에서 60일 이상 계속하여 입원한 경우 등 부득이한 사유로 직무를 수행할 수 없을 때에는 이사회가 정하는 순서에 따라 이사가 그 직무를 대행한다(법47⑤, 법108, 법113).

(라) 상임이사의 직무대행: 간부직원

상임이사가 궐위·구금되거나 의료법에 따른 의료기관에서 60일 이상 계속하여 입원한 경우 등 부득이한 사유로 그 직무를 수행할 수 없을 때에는 이사회가 정한 순서에 따라 간부직원(법59②)이 그 직무를 대행한다(법47⑥ 본문, 법108, 법113). 다만, 상임이사의 궐위기간이 6개월을 초과하는 경우에는 중앙회는 해양수산부장관의 승인을 받아 관리인을 파견할 수 있으며 관리인은 상임이사가 선출될 때까지 그 직무를 수행한다(법47⑥ 단서, 법108, 법113).

(2) 감사의 직무

(가) 재산과 업무집행상황 감사권 등

감사는 조합의 재산과 업무집행 상황을 감사하여 총회에 보고하여야 하며, 전문적인 회계감사가 필요하다고 인정될 때에는 중앙회에 회계감사를 의뢰할 수 있다(법48①, 법108, 법113).

(나) 부정 사실의 총회 및 중앙회 회장 보고와 총회 소집

감사는 조합의 재산 상황 또는 업무집행에 관하여 부정한 사실을 발견하면 총회 및 중앙회 회장에게 보고하여야 하며, 그 내용을 총회에 신속히 보고하여야 할 필요가 있는 경우에는 정관으로 정하는 바에 따라 기간을 정하여 조합장에게

---

15) 업종별수협은 제107조 제1항 제6호부터 제11호까지 및 제13호의 사업 중 같은 항 제2호로, 수산물가공수협은 제112조 제1항 제6호부터 제11호까지 및 제13호의 사업 중 같은 항 제2호로 한다.

총회의 소집을 요구하고 조합장이 그 기간 이내에 총회를 소집하지 아니하면 직접 총회를 소집할 수 있다(법48②, 법108, 법113).

(다) 이사회 소집요구와 시정권고

감사는 자체감사 또는 중앙회 등 외부기관의 감사결과 주요 지적 사항이 발생한 경우에는 조합장에게 이사회의 소집을 요구하여 이에 대한 시정권고를 할 수 있다(법48③, 법108, 법113).

(라) 총회 또는 이사회 출석·의견진술권

감사는 총회 또는 이사회에 출석하여 의견을 진술할 수 있다(법48④, 법108, 법113).

(마) 상법의 준용

감사의 직무에 관하여는 상법 제412조의4(감사의 이사회 소집 청구), 제413조(조사·보고의 의무) 및 제413조의2(감사록의 작성)를 준용한다(법48⑤, 법108, 법113). 여기서는 준용되는 상법 규정을 살펴본다.

1) 감사의 이사회 소집 청구

감사는 필요하면 회의의 목적사항과 소집이유를 서면에 적어 이사(소집권자가 있는 경우에는 소집권자)에게 제출하여 이사회 소집을 청구할 수 있다(상법412의4①). 이사회 소집 청구를 하였는데도 이사가 지체 없이 이사회를 소집하지 아니하면 그 청구한 감사가 이사회를 소집할 수 있다(상법412의4②).

2) 조합원 총회에서의 의견진술

감사는 이사가 조합원총회에 제출할 의안 및 서류를 조사하여 법령 또는 정관에 위반하거나 현저하게 부당한 사항이 있는지의 여부에 관하여 조합원총회에 그 의견을 진술하여야 한다(상법413).

3) 감사록의 작성

감사는 감사에 관하여 감사록을 작성하여야 한다(상법413의2①). 감사록에는 감사의 실시요령과 그 결과를 기재하고 감사를 실시한 감사가 기명날인 또는 서명하여야 한다(상법413의2②).

(바) 감사의 대표권

조합이 조합장을 포함한 이사와 계약을 할 때에는 감사가 조합을 대표한다(법49①, 법108, 법113). 조합과 조합장을 포함한 이사 간의 소송에 관하여도 감사가 조합을 대표한다(법49②, 법108, 법113).

3. 임원의 임기

(1) 조합장의 임기 등

조합장과 이사의 임기는 4년으로 하고, 감사의 임기는 3년으로 하되, 비상임인 조합장은 한 번만 연임할 수 있고, 상임인 조합장은 두 번만 연임할 수 있다(법50① 본문, 법108, 법113). 다만, 상임이사에 대하여는 임기가 시작된 후 2년이 되는 때에 그 업무 실적 등을 고려하여 이사회의 의결로 남은 임기를 계속 채울지를 정한다(법50① 단서, 법108, 법113).

(2) 임기의 연장

임기 만료 연도 결산기의 마지막 달 이후 그 결산기에 관한 정기총회 전에 임기가 만료된 경우에는 정기총회가 끝날 때까지 그 임기가 연장된다(법50②, 법44③, 법108, 법113).

(3) 설립 당시 조합장·이사 및 감사의 임기

합병으로 설립되는 조합의 설립 당시 조합장·이사 및 감사의 임기는 설립등기일부터 2년으로 한다(법50③ 본문, 법108, 법113). 다만, 합병으로 소멸되는 조합의 조합장이 합병으로 설립되는 조합의 조합장으로 선출되는 경우 설립등기일 현재 조합장의 종전 임기의 남은 임기가 2년을 초과하는 경우에는 그 남은 임기를 그 조합장의 임기로 한다(법50③ 단서, 법108, 법113).

(4) 남은 임기가 변경등기일 현재 2년 미만인 경우

합병 후 존속하는 조합의 변경등기 당시 재임 중인 조합장·이사 및 감사의 남은 임기가 변경등기일 현재 2년 미만인 경우에는 그 임기를 변경등기일부터 2년으로 한다(법50④, 법108, 법113).

4. 임원의 결격사유

(1) 임원의 자격제한

다음의 어느 하나에 해당하는 사람, 즉 ⅰ) 대한민국 국민이 아닌 사람(제1호), ⅱ) 미성년자·피성년후견인·피한정후견인(제2호), ⅲ) 파산선고를 받고 복권되지 아니한 사람(제3호), iv) 법원의 판결 또는 다른 법률에 따라 자격이 상실되거나 정지된 사람(제4호), v) 금고 이상의 형을 선고받고 그 집행이 끝나거나(집행이 끝난 것으로 보는 경우를 포함) 집행이 면제된 날부터 3년이 지나지 아니한 사람(제5호), vi) 법 제146조(회원에 대한 감사 등) 제3항 제1호(= 임원에 대하여는 개선, 직무의 정지, 견책 또는 변상), 제170조(법령 위반에 대한 조치) 제2항 제1호(= 임원에 대하여는 개선, 직무정지, 견책 또는 경고) 또는 신용협동조합법 제84조(임직원에 대한 행정처분)에 따른 개선 또는 징계면직의 처분을 받은 날부터 5년이 지나지 아니한 사람(제6호), vii) 금고 이상의 형의 집행유예를 선고받고 그 유예기간 중에 있는 사람(제7호),[16] viii) 형법 제303조(업무상위력등에 의한 간음) 또는 성폭력처벌법 제10조(업무상 위력 등에 의한 추행)에 규정된 죄를 저지른 사람으로서 300만원 이상의 벌금형을 선고받고 그 형이 확정된 후 2년이 지나지 아니한 사람(제8의2호), ix) 제178조(벌칙) 제1항부터 제4항까지 또는 위탁선거법 제58조(매수 및 이해유도죄)·제59조(기부행위의 금지·제한 등 위반죄)·제61조(허위사실 공표죄)부터 제66조(각종 제한규정 위반죄)까지에 규정된 죄를 지어 징역 또는 100만원 이상의 벌금형을 선고받고 4년이 지나지 아니한 사람(제9호), x) 수산업협동조합법에 따른 임원 선거에서 당선되었으나 제179조(선거범죄로 인한 당선무효 등) 제1항 제1호[17] 또는 위탁선거법 제70조(위탁선거범죄로 인한 당선무효) 제1호[18]에 따라 당선이 무효가 된 사람으로서 그 무효가 확정된 날부터 4년이 지나지 아니한 사람(제10호), xi) 수산업협동조합법에 따른 선거일 공고일 현재 해당 조합의 조합원 신분을 2년 이상 계속 보유하고 있지 아니하거나 정관으로 정하는 출자계좌 수 이상의 납입출자금을 2년 이상 계속 보유하고 있지 아니한 사람(다만, 설립 또는 합병 후 2년이 지나지 아니한 조합의 경우에는 선거일 공고일 현재 조합원 신분을 보유하고 있지 아니하거나 정관으로 정하는 출자계좌 수 이상의 납입출자금을 보유하고 있지 아니한 사람을 말한다)(제11호). xii) 수산업협동조합법에 따른 선거일 공고일 현재 해당 조합, 중앙회, 수협은행 또는 ㉠ 은행, ㉡ 한국산업은행, ㉢ 중소기업은행, ㉣ 그 밖에 대통령령으로 정하는 금융기관[19]에

---

16) 제8호 삭제 [2020. 3. 24.]

17) 1. 당선인이 그 선거에서 제178조에 따라 징역형 또는 100만원 이상의 벌금형을 선고받은 경우

18) 1. 당선인이 해당 위탁선거에서 이 법에 규정된 죄를 범하여 징역형 또는 100만원 이상의 벌금형을 선고받은 때

대하여 정관으로 정하는 금액과 기간을 초과하여 채무 상환을 연체하고 있는 사람(제12호), xiii) 선거일 공고일 현재 해당 조합의 정관으로 정하는 일정규모 이상의 사업 이용 실적이 없는 사람(제13호)은 조합의 임원이 될 수 없다(법51① 본문, 법108, 법113). 다만, 제11호와 제13호는 조합원인 임원에게만 적용한다(법 51① 단서, 법108, 법113).

(2) 임원 결격사유의 발생과 퇴직

위의 임원 결격사유가 발생하였을 때 해당 임원은 당연히 퇴직한다(법51②, 법108, 법113).

(3) 퇴직 전 행위의 효력 유지

퇴직한 임원이 퇴직 전에 관여한 행위는 그 효력을 상실하지 아니한다(법51③, 법108, 법113).

5. 임직원의 겸직 금지 등

(1) 조합장과 이사의 감사 겸직 금지

조합장을 포함한 이사는 그 조합의 감사를 겸직할 수 없다(법55①, 법108, 법113).

(2) 임원과 직원의 겸직 금지

조합의 임원은 그 조합의 직원을 겸직할 수 없다(법55②, 법108, 법113).

(3) 임원의 다른 조합 임직원 겸직 금지

조합의 임원은 다른 조합의 임원 또는 직원을 겸직할 수 없다(법55③, 법108,

---

19) "대통령령으로 정하는 금융기관"이란 다음의 어느 하나에 해당하는 금융기관을 말한다(영 15의3).
　　1. 한국수출입은행, 2. 한국주택금융공사, 3. 상호저축은행과 그 중앙회, 4. 농협협동조합과 그 중앙회 및 농협은행, 5. 수산업협동조합, 6. 산림조합과 그 중앙회, 7. 신용협동조합과 그 중앙회, 8. 새마을금고와 그 중앙회, 9. 보험회사, 10. 여신전문금융회사, 11. 기술보증기금, 12. 신용보증기금, 13. 벤처투자 촉진에 관한 법률 제2조 제10호 및 제11호에 따른 중소기업창업투자회사 및 벤처투자조합, 14. 중소기업협동조합법에 따른 중소기업협동조합, 15. 지역신용보증재단법에 따른 신용보증재단과 그 중앙회

법113).

(4) 임직원 및 대의원의 자격 제한

조합의 사업과 실질적인 경쟁관계에 있는 사업을 경영하거나 이에 종사하는
사람은 지구별수협의 임직원 및 대의원이 될 수 없다(법55④, 법108, 법113).

여기서 실질적인 경쟁관계에 있는 사업의 범위는 [별표]의 사업으로 하되,
해당 조합, 조합공동사업법인 및 중앙회가 수행하고 있는 사업에 해당하는 경우
로 한정한다(법55⑤, 영16의2①, 법108, 법113). 그러나 조합·조합공동사업법인("조
합등") 및 중앙회가 사업을 위하여 출자한 법인이 수행하고 있는 사업은 실질적
인 경쟁관계에 있는 사업으로 보지 아니한다(영16의2②).

(5) 조합장과 이사의 자기거래 제한

조합장을 포함한 이사는 이사회의 승인을 받지 아니하고는 자기 또는 제3자
의 계산으로 해당 조합과 정관으로 정하는 규모 이상의 거래를 할 수 없다(법55
⑥, 법108, 법113).

6. 임원의 의무와 책임

(1) 성실의무

조합의 임원은 수산업협동조합법과 수산업협동조합법에 따른 명령·처분·
정관 및 총회 또는 이사회의 의결을 준수하고 그 직무를 성실히 수행하여야 한
다(법56①, 법108, 법113).

(2) 조합에 대한 손해배상책임

임원이 그 직무를 수행하면서 고의 또는 과실(비상임인 임원의 경우에는 중대
한 과실)로 조합에 끼친 손해에 대하여는 연대하여 손해배상의 책임을 진다(법56
②, 법108, 법113).

(3) 제3자에 대한 손해배상책임

임원이 그 직무를 수행하면서 고의 또는 중대한 과실로 제3자에게 끼친 손
해에 대하여는 연대하여 손해배상의 책임을 진다(법56③, 법108, 법113).

(4) 찬성 이사의 손해배상책임

위의 (2)와 (3)의 행위가 이사회의 의결에 따른 것이면 그 의결에 찬성한 이사도 연대하여 손해배상의 책임을 진다(법56④ 전단, 법108, 법113). 이 경우 의결에 참가한 이사 중 이의를 제기한 사실이 의사록에 기록되어 있지 아니한 사람은 그 의결에 찬성한 것으로 추정한다(법56④ 후단, 법108, 법113).

7. 임원의 해임

(1) 조합원의 해임요구

조합원은 조합원 3분의 1 이상의 동의로 총회에 임원의 해임을 요구할 수 있다(법57① 전단, 법108, 법113). 이 경우 총회는 구성원 과반수의 출석과 출석구성원 3분의 2 이상의 찬성으로 의결한다(법57① 후단, 법108, 법113).

(2) 조합원의 해임의결 방법

조합원은 위 (1)의 방법 외에 다음의 구분에 따른 방법으로 조합장을 해임할 수 있다(법57② 전단, 법108, 법113). 이 경우 선출 시 사용한 표결 방법과 같은 방법으로 해임을 의결하여야 한다(법57② 후단).

1. 대의원회에서 선출된 조합장: 대의원 3분의 1 이상의 요구 및 대의원 과반수의 출석과 출석대의원 3분의 2 이상의 찬성으로 대의원회에서 해임 의결
2. 이사회에서 선출된 조합장: 이사회의 해임요구 및 총회에서의 해임 의결. 이 경우 이사회의 해임요구와 총회의 해임 의결에 관하여는 제1호에 따른 정족수를 준용한다.
3. 조합원이 총회 외에서 직접 선출한 조합장: 대의원 3분의 1 이상의 요구와 대의원회의 의결을 거쳐 조합원 투표로 해임 결정. 이 경우 대의원회의 의결에 관하여는 제1호에 따른 정족수를 준용하며, 조합원 투표에 의한 해임 결정은 조합원 과반수의 투표와 투표한 조합원 과반수의 찬성을 얻어야 한다.

(3) 이사회의 상임이사 해임 요구

이사회는 경영 상태의 평가 결과 상임이사가 소관 업무의 경영실적이 부실하여 그 직무를 담당하기 곤란하다고 인정되거나, 수산업협동조합법이나 수산업

협동조합법에 따른 명령 또는 정관을 위반하는 행위를 한 경우에는 상임이사의 해임을 총회에 요구할 수 있다(법57③ 전단, 법108, 법113). 이 경우 총회는 구성원 과반수의 출석과 출석구성원 3분의 2 이상의 찬성으로 의결한다(법57③ 후단, 법108, 법113).

(4) 해임 이유의 통지와 의견진술 기회 부여

해임 의결을 할 때에는 해당 임원에게 해임 이유를 통지하고 총회 또는 대의원회에서 의견을 진술할 기회를 주어야 한다(법57④, 법108, 법113).

Ⅳ. 산림조합

1. 임원의 정수와 상임 여부

(1) 임원의 정수

조합에 임원으로서 조합장 1명을 포함한 7명 이상 15명 이하의 이사와 2명의 감사를 두되, 그 정수는 정관으로 정한다(법35① 전단). 이 경우 이사 중 2분의 1 이상은 조합원이어야 한다(법35① 후단).

상임인 임원을 제외한 조합의 임원은 명예직으로 한다(법35⑥).

(2) 이사의 상임 여부
(가) 상임이사 선출 여부: 임의

조합은 정관으로 정하는 바에 따라 조합장을 포함한 이사 중 2명 이내를 상임(常任)으로 할 수 있다(법35② 본문).

(나) 상임이사를 두어야 하는 조합: 의무

조합장을 비상임으로 운영하는 조합의 경우에는 상임이사를 두어야 한다(법35② 단서).

(3) 조합장의 상임 및 비상임 기준
(가) 조합장의 상임 기준: 상임 의무

조합장 임기 개시일 이전에 정기총회의 승인을 받은 조합의 최근 결산보고

서에 적힌 자산총액이 1천억원 미만인 경우에는 조합장을 상임으로 한다(법35②
단서, 영7①).

(나) 조합장의 비상임 기준: 비상임 의무

조합장 임기 개시일 이전에 정기총회의 승인을 받은 조합의 최근 결산보고
서에 적힌 자산총액이 2천500억원 이상인 경우에는 조합장을 비상임으로 한다
(법35③, 영7②).

(4) 조합장의 상임 여부와 이사의 정수

(가) 조합장을 상임으로 운영하는 경우

본조합에 임원으로서 조합장 1명을 포함한 이사 ○명과 감사 2명을 두며 조
합장은 상임으로 한다(정관예59①). 본조합의 임원(조합원이 아닌 이사를 제외)은 조
합원이어야 한다(정관예59②).

이사의 수는 조합의 실정에 따라 조합장 1명을 포함하여 7명 이상 15명 이
하(상임임원은 2명 이내)로 정하되, 이사 중 2분의 1 이상은 조합원이어야 한다. 다
만, 여성조합원을 이사로 선출하는 조합은 이사회에서 여성 이사의 수를 정한다.

(나) 조합장을 비상임으로 운영하는 경우

본조합에 임원으로서 조합장 1명을 포함한 이사 ○명과 감사 2명을 두며,
조합장은 비상임으로 하고 이사 중 ○명은 상임으로 한다(정관예59①). 본조합의
임원(상임이사 및 조합원이 아닌 이사를 제외)은 조합원이어야 한다(정관예59②).

이 경우에는 상임이사 1명은 반드시 두어야 하며, 이사의 수는 조합의 실정
에 따라 조합장 1명을 포함하여 7명 이상 15명 이하(상임임원은 2명 이내)로 정하
되 이사 중 2분의 1 이상은 조합원이어야 한다. 다만, 여성조합원을 이사로 선출
하는 조합은 이사회에서 여성 이사의 수를 정한다.

2. 임원의 선출

(1) 조합장의 선출

조합장은 조합원 중에서 정관으로 정하는 바에 따라 ⅰ) 조합원이 총회 또
는 총회 외에서 직접투표로 선출(제1호), ⅱ) 대의원회에서 선출(제2호)한다(법35
④).

(가) 조합장을 상임으로 운영하는 경우

ⅰ) 조합장을 조합원 총회에서 직접투표로 선출하는 경우: 조합장은 조합원 중에서 조합원이 총회에서 직접투표로 선출한다. ⅱ) 조합장을 총회 외에서 직접투표로 선출하는 경우: 조합장은 조합원 중에서 조합원이 총회 외에서 직접투표로 선출한다. ⅲ) 조합장을 대의원회에서 선출하는 경우: 조합장은 조합원 중에서 대의원회에서 선출한다(정관예62①).

이에 따라 조합은 조합원이 (총회)·(총회 외)에서 투표로 직접 선출하는 조합장선거의 관리에 대하여는 그 주된 사무소의 소재지를 관할하는 선거관리위원회법에 따른 ○○(구)·(시)·(군)선거관리위원회에 위탁하여야 한다(정관예62③). 조합이 정하는 선출방법에 따라 총회 또는 총회 외 중 택일한다.

(나) 조합장을 비상임으로 운영하는 경우

ⅰ) 조합장을 조합원 총회에서 직접투표로 선출하는 경우: 조합장은 조합원 중에서 조합원이 총회에서 직접투표로 선출한다. ⅱ) 조합장을 총회 외에서 직접투표로 선출하는 경우: 조합장은 조합원 중에서 조합원이 총회 외에서 직접투표로 선출한다. ⅲ) 조합장을 대의원회에서 선출하는 경우: 조합장은 조합원 중에서 대의원회에서 선출한다(정관예62①).

이에 따라 조합은 조합원이 (총회)·(총회 외)에서 투표로 직접 선출하는 조합장선거의 관리에 대하여는 그 주된 사무소의 소재지를 관할하는 선거관리위원회법에 따른 ○○(구)·(시)·(군)선거관리위원회에 위탁하여야 한다(정관예62③). 조합이 정하는 선출방법에 따라 총회 또는 총회외 중 택일한다.

(2) 조합장 외의 임원 선출(상임이사의 자격요건)

조합장 외의 임원은 총회에서 선출한다(법35⑤ 본문). 다만, 상임이사는 조합 업무에 대한 전문지식과 경험이 풍부한 사람으로서 ⅰ) 조합 또는 중앙회에서 상시근무직으로 5년 이상 종사한 경력이 있는 사람(제1호), ⅱ) 농림업(축산업 포함)과 관련된 국가기관, 지방자치단체, 공공기관운영법 제4조에 따른 공공기관("공공기관"), 또는 금융위원회법 제38조에 따른 검사대상기관(이에 상응하는 외국 금융기관을 포함)에서 상시근무직으로 5년 이상 종사한 경력이 있는 사람(제2호), ⅲ) 농림업과 관련된 연구기관·교육기관 또는 회사에서 종사한 경력이 있는 사람으로서 제1호 또는 제2호의 사람과 같은 수준 이상의 자격이 있다고 조합의 정관에서 정하는 요건에 해당되는 사람(제3호) 중에서 조합장이 이사회의 동의를 받아 추천한 사람을 총회에서 선출한다(법35⑤ 단서, 영8).

(가) 조합장을 상임으로 운영하는 경우

조합장 외 임원(조합원인 임원과 조합원이 아닌 임원)은 ○○○에서 선출한다(정관예62②). 조합실정에 따라 총회 또는 대의원회 중 택일한다.

(나) 조합장을 비상임으로 운영하는 경우

조합장 외 임원(조합원인 임원과 조합원이 아닌 임원)은 ○○○에서 선출한다(정관예62② 전단). 다만, 상임이사는 조합업무에 대한 전문지식과 경험이 풍부한 자로서 법 제35조 제5항 단서에서 규정한 요건에 적합한 자 중 조합장이 이사회의 동의를 얻어 추천한 자를 ○○○에서 선출한다(정관예62② 후단). 조합실정에 따라 총회 또는 대의원회 중 택일한다.

(3) 조합장 보궐선거의 입후보 자격 제한

조합장 선거에 입후보하기 위하여 임기 중 그 직(職)을 그만둔 조합의 이사 및 감사는 그 사직으로 인하여 공석이 된 이사 또는 감사의 보궐선거의 후보자가 될 수 없다(법35⑦).

(4) 여성조합원 중 이사 선출의무

지역조합은 이사 중 1명 이상을 여성조합원 중에서 선출하도록 노력하여야 한다(법35⑧ 본문). 다만, 여성조합원이 전체 조합원의 30% 이상인 지역조합은 이사 중 1명 이상을 여성조합원 중에서 선출하여야 한다(법35⑧ 단서).

(5) 부속서임원선거규약

임원의 선출 및 추천에 관하여 산림조합법에서 정한 사항 외에 필요한 사항은 정관으로 정한다(법35⑨). 임원의 선출 및 추천에 관하여 필요한 사항은 부속서임원선거규약이 정하는 바에 따른다(정관예62⑥).

3. 임원의 직무

(1) 조합장의 직무

(가) 조합장 및 상임이사의 대표권과 업무집행권

조합장은 조합을 대표하며 업무를 집행한다(법36① 본문). 다만, 조합장이 비상임인 경우에는 상임이사가 업무를 집행하고 그 업무에 관하여 조합을 대표한다(법36① 단서).

1) 조합장을 상임으로 운영하는 경우

조합장은 조합을 대표하고, 이사회가 의결하는 바에 따라 조합의 업무를 집행한다(정관예60①).

2) 조합장을 비상임으로 운영하는 경우

조합장은 조합을 대표한다(정관예60① 본문). 다만, 업무에 관하여는 상임이사가 집행하고 그 업무에 관하여 조합을 대표한다(정관예60① 단서).

(나) 조합장의 총회·대의원회 및 이사회의 의장

조합장은 총회·대의원회 및 이사회의 의장이 된다(법36②).

(다) 조합장 또는 상임이사의 직무대행

이사(조합원이 아닌 이사 제외)는 조합장 또는 상임이사(조합장이 비상임인 조합만 해당)가 궐위·구금되거나 의료법에 따른 의료기관에 60일 이상 계속하여 입원한 경우 등의 사유로 그 직무를 수행할 수 없을 때에는 이사회가 정하는 순서에 따라 그 직무를 대행한다(법36③).

(라) 조합장의 입후보와 직무대행

조합장이 그 직을 가지고 조합장 선거에 입후보하면 후보자등록마감일의 다음 날부터 선거일까지 이사회가 정하는 순서에 따른 이사가 그 조합장의 직무를 대행한다(정관예60④ 본문). 다만, 「조합정관부속서임원선거규약」 제42조 제2항에 따라 투표를 실시하지 아니하는 때에는 그러하지 아니하다(정관예60④ 단서).

(2) 감사의 직무

(가) 재산과 업무집행상황 감사권 등

감사는 조합의 재산과 업무집행상황을 감사하며, 전문적인 회계감사가 필요하다고 인정하는 경우에는 중앙회에 회계감사를 의뢰할 수 있다(법36④).

(나) 부정 사실의 총회 보고와 총회 소집

감사는 조합의 재산상황 또는 업무집행에 관하여 부정한 사실이 있는 것을 발견하였을 때에는 총회에 보고하여야 하며, 그 내용을 총회에 신속히 보고하여야 할 필요가 있는 경우에는 정관으로 정하는 바에 따라 조합장에게 총회의 소집을 요구하거나 총회를 소집할 수 있다(법36⑤).

(다) 총회 · 대의원회 및 이사회 출석 · 의견진술권

감사는 총회 · 대의원회 및 이사회에 출석하여 그 의견을 진술할 수 있다(법36⑥).

(라) 상법의 준용

감사의 직무에 관하여는 상법 제412조의5(자회사의 조사권), 제413조(조사 · 보고의 의무) 및 제413조의2(감사록의 작성)를 준용한다(법36⑦). 여기서는 준용되는 상법 규정을 살펴본다.

1) 자회사의 조사권

가) 보고요구권

감사는 그 직무를 수행하기 위하여 필요한 때에는 조합에 대하여 영업의 보고를 요구할 수 있다(상법412의5①).

나) 조사권

감사는 조합이 지체없이 보고를 하지 아니할 때 또는 그 보고의 내용을 확인할 필요가 있는 때에는 조합의 업무와 재산상태를 조사할 수 있다(상법412의5②).

다) 조합의 수인의무

조합은 정당한 이유가 없는 한 이상의 보고 또는 조사를 거부하지 못한다(상법412의5③).

2) 조합원 총회에서의 의견진술

감사는 이사가 조합원총회에 제출할 의안 및 서류를 조사하여 법령 또는 정관에 위반하거나 현저하게 부당한 사항이 있는지의 여부에 관하여 조합원총회에 그 의견을 진술하여야 한다(상법413).

3) 감사록의 작성

감사는 감사에 관하여 감사록을 작성하여야 한다(상법413의2①). 감사록에는 감사의 실시요령과 그 결과를 기재하고 감사를 실시한 감사가 기명날인 또는 서명하여야 한다(상법413의2②).

(마) 감사의 대표권

조합이 조합장 또는 이사와 계약을 할 때에는 감사가 조합을 대표한다(법37①). 조합과 조합장 또는 이사 간의 소송에 관하여는 감사가 조합을 대표한다(법37②).

4. 임원의 임기

(1) 조합장의 임기

조합장의 임기는 4년이며, 상임인 조합장은 2회까지만 연임할 수 있다(법38①(1)).

(2) 조합원인 이사의 임기

조합원인 이사의 임기는 4년이다(법38①(1)).

(3) 상임이사 및 조합원이 아닌 이사의 임기

상임이사 및 조합원이 아닌 이사의 임기는 2년이다(법38①(2)).

(4) 감사의 임기

감사의 임기는 3년으로 한다(법38①).

(5) 설립 당시의 조합장·이사 및 감사의 임기

설립 당시의 조합장·이사 및 감사의 임기는 정관으로 정하되, 2년을 초과할 수 없다(법38① 단서).

(6) 임원 임기의 연장

임기가 만료하는 연도의 결산기 마지막 달 이후 그 결산기에 관한 정기총회 전에 임기가 만료될 때에는 그 정기총회가 끝나는 날까지 임기가 연장된다(법38②, 법32④ 단서).

(7) 임원 임기의 기산

임원의 임기는 전임자의 임기만료일의 다음날부터 기산한다(정관예63② 본문). 다만, 임기개시전에 현 조합장과 이사가 사망·사퇴 등으로 궐위된 때에는 사유발생일 다음 날부터 기산한다(정관예63② 단서).

(8) 보궐선거 및 재선거에 따른 임원의 임기

보궐선거 및 재선거에 따른 임원의 임기는 전임자의 남은 기간으로 한다(정관예63③ 본문). 다만, 이사 또는 감사 전원의 결원에 따라 실시하는 보궐선거에서 당선되는 이사 또는 감사의 임기는 당선이 결정된 때부터 새로이 기산한다(정관예63③ 단서).

(9) 퇴임 임원의 권리의무

임원의 수가 그 정수를 결한 경우에는 임기의 만료 또는 사임으로 말미암아 퇴임하는 임원은 새로 선임된 임원이 취임할 때까지 그 권리의무를 가진다(정관예63⑤).

5. 임원의 결격사유

(1) 임원의 자격제한

다음의 어느 하나에 해당하는 사람, 즉 ⅰ) 대한민국 국민이 아닌 사람(제1호), ⅱ) 미성년자·피성년후견인 또는 피한정후견인(제2호), ⅲ) 파산선고를 받고 복권되지 아니한 사람(제3호), ⅳ) 법원의 판결 또는 다른 법률에 따라 자격이 상실되거나 정지된 사람(제4호), ⅴ) 금고 이상의 실형을 선고받고 그 집행이 끝나거나(집행이 끝난 것으로 보는 경우를 포함) 집행이 면제된 날부터 3년이 지나지 아니한 사람(제5호), ⅵ) 형법 제303조(업무상위력등에 의한 간음) 또는 성폭력처벌법 제10조(업무상 위력 등에 의한 추행)에 규정된 죄를 저지른 사람으로서 300만원 이상의 벌금형을 선고받고 그 형이 확정된 후 2년이 지나지 아니한 사람(제5호의2), ⅶ) 법 제125조(위법행위에 대한 행정처분) 제1항 또는 신용협동조합법 제84조(임직원에 대한 행정처분) 제1항에 따른 개선 또는 징계면직의 처분을 받은 날부터 5년이 지나지 아니한 사람(제6호), ⅷ) 금고 이상의 형의 집행유예를 선고받고 그 유예기간 중에 있는 사람(제7호),[20] ⅸ) 법 제132조(벌칙) 또는 위탁선거법 제58

조(매수 및 이해유도죄)·제59조(기부행위의 금지·제한 등 위반죄)·제61조(허위사실 공표죄)부터 제66조(각종 제한규정 위반죄)까지에 규정된 죄를 저질러 벌금 100만 원 이상의 형을 선고받고 4년이 지나지 아니한 사람(제9호), x) 산림조합법에 따른 임원선거에서 당선되었으나 제133조 제1항 제1호[21] 또는 위탁선거법 제70조 (위탁선거범죄로 인한 당선무효) 제1호[22]에 해당하게 되어 당선이 무효로 된 사람 으로서 그 무효가 확정된 날부터 5년이 지나지 아니한 사람(제10호), xi) 선거일 공고일 현재 해당 조합의 정관으로 정하는 출자계좌 수 이상의 납입출자를 2년 이상 계속 보유하고 있지 아니한 사람(다만, 설립 또는 합병 후 2년이 지나지 아니한 조합의 경우에는 그러하지 아니하다)(제11호). xii) 선거일 공고일 현재 해당 조합, 중 앙회 또는 ㉠ 은행, ㉡ 한국산업은행, ㉢ 중소기업은행, ㉣ 그 밖에 대통령령으로 정하는 금융기관[23]에 대하여 정관으로 정하는 금액과 기간을 초과하여 채무상환 을 연체하고 있는 사람(제12호), xiii) 선거일 공고일 현재 해당 조합의 정관으로 정하는 일정 규모 이상의 사업 이용 실적이 없는 사람(제13호)은 조합의 임원이 될 수 없다(법39① 본문). 다만, 제11호와 제13호는 조합원인 임원에게만 적용한 다(법39① 단서).

(2) 임원 결격사유의 발생과 퇴직

위의 임원 결격사유가 발생하였을 때에는 해당 임원은 당연히 퇴직된다(법

---

20) 제8호 삭제 [2020. 3. 24.]
21) ① 조합 또는 중앙회의 임원 선거와 관련하여 다음 각 호의 어느 하나에 해당하는 경우에 는 해당 선거의 당선을 무효로 한다.
    1. 당선인이 해당 선거에서 제132조에 해당하는 죄를 저질러 징역형 또는 100만원 이상의 벌금형을 선고받았을 때
22) 다음 각 호의 어느 하나에 해당하는 경우에는 그 당선은 무효로 한다.
    1. 당선인이 해당 위탁선거에서 이 법에 규정된 죄를 범하여 징역형 또는 100만원 이상의 벌금형을 선고받은 때
23) "대통령령으로 정하는 금융기관"이란 다음의 어느 하나에 해당하는 금융기관을 말한다(영 8의2).
    1. 조합, 2. 기술보증기금, 3. 농림수산업자 신용보증기금, 4. 농업협동조합, 중앙회 및 농 협은행, 5. 보험회사, 6. 상호저축은행 및 상호저축은행중앙회, 7. 새마을금고 및 중앙 회, 8. 수산업협동조합, 중앙회 및 수협은행, 9. 신용보증기금, 10. 신용협동조합 및 신 용협동조합중앙회, 11. 여신전문금융회사, 12. 벤처투자 촉진에 관한 법률 제2조 제10 호 및 제11호에 따른 중소기업창업투자회사 및 벤처투자조합, 13. 중소기업협동조합법 에 따른 중소기업협동조합, 14. 지역신용보증재단법에 따른 신용보증재단 및 신용보증 재단중앙회, 15. 한국수출입은행, 16. 한국주택금융공사

39②).

(3) 퇴직 전 행위의 효력 유지

퇴직한 임원이 퇴직 전에 관여한 행위는 그 효력을 상실하지 아니한다(법39 ③).

6. 임직원의 겸직 금지 등

(1) 조합장과 이사의 감사 겸직 금지

조합장과 이사는 그 조합의 감사를 겸직할 수 없다(법41①).

(2) 임원과 직원의 겸직 금지

조합의 임원은 그 조합의 직원을 겸직할 수 없다(법41②).

(3) 임원의 다른 조합 임직원 겸직 금지

조합의 임원은 다른 조합의 임원 또는 직원을 겸직할 수 없다(법41③).

(4) 임직원 및 대의원의 자격 제한과 실질적인 경쟁관계에 있는 사업의 범위

조합의 사업과 실질적인 경쟁관계에 있는 사업을 경영하거나 이에 종사하는 사람은 조합의 임직원 및 대의원이 될 수 없다(법41④). 여기서 실질적인 경쟁관계에 있는 사업의 범위는 [별표 2]와 같다(법41⑤, 영8의4① 본문). 다만, 실질적인 경쟁관계에 있는 사업은 해당 조합이 수행하고 있는 사업에 해당하는 경우로 한정한다(영8의4① 단서). 그러나 해당 조합이 사업을 위하여 출자한 법인이 수행하고 있는 사업은 실질적인 경쟁관계에 있는 사업으로 보지 아니한다(영8의4②).

(5) 조합장과 이사의 자기거래 제한

조합장 및 이사는 이사회의 승인을 받지 아니하고는 자기 또는 제3자의 계산으로 해당 조합과 정관으로 정하는 규모 이상의 거래를 할 수 없다(법41⑥).

7. 임원의 의무와 책임

(1) 충실의무

조합의 임원은 산림조법과 산림조합법에 따른 명령 및 정관의 규정을 준수하여 충실히 그 직무를 수행하여야 한다(법42①).

(2) 조합에 대한 손해배상책임

임원이 그 직무를 수행할 때 법령 또는 정관을 위반한 행위를 하거나 그 임무를 게을리하여 조합에 끼친 손해에 대하여는 연대하여 손해배상의 책임을 진다(법42②).

(3) 제3자에 대한 손해배상책임

임원이 그 직무를 수행할 때 고의 또는 중대한 과실로 제3자에게 끼친 손해에 대하여는 연대하여 손해배상의 책임을 진다(법42③).

(4) 찬성 이사의 손해배상책임

위의 (2)와 (3)의 행위가 이사회의 의결에 따른 것일 때에는 그 의결에 찬성한 이사도 연대하여 손해배상의 책임을 진다(법42④ 전단). 이 경우 의결에 참가한 이사 중 이의를 제기한 사실이 의사록에 적혀 있지 아니한 사람은 그 의결에 찬성한 것으로 추정한다(법42④ 후단).

(5) 거짓 결산보고 등: 조합 또는 제3자에 대한 손해배상책임

임원이 거짓의 결산보고·등기 또는 공고를 하여 조합 또는 제3자에게 끼친 손해에 대하여도 연대하여 손해배상의 책임을 진다(법42⑤).

8. 임원의 해임

(1) 조합원의 해임요구

조합원은 조합원 5분의 1 이상의 동의로 총회에 임원의 해임을 요구할 수 있다(법43① 전단). 이 경우 총회는 조합원 과반수의 출석과 출석조합원 3분의 2 이상의 찬성으로 의결한다(법43① 후단).

(2) 대의원회에서 선출된 임원의 해임의결

대의원회에서 선출된 임원은 대의원 3분의 1 이상의 요구로 대의원 과반수의 출석과 출석대의원 3분의 2 이상의 찬성으로 해임의결할 수 있다(법43②).

(3) 총회 외에서 직접 선출된 조합장의 해임의결

총회 외에서 직접 선출된 조합장은 대의원 3분의 1 이상의 요구로 대의원회의 의결을 거쳐 조합원 투표로 해임의결할 수 있다(법43③ 전단). 이 경우 대의원회의 의결은 대의원 과반수의 출석과 출석대의원 3분의 2 이상의 찬성으로 하며, 조합원투표에 의한 해임결정은 조합원 과반수의 투표와 투표조합원 과반수의 찬성으로 한다(법43③ 후단).

(4) 해임 사유의 통지와 의견진술 기회 부여

해임의 의결을 하려는 경우에는 해당 임원에게 해임 사유를 통지하고 총회 또는 대의원회에서 의견을 진술할 기회를 주어야 한다(법43④).

Ⅴ. 새마을금고

1. 임원의 정수 등

(1) 임원의 정수 및 겸직 금지

금고의 임원으로 이사장 1명을 포함한 7명 이상 15명 이하의 이사와 3명 이하의 감사를 두며, 임원은 금고의 다른 직(職)을 겸할 수 없다(법18①).

이사 및 감사의 수는 금고의 실정에 따라 이사장 1명을 포함하여 7명 이상 15명 이하의 이사와 3명 이하의 감사를 정하여야 한다.

(2) 상근임원
(가) 상근임원의 수

금고의 자산 규모, 재무구조 등을 고려하여 대통령령으로 정하는 금고의 경우에는 정관으로 정하는 바에 따라 임원 중 1명 이상을 상근으로 할 수 있되, 상근하는 임원의 수는 이사장을 포함한 이사 중 2명, 감사 중 1명을 초과할 수 없다(법18② 전단). 이 경우 상근하는 임원은 금고 업무에 대한 전문지식과 경험이 풍부한 사람으로서 대통령령으로 정하는 요건을 갖춘 사람 중에서 제4항부터 세 9항까지에 따라 선임하거나 선출하여야 한다(법18② 후단).[24]

이에 따라 상근임원을 둘 수 있는 금고의 자산규모, 재무구조 및 상근임원의 수는 ⅰ) 자산이 500억원 이상 2,000억원 미만인 금고로서 경영상태 평가 결과가 행정안전부장관이 정하는 기준을 충족하는 금고: 1명(제1호), ⅱ) 자산이 2,000억원 이상 5,000억원 미만인 금고로서 경영상태 평가 결과가 행정안전부장관이 정하는 기준을 충족하는 금고: 2명 이하(제2호), ⅲ) 자산이 5,000억원 이상인 금고로서 경영상태 평가 결과가 행정안전부장관이 정하는 기준을 충족하는 금고: 3명 이하(제3호)로 한다(영7 본문). 이 경우 자산은 직전 사업연도 평균 잔액으로 계산한 총자산을 기준으로 한다(영7 단서).

(나) 상근이사의 자격 요건

상근이사의 선출 여부는 임의이나, 이사장이 상근하지 아니하는 지역금고의 경우에는 상근이사를 두어야 한다(법18③).

상근하는 임원 중 이사장이 아닌 이사(상근이사)는 이사회의 추천을 받아 총회에서 선임한다(법18④).

(다) 임원의 명예직과 상근임원의 보수

금고의 임원은 명예직으로 한다(법18⑩ 본문). 다만, 상근임원에게는 급여를 지급할 수 있다(법18⑩ 단서).

(3) 상근임원을 둘 수 없는 금고

직전 사업연도 평균잔액으로 계산한 자산 500억원 미만인 금고와 직전 사업연도 평균잔액으로 계산한 자산이 500억원 이상이면서 경영실태평가등급이 4등급 이하인 금고 및 직장금고 중 상근임원을 두지 않기로 한 금고는 상근임원을 둘 수 없는 금고에 해당한다.

정관예 제37조는 아래의 2가지 경우를 규정하고 있다. 첫째, 금고의 임원으

---

24) 부칙 <법률 제19329호, 2023. 4. 11.> 제3조(상근이사장 및 상근감사의 요건에 관한 적용례) 제18조 제2항 후단의 개정규정은 이 법 시행일 이후 상근이사장 또는 상근감사를 선출하는 경우부터 적용한다. 다만, 이 법 시행일 당시 재임 중인 상근이사장 또는 상근감사의 임기만료 전에 퇴임, 해임 등의 사유가 발생하여 제20조 제2항의 개정규정에 따라 상근이사장 또는 상근감사를 보선하는 경우에는 종전의 제18조 제2항에 따른다.

로서 이사장 1명을 포함한 이사 ○명 이상 ○명 이하와 감사 ○명 이하를 둔다(정관예37). 둘째, 금고의 임원으로서 이사장 1명을 포함한 이사 ○명과 감사 ○명을 둔다(정관예37).

(4) 상근임원을 둘 수 있는 금고

직전 사업연도 평균잔액으로 계산한 자산 500억원 이상 1,000억원 미만인 금고로서 경영실태평가등급이 3등급 이상인 금고는 1명, 직전 사업연도 평균잔액으로 계산한 자산 1,000억원 이상 금고로서 경영실태 평가등급이 3등급 이상인 금고는 3명 이하의 상근임원을 둘 수 있는 금고에 해당한다.

(5) 이사장이 상근하는 금고
(가) 제1례: 상근이사와 상근감사를 두지 않는 금고

금고의 임원으로서 이사장 1명을 포함한 이사 ○명 이상 ○명 이하와 감사 ○명 이하를 둔다(정관예37①).

금고는 법 제18조 제2항의 규정에 따라 이사장을 상근으로 한다(정관예37②). 상근임원은 규정이 정하는 바에 따라 보수를 지급할 수 있다(정관예37③).

(나) 제2례: 상근이사를 두는 금고

금고의 임원으로서 이사장 1명을 포함한 이사 ○명 이상 ○명 이하와 감사 ○명 이하를 둔다(정관예37①).

금고는 법 제18조 제2항 및 제3항의 규정에 따라 이사장과 이사 1명을 상근으로 한다(정관예37②). 상근임원은 규정이 정하는 바에 따라 보수를 지급할 수 있다(정관예37③).

상근하는 이사는 영 제8조의 규정에 의한 자격요건을 충족한 사람이어야 한다(정관예37④).

(다) 제3례: 상근감사를 두는 금고

금고의 임원으로서 이사장 1명을 포함한 이사 ○명 이상 ○명 이하와 감사 ○명 이하를 둔다(정관예37①).

금고는 법 제18조 제2항의 규정에 따라 이사장과 감사 1명을 상근으로 한다(정관예37②). 상근임원은 규정이 정하는 바에 따라 보수를 지급할 수 있다(정관예37③).

(라) 제4례: 상근이사와 상근감사를 두는 금고

금고의 임원으로서 이사장 1명을 포함한 이사 ○명 이상 ○명 이하와 감사 ○명 이하를 둔다(정관예37①).

금고는 법 제18조 제2항 및 제3항의 규정에 따라 이사장과 이사 1명, 감사 1명을 상근으로 한다(정관예37②). 상근임원은 규정이 정하는 바에 따라 보수를 지급할 수 있다(정관예37③).

상근하는 이사는 영 제8조의 규정에 의한 자격요건을 충족한 사람이어야 한다(정관예37④).

(6) 이사장이 상근하지 않는 금고

(가) 제1례: 상근이사를 두는 금고

금고의 임원으로서 이사장 1명을 포함한 이사 ○명 이상 ○명 이하와 감사 ○명 이하를 둔다(정관예37①).

금고는 법 제18조 제3항의 규정에 따라 이사 ○명(1명 또는 2명)을 상근으로 한다(정관예37②). 상근임원은 규정이 정하는 바에 따라 보수를 지급할 수 있다(정관예37③).

상근하는 이사는 영 제8조의 규정에 의한 자격요건을 충족한 자이어야 한다(정관예37④). 상근하지 않는 임원은 그 임기 중(당선이 결정된 때부터 임기개시 전일까지의 기간을 포함)에 상근으로 변경할 수 없다(정관예37⑤).

(나) 제2례: 상근이사와 상근감사를 두는 금고

금고의 임원으로서 이사장 1명을 포함한 이사 ○명 이상 ○명 이하와 감사 ○명 이하를 둔다(정관예37①).

금고는 법 제18조 제3항의 규정에 따라 이사 ○명(1명 또는 2명), 감사 1명을 상근으로 한다(정관예37②). 상근임원은 규정이 정하는 바에 따라 보수를 지급할 수 있다(정관예37③).

상근하는 이사는 영 제8조의 규정에 의한 자격요건을 충족한 자이어야 한다(정관예37④). 상근하지 않는 임원은 그 임기 중(당선이 결정된 때부터 임기개시 전일까지의 기간을 포함)에 상근으로 변경할 수 없다(정관예37⑤).

2. 임원의 선출

(1) 이사장의 선출

(가) 이사장 선출방법을 선택할 수 있는 금고의 범위

이사장은 회원 중에서 회원의 무기명 비밀투표로 직접 선출한다(법18⑤ 본문). 다만, ⅰ) 이사장을 선출하는 연도의 전전 사업연도의 총자산(해당 사업연도의 평균 잔액으로 계산한 총자산)이 2,000억원 미만인 지역금고(제1호), ⅱ) 지역금고 외의 금고(제2호)의 이사장은 회원의 투표로 직접 선출하는 방법, 총회에서 선출하는 방법 또는 대의원회에서 선출하는 방법 중 정관으로 정하는 방법을 택하여 선출할 수 있다(법18⑤ 단서, 영8의2).

(나) 회원의 투표로 직접 선출하는 경우

회원의 투표로 직접 선출하는 경우 투표의 방법·절차, 투표의 사전 통지 등에 필요한 사항은 정관으로 정한다(법18⑥).

(다) 이사장의 후보자가 1명인 경우

이사장의 후보자가 1명인 경우에는 정관으로 따로 정하는 방법에 따라 이사장을 선출할 수 있다(법18⑦).

(라) 이사장 선출 방법에 따른 당선인 결정

이사장의 선출 방법에 따른 당선인의 결정은 ⅰ) 회원의 투표로 직접 선출하는 경우에는 최다득표자를 당선인으로 결정하고(제1호), ⅱ) 총회에서 선출하거나 대의원회에서 선출하는 경우에는 과반수득표자를 당선인으로 결정한다(다만, 과반수득표자가 없는 경우에는 1위와 2위의 다수득표자만을 후보자로 하여 다시 투표를 실시하여 최다득표자를 당선인으로 결정)(제2호)(법18⑧).

(2) 이사장을 제외한 임원의 선출

이사장을 제외한 임원은 총회에서 무기명 비밀투표로 선출하되, 다수득표자 순으로 임원의 정수에 해당하는 사람으로 한다(법18⑨ 본문). 다만, 이사장을 제외한 임원의 후보자가 각각 그 정수 이내일 경우에는 정관으로 따로 정하는 방법에 따라 선출할 수 있으며, 이사장을 회원의 투표로 직접 선출하는 경우에는 이사장을 제외한 임원도 같은 방법으로 이사장과 동시에 선출할 수 있다(법18⑨ 단서).

(3) 임원의 선임 방법과 절차 등

임원의 선임 방법과 절차 등에 관하여 새마을금고법에서 정한 사항 외에 필요한 사항은 정관으로 정한다(법18⑪).

3. 임원의 직무

(1) 이사장의 직무

(가) 대표권과 업무집행권

이사장은 금고를 대표하고, 금고의 업무를 총괄한다(법19①).

(나) 총회와 이사회 의장

이사장은 총회와 이사회의 의장이 된다(법19②).

(다) 직무대행 및 임시대표이사 지정

이사장의 자리가 비거나 사고가 있으면 이사회가 정하는 이사가 그 직무를 대행한다(법19③ 본문). 다만, 이사장이 구속되거나 60일 이상의 장기입원 등의 사유로 금고의 업무를 집행할 수 없고 총회를 소집할 여유가 없을 때에는 회장은 임원 중에서 임시대표이사를 지정할 수 있다(법19③ 단서).

(라) 이사장의 의무

1) 총회와 이사회 의결 참가의무

이사장은 정관에서 따로 정한 경우를 제외하고는 총회와 이사회의 의결에 참가한다(정관예32③).

2) 정관과 총회의사록 비치의무

이사장은 정관과 총회의사록 및 회원명부(대의원명부를 포함)를 주된 사무소에 비치하여야 한다(정관예32④).

3) 이사회 보고의무

이사장은 ⅰ) 법 제76조(외부 감사)에 따른 감사 결과(제1호), ⅱ) 법 제79조(중앙회의 금고에 대한 지도·감독) 제6항에 따른 경영평가 결과(제2호), ⅲ) 법 제74조(감독 등) 제3항, 제79조 제3항 및 제81조(회원의 검사 청구) 제1항에 따른 검사 결과(제3호)를 이사회에 보고하여야 한다(정관예32⑥).

(2) 감사의 직무

(가) 재산과 업무집행상황 감사권

감사는 금고의 재산과 업무 집행상황에 대하여 분기마다 1회 이상 감사하고 그 결과를 총회와 이사회에 보고하여야 한다(법19④).

(나) 상법의 준용

감사의 직무에 관하여는 상법 제402조, 제412조의5, 제413조 및 제413조의2를 준용한다(법19⑤).

1) 유지청구권

이사가 법령 또는 정관에 위반한 행위를 하여 이로 인하여 금고에 회복할 수 없는 손해가 생길 염려가 있는 경우에는 감사는 금고를 위하여 이사에 대하여 그 행위를 유지할 것을 청구할 수 있다(상법402).

2) 자회사의 조사권

가) 보고요구권

감사는 그 직무를 수행하기 위하여 필요한 때에는 자회사에 대하여 영업의 보고를 요구할 수 있다(상법412의5①).

나) 조사권

감사는 자회사가 지체없이 보고를 하지 아니할 때 또는 그 보고의 내용을 확인할 필요가 있는 때에는 자회사의 업무와 재산상태를 조사할 수 있다(상법412의5②).

다) 자회사의 수인의무

자회사는 정당한 이유가 없는 한 이상의 보고 또는 조사를 거부하지 못한다(상법412의5③).

3) 회원 총회에서의 의견진술

감사는 이사가 회원총회에 제출할 의안 및 서류를 조사하여 법령 또는 정관에 위반하거나 현저하게 부당한 사항이 있는지의 여부에 관하여 회원총회에 그 의견을 진술하여야 한다(상법413)

4) 감사록의 작성

감사는 감사에 관하여 감사록을 작성하여야 한다(상법413의2①). 감사록에는 감사의 실시요령과 그 결과를 기재하고 감사를 실시한 감사가 기명날인 또는 서명하여야 한다(상법413의2②).

(다) 감사의 대표권

금고와 이사장 사이에 소송, 계약 등의 법률행위를 하는 경우에는 감사가 금고를 대표한다(법19⑥).

(라) 총회 또는 이사회 출석 · 의견진술권

감사는 총회나 이사회에 출석하여 그 의견을 진술할 수 있다(법19⑦).

(마) 출자법인에 대한 영업보고 요구 등

감사는 그 직무를 수행하기 위하여 필요한 때에는 출자법인(금고가 출자법인 지분의 50%를 초과하여 보유하고 있는 경우에 한한다)에 대하여 영업의 보고를 요구할 수 있으며, 그 법인이 지체없이 보고를 하지 아니할 때 또는 그 보고의 내용을 확인할 필요가 있는 때에는 그 법인의 업무와 재산상태를 조사할 수 있다(정관예34②).

(바) 이사장의 총회 제출 서류 조사와 의견 진술 의무

감사는 이사장이 총회에 제출할 의안 및 서류를 조사하여 법령 또는 정관에 위반하거나 현저하게 부당한 사항이 있는지의 여부에 관하여 총회에서 그 의견을 진술하여야 한다(정관예34③).

4. 임원의 임기

(1) 이사장 및 이사의 임기

이사장 및 이사의 임기는 4년으로 한다(법20① 전단).[25]

---

25) 부칙 <법률 제18492호, 2021. 10. 19.> 제3조(이사장의 임기 및 선출 등에 관한 특례)
　① 2019년 3월 22일부터 2023년 3월 21일까지의 기간 동안 이사장의 임기가 개시되었거나 개시되는 경우에는 제20조 제1항에도 불구하고 해당 이사장의 임기는 2025년 3월 20일까지로 한다. 다만, 2021년 3월 21일부터 이 법 시행일 전에 새로이 선출되거나 임기가 개시되는 이사장의 임기는 제20조 제1항에 따른 임기만료일까지로 한다.
　② 제1항 단서에 따라 임기가 만료되는 이사장 다음에 새로이 임기가 개시되는 이사장의 경우에는 제20조 제1항에도 불구하고 해당 이사장의 임기는 2029년 3월 20일까지로 한다.
　③ 제1항 본문에 따라 임기가 2025년 3월 20일에 만료되는 이사장 선거는 2025년 3월 12일에 동시 실시하고, 이후 임기만료에 따른 이사장 선거는 임기가 만료되는 해당 연도 3월의 두 번째 수요일에 동시 실시한다.
　④ 2023년 3월 22일 이후 재선거 또는 보궐선거로 선출되는 이사장의 임기는 전임자 임기의 남은 기간으로 한다. 다만, 그 실시사유가 발생한 날부터 임기만료일까지의 기간이 1년 미만인 경우에는 재선거 또는 보궐선거를 실시하지 아니한다.
　⑤ 2023년 3월 22일 이후 다음 각 호의 어느 하나에 해당하는 금고에서 선출된 이사장의 임기는 그 임기개시일부터 제1항 본문에 따른 임기만료일(이후 매 4년마다 도래하는 임기만료일을 포함하며, 이하 "동시선거임기만료일"이라 한다)까지의 기간이 2년 이상인 경

(2) 감사의 임기

감사의 임기는 3년으로 한다(법20① 후단).

(3) 재선거 또는 보궐선거로 선임된 임원의 임기

임원 중 일부의 궐원으로 인한 재선거 또는 보궐선거로 선임된 임원의 임기는 ⅰ) 재선거의 경우에는 재선거 실시 전에 실시한 선거로 선출된 임원의 남은 임기(제1호), ⅱ) 보궐선거의 경우에는 전임자의 남은 임기(제2호)로 한다(법20②).[26]

(4) 이사장의 연임

이사장은 2차에 한정하여 연임할 수 있다(법20⑧ 전단) 이 경우 이사장이 임기만료일 전 2년부터 임기만료일까지 퇴임한 경우에는 1회를 재임한 것으로 보

우에는 해당 동시선거임기만료일까지로 하고, 그 임기개시일부터 최초로 도래하는 동시선거임기만료일까지의 기간이 2년 미만인 경우에는 차기 동시선거임기만료일까지로 한다.
1. 제7조에 따라 새로 설립하는 금고
2. 제37조에 따라 합병하는 금고
⑥ 다음 각 호의 어느 하나에 해당하는 경우 해당 금고는 이사회 의결에 따라 제3항에 따른 이사장 동시선거를 실시하지 아니할 수 있다.
1. 제37조 제1항에 따른 합병의결이 있는 때
2. 다음 각 목의 어느 하나에 해당하여 주무부장관 또는 중앙회장이 선거를 실시하지 아니하도록 권고한 때
   가. 이 법에 따라 합병 권고·요구 또는 명령을 받은 경우
   나. 거액의 금융사고, 천재지변 등으로 선거를 실시하기 곤란한 경우
⑦ 제6항에 따라 이사장 동시선거를 실시하지 아니하였으나 같은 항 각 호에 해당하지 아니하게 된 때에는 지체 없이 이사회 의결로 선거일을 지정하여 30일 이내에 이사장 선거를 실시하여야 한다. 이 경우 이사장의 임기는 제3항에 따른 이사장 동시선거를 실시하지 아니하여 선출하지 못한 이사장 임기의 남은 기간으로 하며, 그 기간이 1년 미만인 경우에는 해당 이사장 선거를 실시하지 아니한다.
⑧ 제1항 본문, 제2항 또는 제5항에 따라 이사장의 임기가 단축되는 경우에는 해당 임기를 제20조제1항 단서에 따른 연임제한 횟수에 포함하지 아니한다.
⑨ 제4항 단서에 따라 재선거 또는 보궐선거를 실시하지 아니하는 경우 또는 제7항 후단에 따라 이사장을 선출하지 아니한 경우 이사장의 직무는 제4항 단서의 경우에는 전임 이사장 임기만료일까지, 제7항 후단의 경우에는 제3항에 따른 이사장 동시선거를 실시하지 아니하여 선출하지 못한 이사장의 임기만료일까지 제19조 제3항에 따른 직무대행자가 대행한다.

26) 부칙 <법률 제19329호, 2023. 4. 11.> 제4조(재선거로 선임된 임원의 임기에 관한 적용례) 제20조 제2항의 개정규정(제64조의2 제6항에서 준용하는 경우를 포함)은 이 법 시행 이후 선임되는 임원부터 적용한다. [시행일: 2023. 10. 12.]

고, 임기만료에 따라 퇴임한 이사장이 임기만료 후 2년 이내에 이사장으로 선임되는 경우에는 연임한 것으로 본다(법20③ 후단).

(5) 퇴임 임원의 권리의무

임원의 수가 그 정수를 결한 경우에는 임기의 만료 또는 사임으로 말미암아 퇴임한 임원은 새로 선임된 임원이 취임할 때까지 그 권리·의무가 있다(정관예38③).

5. 임원의 결격 사유

(1) 임원의 자격제한

다음의 어느 하나에 해당하는 사람, 즉 ⅰ) 미성년자·피성년후견인 또는 피한정후견인(제1호), ⅱ) 파산선고를 받고 복권되지 아니한 사람(제2호), ⅲ) 법 제85조 제1항, 형법 제355조부터 제357조[27])까지의 죄(금고나 중앙회의 사업과 관련된 죄만 해당)를 범하여 금고 이상의 실형을 선고받고 그 집행이 끝나거나(집행이 끝난 것으로 보는 경우를 포함) 집행이 면제된 날부터 5년이 지나지 아니한 사람(제3호), ⅳ) 제3호의 죄를 범하여 금고 이상의 형의 집행유예를 선고받고 그 집행유예 기간이 끝난 날부터 3년이 지나지 아니한 사람(제4호), ⅴ) 제3호의 죄를 범하여 금고 이상의 형의 선고유예를 받고 그 선고유예 기간이 끝난 날부터 3년이 지나지 아니한 사람(제5호), ⅵ) 제3호의 죄를 범하여 벌금형을 선고받고 그 형이 확정된 후 3년이 지나지 아니한 사람(제6호),[28]) ⅶ) 법 제85조 제3항 또는 위탁선

---

27) 제355조(횡령, 배임) ① 타인의 재물을 보관하는 자가 그 재물을 횡령하거나 그 반환을 거부한 때에는 5년 이하의 징역 또는 1천500만원 이하의 벌금에 처한다.
② 타인의 사무를 처리하는 자가 그 임무에 위배하는 행위로써 재산상의 이익을 취득하거나 제삼자로 하여금 이를 취득하게 하여 본인에게 손해를 가한 때에도 전항의 형과 같다.
제356조(업무상의 횡령과 배임) 업무상의 임무에 위배하여 제355조의 죄를 범한 자는 10년 이하의 징역 또는 3천만원 이하의 벌금에 처한다.
제357조(배임수증재) ① 타인의 사무를 처리하는 자가 그 임무에 관하여 부정한 청탁을 받고 재물 또는 재산상의 이익을 취득하거나 제3자로 하여금 이를 취득하게 한 때에는 5년 이하의 징역 또는 1천만원 이하의 벌금에 처한다.
② 제1항의 재물 또는 재산상 이익을 공여한 자는 2년 이하의 징역 또는 500만원 이하의 벌금에 처한다.
③ 범인 또는 그 사정을 아는 제3자가 취득한 제1항의 재물은 몰수한다. 그 재물을 몰수하기 불가능하거나 재산상의 이익을 취득한 때에는 그 가액을 추징한다.
28) 제7호 삭제 [2023. 4. 11.]

거법 제58조, 제59조, 제61조부터 제66조까지에 규정된 죄를 범하여 100만원 이상의 벌금형을 선고받고 그 형이 확정된 후 3년이 지나지 아니한 사람(제8호), viii) 제3호의 죄 외의 죄로 금고 이상의 실형을 선고받고 그 집행이 끝나거나 집행이 면제된 날부터 3년이 지나지 아니한 사람(제9호), ix) 제3호의 죄 외의 죄로 금고 이상의 형의 집행유예를 선고받고 그 집행유예 기간 중에 있는 사람(제10호), x) 제3호의 죄 외의 죄로 금고 이상의 형의 선고유예를 받고 그 선고유예 기간 중에 있는 사람(제11호), xi) 금고의 임직원으로 재임 또는 재직 중 다른 임직원에게 형법 제257조 제1항, 제260조 제1항, 제261조(제260조 제2항의 죄를 범한 경우는 제외), 제262조(제260조 제2항의 죄를 범한 경우는 제외하며, 제257조의 예에 따르는 경우로 한정) 또는 제324조의 죄를 범하여 300만원 이상의 벌금형을 선고받고 그 형이 확정된 후 3년이 지나지 아니한 사람(제11의2호), xii) 금고의 임직원으로 재임 또는 재직 중 다른 임직원에게 형법 제303조 제1항 또는 성폭력범죄의 처벌 등에 관한 특례법 제10조 제1항의 죄를 범하여 100만원 이상의 벌금형을 선고받고 그 형이 확정된 후 3년이 지나지 아니한 사람(제11의3호), xiii) 새마을금고법 또는 대통령령으로 정하는 금융 관련 법령("금융관계법령")29)에 따라 징계면직 또는 해임된 사람으로서 징계면직 또는 해임된 날부터 5년이 지나지 아니한 사람(제12호), xiv) 새마을금고법 또는 금융관계법령에 따라 직무정지(업무의 집행정지를 포함) 또는 정직의 제재조치를 받은 사람으로서 제재조치 종료일부터 4년이 지나지 아니한 사람(제12의2호), xv) 새마을금고법 또는 금융관계법령에 따라 재직 또는 재임 중이었더라면 징계면직 또는 해임요구의 조치를 받았을 것으로 통보된 퇴임 직원이나 임원으로서 그 통보가 있은 날부터 5년(통보가 있은 날부터 5년이 퇴직 또는 퇴임한 날부터 7년을 초과하는 경우에는 퇴직 또는 퇴임한 날부터 7년으로 한다)이 지나지 아니한 사람(제13호), xvi) 새마을금고법 또는 금융관계법령에 따라 재임 또는 재직 중이었더라면 직무정지 또는 정직의 제재조치를 받았을 것으로 통보된 퇴임 임원이나 퇴직한 직원으로서 그 통보가 있은 날부터

---

29) "대통령령으로 정하는 금융 관련 법령"이란 다음의 법률을 말한다(영10의2). 1. 금융산업구조개선법, 2. 금융실명법, 3. 금융위원회법, 4. 금융지주회사법, 5. 농업협동조합법, 6. 대부업법, 7. 보험업법, 8. 산림조합법, 9. 상호저축은행법, 10. 수산업협동조합법, 11. 신용정보법, 12. 신용협동조합법, 13. 여신전문금융업법, 14. 외국환거래법, 15. 은행법, 16. 자본시장법, 17. 전자금융거래법, 18. 중소기업은행법, 19. 특정금융정보법, 20. 한국산업은행법, 21. 한국수출입은행법, 22. 한국은행법, 23. 한국주택금융공사법, 24. 온라인투자연계금융업법, 25. 금융소비자보호법

4년(통보가 있은 날부터 4년이 퇴임 또는 퇴직한 날부터 6년을 초과하는 경우에는 퇴임 또는 퇴지한 날부터 6년으로 한다)이 지나지 아니한 사람(제13의2호), xvii) 법원의 판결이나 다른 법률에 따라 자격을 잃거나 정지된 사람(제14호), xviii) 공공기관 또는 다른 법인이나 회사에서 징계면직된 사람으로서 징계면직된 날부터 2년이 지나지 아니한 사람(제15호), xix) 회원으로서 임원 선임 선거일공고일 현재의 정관으로 정하는 출자좌수 이상을 2년 이상 계속 보유하고 있지 아니한 사람(다만, 설립이나 합병 후 2년이 지나지 아니한 금고의 경우에는 그러하지 아니하다)(제16호), xx) 임원 선임 선거일공고일 현재 해당 금고에 대하여 정관으로 정하는 금액이나 기간을 초과하는 채무를 연체한 사람(제17호), xxi) 그 밖에 정관으로 정하는 자격 제한 사유에 해당하는 사람(제18호)은 금고의 임원이 될 수 없다(법21① 본문). 다만, 상근이사는 제16호를 적용하지 아니한다(법21① 단서).30)

(2) 임원 결격사유의 발생과 당연 퇴임

임원에게 위의 임원 결격사유(제12호의2는 제외)에 따른 사유가 발견되거나 발생한 경우에는 해당 임원은 당연 퇴임된다(법21②).

(3) 퇴직 전 행위의 효력 유지

퇴임한 임원이 퇴임 전에 관여한 행위는 그 효력을 잃지 아니한다(법21③).

(4) 범죄경력조회 등 협조 요청과 결과 회보

금고와 중앙회는 임원 또는 임원 후보자에게 제1항의 결격사유가 있는지를 확인하기 위하여 주된 사무소를 관할하는 경찰관서의 장에게 제1항 제3호부터 제6호까지 및 제8호부터 제11호까지, 제11호의2 및 제11호의3에 해당하는 범죄의 경력조회 등 필요한 협조를 요청할 수 있고, 해당 경찰관서의 장은 그 결과를 회보하여야 한다(법21④).31)

---

30) 부칙 <법률 제19329호, 2023. 4. 11.> 제6조(임원의 결격사유에 관한 경과조치) 이 법 시행 당시 재임 중인 임원에 대해서는 제21조 제1항의 개정규정(제64조의2 제6항에서 준용하는 경우를 포함)에도 불구하고 해당 임원의 임기가 만료될 때까지는 종전의 규정에 따른다.
31) [시행일: 2023. 10. 12.]

6. 임원의 겸직 금지

(1) 상근임원의 다른 법인 상근직 겸직 금지

상근하는 임원은 다른 법인이나 회사의 상근직을 겸할 수 없다(법25⑧).

(2) 이사와 감사의 겸직 금지

이사장을 포함한 이사와 감사는 상호 겸직할 수 없다(정관예44①).

(3) 임원과 직원의 겸직 금지

임원은 금고의 직원을 겸할 수 없다(정관예44②).

(4) 임원과 다른 금고의 임직원 겸직 금지

임원은 다른 금고의 임직원을 겸할 수 없다(정관예44③).

(5) 상근임원의 영리 목적 사업 종사금지

상근하는 임원은 직무와 관련되는 영리를 목적으로 하는 사업에 종사할 수 없다(정관예44④).

7. 임원의 성실 의무와 책임

(1) 성실의무

금고의 임원은 새마을금고법과 새마을금고법에 따라 하는 명령과 정관·규정 및 총회와 이사회의 의결 사항을 지키고 금고를 위하여 성실히 그 직무를 수행하여야 한다(법25①).

(2) 금고에 대한 손해배상책임

임원이 그 직무를 수행할 때 고의나 과실(비상근임원의 경우에는 고의나 중대한 과실)로 금고에 끼친 손해에 대하여는 연대하여 손해배상의 책임을 진다(법25②).

(3) 타인에 대한 손해배상책임

임원이 그 직무를 수행할 때 고의나 중대한 과실로 타인에게 끼친 손해에 대하여는 연대하여 손해배상의 책임을 진다(법25③).

(4) 거짓의 결산보고 등: 금고 또는 타인에 대한 손해배상책임

임원이 결산보고서에 거짓으로 기록, 등기 또는 공고를 하여 금고나 타인에게 손해를 끼친 경우에도 손해배상의 책임을 진다(법25④).

(5) 출석 임원의 손해배상책임

이사회가 고의나 중대한 과실로 금고에 손해를 끼친 경우에는 그 고의나 중대한 과실에 관련된 이사회에 출석한 임원은 그 손해에 대하여 연대하여 손해배상의 책임을 진다(법25⑤ 본문). 다만, 그 회의에서 반대 의사를 표시한 임원은 그러하지 아니하다(법25⑤ 단서).

(6) 구상권의 행사

위 손해배상책임(법25②③④⑤)에 따른 구상권은 이사장을 포함한 이사에 대하여는 감사가, 임원 전원에 대하여는 회원 3분의 1 이상의 동의를 받은 회원 대표가 행사한다(법25⑥).

(7) 직무에 대한 신원보증

정관으로 정하는 임원은 그 직무에 관하여 신원보증을 하여야 한다(법25⑦).

(가) 이사장 및 상근임원

이사장 및 상근임원은 이사회가 정하는 바에 따라 신원보증인을 두거나 단체신원보증공제에 가입하여야 한다(정관예42①).

(나) 기타 임원

이사장 및 상근임원을 제외한 임원은 이사회가 정하는 바에 따라 신원보증인을 두거나 보증보험 등에 가입하여야 한다(정관예42②).

(다) 신원보증기준

신원보증기준은 중앙회장이 정하는 바에 의한다(정관예42③).

8. 임원의 해임

임원은 총회의 의결로써 해임하며, 그 절차나 그 밖에 필요한 사항은 대통령령으로 정한다(법19⑧).

(1) 회원의 해임 요구

총회에서 임원의 해임의결을 하려면 재적회원 3분의 1 이상의 요구가 있어야 한다(영9①). 이에 임원의 해임요구는 재적회원 3분의 1이상이 기명·날인한 서면으로 하여야 한다(정관예41①).

(2) 해임 요구 사항 통지와 변명 기회 부여

이사장은 해임 요구가 있으면 늦어도 총회 개최일 7일 전까지 해당 임원에게 해임 요구에 관한 사항을 알리고 총회에서 변명할 기회를 주어야 한다(영9②).

(3) 이사장의 해임의결과 의결 참가 제한

이사장의 해임을 의결하는 총회에서는 그 이사장은 의결에 참가할 수 없고 의장은 이사장 직무대행 규정에 의한 임원 순으로 의장의 직무를 대행한다(영9③, 정관예41②).

(4) 해임의결의 효력

임원의 해임이 총회에서 의결된 때에는 당해 임원은 그날부터 해임된 것으로 본다(영9③, 정관예41③).

사 업

제1절 국가 및 공공단체의 협력 등

Ⅰ. 신용협동조합

1. 정부의 지원과 시설 제공

정부는 조합을 육성하기 위하여 조합과 중앙회의 사업에 필요한 지원을 하여야 하며, 국가 또는 공공단체의 시설을 조합과 중앙회가 우선적으로 이용할 수 있도록 제공하여야 한다(법92①).

2. 정부 또는 지방자치단체의 보조금 지급

정부 또는 지방자치단체는 예산의 범위에서 조합과 중앙회의 사업에 필요한 보조금을 지급할 수 있다(법92②).

Ⅱ. 농업협동조합

1. 자율성 존중

국가와 공공단체는 조합등과 중앙회의 자율성을 침해하여서는 아니 된다(법9①).

2. 경비 보조 또는 융자 제공

국가와 공공단체는 조합등과 중앙회의 사업에 대하여 적극적으로 협력하여야 한다(법9② 전단). 이 경우 국가나 공공단체는 필요한 경비를 보조하거나 융자할 수 있다(법9② 후단).

3. 중앙회 회장의 의견 제출 및 반영

중앙회의 회장은 조합등과 중앙회의 발전을 위하여 필요한 사항에 관하여 국가와 공공단체에 의견을 제출할 수 있다(법9③ 전단). 이 경우 국가와 공공단체는 그 의견이 반영되도록 최대한 노력하여야 한다(법9③ 후단).

Ⅲ. 수산업협동조합

1. 자율성 존중

국가와 공공단체는 조합등과 중앙회의 자율성을 침해하여서는 아니 된다(법9②).

2. 경비 보조 또는 융자 제공

국가와 공공단체는 조합등과 중앙회의 사업에 적극적으로 협력하여야 한다(법9① 전단). 이 경우 국가와 공공단체는 조합등과 중앙회의 사업에 필요한 경비를 보조하거나 융자할 수 있다(법9① 후단).

3. 중앙회 회장의 의견 제출 및 반영

중앙회의 회장은 조합등과 중앙회의 발전을 위하여 필요한 사항에 관하여 국가와 공공단체에 의견을 제출할 수 있다(법9③ 전단). 이 경우 국가와 공공단체는 그 의견이 반영되도록 노력하여야 한다(법9③ 후단).

Ⅳ. 산림조합

1. 자율성 존중

국가와 공공단체는 조합등과 중앙회의 자율성을 침해하여서는 아니 된다(법9①).

2. 경비 보조 또는 융자 제공

국가와 공공단체는 조합등과 중앙회의 사업에 적극적으로 협력하여야 한다(법9② 전단). 이 경우 국가 또는 공공단체는 필요한 경비를 보조하거나 융자할 수 있다(법9② 후단).

3. 중앙회 회장의 의견 제출 및 반영

중앙회의 회장은 조합등과 중앙회의 발전을 위하여 필요한 사항에 관하여 국가와 공공단체에 의견을 제출할 수 있다(법9③ 전단). 이 경우 국가와 공공단체는 그 의견이 반영되도록 최대한 노력하여야 한다(법9③ 후단).

Ⅴ. 새마을금고

1. 사업 지원과 국공유재산 우선 대여 등

국가나 지방자치단체는 금고나 중앙회가 행하는 사업의 육성을 위하여 필요한 지원을 하여야 하며, 국공유재산을 금고나 중앙회가 필요로 하는 경우에는 우선적으로 대여하거나 사용·수익하게 할 수 있다(법3①).

2. 보조금 지급

국가나 지방자치단체는 금고의 원활한 발전을 위하여 예산의 범위에서 중앙회에 보조금을 내줄 수 있다(법3②).

제2절 비조합원 등의 사업 이용

Ⅰ. 신용협동조합

1. 비조합원의 사업 이용

조합은 조합원의 이용에 지장이 없는 범위에서 대통령령으로 정하는 바에 따라 조합원이 아닌 자에게 조합의 사업(법39①)을 이용하게 할 수 있다(법40① 전단). 이 경우 "조합원"은 "비조합원"으로 본다(법40① 후단).

2. 조합원의 사업 이용 의제

조합원과 동일한 세대에 속하는 사람과 다른 조합 및 다른 조합의 조합원이 대출 및 어음할인("대출등")을 제외한 사업을 이용하는 경우에는 조합원이 이용한 것으로 본다(법40②).

3. 대출 취급

신용협동조합은 조합원뿐만 아니라 비조합원 등 불특정 다수의 예금자로부터 자금을 조달하고 비조합원에 대해 일정한 범위 내로 대출을 허용하고 있다. 또한 정보통신 기술의 발달 등으로 전형적인 예금수취금융기관과의 차별성이 퇴색되고 있으며, 일반 상업금융기관화하고 있다.[1]

(1) 비조합원 대출

비조합원 대출이라 함은 법 제40조 제1항에 의하여 조합원이 아닌 자에게 취급하는 대출 및 어음할인("대출등")을 말한다(법40① 및 영16의2① 참조).[2]

(2) 간주조합원 대출

간주조합원 대출이라 함은 법 제40조 제2항에 의하여 조합원과 동일한 세대

---

1) 전선애(2008), "신용협동조합의 예금보험제도 개선방안", 한국협동조합연구 제26권 제1호 (2008. 3), 133쪽.
2) 신협중앙회(2021), 「2021 여신업무방법서」, 18-19쪽.

에 속하는 사람과 다른 조합의 조합원에게 취급하는 대출 및 어음할인("대출등") 을 말한다(법40② 및 영16의2① 참조).[3]

(3) 비조합원 대출 한도

(가) 원칙

조합이 조합원이 아닌 자와 다른 조합의 조합원에게 사업을 이용하게 하는 경우 그에 대한 대출 및 어음할인("대출등")은 ⅰ) 조합이 해당 사업연도에 새로 이 취급하는 대출등 중 조합원(다른 조합의 조합원은 제외)에 대한 것으로서 금리 등을 고려하여 금융위원회가 정하는 대출등[4]의 150%에 해당하는 금액(제1호), ⅱ) 조합이 해당 사업연도에 새로이 취급하는 대출등 중 제1호에 따른 대출등을 제외한 금액(제2호)의 합계액의 3분의 1을 초과할 수 없다(영16의2①).

따라서 대출 및 어음할인은 조합이 해당 사업연도에 새로이 취급하는 총액 의 3분의 1을 초과할 수 없다.

(나) 예외

"권역 내 대출"은 비조합원 대출 제한 대상에서 제외한다. 즉 지역조합은 해 당 지역조합의 권역에 ⅰ) 주소(제1호), ⅱ) 사업장 소재지 또는 근무지(제2호), ⅲ) 대출의 담보로 제공되는 부동산의 소재지(제3호)의 어느 하나에 해당하는 곳 이 있는 자에 대해서는 제1항 각 호에 따른 금액의 합계액의 3분의 1을 초과하 여 대출등을 할 수 있다(영16의2②).

따라서 권역 내 대출은 비조합원 대출 제한 대상에서 제외한다.

(다) 권역 내 대출과 해당 지역조합의 권역

"권역 내 대출"이란 채무자의 주소, 사업장 또는 담보부동산 소재지 중 한 곳이 해당 지역조합의 주사무소와 같은 권역에 속하는 대출을 말한다. 여기서 해

---

3) 신협중앙회(2021), 19쪽.
4) "금융위원회가 정하는 대출등"이란 다음의 어느 하나에 해당하는 대출을 말한다(감독규정 4의6).
   1. 금융위로부터 보험업법 제4조 제1항 제2호 라목의 보증보험 경영을 허가받은 자가 발 급한 개인에 대한 재무 신용보증증권부 대출
   2. 다음의 요건을 모두 충족하는 개인에 대한 신용대출
      가. 개인신용평점(신용정보법 제2조 제5호 가목에 따른 개인신용평가회사(신용정보법 제5조 제1항에 따른 전문개인신용평가업을 영위하는 회사는 제외)로부터 제공받은 것)이 하위 50%에 해당하는 차주에 대한 대출
      나. 금리상한이 8.5% 이하인 경우

당 지역조합의 권역은 ⅰ) 서울특별시(제1호), ⅱ) 부산광역시·울산광역시·경상
남도(제2호), ⅲ) 인천광역시·경기도(제3호), ⅳ) 대구광역시·경상북도(제4호),
ⅴ) 대전광역시·세종특별자치시·충청남도(제5호), ⅵ) 광주광역시·전라남도(제6
호), ⅶ) 충청북도(제7호), ⅷ) 전라북도(제8호), ⅸ) 강원도(제9호), ⅹ) 제주특별자
치도(제10호)의 구분에 따른 권역 중 해당 지역조합의 주된 사무소가 있는 권역
을 말한다(영16의2③).

Ⅱ. 농업협동조합

1. 의의

조합은 사업을 통하여 조합원에게 최대로 봉사하는 단체이므로 조합원민을
대상으로 사업을 하는 것이 원칙이다. 비조합원의 사업 이용은 조합원의 사업 이
용에 지장을 초래하지 않는 범위 내에서 허용되므로 일정한 한계가 있다. 조합원
의 이용에 지장이 있을 수 있는 사업은 정관에서 제한할 수 있도록 하고(법58①,
법107①, 법112①), 정관에서는 비조합원의 사업 이용을 허용하는 범위와 한계를
정하고 있다.

2. 비조합원의 사업 이용

(1) 허용 범위

조합은 조합원이 이용하는 데에 지장이 없는 범위에서 조합원이 아닌 자에
게 그 사업을 이용하게 할 수 있다(법58① 본문, 법107①, 법112①).

(2) 이용 제한
(가) 제한되는 사업

지역농협은 법 제57조 제1항 제2호 가목(농업인이 아닌 자의 판매사업은 제
외)·바목·사목·차목, 제3호 마목·사목·아목, 제5호 가목·나목, 제7호 및 제10
호의 사업 외의 사업에 대하여는 정관으로 정하는 바에 따라 비조합원의 이용을
제한할 수 있다(법58① 단서, 법107①, 법112①).

지역축협과 품목조합의 경우 복지후생사업과 관련하여 복지시설의 운영에만 해당한다(법107①, 법112①).

따라서 경제사업(법57①(2)) 중 조합원이 생산하는 농산물(지역농협은 농산물, 지역축협은 축산물, 품목조합은 농산물 또는 축산물)의 제조·가공·판매·수출 등의 사업(가목), 농지의 매매·임대차·교환의 중개(바목), 위탁영농사업(사목), 보관사업(차목), 신용사업(법57①(3)) 중 국가·공공단체 및 금융기관의 업무 대리(마목), 공과금, 관리비 등의 수납 및 지급대행(사목), 수입인지, 복권, 상품권의 판매대행(아목), 복지후생사업(법57①(5)) 중 복지시설의 설치 및 관리(가목), 장제(葬祭)사업(나목), 국가, 공공단체, 중앙회, 농협경제지주회사 및 그 자회사, 농협은행 또는 다른 조합이 위탁하는 사업(법57①(7)) 및 그 밖에 설립목적의 달성에 필요한 사업으로서 농림축산식품부장관의 승인을 받은 사업(법57①(10)) 외의 사업에 대하여는 정관으로 정하는 바에 따라 비조합원의 이용을 제한할 수 있다(법58① 단서, 법107①, 법112①).

(나) 사업이용량

1회계연도에 있어서 비조합원(판매사업의 경우는 비농업인)의 사업이용량은 각 사업별로 당해 회계연도 사업량의 2분의 1을 초과할 수 없다(지역농협정관례141② 본문, 지역축협정관례141② 본문, 품목조합정관례139② 본문). 여기의 사용이용량에는 대출이 포함된다.

(다) 수익의 중앙회 출연

비조합원의 사업 이용이 제한되는 경우에 있어서 비조합원의 사업 이용이 각 사업별로 당해 회계연도 사업량의 3분의 1을 초과하는 부분에서 발생하는 수익의 일부는 회원의 균형발전과 사업활성화를 위하여 중앙회장이 정하는 바에 따라 중앙회에 출연한다(지역농협정관례141③, 지역축협정관례141③, 품목조합정관례139③).

이것은 비조합원 이용 확대에 따른 수익을 농촌조합에 환원할 수 있는 근거를 마련하기 위한 것이다.

3. 간주조합원의 사업 이용

조합원과 동일한 세대에 속한 사람, 준조합원, 다른 조합 또는 다른 조합의 조합원이 조합의 사업을 이용하는 경우에는 이를 조합원이 이용한 것으로 본다

(법58②, 정관례141④, 법107①, 법112①).

4. 조합원에 대한 편의 제공의무

지역농협은 품목조합의 조합원이 지역농협의 신용사업을 이용하려는 경우 최대의 편의를 제공하여야 한다(법58③).

지역축협은 품목조합의 조합원이 지역축협의 신용사업을 이용하려는 경우 최대의 편의를 제공하여야 한다(법107①, 법58③). 품목조합은 지역조합의 조합원이 품목조합의 신용사업을 이용하려는 경우 최대의 편의를 제공하여야 한다(법112①, 법58③).

Ⅲ. 수산업협동조합

1. 의의

조합은 사업을 통하여 조합원에게 최대로 봉사하는 단체이므로 조합원만을 대상으로 사업을 하는 것이 원칙이다. 비조합원의 사업 이용은 조합원의 사업 이용에 지장을 초래하지 않는 범위 내에서 허용되므로 일정한 한계가 있다.

2. 비조합원의 사업 이용

조합은 조합원의 이용에 지장이 없는 범위에서 조합원이 아닌 자에게 그 사업을 이용하게 할 수 있다(법61① 본문, 법107② 본문, 법112② 본문).

3. 비조합원 등의 사업 이용 제한

(1) 지구별수협

지구별수협은 조합원이 아닌 자가 신용사업 중 조합원에게 필요한 자금의 대출(법60①(3) 나목), 다른 경제단체·사회단체 및 문화단체와의 교류·협력(법60①(9)), 다른 조합·중앙회 또는 다른 법률에 따른 협동조합과의 공동사업 및 업무의 대리(법60①(10)), 다른 법령에서 지구별수협의 사업으로 정하는 사업(법60①(11)) 및 부대사업(법60①(14))을 이용하는 경우 각 사업별로 그 회계연도 사업량(해당 사업이 대출인 경우에는 그 사업연도에 새로 취급하는 대출취급액, 그 밖의 사업의 경우에는 각 사업별 회계연도의 취급량 또는 취급액)의 3분의 1의 범위에서 그 이용을 제한할 수 있다(법61① 단서, 영20의2①).

(2) 업종별수협

업종별수협은 조합원이 아닌 자가 교육·지원 사업(법107①(1)), 의료지원사업(법107①(4) 나목), 다른 경제단체·사회단체 및 문화단체와의 교류·협력(법107①(7)), 다른 조합·중앙회 또는 다른 법률에 따른 협동조합과의 공동사업 및 업무의 대리(법107①(8)), 다른 법령에서 업종별수협의 사업으로 정하는 사업(법107①(9)), 부대사업(법107①(12)), 법률 제4820호 수산업협동조합법중개정법률 부칙 제5조[5])에 따른 신용사업(대출만 해당)을 이용하는 경우 각 사업별로 그 회계연도 사업량의 3분의 1의 범위에서 그 이용을 제한할 수 있다(법107② 단서, 영20의2②).

(3) 수산물가공수협

수산물가공수협은 조합원이 아닌 자가 교육·지원 사업(법112①(1)), 의료지원사업(법112①(4) 나목), 다른 경제단체·사회단체 및 문화단체와의 교류·협력(법112①(7)), 다른 조합·중앙회 또는 다른 법률에 따른 협동조합과의 공동사업 및 업무의 대리(법112①(8)), 다른 법령에서 수산물가공수협의 사업으로 정하는 사업(법112①(9)), 부대사업(법112①(12)), 법률 제4820호 수산업협동조합법중개정법률 부칙 제5조[6])에 따른 신용사업(대출만 해당)을 이용하는 경우 각 사업별로 그 회계연도 사업량의 3분의 1의 범위에서 그 이용을 제한할 수 있다(법112② 단서, 영20의2③).

4. 간주조합원의 사업 이용

다음의 어느 하나에 해당하는 자, 즉 ⅰ) 조합원과 같은 세대에 속하는 사람(제1호), ⅱ) 준조합원(제2호), ⅲ) 다른 조합 및 다른 조합의 조합원(제3호)이 조

---

5) 제5조 (업종별·수산물제조수산업협동조합의 신용사업에 관한 경과조치) 이 법 시행전에 설립된 업종별수산업협동조합과 수산물제조수산업협동조합은 제65조 제1항 및 제105조 제1항 제6호의 개정규정에 불구하고 종전의 규정에 의한 신용사업을 실시할 수 있다.

6) 제5조 (업종별·수산물제조수산업협동조합의 신용사업에 관한 경과조치) 이 법 시행전에 설립된 업종별수산업협동조합과 수산물제조수산업협동조합은 제65조 제1항 및 제105조 제1항 제6호의 개정규정에 불구하고 종전의 규정에 의한 신용사업을 실시할 수 있다.

합의 사업을 이용하는 경우에는 조합원이 그 사업을 이용한 것으로 본다(법61②, 법108, 법113).

Ⅳ. 산림조합

1. 비조합원의 사업 이용

조합은 조합원의 이용에 지장이 없는 범위에서 조합원이 아닌 자에게 정관으로 정하는 바에 따라 사업을 이용하게 할 수 있다(법51①).

2. 간주조합원의 사업 이용

조합원과 동일한 세대에 속하는 사람, 다른 조합 또는 나른 소합의 소합원이 조합의 사업을 이용하는 경우에는 이를 해당 조합의 조합원이 이용한 것으로 본다(법51②).

3. 비조합원의 대출 한도

1회계연도에 있어서 비조합원의 사업이용량은 각 사업별로 해당 회계연도 사업량의 3분의 1을 초과할 수 없다(정관례72② 본문). 따라서 비조합원의 대출은 조합이 당해 사업연도에 새로이 취급하는 총액의 3분의 1을 초과할 수 없다.

다만, 조합장이 필요하다고 인정하는 사업 및 그에 부대하는 업무에 있어서는 그 이용량을 제한하지 아니한다(정관례72② 단서).

Ⅴ. 새마을금고

금고는 회원의 이용에 지장이 없는 범위에서 비회원에게 사업을 이용하게 할 수 있다(법30).

제3절 부동산의 소유 제한

Ⅰ. 신용협동조합

1. 의의

조합은 업무상 필요하거나 채무를 변제받기 위하여 부득이한 경우를 제외하고는 부동산을 소유할 수 없다(법45).

2. 업무용 부동산의 의의와 범위

(1) 업무용 부동산의 의의

업무용부동산이라 함은 업무용 토지·건물과 건설중인 자산을 말하며 그 가액은 장부상 가액을 말한다(표준업무방법서24⑤ 본문). 다만, 취득한도 계산에 있어 당해 감가상각누계액은 그 장부가액에서 차감한다(표준업무방법서24⑤ 단서).

(2) 업무용 부동산 범위

조합 또는 중앙회가 취득할 수 있는 업무용 부동산의 범위는 ⅰ) 영업장(건물 연면적의 10% 이상을 업무에 직접 사용하는 경우에 한한다)(제1호), ⅱ) 사택·기숙사·연수원 등의 용도로 직접 사용하는 부동산(제2호), ⅲ) 복지사업에 직접 사용하는 부동산(제3호)과 같다(영18①).

(3) 영업장의 일부 임대

조합 또는 중앙회는 조합원 또는 회원의 이용에 지장이 없는 범위 안에서 영업장의 일부를 타인에게 임대할 수 있다(영18②).

(4) 업무용 부동산의 취득한도

조합이 취득할 수 있는 업무용부동산은 취득 당시 조합의 자기자본 범위를 초과할 수 없다(표준업무방법서24①).

(5) 업무용 부동산의 취득한도의 예외

조합은 중앙회장의 사전승인을 얻어 취득 당시 조합 자기자본의 3배 범위 이내에서 업무용부동산을 취득할 수 있다(표준업무방법서24② 본문). 다만, 중앙회 여신규정 제5조에 따른 특별지원대출을 받아 업무용 부동산을 취득하는 경우에는 중앙회장의 사전승인을 얻어 조합 자기자본의 5배 범위 이내와 직전 사업연도말 자산총액의 15% 중 적은 금액 이내에서 업무용부동산을 취득할 수 있다(표준업무방법서24② 단서). 이에 따라 조합이 업무용부동산을 취득하는 경우 자기자본의 3배를 초과하는 금액은 특별지원대출로만 차입하여야 한다(표준업무방법서24③).

3. 비업무용 부동산의 취득과 매각

(1) 비업무용 부동산의 취득 보고

조합은 법 제45조에 의거 비업무용부동산을 취득한 경우 즉시 중앙회 전산시스템에 등록하여야 한다(표준업무방법서25).

(2) 비업무용 부동산의 매각

채무를 변제받기 위하여 부동산을 소유한 조합은 금융위원회가 정하여 고시하는 방법 및 절차에 따라 그 부동산을 처분하여야 한다(영18③).

(가) 매각 위탁 또는 공개경쟁입찰

조합이 채무를 변제받기 위하여 부득이하게 취득한 비업무용부동산은 한국자산관리공사에 매각을 위탁하거나 1년 이내에 공개경쟁입찰 방법에 의하여 매각하여야 한다(감독규정10①).

(나) 수의계약

공개경쟁입찰을 1회 이상 실시하여도 매각되지 아니하거나 이해관계자가 매각을 요구하는 경우에는 중앙회장이 정한 절차에 따라 수의계약으로 매각할 수 있다(감독규정10②).

(다) 매각기간의 연장

공개경쟁입찰이 유찰 또는 보류되거나 수의계약 방식으로 1년 이내에 매각할 수 없는 경우에는 조합은 매각기한을 1년에 한하여 연장할 수 있다(감독규정10③ 전단). 이 경우 조합은 최초 1년의 매각기한이 종료되기 전에 중앙회장에게 매각연기에 관한 사항을 보고하여야 한다(감독규정10③ 후단).

Ⅱ. 농업협동조합

지역농협과 지역축협(신용사업을 하는 품목조합 포함)의 사업에 관하여는 신용협동조합법 제45조(부동산의 소유 제한)를 적용한다(신협법95④).

Ⅲ. 수산업협동조합

지구별수협(법률 제4820호 수산업협동조합법중개정법률 부칙 제5조에 따라 신용사업을 하는 조합을 포함)의 사업에 관하여는 신용협동조합법 제45조(부동산의 소유 제한)를 적용한다(신협법95④).

Ⅳ. 산림조합

산림조합의 사업에 관하여는 신용협동조합법 제45조(부동산의 소유 제한)를 적용한다(신협법95④).

Ⅴ. 새마을금고

1. 동산 또는 부동산 소유 제한

금고는 사업상 필요하거나 채무를 변제받기 위하여 부득이한 경우 외에는 동산이나 부동산을 소유할 수 없다(법31).

2. 사업용 부동산의 임대

금고는 회원의 이용에 지장이 없는 범위에서 대통령령으로 정하는 경우에는 금고 보유자산의 일부를 타인에게 임대할 수 있다(법28⑦).7)

금고는 소유하고 있는 사업용 부동산(해당 부동산 연면적의 10% 이상을 업무

---

7) [시행일: 2023. 10. 12.]

에 직접 사용하는 경우로 한정)의 효율적 운영에 필요하다고 인정하는 경우에는 그 일부를 회원의 이용에 지장이 없는 범위에서 타인에게 임대할 수 있다(법31, 영16의4).

제4절 금리인하 요구

Ⅰ. 신용협동조합

1. 의의

금리인하요구권이란 여신약정 당시와 비교하여 신용상태에 현저한 변동이 있다고 인정되는 채무자가 금리인하를 요청할 수 있는 권리를 말한다.

조합과 대출등(대출 및 어음할인)의 계약을 체결한 자는 재산 증가나 신용등급 또는 개인신용평점 상승 등 신용상태 개선이 나타났다고 인정되는 경우 조합에 금리인하를 요구할 수 있다(법45의3①).

2. 금리인하 요구의 요건

조합과 대출등의 계약을 체결한 자는 ⅰ) 개인이 대출등의 계약을 체결한 경우: 취업, 승진, 재산 증가 또는 개인신용평점 상승 등 신용상태의 개선이 나타났을 것(제1호), ⅱ) 개인이 아닌 자(개인사업자를 포함)가 대출등의 계약을 체결한 경우: 재무상태 개선, 신용등급 또는 개인신용평점 상승 등 신용상태의 개선이 나타났을 것(제2호)의 구분에 따른 요건을 갖췄다고 인정되는 경우 조합에 금리인하를 요구할 수 있다(법45의3③, 영18의3①).

3. 금리인하 요구의 절차

(1) 금리인하 요구권의 통지

조합은 대출등의 계약을 체결하려는 자에게 금리인하를 요구할 수 있음을 알려야 한다(법45의3②).

(2) 요구의 수용 여부 판단시 고려사항

금리인하 요구를 받은 조합은 그 요구의 수용 여부를 판단할 때 신용상태의 개선이 금리 산정에 영향을 미치는지 여부 등 금융위원회가 정하여 고시하는 사항을 고려할 수 있다(법45의3③, 영18의3②).

이에 따라 금리인하 요구를 받은 조합은 해당 요구가 ⅰ) 대출 등의 계약을 체결할 때, 계약을 체결한 자의 신용상태가 금리 산정에 영향을 미치지 아니한 경우(제1호), ⅱ) 신용상태의 개선이 경미하여 금리 재산정에 영향을 미치지 아니하는 경우(제2호)의 어느 하나에 해당하는지를 고려하여 수용 여부를 판단할 수 있다(감독규정10의2①).

(3) 요구의 수용 여부 및 사유의 통지 방법

조합은 금리인하 요구를 받은 날부터 10영업일 이내(자료의 보완을 요구하는 경우에는 그 요구하는 날부터 자료가 제출되는 날까지의 기간은 포함하지 않는다)에 금리인하를 요구한 자에게 그 요구의 수용 여부 및 그 사유를 전화, 서면, 문자메시지, 전자우편, 팩스 또는 그 밖에 이와 유사한 방법으로 알려야 한다(법45의3③, 영18의3③).

(4) 자료제출 요구

조합은 대출 등의 계약을 체결한 자가 금리인하를 요구하는 때에는 신용상태 개선을 확인하는 데 필요한 자료 제출을 요구할 수 있다(법45의3③, 영18의3④, 감독규정10의2②).

(5) 인정요건 및 절차 등의 안내

조합은 금리인하 요구 인정요건 및 절차 등을 인터넷 홈페이지 등을 이용하여 안내하여야 한다(법45의3③, 영18의3④, 감독규정10의2③).

(6) 관련 기록의 보관·관리

조합은 금리인하를 요구받은 경우 접수, 심사결과 등 관련 기록을 보관·관리하여야 한다(법45의3③, 영18의3④, 감독규정10의2④).

Ⅱ. 농업협동조합

지역농업협동조합과 지역축산업협동조합(신용사업을 하는 품목조합을 포함)이 신용사업을 하는 경우에는 신용협동조합법에 따른 신용협동조합으로 본다(신협법 95①(1)).

지역농협과 지역축협(신용사업을 하는 품목조합 포함)의 사업에 관하여는 신용협동조합법 제45조의3(금리인하 요구)을 적용한다(신협법95④).

Ⅲ. 수산업협동조합

지구별수협(법률 제4820호 수산업협동조합법중개정법률 부칙 제5조에 따라 신용사업을 하는 조합을 포함)이 신용사업을 하는 경우에는 신용협동조합법에 따른 신용협동조합으로 본다(신협법95①(2)).

지구별수협(법률 제4820호 수산업협동조합법중개정법률 부칙 제5조에 따라 신용사업을 하는 조합을 포함)의 사업에 관하여는 신용협동조합법 제45조의3(금리인하 요구)을 적용한다(신협법95④).

Ⅳ. 산림조합

산림조합이 신용사업을 하는 경우에는 신용협동조합법에 따른 신용협동조합으로 본다(신협법95①(2)).

산림조합의 사업에 관하여는 신용협동조합법 제45조의3(금리인하 요구)을 적용한다(신협법95④).

Ⅴ. 새마을금고

1. 의의

금리인하요구권이란 여신약정 당시와 비교하여 신용상태에 현저한 변동이 있다고 인정되는 채무자가 금리인하를 요청할 수 있는 권리를 말한다.

2022년 11월 15일 현재 새마을금고와 대출 등의 계약을 체결한 자의 신용상태가 개선된 경우 금고에 금리인하를 요구할 수 있는 제도를 시행하고 있으나, 해당 제도가 적극적으로 고지되지 않아 회원 등이 금리인하 요구권을 제대로 활용하지 못하고 있는 상황이다. 이에 2023년 5월 16일부터 금리인하 요구 제도를 시행하여 금고 또는 중앙회와 대출 등의 계약을 체결한 자는 재산 증가나 신용등급 상승 등 신용상태 개선이 나타났다고 인정되는 경우 금리인하를 요구할 수 있도록 하는 한편, 금고 및 중앙회는 대출 등의 계약을 체결하려는 자에게 금리인하를 요구할 수 있는 권리가 있음을 알리도록 하고, 이를 위반한 경우 2천만원 이하의 과태료를 부과하도록 하였다.

금고와 대출 등의 계약을 체결한 자는 재산 증가나 신용등급 또는 개인신용평점 상승 등 신용상태 개선이 나타났다고 인정되는 경우 금고에 금리인하를 요구할 수 있다(법31의2①).

2. 금리인하 요구권의 통지

금고는 대출 등의 계약을 체결하려는 자에게 금리인하를 요구할 수 있음을 알려야 한다(법31의2②).

3. 금리인하 요구의 요건 및 절차

그 밖에 금리인하 요구의 요건 및 절차에 관한 구체적 사항은 대통령령으로 정한다(법31의2③).

제
6
장
/

건전성규제

제1절 자금차입

정상적인 수신보다 차입자금에 의존하는 영업으로 인하여 경영의 위험성 증가를 방지하기 위하여 자금차입에 대한 한도 규제를 실시하고 있다.

Ⅰ. 신용협동조합

1. 차입대상 기관

조합은 중앙회 또는 다른 금융기관으로부터 차입할 수 있다(표준정관62① 본문).

2. 자금의 차입한도

(1) 자산총액 5%와 자기자본 100% 중 큰 금액

차입금은 조합의 부채이기 때문에 무리한 차입으로 인한 경영부실을 방지하고자 금융위원회가 정하는 기준(=상호금융업감독규정)에 따라 중앙회장의 승인을 받은 경우를 제외하고는 차입 한도를 다음과 같이 정하고 있다.

조합은 사업을 수행하기 위하여 자금을 차입하는 경우에는 조합이 차입할 수 있는 자금의 한도는 직전 사업연도말 자산총액의 5%와 자기자본 중 큰 금액으로 한다(법41①, 영16의3).

(2) 차입한도 산정시 제외 대상

차입한도 산정시 신용협동조합예금자보호기금으로부터의 차입금 및 조합이 중앙회에 예치한 예탁금 범위 내 대출은 포함하지 아니한다(표준정관62②).

3. 자금차입 한도의 예외

(1) 중앙회장의 승인

금융위원회가 정하는 기준에 따라 중앙회장의 승인을 받은 경우에는 자산총액의 5% 또는 자기자본 중 큰 금액의 범위를 초과하여 자금을 차입할 수 있다(법41②).

초과차입 승인을 신청하고자 하는 조합은 차입목적, 기관, 금액, 기간 및 이율 등을 기재한 신청서에 ⅰ) 차입을 결의한 이사회의사록 사본(제1호), ⅱ) 전월말 대차대조표(제2호), ⅲ) 이사회 결의에 의한 초과차입금 해소계획서(제3호)를 첨부하여 중앙회장에게 제출하여야 한다(표준업무방법서21①).

(2) 금융위원회가 정하는 기준

위에서 금융위원회가 정하는 기준은 ⅰ) 직전 사업연도 말 자기자본의 2배와 자산총액의 10% 중 큰 금액의 범위 내에서 부보금융회사1) 및 체신관서로부터의 차입(제1호), ⅱ) 직전 사업연도 말 자기자본의 3배와 자산총액의 15% 중 큰 금액의 범위 내에서 중앙회 신용사업회계로부터의 차입(조합이 중앙회에 예치한 신용예탁금 범위 내에서 실행되는 중앙회의 대출 또는 합병지원자금(법55②) 대출을

---

1) "부보금융회사"(附保金融會社)란 예금자보호법에 따른 예금보험의 적용을 받는 자로서 은행, 한국산업은행, 중소기업은행, 농협은행, 수협은행, 외국은행의 국내 지점 및 대리점(대통령령으로 정하는 외국은행의 국내 지점 및 대리점은 제외), 투자매매업자·투자중개업자(다자간매매체결회사, 예금등이 없는 투자매매업자·투자중개업자로서 대통령령으로 정하는 자 및 농협구조개선법 제2조 제1호에 따른 조합은 제외), 증권금융회사, 보험회사(재보험 또는 보증보험을 주로 하는 보험회사로서 대통령령으로 정하는 보험회사는 제외), 종합금융회사, 상호저축은행 및 상호저축은행중앙회를 말한다(예금자보호법2(1)).

제외)(제2호), iii) 금융감독원장이 정하는 후순위 차입(제3호),2) iv) 신용협동조합 예금자보호기금으로부터의 차입(제4호)이다(감독규정5①).

(3) 후순위차입금

조합은 감독규정 제5조 제1항 제3호에서 정하는 후순위차입금의 자금공여 자에 대한 대출, 지급보증 등을 통하여 관련 자금을 직·간접적으로 지원할 수 없다(감독규정5②).

Ⅱ. 농업협동조합

1. 차입대상 기관

조합은 사업목적을 달성하기 위하여 국가, 공공단체, 중앙회, 농협경제지주 회사 및 그 자회사(해당 사업 관련 자회사에 한정), 농협은행 또는 농협생명보험으 로부터 자금을 차입할 수 있다(법57②, 법107①, 법112①).

2. 자금의 차입한도

조합이 중앙회, 농협경제지주회사 및 그 자회사(해당 사업 관련 자회사에 한 정), 농협은행 또는 농협생명보험으로부터 차입할 수 있는 자금 합계액의 한도는 자기자본과 중앙회 또는 농협은행에 예치하는 각각의 여유자금의 합계액의 범위 내로 한다(영6② 본문).

3. 자금차입 한도의 예외

(1) 의의

조합이 농업정책의 수행이나 예금인출 등의 사유로 농림축산식품부령으로 정하는 바에 따라 자금을 차입하는 경우에는 본문에서 정한 범위를 초과하여 차 입할 수 있다(영6② 단서).

이에 따라 조합이 차입한도를 초과하여 중앙회, 농협경제지주회사 및 그 자 회사(해당 사업 관련 자회사에 한정), 농협은행 또는 농협생명보험으로부터 자금을

---

2) [별표 5]에서 정하는 조건을 충족하여 보완자본에 포함되는 후순위차입금을 말한다(감독 업무시행세칙4).

차입하려는 경우에는 다음의 구분에 따라 승인을 받아야 한다(시행규칙8).

(2) 신용사업

조합의 신용사업을 위하여 필요한 경우 자기자본의 5배 이내에서 중앙회 상호금융대표이사 및 전무이사의 승인을 받아야 한다(시행규칙8(1)).

(3) 신용사업 외의 사업

조합이 신용사업 외의 사업을 위하여 필요한 경우 자기자본의 5배 이내에서 중앙회 전무이사의 승인을 받아야 한다. 이 경우 전무이사는 해당 사업을 소관하는 농업경제대표이사 또는 축산경제대표이사의 의견을 들어야 한다(시행규칙 8(2)).

(4) 예금인출 등 불가피한 사유로 한도를 초과하는 경우

예금인출 등 불가피한 사유로 앞의 제1호 또는 제2호에서 정한 한도를 초과하는 경우 농림축산식품부장관의 승인을 받아야 한다(시행규칙8(3)).

Ⅲ. 수산업협동조합

1. 차입대상 기관

조합은 사업 목적을 달성하기 위하여 국가, 공공단체, 중앙회, 수협은행 또는 다른 금융기관으로부터 자금을 차입할 수 있다(법60②, 법108, 법113).

2. 자금의 차입한도

(1) 신용사업

신용사업을 수행하는 조합이 신용사업을 위하여 중앙회 또는 수협은행으로부터 차입할 수 있는 자금합계액의 한도(조합이 중앙회 또는 수협은행에 예치한 예탁금의 범위에서 실행되는 중앙회 또는 수협은행의 대출은 제외)는 자기자본의 범위로 한다(법60②③, 법108, 법113, 영18① 본문).

(2) 신용사업 외의 사업

조합이 신용사업 외의 사업을 위하여 중앙회 또는 수협은행으로부터 차입할 수 있는 자금합계액의 한도는 자기자본의 7배 이내로 한다(법60②③, 법108, 법113, 영18②).

3. 자금차입 한도의 예외

(1) 신용사업

신용사업을 수행하는 조합이 지도경제사업대표이사의 승인을 받아 차입하는 경우에는 자기자본의 5배 이내로 한다(법60②③, 법108, 법113, 영18① 단서).

(2) 수산정책의 수행이나 예금인출 등 불가피한 사유

조합은 수산정책의 수행이나 예금인출 등 불가피한 사유로 자금이 필요한 경우에는 해양수산부령으로 정하는 바에 따라 자금차입의 한도를 초과하여 자금을 차입할 수 있다(법60②③, 법108, 법113, 영18③).

이에 따라 조합이 자금의 차입한도를 초과하여 중앙회 또는 수협은행으로부터 자금을 차입하려는 경우에는 ⅰ) 수산정책의 수행을 위하여 자금이 필요한 경우 중앙회의 지도경제사업대표이사(제1호), ⅱ) 예금인출 등 불가피한 사유로 자금이 필요한 경우 해양수산부장관(제2호)의 승인을 받아야 한다(시행규칙7).

4. 국가로부터 차입한 자금의 조합원이 아닌 수산업자에 대한 대출

국가로부터 차입한 자금은 조합원이 아닌 수산업자에게도 대출할 수 있다(법60⑥, 법108, 법113). 이에 따라 해양수산부장관은 조합원이 아닌 수산업자에 대한 자금의 대출에 관하여 ⅰ) 대출 대상자 및 지원 규모(제1호), ⅱ) 대출 한도 및 조건(제2호), ⅲ) 그 밖에 자금의 대출에 필요한 사항(제3호)을 정하여 조합, 중앙회 및 수협은행 등 관련 기관에 통보하여야 한다(법60⑥, 시행규칙9).

Ⅳ. 산림조합

1. 차입대상 기관

조합은 사업을 하기 위하여 국가, 공공단체 또는 중앙회로부터 필요한 자금을 차입할 수 있다(법49①).

2. 자금의 차입한도

(1) 신용사업

조합이 신용사업을 위해 중앙회로부터 차입할 수 있는 자금의 한도는 자기자본의 범위로 한다(영9① 본문).

(2) 신용사업 외의 사업

조합이 신용사업 외의 사업을 위해 중앙회로부터 차입할 수 있는 자금의 한도는 자기자본의 7배 이내로 한다(영9② 본문).

3. 자금차입 한도의 예외

(1) 임업정책의 수행이나 예금인출 등 불가피한 사유

조합이 임업정책의 수행이나 예금인출 등 불가피한 사유로 자금을 차입하려는 경우로서 중앙회의 사업대표이사의 승인을 받은 경우에는 자기자본의 범위를 초과하여 중앙회로부터 자금을 차입할 수 있다(영9① 단서).

(2) 신용사업 외의 사업

사업대표이사의 승인을 받아 차입하는 경우에는 자기자본의 7배를 초과하여 자금을 차입할 수 있다(영9② 단서).

4. 신용사업자금의 압류 금지

지역조합이 중앙회로부터 차입한 자금 중 신용사업자금은 압류의 대상으로 할 수 없다(법49②).

V. 새마을금고

1. 차입대상 기관

금고는 신용사업을 원활하게 수행하기 위하여 중앙회, 국가, 공공단체 또는 금융기관으로부터 자금을 차입할 수 있다(법28③, 영14①, 정관예48②).

2. 자금의 차입한도

(1) 전체 차입금

금고의 차입금은 그 금고의 출자금 총액과 적립금의 합계액을 초과할 수 없다(법28③, 영14② 본문).

(2) 중앙회로부터의 차입금

중앙회로부터의 차입은 해당 금고의 총자산(총자산(차입금을 제외한 자산)의 범위를 초과할 수 없다(법28③, 영14② 단서, 정관예48②).

제2절 타법인 출자

Ⅰ. 신용협동조합

신용협동조합에 대해서는 타법인 출자를 허용하는 규정이 없으므로 타법인 출자가 금지된다.

Ⅱ. 농업협동조합

1. 다른 법인에 대한 출자 한도

조합은 사업을 수행하기 위하여 필요하면 자기자본의 범위(자기자본의 100%)에서 다른 법인에 출자할 수 있다(법57⑤ 전단, 법107①, 법112①).

2. 같은 법인에 대한 출자 한도

같은 법인에 대한 출자는 ⅰ) 중앙회에 출자하는 경우(제1호), ⅱ) 경제사업을 수행하기 위하여 지역농협이 보유하고 있는 부동산 및 시설물을 출자하는 경우(제2호) 외에는 자기자본의 20%를 초과할 수 없다(법57⑤ 후단, 법107①, 법112①).

Ⅲ. 수산업협동조합

1. 다른 법인에 대한 출자 한도

조합은 사업을 수행하기 위하여 필요하면 자기자본의 범위(자기자본의 100%)에서 다른 법인에 출자할 수 있다(법60⑧ 전단, 법108, 법113).

2. 같은 법인에 대한 출자 한도

같은 법인에 대한 출자는 ⅰ) 중앙회에 출자하는 경우(제1호), ⅱ) 경제사업을 하기 위하여 지구별수협이 보유하고 있는 부동산 및 시설물을 출자하는 경우(제2호)를 제외하고는 자기자본의 20%를 초과할 수 없다(법60⑧ 후단, 법108, 법113).

Ⅳ. 산림조합

1. 다른 법인에 대한 출자 한도

조합은 사업목적을 달성하기 위하여 필요할 때에는 자기자본의 범위(자기자본의 100%)에서 다른 법인에 출자할 수 있다(법52 전단).

2. 동일 법인에 대한 출자 한도

중앙회를 제외한 동일 법인에 대한 출자 한도는 자기자본의 20%를 초과할 수 없다(법52 후단).

3. 이사회 의결

다른 법인에 출자하고자 할 때에는 출자의 목적, 출자대상기업의 실태조서, 본조합 사업과의 관련성, 출자조건, 자기자본의 현황에 관한 서류를 첨부하여 이사회의 의결을 받아야 한다(정관예6②).

Ⅴ. 새마을금고

1. 다른 법인에 대한 출자 한도

금고는 사업을 수행하기 위하여 필요하면 금고의 출자금 총액과 적립금 합계액의 50%를 초과하지 아니하는 범위에서 정관으로 정하는 바에 따라 다른 법인에 출자할 수 있다(법28⑥ 전단).

2. 같은 법인에 대한 출자 한도

같은 법인에 대한 출자한도는 출자금 총액과 적립금 합계액의 20%를 초과하지 못한다(법28⑥ 후단).

제3절 동일인 대출한도

Ⅰ. 신용협동조합

1. 동일인 대출의 의의

동일인 대출이라 함은 채무자가 본인의 계산(사용 목적)으로 동일인으로 간주되는 자 등의 명의로 분산 대출하여 채무자 본인이 직접 사용하는 대출을 말한다. 다만, 동일인으로 간주되는 자 등의 명의로 대출이 분산하여 실행되었다 하더라도 명의차주별로 각자의 사용목적에 의하여 각자에게 사용되어지는 경우에는 동일인 대출로 보지 아니한다.

법 제42조의 규정에 의하여 동일인으로 간주되는 자는 해당 채무자와 ⅰ) 동일세대원, ⅱ) 배우자 및 직계 존비속, ⅲ) 동업자 및 그 해당 법인 직원, ⅳ) 채무자가 법인인 경우 해당 법인의 임·직원, ⅴ) 채무자가 임원인 경우 해당 법인의 관계에 있는 자를 포함한다.[3]

---

3) 신협중앙회(2021), 16쪽.

2. 동일인 대출한도의 기준

(1) 의의

조합은 동일인에 대하여 금융위원회가 정하는 기준에 따라 중앙회장의 승인을 받은 경우를 제외하고는 조합의 직전 사업연도 말 자기자본의 20%와 자산총액의 1% 중 큰 금액을 초과하는 대출등(대출·어음할인)을 할 수 없다(법42 전단, 영16의4① 전단).

(2) 최고한도의 설정

금융위원회는 자기자본의 20%에 해당하는 금액과 자산총액의 1%에 해당하는 금액에 대하여 각각 최고한도를 설정할 수 있다(영16의4① 후단).

(가) 자산총액 1%의 최고한도

금융위원회가 자산총액의 1%에 해당하는 금액에 대하여 설정하는 최고한도는 7억원으로 한다(감독규정6⑥).

(나) 자기자본 20%의 최고한도

자기자본의 20%에 해당하는 금액에 대하여 설정하는 최고한도는 50억원으로 한다(감독규정6⑦ 본문). 다만, 직전 사업연도 말 자기자본이 500억원 이상인 조합이 법인인 조합원 또는 법인인 준조합원(농업협동조합법 제20조에 따른 준조합원 및 수산업협동조합법 제21조 제1항 또는 산림조합법 제19조 제1항에 따른 준조합원 중 해당 조합의 구역에 주소나 거소를 둔 준조합원을 말한다. 다만, 한국표준산업분류 중 대분류 기준에 따른 업종 중 건설업 또는 부동산업을 영위하는 법인인 준조합원은 제외한다)에 대한 대출을 하는 경우에는 최고한도를 100억원으로 한다(감독규정6⑦ 단서).

(3) 본인 계산과 타인 명의 대출등의 판단기준

본인의 계산으로 다른 사람의 명의에 의하여 하는 대출등은 그 본인의 대출등으로 본다(법42 후단). 동일인에 대한 대출한도 초과 여부의 판단기준은 대출금의 실질적 귀속자이다.[4]

---

4) 대법원 2006. 5. 11. 선고 2002도6289 판결.

(4) 동일인에 대한 신용대출한도

조합의 동일인에 대한 신용대출한도는 1억 5천만원 이내에서 조합 이사회에서 정하는 바에 의한다(표준업무방법서23① 본문). 다만, 중앙회장이 특별히 정하는 상품을 취급하는 경우 또는 중앙회장의 승인을 얻은 경우에는 별도로 한도를 정하여 운용할 수 있다(표준업무방법서23① 단서).

3. 동일인 대출한도 산정시 제외되는 대출

다음에 해당하는 대출, 즉 ⅰ) 당해 조합에 대한 예탁금 및 적금을 담보로 하는 대출, ⅱ) 당해 조합과의 공제계약에 의하여 납입한 공제료를 담보로 하는 대출, ⅲ) 정부·한국은행 또는 은행이 보증하거나 동 기관이 발행 또는 보증한 증권을 담보로 하는 대출, ⅳ) 농림수산업자신용보증기금이 보증하거나 농림수산정책자금대손보전기금 등에 의하여 대손보전이 이루어지는 대출, ⅴ) [별표1](경영실태평가 부문별 평가항목)에 의한 총자본비율 산출시 위험가중치가 20% 이하인 대출(이 경우 설립 근거법이 동일한 조합에 대한 대출 또는 그에 의해 보증된 대출은 제외), ⅵ) 지역신용보증재단 또는 서민금융진흥원에 의하여 대손보증이 이루어지는 대출금은 동일인에 대한 대출액 산정시 이를 포함하지 아니한다(영16의4②, 감독규정6①).

4. 동일인 대출한도의 초과대출

(1) 동일인 대출한도의 예외: 중앙회장 승인

중앙회장은 ⅰ) 채무인수·상속·합병 및 영업양수 등에 의하여 대출채권을 불가피하게 양수한 경우(제1호), ⅱ) 조합의 합병 또는 영업양수도로 동일인 대출한도를 초과하게 되는 경우(제2호), ⅲ) 사고금의 보전목적 등 채권보전 조치를 위하여 필요한 경우(제3호), ⅳ) 법률 제6345호 농어업인부채경감에관한특별조치법에 의거 농어업인에 대해 부채경감 목적으로 대출을 취급함으로써 동일인 대출한도를 초과하는 경우(신협은 제외)(제4호), ⅴ) 농어업재해대책법 및 자연재해대책법에 의거 재해대책 목적으로 대출을 취급함으로써 동일인 대출한도를 초과하는 경우(제5호)에는 동일인 대출한도를 초과하여 승인할 수 있다(감독규정6②).

(2) 동일인 대출한도 초과승인

동일인 대출한도 초과승인을 신청하고자 하는 조합은 초과되는 대출 건수별로 i) 동일인에 대한 대출이 이미 있는 경우 해당 대출서류 사본(제1호), ii) 신청일 전월 평잔대차대조표(제2호), iii) 신청원인 및 내용, 동일인 대출한도액, 채권보전계획등을 기재한 승인신청서(제3호), iv) 감독규정 제6조 제2항 각호의 사유를 입증할 수 있는 서류(제4호)를 첨부한 신청서를 중앙회장에게 제출하여야 한다(표준업무방법서22).

5. 동일인 대출한도 초과분의 해소

동일인 대출한도 범위 내에서 이미 취급된 동일인 대출금이 조합의 출자금(회전출자금 및 가입금을 포함) 환급, 결손금 발생 등으로 자기자본 또는 자산총액이 감소하여 동일인 대출한도를 초과하게 된 경우에는 그 한도가 초과한 날로부터 만기일 이내에 한도에 적합하도록 하여야 한다(감독규정6④).

II. 농업협동조합

지역농협과 지역축협(신용사업을 하는 품목조합 포함)이 신용사업을 하는 경우에는 신용협동조합법("법")에 따른 신용협동조합으로 본다(신협법95①(1)).

지역농협과 지역축협(신용사업을 하는 품목조합 포함)의 사업에 관하여는 신용협동조합법 제42조(동일인에 대한 대출등의 한도)를 적용한다(신협법95④).

III. 수산업협동조합

지구별수협(법률 제4820호 수산업협동조합법중개정법률 부칙 제5조에 따라 신용사업을 하는 조합을 포함)이 신용사업을 하는 경우에는 신용협동조합법("법")에 따른 신용협동조합으로 본다(신협법95①(2)).

지구별수협(법률 제4820호 수산업협동조합법중개정법률 부칙 제5조에 따라 신용사업을 하는 조합을 포함)의 사업에 관하여는 신용협동조합법 제42조(동일인에 대한 대출등의 한도)를 적용한다(신협법95④).

Ⅳ. 산림조합

산림조합이 신용사업을 하는 경우에는 신용협동조합법에 따른 신용협동조합으로 본다(신협법95①(3)).

산림조합의 사업에 관하여는 신용협동조합법 제42조(동일인에 대한 대출등의 한도)를 적용한다(신협법95④).

Ⅴ. 새마을금고

1. 서설

(1) 동일인 대출의 의의

동일인 대출이라 함은 채무자가 본인의 계산(사용 목적)으로 동일인으로 간주되는 자 등의 명의로 분산 대출하여 채무자 본인이 직접 사용하는 대출을 말한다.

(2) 제도적 취지

새마을금고의 동일인 대출한도 제한규정은 특정 소수 대출채무자에게 과도하게 편중 대출하는 것을 규제하여 회원 대다수에게 대출 혜택을 부여함과 아울러 대출채무자에 대하여 통상의 대출한도를 미리 정함으로써 대출 당시에는 대출채무자의 변제능력이나 자력에 별다른 문제가 없더라도 향후 사정변경으로 대출금 회수가 곤란해지는 경우 등을 고려하여 새마을금고의 재정 부실화 가능성을 낮추어 새마을금고의 자산 건전성을 확보·유지하기 위하여 마련된 것이지 대출채권의 회수가능성을 직접적으로 고려하여 만들어진 것은 아니다.[5]

2. 동일인 대출한도의 기준

(1) 의의

금고의 동일인에 대한 대출은 자기자본의 20% 또는 총자산의 1% 중 큰 금액의 범위에서 ⅰ) 직전 사업연도 말 자기자본의 20%에 해당하는 금액(제1호),

---

5) 대법원 2012. 4. 12. 선고 2010다75945 판결.

ii) 직전 사업연도 말 자산총액의 1%에 해당하는 금액(제2호)을 초과하지 못한다 (법29① 본문, 영16의3①).

(2) 최고한도의 설정

자산총액의 1%에 해당하는 금액에 대하여 설정하는 최고한도는 7억원으로 하고(새마을금고 감독기준5④), 자기자본의 20%에 해당하는 금액에 대하여 설정하는 최고한도는 50억원으로 한다(새마을금고 감독기준5⑤ 본문). 다만, 직전 사업연도 말 자기자본이 500억원 이상인 금고가 법인인 회원에 대한 대출을 하는 경우에는 최고한도를 100억원으로 한다(새마을금고 감독기준5⑤ 단서).

(3) 본인 계산과 타인 명의 대출등의 판단기준

본인의 계산으로 다른 사람의 명의에 의하여 행하는 대출은 그 본인의 대출로 본다(법29②).

3. 동일인 대출한도의 산정

동일인에 대한 대출한도를 산정하는 경우 i) 금고에 대한 예탁금 및 적금을 담보로 하는 대출(제1호), ii) 금고와의 공제계약에 의하여 납입한 공제료를 담보로 하는 대출(제2호), iii) 다음의 어느 하나에 해당하는 기관, 즉 ㉠ 정부 또는 지방자치단체(가목), ㉡ 한국은행 또는 은행(나목), ㉢ 지역신용보증재단법에 의한 신용보증재단(다목), ㉣ 한국자산관리공사 또는 예금보험공사(라목)(제3호)가 보증하거나 동 기관이 발행 또는 보증한 증권을 담보로 하는 대출(제3호), iv) 위험가중자산 대비 자기자본비율 산출 시 위험가중치가 20% 이하인 대출(다만, 다른 금고에 대한 대출 또는 그에 의해 보증된 대출은 제외)(제4호)은 대출액 산정에 포함하지 아니할 수 있다(영16의3②, 새마을금고 감독기준5②).

4. 동일인 대출한도의 초과대출

행정안전부장관이 정하는 기준에 따라 회장의 승인을 받은 i) 채무자가 채무인수·상속·합병 및 영업양수 등에 의하여 대출채권을 불가피하게 양수한 경우(제1호), ii) 금고간의 합병·영업양수 또는 계약이전이 이루어지는 경우(제2호), iii) 사고금의 보전목적 등 채권보전 조치를 위하여 필요한 경우(제3호), iv)

농어업재해대책법 및 자연재해대책법에 의거 재해대책 목적으로 대출을 취급하는 경우(제4호)에는 동일인 대출한도를 초과한 대출을 승인할 수 있다(법29① 단서, 새마을금고 감독기준5①).[6]

5. 동일인 대출한도 초과분의 해소

금고의 출자금 환급, 결손금 발생 등으로 자기자본 또는 자산총액이 감소하여 동일인 대출한도 범위를 초과하지 아니하던 대출금이 동일인 대출한도를 초과하게 된 경우에는 그 한도가 초과한 날로부터 만기일 이내에 한도에 적합하도록 하여야 한다(새마을금고 감독기준5③).

제4절 상환준비금

Ⅰ. 신용협동조합

1. 의의

상환준비금은 신용협동조합이 조합원들로부터 예탁받은 자금을 모두 대출함으로써 일시적인 유동성 부족으로 인한 인출 불능 사태가 발생하는 것을 방지하기 위하여 법으로 일정한 자금을 조합 내에 유보하도록 한 것이고, 그중 일부를 중앙회에 예치하도록 한 취지가 상환준비금제도를 더욱 엄격히 유지하여 조합원들의 예탁금반환을 보장하기 위한 공익적 목적에서 비롯된 것이다.[7]

2. 보유 한도

조합은 전월 말일 기준 예탁금 및 적금 잔액의 10%에 해당하는 금액을 상

---

6) 동일인 대출한도 초과 대출의 승인은 다음과 같이 한다(감독기준 시행세칙4).
   1. 감독기준 제5조 제1항 제2호의 규정에 의한 대출은 중앙회의 합병 검사 등으로 회장 승인에 갈음할 수 있다.
   2. 감독기준 제5조 제1항 제1호·제3호·제4호는 회장이 정하는 여신업무방법서에 의한다. 동일인 대출한도 초과 대출 승인업무 방법 및 절차 등에 관한 세부사항은 회장이 정하는 여신업무방법서에 의한다(감독기준 시행세칙5).
7) 대법원 2003. 3. 14. 선고 2002다58761 판결.

환준비금으로 보유해야 한다(법43①, 영17①). 이는 예금자 등의 상환요구에 대처하기 위하여 예금 등 금전채무에 대하여 일정비율에 해당하는 상환준비금을 보유하도록 한 것이다.

3. 중앙회 예치 비율

조합은 상환준비금 중 80%[지역농협과 지역축협(신용사업을 하는 품목조합 포함), 지구별수협(신용사업을 하는 조합 포함), 산림조합은 100%]에 해당하는 금액 이상을 다음 달 5일까지 중앙회에 예치해야 한다(법43①, 영17② 본문). 다만, 금융위원회는 중앙회 또는 조합의 건전한 운영을 위하여 필요하다고 인정하는 경우에는 지역농협과 지역축협(신용사업을 하는 품목조합 포함), 지구별수협(신용사업을 하는 조합 포함) 외의 조합에 대해 상환준비금의 중앙회 예치비율을 상향조정할 수 있다(법43①, 영17② 단서).

4. 중앙회 예치 외의 보유 방법

조합은 중앙회에 예치한 금액 외의 상환준비금을 현금 또는 부보금융회사 및 체신관서(법44(2))에 예치하는 방법으로 보유하여야 한다(법43②, 영17③).

5. 중앙회에 예치된 상환준비금의 운용방법 등

(1) 운용방법

중앙회에 예치된 상환준비금의 운용은 ⅰ) 조합에 대한 대출, ⅱ) 부보금융회사 및 체신관서에의 예치, ⅲ) 조합에 대한 어음할인, ⅳ) 중앙회안의 예금자보호기금에 대한 대출, ⅴ) 다음의 유가증권의 매입, 즉 ㉠ 국채증권·지방채증권 및 특수채증권, ㉡ 부보금융기관 또는 체신관서가 지급보증한 회사채 및 신용평가전문기관 중에서 2(신용평가전문기관의 업무정지등 부득이한 사유가 있는 경우에는 1) 이상의 자로부터 BBB+ 이상의 평가등급을 받은 회사채(다만 사모사채의 경우에는 신용평가전문기관으로부터 BBB+ 이상의 평가등급을 받은 경우에도 이를 매입할 수 없다), ㉢ 증권집합투자기구의 집합투자증권 또는 신탁업자가 발행하는 수익증권으로서 상장주식등의 편입비율이 30% 이하인 것, ㉣ 단기금융집합투자기구의 집합투자증권, ㉤ 회생절차 개시의 결정을 받은 기업, 채권금융기관이 기업구조조정을 위한 목적으로 관리절차가 진행 중인 기업, 그리고 기업구조조정 촉진을 위한 금융기관 등의 협약·협의에 의해 기업개선작업을 추진 중인 기업에 대한 회사채 등이 출자전환되어 보유하게 되는 그 기업의 지분증권의 매입의 방법에 의한다(감독규정6의3①).

(2) 증권집합투자기구의 집합투자증권 등의 매입한도

위에서 증권집합투자기구의 집합투자증권 또는 신탁업자가 발행하는 수익증권으로서 상장주식 등의 편입비율이 30% 이하인 유가증권의 매입한도는 전월말 상환준비금 운용자금의 10% 이내로 한다(감독규정6의3③).

6. 운용수익의 처분 순서

중앙회에 예치된 상환준비금의 운용수익은 ⅰ) 상환준비금의 운영 및 관리 능에 필요한 비용의 지급, ⅱ) 상환준비금에 대한 이자의 지급, ⅲ) 그 밖에 금융위원회의 승인을 얻어 중앙회장이 정하는 방법(제4호)의 순서에 따라 처분한다(법43②, 영17④).

Ⅱ. 농업협동조합

지역농협과 지역축협(신용사업을 하는 품목조합 포함)이 신용사업을 하는 경우에는 신용협동조합법에 따른 신용협동조합으로 본다(신협법95①(1)).

지역농협과 지역축협(신용사업을 하는 품목조합 포함)의 사업에 관하여는 신용협동조합법 제43조(상환준비금)를 적용한다(신협법95④).

Ⅲ. 수산업협동조합

지구별수협(법률 제4820호 수산업협동조합법중개정법률 부칙 제5조에 따라 신용사업을 하는 조합을 포함)이 신용사업을 하는 경우에는 신용협동조합법에 따른 신용협동조합으로 본다(신협법95①(2)).

지구별수협(법률 제4820호 수산업협동조합법중개정법률 부칙 제5조에 따라 신용사업을 하는 조합을 포함)의 사업에 관하여는 신용협동조합법 제43조(상환준비금)를 적용한다(신협법95④).

Ⅳ. 산림조합

산림조합이 신용사업을 하는 경우에는 신용협동조합법에 따른 신용협동조합으로 본다(신협법95①(3)).

산림조합의 사업에 관하여는 신용협동조합법 제43조(상환준비금)를 적용한다(신협법95④). 따라서 상환준비금에 관한 신용협동조합의 내용은 산림조합에 적용된다.

Ⅴ. 새마을금고

1. 보유 한도

금고는 전월 말일 현재의 예탁금 및 적금 잔액의 10% 이상을 상환준비금으로 보유하여야 한다(법28⑤ 전단).

2. 중앙회 예치 비율

금고는 매월 말일 현재 보유하여야 하는 상환준비금 중 2분의 1 이상을 다음 달 5일까지 중앙회에 예치하여야 한다(법28⑤ 전단, 영16①).

3. 중앙회 예치 외의 보유 방법

금고는 중앙회에 예치하고 남은 나머지의 상환준비금을 특별한 사정이 없으면 제15조(여유자금의 운용)에 따른 방법으로 보유하여야 한다(영16①).

상환준비금의 예탁·보유에 필요한 사항은 회장이 정한다(영16②).

제5절 여유자금 운용

Ⅰ. 신용협동조합

1. 의의

조합은 ⅰ) 중앙회에 예치(제1호), ⅱ) 대통령령으로 정하는 금융기관에 예치(제2호), ⅲ) 국채·공채의 매입 또는 대통령령으로 정하는 종류 및 한도에서의 유가증권 매입(제3호)의 어느 하나에 해당하는 방법으로 여유자금을 운용하여야 한다(법44).

따라서 신용협동조합은 손실의 위험성이 많은 주식투자 등에 ㄱ 자금을 사용할 수 없다. 한편 신용협동조합법 제99조 제1항 제1호는 조합 또는 중앙회의 사업목적 외에 자금을 사용하거나 재산을 처분 또는 이용하여 조합 또는 중앙회에 손해를 가한 때에 이를 처벌할 수 있다고 규정하고 있다.

2. 중앙회 예치

조합은 중앙회에 예치하는 방법으로 여유자금을 운용하여야 한다(법44(1)).

3. 금융기관 예치

조합은 부보금융회사 및 체신관서에 예치하는 방법으로 여유자금을 운용하여야 한다(법44(2), 영17의2①).

4. 유가증권의 매입

조합은 국채·공채의 매입 또는 대통령령으로 정하는 종류 및 한도에서의 유가증권 매입(제3호)의 방법으로 여유자금을 운용하여야 한다(법44(3)). 아래서는 대통령령으로 정하는 종류 및 한도에서의 유가증권 매입에 관하여 살펴본다.

(1) 조합이 국채·공채 외에 매입할 수 있는 유가증권의 종류

조합이 국채·공채 외에 매입할 수 있는 유가증권의 종류는 ⅰ) 금융위원회

가 신용도 또는 신용평가등급 등을 고려하여 고시하는 회사채(제1호)[8], ⅱ) 자본
시장법 제229조 제1호에 따른 증권집합투자기구의 집합투자증권 또는 같은 법에
따른 신탁업자가 발행하는 수익증권으로서 상장주식등(증권시장 또는 이와 유사한
시장으로서 외국에 있는 시장에서 취득하는 주식과 장내파생상품 및 장외파생상품으로서
위험회피 목적 외의 파생상품)의 편입비율이 30% 이하인 것(제2호), ⅲ) 자본시장법
제229조 제5호에 따른 단기금융집합투자기구의 집합투자증권(제3호), ⅳ) 그 밖
에 조합의 여유자금 운용을 위하여 필요하다고 인정되는 것으로서 금융위원회가
정하여 고시하는 유가증권[9](제4호)이다(영17의2②).

(2) 매입금지 유가증권

조합은 직전 사업연도 말 현재 자기자본의 100%를 초과하여 위 (1) 조합이
국채·공채 외에 매입할 수 있는 유가증권의 종류 부분의 제2호 및 제4호의 유가
증권을 매입하여서는 아니 된다(영17의2③).

(3) 유가증권의 매입 한도

금융위원회는 조합의 건전한 여유자금 운용 등을 위하여 필요한 경우에는
위 (1) 조합이 국채·공채 외에 매입할 수 있는 유가증권의 종류 부분의 제1호 또
는 제4호에 따른 유가증권의 신용평가등급, 동일회사가 발행한 유가증권의 과다
매입에 따른 투자위험 등을 고려하여 그 매입 한도를 정하여 고시할 수 있다(영
17의2④).

이에 따라 조합의 건전한 여유자금 운용 등을 위하여 금융위원회가 정하는
매입 한도는 ⅰ) 시행령 제17조의2 제2항 제1호의 회사채의 경우 직전 사업연도
말 자산총액의 30%와 여유자금[중앙회와 시행령 제17조의2 제1항의 금융기관에 예치

---

8) 시행령 제17조의2 제2항 제1호의 규정에 의하여 조합이 여유자금으로 매입할 수 있는 회
   사채는 다음 각호의 회사채를 말한다(감독규정6의2②).
   1. 시행령 제17조의2 제1항의 규정에 의한 부보금융기관 또는 체신관서가 지급보증한 회
      사채
   2. 자본시장법 제335조의3에 따른 신용평가업인가를 받은 자("신용평가전문기관") 중에서
      2(신용평가 전문기관의 업무정지등 부득이한 사유가 있는 경우에는 1) 이상의 자로부
      터 BBB＋ 이상의 평가등급을 받은 회사채. 다만 사모사채의 경우에는 신용평가전문기
      관으로부터 BBB＋ 이상의 평가등급을 받은 경우에도 이를 매입할 수 없다.
9) "금융위원회가 정하여 고시하는 유가증권"이라 함은 시행령 제17조의2 제1항의 부보금융
   기관이 지급을 보증하거나 발행한 어음을 말한다(감독규정6의2④).

한 금액(상환준비금은 제외) 및 유가증권 매입액의 합계액]의 60% 중 작은 금액(제1호), ⅱ) 동일회사 발행 유가증권의 경우 직전 사업연도 말 자기자본의 20%와 여유자금의 20% 중 큰 금액(이 경우 여유자금의 20%에 해당하는 금액은 20억원을 초과할 수 없다)(제2호)이다(감독규정6의2⑤).

Ⅱ. 농업협동조합

1. 의의

조합의 업무상 여유자금은 ⅰ) 중앙회에의 예치(제1호), ⅱ) 농협은행 또는 대통령령으로 정하는 금융기관에의 예치(제2호), ⅲ) 국채·공채 또는 대통령령으로 정하는 유가증권의 매입(제3호)의 방법으로 운용할 수 있다(법66①, 법107①, 법112①).

2. 중앙회 예치

조합의 업무상 여유자금은 중앙회에의 예치의 방법으로 운용할 수 있다(법66①(1), 법107①, 법112①). 예치를 할 때 그 하한 비율 또는 금액은 여유자금의 건전한 운용을 해치지 아니하는 범위에서 중앙회의 이사회가 정한다(법66②, 법107①, 법112①).

3. 금융기관 예치

조합의 업무상 여유자금은 농협은행 또는 ⅰ) 은행(제1호), ⅱ) 집합투자업자·신탁업자·종합금융회사·투자매매업자 및 투자중개업자(제2호), ⅲ) 한국산업은행(제3호), ⅳ) 중소기업은행(제4호), ⅴ) 체신관서(제5호), ⅵ) 지역조합 및 신용사업을 수행하는 품목조합(제6호)에의 예치의 방법으로 운용할 수 있다(법66①(2), 영9①, 법107①, 법112①).

4. 유가증권의 매입

조합의 업무상 여유자금은 국채·공채 또는 "대통령령으로 정하는 유가증권"의 매입의 방법으로 운용할 수 있다(법66①(3), 법107①, 법112①).

(1) 대통령령으로 정하는 유가증권

여기서 "대통령령으로 정하는 유가증권"이란 i) 국채증권·지방채증권·특수채증권·사채권 및 기업어음증권(제1호), ii) 신탁업자·집합투자업자 및 종합금융회사가 발행하는 수익증권(제2호), iii) 그 밖에 농림축산식품부장관이 정하는 유가증권(제3호)으로서 조합의 여유자금 운용의 안정성을 저해할 우려가 없는 범위에서 농림축산식품부장관이 금융위원회와 협의하여 정하여 고시한 것을 말한다(영9②).

(2) 농림축산식품부 고시(농업협동조합 여유자금 운용대상 중 유가증권의 범위)

농업협동조합 여유자금 운용대상 중 유가증권의 범위(농림축산식품부 고시 제2017-473호)는 다음과 같다.

1. 국채증권·지방채증권·특수채증권·사채권 및 기업어음증권(영9②(1)): 농업협동조합법 시행령 제9조 제1항 각호의 금융기관 또는 보험업법에 의한 보험사업자가 지급보증하거나 신용정보법 제4조부터 제6조까지에 따라 신용평가업무의 허가를 받은 자 중에서 2(신용평가기관의 업무정지등 부득이한 사유가 있는 경우에는 1) 이상의 자로부터 투자적격등급(평가등급 BBB-이상, 어음의 경우에는 A3 이상의 평가를 받은 것만 해당한다)의 평가를 받은 증권

2. 신탁업자, 집합투자업자 및 종합금융회사가 발행하는 수익증권: 채권형 수익증권과 수익증권의 약관에서 정하는 최고 주식편입비율이 30% 이하인 수익증권

3. 다음 각 목의 어느 하나에 해당하는 기업에 대한 사채권 등의 출자전환으로 취득하는 지분증권
   가. 채무자회생법에 따른 회생절차개시의 결정을 받은 기업
   나. 기업구조조정 촉진법에 따른 채권금융기관 관리절차가 개시된 기업
   다. 「기업구조조정 촉진을 위한 금융기관 협약」에 따른 기업개선작업을 추진 중인 기업

(3) 유가증권의 조합별 운용한도 및 범위

유가증권의 조합별 운용한도 및 범위는 여유자금의 건전한 운용을 저해하지

아니하는 범위에서 중앙회의 이사회가 정한다(영9③).

Ⅲ. 수산업협동조합

1. 의의

조합은 ⅰ) 국채·공채 및 대통령령으로 정하는 유가증권의 매입(제1호), ⅱ) 중앙회, 수협은행 또는 대통령령으로 정하는 금융기관에 예치(제2호)의 방법으로만 업무상의 여유자금을 운용할 수 있다(법69①, 법108, 법113).

2. 중앙회 예치

조합은 중앙회에 예치의 방법으로만 업무상의 여유자금을 운용할 수 있다(법69①(2), 법108, 법113).

중앙회에 대한 예치 하한 비율 또는 금액은 여유자금의 건전한 운용을 해치지 아니하는 범위에서 중앙회의 회장이 정한다(법69②, 법108, 법113).

3. 금융기관 예치

조합은 수협은행 또는 ⅰ) 은행(제1호), ⅱ) 투자매매업자, 투자중개업자, 집합투자업자, 신탁업자 및 종합금융회사(제2호), ⅲ) 한국산업은행(제3호), ⅳ) 중소기업은행(제4호), ⅴ) 한국수출입은행(제5호), ⅵ) 지구별수협(제6호), ⅶ) 신용사업을 하는 업종별수협 및 수산물가공수협(제7호), ⅷ) 체신관서(제8호)에 예치의 방법으로만 업무상의 여유자금을 운용할 수 있다(법69①(2), 법108, 법113, 영21③).

4. 유가증권의 매입

조합은 국채·공채 및 대통령령으로 정하는 유가증권의 매입의 방법으로만 업무상의 여유자금을 운용할 수 있다(법69①(1), 법108, 법113).

(1) 대통령령으로 정하는 유가증권

여기서 "대통령령으로 정하는 유가증권"이란 ⅰ) 채무증권 중 국채증권·지방채증권·특수채증권 및 사채권(제1호),[10] ⅱ) 신탁업자가 발행하는 수익증권(제 3호), ⅲ) 집합투자업자가 발행하는 수익증권(제4호), ⅳ) 종합금융회사가 발행하는 수익증권(제5호)을 말한다(영21①).

(2) 농림수산식품부 고시(수산업협동조합 여유자금 운용대상 중 유가증권의 범위)

유가증권은 조합의 여유금 운용의 안정성을 해칠 우려가 없는 범위에서 해양수산부장관이 금융위원회와 협의하여 정하여 고시한 것으로 한정한다(영21②).

수산업협동조합 여유자금 운용대상 중 유가증권의 범위(농림수산식품부 고시 제2010-99호)는 다음과 같다.

1. 회사채
   수산업협동조합법 시행령 제21조 제3항의 금융기관 또는 보험업법에 따른 보험사업자가 지급보증하거나 신용정보법에 따라 신용평가업무허가를 받은 자 중에서 2(신용평가기관의 업무정지 등 부득이한 사유가 있는 경우에는 1) 이상의 자로부터 A- 이상의 평가를 받은 회사채
2. 수익증권
   자본시장법에 따른 신탁업자, 집합투자업자 및 종합금융회사가 발행하는 수익증권: 채권형 수익증권과 수익증권의 약관에서 정하는 최고 주식편입 비율이 30% 이하인 수익증권 및 단기금융집합투자기구의 집합투자증권

Ⅳ. 산림조합

1. 의의

조합의 업무상 여유자금은 ⅰ) 중앙회 또는 대통령령으로 정하는 금융회사 등에의 예치(제1호), ⅱ) 국채·공채 또는 대통령령으로 정하는 유가증권의 매입(제2호)의 방법으로 운용하여야 한다(법56①).

2. 중앙회 예치

조합의 업무상 여유자금은 중앙회에의 예치의 방법으로 운용하여야 한다(법

---

10) 제2호는 삭제 [2014. 12. 23.]

56①(1)). 이에 따라 예치하는 경우 그 최저비율 또는 금액은 여유자금의 건전한 운용을 저해하지 아니하는 범위에서 중앙회의 이사회가 정한다(법56②).

3. 금융기관 예치

조합의 업무상 여유자금은 ⅰ) 은행(제1호), ⅱ) 투자매매업자·투자중개업자·집합투자업자·신탁업자 및 종합금융회사(제2호),[11] ⅲ) 한국산업은행(제6호), ⅳ) 중소기업은행(제7호), ⅴ) 체신관서(제8호), ⅵ) 지역조합(제9호)에의 예치의 방법으로 운용하여야 한다(법56①(1), 영11①).

이에 따라 예치하는 경우 그 최저비율 또는 금액은 여유자금의 건전한 운용을 저해하지 아니하는 범위에서 중앙회의 이사회가 정한다(법56②).

4. 유가증권의 매입

조합의 업무상 여유자금은 국채·공채 또는 대통령령으로 정하는 유가증권의 매입의 방법으로 운용하여야 한다(법56①(2)).

(1) 대통령령으로 정하는 유가증권

여기서 "대통령령으로 정하는 유가증권"이란 ⅰ) 한국산업은행, 중소기업은행, 농업협동조합중앙회, 농협은행, 수산업협동조합중앙회 및 수협은행이 발행한 채권(제1호), ⅱ) 회사채(제2호), ⅲ) 신탁업자가 발행하는 수익증권(제3호), ⅳ) 집합투자업자가 발행하는 수익증권 또는 투자회사가 발행하는 주식(제4호), ⅴ) 종합금융회사가 발행하는 수익증권(제5호)을 말한다(영11② 본문). 다만, 제2호부터 제5호까지의 규정에 따른 회사채, 수익증권 및 주식은 조합의 여유자금 운용의 안정성을 저해할 우려가 없는 범위에서 산림청장이 금융위원회와 협의·결정하여 고시한 것에 한정한다(영11② 단서).

(2) 산림청 고시(산림조합 여유자금 운용대상 중 유가증권의 범위)

산림조합 여유자금 운용대상 중 유가증권의 범위(산림청 고시 제2017-21호)는 다음과 같다.

---

11) 제3호, 제4호, 제5호 삭제 [2008. 7. 29.]

1. 회사채

산림조합법 시행령 제11조 제1항 제1호부터 제7호(제2호의 투자매매업자, 투자중개업자, 집합투자업자, 신탁업자는 제외하되, 증권 및 장외파생상품에 대한 투자매매업을 경영하는 경우는 포함)까지의 금융기관 및 보험회사, 신용보증기금, 기술보증기금이 보증하거나 신용정보법 제4조부터 제6조까지의 규정에 따라 신용평가업무의 허가를 받은 자 중에서 2(신용평가기관의 업무정지등 부득이한 사유가 있는 경우에는 1) 이상의 자로부터 투자적격등급(평가등급 A- 이상의 평가를 받은 것에 한한다)의 평가를 받은 회사채

2. 수익증권 및 집합투자증권

가. 신탁업자 및 종합금융회사가 발행하는 수익증권: 수탁재산 중 주식편입비율이 30% 이하인 수익증권

나. 집합투자증권: 증권집합투자기구(주식편입비율이 30% 이하인 경우에 한한다)와 단기금융집합투자기구의 집합투자증권

Ⅴ. 새마을금고

1. 의의

신용사업에 관련되는 여유자금의 운용은 대통령령으로 정한다(법28③). 이에 따라 금고의 여유자금은 ⅰ) 중앙회에의 예탁(제1호), ⅱ) 금융기관에의 예탁이나 신탁업자에의 금전신탁(제2호), ⅲ) 국채, 지방채 및 회장이 정하는 유가증권의 매입(제3호)의 방법으로 운용할 수 있다(영15).

2. 중앙회 예탁

금고의 여유자금은 중앙회에의 예탁의 방법으로 운용할 수 있다(영15(1)). 금고는 중앙회에 의무예탁 비율에 제한이 없다.

3. 금융기관 등 예탁

금고의 여유자금은 금융기관에의 예탁 또는 신탁업자에의 금전신탁의 방법으로 운용할 수 있다(영15(2)). 이 방법으로 여유자금을 운용할 때에는 수익률이 높은 종목과 안정성이 보장되는 금융기관과 회사를 이용하여야 한다(정관례50②). 여유자금을 운용할 수 있는 금융기관은 은행, 한국산업은행, 중소기업은행,

농업협동조합 또는 농협은행, 수협은행, 체신관서, 투자매매업자·투자중개업자·
집합투자업자·신탁업자·증권금융회사·단기금융회사·자금중개회사 또는 종합
금융회사를 말한다(감독기준 시행세칙26①).

그러나 ⅰ) 금고의 인출사태 등으로 긴급자금이 필요할 때(제1호), ⅱ) 천재
지변으로 인하여 금고의 운영자금이 부족할 때(제2호), ⅲ) 휴무일 영업 시 일시
적으로 영업자금이 부족한 경우 다음 영업일 지급을 조건으로 하는 요구불예탁
금 거래(제3호)에는 금고간 거래를 할 수 있다. 다만, 제1호 및 제2호의 경우에는
회장의 승인을 얻어야 한다(감독기준 시행세칙26②).

4. 유가증권의 매입

금고의 여유자금은 국채, 지방채 및 중앙회장이 정하는 유가증권의 매입의
방법으로 운용할 수 있다(영15(3)). 이 방법으로 여유자금을 운용할 때에는 수익
률이 높은 종목과 안정성이 보장되는 금융기관과 회사를 이용하여야 한다(정관례
50②).

5. 여유자금 운용대상 중 유가증권의 범위

새마을금고 감독기준 시행세칙 제27조는 여유자금의 운용종목 등을 규정하
고, 제28조는 증권 등에의 운용한도를 규정하고 있다.

제6절 회계

Ⅰ. 신용협동조합

1. 사업연도

조합의 사업연도는 정관에서 정한다(법46).

2. 회계의 구분 등

(1) 회계의 종류

조합의 회계는 일반회계와 특별회계로 구분하되(감독규정14①), 각 회계별 사업 부문은 정관에서 정한다(법47①).

(2) 일반회계의 구분

일반회계는 신용사업회계와 신용사업 외의 회계로 구분한다(감독규정14②).

조합의 일반회계는 신용사업으로 한다(정관69①). 조합은 i) 신용사업에 공여하는 건물·집기 등 고정자산(제1호), ii) 신용사업과 관련된 건물유지비, 충당금, 제 경비 등 공통관리비(제2호)를 신용사업회계로 구분계리한다(감독규정14③).

(3) 신용사업회계의 자금 전용

조합이 신용사업회계의 여유자금을 경제사업, 지도사업 등 신용사업 외의 회계로 전용하는 경우에는 일정률의 이자를 계상한다(감독규정15).

(4) 특별회계의 설치

공제사업, 복지사업 등과 같은 특정한 사업이나 자금의 운영을 위하여 일반회계와 구분된 특별회계를 설치할 수 있다(정관69②).

(5) 회계처리기준 등

조합의 회계처리기준 및 결산에 관하여 필요한 사항은 금융위원회가 정한다(법47② 본문). 다만, 계정과목 및 장부의 서식 등 세부사항은 중앙회장이 따로 정할 수 있다(법47② 단서).

조합은 회계처리 및 재무제표 작성에 있어서 상호금융업감독규정 및 금융위원회가 정하는 「상호금융기관의 신용사업 회계처리기준」에 따라 적정하게 표시하여야 한다(감독규정15의2①).

이에 따라 신용협동조합 및 동법 제95조에 의거 신용사업을 취급하는 기관("상호금융기관")의 신용사업에 관한 회계처리와 재무보고에 통일성과 객관성을 부여하기 위하여 신용협동조합법 제47조 및 상호금융업감독규정 제15조의2에 의거 상호금융기관의 회계처리 및 보고에 관한 기준을 정함을 목적으로「상호금융기관의 신용사업 회계처리기준」(금융위원회 고시 제2015-20호)이 시행되고 있다.

상호금융업감독규정 및 상호금융기관의 신용사업 회계처리기준에서 정하지 않는 사항은 중앙회장이 정하는 바에 따른다(감독규정15의2②).

3. 사업계획과 수지예산: 사업계획서와 예산서

(1) 의의

사업계획은 당해 사업연도의 경영목표를 달성하기 위한 구체적인 계획을 말하고, 수지예산은 당해 사업연도의 사업계획 집행에 필요한 수입과 지출의 예정계획을 말한다.

(2) 총회 부의

이사회는 매사업연도 개시전에 사업계획을 수립하고 수지예산을 편성하여 총회에 부의하여야 한다(정관61①). 정기총회 승인 전까지의 예산은 전년도 예산에 준하여 집행한다(정관61②).

(3) 총회 결의

조합은 사업연도마다 중앙회장이 정하는 사업계획 및 예산편성지침에 따라 사업계획서와 예산서(추가경정예산을 편성하는 경우를 포함)를 작성하여 총회의 결의를 받아야 한다(법48 본문). 다만, 지급이자의 증가 등 불가피한 사유로 사업계획과 예산을 변경하는 경우에는 그러하지 아니하다(법48 단서).

4. 운영의 공개

(1) 정관 등의 비치

이사장은 정관, 총회의 의사록, 이사회 의사록, 조합원 명부 및 결산보고서를 주된 사무소에 갖추어 두어야 한다(법83의5① 본문). 다만, 결산보고서는 정기총회 1주 전까지 갖추어 두어야 한다(법83의5① 단서).

(2) 이사회 의사록 등 열람 등

조합원과 조합의 채권자는 영업시간 내에 언제든지 이사회 의사록(조합원의 경우에만 해당)과 그 밖의 정관, 총회의 의사록, 조합원 명부 및 결산보고서를 열람하거나 그 서류의 사본 발급을 청구할 수 있다(법83의5② 전단). 이 경우 조합이 정한 비용을 지급하여야 한다(법83의5② 후단).

(3) 회계장부 및 서류의 열람

조합원은 조합원 100인 이상이나 총조합원 수의 3% 이상의 동의를 받아 조합의 회계장부 및 서류의 열람이나 사본의 발급을 청구할 수 있다(법83의5③).

(4) 조합의 사본 발급 의무

조합은 위의 회계장부 등 사본 발급 청구에 대하여 특별한 사유가 없으면 발급을 거부할 수 없으며, 거부하려면 그 사유를 서면으로 알려야 한다(법83의5④).

5. 결산보고서

결산이란 사업연도말에 당해 기간의 경영성과와 재무상태를 특정 방식에 따라 명시하는 절차를 말한다. 결산보고서는 사업보고서, 대차대조표, 손익계산서, 잉여금처분안 또는 손실금처리안을 포함한다(정관33(4)).

(1) 제출과 비치

조합은 매 사업연도가 끝난 후 총회에서 결산보고서를 승인받으면 30일 이내에 중앙회장에게 제출하고(법47④), 이를 정기총회 1주 전까지 조합의 주된 사무소에 비치하여야 한다(법83의5① 단서).

(2) 열람 또는 사본 발급 청구

조합원과 조합의 채권자는 결산보고서를 열람하거나 그 서류의 사본 발급을 청구할 수 있다(법83의5② 전단). 이 경우 조합이 정한 비용을 지급하여야 한다(법83의5② 후단).

(3) 총회의 승인

조합은 매 사업연도가 끝난 후 총회에서 결산보고서를 승인받아야 한다(법

47④).

6. 제적립금의 적립

(1) 법정적립금

조합은 매 사업연도 이익금의 10% 이상을 납입출자금 총액의 2배가 될 때까지 법정적립금으로 적립하여야 한다(법49①). 이는 조합의 자기자본을 확대하여 재무구조의 안전성을 제고하기 위한 것으로 조합은 분할 또는 해산의 경우 외에는 법정적립금을 사용하거나 배당에 충당할 수 없다(법49②).

(2) 임의적립금

조합은 사업준비금으로서 사업연도마다 이익금의 일부를 임의적립금으로 적립할 수 있다(법50).

(3) 특별적립금

조합은 정관에서 정하는 바에 따라 결손의 보전(補塡) 및 도난, 피탈(被奪) 및 화재 등의 불가항력적인 사고에 충당하기 위한 준비금으로서 사업연도마다 특별적립금을 적립할 수 있다(법51).

7. 손실금의 보전과 이익금(잉여금)의 배당

(1) 손실금의 보전

손실금은 사업연도 중에 비용이 수익을 초과한 부분을 말하는 것으로 결산결과 손익계산서상에 적자가 되는 경우를 말한다.

(가) 손실금의 보전 순서와 이월

조합은 전년도 이월결손금이 있거나 사업연도 중에 생긴 손실금은 미처분잉여금, 특별적립금, 임의적립금 순으로 보전하되, 잔여 손실금이 있을 때에는 이를 다음 사업연도에 이월한다(법52①, 정관70①).

(나) 보전할 적립금이 없는 경우의 처리

조합이 여러 사업연도에 걸쳐 계속하여 손실이 있고 이를 보전할 적립금이 없을 때에는 출석조합원 3분의 2 이상의 찬성에 의한 총회 결의와 중앙회장의 승인을 얻어 자본금을 감소하여 각 조합원의 납입출자금이 감소된 것으로 할 수 있다(법52②, 정관70②).

(2) 이익금(잉여금)의 배당

(가) 총회 결의와 배당

조합은 손실금을 보전한 후가 아니면 이익금(잉여금)을 처분할 수 없다(법53①). 제적립금을 공제한 잔여이익금은 총회의 결의를 거쳐 납입출자금에 비례하여 조합원에게 배당한다(법53② 전단). 이 경우 정관에서 정하는 바에 따라 이용실적에 비례한 배당을 병행할 수 있다(법53② 후단).

따라서 조합은 매 사업연도말 잉여금 중에서 이월결손의 보전 및 법정적립금, 특별적립금, 임의적립금을 적립한 후 잔여가 있을 때에는 총회의 결의로 이를 배당한다(정관71①).

(나) 출자배당과 이익고배당

배당은 조합원이 납입한 출자액의 비율에 따른 출자배당 또는 조합사업 이용분량의 비율에 따른 이익고배당을 할 수 있다(정관71②). 이에 따른 조합원에 대한 배당은 표준규정으로 정하는 바에 따라 산출한 금액으로 한다(정관72).

(다) 잉여금 일부의 이월

조합은 결손보전 또는 배당을 위하여 잉여금의 일부를 다음 사업연도에 이월할 수 있다(정관71③).

Ⅱ. 농업협동조합

1. 회계연도

조합의 회계연도는 매년 1월 1일에 시작하여 12월 31일에 종료한다(법62, 법107①, 법112①, 각 정관례144).

2. 회계의 구분 등

(1) 회계의 종류

조합의 회계는 일반회계와 특별회계로 구분한다(법63①, 법107①, 법112①, 각 정관례145①).

(2) 일반회계의 구분

일반회계는 종합회계로 하되, 신용사업 부문과 신용사업 외의 사업 부문으로 구분하여야 한다(법63②, 법107①, 법112①, 각 정관례145②).

(3) 특별회계의 설치

특별회계는 특정 사업을 운영할 때, 특정 자금을 보유하여 운영할 때, 그 밖에 일반회계와 구분할 필요가 있을 때에 정관으로 정하는 바에 따라 설치한다(법63③, 법107①, 법112①, 각 정관례146①). 특별회계의 설치에 관한 사항은 규정으로 정한다(각 정관례146②).

(4) 재무기준

일반회계와 특별회계 간, 신용사업 부문과 신용사업 외의 사업 부문 간의 재무관계 및 조합과 조합원 간의 재무관계에 관한 재무기준은 농림축산식품부장관이 정하여 고시한다(법63④ 전단, 법107①, 법112①). 이에 따라 농업협동조합법 제63조 제4항(법 제107조, 제112조 및 제161조의 규정에 따라 준용하는 경우를 포함)에 따라 조합과 중앙회의 회계처리절차와 재무운영 방법을 정함으로써 경영의 합리화와 재무구조의 건전화를 도모함을 목적으로 「농업협동조합 재무기준」(농림축산식품부고시 제2018-87호)이 시행되고 있다.

이 경우 농림축산식품부장관이 신용사업 부문과 신용사업 외의 사업 부문 간의 재무관계에 관한 재무 기준을 정할 때에는 금융위원회와 협의하여야 한다(법63④ 후단, 법107①, 법112①).

(5) 회계처리기준

조합의 회계처리기준에 관하여 필요한 사항은 중앙회장이 정하는 바에 의한다(법63⑤ 본문, 법107①, 법112①, 각 정관례145③ 본문). 다만, 신용사업의 회계처리기준에 필요한 사항을 금융위원회가 따로 정한 경우에는 그에 따른다(법63⑤ 단서, 법107①, 법112①, 각 정관례145③ 단서).

3. 사업계획과 수지예산: 사업계획서와 예산서

(1) 이사회 심의와 총회 의결

조합은 매 회계연도의 사업계획서 및 수지예산서를 작성하여 그 회계연도가 시작되기 1개월 전에 이사회의 심의와 총회의 의결을 거쳐야 한다(법64①, 법107 ①, 법112①).

(2) 이사회 의결 및 중요한 사항 변경의 총회 의결

사업계획과 수지예산을 변경하려면 이사회의 의결을 거쳐야 한다(법64② 본문, 법107①, 법112①). 다만, 사업계획의 수립, 수지예산의 편성과 사업계획 및 수지예산 중 정관으로 정하는 중요한 사항의 변경하려면 총회의 의결을 거쳐야 한다(법64② 단서, 법107①, 법112①).

(3) 작성 방식과 지출예산의 산출근거 명시

사업계획서와 수지예산서는 조합원이 알기 쉽게 작성하여야 하며, 특히 임원보수 및 실비변상기준, 직원급여기준과 조합운영에 소요되는 활동경비 등 지출예산에 대하여는 산출근거를 명시하여야 한다(각 정관례138③).

(4) 경제사업 기준의 명시

조합은 경제사업 기준을 사업계획서 및 수지예산서에 명시하여야 한다(각 정관례138④ 전단). 이 경우 매출액 등 경제사업 기준에 관한 세부사항은 중앙회장이 정하는 바에 따른다(각 정관례138④ 후단).

(5) 조합원의 열람

조합원은 총회 및 이사회의 의결을 거친 사업계획서 및 수지예산서를 주된 사무소 및 신용사업을 수행하는 지사무소에서 열람할 수 있다(각 정관례140의2③).

4. 운영의 공개

(1) 사업보고서의 공개

조합장은 정관으로 정하는 바에 따라 사업보고서를 작성하여 그 운영 상황을 공개하여야 한다(법65①, 법107①, 법112①).

이에 따라 조합장은 정관 및 3월말·6월말·9월말 기준 사업 전반에 관한 사업보고서를 작성하여 인터넷 홈페이지(홈페이지를 운영하는 조합에 한정)에 게시하고 사업보고서(정관이 변경된 경우 정관변경 사항 포함)의 경우 조합원(대의원회를 둔 조합은 대의원)에게 송부하여야 한다(각 정관례140의2②).

(2) 정관 등의 비치

조합장은 정관, 규약, 총회의 의사록 및 조합원명부(대의원명부를 포함)를 주된 사무소 및 신용사업을 수행하는 지사무소에 갖추어 두어야 한다(법65②, 법107①, 법112①, 각 정관례140의2①).

(3) 이사회 의사록 등 열람 등

조합원과 조합의 채권자는 영업시간 내에 언제든지 이사회 의사록(조합원의 경우에만 해당)과 정관, 총회의 의사록 및 조합원 명부를 열람하거나 그 서류의 사본 발급을 청구할 수 있다(법65③ 전단, 법107①, 법112①). 이 경우 조합이 정한 비용을 지급하여야 한다(법65③ 후단, 법107①, 법112①).

이에 따라 조합원과 조합의 채권자는 영업시간 내에 언제든지 이사회 의사록(조합원의 경우에만 해당)과 정관, 규약, 총회의 의사록 및 조합원명부(대의원명부를 포함)(규약은 조합원에 한함) 및 결산보고서(사업보고서, 재무상태표, 손익계산서, 잉여금처분안 또는 손실금처리안 등)를 열람하거나 조합이 실비의 범위 내에서 정한 비용을 지급하고 그 서류의 사본 발급을 청구할 수 있다(각 정관례140의2④).

(4) 회계장부 등 열람 또는 사본 발급 청구

조합원은 조합원 100인이나 3% 이상의 동의를 받아 조합의 회계장부 및 서류의 열람이나 사본의 발급을 청구할 수 있다(법65④, 법107①, 법112①).

(5) 조합의 열람 및 발급 의무

조합은 위의 회계장부 및 서류의 열람이나 사본의 발급 청구에 대하여 특별한 사유가 없으면 발급을 거부할 수 없으며, 거부하려면 그 사유를 서면으로 알려야 한다(법65⑤, 법107①, 법112①). 이에 따라 조합은 공공기관의 정보공개에 관한 법률 제9조 제1항[12])에 준하는 사유가 없으면 발급을 거부할 수 없으며, 거부하려면 그 사유를 서면으로 알려야 한다(각 정관례140의2⑤ 후단).

---

12) ① 공공기관이 보유·관리하는 정보는 공개 대상이 된다. 다만, 다음의 어느 하나에 해당하는 정보는 공개하지 아니할 수 있다.
  1. 다른 법률 또는 법률에서 위임한 명령(국회규칙·대법원규칙·헌법재판소규칙·중앙선거관리위원회규칙·대통령령 및 조례로 한정)에 따라 비밀이나 비공개 사항으로 규정된 정보
  2. 국가안전보장·국방·통일·외교관계 등에 관한 사항으로서 공개될 경우 국가의 중대한 이익을 현저히 해칠 우려가 있다고 인정되는 정보
  3. 공개될 경우 국민의 생명·신체 및 재산의 보호에 현저한 지장을 초래할 우려가 있다고 인정되는 정보
  4. 진행 중인 재판에 관련된 정보와 범죄의 예방, 수사, 공소의 제기 및 유지, 형의 집행, 교정(矯正), 보안처분에 관한 사항으로서 공개될 경우 그 직무수행을 현저히 곤란하게 하거나 형사피고인의 공정한 재판을 받을 권리를 침해한다고 인정할 만한 상당한 이유가 있는 정보
  5. 감사·감독·검사·시험·규제·입찰계약·기술개발·인사관리에 관한 사항이나 의사결정 과정 또는 내부검토 과정에 있는 사항 등으로서 공개될 경우 업무의 공정한 수행이나 연구·개발에 현저한 지장을 초래한다고 인정할 만한 상당한 이유가 있는 정보. 다만, 의사결정 과정 또는 내부검토 과정을 이유로 비공개할 경우에는 제13조 제5항에 따라 통지를 할 때 의사결정 과정 또는 내부검토 과정의 단계 및 종료 예정일을 함께 안내하여야 하며, 의사결정 과정 및 내부검토 과정이 종료되면 제10조에 따른 청구인에게 이를 통지하여야 한다.
  6. 해당 정보에 포함되어 있는 성명·주민등록번호 등 개인정보 보호법 제2조 제1호에 따른 개인정보로서 공개될 경우 사생활의 비밀 또는 자유를 침해할 우려가 있다고 인정되는 정보. 다만, 다음 각 목에 열거한 사항은 제외한다.
    가. 법령에서 정하는 바에 따라 열람할 수 있는 정보
    나. 공공기관이 공표를 목적으로 작성하거나 취득한 정보로서 사생활의 비밀 또는 자유를 부당하게 침해하지 아니하는 정보
    다. 공공기관이 작성하거나 취득한 정보로서 공개하는 것이 공익이나 개인의 권리 구제를 위하여 필요하다고 인정되는 정보
    라. 직무를 수행한 공무원의 성명·직위
    마. 공개하는 것이 공익을 위하여 필요한 경우로서 법령에 따라 국가 또는 지방자치단체가 업무의 일부를 위탁 또는 위촉한 개인의 성명·직업
  7. 법인·단체 또는 개인("법인등")의 경영상·영업상 비밀에 관한 사항으로서 공개될 경우 법인등의 정당한 이익을 현저히 해칠 우려가 있다고 인정되는 정보. 다만, 다음에 열거한 정보는 제외한다.
    가. 사업활동에 의하여 발생하는 위해(危害)로부터 사람의 생명·신체 또는 건강을 보호하기 위하여 공개할 필요가 있는 정보
    나. 위법·부당한 사업활동으로부터 국민의 재산 또는 생활을 보호하기 위하여 공개할 필요가 있는 정보
  8. 공개될 경우 부동산 투기, 매점매석 등으로 특정인에게 이익 또는 불이익을 줄 우려가 있다고 인정되는 정보

(6) 조합원의 검사인 선임 청구

조합원은 조합의 업무집행에 관하여 부정행위 또는 법령이나 정관을 위반한 중대한 사실이 있다고 의심이 되는 사유가 있으면 조합원 100인이나 3% 이상의 동의를 받아 조합의 업무와 재산상태를 조사하게 하기 위하여 법원에 검사인의 선임을 청구할 수 있다(법65⑥ 전단, 법107①, 법112①). 이 경우 상법 제467조[13]를 준용한다(법65⑥ 후단, 법107①, 법112①).

조합장을 포함한 이사와 감사는 지체 없이 선임된 검사인의 보고서의 정확 여부를 조사하여 총회에 보고한다(각 정관례140의2⑧).

5. 결산보고서

(1) 제출과 비치

조합장은 정기총회일 1주일 전까지 결산보고서(사업보고서, 재무상태표, 손익계산서, 잉여금처분안 또는 손실금처리안 등)를 감사에게 제출하고, 주된 사무소 및 신용사업을 수행하는 지사무소에 갖추어 두어야 한다(법71①, 법107①, 법112①).

(2) 열람 또는 사본 발급 청구

조합원과 채권자는 결산보고서(사업보고서, 재무상태표, 손익계산서, 잉여금 처분안 또는 손실금 처리안 등)를 열람하거나 그 사본의 발급을 청구할 수 있다(법71② 전단, 법107①, 법112①). 이 경우 지역농협이 정한 비용을 지급하여야 한다(법71② 후단, 법107①, 법112①).

(3) 정기총회 승인

조합장은 결산보고서(사업보고서, 재무상태표, 손익계산서, 잉여금 처분안 또는

---

13) 제467조(회사의 업무, 재산상태의 검사) ① 회사의 업무집행에 관하여 부정행위 또는 법령이나 정관에 위반한 중대한 사실이 있음을 의심할 사유가 있는 때에는 발행주식의 총수의 3% 이상에 해당하는 주식을 가진 주주는 회사의 업무와 재산상태를 조사하게 하기 위하여 법원에 검사인의 선임을 청구할 수 있다.
② 검사인은 그 조사의 결과를 법원에 보고하여야 한다.
③ 법원은 제2항의 보고에 의하여 필요하다고 인정한 때에는 대표이사에게 주주총회의 소집을 명할 수 있다. 제310조 제2항의 규정은 이 경우에 준용한다.
④ 이사와 감사는 지체없이 제3항의 규정에 의한 검사인의 보고서의 정확여부를 조사하여 이를 주주총회에 보고하여야 한다.

손실금 처리안 등)와 감사의 의견서(외부감사인에 의한 회계감사를 받은 경우의 회계감사보고서를 포함)를 정기총회에 제출하여 그 승인을 받아야 한다(법71③, 법107①, 법112①).

(4) 재무상태표 공고

조합장은 총회에서 결산보고서의 승인을 얻었을 때에는 2주일 이내에 재무상태표를 공고한다(각 정관례139③).

(5) 임원의 책임해제

정기총회의 승인을 받은 경우 임원의 책임해제에 관하여는 상법 제450조를 준용한다(법71④, 법107①, 법112①). 따라서 정기총회에서 승인을 한 후 2년 내에 다른 결의가 없으면 조합은 이사와 감사위원의 책임을 해제한 것으로 본다(상법 450 전단). 그러나 이사 또는 감사의 부정행위에 대하여는 그러하지 아니하다(상법450 후단).

6. 제적립금의 적립

(1) 법정적립금
(가) 적립한도

조합은 매 회계연도의 손실 보전과 재산에 대한 감가상각에 충당하고도 남으면 자기자본의 3배가 될 때까지 잉여금의 10% 이상을 적립("법정적립금")하여야 한다(법67①, 법107①, 법112①).

(나) 사용제한

법정적립금은 ⅰ) 지역농협의 손실금을 보전하는 경우(제1호), ⅱ) 지역농협의 구역이 다른 조합의 구역으로 된 경우에 그 재산의 일부를 다른 조합에 양여하는 경우(제2호) 외에는 사용하지 못한다(법70, 법107①, 법112①).

(다) 자기자본

자기자본은 납입출자금, 회전출자금, 우선출자금(누적되지 아니하는 것만 해당), 가입금, 각종 적립금 및 미처분 이익잉여금의 합계액(이월결손금이 있으면 그 금액을 공제)으로 한다(법67②, 법107①, 법112①).

(2) 이월금

조합은 교육·지원 사업(법134①(1))의 사업비용에 충당하기 위하여 잉여금의 20% 이상을 다음 회계연도에 이월하여야 한다(법67③, 법107①, 법112①).

(3) 임의적립금

조합은 정관으로 정하는 바에 따라 사업준비금 등을 적립("임의적립금")할 수 있다(법67④, 법107①, 법112①).

조합은 다음의 기준에 따라 임의적립금을 적립한다(각 정관례26).

1. 매 회계연도의 잉여금에서 제24조에 따른 법정적립금과 제25조에 따른 이월금을 빼고 나머지가 있을 때에는 매 회계연도 잉여금의 20% 이상을 사업준비금으로 적립한다.

2. 조합은 제1호에 따른 사업준비금을 적립하고 나머지가 있을 때에는 이를 유통손실보전자금과 유통시설투자를 위한 경제사업활성화적립금으로 추가 적립한다. 이 경우 추가적립 여부 및 적립 금액은 총회에서 정하는 바에 따른다.

3. 조합은 국고보조금(지방자치단체 또는 중앙회로부터 수령한 보조금을 포함)으로 자산을 취득함에 따라 당해 자산의 내용연수에 걸쳐 상각금액을 국고보조금과 상계함으로써 발생하는 이익금 및 당해 자산 중도처분에 따라 발생하는 국고보조금잔액에 해당하는 처분이 익금은 당해 이익금에 대한 법인세비용, 제24조에 따른 법정적립금, 제25조에 따른 이월금과 제1호 및 제2호에 따른 적립금을 빼고 나머지가 있을 때에는 이를 사업활성화적립금으로 추가 적립한다.

4. 조합은 고정자산처분으로 발생한 이익금에서 당해자산의 처분에 따른 제비용과 제24조에 따른 법정적립금, 제25조에 따른 이월금과 제1호 및 제2호에 따른 적립금을 빼고 나머지가 있을 때에는 이를 사업활성화적립금으로 추가 적립한다.

(4) 자본적립금

조합은 ⅰ) 감자에 따른 차익(제1호), ⅱ) 자산재평가차익(제2호), ⅲ) 합병차익(제3호), ⅳ) 청산조합으로부터 인수한 잔여재산(제4호)을 자본적립금으로 적립한다(법69, 법107①, 법112①, 각 정관례27).

7. 손실금의 보전과 잉여금의 배당

(1) 손실금의 보전(결손의 보전)
(가) 손실금의 보전 순서와 이월

조합은 매 회계연도 결산의 결과 손실금(당기손실금)이 발생하면 미처분이월금·임의적립금·법정적립금·자본적립금·회전출자금의 순으로 보전하며, 보전 후에도 부족할 때에는 이를 다음 회계연도에 이월한다(법68①, 법107①, 법112①).

(나) 잉여금의 배당 제한

지역농협은 손실을 보전하고 법정적립금, 이월금 및 임의적립금을 공제한 후가 아니면 잉여금 배당을 하지 못한다(법68②, 법107①, 법112①).

(2) 잉여금의 배당
(가) 잉여금의 배당 또는 이월

매 회계연도의 잉여금은 법정적립금, 이월금과 임의적립금을 빼고 나머지가 있는 때에는 이를 조합원 또는 준조합원에게 배당하거나 다음 회계연도에 이월한다(지역농협정관례147①, 지역축협정관례147①, 품목조합정관례145①).

(나) 잉여금의 배당 순서

잉여금은 ⅰ) 조합원의 사업이용실적에 대한 배당(제1호), ⅱ) 조합원의 납입출자액에 대한 배당(제2호), ⅲ) 준조합원의 사업이용실적에 대한 배당(제3호)의 순서대로 배당한다(법68③, 법107①, 법112①, 지역농협정관례147②, 지역축협정관례147②, 품목조합정관례145②).

(다) 잉여금의 배당방법
1) 사업이용실적에 대한 배당

사업이용실적에 대한 배당은 그 회계연도에 있어 취급된 물자의 수량·가액 기타 사업의 분량을 참작하여 회계연도말 기준 조합원 및 준조합원의 자격이 있는 자의 사업이용실적에 따라 행하되, 조합원의 사업이용실적에 대한 배당은 조합원의 잉여금의 배당 순서에 따른 배당액의 20% 이상으로 정하여야 한다(지역농협정관례148① 전단, 지역축협정관례148① 전단, 품목조합정관례146① 전단). 이 경우 사업이용실적의 항목, 대상, 배점구성 등 구체적인 사항은 이사회에서 정하되, 약정조합원에 대한 우대 내용을 포함하여야 한다(지역농협정관례148① 후단, 지역축협정관례148① 후단, 품목조합정관례146① 후단).

2) 출자에 대한 배당

출자에 대한 배당은 매 회계연도 말에 있어 조합원이 납입한 출자액에 따라 이를 행한다(지역농협정관례148② 전단, 지역축협정관례148② 전단, 품목조합정관례146② 전단). 이 경우 그 율은 조합의 1년 만기 정기예탁금 결산기준 연 평균금리에 2%를 더한 범위 내에서 정하되, 최고 연 10%를 초과할 수 없다(지역농협정관례148② 후단, 지역축협정관례148② 후단, 품목조합정관례146② 후단).

3) 잉여금의 배당 순서에 따른 배당

잉여금의 배당 순서에 따른 배당은 매 회계연도 잉여금의 20% 이상을 배당하되, 조합경영을 고려하여 이사회가 의결한 경우에는 예외로 할 수 있다(지역농협정관례148③, 지역축협정관례148③, 품목조합정관례146③).

8. 출자감소

(1) 출자감소의 의결

(가) 총회 의결과 재무상태표 작성

조합은 출자 1좌의 금액 또는 출자좌수의 감소("출자감소")를 총회에서 의결한 경우에는 그 의결을 한 날부터 2주일 이내에 재무상태표를 작성하여야 한다(법72①, 법107①, 법112①).

(나) 채권자의 이의와 공고 또는 최고

조합은 총회에서 의결을 한 날부터 2주일 이내에 채권자에 대하여 이의가 있으면 공고 후 3개월 이내에 조합의 주된 사무소에 이를 서면으로 진술하라는 취지를 공고하고, 이미 알고 있는 채권자에게는 따로 최고한다(법72②, 법107①, 법112①, 각 정관례29②).

(다) 공고·최고기간과 최고 횟수

공고나 최고는 총회에서 의결을 한 날부터 2주일 이내에 하여야 하며, 공고기간은 1개월 이상으로 하고, 개별최고는 2회 이상으로 한다(법72③, 법107①, 법112①, 각 정관례29③).

(2) 출자감소에 대한 채권자의 이의

(가) 채권자의 이의 부진술과 승인 의제

채권자가 3개월 이내에 출자감소에 관한 의결에 대하여 서면으로 이의를 진술하지 아니하면 이를 승인한 것으로 본다(법73①, 법107①, 법112①).

(나) 채권자의 이의 진술과 변제 또는 담보 제공

채권자가 이의를 진술한 경우에는 조합이 이를 변제하거나 상당한 담보를 제공하지 아니하면 그 출자감소의 의결은 효력을 발생하지 아니한다(법73②, 법107①, 법112①).

Ⅲ. 수산업협동조합

1. 회계연도

조합의 회계연도는 매년 1월 1일부터 12월 31일까지로 한다(법65, 법108, 법113, 지구별수협정관예70, 업종별수협정관예69, 수산물가공수협정관예67).

2. 회계의 구분 등

(1) 회계의 종류

조합의 회계는 일반회계와 특별회계로 구분한다(법66①, 법108, 법113).

(2) 일반회계의 구분

일반회계는 종합회계로 하되, 신용사업 회계와 신용사업 외의 회계로 구분한다(법66②, 법108, 법113, 지구별수협정관예71②, 업종별수협정관예70②, 수산물가공수협정관예68②). 회계에 관하여 필요한 사항은 규약으로 정한다(지구별수협정관예71④, 업종별수협정관예70④, 수산물가공수협정관예68④).

(3) 특별회계의 설치

특별회계는 ⅰ) 특정 사업을 운영할 경우(제1호), ⅱ) 특정 자금을 보유하여 운영할 경우(제2호), ⅲ) 그 밖에 일반회계와 구분할 필요가 있는 경우(제3호)에 정관으로 정하는 바에 따라 설치한다(법66③, 법108, 법113).

(4) 재무기준

다음의 어느 하나의 재무관계와 그에 관한 재무기준, 즉 ⅰ) 일반회계와 특별회계 간의 재무관계와 그에 관한 재무기준(제1호), ⅱ) 신용사업 부문과 신용사업 외의 사업 부문 간의 재무관계와 그에 관한 재무기준(제2호), ⅲ) 조합과 조합원 간의 재무관계와 그에 관한 재무기준(제3호)은 해양수산부장관이 정한다(법66④ 전단, 법108, 법113). 이 경우 신용사업 부문과 신용사업 외의 사업 부문 간의 재무관계에 관한 재무기준에 관하여는 금융위원회와 협의하여야 한다(법66④ 후단, 법108, 법113).

이에 따라 수산업협동조합법 제66조(법 제108조, 제113조 및 제168조의 규정에 따라 준용하는 경우를 포함)의 규정에 따라 조합과 중앙회의 회계처리절차와 재무운영의 방법을 정함으로써 경영의 합리화와 재무구조의 건전화를 도모함을 목적으로 수산업협동조합 재무기준(해양수산부고시 제2019-209)이 시행되고 있다.

(5) 회계처리기준

조합의 회계처리기준에 필요한 사항은 중앙회가 정하는 바에 따른다(법66⑤ 본문, 법108, 법113, 지구별수협정관예71⑤ 본문, 업종별수협정관예70⑤ 본문, 수산물가공수협정관예68⑤ 본문). 다만, 신용사업의 회계처리기준에 관하여 금융위원회가 따로 정하는 경우에는 그에 따른다(법66⑤ 단서, 법108, 법113, 지구별수협정관예71⑤ 단서, 업종별수협정관예70⑤ 단서, 수산물가공수협정관예68⑤ 단서).

3. 사업계획과 수지예산: 사업계획서와 예산서

(1) 총회 의결과 중앙회 회장 제출

조합은 매 회계연도의 사업계획서와 수지예산서를 작성하여 해당 회계연도가 시작되기 1개월 전에 총회의 의결을 거쳐 중앙회의 회장에게 제출하여야 한다(법67①, 법108, 법113, 지구별수협정관례64①, 업종별수협정관예63①, 수산물가공수협정관예63①).

(2) 이사회 의결 및 중요사항 변경의 총회 의결

사업계획과 수지예산을 변경하려면 이사회의 의결을 얻어야 한다(법67② 본문, 법108, 법113, 지구별수협정관례64② 본문, 업종별수협정관예63② 본문, 수산물가공수협정관예63② 본문). 다만, 사업계획의 수립, 수지예산의 편성, 사업계획 및 수지예산 중 ⅰ) 수지예산 확정 후 발생한 사유로 소요되는 총지출예산의 추가편성에 관한 사항(다만, 비례성 예산의 경우에는 그러하지 아니하다)(가목), ⅱ) 사업계획에 반영되지 아니한 총액 1억원 이상의 업무용 부동산의 신규취득에 관한 사항(나목)인 중요사항(정관례37①(6))을 변경하려면 총회의 의결을 거쳐 회장에게 제출하여야 한다(법67② 단서, 법108, 법113, 지구별수협정관예64② 단서, 업종별수협정관예63② 단서, 수산물가공수협정관예63② 단서).

(3) 작성 방식과 지출예산의 산출근거 명시

사업계획서와 수지예산서는 조합원이 알기 쉽게 작성하여야 하며, 특히 임원보수 및 실비변상기준, 직원급여기준과 조합운영에 소요되는 활동경비 등 지출예산에 대하여는 산출근거를 명시하여야 한다(지구별수협정관예64③, 업종별수협정관예63③, 수산물가공수협정관예63③).

(4) 조합원의 열람

조합원은 총회 및 이사회의 의결을 얻은 사업계획서 및 수지예산서를 주된 사무소 및 신용사업을 수행하는 지사무소에서 열람할 수 있다(지구별수협정관례64④, 업종별수협정관예63④, 수산물가공수협정관예63④).

4. 운영의 공개

(1) 정관 등의 비치

조합장은 정관, 규약, 총회의 의사록과 성명, 주소나 거소 또는 사업장, 가입 연월일을 기재한 조합원명부(대의원명부를 포함)를 주된 사무소 및 신용사업을 수행하는 지사무소에 갖춰 두어야 한다(지구별수협정관예61①, 업종별수협정관예60①, 수산물가공수협정관예60①).

(2) 이사회 의사록 등 열람

조합원과 조합의 채권자는 영업시간 내에 언제든지 이사회 의사록(조합원에 한함) 및 정관, 규약, 총회의 의사록과 성명, 주소나 거소 또는 사업장, 가입 연월일을 기재한 조합원명부(대의원명부를 포함)(규약은 조합원에 한함)를 열람할 수 있으며, 이 조합이 정한 수수료를 내고 서류의 사본의 발급을 청구할 수 있다(지구별수협정관예61② 전단, 업종별수협정관예60② 전단, 수산물가공수협정관예60② 전단). 이 경우 조합은 정당한 이유 없이 그 발급을 거부하여서는 아니 된다(지구별수협정관예61② 후단, 업종별수협정관예60② 후단, 수산물가공수협정관예60② 후단).

5. 결산보고서

(1) 제출과 비치

조합장은 정기총회 1주 전까지 결산보고서(사업보고서, 재무상태표 및 손익계산서와 잉여금처분안 또는 결손금처리안 등)를 감사에게 제출하고, 이를 주된 사무소 및 신용사업을 수행하는 지사무소에 갖춰 두어야 한다(법73①, 법108, 법113, 지구별수협정관례79①, 업종별수협정관예78①, 수산물가공수협정관예76①).

(2) 열람 또는 사본 발급 청구

조합원과 채권자는 정관, 총회의사록, 조합원 명부 및 결산보고서(사업보고서, 재무상태표 및 손익계산서와 잉여금처분안 또는 결손금처리안 등)를 그 사본의 발급을 청구할 수 있다(법73② 전단, 법108, 법113). 이 경우 조합이 정한 수수료를 내야 한다(법73② 후단, 법108, 법113).

(3) 정기총회 승인

조합장은 결산보고서(사업보고서, 재무상태표 및 손익계산서와 잉여금처분안 또는 결손금처리안 등)와 감사 의견서를 정기총회에 제출하여 승인을 받은 후 재무상태표를 지체 없이 공고하여야 한다(법73③, 법108, 법113).

(4) 임원의 책임해제

결산보고서 및 감사의견서의 정기총회 승인을 받은 경우 임원의 책임해제에 관하여는 상법 제450조[14]를 준용한다(법73④, 법108, 법113).

---

14) 제450조(이사, 감사의 책임해제) 정기총회에서 전조 제1항의 승인을 한 후 2년 내에 다른 결의가 없으면 회사는 이사와 감사의 책임을 해제한 것으로 본다. 그러나 이사 또는 감사의 부정행위에 대하여는 그러하지 아니하다.

6. 제적립금의 적립

(1) 법정적립금

(가) 적립한도

조합은 매 회계연도의 손실 보전을 하고 남을 때에는 자기자본의 3배가 될 때까지 매 사업연도 잉여금의 10% 이상을 법정적립금으로 적립하여야 한다(법70 ①, 법108, 법113).

(나) 사용제한

법정적립금은 ⅰ) 조합의 손실금을 보전하는 경우(제1호), ⅱ) 조합의 구역이 다른 조합의 구역이 된 경우에 그 재산의 일부를 다른 조합에 양여하는 경우(제2호) 외에는 사용하지 못한다(법72, 법108, 법113).

(다) 자기자본

조합의 자기자본은 ⅰ) 납입출자금(제1호), ⅱ) 회전출자금(제2호), ⅲ) 우선출자금(누적되지 아니하는 것만 해당)(제3호), ⅳ) 가입금(제4호), ⅴ) 각종 적립금(제5호), ⅵ) 미처분 이익잉여금(제6호)을 합친 금액으로 한다(법68 본문, 법108, 법113). 다만, 이월결손금이 있는 경우에는 그 금액을 공제한다(법68 단서, 법108, 법113).

(2) 이월금

조합은 정관으로 정하는 바에 따라 교육·지원 사업 등의 지도사업 비용에 충당하기 위하여 잉여금의 20% 이상을 지도사업이월금으로 다음 회계연도로 이월하여야 한다(법70②, 법108, 법113).

(3) 임의적립금

조합은 매 회계연도의 잉여금에서 법정적립금과 이월금을 공제하고도 남을 때에는 동 잉여금의 30% 이상을 사업준비금 등의 임의적립금으로 적립한다(법70③, 법108, 법113, 지구별수협정관례74, 업종별수협정관예73, 수산물가공수협정관예71).

(4) 자본적립금

조합은 ⅰ) 감자에 따른 차익(제1호), ⅱ) 자산재평가 차익(제2호), ⅲ) 합병

차익(제3호), ⅳ) 그 밖의 자본잉여금(제4호)을 자본적립금으로 적립하여야 한다(법70④, 법108, 법113).

자본적립금은 ⅰ) 조합의 손실금을 보전하는 경우(제1호), ⅱ) 조합의 구역이 다른 조합의 구역이 된 경우에 그 재산의 일부를 다른 조합에 양여하는 경우(제2호) 외에는 사용하지 못한다(법72, 법108, 법113).

7. 손실금의 보전과 잉여금의 배당

(1) 손실금의 보전(결손의 보전)
(가) 손실금의 보전 순서와 이월

조합은 매 회계연도의 결산 결과 손실금(당기 손실금)이 발생하였을 때에는 미처분이월금·임의적립금·법정적립금·자본적립금의 순으로 보전하고, 보전한 후에도 부족할 때에는 다음 회계연도로 이월한다(법71①, 법108, 법113, 지구별수협정관예76①, 업종별수협정관예75①, 수산물가공수협정관예73①).

(나) 잉여금의 배당 제한

조합은 손실을 보전하고 법정적립금, 지도사업이월금 및 임의적립금을 공제한 후가 아니면 잉여금을 배당하지 못한다(법71②, 법108, 법113).

(2) 잉여금의 배당
(가) 잉여금의 배당 또는 이월

매 회계연도의 잉여금은 결손금을 보전하고 법정적립금, 지도사업비 이월금, 임의적립금을 공제한 후 나머지가 있을 때에는 이를 조합원 또는 준조합원에게 배당하거나 다음 회계연도로 이월한다(지구별수협정관예76②, 업종별수협정관예75②, 수산물가공수협정관예73②).

(나) 잉여금의 배당 순서

잉여금은 ⅰ) 조합원의 사업이용실적에 대한 배당(제1호), ⅱ) 조합원의 납입출자액에 대한 배당(제2호), ⅲ) 준조합원의 사업이용실적에 대한 배당(제3호)의 순서대로 배당한다(법71③, 법108, 법113, 지구별수협정관예76③, 업종별수협정관예75③, 수산물가공수협정관예73③).

(다) 잉여금의 배당방법

1) 조합원의 사업이용실적에 대한 배당

조합원의 사업이용실적에 대한 배당은 잉여금의 배당순서에 따른 배당 총액의 20% 이상으로 하여야 한다(지구별수협정관예76④, 업종별수협정관예75④, 수산물가공수협정관예73④).

2) 사업이용실적에 대한 배당

사업이용실적에 대한 배당은 그 회계연도에 있어 취급된 물자의 수량, 가액, 그 밖에 사업의 분량을 참작하여 이사회가 정하는 사업이용량 기준에 따라 행한다(지구별수협정관예76⑤, 업종별수협정관예75⑤, 수산물가공수협정관예73⑤).

3) 출자에 대한 배당

출자에 대한 배당은 매 회계연도 말에 조합원이 납입완료한 출자금(회전출자금을 포함)에 따라 행하되, 그 율은 조합의 1년 만기 정기예탁금 연 평균금리에 2%를 더한 범위 내로 한다(지구별수협정관례76⑥ 본문, 업종별수협정관예75⑥ 본문, 수산물가공수협정관예73⑥ 본문). 다만, 연 평균금리에 2%를 더한 합산액이 10%를 넘더라도 그 율은 연 10%를 초과할 수 없다(지구별수협정관례76⑥ 단서, 업종별수협정관예75⑥ 단서, 수산물가공수협정관예73⑥ 단서).

8. 출자감소

(1) 출자감소의 의결
(가) 총회 의결과 재무상태표 작성

조합은 출자 1계좌의 금액 또는 출자계좌 수 감소("출자감소")를 총회에서 의결하였을 때에는 그 의결을 한 날부터 2주 이내에 재무상태표를 작성하여야 한다(법74①, 법108, 법113, 지구별수협정관예77①, 업종별수협정관예76①, 수산물가공수협정관예74①).

(나) 채권자의 이의와 공고 또는 최고

조합은 총회에서 의결을 한 날부터 2주 이내에 채권자에 대하여 이의가 있으면 공고 후 3개월 이내에 조합의 주된 사무소에 서면으로 이의를 제기하라는 취지를 공고하고, 이미 알고 있는 채권자에 대하여는 따로 최고하여야 한다(법74②, 법108, 법113, 지구별수협정관례77②, 업종별수협정관예76②, 수산물가공수협정관예74②).

(다) 공고·최고기간

공고 또는 최고는 총회에서 의결을 한 날부터 2주 이내에 하여야 하며, 공고기간은 2개월 이상으로 하여야 한다(법74③, 법108, 법113, 지구별수협정관예77③, 업종별수협정관예76③, 수산물가공수협정관예74③).

(2) 출자감소에 대한 채권자의 이의
(가) 채권자의 이의 부진술과 승인 의제

채권자가 3개월 이내에 출자감소 의결에 대하여 이의를 제기하지 아니하면 이를 승인한 것으로 본다(법75①, 법108, 법113, 지구별수협정관예78①, 업종별수협정관예77①, 수산물가공수협정관예75①).

(나) 채권자의 이의 진술과 변제 또는 담보 제공

채권자가 이의를 제기한 경우 조합이 이를 변제하거나 감소분에 상당하는 담보를 제공하지 아니하면 그 의결은 효력을 발생하지 아니한다(법75②, 법108, 법113, 지구별수협정관예78②, 업종별수협정관예77②, 수산물가공수협정관예75②).

Ⅳ. 산림조합

1. 회계연도

조합의 회계연도는 매년 1월 1일에 시작하여 12월 31일에 종료한다(법53, 정관례75).

2. 회계의 구분 등

(1) 회계의 종류

조합의 회계는 일반회계와 특별회계로 구분한다(법54①).

(2) 일반회계의 구분

일반회계는 종합회계로 하되, 신용사업부문과 신용사업 외의 사업부문으로 구분하여야 한다(법54②, 정관례76②).

(3) 특별회계의 설치

특별회계느 특정사업을 운영할 때, 특정자금을 보유하여 운영할 때, 그 밖에 일반회계와 구분할 필요가 있을 때에 이사회의 의결을 받아 설치한다(법54③, 정관례76③).

(4) 재무기준

일반회계와 특별회계 간, 신용사업부문과 신용사업 외의 사업부문 간의 재무관계 및 조합과 조합원 간의 재무관계에 관한 재무기준은 산림청장이 정한다(법54④ 전단). 이 경우 산림청장이 신용사업부문과 신용사업 외의 사업부문 간의 재무관계에 관한 재무기준을 정할 때에는 금융위원회와 협의하여야 한다(법54④ 후단).

이에 따라 산림조합법 제54조 제4항(제122조에서 준용하는 경우를 포함)의 규정에 의하여 조합 또는 중앙회의 회계처리 절차와 재무운영 방법을 정함으로써 재무구조의 건전화와 경영의 합리화를 도모함을 목적으로 산림조합 재무기준(산림청 고시 제2019-86호)이 시행되고 있다.

(5) 회계처리기준

조합의 회계처리기준에 관하여 필요한 사항은 중앙회장이 정한다(법54⑤ 본문, 정관례76⑤ 본문). 다만, 신용사업의 신용회계기준에 관하여 필요한 사항을 금융위원회가 따로 정한 경우에는 그에 따른다(법54⑤ 단서, 정관례76⑤ 단서).

3. 사업계획과 수지예산: 사업계획서와 예산서

조합은 매 회계연도의 사업계획서와 수지예산서를 작성하여 해당 회계연도가 시작되기 전까지 이사회의 심의를 거쳐 총회의 의결을 받아 중앙회장에게 보고하여야 한다(법55 전단, 정관례70①).

사업계획과 수지예산을 변경할 때에도 이사회의 심의를 거쳐 총회의 의결을 받아 중앙회장에게 보고하여야 한다(법55 후단, 정관례70②).

4. 운영의 공개

(1) 사업보고서의 공개

조합장은 연 1회 이상 사업 전반에 관한 사업보고서를 작성하여 조합원(또는 대의원)에게 공개하여야 한다(법55의2①, 정관례70의2①).

(2) 정관 등의 비치

조합장은 정관, 총회와 이사회의 의사록 및 성명, 주소 또는 사업장, 가입 연월일을 기재한 조합원 명부를 주된 사무소에 갖추어 두어야 한다(법55의2②, 정관례70의2②).

(3) 이사회 의사록 등 열람

조합원과 조합의 채권자는 정관, 총회와 이사회의 의사록 및 성명, 주소 또는 사업장, 가입 연월일을 기재한 조합원 명부를 열람하거나 그 서류의 사본 발급을 청구할 수 있다. 이 경우 조합이 정한 비용을 지급하여야 한다(법55의2③).

(4) 회계장부 및 서류 등 열람

조합원은 조합원 100인 또는 3% 이상의 동의를 받아 조합의 회계장부 및 서류 등의 열람 또는 사본 발급을 청구할 수 있으며, 조합은 특별한 사유가 없으면 이를 거부할 수 없다(법55의2④).

(5) 조합원의 검사인 선임 청구

조합원은 조합의 업무집행에 관하여 부정행위 또는 법령이나 정관을 위반한 중대한 사실이 있다고 의심이 되는 사유가 있을 때에는 조합원 100인 또는 3% 이상의 동의를 받아 조합의 업무와 재산상태를 조사하게 하기 위하여 법원에 검사인의 선임을 청구할 수 있다(법55의2⑤ 전단). 이 경우 상법 제467조를 준용한다(법55의2⑤ 후단).

5. 결산보고서

(1) 제출과 비치

조합장은 정기총회일 1주 전까지 결산보고서(사업보고서, 재무상태표, 손익계산서, 잉여금처분안 또는 손실금처리안 등)를 감사에게 제출하고 이를 주된 사무소에 갖추어 두어야 한다(법57①).

(2) 열람 또는 사본 발급 청구

조합원과 채권자는 결산보고서(사업보고서, 재무상태표, 손익계산서, 잉여금처분안 또는 손실금처리안 등)를 결산보고서를 열람하거나 사본 발급을 청구할 수 있다(법57② 전단). 이 경우 조합이 정한 비용을 지급하여야 한다(법57② 후단).

(3) 정기총회 승인

조합장은 결산보고서와 감사의 의견서를 정기총회에 제출하여 그 승인을 받아야 한다(법57③).

(4) 임원의 책임해제

결산보고서 및 감사의견서의 정기총회 승인을 받은 경우 임원의 책임해제에 관하여는 상법 제450조를 준용한다(법57④).

6. 제적립금의 적립

(1) 법정적립금
(가) 적립한도

조합은 매 회계연도의 손실보전과 재산에 대한 감가상각에 충당하고 남는 금액이 있을 때에는 자기자본의 3배에 달할 때까지 잉여금의 10% 이상을 적립("법정적립금")하여야 한다(법56의2①).

(나) 사용제한

법정적립금은 ⅰ) 조합의 손실금을 보전할 때(제1호), ⅱ) 조합의 구역이 다른 조합의 구역으로 된 경우에 그 재산의 일부를 다른 조합에 양여할 때(제2호)가 아니면 사용하지 못한다(법56의5).

(다) 자기자본

자기자본은 납입출자금, 회전출자금, 가입금, 각종 적립금 및 미처분이익잉여금의 합계액(이월결손금이 있으면 이를 공제)으로 한다(법56의2②).

(2) 이월금

조합은 교육·지원 사업(법46①(1))의 사업비용에 충당하기 위하여 잉여금의 20% 이상을 다음 회계연도에 이월하여야 한다(법56의2③).

(3) 임의적립금

조합은 매 회계연도 잉여금에서 법정적립금과 이월금을 빼고 남는 금액이 있을 때에는 그 남은 금액의 20% 이상을 사업준비금으로 적립한다(법56의2④, 정관례31).

(4) 자본적립금

조합은 ⅰ) 감자에 의한 차익(제1호), ③) 자산재평가 차익(제2호), ⅲ) 합병차익(제3호)을 자본적립금으로 적립하여야 한다(법56의4).

7. 손실금의 보전과 잉여금의 배당

(1) 손실금의 보전(결손의 보전)
(가) 손실금의 보전 순서와 이월

조합은 매 회계연도의 결산 결과 손실금(당기 손실금)이 발생하였을 때에는 미처분이월금, 임의적립금, 법정적립금, 자본적립금, 회전출자금의 순서에 따라 보전하며, 보전 후에도 부족할 때에는 다음 회계연도에 이월한다(법56의3①).

(나) 잉여금의 배당 제한

조합은 손실을 보전하고 법정적립금, 이월금 및 임의적립금을 공제하기 전에는 잉여금의 배당을 하지 못한다(법56의3②).

(2) 잉여금의 배당
(가) 잉여금의 배당 순서

잉여금은 ⅰ) 조합원의 사업이용실적에 대한 배당(제1호), ⅱ) 정관으로 정

하는 비율의 한도 이내에서 납입출자액에 대한 배당(제2호), iii) 준조합원의 사업
이용실적에 대한 배당(제3호)의 순서에 따라 배당을 실시한다(법56의3③).

(나) 잉여금의 배당방법

1) 조합원의 사업이용실적에 대한 배당

사업이용실적에 대한 배당은 그 회계연도에 취급된 물자의 수량·가액 그
밖에 사업의 분량을 고려하여 조합원의 사업이용실적에 따라 조합 이사회가 정
하는 바에 따라 배당을 실시한다(정관례78①).

2) 납입출자에 대한 배당

납입출자에 대한 배당은 매 회계연도말에 있어 조합원이 납입한 출자액에
따라 배당을 실시한다(정관례78② 전단). 이 경우 배당율은 조합의 1년 만기 정기
예탁금 연평균금리에 2%를 더한 범위에서 정하되, 최고 연 10%를 초과할 수 없
다(정관례78② 후단).

3) 준조합원의 사업이용실적에 대한 배당

위의 조합원의 사업이용실적에 대한 배당 및 납입출자에 대한 배당 순서에
따라 배당하고 또 나머지가 있을 때에는 그 회계연도에 취급된 물자의 수량·가
액 그 밖에 사업의 분량을 참작하여 준조합원의 사업이용실적에 따라 조합이사
회가 정하는 바에 따라 배당을 실시한다(정관례78③ 본문). 다만, 이 경우에는 제
26조(회전출자) 제1항을 적용하지 아니한다(정관례78③ 단서).

8. 출자감소

(1) 출자감소의 의결

(가) 총회 의결과 재무상태표 작성

조합이 총회에서 출자 1계좌의 금액 또는 출자계좌 수의 감소("출자감소")를
의결하였을 때에는 의결이 있는 날부터 2주 이내에 재무상태표를 작성하여야 한
다(법58①, 정관례34①).

(나) 채권자의 이의와 공고 또는 최고

조합은 총회의 의결이 있은 날부터 2주 이내에 채권자에 대하여 이의가 있
으면 공고 후 3개월 이내에 조합 주된 사무소에 서면으로 진술하라는 취지를 공
고하고 이미 알고 있는 채권자에게는 따로 최고하여야 한다(법58②, 정관례34②).

(다) 공고 · 최고기간 등

공고 또는 최고는 총회에서 의결이 있은 날부터 2주 이내에 하여야 하며, 공고기간은 1개월 이상으로 하고, 또한 그 사실을 이미 알고 있는 채권자에게는 개별로 2회 이상 최고하여야 한다(법58③, 정관례34③).

(2) 출자감소에 대한 채권자의 이의

(가) 채권자의 이의 부진술과 승인 의제

채권자가 3개월 이내에 조합의 출자감소에 대한 의결에 대하여 서면으로 이의를 진술하지 아니하면 승인한 것으로 본다(법59①, 정관례35①).

(나) 채권자의 이의 진술과 변제 또는 담보 제공

채권자가 이의를 진술하였을 때에는 조합이 변제하거나 또는 상당한 담보를 제공하지 아니하면 그 출자감소의 의결은 효력을 발생하지 아니한다(법59②, 정관례35②).

V. 새마을금고

1. 회계연도

금고의 회계연도는 매년 1월 1일부터 12월 31일까지로 한다(법32, 정관례53).

2. 회계의 구분 등

(1) 회계의 종류

금고의 회계는 일반회계와 특별회계로 구분하되, 신용사업은 일반회계로 한다(법33③, 영17①, 정관례54②).

(2) 특별회계의 설치

특별회계는 특정사업을 운영할 때 기타 일반회계와 구분 경리할 필요가 있을 때 설치한다(영17①, 정관례54②).

(3) 회계처리기준

금고의 회계처리에 관한 기준은 중앙회장이 정하는 회계준칙에 의한다(정관례54①).

(4) 회계 간 전출입

금고는 총회의 의결을 얻어 각 회계의 수익금의 일부를 회계 간에 전출입할 수 있다(법33③, 영17②).

(5) 기타

위의 회계의 종류 및 회계 간 전출입 외에 금고의 회계에 관하여 필요한 사항은 중앙회장이 정한다(법33③, 영17③).

3. 사업계획과 수지예산: 사업계획서와 예산서

(1) 작성과 총회 의결

금고는 매 사업연도마다 중앙회장이 정하는 사업 계획과 예산 지침에 따라 사업계획서와 예산서를 작성하여 총회의 의결을 거쳐야 한다(법33①).

(2) 사업계획 및 예산 변경과 이사회 의결

사업계획과 예산을 변경하려면 이사회의 의결을 거쳐야 한다(법33① 본문). 다만, 추가경정예산을 편성하는 경우에는 총회의 의결을 거쳐야 한다(법33① 단서).

(3) 경비의 집행

매 사업연도 개시 전까지 사업계획 및 예산안이 의결되지 못한 때에는 총회에서 예산안이 의결될 때까지 금고의 유지·운영에 필요한 경상사무비와 인건비 또는 법령 등에 의한 지출의무의 이행을 위한 경비는 전연도 수준에 준하여 이를 집행할 수 있다(정관례51②).

4. 결산보고서

(1) 결산의 구분

금고의 결산은 일일결산, 월말결산, 분기말결산, 연말결산으로 구분하여 행한다(정관례55①).

(2) 제출과 비치

이사장은 사업연도 종료 후 2월 이내에 당해 사업연도의 결산을 완료하고 정기총회 1주 전까지 결산보고서(사업보고서, 재무상태표, 손익계산서와 잉여금처분안 또는 손실금처리안을 포함)를 감사에게 제출하고 이를 주된 사무소에 비치하여야 한다(법34①, 영19①, 정관례55②).

(3) 열람 또는 사본 발급 청구

회원이나 금고의 채권자는 결산보고서(사업보고서, 재무상태표, 손익계산서와 잉여금처분안 또는 손실금처리안을 포함)를 열람할 수 있으며, 금고가 정한 비용을 지급하고 그 서류의 사본을 청구할 수 있다(법34③).

(4) 정기총회 승인

이사장은 감사의 의견서를 붙인 결산보고서를 정기총회에 제출하여 그 승인을 받아야 하며, 필요하다고 인정하면 외부감사법 제2조 제7호 및 제9조(감사인의 자격 제한 등)에 따른 감사인에게 결산보고서에 대한 감사를 의뢰할 수 있다(법34②).

(5) 중앙회 제출

금고는 총회의 승인을 받은 결산보고서 1부를 그 승인을 얻은 날로부터 7일 이내에 중앙회에 제출하여야 한다(영19②, 정관례55④).

(6) 기타

일일결산, 월말결산, 분기말결산, 연말결산의 결산방법 등 기타 필요한 사항은 중앙회장이 정하는 바에 의한다(정관례55⑥)

5. 제적립금의 적립

(1) 법정적립금

(가) 적립한도

금고는 매 사업연도마다 자기자본(자본금, 제적립금, 그 밖의 잉여금의 합계액에 결산상의 오류에 따른 금액을 가감한 금액)의 총액에 달할 때까지 잉여금의 15% 이상을 법정적립금으로 적립하여야 한다(법35①).

(나) 사용제한

금고는 대손금의 상각이나 해산의 경우 외에는 법정적립금을 사용하거나 배당에 충당하지 못한다(법35②).

(2) 특별적립금

금고는 결손의 보전과 불가항력에 의한 회계사고에 충당하기 위한 준비금으로서 매 사업연도마다 잉여금의 15% 범위에서 특별적립금을 적립할 수 있다(법35③).

(3) 임의적립금

금고는 사업이나 배당준비금으로서 매 사업연도마다 잉여금의 일부를 임의적립금으로 적립할 수 있다(법35④).

6. 손실금의 보전과 잉여금의 배당

(1) 손실금의 보전(결손의 보전)

(가) 손실금의 보전 순서와 이월

금고는 사업연도 결산 결과 손실이 발생한 경우에는 특별적립금, 임의적립금의 순으로 이를 보전하되, 잔여손실금이 있으면 이를 다음 사업연도에 이월한다(법35⑤).

(나) 보전할 적립금이 없는 경우의 처리

1) 자본금의 감소 및 중앙회장 보고

금고가 여러 사업연도에 걸쳐 계속하여 손실이 있고 이를 보전할 적립금이 없는 경우에는 총회에서 회원 과반수(제13조 제1항 단서[15])의 경우에는 151명 이상의 회원)의 출석과 출석한 회원 3분의 2 이상의 찬성을 받아 자본금을 감소하여 각 회원의 납입출자액이 감소한 것으로 할 수 있다(법35⑥ 전단). 자본금을 감소한 경우에는 이를 회장에게 보고하여야 한다(법35⑥ 후단).

이에 따라 금고는 자본금을 감소한 경우에는 총회의 의결이 있은 날부터 10일 이내에 ⅰ) 자본금의 감소내용(제1호), ⅱ) 재무제표(제2호), ⅲ) 채권자의 이의 신고에 관한 사항(제3호), ⅳ) 그 밖에 정관으로 정하는 사항(제4호)을 중앙회장에게 보고하고, 금고의 게시판에 1개월 이상 공고하여야 한다(영20①). 채권자의 이의 신고의 기간은 공고일부터 2개월 이상이어야 한다(영20②).

2) 자본금 감소와 공고

자본금을 감소한 경우에는 이의신고 기간을 정하여 공고하여야 하며, 공고된 이의신고 기간에 채권자로부터 자본금 감소에 대한 이의신고가 없는 경우에는 이의가 없는 것으로 본다(법35⑦).

3) 채권자의 이의신고와 금고의 변제 또는 담보제공

채권자가 이의신고를 한 경우에는 금고가 이를 변제하거나 상당한 담보를 제공하지 아니하면 자본금의 감소는 그 효력을 발생하지 아니한다(법35⑧).

(2) 잉여금의 배당

금고는 손실금을 보전하고 적립금을 공제한 후가 아니면 잉여금을 배당할 수 없으며, 배당은 납입출자좌수에 비례하여야 한다(법35⑩ 전단). 이 경우 회원의 사업 이용 실적의 비율에 따른 배당을 병행할 수 있다(법35⑩ 후단).

(3) 형사제재

금고나 중앙회의 임직원 또는 청산인이 금고나 중앙회로 하여금 법 제35조(제70조 제4항에서 준용하는 경우를 포함)를 위반하게 한 경우에는 3년 이하의 징역이나 3천만원 이하의 벌금에 처한다(법85②(6)).

---

15) 재적회원이 300명을 초과하는 경우에는 151명 이상 출석으로 개의하고 출석회원 과반수의 찬성으로 의결할 수 있다.

제7절 외부감사

신용협동조합과 수산업협동조합은 직전 연도 말 자산총액 300억원을 기준으로 하고, 농업협동조합과 새마을금고는 직전 회계연도 말 자산총액 500억원으로 기준으로 하며, 산림조합은 직전 회계연도 말 자산총액이 평균자산 규모 이상(500억원 이상)인 경우를 기준으로 한다.

Ⅰ. 신용협동조합

1. 외부감사대상 조합

직전 연도 말 자산총액이 300억원 이상인 조합으로서 금융위원회가 조합원의 보호를 위하여 외부감사가 필요하다고 인정하여 감사를 의뢰한 조합은 매년 외부감사법에 따른 감사인의 감사를 받아야 한다(법47⑤, 영18의4).

소규모 조합에 대한 감사 부담을 완화하기 위하여 외부감사대상 조합을 직전 연도 말 자산총액이 300억원 이상인 조합으로 하고 있다.

이 경우 감사인은 조합이 선정한다.

2. 외부감사인의 변경

중앙회장은 외부감사대상 조합이 ⅰ) 최근 3년간 법, 신협법 시행령 또는 신협법이나 신협법 시행령에 의한 금융위원회 또는 금융감독원의 원장("금융감독원장")의 명령을 위반한 사실이 있는 경우(제1호), ⅱ) 직전 사업연도 종료일 현재 자기자본의 5%에 상당하는 금액(그 금액이 1억원 미만인 경우에는 1억원)을 초과하여 이익금을 과대계상하거나 손실금을 과소계상한 경우(제2호), ⅲ) 중앙회의 검사결과 감사인의 변경이 필요하다고 중앙회장이 인정하는 경우(제3호)에는 그 조합에 대하여 중앙회장이 지명하는 자를 감사인으로 변경선임하거나 선정할 것을 요구할 수 있다(법47⑥, 영18의5, 감독규정15의4).

"중앙회장이 인정하는 경우"는 ⅰ) 외부감사인이 적정의견을 표명하였으나, 법 시행령 제18조의5 제2호를 위배한 사실이 확인된 경우(제1호), ⅱ) 외부감사인이 적정의견을 표명하였으나, 금융사고와 관련하여 한국공인회계사회로부터 회계감사기준(외부감사법 제16조에 따른 회계감사기준 및 한국공인회계사회에서 내규 등 의무사항으로 규정한 기준)을 준수하지 않은 것으로 통보받은 경우(제2호), iii) 동일한 외부감사인을 4년 연속 선임하여 외부감사를 받은 경우(제3호)를 말한다 (표준업무방법서27①).

3. 외부감사 결과 조치

(1) 지적사항의 시정

조합은 외부감사인의 지적사항을 즉시 시정하여야 하며, 회계처리 오류는 총회 이전까지 시정하여야 한다(표준업무방법서28①).

(2) 외부감사보고서의 공시

조합은 외부감사보고서를 통일경영공시기준에 따라 공시할 경우, 총회 1주 일 전부터 본점은 5년간, 지점은 3년간 전자공시와 객장공시를 병행하여야 한다 (표준업무방법서28②).

Ⅱ. 농업협동조합

외부감사대상 조합은 다음과 같다.

1. 의무실시 조합

(1) 자산총액이 500억원 이상인 조합

조합장의 임기 개시일 직전 회계연도 말의 자산 등 사업 규모가 조합장 임기 개시일 이전에 정기총회의 승인을 받은 최근 결산보고서에 적힌 자산총액이 5백억원 이상인 조합은 그 조합장의 임기 개시일부터 2년이 지난 날이 속하는 회계연도에 대하여 외부감사법에 따른 감사인의 회계감사를 받아야 한다(법65의2 ①, 영8의2, 법107①, 법112①).

(2) 자산총액이 500억원 미만인 조합

조합장 임기 개시일 이전에 정기총회의 승인을 받은 최근 결산보고서에 적힌 자산총액이 5백억원에 미달되는 조합의 경우 조합장 임기 중 1회에 한하여 대의원 3분의 1 이상의 청구가 있으면 청구한 날이 속하는 해의 직전 회계연도에 대하여 감사인의 회계감사를 받아야 한다(법65의2②, 법107①, 법112①).

(3) 감사인의 회계감사보고서 제출

감사인은 위 (가) 및 (나)에 따른 회계감사를 하였으면 회계감사보고서를 작성하여 농림축산식품부령으로 정하는 기간[16] 이내에 해당 조합의 이사회, 감사 및 회장에게 제출하여야 한다(법65의2③, 법107①, 법112①).

2. 임의실시 조합: 조합감사위원회의 회계감사 요청

조합감사위원회는 회원의 건전한 발전을 도모하기 위하여 필요하다고 인정하면 회원의 부담으로 회계법인에 회계감사를 요청할 수 있다(법146②).

Ⅲ. 수산업협동조합

외부감사대상 조합은 다음과 같다.

1. 의무실시 조합

(1) 감사주기 2년인 조합

조합 중 직전 회계연도 말 자산총액이 직전 회계연도 말의 자산총액 300억원(2015회계연도까지는 3천억원) 이상인 조합은 조합감사위원회의 감사(법146①＝회원의 재산 및 업무 집행 상황에 대하여 2년마다 1회 이상 회원을 감사)를 받지 아니한 회계연도에는 외부감사법에 따른 감사인의 감사를 받아야 한다(법169⑦ 본문, 영61).

---

16) "농림축산식품부령으로 정하는 기간"이란 다음의 기간을 말한다(시행규칙8의3).
　　1. 법 제65조의2 제1항(법 제107조 및 제112조에서 준용하는 경우를 포함)에 따른 회계감사의 경우에는 다음 각 목의 기간
　　　　가. 조합의 이사회 및 감사에 대해서는 회계연도의 결산승인을 위한 총회 개최일 1주일 전까지
　　　　나. 중앙회장에 대해서는 총회의 결산승인이 종료된 날부터 2주일 이내
　　2. 법 제65조의2 제2항(법 제107조 및 제112조에서 준용하는 경우를 포함)에 따른 회계감사의 경우에는 회계감사가 종료된 날부터 2주일 이내

(2) 감사주기 1년인 조합

최근 5년 이내에 회계부정, 횡령, 배임 등 해양수산부령으로 정하는 중요한 사항이 발생한 조합[17]과 수산업협동조합의 부실예방 및 구조개선에 관한 법률 제2조 제3호[18] 및 제4호[19]에 따른 부실조합 및 부실우려조합은 외부감사법에 따른 감사인의 감사를 매년 받아야 한다(법169⑦ 단서).

2. 임의실시 조합: 조합감사위원회의 회계감사 요청

조합감사위원회는 회원의 건전한 발전을 도모하기 위하여 필요하다고 인정하면 회원의 부담으로 외부감사법에 따른 감사인에게 회계감사를 요청할 수 있다(법146②).

Ⅳ. 산림조합

외부감사대상은 임의실시 조합만이 그 대상이다.

1. 산림청장 또는 시·도지사의 감사 의뢰

산림청장 또는 시·도지사는 중앙회 및 ⅰ) 직전 회계연도 말 자산총액이

---

17) "회계부정, 횡령, 배임 등 해양수산부령으로 정하는 중요한 사항이 발생한 조합"이란 임직원이 다음의 어느 하나에 해당하는 행위로 징계를 받은 조합을 말한다(시행규칙10의2).
  1. 형법 제355조(횡령, 배임) 또는 제356조(업무상의 횡령과 배임)에 해당하는 행위
  2. 특정경제범죄 가중처벌 등에 관한 법률 제5조(수재 등의 죄) 또는 제7조(알선수재의 죄)에 해당하는 행위
  3. 특정경제범죄 가중처벌 등에 관한 법률 제8조(사금융 알선 등의 죄)에 해당하는 행위
  4. 조합자금의 편취·유용 또는 예산의 부당전용·초과사용 등의 회계부정
18) 3. "부실조합"이란 다음의 어느 하나에 해당하는 조합으로서 제4조에 따라 지정된 조합을 말한다.
  가. 경영 상태를 평가한 결과 부채가 자산을 초과한 조합이거나 거액의 금융사고 또는 부실채권의 발생으로 정상적인 경영이 어려울 것이 명백한 조합. 이 경우 경영 상태 평가의 방법, 부채와 자산의 평가 및 산정(算定) 기준은 해양수산부령으로 정한다.
  나. 예금등채권의 지급이나 국가, 공공단체, 중앙회 및 다른 금융기관으로부터의 차입금의 상환이 정지된 조합
  다. 외부로부터의 자금지원 또는 차입이 없이는 예금등채권의 지급이나 차입금의 상환이 어려운 조합
19) 4. "부실우려조합"이란 재무 상태가 해양수산부령으로 정하는 기준에 미달하여 부실조합이 될 가능성이 많은 조합으로서 제4조에 따라 지정된 조합을 말한다.

회원조합의 평균자산규모 이상인 조합(제1호), ii) 직전 회계연도 말 총자산대비 순자본 비율이 2% 미만인 조합(제2호)에 대하여 조합원 보호를 위하여 외부감사가 필요하다고 인정하는 경우에는 외부감사법에 따른 감사인의 회계감사를 받게 할 수 있다(법123④, 영22② 본문).

다만, 직전 회계연도 말 평균자산 규모 등에 관한 통계자료가 없는 경우에는 전전년도의 통계자료에 의한다(영22② 단서).

2. 조합감사위원회의 회계감사 요청

조합감사위원회는 회원의 건전한 발전을 도모하기 위하여 필요하다고 인정할 때에는 회원의 부담으로 회계법인에 회계감사를 요청할 수 있다(법121②).

V. 새마을금고

외부감사대상은 임의실시 금고만이 그 대상이다.

1. 행정안전부장관의 감사 의뢰

행정안전부장관은 감독과 경영공시와 관련하여 회원 보호를 위하여 필요한 경우에는 i) 회계감사 결과 직전 사업연도 종료일 현재의 자산총액이 500억원 이상인 금고(제1호), ii) 회계감사 결과 직전 사업연도 종료일 현재의 자산총액이 500억원 미만인 금고 중 ㉠ 직전 사업연도 종료일 현재 자기자본의 5%에 상당하는 금액(그 금액이 1억원 미만인 경우에는 1억원)을 초과하여 이익금을 과대계상한 금고(가목), ㉡ 직전 사업연도 종료일 현재 자기자본의 5%에 상당하는 금액(그 금액이 1억원 미만인 경우에는 1억원)을 초과하여 손실금을 과소계상한 금고(나목)의 어느 하나에 대하여 감사인의 감사를 받도록 명할 수 있다(법76③, 영49).

2. 중앙회장의 회계감사 요청

중앙회장은 필요하다고 인정하면 금고의 부담으로 회계법인에 회계감사를 요청할 수 있다(법79④).

제8절 경영공시

Ⅰ. 신용협동조합

1. 의의

조합은 금융위원회가 정하는 바에 따라 경영상황에 관한 주요 정보 및 자료를 공시하여야 한다(법83의2). 이에 따라 상호금융업감독규정은 정기공시, 수시공시, 정정공시 또는 재공시에 관하여 규정하고 있다.

2. 정기공시

(1) 공시기한 및 공시의무사항

조합은 결산일로부터 3월 이내에 ⅰ) 조직 및 인력에 관한 사항(제1호), ⅱ) 재무 및 손익에 관한 사항(제2호), ⅲ) 자금조달 및 운용에 관한 사항(제3호), ⅳ) 건전성, 수익성, 생산성 등을 나타내는 경영지표에 관한 사항(제4호), ⅴ) 경영방침, 리스크관리 등 경영에 중요한 영향을 미치는 사항으로서 금융감독원장 또는 중앙회장이 별도로 요구하는 사항(제5호)을 공시하여야 한다(감독규정9① 본문). 다만, 상반기 결산을 실시하는 경우에는 상반기 결산일로부터 2월 이내에 공시하여야 한다(감독규정9① 단서).

(2) 공시항목 및 방법

공시의무사항에 대한 구체적인 공시항목 및 방법은 중앙회장이 정하는 조합 통일경영공시기준에 따른다(감독규정9②).

3. 수시공시

(1) 공시사유

조합은 다음에 해당되는 경우 관련 내용을 공시하여야 한다(감독규정9③).

1. 여신 고객별로 조합의 전월말 자기자본의 5%에 상당하는 금액을 초과하는

부실대출이 신규로 발생한 경우. 다만, 그 금액이 1억원 이하인 경우는 제외한다.

2. 금융사고가 발생하여 조합의 전월말 자기자본의 5%에 상당하는 금액 이상의 손실이 발생하였거나 발생이 예상되는 경우. 다만 그 금액이 1억원 이하인 경우는 제외한다.

3. 민사소송 패소 등의 사유로 조합의 전월말 자기자본의 5%에 상당하는 금액을 초과하는 손실이 발생한 경우. 다만, 그 금액이 1억원 이하인 경우는 제외한다.

4. 금융감독원장 또는 중앙회장으로부터 임원에 대한 개선요구를 받은 경우

5. 법 제84조(임직원에 대한 행정처분), 제85조(조합 등에 대한 행정처분) 및 제89조(중앙회의 지도·감독) 제7항, 농업협동조합법 제145조 제2호(=감사 결과에 따른 회원의 임직원에 대한 징계 및 문책의 요구 등에 관한 사항), 제4호(=회원에 대한 시정 및 개선 요구 등에 관한 사항) 및 제164조(위법행위에 대한 행정처분), 수산업협동조합법 제145조 제2호(=감사 결과에 따른 회원의 임직원에 대한 징계 및 문책의 요구 등), 제4호(=회원에 대한 시정 및 개선 요구 등) 및 제170조(법령 위반에 대한 조치), 산림조합법 제120조 제2호(=감사결과에 따른 회원의 임직원에 대한 징계 및 문책 요구 등 필요한 조치), 제4호(=회원에 대한 시정 및 개선 요구 등 필요한 조치) 및 제125조(위법행위에 대한 행정처분)에 따른 처분을 받은 경우

6. 법 제86조(경영관리), 제89조(중앙회의 지도·감독) 제4항 및 상호금융업가독규정 제12조의2(재무상태개선권고) 및 제12조의3(재무상태개선요구), 농협구조개선법 제4조(적기시정조치), 수협구조개선법 제4조(부실조합등의 지정), 산림조합구조개선법 제4조(적기시정조치)에 따른 조치를 받은 경우

7. 기타 거액손실 또는 금융사고 등이 발생하여 경영의 건전성을 크게 해치거나 해칠 우려가 있는 경우

(2) 공시방법

조합은 공시사유가 발생한 즉시 금융감독원장이 정하는 사항[20]을 3개월 이

---

20) "금융감독원장이 정하는 사항"이라 함은 다음에 해당하는 것을 말한다(상호금융업감독업무시행세칙13②).
  1. 감독규정 제9조 제3항 제1호의 규정에 따른 공시의 경우에는 당해 고객명, 금액, 사유, 조합수지에 미치는 영향, 향후 대책
  2. 감독규정 제9조 제3항 제2호의 규정에 따른 공시의 경우에는 당해 금융사고의 발생일자 또는 기간, 사고발견일자, 경위, 금액, 원인, 조합수지에 미치는 영향, 조치내용 또

상 객장과 중앙회 홈페이지(중앙회 홈페이지를 통해 접근할 수 있는 조합의 홈페이지가 있는 경우 당해 홈페이지)에 게시하는 등의 방법으로 공시하여야 한다(감독규정9④).

4. 정정공시 또는 재공시

금융감독원장 또는 중앙회장은 정기공시의 공시의무사항, 공시항목 및 방법, 수시공시의 공시사유와 공시방법에서 정하는 공시사항을 허위로 작성하거나 중요한 사항을 누락하는 등 불성실하게 공시하는 경우에는 당해 조합에 대해 정정공시 또는 재공시를 요구할 수 있다(감독규정9⑤).

Ⅱ. 농업협동조합

지역농협과 지역축협(신용사업을 하는 품목조합을 포함)의 사업에 관하여는 신용협동조합법 제83조의2(경영공시)를 적용한다(신협법95④).

Ⅲ. 수산업협동조합

지구수협(법률 제4820호 수산업협동조합법중개정법률 부칙 제5조에 따라 신용사업을 하는 조합을 포함)의 사업에 관하여는 신용협동조합법 제83조의2(경영공시)를 적용한다(신협법95④).

는 계획 등
3. 감독규정 제9조 제3항 제3호의 규정에 따른 공시의 경우에는 경위, 금액, 조합수지에 미치는 영향, 조치내용 또는 계획 등
4. 감독규정 제9조 제3항 제4호의 규정에 따른 공시의 경우에는 경위, 조합수지에 미치는 영향, 조치내용 또는 계획 등
5. 감독규정 제9조 제3항 제5호의 규정에 따른 공시의 경우에는 대상, 경위, 주요내용, 조합수지에 미치는 영향 등
6. 감독규정 제9조 제3항 제6호의 규정에 따른 공시의 경우에는 대상, 경위, 주요내용, 조합수지에 미치는 영향 등
7. 감독규정 제9조 제3항 제7호의 규정에 따른 공시의 경우에는 경위, 금액, 조합수지에 미치는 영향, 조치내용 또는 계획 등

Ⅳ. 산림조합

산림조합의 사업에 관하여는 신용협동조합법 제83조의2(경영공시)를 적용한
다(신협법95④).

Ⅴ. 새마을금고

1. 의의

금고 및 중앙회는 결산일부터 3개월 이내에 ⅰ) 재무 및 손익에 관한 사항(제
1호), ⅱ) 자금의 조달 및 운용에 관한 사항(제2호), ⅲ) 금고의 건전성·수익성·생
산성 등을 나타내는 경영지표에 관한 사항(제3호), ⅳ) 이사장의 이사회 보고사항
(법17④) 및 그 조치 결과(제4호)를 공시하여야 한다(법75, 영48①).

중앙회장은 영 제48조 제1항 각 호의 공시사항에 관한 세부기준을 정할 수
있다(영48②). 이에 따라 새마을금고 감독기준 시행세칙 제5장은 경영공시에 관
하여 규정하고 있다.

2. 정기공시

(1) 공시기한

정기공시는 결산일부터 3월 이내에 공시하여야 한다(감독기준 시행세칙31①
본문). 다만, 상반기 가결산을 실시하는 경우에는 상반기 가결산일로부터 2월 이
내에 공시하여야 한다(감독기준 시행세칙31① 단서).

(2) 공시의무사항

정기공시는 다음의 사항을 공시하여야 한다(감독기준 시행세칙31②).

1. 재무 및 손익에 관한 사항
    가. 재무상태표 및 손익계산서
    나. 자본 및 배당에 관한 사항
    다. 이익잉여금처분계산서 또는 결손금처리계산서
2. 자금조달 및 운용에 관한 사항

　　　가. 예적금 현황

　　　나. 대출채권 현황

　　　다. 유가증권 현황

　　　라. 대손충당금 및 대손상각 현황

　　　마. 고정이하 여신 및 부실여신 현황

　　3. 금고의 건전성·수익성·생산성 등을 나타내는 경영지표에 관한 사항

　　　가. 위험가중자산 대비 자기자본비율, 단순자기자본비율 및 순자본비율

　　　나. 손실위험도 가중 여신비율, 순고정이하여신비율 및 연체대출금 비율

　　　다. 총자산 순이익률, 총자산 경비율 및 수지 비율

　　　라. 유동성 비율 및 고정자산비율

　　　마. 1인당 총자산·예적금·대출금·영업이익

　　4. 감사결과(법76), 경영평가 결과(법79⑥), 검사결과와 그 조치 결과 내용(법79
　　　③ 및 법81①)

　　5. 기타 일반현황 등 금고에서 공시가 필요하다고 인정하는 사항

(3) 공시방법

　　정기공시는 회원 및 이해관계자가 열람할 수 있도록 당해 금고의 주사무소
및 분사무소 객장의 일정 장소에 공시일부터 1년간(상반기 가결산 결과에 대한 공
시자료의 경우에는 당해연도 결산결과 공시일까지) 비치하여야 한다(감독기준 시행세칙
32①).

　　금고는 회원 및 이해관계자로부터 경영공시자료를 요청받은 경우 이를 실비
또는 무상으로 제공하거나, 인터넷 등을 통하여 공시자료를 열람할 수 있도록 할
수 있다(감독기준 시행세칙32②).

(4) 전자경영공시

　　정기공시 자료는 결산일로부터 3월 이내(상반기 가결산의 경우에는 결산일로부
터 2월 이내) 중앙회 인터넷 홈페이지를 통하여 확인할 수 있어야 한다(감독기준
시행세칙33).

3. 수시공시

(1) 공시사유

금고는 다음의 어느 하나에 해당하는 경우 관련 내용을 공시하여야 한다(감독기준 시행세칙34①).

1. 대출 채무자별로 금고의 전월 말 자기자본의 5%에 상당하는 금액을 초과하는 부실대출(회수의문 또는 추정손실로 분류된 대출금)이 신규로 발생한 경우. 다만, 그 금액이 1억원 이하인 경우는 제외한다.
2. 금융사고가 발생하여 금고의 전월말 자기자본의 5%에 상당하는 금액 이상의 손실이 발생하였거나 발생이 예상되는 경우. 다만, 그 금액이 1억원 이하인 경우는 제외한다.
3. 민사소송 패소 등의 사유로 금고의 전월말 자기자본의 5%에 상당하는 금액을 초과하는 손실이 발생한 경우. 다만, 그 금액이 1억원 이하인 경우는 제외한다.
4. 감독기관으로부터 임직원에 대한 제재조치 요구를 받은 경우
5. 법 제79조의4(형사 기소된 임직원에 대한 제재 등), 제80조(경영지도) 제3항에 따라 임직원이 직무정지를 받은 경우
5의2. 법 제74조의3(금고 등에 대한 행정처분) 제1항 제3호(＝6개월 이내의 업무의 전부 또는 일부 정지, 법 제79조 제7항에 따른 조치를 포함)에 따라 금고가 업무의 전부 또는 일부 정지를 받은 경우
6. 감독기준 제12조, 제13조 또는 제17조에 따라 경영개선권고, 경영개선요구 또는 경영개선 명령을 받은 경우
7. 기타 거액손실 또는 금융사고 등이 발생하여 경영의 건전성을 크게 해치거나 해칠 우려가 있는 경우

(2) 수시공시내용

수시공시 사유(감독기준 시행세칙34①)에 의하여 공시하여야 할 내용은 다음과 같다(감독기준 시행세칙34②).

1. 제1항 제1호에 의한 공시의 경우에는 당해 채무자명, 금액, 사유, 금고수지에 미치는 영향, 사후 대책 등

2. 제1항 제2호에 의한 공시의 경우에는 당해 금융사고의 발생일자 또는 기간, 사고발견일자, 경위, 금액, 원인, 금고 수지에 미치는 영향, 조치 내용 또는 계획 등

3. 제1항 제3호에 의한 공시의 경우에는 경위, 금액, 금고 수지에 미치는 영향, 조치내용 또는 계획 등

4. 제1항 제4호에 의한 공시의 경우에는 제재조치 요구일자, 대상, 사유 및 조치계획 등

5. 제1항 제5호에 의한 공시의 경우에는 조치일자, 조치내용 및 조치사유 등

5의2. 제1항 제5호의2에 의한 공시의 경우에는 조치기간, 조치내용, 조치 사유 및 금고 수지에 미치는 영향 등

6. 제1항 제6호에 의한 공시의 경우에는 대상, 경위, 조치내용, 금고 수지에 미치는 영향 등

7. 제1항 제7호에 의한 공시의 경우에는 경위, 금액, 금고 수지에 미치는 영향, 조치내용 또는 계획 등

(3) 사전보고 수시공시 내용

금고는 감독기준 시행세칙 제34조 제1항 제1호부터 제3호의 규정에 의한 공시의 경우 사전에 회장에게 그 내용을 보고하여야 한다(감독기준 시행세칙34③).

(4) 공시방법

금고는 수시공시 사유가 발생한 경우 즉시 수시공시내용을 [별지 제6호 서식]에 의하여 작성하고 중앙회 홈페이지와 금고의 영업장 내에 게시하는 방법으로 3개월 이상 공시하여야 한다(감독기준 시행세칙34④).

4. 정정공시 또는 재공시

(1) 정정공시

금고는 정기공시 자료의 내용 중 오류가 발견된 경우에는 당초의 기재사항과 정정사항을 비교한 내용을 오류 발견일부터 5일 이내에 정정공시하여야 한다(감독기준 시행세칙35①).

(2) 재공시

금고는 공시사항의 누락이 발견된 경우에는 누락된 공시사항을 포함한 공시 자료를 발견일부터 5일 이내에 재공시하여야 한다(감독기준 시행세칙35②).

5. 공시자료의 보존

금고는 공시자료를 정기공시의 경우 공시일부터 5년, 수시공시의 경우에는 공시일부터 3년간 보존하여야 한다(감독기준 시행세칙35④).

제9절　경영건전성　기준

상호금융기관은 신용협동조합법에 의해 설립된 비영리법인인 신용협동조합, 농업협동조합[농업협동조합법에 의하여 설립된 지역농업협동조합과 지역축산업협동조합(신용사업을 실시하는 품목조합을 포함)], 수산업협동조합[수산업협동조합법에 의하여 설립된 지구별수산업협동조합(법률 제4820호 수산업협동조합법 중 개정법률 부칙 제5조의 규정에 의하여 신용사업을 실시하는 조합을 포함)], 산림조합법에 의해 설립된 산림조합을 말한다(상호금융업감독규정 제2조 및 제3조 참조). 또한 새마을금고법에 의해 설립된 새마을금고도 설립목적, 지배구조, 영위 업무 등을 고려할 때 상호금융기관에 해당한다.

이들 기관들 중에서 새마을금고를 제외한 기관들은 모두 금융위원회와 금융감독원의 건전성감독을 있으며, 새마을금고만 행정안전부의 건전성감독을 받고 있다.

Ⅰ. 신용협동조합

1. 의의

조합 및 중앙회는 경영의 건전성을 유지하고 금융사고를 예방하기 위하여 ⅰ) 재무구조의 건전성에 관한 사항(제1호), ⅱ) 자산의 건전성에 관한 사항(제2

호), iii) 회계 및 결산에 관한 사항(제3호), iv) 위험관리에 관한 사항(제4호), ⅴ) 그 밖에 경영의 건전성을 확보하기 위하여 필요한 사항(제5호)에 관하여 대통령령으로 정하는 바에 따라 금융위원회가 정하는 경영건전성 기준을 준수하여야 한다(법83의3①).

금융위원회는 중앙회가 경영건전성 기준을 충족시키지 못하는 등 경영의 건전성을 크게 해칠 우려가 있다고 인정하는 경우에는 자본금 증가, 보유자산의 축소 등 경영상태의 개선을 위한 조치를 이행하도록 명령할 수 있다(법83의3②).

2. 재무구조 건전성

(1) 의의

조합 및 중앙회는 경영의 건전성을 유지하고 금융사고를 예방하기 위하여 금융위원회가 정하는 재무구조의 건전성에 관한 사항인 ⅰ) 자산등에 대한 자기자본비율(가목), ⅱ) 적립필요금액에 대한 대손충당금비율(나목), ⅲ) 퇴직금추계액에 대한 퇴직급여충당금비율(다목)을 준수하여야 한다(법83의3①, 영20의2(1)).

(2) 경영지도비율

조합의 경영건전성 확보를 위하여 은행에 적용하는 유사한 형태로 경영지도비율 기준을 설정하여 이를 준수하도록 하고 있다.

조합은 ⅰ) 총자산 대비 순자본비율[21]: 2% 이상(제1호), ⅱ) 대손충당금비

---

[21] [별표 5] 상호금융업감독규정시행세칙 제12조(건전성비율 산정기준)

1. $$순자본비율 = \frac{총자산1) - 총부채1) - 출자금2) + 후순위차입금3) + 대손충당금4)}{총자산 + 미사용약정 \ 신용환산금액5) + 대손충당금4)} \times 100$$

  1) 상호금융기관의 전체사업에 해당하는 총자산 및 총부채
  2) 조합원 탈퇴시 자산·부채 현황과 관계없이 환급이 보장된 출자금(가입금 포함)에 한한다.
  3) 후순위차입금은 다음의 조건을 갖추어야 하고, 인정한도 범위 내에서 산입할 수 있으며 신협에만 해당한다.
  <후순위차입금 조건>
  ① 만기 5년 이상일 것 ② 무담보 및 후순위특약* 조건일 것 ③ 조합의 순자본비율이 2% 미만인 경우 이자 지급의 연기가 가능할 것 ④ 조합의 순자본비율이 -3% 미만인 경우 원리금 지급의 연기가 가능할 것 ⑤ 만기 전에 채권자 임의에 의한 상환이 허용되지 않을 것. 다만, 중앙회장이 당해 조합의 순자본비율 수준 등을 고려하여 승인한 경우에는 그러하지 아니하다. ⑥ 파산 등의 사태가 발생할 경우 선순위채권

율: 100% 이상(제2호), iii) 퇴직급여충당금 비율: 100% 이상(제3호)의 건전성 비율을 유지하여야 한다(감독규정12① 본문).

(3) 대손충당금 적립기준
(가) 대손충당금비율

경영지도비율 중 대손충당금비율의 산정기준은 [별표 1-3]과 같다(감독규정 12② 본문).

[별표 1-3] 대손충당금비율

가. 설정대상채권

대출금, 여신성가지급금, 가지급금, 신용카드채권, 미수금, 환매조건부채권매수 및 미사용 약정

나. 산식

$$대손충당금비율 = \frac{대손충당금\ 잔액^{1)}}{대손충당금\ 요적립잔액^{2)}} \times 100$$

1) 대손충당금 잔액 = 결산 또는 가결산 후의 대손충당금 잔액
2) 대손충당금 요적립잔액
   ① 당해 회계연도 결산 또는 가결산 기준일 현재 대손충당금 설정대상채권에 대한 자산건전성 분류결과에 따라 정상 분류채권의 1% 이상, 요주의 분류채권의 10% 이상, 고정 분류채권의 20% 이상, 회수의문 분류채권의 55% 이상, 추정 손실 분류채권의 100%를 합계한 금액으로 한다.

자가 채권전액을 상환받을 때까지 기한부 후순위채권자의 상계권이 허용되지 않는 조건일 것
* 파산 등의 사태가 발생할 경우 선순위채권자가 채권전액을 상환받은 후에야 상환청구권의 효력이 발생함을 정한 특약
<후순위차입금 인정한도>
① 차입시 만기 5년 이상의 후순위차입금은 [별표 5-4]에서 정하고 있는 기본자본의 50% 범위 내에서 산입할 수 있다.
② 잔존기간이 5년 이내로 되는 경우에는 매년 20%씩 차감(매분기 초마다 5%씩 차감) 한다.
4) 대손충당금 중 정상, 요주의 및 고정분류 해당분(단 고정분류 해당분은 총자산의 1.25% 범위내)을 말한다.
5) 감독규정 [별표 1-3]의 미사용약정에 대하여 신용환산율 40%를 곱한 금액

② 제1항에도 불구하고 통계법에 따른 한국표준산업분류상 다음의 업종에 속하지 않는 법인에 대한 채권은 자산건전성 분류결과에 따라 정상 분류 채권의 0.85% 이상, 요주의 분류채권의 7% 이상, 회수의문 분류채권의 50% 이상의 금액으로 할 수 있다.

  1. 건설업(F)

  2. 도매 및 소매업(G)

  3. 숙박 및 음식점업(I)

  4. 부동산업(L)

  5. 임대업(76)

③ 제1항에도 불구하고 차주가 대한민국 정부 또는 지방자치단체인 자산과 "정상"으로 분류된 환매조건부채권매수에 대하여는 대손충당금을 적립하지 아니할 수 있다.

④ 제1항에도 불구하고 가목 미사용약정의 경우에는 [별표 1-1]의 자산건전성 결과에 따라 분류된 대손충당금 설정대상채권에 신용환산율 40%를 곱하여 산정한 금액에 대하여 대손충당금을 적립하여야 한다.

(나) 대손충당금의 가산

1) 요적립잔액의 30% 가산

다음에 해당하는 가계대출("고위험대출"), 즉 ⅰ) 동일채무자에 대한 대출상환 방식이 ㉠ 대출만기에 원금을 일시상환하는 방식의 대출(가목), ㉡ 거치기간 경과 후에 원금을 분할상환하는 방식의 대출(거치기간이 종료되고 원금 분할상환이 시작된 경우 제외)(나목)에 해당하는 경우로서 대출금 총액이 2억원 이상인 경우(제1호), ⅱ) 5개 이상의 금융기관(신용정보법 시행령 제5조 제2항에서 정한 금융기관[22])에 개인대출 잔액을 보유한 자에 대한 대출(제2호)로서 자산건전성 분류가 "정상", "요주의", "고정" 또는 "회수의문"인 대출에 대하여는 [별표 1-3]의 기준에 의한 대손충당금 요적립잔액에 30%를 가산하여 대손충당금을 적립하여

---

22) 금융지주회사, 기술보증기금, 농협동조합중앙회, 농협은행, 한국무역보험공사, 보험회사, 산림조합중앙회, 상호저축은행중앙회, 새마을금고중앙회, 수산업협동조합중앙회, 수협은행, 신용보증기금, 신용협동조합중앙회, 여신전문금융회사(여신전문금융업법 제3조 제3항 제1호에 따라 허가를 받거나 등록을 한 자를 포함), 예금보험공사 및 정리금융회사, 은행(은행법 제59조에 따라 은행으로 보는 자를 포함), 금융투자업자·증권금융회사·종합금융회사·자금중개회사 및 명의개서대행회사, 중소기업은행, 신용보증재단과 그 중앙회, 한국산업은행, 한국수출입은행, 한국주택금융공사, 외국법령에 따라 설립되어 외국에서 신용정보업 또는 채권추심업을 수행하는 자 등.

야 한다(감독규정12② 단서).

2) 요적립잔액의 20% 가산

조합이 직전 사업연도 말 기준으로 다음의 요건, 즉 ⅰ) 총자산대비 순자본비율: 5% 이상(신용협동조합은 3% 이상)(제1호), ⅱ) 예대율: 60% 이상(제2호), ⅲ) 총대출 대비 조합원에 대한 대출비율이 80% 이상(농업협동조합, 수산업협동조합 및 산림조합은 50% 이상)이거나, 총대출 대비 신용대출(햇살론 포함)비율이 10% 이상(수산업협동조합은 7% 이상)(제3호)을 모두 충족하는 경우에는 [별표 1-3]의 기준에 의한 대손충당금 요적립잔액에 20%를 가산하여 대손충당금을 적립할 수 있다(감독규정12③ 본문). 다만, 감독규정 제12조의2(재무상태개선권고) 제1항 각호[23] 또는 제12조의3(재무상태개선요구) 제1항 각호[24]의 어느 하나에 해당하는 조합("재무상태개선조치 조합")은 그러하지 아니하며, 당해 사업연도 중 재무상태개선조치 조합에 해당하게 되는 경우에는 그 해당 분기말부터 앞의 고위험대출의 감독규정 제12조 제2항 단서를 적용한다(감독규정12③ 단서).

(다) 대손충당금의 감액

주택담보대출 중 원금을 분할상환하는 방식의 대출로서 자산건전성 분류가 "정상"인 대출에 대하여는 [별표 1-3]의 기준에 의한 대손충당금 요적립잔액에서 50%를 감액하여 대손충당금을 적립한다(감독규정12④).

3. 자산건전성

(1) 의의

조합 및 중앙회는 경영의 건전성을 유지하고 금융사고를 예방하기 위하여 금융위원회가 정하는 자산의 건전성에 관한 사항인 ⅰ) 자산건전성분류대상 자

---

23) 1. 제12조 제1항 제1호에서 정하는 총자산 대비 순자본비율이 2% 미만인 경우
   2. 제8조의 규정에 의한 경영실태평가결과 종합평가등급이 3등급 이상으로서 자본적정성 또는 자산건전성 부문의 평가등급을 4등급 이하로 판정받은 경우
   3. 거액의 금융사고 또는 부실채권의 발생으로 제1호 내지 제2호의 기준에 해당될 것이 명백하다고 판단되는 경우
24) 1. 제12조 제1항 제1호에서 정하는 총자산대비순자본비율이 마이너스 3% 미만인 경우
   2. 제8조의 규정에 의한 경영실태평가결과 종합평가등급을 4등급 이하로 판정받은 경우
   3. 거액의 금융사고 또는 부실채권의 발생으로 제1호 내지 제2호의 기준에 해당될 것이 명백하다고 판단되는 경우
   4. 제12조의2의 규정에 의한 재무상태개선 권고를 받은 조합이 재무상태개선계획을 성실하게 이행하지 아니하는 경우

산의 범위(가목), ⅱ) 자산에 대한 건전성분류 단계 및 그 기준(나목)을 준수하여
야 한다(법83의3①, 영20의2(2)).

(2) 자산건전성 분류기준 등
(가) 자산건전성 분류기준

조합은 다음의 보유자산, 즉 ⅰ) 대출금(상호금융대출, 정책자금대출, 공제대출
및 어음할인)과 여신성가지급금(당해 대출금을 회수하기 위하여 지급된 가지급금)(제1
호), ⅱ) 유가증권(제2호), ⅲ) 가지급금(제3호), ⅳ) 신용카드 채권(제4호), ⅴ) 미
수금(제5호), ⅵ) 환매조건부채권매수(제6호), ⅶ) 미사용약정(상품 또는 계약의 명
칭을 불문하고 약정한도, 약정기간 및 조건 등을 사전에 정하고, 필요한 자금을 계속적
또는 반복적으로 차입할 수 있는 대출등의 미사용약정)(제7호), ⅷ) 그 밖에 금융감독
원장이 정하는 건전성 분류가 필요하다고 인정하는 자산 등(제8호)의 건전성을
[별표 1-1]25)에 따라 매분기 말(유가증권에 대한 평가는 매월 1회 정기적으로 실시하

---

25) [별표 1-1] 자산건전성 분류기준
  Ⅰ. 대출금(여신성가지급금, 환매조건부채권매수, 미사용약정 포함)
  1. 정상
     금융거래 내용, 신용상태가 양호한 채무자와 1월 미만의 연체대출금(정책자금대출금
     포함)을 보유하고 있으나 채무상환능력이 충분한 채무자에 대한 총대출금
  2. 요주의
     금융거래내용 또는 신용상태 등으로 보아 사후관리에 있어 통상 이상의 주의를 요하는
     채무자에 대한 총대출금
  <예 시>
  ① 1월 이상 3월 미만의 연체대출금을 보유하고 있으나 회수가 확실시되는 채무자에 대
  한 총대출금
  ② 1월 이상 연체중인 대출금중 정부 또는 농림수산정책자금대손보전기금으로부터 대손
  보전이 보장되는 금액
  ③ 1월 미만의 연체대출금을 보유하고 있으나 신용정보관리규약에 의하여 신용불량거래
  처로 등록된 거래처에 대한 총대출금
  ④ 고정 이하로 분류된 대출금을 보유하고 있는 채무자에 대한 총대출금중 원리금 회수가
  확실시되는 다음의 어느 하나를 담보로 하는 대출금의 담보 해당금액. 다만 제5호 및 제6
  호를 담보로 하는 대출금의 담보 해당금액은 "정상"으로 분류할 수 있다.
  1. 국채법에 따른 국채 및 지방재정법에 따른 지방채
  2. 국고금 관리법에 따른 재정증권
  3. 한국은행법에 따른 한국은행통화안정증권
  4. 공공기관운영법에 따른 공기업 및 준정부기관이 발행하는 채권
  5. 공제해약환급금
  6. 금융기관(신용보증기금, 농림수산업자신용보증기금, 보증보험회사 등)의 보증
  ⑤ 고정이하로 분류되는 상업어음할인 중 만기일에 정상결제가 확실시되는 상업어음할인

⑥ 채무자회생법에 따라 회생절차가 진행 중인 기업체에 대한 공익채권, 회생계획에 따라 1년 이상 정상적으로 원리금이 상환되거나 채무상환능력이 크게 개선되있다고 판단되는 회생채권·회생담보권

⑦ 기업개선작업 대상업체로 확정(신청 포함)된 거래처에 대한 총대출금

⑧ 법원 경매절차에 따라 매각허가결정이 선고된 부동산 등과 관련한 여신 중 배당으로 회수가 확실시되는 금액. 다만 결산 확정(분·반기 말의 경우 기준일로부터 1개월) 이전에 매각대금 미납, 배당 이의의 소 제기 등으로 인하여 회수가능성 및 회수가능금액의 변동이 예상되는 경우에는 "고정"으로 분류한다.

⑨ 기타 부실징후가 예견되거나 발생 중에 있다고 인정되는 법인에 대한 총대출금 등. 다만, 다음의 어느 하나에 해당하는 경우에는 "정상"으로 분류할 수 있다.

1. 자산건전성 분류기준일 현재 해당 조합과 2년 이상의 기간 동안 연체 없이 정상적인 거래를 하고 있는 법인에 대한 대출

2. 은행 등과 공동으로 취급한 동순위 대출 중 주관사가 정상으로 분류한 대출. 다만, 주관사가 대출에 참여하지 않은 경우에는 대출에 참여한 모든 은행 및 보험사가 정상으로 분류한 대출

<부실징후 예시>

① 최근 3년 연속 결손 발생

② 최근 결산일 현재 납입자본 완전잠식

③ 제1·2 금융권 차입금이 연간 매출액을 초과하고 최근 2년 연속 영업이익이 금융비용에 미달. 다만, 최초 결산일로부터 1년이 경과하지 않은 신설법인이나 종교단체·학술단체 등 비영리단체에 대한 대출 및 정책자금대출은 제외한다.

④ 기업의 경영권, 상속지분 등의 문제로 기업 경영상 내분이 발생하여 정상적인 경영활동이 곤란한 경우

⑤ 3월 이상 조업 중단

⑥ 최근 6월 이내 1차부도 발생사실이 있는 거래처에 대한 총대출 등

3. 고정

금융거래내용, 신용상태가 불량하여 구체적인 회수조치를 강구할 필요가 있는 채무자에 대한 총대출금 중 회수예상가액 해당금액

<예 시>

① 3월 이상의 연체대출금을 보유하고 있는 채무자에 대한 총대출금 중 회수예상가액 해당금액

② 대손신청기한으로부터 3월이 경과한 시점까지 대손보전 신청을 하지 않은 정부 또는 농림수산정책 자금대손보전기금 손실보전 대상 대출금 및 농림수산업자신용보증기금 보증서 담보대출금 중 회수예상가액 해당금액

③ 담보권의 실행, 지급명령신청, 대여금 청구소송, 강제집행 등 법적절차 진행중인 채무자에 대한 회수예상가액(자산건전성 분류기준일 현재로부터 최근일의 담보평가액(최종 법정평가액)) 해당금액. 다만, 채무자의 상환능력 저하와 관계없는 가압류, 가처분 또는 압류(행정처분인 경우에 한한다)의 경우 본안소송으로 이어지지 아니하였고, 해당 채무자의 대출금이 자산건전성 분류기준일 현재 연체되지 아니한 경우에는 요주의로 분류할 수 있으며, 이 중 가압류 또는 압류에 한하여 그 청구금액의 합계액이 5백만원 미만이거나 대출금액의 1%에 해당하는 금액 미만인 경우에는 정상으로 분류할 수 있다.

④ 폐업 중인 채무자에 대한 총대출금 중 회수예상가액 해당금액. 다만, 개인사업자의 경우 다른 소득이 있거나 영업을 계속하고 있음을 객관적으로 증명하는 경우에는 원리금 회수 가능성에 따라 정상 또는 요주의로 분류할 수 있다

⑤ 법 제42조(동일인에 대한 대출등의 한도)의 규정에 위반하여 대출을 받은 채무자에 대

한 총대출금 중 회수예상가액 해당금액. 다만, 위반사실 적출일 현재 이자납부 등 정상적인 신용상태가 유지되고 있는 채무자에 대하여는 위반 사실 적출일 이후 3월이 경과한 때로부터 고정 이하로 분류하되 건전성분류 기준일 현재 정상적인 신용상태가 유지되고 있는 채무자에 대하여는 동일인 대출한도 초과금액을, 그러하지 아니한 채무자에 대하여는 총대출액을 기준으로 회수예상가액을 산정

⑥ 채무자회생법에 따라 회생절차가 진행(신청 포함)중인 채무자에 대한 총대출금 중 회수예상가액 해당금액

⑦ 다음 각호의 어느 하나에 해당되는 경우로서 자산건전성 분류기준일 현재 1월 이상 연체사실이 있는 법인에 대한 총대출금 중 회수예상가액 해당금액

1. 3월 이상 조업 중단
2. 최근 결산일 현재 납입자본이 완전 잠식 상태이고, 제1·2금융권 차입금이 연간 매출액을 초과하며, 최근 2년 연속 영업이익이 금융비용에 미달

⑧ 신용정보관리규약에 의하여 신용불량거래처로 등록된 거래처의 등록 내용상 1,500만원 이상의 대출이 3개월 이상 연체(금융감독원장이 정한 기준에 의함)된 경우 해당 거래처의 총대출 중 회수예상가액. 다만, 해당 조합의 총대출금이 3백만원 이하인 경우에는 "요주의"로 분류할 수 있다.

⑨ 기타 채권확보를 위하여 별도의 회수방법을 강구할 필요가 있는 채무자에 대한 총대출금 중 회수예상가액 해당금액

4. 회수의문
    고정으로 분류된 채무자에 대한 총대출금 중 손실발생이 예상되나 현재 그 손실액을 확정할 수 없는 회수예상가액 초과금액

<예 시>
① 3월 이상 12월 미만 연체대출금을 보유하고 있는 채무자에 대한 총대출금 중 회수예상가액 초과부분
② 대손신청기한으로부터 3월이 경과한 시점까지 대손보전 신청을 하지 않은 정부 또는 농림수산정책 자금대손보전기금 손실보전 대상 대출금 및 농림수산업자신용보증기금 보증서 담보대출금 중 손실발생이 예상되나 현재 그 손실액을 확정할 수 없는 회수예상가액 초과금액

5. 추정손실
    고정으로 분류된 채무자에 대한 총대출금 중 회수불능이 확실하여 손비처리가 불가피한 회수예상가액 초과금액

<예 시>
① 12월 이상 연체대출금을 보유하고 있는 채무자에 대한 총대출금 중 회수예상가액 초과부분
② 대손신청기한으로부터 3월이 경과한 시점까지 대손보전 신청을 하지 않은 정부 또는 농림수산정책 자금대손보전기금 손실보전 대상 대출금 및 농림수산업자신용보증기금 보증서 담보대출금 중 회수불능이 확실하여 손비처리가 불가피한 회수예상가액 초과금액
③ 소송패소로 인하여 담보권이 소멸되고 채무자 및 보증인이 행방불명되거나 상환능력이 없다고 판단되는 대출금
④ 법적절차 완결 후의 잔존채권으로서 채무자 및 보증인으로부터 상환가능성이 없다고 판단되는 대출금
⑤ 채권, 담보권 등의 하자로 인하여 소송이 계속 중이고 패소가 확실하다고 판단되는 대출금
⑥ 회수의문으로 분류된 후 1년 이상이 경과되도록 채무관계인의 재산을 발견하지 못하는 등 회수가 불가능한 대출금

⑦ 최종부도 발생, 청산·파산절차 진행 또는 폐업 등의 사유로 채권회수에 심각한 위험이 존새하는 것으로 판단되는 대출금

Ⅱ. 신용카드 채권

1. 정상: 금융거래내용, 신용상태 및 경영내용이 양호한 거래처에 대한 총 카드자산

2. 요주의: 다음의 어느 하나에 해당하는 자산
   1) 금융거래내용, 신용상태 및 경영내용 등을 감안할 때 채권회수에 즉각적인 위험이 발생하지는 않았으나 향후 채무상환능력의 저하를 초래할 수 있는 잠재적인 요인이 존재하는 것으로 판단되는 거래처(요주의거래처)에 대한 자산
   2) 1월 이상 3월 미만 연체대출금을 보유하고 있는 거래처에 대한 자산

3. 고정: 다음의 어느 하나에 해당하는 자산
   1) 금융거래내용, 신용상태 및 경영내용 등을 감안할 때 채무상환능력의 저하를 초래할 수 있는 요인이 현재화되어 채권회수에 상당한 위험이 발생한 것으로 판단되는 거래처(고정거래처)에 대한 자산
   2) 3월 이상 연체대출금을 보유하고 있는 거래처에 대한 자산 중 회수예상가액 해당부분
   3) 최종부도 발생, 청산·파산절차 진행 또는 폐업 등의 사유로 채권회수에 심각한 위험이 존재하는 것으로 판단되는 거래처에 대한 자산 중 회수예상가액 해당부분
   4) "회수의문거래처" 및 "추정손실거래처"에 대한 자산 중 회수예상가액 해당부분

4. 회수의문: 다음의 어느 하나에 해당하는 자산
   1) 금융거래내용, 신용상태 및 경영내용 등을 감안할 때 채무상환능력이 현저히 악화되어 채권회수에 심각한 위험이 발생한 것으로 판단되는 거래처(회수의문거래처)에 대한 자산 중 회수예상가액 초과부분
   2) 3월 이상 6월 미만 연체대출금을 보유하고 있는 거래처에 대한 자산 중 회수예상가액 초과부분

5. 추정손실: 다음의 어느 하나에 해당하는 자산
   1) 금융거래내용, 신용상태 및 경영내용 등을 감안할 때 채무상환능력의 심각한 악화로 회수불능이 확실하여 손실처리가 불가피한 것으로 판단되는 거래처(추정손실거래처)에 대한 자산 중 회수예상가액 초과부분
   2) 6월 이상 연체대출금을 보유하고 있는 거래처에 대한 자산 중 회수예상가액 초과부분
   3) 최종부도 발생, 청산·파산절차 진행 또는 폐업 등의 사유로 채권회수에 심각한 위험이 존재하는 것으로 판단되는 거래처에 대한 자산 중 회수예상가액 초과부분

Ⅲ. 유가증권(시가법에 의한 평가대상 유가증권 제외)

1. 정상
   1) 평가액이 장부가액을 상회하는 유가증권
   2) 평가액이 장부가액을 일시적(3월 미만)으로 하회하고 있으나 장차 회복될 전망이 확실시되는 유가증권
   3) 국공채, 정부보증채, 보증사채 등으로서 원리금 회수가 확실시되는 유가증권

2. 요주의
   1) 평가액이 장부가액을 상회하고 있으나 최근 2년 이상 계속하여 납입자본 잠식상태에 있는 회사가 발행한 유가증권
   2) 평가액이 장부가액을 3월 이상 계속 하회하는 유가증권의 평가 상당액
   3) 최근 발행자의 경영악화 등으로 신용위험이 증대한 유가증권

3. 회수의문
   1) 평가액이 장부가액을 3월 이상 계속 하회하고 있는 유가증권의 평가손실액
   2) 발행자의 신용위험 등이 현저히 악화되어 만기에 원금회수가 의문시되는 유가증권

4. 추정손실

고 평가일의 종가를 적용)을 기준으로 분류하여야 한다(감독규정11① 본문).

(나) 5단계 분류

위의 자산건전성 분류기준에서 보유자산에 대한 건전성은 "정상", "요주의", "고정", "회수의문", "추정손실"의 5단계로 구분하되, 유가증권의 경우에는 "고정"분류를, 가지급금(여신성 가지급금을 제외)의 경우에는 "요주의" 및 "고정"분류를 제외한다(감독규정11②).

(3) 연체대출금
(가) 연체대출금 의제 대출금

조합은 자산건전성 분류기준에 의하여 보유자산의 건전성을 분류함에 있어 다음에 해당하는 대출금, 즉 ⅰ) 약정만기일에 상환되지 아니한 대출금(제1호), ⅱ) 약정만기일 이내라도 이자가 납입되지 아니한 사유 등으로 기한의 이익을 상실한 대출금(제2호 본문). 다만, 기한의 이익을 상실하지 않았더라도 ㉠ 이자의 납입주기가 6개월 미만인 경우 차기 납입기일까지 이자가 납입되지 않은 대출금

---

1) 평가액이 장부가액을 6월 이상 계속 하회하고 있는 유가증권의 평가손실액
2) 발행자의 파산으로 원금 회수불능이 확실시되는 유가증권
3) 기타 무가치한 유가증권
Ⅳ. 가지급금(여신성가지급금 제외)
1. 정상
  1) 당해 회계연도 또는 다음 회계연도 내에 정상적으로 정리될 것이 확실한 가지급금
  2) 기타 회수가 확실한 가지급금
2. 회수의문
  1) 사고금 또는 출납부족금 정리를 위한 것으로 손비처리가 예상되는 가지급금
  2) 소송관계 비용으로서 손비처리가 예상되는 가지급금
  3) 기타 회수가 불확실하여 손비처리가 예상되는 가지급금
3. 추정손실
  1) 사고금 또는 출납부족금 정리를 위한 것으로 손비처리가 불가피한 가지급금
  2) 소송관계 비용으로서 패소가 확실하여 손비처리가 불가피한 가지급금
  3) 기타 손비처리가 불가피한 가지급금
Ⅴ. 미수금
1. 정상: 지급일로부터 1월이 경과하지 아니한 미수채권
2. 요주의: 지급일로부터 1월 이상 3월이 경과하지 아니한 미수채권
3. 고정: 지급일로부터 3월 이상 경과된 미수채권으로서 회수예상가액 해당분
4. 회수의문: 지급일로부터 3월 이상 경과된 미수채권으로서 손실발생이 예상되나 현재 손실액을 확정할 수 없는 회수예상가액 초과분
5. 추정손실: 지급일로부터 3월 이상 경과된 미수채권으로서 회수불능이 확실하여 손비처리가 불가피한 회수예상가액 초과분

과 ⓛ 이자의 납입주기가 6개월 이상인 경우 납입기일로부터 3개월 경과시까지 이자가 납입되지 않은 대출금(예탁금·적금 납입액 이내의 담보대출금은 제외)을 포함한다(제2호 단서). iii) 분할상환 기일에 상환되지 아니한 분할상환금(제3호), iv) 만기일에 결제되지 아니한 상업어음할인(제4호)에 대하여는 이를 연체대출금으로 본다(상호금융업감독업무시행세칙6①).

(나) 연체대출금의 분류기준

연체대출금은 최초의 연체기산일을 기준으로 분류한다(상호금융업감독업무시행세칙6②).

(4) 회수예상가액 산정

(가) 원칙: 담보종류별 회수예상가액 산정기준

조합은 자산건전성 분류기준에 의한 "고정"이하 분류 여신을 보유한 채무자의 대출금에 대하여는 자산건전성 분류시마다 감독규정 [별표 1-2][26]의 담보종

---

26) [별표 1-2] 담보종류별 회수예상가액 산정기준

담보종류		산정액	비고
예·적금		불입액의 100%	
중앙회 공제		해약환급금의 100%	
유가증권	상장주식 상장채권 수익증권	대용가격의 100% 대용가격의 100% 기준가격의 100%	한국거래소 공시
지급보증	은행지급보증서 신용보증서 보증보험증권 정부투자기관보증	보증(보험)금액의 100%	
부동산등	대지 건물 아파트 자동차, 중기, 선박등	공시지가의 100% 건물신축단가표의 100% 시가의 70% 최종감정가액을 관련 세법상의 내용년수로 나눈 금액을 매년 정액 차감	국토교통부 공시
	기계, 기구류	최종감정가액에서 매년 10%씩 차감	
기 타		시가의 70%	
경매 진행중인 담보		최종 법사가	

<유의사항>
1. 회수예상가액을 산정하는 경우에는 선순위 등을 공제하여야 하며, 관련법규 또는 조합 자체내규에서 담보취득을 제한하는 물건을 회수예상가액에서 제외하여야 함

류별 회수예상가액 산정기준에 따라 담보물의 회수예상가액을 산정하여야 한다 (감독규정11의2 본문).

(나) 예외: 최종담보평가액

다음의 어느 하나에 해당하는 경우. 즉 ⅰ) "고정"이하 분류사유 발생일이 3 개월 이내인 경우(제1호), ⅱ) 3개월 이내에 법적절차 착수예정인 경우(제2호), ⅲ) 예탁금, 적금, 유가증권 및 지급보증서 이외의 담보(경매가 진행 중인 담보는 제외)로서 담보의 최종감정일 또는 최종 회수예상가액 산정일이 2년 이내인 경우 (제3호), ⅳ) 총대출금액에 대한 담보비율이 150% 이상인 경우(제4호), ⅴ) 채무자 회생법에 따른 회생절차 또는 기업개선작업 등을 신청하였거나 당해 절차가 진 행 중인 경우(제5호)에는 최종담보평가액(유효담보가액 또는 종전 건전성 분류시 산 정한 회수예상가액 등)을 회수예상가액으로 볼 수 있다(감독규정11의2 단서).

4. 회계 및 결산

조합 및 중앙회는 경영의 건전성을 유지하고 금융사고를 예방하기 위하여 금융위원회가 정하는 회계 및 결산에 관한 사항인 ⅰ) 재무 및 손익상황의 표시 기준(가목), ⅱ) 충당금·적립금의 적립기준(나목), ⅲ) 채권의 대손상각처리기준 (다목)을 준수하여야 한다(법83의3①, 영20의2(3)).

위 다목과 관련 채권의 대손상각에 관하여 살펴보면 다음과 같다.

---

2. 시가는 매매가격 등을 기준으로 하여 조합 자체적으로 산정함

3. 건물신축단가표의 100%는 건물면적×표준단가×(잔여년수/내용년수)를 말하며, 관련 세법상의 내용년수 계산시에는 자동차 등의 구입시점에서 최종 감정일까지의 경과년 수를 차감함

4. 비상장유가증권 중 비상장주식(금융투자협회 공시)의 평가는 다음의 기준에 의한다.
① 대용가격이 있는 경우에는 대용가격의 100%
② 대용가격이 없으나 시가를 알 수 있는 경우에는 시가의 50%
③ 대용가격이 없고 시가도 알 수 없는 경우에는 『일반기업회계기준』 제6장 문단 13의 규 정에 의한 순자산가액이나 『상속세 및 증여세법 시행령』 제55조(순자산가액의 계산방법) 의 규정에 의한 평가액에 의함. 다만, 『상속세 및 증여세법 시행령』 제56조(1주당 최근 3년간의 순손익액의 계산방법)의 규정에 의한 순자산가액이 더 큰 경우에는 이를 기준으 로 평가할 수 있음.

5. 비상장유가증권 중 비상장채권의 평가는 다음의 기준에 의한다.
① 금융기관 보증부 및 담보부 채권의 경우에는 평가일 현재 3년만기 회사채 수익률로 할 인한 가액의 90%
② 기타채권의 경우에는 평가일 현재 3년만기 회사채수익률로 할인한 가액의 70%

(1) 대손인정 신청

조합이 보유한 부실채권을 대손상각처리하고자 할 경우에는 매분기 말 2월 전까지 중앙회장에게 대손인정을 신청하여야 한다(감독규정15의3①).

(2) 대손인정 결과의 보고

중앙회장은 대손인정의 신청에 의한 대손인정 결과를 매 사업연도 경과 후 다음 달 20일까지 금융감독원장에게 보고하여야 한다(감독규정15의3②).

(3) 재무재표 주석사항에 표시

조합은 대손인정 신청에 의하여 상각처리한 채권의 잔액을 재무상태표 주석 사항에 대손상각채권으로 표시하여야 한다(감독규정15의3③).

(4) 세부사항 제정

조합에 대한 대손인정에 필요한 세부사항 및 중앙회에 대한 대손상각 절차 등은 금융감독원장이 정한다(감독규정15의3④).[27]

5. 위험관리

조합 및 중앙회는 경영의 건전성을 유지하고 금융사고를 예방하기 위하여 금융위원회가 정하는 위험관리에 관한 사항인 ⅰ) 위험관리의 기본방침(가목), ⅱ) 위험관리를 위한 경영진의 역할(나목), ⅲ) 위험관리에 필요한 내부관리체제(다목), ⅳ) 여신 심사 및 사후관리 등에 관한 기준(라목), ⅴ) 금융사고 예방·대

---

27) 상호금융업감독업무시행세칙 제12조의2(채권의 대손상각) ① 대손상각채권은 조합이 보유한 자산 중 감독규정 제11조 제1항 각호의 채권(유가증권을 제외) 및 기타 이에 준하는 채권으로 한다.
② 중앙회장은 조합이 제1항에 해당하는 채권이 감독규정 제11조 및 제18조의2의 규정에 따라 "추정손실"로 분류된 경우 대손인정할 수 있다.
③ 제2항의 규정에 불구하고 제1항에 해당하는 채권 중 건당 1천만원 이하의 채권으로서 조합이 자체 상각한 것은 중앙회장이 대손인정한 것으로 본다.
④ 조합이 제2항의 규정에서 정하는 기준에 부합하여 대손인정을 중앙회장에 신청하고자 하는 경우 해당 채권에 대하여 자체 책임심의를 완료하고 대손인정신청시 그 결과를 함께 보고하여야 한다.
⑤ 감독규정 및 이 세칙에서 정하지 아니한 사항은 금융감독원장이 정한 금융기관채권대 손인정업무세칙·은행업감독업무시행세칙 제19조(대손상각요구) 및 제21조(상각실적보고) 에서 정한 사항을 준용한다. 이 경우 조합에 대하여는 금융감독원장을 중앙회장으로 본다.

응 및 재발방지 대책(마목)을 준수하여야 한다(법83의3①, 영20의2(4)).

(1) 리스크관리체제
(가) 종합적인 관리체제 구축·운영

조합은 상호금융업무를 영위함에 있어 발생하는 리스크를 사전에 예방하고 효율적으로 관리하기 위하여 이를 인식·측정·감시·통제할 수 있는 종합적인 관리체제를 구축·운영하여야 한다(감독규정16①).

(나) 리스크부담 한도 및 거래 한도의 설정·운영

조합은 리스크를 효율적으로 관리하기 위하여 부서별 또는 사업부문별 리스크부담 한도 및 거래 한도 등을 적절히 설정·운영하여야 한다(감독규정16②).

(2) 리스크관리조직
(가) 이사회 의결

조합은 이사회에서 리스크관리에 관한 정책 및 전략의 승인, 리스크관리규정의 제정 및 개정 등 리스크관리에 필요한 주요 사항을 심의·의결한다(감독규정16의2①).

(나) 리스크관리위원회의 설치와 업무

조합은 리스크관리에 관한 이사회의 승인결정사항을 효율적으로 이행하기 위하여 리스크관리위원회("위원회")를 설치하여야 하며, 위원회는 ⅰ) 리스크관리 정책 및 전략의 수립(제1호), ⅱ) 부담 가능한 리스크수준의 설정(제2호), ⅲ) 각종 한도의 설정 및 한도 초과의 승인(제3호), ⅳ) 위원회 승인 및 결정사항의 이사회 보고(제4호) 업무를 수행한다(감독규정16의2② 본문). 다만, 직장조합 및 직전 사업연도 종료일 현재의 자산총액이 300억원 미만인 조합은 이사회가 위원회 기능을 대행할 수 있다(감독규정16의2② 단서).

(다) 실무조직의 운영

조합은 경영상 발생할 수 있는 리스크를 독립적으로 종합관리하고 위원회를 보조할 수 있는 적절한 실무조직을 운영하여야 한다(감독규정16의2③ 본문). 다만, 직장조합 및 직전 사업연도 종료일 현재의 자산총액이 300억원 미만인 조합은 기존조직 또는 담당자에게 이를 담당하게 할 수 있다(감독규정16의2③ 단서).

324 제 2 편 조 합

(3) 리스크관리규정

(가) 내부규정 또는 지침의 제정 · 운영

조합은 리스크관리에 관한 기본방침, 조직 및 절차, 한도관리와 리스크측정 및 관리체체 등을 포함하는 내부규정 또는 지침을 자체 실정에 맞게 제정 · 운영하여야 한다(감독규정16의3①).

(나) 내부통제 세부사항

조합의 감사규정[28] 운영, 감사실 직제[29] 등 내부통제와 관련한 세부적인 사항은 금융감독원장이 정한다(감독규정16의3②).

(4) 주택관련 담보대출에 대한 리스크관리

(가) 주택관련 담보대출에 대한 리스크관리기준(별표 2)

조합은 주택관련 담보대출 취급시 경영의 건전성이 유지되도록 [별표 2]에서 정하는 담보인정비율, 총부채상환비율, 기타 주택담보대출 등의 취급 및 만기연장에 대한 제한 등을 준수하여야 한다(감독규정16의4①).

(나) 담보인정비율 및 총부채상환비율의 가감조정

금융감독원장은 조합의 경영건전성 등을 감안하여 긴급하다고 인정하는 경우 [별표 2]에서 정한 담보인정비율 및 총부채상환비율을 10% 범위 이내에서 가감조정할 수 있다(감독규정16의4② 전단). 이 경우 금융감독원장은 그 내용을 지체 없이 금융위원회에 보고하여야 한다(감독규정16의4② 후단).

(다) 세부판단기준

담보인정비율 및 총부채상환비율의 산정방법 및 적용대상의 세부판단기준, 주택담보대출 등의 취급 및 만기연장 제한 등과 관련한 세부적인 사항은 금융감독원장이 정하는 바에 따른다(감독규정16의4③).

---

28) 상호금융업감독업무시행세칙 제16조(감사규정) 조합은 중앙회에서 정한 감사규정을 조합 실정에 맞게 정하여 운영하여야 한다.

29) 상호금융업감독업무시행세칙 제17조(감사실 직제) ① 중앙회장이 정하는 기준에 의하여 감사실을 설치하여야 하는 조합은 직제규정에 따라 감사실을 설치하여야 한다.
② 조합의 감사실은 중앙회장이 정한 일상감사사항을 감사하여야 하며, 감사결과에 대한 조치 및 보고는 조합의 감사규정에서 정하는 바에 의한다.

(5) 여신업무 기준

(가) 여신심사 및 사후관리

조합은 상당한 주의를 기울여 ⅰ) 차주의 신용위험 및 상환능력 등에 대한 분석을 통한 신용리스크의 평가(제1호), ⅱ) 차주의 차입목적, 차입금 규모, 상환기간 등에 대한 심사 및 분석(제2호), ⅲ) 차주의 차입목적 이외의 차입금 사용방지 대책 마련(제3호), ⅳ) 여신실행 이후 차주의 신용상태 및 채무상환능력 변화에 대한 사후 점검 및 그 결과에 따른 적절한 조치(제4호), ⅴ) 산업별, 고객그룹별 여신운용의 다양화를 통한 여신편중 현상의 방지(제5호)의 여신심사 및 사후관리 등 여신업무를 처리하여야 한다(감독규정16의6①).

(나) 여신심사기준

금융감독원장은 여신 운용의 건전성을 제고할 수 있도록 여신심사 및 사후관리 업무에 관한 구체적인 기준을 정할 수 있다(감독규정16의6②).[30]

(6) 금융사고 예방대책

조합은 다음에서 정하는 금융사고 관리 및 예방, 이용자 정보보호 등에 관한 대책 등을 마련하고 이를 준수하여야 한다(감독규정16의7).

1. 다음의 금융사고 관리에 관한 사항

---

30) 상호금융업감독업무시행세칙 제8조의4(여신심사기준) ① 조합은 감독규정 제16조의6에 따라 여신 실행 이전 단계에서 신용리스크를 적절히 평가·관리할 수 있는 건전한 여신심사 및 승인업무 시스템("여신심사기준 등")을 운영하여야 하며, 여신심사 기준 등에는 다음의 사항을 포함하여야 한다.
   1. 여신심사조직과 영업조직간 역할 정립 및 상호 협조
   2. 신용평가시스템 등에 의한 합리적이고 투명한 여신심사 및 승인
   3. 적정한 규모의 여신이 취급될 수 있는 차주별 여신한도제도의 운영
   4. 담보대출의 취급기준
   5. 차주의 신용 평가결과 및 여신 원가 요소 등을 합리적으로 반영한 여신금리 산정체계
   ② 조합은 제1항에 따라 여신심사업무를 효율적으로 수행할 수 있도록 다음의 사항을 포함하는 내부시스템을 구축하여야 한다.
   1. 내부업무처리규정 및 절차 제정
   2. 제1호의 규정 및 절차에 따라 업무를 수행할 내부 조직의 지정
   3. 대출모집, 대출심사 및 대출 사후관리 조직간의 명확한 직무분장
   ③ 제1항 제4호의 담보대출 취급기준에는 담보물건별 대출비율을 포함하여야 한다. 이 경우 담보물건별 대출비율은 환가성, 경락률 및 시장상황 등을 고려하여 정하며, 동 대출비율을 초과하여 대출하는 경우에는 초과분에 대한 신용평가 및 전결권 상향 등 처리방법을 정하여야 한다.
   ④ 제1항 내지 제3항에 불구하고 직장조합은 중앙회장이 정하는 바에 따를 수 있다.

　　가. 조합 임직원의 사기·횡령·배임·절도·금품수수 등 범죄혐의가 있는 행
　　　위에 대한 방지 대책

　　나. 과거에 발생한 금융사고 또는 이와 유사한 금융사고에 대한 재발 방지
　　　대책

　　다. 그 밖에 위법 또는 부당한 업무처리로 조합 이용자의 보호에 지장을 가
　　　져오는 행위를 방지하기 위한 대책

2. 금융사고 예방대책 이행상황에 대한 점검·평가 등 본·지점의 업무운영에
　관한 자체적인 검사 계획 및 검사 실시 기준

3. 조합 이용자의 정보보호를 위하여 조합상품의 홍보판매 등의 과정에서 소속
　임직원이 준수하여야 하는 조합 이용자의 정보이용 기준 및 절차

6. 기타 경영건전성

　조합 및 중앙회는 경영의 건전성을 유지하고 금융사고를 예방하기 위하여
금융위원회가 정하는 그 밖에 경영의 건전성 확보를 위하여 필요한 사항인 ⅰ)
예탁금, 적금 및 출자금 등에 대한 대출금 보유기준(가목), ⅱ) 업종별 대출등에
대한 한도기준(나목), ⅲ) 유동성 부채에 대한 유동성 자산의 보유기준(다목)을 준
수하여야 한다(법83의3①, 영20의2(5)).

(1) 예탁금, 적금 및 출자금 등에 대한 대출금 보유기준
(가) 예대율 유지

　조합은 예탁금, 적금 및 출자금에 대한 대출금 비율("예대율")을 ⅰ) 직전 반
기 말 주택담보대출의 분할상환비율이 20% 미만의 경우: 80% 이하(가목), ⅱ) 직
전 반기 말 주택담보대출의 분할상환비율이 20% 이상 30% 미만인 경우: 90% 이
하(나목), ⅲ) 직전 반기 말 주택담보대출의 분할상환비율이 30 이상인 경우:
100% 이하(다목)에 따라 유지하여야 한다(감독규정12①(5)).

(나) 예대율 적용 제외 조합

　예대율은 직전 분기 중 분기말월 기준 대출금 200억원 미만인 조합의 경우
에는 적용하지 아니한다(감독규정12① 단서).

(다) 예대율 하락시 기준 적합의무

　예대율이 하락하게 되는 경우에는 그 해당 반기말까지 예대율 기준에 적합
하도록 하여야 한다(감독규정12⑤).

(2) 업종별 대출등에 대한 한도기준

조합은 다음에서 정하는 업종별 대출등 한도 기준을 준수하여야 한다(감독규정16의8).[31]

1. 한국표준산업분류(통계청 고시) 중 대분류 기준에 따른 업종 중 다음 각 목의 어느 하나에 해당하는 업종: 각 목의 업종별 대출등이 대출등 총액의 30%
   가. 건설업
   나. 부동산업
2. 제1호 각목의 대출등의 합계액: 대출등 총액의 50%

(3) 유동성 부채에 대한 유동성 자산의 보유기준

조합은 유동성 부채에 대한 유동성 자산비율("유동성 비율")을 100% 이상 유지하여야 한다(감독규정12①(4) 본문). 다만, 직전 사업연도 말 기준 자산총액 300억원 이상 1,000억원 미만 조합의 경우에는 90% 이상, 자산총액 300억원 미만 조합의 경우에는 80% 이상을 유지하여야 한다(감독규정12①(4) 단서).[32]

Ⅱ. 농업협동조합

지역농협과 지역축협(신용사업을 하는 품목조합 포함)의 사업에 관하여는 신용협동조합법 제83조의3(경영건전성 기준)을 적용한다(신협법95④).

따라서 농업협동조합에 대하여는 위의 신용협동조합의 경영건전성 기준의 내용이 적용된다. 다만, 대손충당금 적립기준과 관련된 대손충당금의 가산의 예외와 관련하여 신용협동조합은 총자산 대비 순자본비율이 2% 미만인 경우에 고위험대출 관련 규정이 적용되나, 농업협동조합은 총자산 대비 순자본비율이 5% 미만인 경우[농업구조개선법 제4조, 적기시정조치의 기준과 내용(농림축산식품부 고시 제2020-95호) 제2조 경영개선권고의 제1항 제1호]에 고위험대출 관련 규정이 적용된다.

---

31) 부칙<제2022-1호, 2022. 1. 12.> 제1조(시행일) 이 규정은 2024년 12월 29일부터 시행한다.
32) 부칙<제2022-1호, 2022. 1. 12.>
   제1조(시행일) 이 규정은 2024년 12월 29일부터 시행한다.
   제2조(유동성 비율에 관한 경과조치) 제12조 제1항 제4호의 규정에도 불구하고 직전 사업연도 말 기준 자산총액 1,000억원 이상 조합의 경우에는 이 규정 시행일로부터 1년이 경과하기 전까지 유동성 비율은 90% 이상으로 한다.

Ⅲ. 수산업협동조합

지구별수협(법률 제4820호 수산업협동조합법중개정법률 부칙 제5조에 따라 신용사업을 하는 조합을 포함)의 사업에 관하여는 신용협동조합법 제83조의3(경영건전성 기준)을 적용한다(신협법95④).

따라서 지구별수협에 대하여는 위의 신용협동조합의 경영건전성 기준의 내용이 적용된다.

Ⅳ. 산림조합

산림조합의 사업에 관하여는 신용협동조합법 제83조의3(경영건전성 기준)을 적용한다(신협법95④).

따라서 산림조합에 대하여는 위의 신용협동조합의 경영건전성 기준의 내용이 적용된다.

Ⅴ. 새마을금고

1. 의의

금고와 중앙회는 경영건전성을 유지하고 금융사고를 예방하기 위하여 ⅰ) 재무구조의 건전성에 관한 사항(제1호), ⅱ) 자산의 건전성에 관한 사항(제2호), ⅲ) 회계 및 결산에 관한 사항(제3호), ⅳ) 위험관리에 관한 사항(제4호), ⅴ) 그 밖에 경영의 건전성 확보를 위하여 필요한 사항(제5호)에 관하여 대통령령으로 정하는 바에 따라 행정안전부장관이 정하는 경영건전성 기준을 지켜야 한다(법77①).

행전안전부장관은 금고 또는 중앙회가 경영건전성 기준을 충족시키지 못하는 등 경영의 건전성을 크게 해칠 우려가 있다고 인정되면 자본금 증가, 보유자산의 축소 등 경영상태의 개선을 위한 조치를 이행하도록 명령할 수 있다(법77③).

2. 재무구조 건전성

(1) 의의

금고와 중앙회는 경영건전성을 유지하고 금융사고를 예방하기 위하여 행정안정부장관이 정하는 재무구조의 건전성에 관한 사항인 ⅰ) 자산 등에 대한 자기자본 비율(가목), ⅱ) 적립필요금액에 대한 대손충당금 비율(나목), ⅲ) 퇴직급여추계액에 대한 퇴직급여충당금 비율(다목)을 준수하여야 한다(법77①, 영50(1)).

(2) 경영지도비율

금고는 ⅰ) 총자산 대비 순자본비율: 4% 이상(제1호), ⅱ) 대손충당금 비율: 100% 이상(제2호), ⅲ) 퇴직급여충당금 비율: 100% 이상(제3호)의 경영건전성 비율을 유지하여야 한다(감독기준10①).

(3) 대손충당금 적립기준
(가) 대손충당금비율

경영지도비율 중 대손충당금비율의 산정기준은 [별표 8] 제2호와 같다(감독기준10③ 본문).

[별표 8] 대손충당금비율(제2호)

가. 설정대상채권

대출금(정부로부터 대손보전이 보장되는 대출금 및 금융기관에 대한 콜론, 환매조건부채 권 매수는 제외), 여신성가지급금, 가지급금, 미수금(일반적 상거래에서 발생한 기타 미수 채권에 한함)

나. 산식

$$대손충당금비율 = \frac{손충당금\ 잔액^{1)}}{대손충당금\ 요적립잔액^{2)}} \times 100$$

1) 대손충당금 잔액 = 결산 또는 가결산 후의 대손충당금 잔액
2) 대손충당금 요적립잔액

① 당해 회계연도 결산 또는 가결산 기준일 현재 대손충당금 설정 대상채권에 대한 자산건전성분류 결과에 따라 정상 분류 채권의 1% 이상, 요주의 분류 채권의 10% 이상, 고정 분류 채권의 20% 이상, 회수의문 분류 채권의 55% 이상, 추정손실 분류채권의 100%를 합계한 금액

② 제1항에도 불구하고 통계법에 따른 한국표준산업분류상 다음 각 호의 업종에 속하지 않는 법인에 대한 채권은 자산건전성 분류 결과에 따라 정상 분류 채권의 0.85% 이상, 요주의 분류채권의 7% 이상, 회수의문 분류채권의 50% 이상의 금액으로 할 수 있다.

1. 건설업(F)
2. 도매 및 소매업(G)
3. 숙박 및 음식점업(I)
4. 부동산업(L)
5. 임대업(76)

③ 제1항에도 불구하고 차주가 대한민국 정부 또는 지방자치단체인 자산과 "정상"으로 분류된 환매조건부채권매수에 대하여는 대손충당금을 적립하지 아니할 수 있다.

(나) 대손충당금의 가산

1) 요적립잔액의 30% 가산

다음에 해당하는 가계대출("고위험대출"), 즉 ⅰ) 동일채무자의 대출상환 방식이 ㉠ 대출만기에 원금을 일시상환하는 방식의 대출(가목), ㉡ 거치기간 경과 후에 원금을 분할상환하는 방식의 대출(거치기간이 종료되고 원금 분할 상환이 시작된 경우 제외)(나목)에 해당하는 경우로서 대출금 총액이 2억원 이상인 경우(제1호), ⅱ) 5개 이상의 금융기관(신용정보법 시행령 제5조 제1항 본문에서 정한 금융기관)에 개인대출 잔액을 보유한 자에 대한 대출(제2호)로서 자산건전성 분류가 "정상", "요주의", "고정" 또는 "회수의문"인 대출에 대하여는 [별표 8] 제2호의 기준에 의한 대손충당금 요적립잔액에 30%를 가산하여 대손충당금을 적립하여야 한다(감독기준10③ 단서).

2) 요적립잔액의 20% 가산

금고가 직전 사업연도 말 기준으로 ⅰ) 총자산 대비 순자본비율: 5% 이상 (제1호), ⅱ) 예대율: 60% 이상(제2호), ⅲ) 총대출 대비 회원에 대한 대출비율이

50% 이상이거나, 총대출 대비 신용대출(햇살론 포함)비율이 10% 이상(제3호)의 요건을 모두 충족하는 경우에는 [별표 8]의 기준에 의한 대손충당금 요적립잔액에 20%를 가산하여 대손충당금을 적립할 수 있다(감독기준10④ 본문). 다만, 감독기준 제12조(경영개선권고) 제1항 각 호,[33] 제13조(경영개선요구) 제1항 각 호[34] 및 제17조(경영개선명령) 제1항 각 호[35]의 어느 하나에 해당하는 금고("경영개선조치 금고")는 그러하지 아니하며, 당해 사업연도 중 경영개선조치 금고에 해당하게 되는 경우에는 그 해당 분기말부터 앞의 고위험대출의 감독기준 제10조 제3항 단서를 적용한다(감독기준10④ 단서).

(다) 대손충당금의 감액

주택담보대출 중 원금을 분할상환하는 방식의 대출로서 자산건전성 분류가 "정상"인 대출에 대하여는 [별표 8] 제2호의 기준에 의한 대손충당금 요적립잔액에서 50%를 감액하여 대손충당금을 적립한다(감독기준10⑤).

3. 자산건전성

(1) 의의

금고와 중앙회는 경영건전성을 유지하고 금융사고를 예방하기 위하여 행정안전부장관이 정하는 자산의 건전성에 관한 사항인 ⅰ) 자산건전성 분류대상 자산의 범위(가목), ⅱ) 자산에 대한 건전성 분류단계 및 분류기준(나목)을 준수하여야 한다(법77①, 영50(2)).

---

33) 1. 총자산 대비 순자본비율이 4% 미만인 경우
    2. 경영실태평가 결과 종합평가등급이 1등급 내지 3등급으로서 자본적정성 또는 자산건전성 부문의 평가등급을 4등급 또는 5등급으로 판정받은 경우
    3. 거액의 금융사고 또는 부실채권(회수의문 및 추정손실로 분류된 제6조 제1항 각 호의 자산)의 발생으로 제1호 또는 제2호의 기준에 해당될 것이 명백하다고 판단되는 경우
34) 1. 총자산 대비 순자본비율이 0% 미만인 경우
    2. 경영실태평가결과 종합평가등급을 4등급 또는 5등급으로 판정받은 경우
    3. 거액의 금융사고 또는 부실채권의 발생으로 제1호 또는 제2호의 기준에 해당될 것이 명백하다고 판단되는 경우
    4. 경영개선권고를 받은 금고가 경영개선계획을 성실하게 이행하지 아니하는 경우
35) 1. 총자산대비순자본비율이 마이너스 15% 미만인 경우
    2. 경영개선요구를 받고 경영개선계획을 제출하지 아니하거나 승인받은 경영개선계획을 성실히 이행하지 아니함으로써 경영건전성 유지가 어렵다고 판단되는 경우

(2) 자산건전성 분류기준 등

(가) 자산건전성 분류기준

금고는 보유자산인 ⅰ) 대출금과 당해 대출금을 회수하기 위하여 지급된 가지급금("여신성가지급금")(제1호), ⅱ) 유가증권(제2호), ⅲ) 가지급금(제3호), ⅳ) 미수금(제4호), ⅴ) 대출채권미수이자(제5호)의 건전성을 [별표 2]36)의 자산건전성

---

36) [별표 2] 자산건전성 분류기준
 Ⅰ. 대출금(여신성가지급금 포함)
 1. 정상
    금융거래 내용, 신용상태가 양호한 채무자와 1개월 미만의 연체대출금(정책자금대출금 포함)을 보유하고 있으나 채무상환능력이 충분한 채무자에 대한 총대출금

> [중앙회는 다음 사항을 포함]
> ① 분기별로 실시하는 계량지표에 의한 경영실태평가 결과 1등급부터 3등급인 새마을금고에 대한 대출금(경영실태평가 결과에 불구하고 예탁금 등을 담보로 한 새마을금고에 대한 대출금을 포함)

 2. 요주의
    금융거래내용 또는 신용상태 등으로 보아 사후관리에 있어 통상 이상의 주의를 요하는 채무자에 대한 총대출금
 <예 시>
 ① 1개월 이상 3개월 미만의 연체대출금을 보유하고 있으나 회수가 확실시되는 채무자에 대한 총대출금
 ② 1개월 이상 연체 중인 대출금 중 정부 또는 지방자치단체 등으로부터 대손보전이 보장되는 금액
 ③ 1개월 미만의 연체대출금을 보유하고 있으나 신용정보관리규약에 의하여 연체정보 등으로 등록된 거래처에 대한 총대출금
 ④ 고정 이하로 분류된 대출금을 보유하고 있는 채무자에 대한 총대출금 중 원리금 회수가 확실시되는 다음의 어느 하나에 해당하는 유가증권을 담보로 하는 대출금의 담보 해당금액. 다만 제5호 및 제6호를 담보로 하는 대출금의 담보 해당금액은 "정상"으로 분류할 수 있다.
 1. 국채법에 따른 국채 및 지방재정법에 따른 지방채
 2. 국고금관리법에 따른 재정증권
 3. 한국은행법에 따른 한국은행통화안정증권
 4. 공공기관운영법에 따른 공기업 및 준정부기관이 발행하는 채권
 5. 공제해지환급금
 6. 금융기관(신용보증기금, 농림수산업자신용보증기금, 보증보험회사, 건설공제조합, 주택도시보증공사, 지역신용보증재단 등)의 보증
 ⑤ 고정이하로 분류되는 상업어음할인 중 만기일에 정상결제가 확실시되는 상업어음할인
 ⑥ 채무자회생법에 의한 회생절차가 진행 중인 기업체에 대한 공익채권, 회생계획에 따라 1년 이상 정상적으로 원리금이 상환되거나 채무상환능력이 크게 개선되었다고 판단되는 회생채권·회생담보권
 ⑦ 기업개선작업 대상업체로 확정(신청포함)된 거래처에 대한 총대출금
 ⑧ 법원 경매절차에 따라 매각허가결정이 선고된 부동산 등과 관련한 여신 중 배당으로 회수가 확실시되는 금액. 다만 결산 확정(분·반기말의 경우 기준일로부터 1개월) 이전에

매각대금 미납, 배당이의의 소 제기 등으로 인하여 회수가능성 및 회수가능금액의 변동이 예상되는 경우에는 "고정"으로 분류한다.

⑨ 기타 부실징후가 예견되거나 발생 중에 있다고 인정되는 법인에 대한 총대출금 등. 다만, 다음의 어느 하나에 해당하는 경우에는 "정상"으로 분류할 수 있다

1. 자산건전성 분류기준일 현재 해당 금고와 2년 이상의 기간 동안 연체 없이 정상적인 거래를 하고 있는 법인에 대한 대출

2. 은행 등(주관사)과 공동으로 취급한 동순위 대출 중 주관사가 정상으로 분류한 대출. 다만, 주관사가 대출에 참여하지 않은 경우에는 대출에 참여한 모든 은행 및 보험사가 정상으로 분류한 대출

[부실징후 예시]

가. 최근 3년 연속 결손 발생

나. 최근 결산일 현재 납입자본 완전 잠식

다. 제1·2금융권 차입금이 연간 매출액 초과하고 최근 2년 연속 영업이익이 금융비용에 미달. 다만, 최초 결산일로부터 1년이 경과하지 않은 신설법인이나 종교단체·학술단체 등 비영리단체에 대한 대출 및 정책자금대출은 제외한다.

라. 기업의 경영권, 상속지분 등의 문제로 기업 성행상 내분 발생하여 정상적인 경영활동이 곤란한 경우

마. 3개월 이상 조업 중단

바. 최근 6개월 이내 1차 부도발생

> [중앙회는 다음 사항을 포함]
> ⑩ 분기별로 실시하는 계량지표에 의한 경영실태평가결과 4등급인 새마을금고에 대한 대출금(예탁금 등을 담보로 취급된 경우에는 이를 제외한다)

3. 고정

　금융거래내용, 신용상태가 불량하여 구체적인 회수조치를 강구할 필요가 있는 채무자에 대한 총대출금 중 회수예상가액 해당금액

<예 시>

① 3개월 이상의 연체대출금을 보유하고 있는 채무자에 대한 총대출금 중 회수예상가액 해당금액

② 담보권의 실행, 지급명령신청, 대여금 청구소송, 강제집행 등 법적절차 진행중인 채무자에 대한 회수예상가액(자산건전성 분류기준일 현재로부터 가장 최근일의 담보평가액(최종 법정평가액)) 해당금액. 다만, 채무자의 상환능력 저하와 관계없는 가압류, 가처분 또는 압류(행정처분인 경우에 한한다)의 경우 본안소송으로 이어지지 아니하였고, 해당 채무자의 대출금이 자산건전성 분류기준일 현재 연체되지 아니한 경우에는 요주의로 분류할 수 있으며, 이 중 가압류 또는 압류에 한하여 그 청구금액의 합계액이 5백만원 미만이거나 대출금액의 100분의 1에 해당하는 금액 미만인 경우에는 정상으로 분류할 수 있다.

③ 폐업 중인 채무자에 대한 총대출금 중 회수예상가액 해당금액. 다만, 개인사업자의 경우 다른 소득이 있거나 영업을 계속하고 있음을 객관적으로 증명하는 경우에는 원리금 회수 가능성에 따라 정상 또는 요주의로 분류할 수 있다.

④ 법 제29조 및 제67조 제4항의 준용규정에 위반하여 대출을 받은 채무자에 대한 총대출금 중 회수예상가액 해당금액. 다만, 위반사실 발견일 현재 이자 납부 등 정상적인 신용상태가 유지되고 있는 채무자에 대하여는 위반 사실 발견일 이후 3개월이 경과한 때부터 고정이하로 분류하되, 건전성분류 기준일 현재 정상적인 신용상태가 유지되고 있는 채무자에 대하여는 동일인 대출한도 초과금액을, 그러하지 아니한 채무자에 대하여는 총대출금액을 기준으로 회수예상가액을 산정한다.

⑤ 채무자회생법에 의한 회생절차가 진행(신청 포함)중인 채무자에 대한 총대출금 중 회수예상가액 해당금액

⑥ 다음의 어느 하나에 해당하는 경우로서 자산건전성 분류기준일 현재 1개월 이상 연체사실이 있는 법인에 대한 총대출금 중 회수예상가액 해당금액

1. 3개월 이상 조업 중단

2. 최근 결산일 현재 납입자본금이 완전 잠식 상태이고, 제1·2금융권 차입금이 연간 매출액 초과하며, 최근 2년 연속 영업이익이 금융·비용에 미달

> ['17.1.1 시행]
> ⑦ 신용정보의 이용 및 보호에 관한 법률에 의하여 신용관리자로 등록된 거래처의 등록 내용상 1,500만원 이상의 대출이 3개월 이상 연체된 경우 해당 거래처의 총대출 중 회수예상가액. 다만, 해당 금고의 총대출금이 3백만원 이하인 경우에는 '요주의'로 분류할 수 있다.

⑧ 대손신청기한으로부터 3월이 경과한 시점까지 대손보전 신청을 하지 않은 정부 또는 농림수산정책자금대손보전기금 손실보전 대상 대출금 및 농림수산업자신용보증기금 보증서 담보대출금 중 회수예상가액 해당금액

⑨ 기타 채권확보를 위하여 별도의 회수방법을 강구할 필요가 있는 채무자에 대한 총대출금 중 회수예상가액 해당금액

> [중앙회는 다음 사항을 포함]
> ⑩ 분기별로 실시하는 계량지표에 의한 경영실태평가 결과 5등급인 새마을금고에 대한 대출금(예탁금 등을 담보로 취급된 경우에는 이를 제외한다)

4. 회수의문

고정으로 분류된 채무자에 대한 총대출금 중 손실발생이 예상되나 현재 그 손실액을 확정할 수 없는 회수예상가액 초과금액

< 예 시 >

① 3개월 이상 12개월 미만 연체대출금을 보유하고 있는 채무자에 대한 총대출금 중 회수예상가액 초과부분

② 대손신청기한으로부터 3월이 경과한 시점까지 대손보전 신청을 하지 않은 정부 또는 농림수산정책자금대손보전기금 손실보전 대상 대출금 및 농림수산업자신용보증기금 보증서 담보대출금 중 손실발생이 예상되나 현재 그 손실액을 확정할 수 없는 회수예상가액 초과금액

5. 추정손실

고정으로 분류된 채무자에 대한 총대출금 중 회수불능이 확실하여 손비처리가 불가피한 회수예상가액 초과금액

< 예 시 >

① 12개월 이상 연체대출금을 보유하고 있는 채무자에 대한 총대출금 중 회수예상가액 초과부분

② 소송 패소로 인하여 담보권이 소멸되고 채무자 및 보증인이 행방불명되거나 상환능력이 없다고 판단되는 대출금

③ 법적 절차 완결 후의 잔존채권으로 채무자 및 보증인으로부터 상환가능성이 없다고 판단되는 대출금

④ 채권, 담보권 등의 하자로 인하여 소송이 계속 중이고 패소가 확실하다고 판단되는 대출금

⑤ 회수의문으로 분류된 후 1년 이상이 경과되도록 채무관계인의 재산을 발견하지 못하

는 등 회수가 불가능한 대출금

⑥ 최종부도 발생, 청산·파산절차 진행 또는 폐업 등의 사유로 채권회수에 심각한 위험이 존재하는 것으로 판단되는 대출금

⑦ 대손신청기한으로부터 3월이 경과한 시점까지 대손보전 신청을 하지 않은 정부 또는 농림수산 정책자금대손보전기금 손실보전 대상 대출금 및 농림수산업자신용보증기금 보증서 담보대출금 중 회수불능이 확실하여 손비처리가 불가피한 회수예상가액 초과금액

Ⅱ. 유가증권(시가법에 의한 평가대상 유가증권 제외)

1. 정상

① 평가액이 장부가액을 상회하는 유가증권

② 평가액이 장부가액을 일시적(3월 미만)으로 하회하고 있으나 장차 회복될 전망이 확실시되는 유가증권

③ 국공채, 정부보증채, 보증사채 등으로서 원리금 회수가 확실시되는 유가증권

2. 요주의

① 평가액이 장부가액을 상회하고 있으나 최근 2년 이상 계속하여 납입자본 잠식상태에 있는 회사가 발행한 유가증권

② 평가액이 장부가액을 3월 이상 계속 하회하고 있는 유가증권의 평가 상당액

③ 최근 발행자의 경영악화 등으로 신용위험이 증대한 유가증권

3. 회수의문

① 평가액이 장부가액을 3월 이상 계속 하회하고 있는 유가증권의 평가손실액

② 발행자의 신용위험 등이 현저하게 악화되어 만기에 원금 회수가 의문시되는 유가증권

4. 추정손실

① 평가액이 장부가액을 6월 이상 계속 하회하고 있는 유가증권의 평가손실액

② 발행자의 파산으로 원금회수 불능이 확실시되는 유가증권

③ 그 밖에 무가치한 유가증권

Ⅲ. 가지급금(여신성가지급금 제외)

1. 정상

① 당해 회계연도 또는 다음 회계연도에 정상적으로 정리될 것이 확실한 가지급금

② 기타 회수가 확실한 가지급금

2. 회수의문

① 사고금 또는 출납 부족금 정리를 위한 것으로 손비처리가 예상되는 가지급금

② 소송관계 비용으로서 손비처리가 예상되는 가지급금

③ 그 밖에 회수가 불확실하여 손비처리가 예상되는 가지급금

3. 추정손실

① 사고금 또는 출납 부족금 정리를 위한 것으로 손비처리가 불가피한 가지급금

② 소송관계 비용으로서 패소가 확실하여 손비처리가 불가피한 가지급금

③ 그 밖에 회수가 불확실하여 손비처리가 불가피한 가지급금

Ⅳ. 미수금(일반적인 상거래에서 발생한 미수채권에 한함)

1. 정상: 지급일부터 1개월이 경과하지 아니한 미수채권

2. 요주의: 지급일부터 1개월 이상 3개월이 경과하지 아니한 미수채권

3. 고정: 지급일부터 3개월 이상 경과된 미수채권으로서 회수예상가액 해당분

4. 회수의문: 지급일부터 3개월 이상 경과된 미수채권으로서 손실발생이 예상되나 현재 손실액을 확정할 수 없는 회수예상가액 초과분

5. 추정손실: 지급일부터 3개월 이상 경과된 미수채권으로서 회수불능이 확실하여 손비처리가 불가피한 회수예상가액 초과분

Ⅴ. 대출채권미수이자

분류기준에 따라 매분기 말(유가증권에 대한 평가는 매월 1회 정기적으로 실시함을 원칙으로 하고 평가일의 종가를 적용)을 기준으로 분류하여야 한다(감독기준6① 본문). 다만, 회장이 따로 요청하는 경우에는 이에 응하여야 한다(감독기준6① 단서).

(나) 5단계 분류

위의 자산건전성 분류기준에서 보유자산에 대한 건전성은 "정상", "요주의", "고정", "회수의문", "추정손실"의 5단계로 구분하되, 유가증권의 경우에는 "고정" 분류를, 가지급금(여신성가지급금을 제외)의 경우에는 "요주의" 및 "고정" 분류를 제외한다(감독기준6②).

(다) 여신성가지급금

대출금과 당해 대출금을 회수하기 위하여 지급된 가지급금("여신성가지급금")에 대하여는 채무자 단위의 총대출금을 기준으로 분류하되, ⅰ) 예탁금·적금, 공제해지환급금을 담보로 하는 대출금(제1호), ⅱ) 유가증권 담보대출금(제2호), ⅲ) 금융기관(신용보증기금, 농림수산업자신용보증기금, 보증보험회사, 건설공제조합, 주택도시보증공사, 지역신용보증재단 등 포함) 보증부 대출금 및 정부 또는 지방자치단체 등으로부터 대손보전이 보장되는 대출금(제3호), ⅳ) 만기일에 정상결제가 확실시되는 상업어음담보대출(제4호), ⅴ) 채무자회생법에 의한 회생절차가 진행 중인 업체에 지원한 공익채권(제5호), ⅵ) 주거용 주택담보대출(다만, 회수예상가액 대비 대출금액이 과다하거나 담보권 행사에 제약이 있는 등 신속한 채권회수 조치가 곤란한 경우에는 그러하지 아니하다)(제6호), ⅶ) 기타 채무자 단위의 총대출금 기준으로 적용하기가 부적당하다고 판단되는 대출금(제7호)의 경우에는 총대출금과 구분하여 별도로 분류할 수 있다(감독기준6③ 전단). 이 경우 동일 채무자가 다음의 대출과 일반대출을 동시에 보유하고 있을 때에는 일반대출은 연체가 장기인 채권의 연체기간을 기준으로 건전성을 분류하여야 한다(감독기준6③ 후단).

(3) 연체대출금

(가) 연체대출금 의제 대출금

금고는 자산건전성 분류기준에 의하여 보유자산의 건전성을 분류함에 있어 ⅰ) 약정만기일에 상환되지 아니한 대출금(제1호), ⅱ) 약정만기일 이내라도 이자

---

1. 정상: 원금 또는 이자에 연체가 없는 대출채권에 한하여 정상으로 분류
※ 중앙회는 정상으로 분류된 대출금에 한하여 정상으로 분류

가 납입되지 아니한 사유 등으로 기한의 이익을 상실한 대출금(다만, 예탁금 및 적금 납입금액 이내의 담보대출금은 제외한다)(제2호), iii) 할부상환 기일에 상환되지 아니한 할부상환금 또는 할부상환 기일에 할부상환금이 상환되지 아니한 사유로 기한의 이익을 상실한 대출금(제3호), iv) 만기일에 결제되지 아니한 상업어음담보대출금(제4호), ⅴ) 적금대출금 중 월 불입액을 4회 이상 납입지체함으로써 당해 대출금과 적금이 상계된 때 상환되지 아니한 대출금(제5호), vi) 주택구입자금대출, 농어민자금대출의 경우 할부상환 원(리)금 납입이 5회 초과하여 납입이 지연된 대출금(제6호), vii)그 밖에 사유로 기한의 이익이 상실된 대출금(제7호)의 어느 하나에 해당하는 대출금에 대하여는 이를 연체대출금으로 본다(감독기준7①).

(나) 연체대출금의 분류기준

연체대출금은 최초의 연체기산일을 기준으로 분류한다(감독기준7②).

(4) 회수예상가액 산정
(가) 원칙: 담보종류별 회수예상가액 산정기준

금고는 자산건전성 분류기준에 따른 "고정" 이하 분류여신을 보유한 채무자의 대출금에 대하여는 자산건전성 분류시마다 [별표 6]의 담보종류별 회수예상가액 산정기준에 따라 담보물의 회수예상가액을 산정하여야 한다(감독기준8 본문).

(나) 예외: 최종담보평가액

다음의 어느 하나에 해당하는 경우. 즉 ⅰ) "고정" 이하 분류사유 발생일이 3개월 이내인 경우(제1호), ⅱ) 3개월 이내에 법적 절차 착수예정인 경우(제2호), iii) 예탁금, 적금, 유가증권 및 지급보증서 이외의 담보(경매가 진행 중인 담보 제외)로서 담보의 최종감정일 또는 최종 회수예상가액 산정일이 2년 이내인 경우(제3호), iv) 총대출금액에 대한 담보비율이 150% 이상인 경우(제4호), ⅴ) 채무자회생법에 따른 회생절차 또는 기업개선작업 등을 신청했거나 당해 절차가 진행 중인 경우(제5호)에는 최종담보평가액(유효담보가액 또는 종전 건전성 분류시 산정한 회수예상가액 등)을 회수예상가액으로 볼 수 있다(감독기준8 단서).

4. 회계 및 결산

금고와 중앙회는 경영건전성을 유지하고 금융사고를 예방하기 위하여 행정안정부장관이 정하는 회계 및 결산에 관한 사항인 ⅰ) 재무 및 손익 상황의 표시기준(가목), ⅱ) 충당금·적립금의 적립기준(나목), ⅲ) 채권의 대손상각처리기준(다목)을 준수하여야 한다(법77①, 영50(3)).

위 다목과 관련 채권의 대손상각에 관하여 살펴보면 다음과 같다.

(1) 대손상각 대상채권

대손상각 대상채권은 금고가 보유한 자산 중 자산건전성 분류기준에 포함된 채권(유가증권을 제외) 및 기타 이에 준하는 채권으로 한다(감독기준23①).

(2) 대손상각 처리 기준

금고는 대손상각 대상채권이 "추정손실"로 분류된 경우에 한하여 대손상각 처리할 수 있다(감독기준23②).

(3) 세부사항 제정

금고의 대손상각 절차 등 세부사항은 중앙회장이 정한다(감독기준23③).[37]

5. 위험관리

금고와 중앙회는 경영건전성을 유지하고 금융사고를 예방하기 위하여 행정안전부장관이 정하는 위험관리에 관한 사항인 ⅰ) 위험관리의 기본방침(가목), ⅱ) 위험관리를 위한 경영진의 역할(나목), ⅲ) 위험관리에 필요한 내부관리체계(다목)을 준수하여야 한다(법77①, 영50(4)).

(1) 종합적인 관리체제 구축·운영

금고는 사업을 영위함에 있어 발생하는 위험을 사전에 예방하고 효율적으로

---

37) 새마을금고 감독기준 시행세칙 제20조(채권의 대손상각 절차) ① 감독기준 제23조 제3항의 규정에 의한 금고의 대손상각 절차는 다음과 같다.
  1. 대손상각금액이 대손충당금 잔액 범위 내인 경우에는 「여신업무규정」이 정하는 바에 따른다.
  2. 대손상각금액이 대손충당금 잔액을 초과하는 경우에는 총회의 승인을 얻어야 한다.
  ② 금고는 제1항 제1호의 규정에 의하여 대손상각한 경우 대손상각 처리 현황을 총회에 보고하여야 한다.
  제21조(상각채권 관리) 금고는 제20조 제1항의 규정에 의한 대손상각 채권에 대하여는 소멸시효중단 조치 등 채권의 회수를 위한 사후관리를 철저히 하여야 하며 매분기 1회 이상 상각채권 관리 및 회수 실태를 이사회에 보고하여야 한다.

관리하기 위하여 이를 인식·측정·감시·통제할 수 있는 종합적인 관리체제를 구축·운영하여야 한다(감독기준22①).

(2) 위험부담 한도 및 거래 한도의 설정·운영

금고는 위험을 효율적으로 관리하기 위하여 부서별 또는 사업부문별 위험부담 한도 및 거래 한도 등을 적절히 설정·운영하여야 한다(감독기준22②).

(3) 내부규정의 제정·운영

금고는 위험관리에 관한 기본방침, 조직 및 절차, 한도관리, 내부통제와 위험측정 및 관리체제 등을 포함하는 내부규정을 자체 실정에 맞게 제정·운영하여야 한다(감독기준22③).

6. 기타 경영건전성

금고와 중앙회는 경영건전성을 유지하고 금융사고를 예방하기 위하여 행정안전부장관이 정하는 기타 경영의 건전성 확보를 위하여 필요한 사항을 준수하여야 한다(법77①(5)).

이에 따라 금고의 예탁금, 적금 및 출자금 등에 대한 대출(정책자금대출 또는 서민우대금융대출은 제외) 비율("예대율")의 최고한도는 100%로 한다(감독기준10② 본문). 다만, 직전 사업연도 말 대출금 총액이 200억원 미만인 금고는 제외한다(감독기준10② 단서).

제

7

장

구조조정 관련 제도

제1절 경영실태평가

경영실태평가는 상호금융기관의 경영실적, 경영의 건전성, 경영진의 경영능력, 법규준수 상황 및 리스크 관리실태 등 다양한 평가부문을 종합적이고 통일적인 방식에 따라 일정한 등급으로 평가하여 금융회사의 경영상태를 체계적이고 객관적으로 확인하는 방법의 하나이다.[1]

경영실태평가의 가장 기본적인 목표는 경영실태를 정확히 파악하고 이를 바탕으로 일정기간 후 상호금융기관의 경영상태가 어떻게 변화될 것인가를 판단하는 것이다. 경영실태평가 결과에 따라 부실금융회사에 대해서 적기시정조치를 취하는 한편 감독상 주의 및 관심을 더욱 집중하여 상호금융기관 경영의 건전성 확보와 금융이용자 보호 및 신용질서 유지 등 감독·검사업무의 효율성을 높일 수 있는 장점도 있다.

신용협동조합과 새마을금고는 CAMEL 평가이고, 농협, 수협, 산림조합은 CAEL 평가를 한다.

---

1) 금융감독원(2021), 「금융감독개론」, 금융감독원(2021. 2), 241쪽.

Ⅰ. 신용협동조합

1. 의의

중앙회장은 조합으로부터 제출받은 자료에 따른 분석·평가 결과 대통령령으로 정하는 바에 따라 금융위원회가 정하는 기준에 해당되어 건전한 경영이 어렵다고 인정되는 조합에 대해서는 합병을 권고하거나 보유자산의 처분, 조직의 축소 등 재무상태의 개선을 위한 조치를 하도록 요청하여야 한다(법89④).

금융위원회는 법 제89조(중앙회의 지도·감독) 제4항의 규정에 의하여 ⅰ) 조합으로부터 제출받은 자료의 분석·평가 결과 경영건전성기준에 미달하는 조합(제1호), ⅱ) 기타 조합으로부터 제출받은 자료의 분석·평가 결과 재산상태 또는 경영이 건전하지 못하여 경영개선이 필요한 조합(제2호)에 대하여 중앙회장이 합병을 권고하거나 보유재산의 처분, 조직의 축소등 재무상태의 개선을 위한 조치를 요청하는 데에 필요한 기준을 정할 수 있다(영22).

이에 따라 상호금융업감독규정은 구체적인 사항을 정하고 있다.

2. 경영실태 분석

금융감독원장 및 중앙회장은 조합의 경영실태를 분석하여 경영의 건전성 여부를 감독하여야 한다(감독규정8①).

3. 경영실태 평가와 그 결과의 감독 및 검사업무 반영

금융감독원장 및 중앙회장은 조합에 대한 검사 등을 통하여 경영실태를 평가하고 그 결과를 감독 및 검사업무에 반영할 수 있다(감독규정8②).[2]

경영실태평가는 CAMEL방식으로 평가하는데 자본의 적정성(Capital Adequacy), 자산의 건전성(Asset Quality), 경영관리능력(Management), 수익성(Earnings), 유동성(Liquidity) 등 5개 부문으로 구성된다.

---

2) 상호금융업감독업무시행세칙 제12조의5(경영실태평가 내용설명 및 의견 청취) 감독규정 제8조 제2항에 의한 경영실태평가를 실시하는 경우 경영실태평가 내용을 당해 조합에 설명하여야 하며 의견 제출 기회를 부여하여야 한다. 다만, 감독규정 제8조(경영실태분석 및 평가) 제3항 단서에 따라 실시하는 계량지표에 의한 평가시에는 이를 생략할 수 있다.

4. 정기검사시 실시

경영실태평가는 조합에 대한 정기검사시에 실시한다(감독규정8③ 본문). 다만, 정기검사 이외의 기간에는 분기별(금융감독원장이 필요하다고 인정하는 경우에는 수시)로 부문별 평가항목 중 계량지표에 의해 평가가 가능한 항목에 대한 평가를 실시할 수 있다(감독규정8③ 단서).

5. 경영실태평가 부문별 평가항목 및 평가등급

경영실태평가는 평가대상 조합의 경영실태를 [별표 1]의 자본적정성, 자산건전성, 경영관리능력, 수익성 및 유동성 부문에 대하여 부문별평가와 부문별평가 결과를 감안한 종합평가를 1등급(우수), 2등급(양호), 3등급(보통), 4등급(취약), 5등급(위험) 등 5단계 등급으로 구분하여 실시한다(감독규정8④ 전단). 이 경우 경영실태평가 기준일은 검사기준일로 한다(감독규정8④ 후단).

[별표 1] 경영실태평가 부문별 평가항목(제8조 관련)

평가부문	계량지표	비계량 평가항목
자 본 적정성	· 순자본비율(신협중앙회의 경우 위험가중자산대비 자기자본비율) · 총자본비율 · 단순자기자본비율	· 자본변동요인의 적정성 · 향후 자본증식 가능성 · 경영진의 자본적정성 유지정책의 타당성 · 경영지도기준 충족여부
자 산 건전성	· 손실위험도가중여신비율 · 순고정이하여신비율 · 연체대출금비율	· 여신정책, 절차, 관리의 적정성 · 자산건전성 분류의 적정성 · 충당금 적립의 적정성 · 자본규모를 감안한 위험자산 보유수준의 적정성
경영 관리 능력		· 전반적인 재무상태 및 영업능력 · 내부통제제도 및 운용실태 · 리스크관리체제구축 및 운용실태 · 검사결과 지적사항의 이행여부 · 경영정책수립, 집행기능의 적정성 · 표준프로그램사용 및 업무보고서 작성의 적정성
수익성	· 총자산순이익률 · 수지비율 · 총자산경비율	· 손익구조 변동원인의 적정성 · 수익관리의 적정성 · 경영합리화 노력 · 예산집행의 적정성

유동성	· 유동성비율 · 고정자산비율	· 유동성 변동요인의 적정성 · 자금조달 및 운용구조의 합리성 · 유동성 관리능력

6. 구체적 사항의 금융감독원장 제정

경영실태평가를 위한 구체적인 사항은 금융감독원장이 정하는 바에 의한다(감독규정8⑤).[3]

Ⅱ. 농업협동조합

시역농협과 지역축협(신용사업을 하는 품목조합 포함)이 신용사업을 하는 경우에는 신용협동조합법에 따른 신용협동조합으로 본다(신용협동조합법95①(1)). 조합

---

3) 상호금융업감독업무시행세칙 제12조의4(경영실태평가 방법 및 등급) ① 감독규정 제8조(경영실태분석 및 평가) 제4항의 규정에 의한 부문별 평가항목 중 계량지표의 산정기준은 [별표 5-4]와 같다.
② 금융감독원장은 금융시장 상황 및 해당 조합의 특성 등을 고려할 때 [별표 5-3]에 제시된 평가부문별 가중치 적용이 불합리하다고 판단되는 경우에는 동 가중치를 조정하여 적용할 수 있다.
③ 감독규정 제8조 제4항의 규정에 의한 경영실태 평가의 등급별 정의는 [별표 5-5]와 같다.
④ 부문별 평가등급은 감독규정 [별표 1]의 부문별 계량지표와 비계량 평가항목을 평가하여 산정하고 종합평가등급은 부문별 평가결과를 종합한 평가등급에 감독·검사정책의 방향 등을 고려하여 확정한다.
⑤ 제1항 내지 제4항의 규정에 의한 경영실태평가 후 조합이 다음에 해당하는 경우에는 감독규정 [별표 1]의 비계량 평가항목을 감안하여 당해 평가등급의 조정여부를 판단하여야 한다. 다만, 당해 조합에 대해 즉각적인 시정조치가 필요하다고 판단될 경우 비계량 평가항목을 감안하지 아니하고 평가등급을 조정할 수 있다.
1. 감독규정 제8조 제3항 단서에 따라 실시하는 계량지표에 의한 평가("계량평가")등급이 최직근 종합평가등급 산정시의 계량평가 등급보다 2단계 이상 악화된 경우
2. 감독규정 제8조 제3항 단서에 따라 실시하는 계량평가 등급이 최직근 종합평가등급 산정시의 계량 평가등급보다 2분기 연속해서 낮은 경우
3. 종합평가등급이 3등급 이상이나 감독규정 제8조 제3항 단서에 따라 실시하는 계량평가에 의한 자본적정성 또는 자산건전성 부문의 등급이 4등급 이하인 경우
4. 기타 경영상태가 심각하게 악화되었다고 판단되는 경우
⑥ 기초자료를 제출하지 아니하거나 불충분하여 경영실태평가가 불가능한 경우에는 자료 미제출 항목 또는 불충분한 자료 해당 항목을 5등급으로 평가한다.
⑦ 금융감독원장은 감독규정 [별표 1]의 평가항목 중 계량지표의 산정기준일 및 등급구분 기준은 별도로 정할 수 있다.

및 중앙회의 사업에 관하여는 법 제89조(중앙회의 지도·감독) 제3항을 적용한다 (신용협동조합법95④).

중앙회장은 회원의 경영상태 및 회원의 정관으로 정하는 경제사업 기준에 대하여 그 이행 현황을 평가하고, 그 결과에 따라 그 회원에게 경영개선요구, 합병 권고 등의 필요한 조치를 하여야 한다(법142② 전단). 이 경우 조합장은 그 사실을 지체 없이 공고하고 서면으로 조합원에게 알려야 하며, 조치 결과를 조합의 이사회 및 총회에 보고하여야 한다(법142② 후단).

농업협동조합에 대한 경영실태평가는 감독규정상 경영평가와 농업협동조합법상 경영평가로 2원화되어 있다. 따라서 상호금융업감독규정 제8조 제1항부터 제5항까지의 내용이 그대로 적용된다(상호금융업감독규정3②).

따라서 농협에 대하여는 상호금융업감독규정상의 CAMEL 평가와 「농협 구조개선업무 감독규정」(농림축산식품부훈령 제432호) 상의 경영평가(CAEL)로 이원화되어 있다.

여기서는 농업협동조합법상 경영평가와 관련되는 「농협 구조개선업무 감독규정」상의 경영평가를 살펴본다.

1. 경영평가의 이원화

「농협 구조개선업무 감독규정」은 농업협동조합의 구조개선에 관한 법률("농협구조개선법") 및 동법 시행령에 의하여 농림축산식품부장관이 부실조합등의 구조개선에 관한 업무를 수행함에 있어 필요한 세부사항을 정함을 목적으로 한다 (제1조). 농협구조개선법은 농업협동조합법에 따라 설립된 조합의 합병, 부실자산 정리 등 구조개선에 관한 사항을 규정함으로써 조합원과 예금자 등을 보호하고 부실을 예방하여 조합의 건전한 발전에 이바지함을 목적으로 한다(제1조).

2. 부실조합 등의 결정

기금을 관리하는 관리기관의 장("관리기관장")은 농업협동조합법 제142조 제2항의 규정에 의하여 실시한 조합의 경영상태평가 결과, 농협 구조개선업무 감독규정 제4조의2의 규정에 의한 총자산 대비 순자본비율 및 제7조의 규정에 의한 경영상태 실제 조사결과 등을 토대로 대상조합을 선정하고 기금관리위원회에 심의를 요청하여야 한다(농협 구조개선업무 감독규정8①).

3. 경영실태평가 부문별 평가항목

경영상태평가는 분기별로 조합의 경영상태를 자본적정성, 자산건전성, 수익성, 유동성 부문별로 평가("부문별 평가")하고 각 부문별 평가결과를 종합하여 평가("종합평가")한다(농협 구조개선업무 감독규정9① 본문). 다만, 관리기관장이 필요하다고 인정하는 경우에는 수시로 평가할 수 있다(농협 구조개선업무 감독규정9① 단서).

4. 경영실태평가등급

부문별평가 및 종합평가는 각각 1등급(우수), 2등급(양호), 3등급(보통), 4등급(취약), 5등급(위험)의 5단계 등급으로 구분한다(농협 구조개선업무 감독규정9②).

5. 부문별 평가의 계량평가

부문별 평가는 객관성과 투명성을 확보하기 위하여 계량화된 지표에 의하여 평가하여야 한다(농협 구조개선업무 감독규정9③).

6. 결어

실제로 농업협동조합법상의 경영평가는 감독규정상의 경영실태평가를 거의 준용하고 있다(계량평가만 실시한다).

Ⅲ. 수산업협동조합

지구별수협(법률 제4820호 수산업협동조합법중개정법률 부칙 제5조에 따라 신용사업을 하는 조합을 포함)이 신용사업을 하는 경우에는 신용협동조합법에 따른 신용협동조합으로 본다(신용협동조합법95①(2)). 조합 및 중앙회의 사업에 관하여는 법 제89조 제3항을 적용한다(신용협동조합법95④).

중앙회장은 회원의 경영상태를 평가하고 그 결과에 따라 회원에게 경영 개선을 요구하거나 합병을 권고하는 등 필요한 조치를 할 수 있다(법142② 전단). 이 경우 회원조합장은 그 조치 결과를 조합의 이사회·총회 및 회장에게 보고하여야 한다(법142② 후단).

수협에 대한 경영실태평가는 감독규정상 평가와 수산업협동조합법상 평가로 이원화되어 있다. 따라서 앞에서 살펴본 상호금융업감독규정 제8조 제1항부터 제5항까지의 내용이 그대로 적용된다(상호금융업감독규정3②).

따라서 수협에 대하여는 상호금융업감독규정상의 CAMEL 평가와 「수산업협동조합 구조개선업무 감독규정」(해양수산부고시 제2018-183호)상의 경영평가(CAEL)로 이원화되어 있다.

여기서는 수산업협동조합법상 경영평가와 관련되는 「수협 구조개선업무 감독규정」상의 경영평가를 살펴본다.

1. 경영평가의 이원화

「수산업협동조합 구조개선업무 감독규정」은 수산업협동조합의 부실예방 및 구조개선에 관한 법률("수협구조개선법") 및 동법 시행령에 의하여 해양수산부장관이 부실조합 등의 구조개선에 관한 업무를 수행함에 있어 필요한 세부사항을 정함을 목적으로 한다(동규정1). 수협구조개선법은 수산업협동조합법에 따라 설립된 조합의 부실예방과 조합의 합병, 부실자산의 정리 등 구조개선에 관한 사항을 규정함으로써 조합원과 예금자 등을 보호하고 조합의 건전한 발전에 이바지함을 목적으로 한다(동규정1).

2. 부실조합 등의 결정

관리기관장은 수산업협동조합법 제142조 제2항의 규정에 따라 실시한 조합의 경영상태평가 결과와 수산업협동조합 구조개선업무 감독규정 제3조의2에 따른 순자본비율 및 제6조의 규정에 따른 경영상태 실사 결과 등을 토대로 대상조합을 선정하고 기금관리위원회에 심의를 요청하여야 한다(수산업협동조합 구조개선업무 감독규정7①).

3. 경영실태평가 부문별 평가항목

조합의 경영상태평가는 전년도 말 결산 결과를 기준으로 조합의 경영상태를 자본적정성, 자산건전성, 수익성, 유동성 부문별로 평가("부문별 평가")하고 각 부문별 평가결과를 종합하여 평가("종합평가")한다(수산업협동조합 구조개선업무 감독규정8①).

4. 경영실태평가등급

부문별평가 및 종합평가는 각각 1등급(우수), 2등급(양호), 3등급(보통), 4등급(취약), 5등급(위험)의 5단계 등급으로 구분한다(수산업협동조합 구조개선업무 감독규정8②).

5. 부문별 평가의 계량평가

부문별평가는 객관성과 투명성을 확보하기 위하여 계량화된 지표에 의하여 평가하여야 한다(수산업협동조합 구조개선업무 감독규정8③).

6. 결어

실제로 수산업협동조합법상의 경영평가는 감독규정상의 경영실태평가를 거의 준용하고 있다(계량평가만 실시한다).

Ⅳ. 산림조합

산림조합이 신용사업을 하는 경우에는 신용협동조합법에 따른 신용협동조합으로 본다(신용협동조합법95①(3)). 조합 및 중앙회의 사업에 관하여는 법 제89조 제3항을 적용한다(신용협동조합법95④).

중앙회장은 회원의 경영상태를 평가하고 그 결과에 따라 그 회원에게 경영개선, 합병권고 등의 필요한 조치를 요구할 수 있다(법117② 전단). 이 경우 조합장은 그 사실을 지체 없이 공고하고 서면으로 조합원에게 통지하여야 하며, 조치결과를 조합의 이사회 및 총회에 보고하여야 한다(법117② 후단).

산림조합에 대한 경영실태평가는 감독규정상 평가와 산림조합법상 평가로 이원화되어 있다. 따라서 앞에서 살펴본 상호금융업감독규정 제8조 제1항부터 제5항까지의 내용이 그대로 적용된다(상호금융업감독규정3②).

산림조합에 대하여는 상호금융업감독규정상의 CAMEL 평가와 「산림조합의 구조개선업무 감독규정」(산림청고시)상의 경영평가(CAEL)로 이원화되어 있다.

여기서는 산림조합법상 경영평가와 관련되는 「산림조합의 구조개선업무 감독규정」상의 경영평가를 살펴본다.

1. 경영평가의 이원화

「산림조합의 구조개선업무 감독규정」은 산림조합의 구조개선에 관한 법률("산림조합개선법"), 같은 법 시행령 및 시행규칙에 따라 산림청장 또는 특별시장·광역시장·특별자치시장·도지사·특별자치도지사("시·도지사")가 부실조합 등의 구조개선에 관한 업무를 수행함에 있어 필요한 세부사항을 정함을 목적으로 한다(동규정1). 산림조합개선법은 산림조합법에 따라 설립된 조합의 합병, 부실자산의 정리 등 구조개선에 관한 사항을 규정함으로써 조합의 조합원과 예금자 등을 보호하고 조합의 부실을 예방하여 조합의 건전한 발전에 이바지하는 것을 목적으로 한다(동규정1).

2. 부실조합 등의 결정

관리기관장은 산림조합법 제117조 제2항에 따라 실시한 조합의 경영상태평가 결과와 조합의 경영상태 실제 조사 결과 및 순자본비율 등을 토대로 대상조합을 선정하고, 기금관리위원회에 심의를 요청해야 한다(산림조합의 구조개선업무 감독규정7①).

3. 경영실태평가 부문별 평가항목

조합의 경영상태평가는 전년도 말 결산 결과를 기준으로 조합의 경영상태를 자본적정성, 자산건전성, 수익성, 유동성 부문별로 평가("부문별 평가")하고, 각 부문별 평가 결과를 종합하여 평가("종합평가")한다(산림조합의 구조개선업무 감독규정8①).

4. 경영실태평가등급

부문별평가 및 종합평가는 각각 1등급(우수), 2등급(양호), 3등급(보통), 4등급(취약), 5등급(위험)의 5단계 등급으로 구분한다(산림조합의 구조개선업무 감독규정8②).

5. 부문별 평가의 계량평가

경영상태의 평가등급 및 평가부문별 구체적인 평가기준 등은 신용협동조합법 제89조 제3항에 따라 금융위원회가 정한 고시에 따르며, 부문별 평가는 객관성과 투명성을 확보하기 위해 계량화된 지표에 따라 평가해야 한다(산림조합의 구조개선업무 감독규정8③).

6. 결어

실제로 산림조합법상의 경영평가는 감독규정상의 경영실태평가를 거의 준용하고 있다(계량평가만 실시한다).

Ⅴ. 새마을금고

중앙회장은 금고의 경영상태를 평가하고 그 결과에 따라 그 금고에 대하여 경영개선을 요구하거나 합병을 권고하는 등 필요한 조치를 할 수 있다(법79⑥).

1. 경영실태 분석

중앙회장은 법 제79조 제6항의 규정에 의하여 금고의 경영실태를 분석·평가하고 그 결과에 따라 제12조(경영개선권고) 또는 제13조(경영개선요구)의 규정에 의한 조치를 하여야 한다(감독기준11①).

2. 경영실태 평가와 그 결과의 감독 및 검사업무 반영

중앙회장은 금고에 대한 검사 또는 현지조사를 통하여 경영실태를 평가하고 그 결과를 감독 및 검사업무에 반영할 수 있다(감독기준11② 본문). 다만, 검사 또는 현지조사 이외의 기간에는 분기별(회장이 필요하다고 인정하는 경우에는 수시)로 부문별 평가항목 중 계량지표에 의한 평가를 실시할 수 있다(감독기준11② 단서).

3. 경영실태평가 부문별 평가항목 및 평가등급

경영실태평가는 평가대상 금고의 경영실태를 [별표 1]에 의거 자본적정성, 자산건전성, 경영관리능력, 수익성, 유동성 등 부문별로 구분 평가하고 부문별 평가 결과를 종합평가한다(감독기준11③).

[별표 1] 경영실태평가 부문별 평가항목

평가부문	계량지표	비계량 평가항목
자본적정성	· 위험가중자산대비자기자본비율 (중앙회의 경우 위험가중자산에 대한 자기자본비율) · 순자본비율 (중앙회의 경우 총자본비율) · 단순자기자본비율	· 자본변동요인의 적정성 · 향후 자본증식 가능성 · 경영진의 자본적정성 유지정책의 타당성 · 경영지도비율 충족여부 · 자산건전성 평가등급에 연계 · 기타 경영실태평가시 중요하다고 인정되는 사항
자산건전성	· 손실위험도 가중여신비율 · 고정이하여신비율 (중앙회의 경우 순고정이하여신비율) · 연체대출금비율	· 여신정책, 절차, 관리의 적정성 · 자산건전성 분류의 적정성 · 충당금 적립의 적정성 · 자본규모를 감안한 위험자산 보유수준의 적정성 · 기타 경영실태평가시 중요하다고 인정되는 사항
경영관리능력		· 전반적인 재무상태 및 영업실적 · 내부통제제도 및 운영실태 · 위험관리체제구축 및 운용실태 · 감사결과 지적사항의 이행여부 · 경영정책수립·집행기능의 적정성 · 기타 경영실태평가시 중요하다고 인정되는 사항
수익성	· 총자산순이익률 · 수지비율 · 총자산경비율	· 손익구조 변동원인의 적정성 · 수익관리의 적정성 · 비용관리의 적정성 · 경영합리화 노력 · 기타 경영실태평가시 중요하다고 인정되는 사항
유동성	· 유동성비율 · 고정자산비율	· 유동성 변동요인의 적정성 · 자금조달 및 운용구조의 합리성 · 유동성 관리능력 · 기타 경영실태평가시 중요하다고 인정되는 사항

4. 부문별 평가 및 종합평가의 등급

부문별평가 및 종합평가는 1등급(우수), 2등급(양호), 3등급(보통), 4등급(취약), 5등급(위험)의 5단계 등급으로 구분한다(감독기준11④).

5. 구체적 사항

경영실태평가를 위한 구체적인 사항은 [별표 3], [별표 4], [별표 5]에서 정하는 바에 의한다(감독기준11⑤).

제2절 적기시정조치

적기시정조치제도(Prompt Corrective Action)란 금융회사의 건전성을 자본충실도, 경영실태평가 결과 등 경영상태를 기준으로 몇 단계의 등급으로 나누어, 경영상태가 악화된 금융회사에 대해 금융감독당국이 단계적으로 시정조치를 부과해 나가는 제도를 의미한다. 적기시정조치는 부실화 징후가 있는 금융회사에 대하여 적기에 경영개선을 유도·강제함으로써 부실화를 예방하고 경영 취약부문의 정상화를 도모하는 건전성감독 수단으로서의 성격을 지닌다. 그러나 적기시정조치는 경영상태가 동 조치의 발동요건에 해당하는 경우 무차별적으로 시정조치를 시행하는 강행규정이므로, 정상화 가능성이 없는 금융회사를 조기에 퇴출시킴으로써 금융소비자의 피해 및 예금보험기금의 고갈 등 금융회사의 부실화에 따른 사회적 비용을 경감시키고 금융시스템의 안정성을 도모하기 위한 행정적 퇴출수단이기도 하다. 적기시정조치는 시장규율의 강화를 통해 금융회사의 부실화 및 도산가능성을 축소시키고 자구노력을 촉발하여 부실금융회사 처리비용을 경감시키는 한편, 재무건전성 위주의 객관적 평가를 통하여 대형 및 소형 금융회사 간의 공정경쟁여건(level playing field)을 조성하는 효과가 있다.[4]

Ⅰ. 신용협동조합

중앙회장은 조합으로부터 제출받은 자료의 분석·평가 결과 대통령령으로 정하는 바에 따라 금융위원회가 정하는 기준에 해당되어 건전한 경영이 어렵다

---

4) 금융감독원(2021), 251쪽.

고 인정되는 조합에 대해서는 합병을 권고하거나 보유자산의 처분, 조직의 축소 등 재무상태의 개선을 위한 조치를 하도록 요청하여야 한다(법89④).

재무상태개선조치운용의 세부사항과 관련해서는 중앙회가 "신용협동조합재무상태개선조치운용지침"을 마련하여 운용 중이다. 이 지침은 상호금융업감독규정에 따라 신용협동조합의 재무상태개선과 관련된 업무를 수행함에 있어 필요한 세부사항을 정함을 목적으로 한다.

1. 재무상태개선권고

(1) 의의

중앙회장은 회원의 경영상태를 평가하고 그 결과에 따라 경영개선, 합병권고 등 필요한 조치를 요구할 수 있다.

(2) 요건(기준)

중앙회장은 조합이 ⅰ) 총자산 대비 순자본비율이 2% 미만인 경우(제1호), ⅱ) 경영실태평가결과 종합평가등급이 3등급 이상으로서 자본적정성 또는 자산건전성 부문의 평가등급을 4등급 이하로 판정받은 경우(제2호), ⅲ) 거액의 금융사고 또는 부실채권의 발생으로 제1호 내지 제2호의 기준에 해당될 것이 명백하다고 판단되는 경우(제3호)에는 당해 조합에 대하여 필요한 조치를 이행하도록 권고하여야 한다(감독규정12의2①).

(3) 조치내용

조합에 대하여 필요한 조치라 함은 ⅰ) 인력 및 조직운영 개선(제1호), ⅱ) 지사무소 운영의 효율화(제2호), ⅲ) 경비절감(제3호), ⅳ) 위험자산 및 고정자산의 처분(제4호), ⅴ) 출자금의 감소 및 신규증액(제5호), ⅵ) 이익배당의 제한(제6호), ⅶ) 합병권고(제7호)의 일부 또는 전부에 해당하는 조치를 말한다(감독규정12의2②).

(4) 조치 근거 및 이유 제시

조합에 대하여 조치를 하는 경우에는 당해 조합에 그 근거와 이유를 제시하여야 한다(감독규정12의2③ 전단).

2. 재무상태개선요구

(1) 의의

중앙회장은 회원의 경영상태를 평가하고 그 결과에 따라 경영개선, 합병권고 등 필요한 조치를 요구할 수 있다.

(2) 요건(기준)

중앙회장은 조합이 ⅰ) 총자산 대비 순자본비율이 마이너스 3% 미만인 경우(제1호), ⅱ) 경영실태평가결과 종합평가등급을 4등급 이하로 판정받은 경우(제2호), ⅲ) 거액의 금융사고 또는 부실채권의 발생으로 제1호 내지 제2호의 기준에 해당될 것이 명백하다고 판단되는 경우(제3호), ⅳ) 재무상태개선 권고를 받은 조합이 재무상태개선계획을 성실하게 이행하지 아니하는 경우(제4호)에는 당해 조합에 대하여 필요한 조치를 이행하도록 요구하여야 한다(감독규정12의3①).

(3) 조치내용

조합에 대하여 필요한 조치라 함은 ⅰ) 합병요구(제1호), ⅱ) 위험자산의 보유 제한 및 자산의 처분(제2호), ⅲ) 조직·인력의 축소(제3호), ⅳ) 지사무소의 폐쇄·통합 또는 신설제한(제4호), ⅴ) 예금금리수준의 제한(제5호), ⅵ) 임원진 개선요구(제6호), ⅶ) 감독규정 제12조의2 제2항에서 정하는 사항(재무상태개선권고의 조치내용)(제7호)의 일부 또는 전부에 해당하는 조치를 말한다(감독규정12의3②).

(4) 조치 근거 및 이유 제시

조치를 하는 경우에는 당해 조합에 그 근거와 이유를 제시하여야 한다(감독규정12의2③ 후단).

3. 재무상태개선권고 또는 요구 유예 등

(1) 유예사유와 유예기간

중앙회장은 재무상태개선권고의 요건 및 재무상태개선요구의 요건 기준에 해당되는 조합이 단기간에 그 기준에 해당되지 않게 될 수 있다고 판단되거나 이에 준하는 사유가 있다고 인정되는 경우 재무상태개선 권고 또는 요구를 유예할 수 있다(감독규정12의4① 전단). 이 경우 유예기간은 1년을 초과할 수 없다(감독규정12의4① 후단).

(2) 재무상태개선 권고 또는 요구 불이행에 대한 조치

중앙회장은 조합이 재무상태개선권고 또는 요구를 받고 이를 성실히 이행하지 아니한 경우 중앙회의 자금지원을 중단하거나 지원자금을 회수하는 등의 조치를 취할 수 있다(감독규정12의4②).

Ⅱ. 농업협동조합

중앙회장은 회원의 경영상태 및 회원의 정관으로 정하는 경제사업 기준에 대하여 그 이행 현황을 평가하고, 그 결과에 따라 그 회원에게 경영개선요구, 합병권고 등의 필요한 조치를 하여야 한다(법142② 전단). 이 경우 조합장은 그 사실을 지체 없이 공고하고 서면으로 조합원에게 알려야 하며, 조치 결과를 조합의 이사회 및 총회에 보고하여야 한다(법142② 후단).

농림축산식품부장관은 적기시정조치를 하기 위하여 필요한 기준과 내용을 미리 정하여 고시하여야 한다(농협구조개선법4②). 「적기시정조치의 기준과 내용」(농림축산식품부 고시 제2020-95호)은 농협구조개선법 제4조 제2항에 따라 부실조합 및 부실우려조합의 구조개선을 위하여 필요한 적기시정조치의 기준과 내용을 정함을 목적으로 한다(제1조).

여기서는 「적기시정조치의 기준과 내용」의 적기시정조치를 살펴본다.

1. 경영개선권고

(1) 의의

중앙회장이 회원의 경영상태를 평가하고 그 결과에 따라 경영개선, 합병권고 등 필요한 조치를 요구하는 것을 말한다.

(2) 요건(기준)

경영개선권고 대상조합(농협구조개선법4①)[5]은 ⅰ) 총자산 대비 순자본비율

5) 제4조(적기시정조치) ① 농림축산식품부장관은 부실조합등이나 그 임원에 대하여 다음의

이 5% 미만인 조합(제1호), ⅱ) 농업협동조합법 제142조(중앙회의 지도) 제2항에 따라 조합의 경영상태를 종합평가한 결과, 4등급으로 판정받은 조합(제2호), ⅲ) 농업협동조합법 제142조 제2항에 따라 조합의 경영상태를 종합평가한 결과, 3등급 이상으로서 자본적정성 또는 자산건전성부문의 평가등급을 4등급 이하로 판정받은 조합(제3호), ⅳ) 금융사고 또는 부실채권의 발생으로 제1호부터 제3호까지의 기준에 해당될 것이 명백하다고 판단되는 조합(제4호) 중 어느 하나에 해당하는 조합으로서 기금관리위원회의 심의를 거쳐 관리기관장이 부실우려조합으로 결정한 조합을 말한다(적기시정조치의 기준과 내용2①).

(3) 조치내용

경영개선권고 대상조합에 대하여 취할 적기시정조치는 ⅰ) 인력 및 조직 운영의 개선 또는 축소(제1호), ⅱ) 경비절감(제2호), ⅲ) 지사무소 운영의 효율화 및 폐쇄·통합·신설제한(제3호), ⅳ) 부실자산 또는 불용자산의 처분(제4호), ⅴ) 고정자산 투자, 신규사업의 진출 및 신규출자의 제한(제5호), ⅵ) 자기자본의 증대 및 이익배당의 제한(제6호), ⅶ) 출자금의 일부 감액(제7호), ⅷ) 합병권고(제8호), ⅸ) 특별대손충당금의 설정(제9호), ⅹ) 예금금리수준의 제한(제10호), ⅺ) 조합에 대한 주의·경고 및 임직원에 대한 주의·경고·견책 또는 감봉(제11호), ⅻ) 그 밖의 제1호부터 제11호까지에 준하는 조치로서 조합의 재무건전성을 높이기 위하여 필요하다고 인정되는 조치(제12호)의 일부 또는 전부에 해당하는 조치를 말한다(적기시정조치의 기준과 내용2② 본문). 다만, 제7호의 조치는 순자본비율이 0% 미만인 조합에 한하여 적용한다(적기시정조치의 기준과 내용2② 단서).

사항을 내용으로 하는 경영개선 권고·요구 또는 명령을 하거나 그 이행계획을 제출할 것을 명하여야 한다.
1. 조합에 대한 주의·경고 및 임직원에 대한 주의·경고·견책 또는 감봉
2. 출자금의 감액, 자기자본의 증대, 보유자산의 처분 또는 점포·조직의 축소
3. 위험자산의 취득 금지 또는 비정상적으로 높은 금리에 의한 수신의 제한
4. 임원의 직무정지 또는 임원의 직무를 대행하는 관리인의 선임
5. 사업의 전부 또는 일부의 정지("사업의 정지")
6. 합병
7. 사업의 전부 또는 일부의 양도("사업양도")나 예금·대출 등 신용사업과 관련된 계약의 이전("계약이전")
8. 그 밖에 제1호부터 제7호까지의 규정에 준하는 조치로서 조합의 재무건전성을 높이기 위하여 필요하다고 인정되는 조치

2. 경영개선요구

(1) 의의

중앙회장이 회원의 경영상태를 평가하고 그 결과에 따라 경영개선, 합병권고 등 필요한 조치를 요구하는 것을 말한다.

(2) 요건(기준)

경영개선요구 대상조합농협구조개선법4①)은 ⅰ) 총자산 대비 순자본비율이 0% 미만인 조합(제1호), ⅱ) 농업협동조합법 제142조 제2항에 따라 조합의 경영상태를 종합평가한 결과, 5등급으로 판정받은 조합(제2호), ⅲ) 금융사고 또는 부실채권의 발생으로 제1호 또는 제2호의 기준에 해당될 것이 명백하다고 판단되는 조합(제3호), ⅳ) 경영개선권고를 받고 경영개선계획을 성실히 이행하지 아니하는 조합(제4호) 중 어느 하나에 해당하는 조합으로서 기금관리위원회의 심의를 거쳐 관리기관장이 부실우려조합으로 결정한 조합을 말한다(적기시정조치의 기준과 내용3①).

(3) 조치내용

경영개선요구 대상조합에 대하여 취할 적기시정조치는 ⅰ) 임원의 직무정지(제1호), ⅱ) 사업의 일부 정지(제2호), ⅲ) 합병요구(제3호), ⅳ) 사업의 전부 또는 일부의 양도, 신용사업에 관한 계약의 이전계획 수립·추진(제4호), ⅴ) 적기시정조치의 기준과 내용 제2조 제2항에서 정하는 사항(경영개선권고의 조치내용)(제5호), ⅵ) 그 밖에 제1호부터 제5호까지에 준하는 조치로서 조합의 재무건전성을 높이기 위하여 필요하다고 인정되는 조치(제6호)의 일부 또는 전부에 해당하는 조치를 말한다(적기시정조치의 기준과 내용3②).

3. 경영개선명령

(1) 의의

농림축산식품부장관(중앙회장에게 위탁: 농업구조개선법 제34조, 동법 시행령 제20조 제2호)은 부실조합에 대하여 경영개선명령을 할 수 있다.

(2) 요건(기준)

경영개선명령 대상조합(농협구조개선법4①)은 ⅰ) 총자산 대비 순자본비율이 마이너스 7% 미만인 조합(제1호), ⅱ) 예금 등 채권의 지급이나 중앙회로부터의 차입금의 상환이 정지상태에 있는 조합(제2호), ⅲ) 중앙회로부터의 자금지원 또는 차입이 없이는 예금 등 채권의 지급이나 차입금의 상환이 어려운 조합(제3호), ⅳ) 경영상태를 실제 조사한 결과 부채가 자산을 초과하는 조합(제4호), ⅴ) 거액의 금융사고 또는 부실채권의 발생 등으로 제1호부터 제4호까지의 기준에 해당될 것이 명백하다고 판단되는 조합(제5호), ⅵ) 경영개선요구를 받은 조합이 경영개선계획의 주요사항을 이행하지 아니하는 조합(제6호) 중 어느 하나에 해당하는 조합으로서 기금관리위원회의 심의를 거쳐 농림축산식품부장관이 부실조합으로 결정한 조합을 말한다(적기시정조치의 기준과 내용4① 본문). 다만, 제2호는 법 제2조 제3호 나목(＝예금등채권의 지급이나 중앙회로부터의 차입금 상환이 정지상태에 있는 조합)에 의거 당연 부실조합으로 기금관리위원회의 심의를 거치지 아니하고 경영개선명령 대상조합으로 한다(적기시정조치의 기준과 내용4① 단서).

(3) 조치내용

경영개선명령 대상조합에 대하여 취할 적기시정조치는 ⅰ) 임원의 직무를 대행할 관리인의 선임(제1호), ⅱ) 사업의 전부 또는 일부의 정지(제2호), ⅲ) 합병명령(제3호), ⅳ) 사업의 전부 또는 일부의 양도(제4호), ⅴ) 신용사업과 관련된 계약의 이전(제5호), ⅵ) 출자금의 전부 또는 일부의 감액(제6호), ⅶ) 적기시정조치의 기준과 내용 제3조 제2항에서 정하는 사항(경영개선요구의 조치내용)(제7호), ⅷ) 그 밖에 제1호부터 제7호까지에 준하는 조치(제8호)의 일부 또는 전부에 해당하는 조치를 말한다(적기시정조치의 기준과 내용4②).

Ⅲ. 수산업협동조합

중앙회장은 회원의 경영상태를 평가하고 그 결과에 따라 회원에게 경영개선을 요구하거나 합병을 권고하는 등 필요한 조치를 할 수 있다(법142② 전단). 이 경우 회원조합장은 그 조치 결과를 조합의 이사회·총회 및 회장에게 보고하여야 한다(법142② 후단).

해양수산부장관은 적기시정조치의 권고·요구 또는 명령을 하는 경우 부실
우려조합이나 그 임원에 대해서는 그 부실우려의 정도에 따라 적기시정조치의
권고 또는 요구를 하고, 부실조합이나 그 임원에 대해서는 적기시정조치의 명령
을 하여야 한다(수협구조개선법4의2② 전단). 이 경우 적기시정조치를 하기 위하여
필요한 기준과 내용은 미리 해양수산부장관이 정하여 고시한다(수협구조개선법4의
2② 후단).

「적기시정조치의 기준과 내용」(해양수산부고시 제2018-182호)은 수협구조개
선법 제4조의2에 따라 부실조합 및 부실우려조합의 구조개선을 위하여 필요한
적기시정조치의 기준과 내용을 정함을 목적으로 한다(제1조).

여기서는 「적기시정조치의 기준과 내용」의 적기시정조치를 살펴본다.

1. 경영개선권고

(1) 의의

중앙회장이 회원의 경영상태를 평가하고 그 결과에 따라 경영개선, 합병권
고 등을 필요한 조치를 요구하는 것을 말한다.

(2) 요건(기준)

경영개선권고 대상조합(수협구조개선법4①)[6]은 ⅰ) 총자산 대비 순자본비율
이 2% 미만인 조합(제1호), ⅱ) 수산업협동조합법 제142조(중앙회의 지도) 제2항
의 규정에 따라 조합의 경영상태를 종합 평가한 결과, 4등급으로 판정받은 조합
(제2호), ⅲ) 수산업협동조합법 제142조 제2항의 규정에 따라 조합의 경영상태를

---

6) 제4조(경영개선명령) ① 법 제4조 제1항의 규정에 따른 명령("경영개선명령") 대상조합은
　다음에 해당하는 조합을 말한다.
　1. 총자산 대비 순자본비율이 마이너스 15% 미만인 조합
　2. 예금등채권의 지급 또는 국가·공공단체·중앙회 및 다른 금융기관으로부터의 차입금
　　의 상환이 정지상태에 있는 조합
　3. 외부로부터의 자금지원 또는 차입이 없이는 예금등채권의 지급이나 차입금의 상환이
　　어렵다고 기금관리위원회의 심의를 거쳐 해양수산부장관이 결정한 조합
　4. 경영상태를 실사한 결과 부채가 자산을 초과하거나 거액의 금융사고 또는 부실채권의
　　발생으로 제1호 내지 제3호의 기준에 해당될 것이 명백하다고 판단되는 조합으로서 기
　　금관리위원회의 심의를 거쳐 해양수산부장관이 결정한 조합
　5. 제3조의 규정에 따른 경영개선요구를 받고 적기시정조치의 주요사항을 이행하지 아니
　　하는 조합

종합 평가한 결과, 3등급 이상이나 자본적정성 또는 자산건전성 부문의 평가등급을 4등급 이하로 판정받은 조합(제3호), iv) 금융사고 또는 부실채권의 발생으로 제1호 내지 제3호의 기준에 해당될 것이 명백하다고 판단되는 조합(제4호)에 해당하는 조합을 말한다(적기시정조치의 기준과 내용2①).

(3) 조치내용

경영개선권고 대상조합에 대하여 취할 적기시정조치는 ⅰ) 인력 및 조직 운영의 개선(제1호), ⅱ) 경비절감(제2호), ⅲ) 지사무소 운영의 효율화 및 신설제한(제3호), ⅳ) 부실자산 또는 불용자산의 처분(제4호), ⅴ) 고정자산 투자, 신규사업 진출 및 신규 외부출자의 제한(제5호), ⅵ) 위험자산의 취득금지(제6호), ⅶ) 자기자본의 증내(세/호), ⅷ) 이익배당의 세한(제8호), ⅸ) 특별내손충낭금의 설성(제9호), ⅹ) 예금금리수준의 제한(제10호), ⅺ) 조합에 대한 주의·경고 및 임직원에 대한 주의·경고·견책 또는 감봉(제11호), ⅻ) 그 밖에 제1호 내지 제11호에 준하는 조치로서 조합의 재무건전성을 높이기 위하여 필요하다고 인정되는 조치(제12호)의 일부 또는 전부에 해당하는 조치를 말한다(적기시정조치의 기준과 내용2②).

2. 경영개선요구

(1) 의의

중앙회장이 회원의 경영상태를 평가하고 그 결과에 따라 경영개선, 합병권고 등을 필요한 조치를 요구하는 것을 말한다.

(2) 요건(기준)

경영개선요구 대상조합은 ⅰ) 총자산 대비 순자본비율이 마이너스 3% 미만인 조합(제1호), ⅱ) 수산업협동조합법 제142조 제2항의 규정에 따라 조합의 경영상태를 종합 평가한 결과, 5등급으로 판정받은 조합(제2호), ⅲ) 금융사고 또는 부실채권의 발생으로 제1호 또는 제2호의 기준에 해당될 것이 명백하다고 판단되는 조합(제3호), ⅳ) 경영개선권고를 받고 적기시정조치를 성실히 이행하지 아니하는 조합(제4호)에 해당하는 조합을 말한다(적기시정조치의 기준과 내용3①).

(3) 조치내용

경영개선요구 내상조합에 대하여 취할 적기시정조치는 ⅰ) 임원의 직무정지(제1호), ⅱ) 인력의 감축 및 점포·조직의 축소(제2호), ⅲ) 지사무소의 폐쇄·통합(제3호), ⅳ) 위험자산의 보유제한(제4호), ⅴ) 임원의 교체요구(제5호), ⅵ) 사업의 일부 정지(제6호), ⅶ) 합병요구(제7호), ⅷ) 사업의 전부 또는 일부의 양도, 사업의 전부 또는 일부와 관련된 계약의 이전계획 수립·추진(제8호), ⅸ) 적기시정조치의 기준과 내용 제2조 제2항에서 정하는 사항(경영개선권고의 조치내용)(제9호), ⅹ) 그 밖에 제1호 내지 제9호에 준하는 조치로서 조합의 재무건전성을 높이기 위하여 필요하다고 인정되는 조치(제10호)의 일부 또는 전부에 해당하는 조치를 말한다(적기시정조치의 기준과 내용3②).

3. 경영개선명령

(1) 의의

해양수산부장관(중앙회장에게 위탁: 수협구조개선법 제35조, 동법 시행령 제19조 제2호)은 부실조합에 대하여 경영개선명령을 할 수 있다.

(2) 요건(기준)

경영개선명령 대상조합은 ⅰ) 총자산 대비 순자본비율이 마이너스 15% 미만인 조합(제1호), ⅱ) 예금등채권의 지급 또는 국가·공공단체·중앙회 및 다른 금융기관으로부터의 차입금의 상환이 정지상태에 있는 조합(제2호), ⅲ) 외부로부터의 자금지원 또는 차입이 없이는 예금등채권의 지급이나 차입금의 상환이 어렵다고 기금관리위원회의 심의를 거쳐 해양수산부장관이 결정한 조합(제3호), ⅳ) 경영상태를 실사한 결과 부채가 자산을 초과하거나 거액의 금융사고 또는 부실채권의 발생으로 제1호 내지 제3호의 기준에 해당될 것이 명백하다고 판단되는 조합으로서 기금관리위원회의 심의를 거쳐 해양수산부장관이 결정한 조합(제4호), ⅴ) 경영개선요구를 받고 적기시정조치의 주요사항을 이행하지 아니하는 조합(제5호)에 해당하는 조합을 말한다(적기시정조치의 기준과 내용4①).

(3) 조치내용

경영개선명령 대상조합에 대하여 취할 적기시정조치는 ⅰ) 임원의 직무를 대행할 관리인의 선임(제1호), ⅱ) 사업의 전부 또는 일부의 정지(제2호), ⅲ) 합병명령(제3호), ⅳ) 사업의 전부 또는 일부의 양도(제4호), ⅴ) 사업의 전부 또는 일부와 관련된 계약의 이전(제5호), ⅵ) 출자금의 전부 또는 일부의 감액(제6호), ⅶ) 적기시정조치의 기준과 내용 제3조 제2항에서 정하는 사항(경영개선요구의 조치내용)(제7호), ⅷ) 그 밖에 제1호 내지 제7호에 준하는 조치(제8호)의 일부 또는 전부에 해당하는 조치를 말한다(적기시정조치의 기준과 내용4②).

Ⅳ. 산림조합

중앙회장은 회원의 경영상태를 평가하고 그 결과에 따라 그 회원에게 경영개선, 합병권고 등의 필요한 조치를 요구할 수 있다(법117② 전단). 이 경우 조합장은 그 사실을 지체 없이 공고하고 서면으로 조합원에게 통지하여야 하며, 조치결과를 조합의 이사회 및 총회에 보고하여야 한다(법117② 후단).

적기시정조치를 행하기 위하여 필요한 기준과 내용은 농림축산식품부령으로 정한다(산림조합개선법4②). 시·도지사가 법 제4조 제2항에 따른 적기시정조치를 행하기 위한 적기시정조치의 기준과 내용은 [별표 1]과 같다(산림조합개선법 시행규칙4).

여기서는 산림조합개선법 시행규칙 제4조의 적기시정조치의 기준과 내용인 [별표 1]을 살펴본다.

1. 경영개선권고

(1) 의의

시·도지사(중앙회장에게 위탁: 산림조합개선법 제40조, 동법 시행령 제35조 제2호)는 회원의 경영상태를 평가하고 그 결과에 따라 경영개선, 합병권고 등 필요한 조치를 요구할 수 있다.

(2) 요건(기준)

경영개선권고 대상조합은 ⅰ) 총자산에 대한 순자본의 비율이 2% 미만인 조합, ⅱ) 산림조합법 제117조 제2항 및 신용협동조합법 제89조 제3항에 따라 중앙회장이 금융위원회가 정하는 바에 따라 경영상태를 평가한 결과 4등급으로 판

정받은 조합, iii) 산림조합법 제117조 제2항 및 신용협동조합법 제89조 제3항에
따라 중앙회장이 금융위원회가 정하는 바에 따라 경영상태를 평가한 결과 3등급
이상이나 자본적정성 또는 자산건전성부문의 평가등급을 4등급 이하로 판정받은
조합, iv) 금융사고 또는 부실채권의 발생으로 위의 기준에 해당될 것이 명백하
다고 판단되는 조합 중 어느 하나에 해당되는 조합을 말한다([별표 1])

(3) 조치내용

경영개선권고 대상조합에 대하여 취할 적기시정조치는 ⅰ) 조합에 대한 주
의·경고 및 임직원에 대한 주의·경고·견책 또는 감봉, ⅱ) 자기자본의 증대나
부실자산 또는 불용자산의 처분, ⅲ) 투자위험이 큰 위험자산의 취득금지 또는
비정상적으로 높은 금리에 따른 수신의 제한, ⅳ) 인력 및 조직 운영의 개선, ⅴ)
지사무소 운영의 효율화 및 신설 제한, ⅵ) 경비절감, ⅶ) 이익배당의 제한, ⅷ)
특별대손충당금의 설정, ⅸ) 고정자산 투자, 신규사업 진출 및 신규 외부출자의
제한 중 어느 하나 또는 전부에 해당하는 조치를 말한다([별표 1]).

2. 경영개선요구

(1) 의의

시·도지사(중앙회장에게 위탁: 산림조합개선법 제40조, 동법 시행령 제35조 제2
호)는 회원의 경영상태를 평가하고 그 결과에 따라 경영개선, 합병권고 등 필요
한 조치를 요구할 수 있다.

(2) 요건(기준)

경영개선요구 대상조합은 ⅰ) 총자산에 대한 순자본의 비율이 마이너스 3%
미만인 조합, ⅱ) 산림조합법 제117조 제2항 및 신용협동조합법 제89조 제3항에
따라 중앙회장이 금융위원회가 정하는 바에 따라 경영상태를 평가한 결과 5등급
으로 판정받은 조합, ⅲ) 금융사고 또는 부실채권의 발생으로 위 기준에 해당될
것이 명백하다고 판단되는 조합, ⅳ) 경영개선권고를 받고 적기시정조치 내용을
이행하지 아니하는 조합 중 어느 하나에 해당되는 경우을 말한다([별표 1]).

(3) 조치내용

경영개선요구 대상조합에 대하여 취할 적기시정조치는 ⅰ) 인력의 감축 및 점포·조직의 축소, ⅱ) 임원의 직무정지, ⅲ) 사업의 일부 정지, ⅳ) 합병요구, ⅴ) 사업의 일부 양도나 사업의 일부와 관련된 계약의 이전, ⅵ) 지사무소의 폐쇄·통합, ⅶ) 임원의 교체요구, ⅷ) 위험자산의 보유제한, ⅸ) 경영개선요구에 필요하다고 인정되는 위 경영개선권고에 해당하는 내용 중 어느 하나 또는 전부에 해당하는 조치.

3. 경영개선명령

(1) 의의

시·도지사(중앙회장에게 위탁: 산림조합개선법 제40조, 동법 시행령 제35조 제2호)는 부실조합에 대해 경영개선명령을 할 수 있다.

(2) 요건(기준)

경영개선명령 대상조합은 ⅰ) 총자산에 대한 순자본의 비율이 마이너스 15% 미만인 조합, ⅱ) 예금등채권의 지급 또는 국가·공공단체 및 중앙회로부터의 차입금의 상환이 정지상태에 있는 조합, ⅲ) 외부로부터의 자금지원이나 차입이 없이는 예금등채권의 지급이나 차입금의 상환이 어렵다고 법 제18조에 따른 기금관리위원회의 심의를 거쳐 특별시장·광역시장·특별자치시장·도지사·특별자치도지사("시·도지사")가 결정한 조합, ⅳ) 경영상태를 실제 조사한 결과 부채가 자산을 초과하거나 거액의 금융사고 또는 부실채권의 발생으로 위 기준에 해당될 것이 명백하다고 판단되는 조합으로서 기금관리위원회가 심의를 거쳐 시·도지사가 결정한 조합, ⅴ) 경영개선요구를 받고 적기시정조치 내용을 이행하지 아니하는 조합 중 어느 하나에 해당되는 조합을 말한다([별표 1]).

(3) 조치내용

경영개선명령 대상조합에 대하여 취할 적기시정조치는 ⅰ) 출자금의 전부 또는 일부의 감소, ⅱ) 임원의 직무를 대행하는 관리인의 선임, ⅲ) 사업의 전부 정지, ⅳ) 합병, ⅴ) 사업의 전부 양도나 사업의 전부와 관련된 계약의 이전, ⅵ) 경영개선명령에 필요하다고 인정되는 위 경영개선요구에 해당하는 내용 중 어느 하나 또는 전부에 해당하는 조치를 말한다([별표 1]).

V. 새마을금고

1. 경영개선권고

(1) 의의

중앙회장은 금고의 경영상태를 평가하고 그 결과에 따라 경영개선, 합병권고 등 필요한 조치를 요구할 수 있다.

(2) 요건(기준)

중앙회장은 금고의 경영실태를 분석·평가한 결과 금고가 ⅰ) 총자산 대비 순자본비율이 4% 미만인 경우(제1호), ⅱ) 경영실태평가 결과 종합평가등급이 1등급 내지 3등급으로서 자본적정성 또는 자산건전성 부문의 평가등급을 4등급 또는 5등급으로 판정받은 경우(제2호), ⅲ) 거액의 금융사고 또는 부실채권[회수의문 및 추정손실로 분류된 대출금과 당해 대출금을 회수하기 위하여 지급된 가지급금("여신성가지급금"), 유가증권, 가지급금, 미수금, 대출채권미수이자]의 발생으로 제1호 또는 제2호의 기준에 해당될 것이 명백하다고 판단되는 경우(제3호)의 어느 하나에 해당되는 경우에는 당해 금고에 대하여 필요한 조치를 이행하도록 권고하여야 한다(감독기준12①).

(3) 조치내용

조합에 대하여 필요한 조치라 함은 ⅰ) 인력 및 조직운영 개선(제1호), ⅱ) 분사무소 운영의 효율화(제2호), ⅲ) 경비절감(제3호), ⅳ) 위험자산 및 고정자산의 처분(제4호), ⅴ) 출자금의 감소 및 신규증액(제5호), ⅵ) 이익배당의 제한(제6호), ⅶ) 합병(제7호)의 일부 또는 전부에 해당하는 조치를 말한다(감독기준12②).

(4) 조치 근거 및 이유 제시

중앙회장은 조치를 하는 경우에는 당해 금고에 그 근거와 이유를 제시하여야 한다(감독기준12③).

2. 경영개선요구

(1) 의의

중앙회장은 금고의 경영상태를 평가하고 그 결과에 따라 경영개선, 합병권고 등 필요한 조치를 요구할 수 있다.

(2) 요건(기준)

중앙회장은 금고의 경영실태를 분석·평가한 결과 금고가 ⅰ) 총자산 대비 순자본비율이 0% 미만인 경우(제1호), ⅱ) 경영실태평가결과 종합평가등급을 4등급 또는 5등급으로 판정받은 경우(제2호), ⅲ) 거액의 금융사고 또는 부실채권의 발생으로 제1호 또는 제2호의 기준에 해당될 것이 명백하다고 판단되는 경우(제3호), ⅳ) 경영개선권고를 받은 금고가 경영개선계획을 성실하게 이행하지 아니하는 경우(제4호)의 어느 하나에 해당되는 경우에는 당해 금고에 대하여 필요한 조치를 이행하도록 요구하여야 한다(감독기준13①).

(3) 조치내용

조합에 대하여 필요한 조치라 함은 ⅰ) 위험자산의 보유 제한 및 자산의 처분(제1호), ⅱ) 조직 및 인력의 축소(제2호), ⅲ) 분사무소의 폐쇄·통합 또는 신설 제한(제3호), ⅳ) 예금금리수준의 제한(제4호), ⅴ) 임원개선(제5호), ⅵ) 감독기준 제12조 제2항에서 정하는 사항(경영개선권고의 조치내용)(제6호)의 일부 또는 전부에 해당하는 조치를 말한다(감독기준13②).

(4) 조치 근거 및 이유 제시

중앙회장은 조치를 하는 경우에는 당해 금고에 그 근거와 이유를 제시하여야 한다(감독기준13③).

3. 경영개선명령

(1) 의의

행정안전부장관은 경영개선명령의 요건(기준)에 해당하는 경우로서 중앙회장의 요청이 있는 경우 당해 금고에 대하여 필요한 조치를 이행하도록 명령할 수 있다.

(2) 요건(기준)

행정안전부장관은 금고가 ⅰ) 총자산 대비 순자본비율이 마이너스 15% 미만인 경우(제1호), ⅱ) 경영개선요구를 받고 경영개선계획을 제출하지 아니하거나 승인받은 경영개선계획을 성실히 이행하지 아니함으로써 경영건전성 유지가 어렵다고 판단되는 경우(제2호)의 어느 하나에 해당하는 경우로서 회장의 요청이 있는 경우에는 당해 금고에 대하여 필요한 조치를 이행하도록 기간을 정하여 명령할 수 있다(감독기준17①).

(3) 조치내용

금고에 필요한 조치라 함은 ⅰ) 업무의 일부 또는 전부의 정지(제1호), ⅱ) 채무변제 행위의 금지(제2호), ⅲ) 감독기준 제13조 제2항에서 정하는 사항(경영개선요구의 조치내용)(제3호)의 일부 또는 전부에 해당하는 조치를 말한다(감독기준 17②).

제3절 경영관리 및 경영지도

일정 요건에 해당하는 경우 신용협동조합은 경영관리를 받으며, 농업협동조합, 수산업협동조합, 산림조합, 새마을금고는 경영지도를 받게 된다.

Ⅰ. 신용협동조합

1. 서설

(1) 의의

금융위원회는 일정 요건 중 어느 하나에 해당되어 조합원의 이익을 크게 해칠 우려가 있다고 인정되는 조합에 대해서는 관리인을 선임하여 경영관리를 하

게 할 수 있다(법86①). 금융위원회는 경영관리 및 관리인의 선임에 관한 권한을
금융감독원장에게 위탁한다(법96①, 영24①(9)).

조합 또는 중앙회의 임직원 또는 청산인이 경영관리에 응하지 아니한 경우
에는 3년 이하의 징역 또는 3천만원 이하의 벌금에 처한다(법99①(6)). 이 경우
징역형과 벌금형을 병과할 수 있다(법99① 후단).

(2) 경영관리의 요건

경영관리의 요건은 다음의 어느 하나에 해당되어야 한다(법86①).

(가) 불법·부실대출로 자기자본의 전부가 잠식될 우려가 있는 경우

금융감독원의 검사(법83②) 결과 조합이 ⅰ) 동일인에 대한 대출등의 한도를
위반하여 한 대출등의 합계액 중 부실대출에 해당하는 금액이 자기자본 또는 출
자금 중 큰 금액을 초과하는 경우의 당해부실대출금액(제1호), ⅱ) 부실대출의 합
계액이 자기자본 또는 출자금 중 큰 금액의 2배를 초과하는 경우의 당해부실대
출금액(제2호)을 보유하고 이를 단기간에 통상적인 방법으로 회수하기가 곤란하
여 자기자본의 전부가 잠식될 우려가 있다고 인정되는 경우이어야 한다(법86①
(1), 영21의2①).

(나) 재산상 손실이 발생하여 경영정상화가 어려운 경우

조합 임직원의 위법·부당한 행위로 인하여 조합에 재산상의 손실이 발생하
여 자력으로 경영정상화를 추진하는 것이 어렵다고 인정되는 경우이어야 한다
(법86①(2)).

(다) 조합의 예탁금·적금 인출이 쇄도하는 경우

조합의 파산위험이 현저하거나 임직원의 위법·부당한 행위로 인하여 조합
의 예탁금·적금 인출이 쇄도하거나 조합이 예탁금 및 적금을 지급할 수 없는 상
태에 이른 경우이어야 한다(법86①(3)).

(라) 자본의 적정성, 자산의 건전성 등을 고려하여 일정 기준에 미달하는 경우

금융감독원의 검사(법83②) 결과 앞의 (1) (2) (3)의 경우에 해당되지 아니하
는 경우로서 자본의 적정성, 자산의 건전성 등을 고려하여 ⅰ) 자산에 대한 자기
자본비율 등 조합의 신용위험에 대응하는 자기자본의 보유기준(제1호), ⅱ) 대출
채권 등 조합이 보유하는 자산의 건전성 기준(제2호), ⅲ) 경영실태평가 기준(제3
호)에 미달하는 경우를 말한다(법86①(4), 영21의2② 전단). 이 경우 각호의 구체적

인 기준은 금융위원회가 정한다(영21의2② 후단).[7]

(마) 경영관리가 필요하다고 인정하여 중앙회장이 건의하는 경우

경영 분석·평가 결과 또는 검사 결과 경영관리가 필요하다고 인정하여 중앙회장이 건의하는 경우이어야 한다(법86①(5) 전단). 이 경우 금융위원회는 앞의 (1)부터 (4)까지의 경우에 해당하는지를 확인하여야 한다(법86①(5) 후단).

(3) 경영관리의 내용

경영관리의 내용은 ⅰ) 자금의 수급 및 여·수신의 관리(제1호), ⅱ) 불법·부실대출의 회수 및 채권의 확보(제2호), ⅲ) 위법·부당한 행위의 시정(제3호), ⅳ) 부실한 자산의 정리(제4호), ⅴ) 인력 및 조직운영의 개선(제5호)이다(영21의3①).

(4) 경영관리의 공고

조합은 경영관리를 받게 된 때에는 지체없이 주사무소 및 지사무소의 객장에 이를 공고하여야 하며, 2영업일 이내에 당해 조합의 주사무소가 소재하는 지역의 일간신문에 공고내용을 게재하여야 한다(법86⑥, 영21의2③).

2. 채무의 지급정지 또는 임원의 직무정지와 재산실사

(1) 의의

금융위원회는 경영관리가 개시되었을 때에는 6개월의 범위에서 채무의 지급을 정지하거나 임원의 직무를 정지하고, 관리인으로 하여금 지체 없이 그 조합의 재산현황을 조사("재산실사")하게 하여야 한다(법86②). 금융위원회는 채무의 지급정지, 임원의 직무정지 및 재산실사에 관한 권한을 금융감독원장에게 위탁한다(법96①, 영24①(10)).

---

7) 감독규정 제12조의7(경영관리 요건 등) ① 시행령 제21조의2 제2항의 규정에 의하여 금융위원회가 정하는 기준은 법 제83조 제2항의 규정에 의한 검사결과 제12조 제1항 제1호에서 정하는 총자산 대비 순자본비율이 마이너스 15% 미만으로서 부채가 자산을 초과하는 경우를 말한다.
② 감독원장은 제1항의 기준에 해당하는 조합이 자구노력, 합병 또는 중앙회의 자금지원 등으로 그 기준에 해당되지 않게 될 수 있다고 인정되는 경우에는 경영관리를 유예할 수 있다.

(2) 지급정지 대상 채무

금융위원회가 지급을 정지할 수 있는 채무는 ⅰ) 제세공과금 또는 임차료의 지급채무(제1호), ⅱ) 근로기준법 제38조 제2항[8])의 규정에 의하여 우선변제권이 인정되는 최종 3월분의 임금·재해보상금 및 근로자퇴직급여 보장법 제12조 제2항[9])의 규정에 의하여 우선변제권이 인정되는 최종 3년간의 퇴직금에 관한 채무(제2호), ⅲ) 내국환 결제를 위한 자금(제3호), ⅳ) 국가·공공단체·중앙회 또는 금융기관의 업무대리를 위하여 일시적으로 예치한 자금(제4호)에 해당하지 아니하는 것으로 한다(영21의5①).

(3) 채무의 지급정지 또는 임원의 직무정지의 철회

금융위원회는 재산실사 결과 해당 조합이 ⅰ) 조합의 재산으로 그 채무를 완제할 수 있다고 인정되는 때(제1호), ⅱ) 조합의 재산으로 그 채무를 완제할 수는 없으나 다른 조합과의 합병등으로 조합원의 보호가 가능하다고 인정되는 때(제2호), ⅲ) 조합의 재산으로 그 채무를 완제할 수는 없으나 중앙회의 자금지원 또는 자구노력 등으로 3년 이내에 경영정상화가 가능하다고 인정되는 때(제3호)에는 채무의 지급정지 또는 임원의 직무정지의 전부 또는 일부를 철회할 수 있

---

8) 제38조(임금채권의 우선변제) ① 임금, 재해보상금, 그 밖에 근로관계로 인한 채권은 사용자의 총재산에 대하여 질권·저당권 또는 동산채권담보법에 따른 담보권에 따라 담보된 채권 외에는 조세·공과금 및 다른 채권에 우선하여 변제되어야 한다. 다만, 질권·저당권 또는 동산채권담보법에 따른 담보권에 우선하는 조세·공과금에 대하여는 그러하지 아니하다.
② 제1항에도 불구하고 다음의 어느 하나에 해당하는 채권은 사용자의 총재산에 대하여 질권·저당권 또는 동산채권담보법에 따른 담보권에 따라 담보된 채권, 조세·공과금 및 다른 채권에 우선하여 변제되어야 한다.
1. 최종 3개월분의 임금
2. 재해보상금
9) 제12조(퇴직급여등의 우선변제) ① 사용자에게 지급의무가 있는 퇴직금, 제15조에 따른 확정급여형퇴직연금제도의 급여, 제20조 제3항에 따른 확정기여형퇴직연금제도의 부담금 중 미납입 부담금 및 미납입 부담금에 대한 지연이자, 제23조의7 제1항에 따른 중소기업 퇴직연금기금제도의 부담금 중 미납입 부담금 및 미납입 부담금에 대한 지연이자, 제25조 제2항 제4호에 따른 개인형퇴직연금제도의 부담금 중 미납입 부담금 및 미납입 부담금에 대한 지연이자("퇴직급여등")는 사용자의 총재산에 대하여 질권 또는 저당권에 의하여 담보된 채권을 제외하고는 조세·공과금 및 다른 채권에 우선하여 변제되어야 한다. 다만, 질권 또는 저당권에 우선하는 조세·공과금에 대하여는 그러하지 아니하다.
② 제1항에도 불구하고 최종 3년간의 퇴직급여등은 사용자의 총재산에 대하여 질권 또는 저당권에 의하여 담보된 채권, 조세·공과금 및 다른 채권에 우선하여 변제되어야 한다.

다(법86⑤, 영21의5②).

금융위원회는 채무의 지급정지 또는 임원의 직무정지의 철회에 관한 권한을 금융감독원장에게 위탁한다(법96①, 영24①(12)).

(4) 채무 지급정지의 전부 철회와 경영관리 종료

금융위원회는 조합에 대한 채무지급정지가 전부 철회된 때에는 지체없이 당해 조합에 대한 경영관리를 종료하여야 한다(영21의5③).

(5) 재산실사 등
(가) 재산실사기준의 필수적 포함사항

재산실사에 관한 기준("재산실사기준")은 금융감독원장이 정하며[10] ⅰ) 대출금, 가지급금, 유가증권 및 고정자산 등의 자산평가기준(제1호), ⅱ) 손익보정 등 회계처리기준(제2호)을 포함하여야 한다(감독규정23①).

(나) 관리인의 재산현황 조사 등

관리인은 재산실사기준에 따라 조합의 재산현황을 조사하고 그 결과를 토대로 수정재무상태표 등을 작성하여야 한다(감독규정23②).

(다) 재산실사 결과의 보고

관리인은 수정재무상태표 등 재산실사 결과를 금융감독원장에게 보고하여야 한다(감독규정23③).

(라) 경영정상화 여부에 대한 의견

금융감독원장은 재산실사 결과 채무초과 조합에 대하여는 그 결과를 중앙회에 통보하고 중앙회장으로부터 당해 조합의 합병 혹은 중앙회의 대출 등을 통한 경영정상화 가능 여부에 대한 의견을 들어야 한다(감독규정24).

3. 경영관리의 기간

경영관리의 기간은 6월로 하되, 금융위원회가 조합원의 보호 및 경영정상화의 추진을 위하여 필요하다고 인정하는 경우에는 1회에 한하여 6월의 범위 안에서 이를 연장할 수 있다(영21의4 본문). 다만, 파산신청(법88)을 한 경우에는 채무

---

10) 상호금융업감독업무시행세칙 제19조(재산실사 기준) 감독규정 제23조 제1항의 규정에 의한 재산실사기준은 [별표 8]과 같다.

자회생법 제355조[11])의 규정에 의한 파산관재인이 선임될 때까지 경영관리의 기간을 연장할 수 있다(영21의4 단서).

4. 관리인의 자격 및 권한 등

(1) 관리인의 자격

해당 조합과 ⅰ) 조합부실에 책임이 있는 임·직원과 그 배우자, 4촌 이내의 혈족 및 인척(제1호), ⅱ) 조합으로부터 불법·부실대출을 받은 자와 그 배우자, 4촌 이내의 혈족 및 인척(제2호)은 경영관리(법86①) 또는 계약이전(법86의4⑤)에 따른 관리인으로 선임될 수 없다(법86의2①, 영21의6).

(2) 관리인의 선임

금융감독원장은 경영관리의 수행을 위하여 관리인을 선임할 경우 ⅰ) 금융감독원의 직원(제1호), ⅱ) 중앙회의 직원(제2호), ⅲ) 조합 등에 관하여 학식과 경험이 풍부한 금융·법률 또는 회계업무에 종사하는 자(제3호)를 선임하여야 한다(감독규정22①).

선임된 경영관리인이 2인 이상인 경우 각각의 직무집행범위를 금융감독원장이 정할 수 있다(감독규정22②).

(3) 관리인의 권한 및 대항력

관리인은 그 선임 목적에 따라 경영관리를 받는 조합의 업무를 집행하고 그 재산을 관리·처분할 권한 또는 계약이전의 결정과 관련된 업무의 범위에서 조합의 자산·부채 등을 관리·처분할 권한이 있다(법86의2② 전단). 이 경우 관리인은 제86조의3(경영관리의 통지 및 등기) 또는 제86조의4(계약이전의 결정) 제6항에 따른 등기를 마친 후가 아니면 조합 재산의 처분 등 법률행위를 할 때 제3자에게 대항할 수 없다(법86의2② 후단).

---

11) 제355조(파산관재인의 선임) ① 파산관재인은 관리위원회의 의견을 들어 법원이 선임한다.
    ② 법인도 파산관재인이 될 수 있다. 이 경우 그 법인은 이사 중에서 파산관재인의 직무를 행할 자를 지명하고 법원에 신고하여야 한다.

(4) 관리인의 의무 등

(가) 관리인의 의견서 제출의무

관리인은 다음에 해당하는 경우, 즉 ⅰ) 경영정상화계획서 또는 위법·부실대출 정리계획서의 제출(제1호), ⅱ) 자금지원·차입 신청(제2호), ⅲ) 경영관리 기간의 연장(제3호), ⅳ) 부실대출이 자기자본 또는 출자금 중 큰 금액을 초과하지 아니하는 경우로 경영관리요건을 해소한 경우(감독규정27①(1)) 및 중앙회의 대출이 이루어져 경영정상화를 추진하는 경우(감독규정27①(3))로 인한 경영관리의 종료(제4호), ⅴ) 기타 금융감독원장이 요구하는 사항(제5호)의 경우 금융감독원장에게 의견서를 제출하여야 한다(감독규정26①).

(나) 경영정상화 방안 제출 요구

관리인은 경영정상화계획서 또는 위법·부실대출 정리계획서의 제출(감독규정26①(1))에 의한 경영정상화계획 수립을 위하여 조합의 이사장 등 임원에 대하여 2주 이상 1월 이내의 기간을 정하여 경영정상화 방안을 제출하도록 요구할 수 있다(감독규정26②).

(다) 경영관리업무 수행의무

관리인은 금융감독원장이 정하는 바에 따라 경영관리업무를 수행하여야 한다(감독규정26③).[12]

(5) 관리인의 재산조사와 조치

관리인은 불법·부실대출에 따른 채권을 확보하기 위하여 필요한 경우에는 그 불법·부실대출에 책임이 있다고 인정되는 임직원(임직원이었던 사람을 포함) 또는 채무자의 재산을 조사하여 가압류 신청 등 필요한 조치를 하여야 한다(법86의2③).

(6) 위규행위 관련자에 대한 조치

관리인은 재산실사 결과 조합에 손실을 끼친 임·직원 및 위규행위 관련자에 대하여 재산조회 및 출국금지 등의 조치가 필요한 경우 이를 금융감독원장에게 건의하여야 한다(감독규정28①).

---

12) 상호금융업감독업무시행세칙 제18조(관리인의 업무수행지침) 신용협동조합법 제86조 제1항의 규정에 의한 관리인은 [별표 7]의 관리인의 업무수행에 관한 지침을 준수하여야 한다.

관리인은 불법·부실대출에 관한 채권을 확보하기 위하여 위규행위 관련자에 대한 재산추적 조사를 실시한 후 가압류 등 채권보전조치를 취하고 필요한 경우 사후조치를 강구하여야 한다(감독규정28②).

관리인은 금융감독원이 정한 검사결과조치기준 등에 따라 위규행위 관련자에 대하여 고소·고발을 할 수 있다(감독규정28③).

(7) 현황보고

관리인은 조합의 경영관리현황을 금융감독원장이 정하는 바에 따라 금융감독원장에게 보고하여야 한다(감독규정29).

(8) 관리인 해임

금융위원회는 필요하다고 인정하는 경우에는 관리인을 해임할 수 있다(법86의2④). 금융위원회는 관리인의 해임에 관한 권한을 금융감독원장에게 위탁한다(법96①, 영24①(13)).

(9) 준용 규정

관리인에 관하여는 민법 제35조(법인의 불법행위능력) 제1항, 상법 제11조(지배인의 대리권) 제1항, 채무자회생법 제30조(관리인 등의 보수 등) 및 제360조(여럿의 파산관재인의 직무집행), 제361조(파산관재인의 의무 등), 제362조(파산관재인대리)의 규정을 준용한다(법86의2⑤ 전단). 이 경우 채무자회생법 제30조, 제360조 및 제362조 중 "법원"은 "금융위원회"로 본다(법86의2⑤ 후단). 금융위원회는 관리인의 대리인 선임 등에 관한 권한을 금융감독원장에게 위탁한다(법96①, 영24①(13)).

(10) 자료의 요청

금융위원회는 제86조의2(관리인의 자격 및 권한 등)에 따른 조치에 필요한 자료를 중앙행정기관의 장에게 요청할 수 있다(법86④ 전단). 이 경우 요청받은 중앙행정기관의 장은 특별한 사유가 없으면 요청에 따라야 한다(법86④ 후단).

금융위원회는 자료요청에 관한 권한을 금융감독원장에게 위탁한다(법96①, 영24①(11)).

5. 경영관리의 통지 및 등기

(1) 관할 지방법원 통지

금융위원회는 경영관리를 개시하였을 때에는 지체 없이 그 관리를 받는 조합의 주사무소의 주소지를 관할하는 지방법원에 그 취지를 통지하고 주사무소 및 지사무소를 관할하는 등기소에 그 등기를 촉탁하여야 한다(법86의3①). 금융위원회는 경영관리의 통지 및 등기촉탁에 관한 권한을 금융감독원장에게 위탁한다(법96①, 영24①(14)).

(2) 등기소의 등기의무

등기소는 등기 촉탁을 받으면 지체 없이 그 등기를 하여야 한다(법86의3②).

6. 경영관리의 종료

금융감독원장은 조합이 ⅰ) 부실대출이 자기자본 또는 출자금 중 큰 금액을 초과하지 아니하는 경우로 경영관리요건을 해소한 경우(제1호), ⅱ) 합병에 의하여 조합이 소멸한 경우(제2호), ⅲ) 중앙회의 대출이 이루어져 경영정상화를 추진하는 경우(제3호), ⅳ) 법 제85조 제2항의 규정에 의하여 인가취소된 경우(제4호), ⅴ) 조합이 파산결정된 경우(제5호), ⅵ) 조합에 대한 채무지급정지가 전부 철회된 경우(제6호), ⅶ) 기타 경영관리를 종료할 필요가 있다고 감독원장이 인정하는 경우(제7호)에 지체없이 경영관리를 종료하여야 한다(감독규정27①).

7. 계약이전의 결정

(1) 의의

금융위원회는 조합이 경영관리의 요건(법86① 각호) 중 어느 하나에 해당되는 경우에는 기금관리위원회(법80의2③)의 의견을 들어 해당 조합("부실조합")에 대하여 사업과 관련된 계약의 이전("계약이전")을 결정할 수 있다(법86의4①).

금융위원회는 위원회 의견 요청 및 접수에 관한 권한을 금융감독원장에게 위탁한다(법96①, 영24①(15)).

(2) 인수조합의 동의와 지정

금융위원회는 계약이전을 결정하는 때에는 필요한 범위에서 이전되는 계약의 범위·조건 및 이전받는 조합("인수조합")을 정하여야 한다(법86의4② 전단). 이 경우 미리 인수조합의 동의를 받아야 한다(법86의4② 후단).

금융위원회는 인수조합의 지정에 관한 권한을 금융감독원장에게 위탁한다(법96①, 영24①(16)).

(3) 자금지원 금액과 조건 등 제시

중앙회는 인수조합에 대하여 계약이전의 이행을 전제로 자금지원의 금액과 조건 등을 제시할 수 있다(법86의4③).

(4) 부실조합의 부실 정도 및 계약이전 조치 등 통지

중앙회는 인수조합이 동의를 하기 위하여 총회를 소집하는 경우 미리 그 인수조합의 조합원에게 부실조합의 부실 정도 및 계약이전에 관한 조치 등 총회의 결의와 관련된 사항을 통지하여야 한다(법86의4④).

(5) 계약이전관리인의 선임 등

금융위원회는 계약이전을 결정한 부실조합에 대하여 관리인을 선임하여야 한다(법86의4⑤). 금융위원회는 관리인의 선임에 관한 권한을 금융감독원장에게 위탁한다(법96①, 영24①(17)).

(가) 선임과 겸임

계약이전관리인은 금융감독원장이 선임한다(감독규정30의2① 본문). 다만, 경영관리인이 있는 때에는 경영관리인과 인수조합의 이해관계 등이 존재하여 금융감독원장이 별도로 계약이전관리인을 선임하는 경우를 제외하고는 경영관리인이 계약이전관리인을 겸임한다(감독규정30의2① 단서).

(나) 계약이전관리인의 선임 자격

금융감독원장이 계약이전관리인을 선임하는 경우 제22조의 규정을 준용한다(감독규정30의2②). 따라서 금융감독원장은 계약이전관리의 수행을 위하여 관리인을 선임할 경우 ⅰ) 금융감독원의 직원(제1호), ⅱ) 중앙회의 직원(제2호), ⅲ) 조합 등에 관하여 학식과 경험이 풍부한 금융·법률 또는 회계업무에 종사하는

376 제 2 편 조 합

자(제3호)를 선임하여야 한다(감독규정22①).

선임된 계약이전관리인이 2인 이상인 경우 각각의 직무집행범위를 금융감독원장이 정할 수 있다(감독규정22②).

(다) 계약이전관리인의 업무수행지침

계약이전관리인은 법 등 관련 법규, 계약이전 결정내용 및 감독원장이 정하는 바에 따라 계약이전 등의 업무를 처리하여야 한다(감독규정30의2③).[13]

(6) 계약이전관리인 선임의 통지와 등기촉탁

금융위원회는 관리인을 선임하였을 때에는 지체 없이 해당 부실조합의 주사무소 주소지를 관할하는 지방법원에 그 취지를 통지하고, 주사무소 또는 지사무소를 관할하는 등기소에 그 등기를 촉탁하여야 한다(법86의4⑥). 금융위원회는 통지 및 등기 촉탁에 관한 권한을 금융감독원장에게 위탁한다(법96①, 영24①(18)).

(7) 부실조합 이사회 및 총회 결의 불요

계약이전의 결정에 따른 계약이전에 관하여는 부실조합의 이사회 및 총회의 결의를 필요로 하지 아니한다(법86의4⑦).

(8) 계약이전 결정의 효력

(가) 인수조합의 권리·의무 및 공동유대 승계

계약이전의 결정이 있는 경우 그 결정 내용에 포함된 부실조합의 권리·의무 및 공동유대는 그 결정이 있는 때에 인수조합이 승계한다(법86의5①).

(나) 계약이전 결정의 요지 및 계약이전 사실의 공고

계약이전의 결정이 있는 경우 해당 부실조합 및 인수조합은 공동으로 그 결정의 요지 및 계약이전의 사실을 2개 이상의 일간신문에 지체 없이 공고하여야 한다(법86의5②).

(다) 인수조합의 법률관계의 승계

공고가 있는 때에는 그 계약이전과 관련된 채권자, 채무자, 물상보증인, 그 밖의 이해관계인("채권자등")과 해당 부실조합 사이의 법률관계는 인수조합이 동

---

13) 상호금융업감독업무시행세칙 제19조의2(계약이전관리인 업무수행지침) 계약이전관리인은 [별표 7-2]의 계약이전관리인의 업무수행에 관한 지침을 준수하여야 한다.

일한 내용으로 승계한다(법86의5③ 본문). 다만, 채권자등은 공고 전에 해당 부실 조합과의 사이에 발생한 사유로 인수조합에 대항할 수 있다(법86의5③ 단서).

(라) 지명채권양도의 대항요건 구비 간주

공고가 있는 때에는 그 공고로써 민법 제450조에 따른 지명채권양도의 대항 요건을 갖춘 것으로 본다(법86의5④ 본문). 다만, 채권자등은 공고 전에 해당 부실 조합과의 사이에 발생한 사유로 인수조합에 대항할 수 있다(법86의5④ 단서).

(마) 인수조합의 부동산 등에 관한 권리 취득

계약이전의 결정이 있는 경우 재산의 이전에 등기·등록이 필요한 부동산 등에 관한 권리는 공고가 있는 때에 인수조합이 취득한다(법86의5⑤).

(바) 계약이전 관련 자료의 보관·관리 및 열람

금융위원회는 계약이전의 결정을 한 경우 해당 부실조합 및 인수조합으로 하여금 계약이전과 관련된 자료를 보관·관리하도록 하고, 채권자등의 열람에 제공하도록 하여야 한다(법86의5⑥ 전단). 이 경우 보관·관리 및 열람에의 제공에 필요한 기준 및 절차는 금융위원회가 정한다(법86의5⑥ 후단).

이에 따라 인수조합 및 부실조합은 계약이전결정과 관련된 자료를 각각의 주사무소에 보관·관리하여야 하며, 채권자 등 이해관계인이 계약이전결정과 관련된 자료의 열람을 요구할 경우 정당한 사유없이 이를 거절할 수 없다(감독규정 30의2③).

Ⅱ. 농업협동조합

1. 의의

농림축산식품부장관(중앙회장에게 위탁)은 조합등(조합, 조합공동사업법인, 품목 조합연합회)이 일정 요건에 해당되어 조합원 보호에 지장을 줄 우려가 있다고 인정되면 그 조합등에 대하여 경영지도를 한다(법166①).

농림축산식품부장관은 경영지도업무를 중앙회장에게 위탁한다(법166⑦, 영51③)

2. 경영지도의 요건

경영지도의 요건은 다음 중 어느 하나에 해당되어야 한다(법166①).

(1) 부실대출 합계액이 자기자본의 2배를 초과하는 경우

조합에 대한 감사 결과 조합의 부실대출 합계액이 자기자본의 2배를 초과하는 경우로서 단기간 내에 통상적인 방법으로는 회수하기가 곤란하여 자기자본의 전부가 잠식될 우려가 있다고 인정되는 경우이어야 한다(법166①(1)).

(2) 임직원의 위법·부당한 행위로 경영정상화 추진이 어려운 경우

조합등(조합, 조합공동사업법인, 품목조합연합회)의 임직원의 위법·부당한 행위로 인하여 조합등에 재산상의 손실이 발생하여 자력으로 경영정상화를 추진하는 것이 어렵다고 인정되는 경우이어야 한다(법166①(2)).

(3) 파산위험이 현저하여 예금 및 적금의 인출이 쇄도하는 경우

조합의 파산위험이 현저하거나 임직원의 위법·부당한 행위로 인하여 조합의 예금 및 적금의 인출이 쇄도하거나 조합이 예금 및 적금을 지급할 수 없는 상태에 이른 경우이어야 한다(법166①(3)).

(4) 경영지도가 필요하다고 인정하여 회장이 건의하는 경우

경영평가 또는 감사의 결과 경영지도가 필요하다고 인정하여 회장이 건의하는 경우이어야 한다(법166①(4)).

(5) 경영지도가 필요하다고 인정하여 금융감독원장이 건의하는 경우

신용협동조합법 제95조(농업협동조합 등에 대한 특례)에 따라 조합에 적용되는 같은 법 제83조(금융위원회의 감독 등)에 따른 검사의 결과 경영지도가 필요하다고 인정하여 금융감독원장이 건의하는 경우이어야 한다(법166①(5)).

3. 경영지도의 방법

(1) 원칙: 서면지도

경영지도는 그에 필요한 자료를 제출받아 서면으로 지도하는 것을 원칙으로 한다(법166①, 영47① 본문).

(2) 예외: 현장지도

다음의 경우, 즉 ⅰ) 경영지도를 받고 있는 조합등(조합, 조합공동사업법인, 품목조합연합회)이 불법경영의 가능성이 큰 경우(제1호), ⅱ) 불법·부실대출의 회수 실적이 미흡하고 조합등이 자체적으로 시정할 수 없다고 인정되는 경우(제2호), ⅲ) 불법·부실대출이 추가로 이루어진 경우(제3호), ⅳ) 그 밖에 제1호 및 제2호에 준하는 경우로서 현장지도를 할 필요가 있다고 인정되는 경우(제4호)에는 직원을 조합등의 사무소에 파견하여 현장지도를 할 수 있다(법166①, 영47① 단서).

4. 경영지도의 내용

경영지도란 ⅰ) 불법·부실 대출의 회수 및 채권의 확보, ⅱ) 자금의 수급 및 여신·수신에 관한 업무, ⅲ) 위법·부당한 행위의 시정, ⅳ) 부실한 자산의 정리, ⅴ) 인력 및 조직운영의 개선, ⅵ) 그 밖에 조합등(조합, 조합공동사업법인, 품목조합연합회)의 경영에 관하여 농림축산식품부장관이 정하는 사항에 대하여 지도하는 것을 말한다(법166②, 영47②).

5. 채무의 지급정지 또는 임원의 직무정지와 재산실사

농림축산식품부장관은 경영지도가 시작된 경우에는 6개월의 범위에서 채무의 지급을 정지하거나 임원의 직무를 정지할 수 있다(법166③ 전단). 이 경우 회장에게 지체 없이 조합등(조합, 조합공동사업법인, 품목조합연합회)의 재산상황을 조사("재산실사")하게 하거나 금융감독원장에게 재산실사를 요청할 수 있다(법166③ 후단).

(1) 채무의 지급정지 등
(가) 지급정지 대상 제외 채무

농림축산식품부장관이 지급을 정지할 수 있는 채무는 ⅰ) 제세공과금 또는 임차료의 지급채무(제1호), ⅱ) 근로기준법 제38조 제2항에 따라 우선변제권이 인정되는 최종 3개월분의 임금·재해보상금 및 근로자퇴직급여 보장법 제12조 제2항에 따라 우선변제권이 인정되는 최종 3년간의 퇴직급여등에 관한 채무(제2

호), iii) 그 밖에 조합등을 유지·관리하는 데에 필요하여 발생하는 것으로서 농림축산식품부장관이 인정하는 채무(제3호)를 제외한 채무로 한다(영50①).

(나) 채무 지급정지의 전부 철회와 경영지도 종료

농림축산식품부장관은 조합등(조합, 조합공동사업법인, 품목조합연합회)에 대한 채무지급정지의 전부를 철회하였을 때에는 지체 없이 해당 조합등에 대한 경영지도를 종료하여야 한다(영50②).

(2) 임원의 직무정지

농림축산식품부장관은 임원의 직무를 정지하려는 경우에는 당사자에게 그 근거와 이유를 서면으로 알려야 한다(영50의2).

(3) 재산실사 등

(가) 재산 조회 등

중앙회장이나 금융금융감독원장은 재산실사의 결과 위법·부당한 행위로 인하여 조합등에 손실을 끼친 임직원에게 재산 조회 및 가압류 신청 등 손실금 보전을 위하여 필요한 조치를 하여야 한다(법166④).

(나) 자료 요청 등

농림축산식품부장관은 재산 조회 및 가압류 신청 등 손실금 보전을 위하여 필요한 조치에 필요한 자료를 중앙행정기관의 장에게 요청할 수 있다(법166⑤ 전단). 이 경우 요청을 받은 중앙행정기관의 장은 특별한 사유가 없으면 그 요청에 따라야 한다(법166⑤ 후단).

(다) 채무의 지급정지 또는 임원의 직무정지의 철회

농림축산식품부장관은 재산실사의 결과 해당 조합등의 경영정상화가 가능한 경우 등 특별한 사유가 있다고 인정되면 채무의 지급정지 또는 임원의 직무정지의 전부 또는 일부를 철회하여야 한다(법166⑥).

6. 경영지도의 기간

경영지도의 기간은 6개월로 한다(영48①). 농림축산식품부장관은 조합원을 보호하기 위하여 필요하다고 인정하는 경우에는 6개월 단위로 경영지도의 기간을 연장할 수 있다(영48②). 농림축산식품부장관이 경영지도의 기간을 연장하려

는 경우에는 그 이유를 구체적으로 밝혀 경영지도의 기간만료 15일 전까지 그
사실을 해당 조합에 서면으로 알려야 한다(영48③).

7. 경영지도의 통지

경영지도를 하려는 경우에는 그 사유·기간 등을 해당 조합등에 서면으로
알려야 한다(영49).

Ⅲ. 수산업협동조합

1. 의의

해양수산부장관(중앙회장 위탁)은 조합등이 일정 요건 중 어느 하나의 경우
에 해당되어 조합원 보호에 지장을 줄 우려가 있다고 인정하면 해당 조합등에
대하여 경영지도를 한다(법172①).

해양수산부장관은 경영지도업무를 중앙회장에게 위탁한다(법169③, 영62(2)).

2. 경영지도의 요건

경영지도의 요건은 다음 중 어느 하나에 해당되어야 한다(법172① 각호).

(1) 부실대출 합계액이 자기자본의 2배를 초과하는 경우

조합에 대한 감사 결과 조합의 부실대출을 합친 금액이 자기자본의 2배를
초과하는 경우로서 단기간 내에 일반적인 방법으로는 회수하기가 곤란하여 자기
자본의 전부가 잠식될 우려가 있다고 인정되는 경우이어야 한다(법172①(1)).

(2) 임직원의 위법·부당한 행위로 인해 경영정상화 추진이 어려운 경우

조합등의 임직원의 위법·부당한 행위로 인하여 조합등에 재산상의 손실이
발생하여 자력으로 경영정상화를 추진하는 것이 어렵다고 인정되는 경우이어야
한다(법172①(2)).

(3) 파산위험이 현저하여 예금 및 적금의 인출이 쇄도하는 경우

조합의 파산위험이 현저하거나 임직원의 위법·부당한 행위로 인하여 조합의 예금 또는 적금의 인출이 쇄도하거나 조합이 예금 또는 적금을 지급할 수 없는 상태에 이른 경우이어야 한다(법172①(3)).

(4) 경영지도가 필요하다고 인정하여 중앙회장이 건의하는 경우

경영상태의 평가 또는 감사의 결과 경영지도가 필요하다고 인정하여 중앙회의 회장이 건의하는 경우이어야 한다(법172①(4)).

(5) 경영지도가 필요하다고 인정하여 금융위원회 또는 금융감독원장이 건의하는 경우

신용협동조합법 제95조(농업협동조합 등에 대한 특례) 제4항에 따라 조합에 적용되는 같은 법 제83조(금융위원회의 감독 등) 제1항·제2항에 따른 감독 및 검사의 결과 경영지도가 필요하다고 인정하여 금융위원회 또는 금융감독원장이 건의하는 경우이어야 한다(법172①(5)).

3. 경영지도의 방법

(1) 원칙: 서면지도

경영지도는 그에 필요한 자료를 제출받아 서면으로 하는 것을 원칙으로 한다(법172①, 영64① 본문).

(2) 예외: 현장지도

다음의 경우, 즉 ⅰ) 경영지도를 받고 있는 조합등이 불법경영의 가능성이 큰 경우(제1호), ⅱ) 불법·부실 대출의 회수실적이 모자라고 조합등이 자체적으로 시정할 수 없다고 인정되는 경우(제2호), ⅲ) 불법·부실 대출이 추가로 이루어진 경우(제3호), ⅳ) 그 밖에 제1호 및 제2호에 준하는 경우로서 현지지도를 할 필요가 있다고 인정되는 경우(제4호)에는 직원을 조합등의 사무소에 파견하여 현지지도를 할 수 있다(법172①, 영64① 단서).

4. 경영지도의 내용

경영지도란 ⅰ) 1. 불법·부실 대출의 회수 및 채권의 확보, ⅱ) 자금의 수급 및 여신·수신에 관한 업무, ⅲ) 위법·부당한 행위의 시정, ⅳ) 부실한 자산의 정리, ⅴ) 인력 및 조직 운영의 개선에 대하여 지도하는 것을 말한다(법172②, 영64②).

5. 채무의 지급정지 또는 임원의 직무정지와 재산실사

해양수산부장관은 경영지도가 시작된 경우에는 6개월 이내의 범위에서 채무의 지급을 정지하거나 임원의 직무를 정지할 수 있다(법172③ 전단). 이 경우 중앙회의 회장에게 지체 없이 조합등의 재산상황을 조사("재산실사")하게 하거나 금융감독원장에게 재산실사를 요청할 수 있다(법172③ 후단).

(1) 지급정지 대상 채무

해양수산부장관은 채무의 지급을 정지하는 경우에도 ⅰ) 제세공과금 또는 임차료의 지급채무(제1호), ⅱ) 근로기준법 제38조 제2항에 따라 우선변제권이 인정되는 최종 3개월분의 임금 및 재해보상금에 관한 채무(제2호), ⅲ) 근로자퇴직급여 보장법 제12조 제2항에 따라 우선변제권이 인정되는 최종 3년간의 퇴직금에 관한 채무(제3호), ⅳ) 그 밖에 조합등의 유지·관리를 위하여 필요한 것으로서 해양수산부장관이 정하여 고시하는 채무(제4호)는 지급정지의 대상에서 제외한다(영66).

(2) 임원의 직무정지

해양수산부장관은 임원의 직무를 정지하려는 때에는 당사자에게 미리 그 근거와 이유를 서면으로 알려야 한다(영67).

(3) 재산실사 등
(가) 재산 조회 등

중앙회장 또는 금융감독원장은 재산실사 결과 위법·부당한 행위로 인하여 조합등에 손실을 끼친 임직원에 대하여는 재산 조회 및 가압류 신청 등 손실금

보전을 위하여 필요한 조치를 하여야 한다(법172④).

(나) 자료 요청 등

해양수산부장관은 재산 조회 및 가압류 신청 등 손실금 보전을 위하여 필요한 조치에 필요한 자료를 중앙행정기관의 장에게 요청할 수 있다(법172⑤ 전단). 이 경우 요청을 받은 중앙행정기관의 장은 특별한 사유가 없으면 요청에 따라야 한다(법172⑤ 후단).

(다) 채무의 지급정지 또는 임원의 직무정지의 철회

해양수산부장관은 재산실사 결과 해당 조합등의 경영정상화가 가능한 경우 등 특별한 사유가 있다고 인정되면 채무의 지급정지 또는 임원의 직무정지의 전부 또는 일부를 철회하여야 한다(법172⑥).

6. 경영지도의 기간

경영지도의 기간은 6개월로 한다(영65① 본문). 다만, 해양수산부장관은 조합원을 보호하기 위하여 필요하다고 인정하면 6개월 단위로 경영지도의 기간을 연장할 수 있다(영65① 단서).

해양수산부장관은 경영지도의 기간을 연장하려는 경우에는 그 이유를 구체적으로 밝혀 경영지도 기간의 만료일 15일 전까지 그 사실을 해당 조합등에 서면으로 알려야 한다(영65②).

7. 경영지도의 통지

해양수산부장관은 경영지도를 할 때에는 그 사유 및 기간 등을 해당 조합등에 서면으로 알려야 한다(영63).

8. 중앙회장 또는 사업전담대표이사의 자산 건전성 제고 조치

중앙회장 또는 사업전담대표이사는 정관으로 정하는 바에 따라 경영적자·자본잠식 등으로 인하여 경영상태가 부실한 조합에 대한 자금결제 및 지급보증의 제한이나 중지, 수표 발행 한도의 설정 또는 신규수표의 발행 중지, 2년 이상 연속 적자조합에 대한 정책자금의 취급 제한 또는 중지, 금융사고가 발생한 조합에 대한 예금 대지급(代支給) 중단 등 자산 건전성 제고를 위하여 필요한 조치를 할 수 있다(법172⑧).

Ⅳ. 산림조합

1. 의의

산림청장 또는 시·도지사(중앙회장에게 위탁)는 조합등이 일정 요건 중 어느 하나에 해당되어 조합원 보호에 지장을 초래할 우려가 있다고 인정할 때에는 그 조합등에 대하여 경영지도를 한다(법126①). 산림청장 또는 시·도지사는 경영지도업무(경영지도의 실시방법 등에 관하여 필요한 세부사항을 정하는 업무를 포함)를 회장에게 위탁한다(법126⑦, 영28③).

2. 경영지도의 요건

경영지도의 요건은 다음 중 어느 하나에 해당되어야 한다(법126① 각호).

(1) 부실대출 합계액이 자기자본의 2배를 초과하는 경우

조합에 대한 감사 결과 조합의 부실대출 합계액이 자기자본의 2배를 초과하는 경우로서 단기간 내에 일반적인 방법으로는 회수하기 곤란하여 자기자본 전부가 잠식될 우려가 있다고 인정되는 경우이어야 한다(법126①(1)).

(2) 임직원의 위법·부당한 행위로 인해 경영정상화 추진이 어려운 경우

조합등 임직원의 위법·부당한 행위로 인하여 조합에 재산상 손실이 발생하여 자력으로 경영정상화를 추진하는 것이 어렵다고 인정되는 경우이어야 한다(법126①(2)).

(3) 파산위험이 현저하여 예금 및 적금의 인출이 쇄도하는 경우

조합의 파산위험이 현저하거나 임직원의 위법·부당한 행위로 인하여 조합의 예금 및 적금 인출이 쇄도하거나 조합이 예금 및 적금을 지급할 수 없는 상태에 이른 경우이어야 한다(법126①(3)).

(4) 경영지도가 필요하다고 인정하여 중앙회장이 건의하는 경우

경영평가 또는 감사의 결과 경영지도가 필요하다고 인정하여 회장이 건의하는 경우이어야 한다(법126①(4)).

(5) 경영지도가 필요하다고 인정하여 금융감독원장이 건의하는 경우

신용협동조합법 제95조(농업협동조합 등에 대한 특례)에 따라 조합에 적용되는 같은 법 제83조(금융위원회의 감독 등)에 따른 검사의 결과 경영지도가 필요하다고 인정하여 금융감독원장이 건의하는 경우이어야 한다(법126①(4)).

3. 경영지도의 방법

(1) 원칙: 서면지도

경영지도는 그에 필요한 자료를 제출받아 서면으로 지도함을 원칙으로 한다(법126①, 영23① 본문).

(2) 예외: 현장지도

다음의 경우, 즉 ⅰ) 경영지도를 받고 있는 조합등이 불법경영의 가능성이 큰 경우(제1호), ⅱ) 불법·부실대출의 회수실적이 미흡하고 조합등이 자체적으로 이를 시정할 수 없다고 인정되는 경우(제2호), ⅲ) 불법·부실대출이 추가로 이루어진 경우(제3호), ⅳ) 그 밖에 제1호 및 제2호의 규정에 준하는 경우로서 현장지도를 할 필요가 있다고 인정되는 경우(제4호)에는 직원을 조합등의 사무소에 파견하여 현장지도를 할 수 있다(법126①, 영23① 단서).

(3) 세부사항의 제정

경영지도의 실시방법 등에 관하여 필요한 세부사항은 산림청장 또는 시·도지사가 정한다(영23③).

4. 경영지도의 내용

경영지도란 ⅰ) 불법·부실 대출의 회수 및 채권의 확보, ⅱ) 자금의 수급 및 여신·수신에 관한 업무, ⅲ) 위법·부당한 행위의 시정, ⅳ) 부실한 자산의 정리, ⅴ) 인력 및 조직운영의 개선, ⅵ) 그 밖에 조합등의 경영에 관하여 산림청장 또는 시·도지사가 정하는 사항에 대하여 지도하는 것을 말한다(법126②, 영23②).

5. 채무의 지급정지 또는 임원의 직무정지와 재산실사

산림청장 또는 시·도지사는 경영지도가 시작되었을 때에는 6개월의 범위에서 채무의 지급을 정지하거나 임원의 직무를 정지하게 할 수 있다(법126③ 전단). 이 경우 중앙회장으로 하여금 지체 없이 조합등의 재산상황을 조사("재산실제조사")하게 하거나 금융감독원장에게 재산실제조사를 요청할 수 있다(법126③ 후단).

(1) 채무의 지급정지

(가) 지급정지 대상 채무

산림청장 또는 시·도지사가 지급을 정지할 수 있는 채무는 ⅰ) 제세공과금 또는 임차료의 지급채무(제1호), ⅱ) 근로기준법 제38조 제2항의 규정에 의하여 우선변제권이 인정되는 최종 3월분의 임금·재해보상금 및 근로자퇴직급여 보장법 제12조 제2항에 따라 우선변제권이 인정되는 최종 3년간의 퇴직급여등에 관한 채무(제2호), ⅲ) 그 밖에 조합등의 유지·관리상 필요하여 발생하는 것으로서 산림청장 또는 시·도지사가 인정하는 채무(제3호)를 제외한 채무로 한다(영26①).

(나) 지급정지의 전부 철회와 경영지도의 종료

산림청장 또는 시·도지사는 조합등에 대한 채무지급정지의 전부를 철회한 때에는 지체 없이 해당 조합등에 대한 경영지도를 종료해야 한다(영26②).

(2) 재산 실사 등

(가) 재산 조회 등

중앙회장이나 금융감독원장은 재산실제조사의 결과 위법·부당한 행위로 조합등에 손실을 끼친 임직원에 대하여는 재산 조회 및 가압류 신청 등 손실금 보전을 위하여 필요한 조치를 하여야 한다(법126④).

(나) 자료 요청 등

산림청장 또는 시·도지사는 재산 조회 및 가압류 신청 등 손실금 보전을 위하여 필요한 조치에 필요한 자료를 중앙행정기관의 장에게 요청할 수 있다(법126⑤ 전단). 이 경우 요청을 받은 중앙행정기관의 장은 특별한 사유가 없으면 그 요청에 따라야 한다(법126⑤ 후단).

(다) 채무의 지급정지 또는 임원의 직무정지의 철회

산림청장 또는 시·도지사는 재산실제조사의 결과 해당 조합등의 경영정상화가 가능한 경우 등 특별한 사유가 있을 때에는 채무의 지급정지 또는 임원의 직무정지의 전부 또는 일부를 철회하여야 한다(법126⑥).

6. 경영지도의 기간

경영지도의 기간은 6월로 한다(영24①). 산림청장 또는 시·도지사는 회원 또는 조합원의 보호를 위하여 필요하다고 인정하는 경우에는 6월을 단위로 하여 경영지도의 기간을 연장할 수 있다(영24②).

산림청장 또는 시·도지사가 경영지도의 기간을 연장하려는 경우에는 그 이유를 명시하여 경영지도의 기간만료 15일 전까지 그 사실을 해당 조합등에 서면으로 통지해야 한다(영24③).

7. 경영지도의 통지

산림청장 또는 시·도지사는 경영지도를 하려는 경우에는 그 사유·기간 등을 해당 조합등에 서면으로 통지해야 한다(영25).

V. 새마을금고

1. 의의

행정안전부장관(중앙회장에게 위탁)은 금고가 일정 요건 중 어느 하나에 해당되어 회원의 보호에 지장을 줄 우려가 있다고 인정되면 그 금고에 대하여 경영지도를 한다(법80①).

행정안전부장관은 경영지도업무(경영지도의 실시방법 등에 관하여 필요한 세부사항의 제정에 관한 업무를 포함)를 회장에게 위탁한다(법80⑥, 영56 전단). 다만, ⅰ) 중앙회장이 행정안전부장관에게 건의한 경영지도(법80①(4)) 실시(제1호), ⅱ) 그 밖에 금고의 경영에 관하여 행정안전부장관이 정하는 사항(영52②(4)) 중 어느 하나에 해당하는 경영지도에 관한 업무는 제외한다(영56 후단). 중앙회장은 법 제80조 제6항 및 시행령 제56조의 규정에 따라 금고에 대하여 경영지도를 실시하여야 한다(감독기준20①).

　금고 또는 중앙회의 임직원이 경영지도 사항을 이행하지 아니한 경우에는 5년 이하의 징역 또는 5천만원 이하의 벌금에 처한다(법85①(2)).

2. 경영지도의 요건

　경영지도의 요건은 다음의 어느 하나에 해당되어야 한다(법80① 각호).

(1) 자기자본의 전부가 잠식될 우려가 있는 경우

　금고가 자기자본을 초과하는 부실대출을 보유하고 있고 이를 단기간 내에 통상적인 방법으로 회수하기가 곤란하여 자기자본이 잠식될 우려가 있다고 인정되는 경우이어야 한다(법80①(1)).

(2) 경영정상화의 추진이 어려운 경우

　금고 임직원의 위법·부당한 행위로 금고에 재산상의 손실이 발생하여 자력으로 경영정상화를 추진하는 것이 어렵다고 인정되는 경우이어야 한다(법80①(2)).

(3) 예탁금·적금 인출이 쇄도하는 경우 등

　금고의 파산위험이 뚜렷하거나 임직원의 위법·부당한 행위로 금고의 예탁금, 적금, 그 밖의 수입금에 대한 인출이 쇄도하여 금고의 자력(資力)으로 예탁금, 적금, 그 밖의 수입금을 지급할 수 없는 상태에 이른 경우이어야 한다(법80①(3)).

(4) 경영지도가 필요하다고 인정되어 중앙회장이 건의하는 경우

　법 제79조(중앙회의 금고에 대한 지도·감독) 제3항에 따른 검사 결과 경영지도가 필요하다고 인정되어 중앙회장이 건의하는 경우이어야 한다(법80①(4)).

3. 경영지도의 방법

(1) 원칙: 서면지도

　경영지도는 그에 필요한 자료를 제출받아 서면으로 지도하여야 한다(법80①, 영52② 전단).

(2) 예외: 현장지도

다음의 어느 하나에 해당하는 경우, 즉 ⅰ) 경영지도를 받고 있는 금고가 불법경영을 하고 있을 가능성이 큰 경우(제1호), ⅱ) 불법·부실대출의 회수실적이 미흡하고 금고가 자체적으로 이를 시정할 수 없다고 인정되는 경우(제2호), ⅲ) 불법·부실대출이 경영지도 시작 이후 추가적으로 이루어진 경우(제3호), ⅳ) 그 밖에 금고의 경영에 관하여 행정안전부장관이 정하는 사항(제4호)의 경우에는 직원을 금고의 사무소에 파견하여 현장지도를 할 수 있다(법80①, 영52② 후단).

(3) 세부사항의 제정

경영지도의 실시방법 등에 관하여 필요한 세부사항은 행정안전부장관이 정한다(영52④).

4. 경영지도의 내용

경영지도란 ⅰ) 자금의 수급 및 여·수신에 관한 업무, ⅱ) 불법·부실대출의 회수 및 채권 확보, ⅲ) 위법·부당한 행위의 시정, ⅳ) 부실자산의 정리, ⅴ) 인력 및 조직운영의 개선에 대하여 지도하는 것을 말한다(법80②, 영52③).

5. 채무의 지급정지 또는 임원의 직무정지와 재산실사

행정안전부장관은 경영지도가 시작된 경우에는 6개월의 범위에서 예금 등 채무의 지급을 정지하거나 임원(간부직원을 포함)의 직무를 정지할 수 있다(법80③ 전단). 이 경우 행정안전부장관은 지체 없이 회장에게 해당 금고의 재산상황을 조사("재산실사")하게 할 수 있다(법80③ 후단).

(1) 채무의 지급정지 등
(가) 지급정지 대상 채무

행정안전부장관이 지급을 정지할 수 있는 채무는 ⅰ) 제세공과금이나 임차료의 지급채무(제1호), ⅱ) 근로기준법 제38조 제2항 및 근로자퇴직급여 보장법 제12조 제2항에 따라 우선변제권이 인정되는 채무(제2호), ⅲ) 그 밖에 행정안전부장관이 금고의 유지·관리상 지급할 필요가 있다고 인정하는 채무(제3호)[14]를

---

14) "행정안전부장관이 금고의 유지·관리상 지급할 필요가 있다고 인정하는 채무"는 다음과

제외한 채무로 한다(영54①).

(나) 채무 지급정지의 전부 해제와 경영지도의 종료

행정안전부장관은 채무지급정지의 전부를 해제하면 지체 없이 그 금고에 대한 경영지도를 끝내야 한다(영54②).

(2) 임원의 직무정지

임원의 직무정지는 경영지도에 지장이 없는 최소한의 범위로 하여야 한다(영55).

(3) 재산실사 등

(가) 재산 조회 등

중앙회장은 재산실사 결과 위법·부당한 행위로 금고에 손실을 끼친 임직원에 대하여는 재산 조회 및 가압류 신청 등 손실금 보전을 위하여 필요한 조치를 취하여야 한다(법80④).

(나) 채무의 지급정지 또는 임원의 직무정지의 해제

행정안전부장관은 재산실사 결과 해당 금고의 경영정상화가 가능한 경우 등 특별한 사유가 있다고 인정되면 채무의 지급정지 또는 임원의 직무정지의 전부 또는 일부를 해제하여야 한다(법80⑤).

경영지도업무와 관련하여 장관이 회장에게 위탁하는 업무에는 채무의 지급정지 또는 임원(간부직원 포함)의 직무정지와 이에 대한 해제 조치를 포함한다(감독기준20③).

6. 경영지도의 기간

경영지도의 기간은 6개월 이내로 한다(영53① 본문). 다만, 행정안전부장관은 회원을 보호하기 위하여 필요하다고 인정하면 6개월을 단위로 하여 경영지도의 기간을 연장할 수 있다(영53① 단서).

같다(감독기준20②).
1. 내국환 결제를 위한 자금
2. 국가·공공단체·중앙회 또는 금융기관의 업무대리를 위하여 일시적으로 예치한 자금
3. 채권보전조치를 위하여 불가피하게 지급되는 가압류신청비용 또는 소송비용
4. 기타 재산실사 등 원활한 업무수행을 위하여 불가피하게 지급되는 비용

행정안전부장관은 경영지도의 기간을 연장하려면 그 이유를 구체적으로 밝혀 경영지도의 기간이 끝나기 15일 전까지 그 사실을 해당 금고에 서면으로 알려야 한다(영53②).

7. 경영지도의 통지

행정안전부장관은 경영지도를 하려면 그 사유·기간 등을 해당 금고에 서면으로 알려야 한다(영52①).

8. 경영지도 실시현황의 보고

중앙회장은 경영지도를 실시한 경우에는 매분기 익월 말까지 경영지도 실시현황을 행정안전장관에게 보고하여야 한다(감독기준20④ 본문). 다만, 중앙회장은 채무의 지급정지 또는 임원(간부직원 포함)의 직무정지와 이에 대한 해제 조치(감독기준20③) 권한을 행사하였을 때에는 행정안전장관에게 즉시 보고하여야 한다(감독기준20④ 단서).

9. 계약이전의 결정

(1) 의의

행정안전부장관은 금고가 경영지도의 요건(법80① 각호) 중 어느 하나에 해당되는 금고("부실금고")에 대하여 회장의 의견을 들어 사업과 관련된 계약의 이전("계약이전") 결정을 할 수 있다(법80의2①).

(2) 인수금고의 지정 및 동의

행정안전부장관은 계약이전을 결정하는 때에는 필요한 범위에서 이전되는 계약의 범위·조건 및 이전받는 금고("인수금고")를 정하여야 한다(법80의2② 전단). 이 경우 미리 인수금고의 동의를 받아야 한다(법80의2② 후단).

(3) 자금지원의 금액과 조건 등 제시

중앙회는 인수금고에 대하여 계약이전의 이행을 전제로 자금지원의 금액과 조건 등을 제시할 수 있다(법80의2③).

(4) 부실조합의 부실 정도 및 계약이전 조치 등 통지

중앙회는 인수금고가 동의를 하기 위하여 총회를 소집하는 경우 미리 해당 인수금고의 회원에게 부실금고의 부실 정도 및 계약이전에 관한 조치 등 총회의 결의와 관련된 사항을 통지하여야 한다(법80의2④).

(5) 국가 또는 지방자치단체의 보조금 지원

국가 또는 지방자치단체는 인수금고에 대하여 자금지원이 필요하다고 인정하는 때에는 예산의 범위에서 인수금고에 보조금을 지원할 수 있다(법80의2⑤).

(6) 관리인 선임

행정안전부장관은 계약이전을 결정한 부실금고에 대하여 관리인을 선임하여야 한다(법80의2⑥).

(7) 관할 지방법원 통지 등

행정안전부장관은 관리인을 선임한 때에는 지체 없이 해당 부실금고의 주된 사무소의 소재지를 관할하는 지방법원에 그 취지를 통지하고, 주된 사무소 또는 분사무소를 관할하는 등기소에 그 등기를 촉탁하여야 한다(법80의2⑦).

(8) 이사회 및 총회 결의 불요

계약이전의 결정에 따른 계약이전에 관하여는 부실금고의 이사회 및 총회의 결의를 요하지 아니한다(법80의2⑧).

(9) 계약이전 결정의 효력
(가) 권리·의무 및 업무구역의 승계

계약이전의 결정이 있는 경우 그 결정내용에 포함된 부실금고의 권리·의무 및 업무구역은 그 결정이 있을 때에 인수금고가 이를 승계한다(법80의3①).

(나) 계약이전 사실의 공고

계약이전의 결정이 있는 경우 해당 부실금고 및 인수금고는 각각 그 결정의 요지 및 계약이전의 사실을 지체 없이 공고하여야 한다(법80의3②).

따라서 계약이전 결정의 공고는 주된 사무소 및 분사무소의 게시판에 게시하고 1개 이상의 일간신문에 공고하는 방법으로 한다(영56의2 전단). 이 경우 중앙회 인터넷 홈페이지에 추가로 공고할 수 있다(영56의2 후단).

(다) 법률관계의 승계 등

공고가 있을 때에는 그 계약이전과 관련된 채권자, 채무자, 물상보증인, 그 밖의 이해관계인("채권자등")과 해당 부실금고 사이의 법률관계는 인수금고가 동일한 내용으로 승계한다(법80의3③ 본문). 다만, 채권자등은 공고 전에 해당 부실금고와의 사이에 발생한 사유로 인수금고에 대항할 수 있다(법80의3③ 단서).

(라) 지명채권양도의 대항요건 구비 간주 등

공고가 있을 때에는 그 공고로써 민법 제450조에 따른 지명채권양도의 대항요건을 갖춘 것으로 본다(법80의3④ 본문). 다만, 채권자등은 공고 전에 해당 부실금고와의 사이에 발생한 사유로 인수금고에 대항할 수 있다(법80의3④ 단서).

(마) 부동산 등에 관한 권리 취득

계약이전의 결정이 있는 경우 재산의 이전에 등기·등록을 요하는 부동산 등에 관한 권리는 제2항에 따른 공고가 있을 때에 인수금고가 이를 취득한다(법80의3⑤).

(바) 자료 보관·관리와 열람

행정안전부장관은 계약이전의 결정을 한 경우 해당 부실금고 및 인수금고로 하여금 계약이전과 관련된 자료를 보관·관리하도록 하고 채권자등의 열람에 제공하도록 하여야 한다(법80의3⑥ 전단). 이 경우 보관·관리 및 열람에의 제공에 필요한 기준 및 절차는 행정안전부장관이 이를 정한다(법80의3⑥ 후단).

이에 따라 인수금고 및 부실금고는 계약이전 결정과 관련된 자료를 각각의 주사무소에 보관·관리하여야 하며, 채권자 등 이해관계인이 계약이전 결정과 관련된 자료의 열람을 요구할 경우 정당한 사유 없이 이를 거절할 수 없다(감독기준25).

10. 관리인의 자격 및 권한 등

(1) 관리인의 자격

해당 금고와 ⅰ) 금고 부실에 책임이 있는 임직원, 그 임직원의 배우자나 그 임직원의 4촌 이내의 혈족 또는 인척(제1호), ⅱ) 금고로부터 불법·부실대출을 받은 사람, 그 사람의 배우자나 그 사람의 4촌 이내의 혈족 또는 인척(제2호) 중 어느 하나에 해당하는 사람은 제80조의2(계약이전의 결정) 제6항에 따른 관리인("관리인")으로 선임될 수 없다(법80의4①, 영56의3).

(2) 관리인의 선임

관리인("계약이전관리인")은 행정안전부장관이 ⅰ) 중앙회의 직원(제1호), ⅱ) 금고 등에 관하여 학식과 경험이 풍부한 금융·법률 또는 회계업무에 종사하는 자(제2호) 중에서 선임한다(감독기준26① 본문). 다만 경영지도인이 있는 때에는 경영지도인과 인수금고의 이해관계 등이 존재하여 장관이 별도로 계약이전관리인을 선임하는 경우를 제외하고는 경영지도인이 계약이전관리인을 겸임한다(감독기준26① 단서).

계약이전관리인은 법 등 관련법규, 계약이전 결정내용 및 중앙회장이 정하는 바에 따라 계약이전 등의 업무를 처리하여야 한다(감독기준26②).

(3) 관리인의 권한 및 대항력

관리인은 계약이전과 관련된 업무의 범위에서 금고의 자산·부채 등을 관리·처분할 권한이 있다(법80의4② 전단). 이 경우 관리인은 등기를 마친 후가 아니면 금고의 재산의 처분 등 법률행위를 함에 있어서 제3자에게 대항할 수 없다(법80의4② 후단).

(4) 관리인의 재산조사와 조치

관리인은 불법·부실대출에 의한 채권을 확보하기 위하여 필요한 경우에는 그 불법·부실대출에 책임이 있다고 인정되는 임직원(임직원이었던 자를 포함) 또는 채무자의 재산을 조사하여 가압류신청 등 필요한 조치를 하여야 한다(법80의4③).

(5) 관리인 해임

행정안전부장관은 필요하다고 인정하는 때에는 관리인을 해임할 수 있다(법80의4④).

(6) 준용규정

민법 제35조(법인의 불법행위능력) 제1항, 상법 제11조(지배인의 대리권) 제1항, 채무자회생법 제30조(관리인 등의 보수 등) 및 제360조(여럿의 파산관재인의 직무집행), 제361조(파산관재인의 의무 등), 제362조(파산관재인대리)의 규정은 관리인에 관하여 이를 준용한다(법80의4⑤ 전단). 이 경우 채무자회생법 제30조·제360조 및 제362조 중 "법원"은 이를 "주무부장관"으로 본다(법80의4⑤ 후단).

(가) 관리인의 불법행위능력

관리인은 그 직무에 관하여 타인에게 가한 손해를 배상할 책임이 있다(민법35① 본문). 관리인은 이로 인하여 자기의 손해배상책임을 면하지 못한다(민법35① 단서).

(나) 관리인의 대리권

관리인은 그 업무에 관한 재판상 또는 재판외의 모든 행위를 할 수 있다(상법11①).

(다) 관리인의 보수 등

관리인은 비용을 미리 받거나 보수 또는 특별보상금을 받을 수 있다. 이 경우 보수 및 특별보상금의 액은 법원이 정한다(채무자회생법30①). 보수 및 특별보상금은 그 직무와 책임에 상응한 것이어야 한다(채무자회생법30②).

(라) 여럿의 관재인의 직무집행

관재인이 여럿인 때에는 공동으로 그 직무를 행한다. 이 경우 법원의 허가를 받아 직무를 분장할 수 있다(채무자회생법360①). 관재인이 여럿인 때에는 제3자의 의사표시는 그 1인에 대하여 하면 된다(채무자회생법360②).

(마) 관재인의 의무 등

관재인은 선량한 관리자의 주의로써 그 직무를 행하여야 한다(채무자회생법361①). 관재인이 주의를 게을리한 때에는 이해관계인에게 손해를 배상할 책임이 있다. 이 경우 주의를 게을리한 파산관재인이 여럿 있는 때에는 연대하여 손해를 배상할 책임이 있다(채무자회생법361②).

(바) 관재인대리

관재인은 필요한 때에는 그 직무를 행하게 하기 위하여 자기의 책임으로 대리인을 선임할 수 있다(채무자회생법362①). 대리인의 선임은 주무부장관의 허가를 받아야 한다(채무자회생법361②).

대리인은 관재인에 갈음하여 재판상 또는 재판 외의 모든 행위를 할 수 있다(채무자회생법361④).

11. 파산신청과 파산관재인

(1) 파산신청

행정안전부장관은 계약이전의 결정에 따라 부실금고의 계약이전이 이루어진 때에는 해당 금고의 주된 사무소 소재지를 관할하는 지방법원에 파산신청을 할 수 있다(법80의5①).

(2) 파산관재인 추천

행정안전부장관은 금고가 파산한 때에는 채무자회생법 제355조에도 불구하고 법원에 파산관재인을 추천할 수 있다(법80의5②).

제4절 합병

Ⅰ. 신용협동조합

1. 개념과 종류

(1) 개념

조합의 합병이란 신용협동조합법의 절차에 따라 2개 이상의 조합이 그 중 1개의 조합을 제외하고 소멸하거나 전부 소멸하되 청산절차를 거치지 아니하고, 소멸하는 조합의 공동유대 및 권리·의무를 존속조합 또는 신설된 조합이 포괄적으로 승계하는 신용협동조합법상의 법률사실이다(법55③ 참조).

조합이 지속적으로 발전하기 위해서는 규모의 경제를 실현할 수 있는 정도의 경영단위가 되어야 한다. 이러한 관점에서 경영단위에 미달하는 영세 조합의 통폐합은 필요하다.[15]

---

15) 신협중앙연수원(2021), 「2021 연수교재 신협법」, 221쪽.

(2) 종류

(가) 흡수합병

수개의 합병당사조합 중 1개의 조합만이 존속하고 나머지 조합은 모두 소멸하며, 존속조합이 소멸조합의 공동유대 및 권리·의무를 포괄적으로 승계하는 방법이다.

(나) 신설합병

합병당사조합 전부가 소멸하고, 이들에 의해 신설된 조합이 소멸조합의 공동유대 및 권리·의무를 포괄적으로 승계하는 방법이다.

2. 합병의 절차

(1) 합병계약

명문규정은 없지만 합병당사조합의 대표기관에 의해 합병조건과 합병방식 등 합병에 필요한 사항이 합의되어야 한다. 합병계약은 특별한 방식을 요하지 않는다.

(2) 총회 결의 또는 조합원 투표

합병은 조합의 구조적 변화를 가져오므로 조합원의 중대한 이해관계가 걸린 문제이다. 따라서 합병은 총회결의사항으로 총회의 결의를 거쳐야 한다(법24①(6)). 조합은 총회에서 출석조합원 3분의 2 이상의 찬성으로 합병할 수 있다(법55① 전단, 표준정관73①). 그러나 합병은 조합원의 투표로 총회의 결의를 갈음할 수 있다(법26의2① 전단). 이 경우 재적조합원 과반수(재적조합원이 500인을 초과하는 경우에는 251인 이상)의 투표와 투표한 조합원 3분의 2 이상의 찬성으로 결의한다(법26의2②(1)).

(3) 준용규정

합병의 경우 제7조(설립), 제8조(인가의 요건), 제8조의2(인가 등의 공고), 제9조(공동유대와 사무소), 제10조(정관 기재사항) 및 제25조(총회의 개의와 결의) 제1항 단서(= 재적조합원이 500인을 초과하는 경우에는 251인 이상의 출석으로 개의하고 출석조합원 과반수의 찬성으로 결의할 수 있다)를 준용한다(법55① 후단). 따라서 합병으로 조합을 설립하는 경우에는 신규 조합 설립절차 관련 규정이 준용된다.

(4) 금융위원회의 인가

신설합병으로 조합을 설립하려면 조합의 공동유대에 소속된 30인 이상의 발기인이 정관을 작성하여 창립총회의 결의를 받아 중앙회장을 거쳐 금융위원회의 인가를 받아야 한다(법55① 후단, 법7①).

(5) 정부 또는 중앙회의 자금 등 지원

정부 또는 중앙회는 조합의 합병을 촉진하기 위하여 필요하다고 인정되면 예산의 범위에서 자금 등을 지원할 수 있다(법55②).

(6) 합병등기

조합이 합병한 때에는 주된 사무소의 소재지에서는 2주일 이내에, 지사무소 등의 소재지에서는 3주일 이내에 합병 후 존속하는 조합의 변경등기, 합병으로 인하여 소멸하는 조합의 해산등기 또는 합병으로 인하여 설립되는 조합의 설립등기를 하여야 한다(법55, 영5).

등기의 내용은 존속조합의 변경등기, 소멸조합의 해산등기, 신설조합의 설립등기이다.

3. 합병의 효과

(1) 조합의 소멸과 신설

합병으로 인해 흡수합병의 경우에는 존속조합 이외의 당사조합, 신설합병의 경우에는 모든 당사조합이 소멸한다. 신용협동조합법이 합병을 하나의 해산사유로 규정하고 있기 때문이다(법54①(3)).

(2) 공동유대 및 권리·의무의 포괄적 승계

합병으로 존속하거나 설립되는 조합은 합병으로 소멸되는 조합의 공동유대 및 권리·의무를 승계한다(법55③).

(3) 등기부 등 명의의 존속조합 또는 신설조합 명의 의제

조합의 합병 후 등기부나 그 밖의 공부(公簿)에 표시된 소멸된 조합의 명의(名義)는 존속하거나 설립된 조합의 명의로 본다(법55④).

(4) 조세의 감면

조합 간의 합병 등에 관하여는 금융산업구조개선법 제5조 제9항을 적용한다(법6②). 따라서 조세특례제한법과 그 밖에 조세 감면에 관한 법령에서 정하는 바에 따라 ⅰ) 부동산 등의 취득에 따른 취득세(제1호), ⅱ) 법인 · 부동산 등의 등기에 따른 등록세(제2호), ⅲ) 합병으로 소멸되는 금융기관의 청산소득에 대한 법인세(제3호), ⅳ) 합병으로 소멸되는 금융기관의 주주의 의제배당에 대한 소득세 또는 법인세(제4호), ⅴ) 그 밖의 조세(제5호)를 감면할 수 있다(금융산업구조개선법 5⑨).

4. 합병권고 등의 기준

중앙회장은 조합으로부터 제출받은 자료를 분석 · 평가 결과 대통령령으로 정하는 바에 따라 금융위원회가 정하는 기준에 해당되어 건전한 경영이 어렵다고 인정되는 조합에 대해서는 합병을 권고하거나 보유자산의 처분, 조직의 축소 등 재무상태의 개선을 위한 조치를 하도록 요청하여야 한다(법89④).

이에 따라 금융위원회는 ⅰ) 조합으로부터 제출받은 자료(법89③)의 분석 · 평가 결과 경영건전성기준에 미달하는 조합(제1호), ⅱ) 기타 조합으로부터 제출받은 자료의 분석 · 평가 결과 재산상태 또는 경영이 건전하지 못하여 경영개선이 필요한 조합(제2호)에 대하여 중앙회장이 합병을 권고하거나 보유재산의 처분, 조직의 축소등 재무상태의 개선을 위한 조치를 요청하는 데에 필요한 기준을 정할 수 있다(법89④, 영22).

이는 조합간 합병을 촉진하기 위한 규정이다.

Ⅱ. 농업협동조합

1. 개념과 종류

(1) 개념

조합의 합병이란 농업협동조합법의 절차에 따라 2개 이상의 조합이 그 중 1개의 조합을 제외하고 소멸하거나 전부 소멸하되 청산절차를 거치지 아니하고, 소멸하는 조합의 권리·의무를 존속조합 또는 신설된 조합이 포괄적으로 승계하는 농업협동조합법상의 법률사실이다(법79① 참조, 법107①, 법112①).

(2) 종류
(기) 흡수합병

수개의 합병당사 조합 중 1개의 조합만이 존속하고 나머지 조합은 모두 소멸하며, 존속조합이 소멸조합의 권리·의무를 포괄적으로 승계하는 방법이다.

(나) 신설합병

당사조합 전부가 소멸하고, 이들에 의해 신설된 조합이 소멸조합의 권리·의무를 포괄적으로 승계하는 방법이다.

2. 합병의 절차

(1) 합병계약서 작성과 총회 결의
(가) 합병계약서의 작성

조합이 다른 조합과 합병하려면 합병계약서를 작성하고 각 총회의 의결을 거쳐야 한다(법75①, 법107①, 법112①).

합병당사 조합의 대표기관에 의해 합병조건과 합병방식 등 합병에 필요한 사항이 합의되어야 한다. 합병계약은 특별한 방식을 요하지 않는다.

(나) 총회결의 또는 조합원투표

합병은 총회의결사항으로 총회의 의결을 거쳐야 한다(법35①(4), 법107①, 법112①). 그러나 합병은 조합원의 투표로 총회의 의결을 갈음할 수 있다(법41①(4), 법107①, 법112①). 이 경우 합병은 조합원 과반수의 투표와 투표한 조합원 과반수의 찬성으로 의결한다(법41②(4), 법107①, 법112①).

(2) 농림축산식품부장관의 인가

합병은 농림축산식품부장관의 인가를 받아야 한다(법75②, 법107①, 법112①). 합병은 농림축산식품부장관의 인가를 받지 아니하면 효력을 발생하지 아니한다(법35② 전단, 법107①, 법112①).

(3) 신설합병에서의 설립위원 선출

합병으로 조합을 설립할 때에는 각 총회에서 설립위원을 선출하여야 한다(법75③, 법107①, 법112①).

(가) 설립위원의 정수

설립위원의 정수(定數)는 20명 이상으로 하고 합병하려는 각 조합의 조합원 중에서 같은 수를 선임한다(법75④, 법107①, 법112①).

(나) 설립위원의 임무

1) 정관작성과 임원 선임

설립위원은 설립위원회를 개최하여 정관을 작성하고 임원을 선임하여 제15조(설립인가 등) 제1항에 따른 인가를 받아야 한다(법75⑤, 법107①, 법112①).

2) 임원 선출 정족수

설립위원회에서 임원을 선출하려면 설립위원이 추천한 사람 중 설립위원 과반수의 출석과 출석위원 과반수의 찬성이 있어야 한다(법75⑥, 법107①, 법112①).

3) 준용규정

신설합병에서의 설립위원 선출(법75③④⑤⑥) 규정에 따른 조합의 설립에 관하여는 합병 설립의 성질에 반하지 아니하면 제2장 제2절의 설립에 관한 규정인 제15조(설립인가 등), 제16조(정관기재사항), 제17조(설립사무의 인계와 출자납입), 제18조(지역농협의 성립)의 규정을 준용한다(법75⑦, 법107①, 법112①).

(4) 국가 또는 중앙회의 합병 지원

국가와 중앙회는 조합의 합병을 촉진하기 위하여 필요하다고 인정되면 예산의 범위에서 자금을 지원할 수 있다(법76, 법107①, 법112①).

(5) 채권자 보호절차: 합병의 공고 및 최고 등

합병에 관해 조합의 채권자도 조합원 못지않게 중대한 이해관계를 갖는다.

합병으로 인해 당사 조합들의 재산은 모두 합일귀속되어 당사 조합들의 총채권자에 대한 책임재산이 되는 까닭에 합병 전의 신용이 그대로 유지된다고 볼 수 없기 때문이다. 따라서 소멸 조합에서는 물론 존속 조합에서도 채권자 보호를 위한 절차를 밟아야 한다.

조합 합병의 경우에는 제72조(출자감소의 의결)와 제73조(출자감소에 대한 채권자의 이의)를 준용한다(법80, 법107①, 법112①).

(6) 합병등기 등

위의 합병절차 끝난 때에는 합병등기를 하여야 한다.

(가) 변경등기, 해산등기 및 설립등기

조합이 합병한 경우에는 합병인가를 받은 날부터 2주일 이내에 그 사무소의 소재지에서 합병 후 존속하는 조합은 변경등기를, 합병으로 소멸되는 조합은 해산등기를, 합병으로 설립되는 조합은 설립등기를 각 사무소의 소재지에서 하여야 한다(법95①, 법107①, 법112①).

(나) 등기신청서의 첨부서류

1) 설립등기신청서의 첨부서류

합병으로 인한 조합의 설립등기신청서에는 ⅰ) 설립인가서, 창립총회의사록 및 정관의 사본(제1호), ⅱ) 합병을 공고하거나 최고(법80)한 사실을 증명하는 서류(제2호), ⅲ) 이의를 진술한 채권자에게 변제나 담보를 제공한 사실을 증명하는 서류(제3호)를 모두 첨부하여야 한다(법90⑤, 법107①, 법112①).

2) 변경등기신청서의 첨부서류

합병으로 인한 변경등기신청서에는 ⅰ) 등기사항의 변경을 증명하는 서류(제1호), ⅱ) 출자감소의 의결에 대하여 공고하거나 최고한 사실을 증명하는 서류(제2호), ⅲ) 이의를 진술한 채권자에게 변제나 담보를 제공한 사실을 증명하는 서류(제3호)를 모두 첨부하여야 한다(법93⑤, 법107①, 법112①).

(다) 해산등기의 신청인과 첨부서류

해산등기를 할 때에는 합병으로 소멸되는 조합의 조합장이 신청인이 된다(법95②, 법107①, 법112①). 이 경우에는 해산 사유를 증명하는 서류를 첨부하여야 한다(법95③, 법107①, 법112①).

(7) 합병의 효력발생시기

조합의 합병은 합병 후 존속하거나 설립되는 조합이 그 주된 사무소의 소재지에서 합병등기를 함으로써 그 효력을 가진다(법81, 법107①, 법112①).

3. 합병의 효과

(1) 권리·의무의 포괄적 승계

합병 후 존속하거나 설립되는 조합은 소멸되는 조합의 권리·의무를 승계한다(법79①, 법107①, 법112①).

(2) 등기부 등 명의의 존속조합 또는 신설조합 명의 의제

조합의 합병 후 등기부나 그 밖의 공부(公簿)에 표시된 소멸된 조합의 명의(名義)는 존속하거나 설립된 합병 조합의 명의로 본다(법79②, 법107①, 법112①).

(3) 합병에 따른 임원 임기에 관한 특례

(가) 설립등기일부터 2년

합병으로 설립되는 조합의 설립 당시 조합장·이사 및 감사의 임기는 설립등기일부터 2년으로 한다(법75의2① 본문, 법107①, 법112①). 다만, 합병으로 소멸되는 조합의 조합장이 합병으로 설립되는 조합의 조합장으로 선출되는 경우 설립등기일 현재 조합장의 종전 임기 중 남은 임기가 2년을 초과하면 그 조합장의 임기는 그 남은 임기로 한다(법75의2① 단서, 법107①, 법112①).

(나) 변경등기일부터 2년

합병 후 존속하는 조합의 변경등기 당시 재임 중인 조합장, 조합원인 이사 및 감사의 남은 임기가 변경등기일 현재 2년 미만이면 그 임기를 변경등기일부터 2년으로 한다(법75의2②, 법107①, 법112①).

4. 합병무효의 소

조합의 합병 무효에 관하여는 상법 제529조(합병무효의 소)를 준용한다(법75⑧, 법107①, 법112①).

5. 합병권고 등의 기준

중앙회장은 회원의 경영상태 및 회원의 정관으로 정하는 경제사업 기준에 대하여 그 이행 현황을 평가하고, 그 결과에 따라 그 회원에게 경영개선요구, 합병권고 등의 필요한 조치를 하여야 한다(법142② 전단). 이 경우 조합장은 그 사실을 지체 없이 공고하고 서면으로 조합원에게 알려야 하며, 조치 결과를 조합의 이사회 및 총회에 보고하여야 한다(법142② 후단).

Ⅲ. 수산업협동조합

1. 개념과 종류

(1) 개념

조합의 합병이란 수산업협동조합법의 절차에 따라 2개 이상의 조합이 그 중 1개의 조합을 제외하고 소멸하거나 전부 소멸하되 청산절차를 거치지 아니하고, 소멸하는 조합의 권리·의무를 존속 조합 또는 신설 조합이 포괄적으로 승계하는 수산업업협동조합법상의 법률사실이다(법79① 참조).

(2) 종류

(가) 흡수합병

수개의 합병당사 조합 중 1개의 조합만이 존속하고 나머지 조합은 모두 소멸하며, 존속 조합이 소멸 조합의 권리·의무를 포괄적으로 승계하는 방법이다.

(나) 신설합병

당사조합 전부가 소멸하고, 이들에 의해 신설된 조합이 소멸 조합의 권리·의무를 포괄적으로 승계하는 방법이다.

2. 합병의 절차

(1) 합병계약서 작성과 총회 결의

(가) 합병계약서 작성

조합이 다른 조합과 합병할 때에는 합병계약서를 작성하고 각 총회의 의결을 거쳐야 한다(법77①, 법108, 법113).

합병당사 조합의 대표기관에 의해 합병조건과 합병방식 등 합병에 필요한 사항이 합의되어야 한다. 합병계약은 특별한 방식을 요하지 않는다.

(나) 총회 결의 또는 조합원투표

합병은 총회의결사항으로 총회의 의결을 거쳐야 한다(법37①(2), 법108, 법113). 그러나 합병은 조합원의 투표로 총회의 의결을 갈음할 수 있다(법43①, 법108, 법113). 합병에 대한 조합원 투표는 조합원 과반수의 투표와 투표한 조합원 3분의 2 이상의 찬성을 얻어야 한다(법43②).

(2) 해양수산부장관의 인가

합병은 해양수산부장관의 인가를 받아야 한다(법77②, 법108, 법113). 합병은 해양수산부장관의 인가를 받지 아니하면 효력이 발생하지 아니한다(법37② 본문, 법108, 법113).

(3) 신설합병에서의 설립위원 선출

합병으로 조합을 설립할 때에는 설립위원을 총회에서 선출하여야 한다(법78①, 법108, 법113).

(가) 설립위원의 정수

설립위원의 정수는 20명 이상 30명 이하로 하고 합병하려는 각 조합의 조합원 중에서 조합원 수의 비율로 선출한다(법78②, 법108, 법113).

(나) 설립위원의 임무

1) 정관작성과 임원 선임

설립위원은 설립위원회를 개최하여 정관을 작성하고 임원을 선출하여 해양수산부장관의 인가를 받아야 한다(법78③, 법108, 법113).

2) 임원 선출 정족수

설립위원회에서 임원을 선출할 때에는 설립위원이 추천한 사람 중에서 설립위원 과반수의 출석과 출석 설립위원 과반수의 찬성이 있어야 한다(법78④, 법108, 법113).

3) 준용규정

신설합병에서의 설립위원 선출(법78①②③④) 규정에 따른 조합의 설립에 관하여는 합병설립의 성질에 반하지 아니하는 범위에서 제2장 제2절의 설립에 관한 규정인 제16조(설립인가 등), 제17조(정관 기재사항), 제18조(설립사무의 인계와 출자납입), 제19조(지구별수협의 성립)의 규정을 준용한다(법78⑤, 법108, 법113).

(4) 국가 또는 중앙회의 자금 지원

국가와 중앙회는 조합의 합병을 촉진하기 위하여 필요하다고 인정하면 예산의 범위에서 자금을 지원할 수 있다(법79, 법108, 법113).

(5) 채권자 보호절차: 합병의 공고 및 최고 등

합병에 관해 조합의 채권자도 조합원 못지않게 중대한 이해관계를 갖는다. 합병으로 인해 낭사 소합들의 새산은 모두 합일귀속되어 닝사 조합들의 총채권자에 대한 책임재산이 되는 까닭에 합병 전의 신용이 그대로 유지된다고 볼 수 없기 때문이다. 따라서 소멸 조합에서는 물론 존속 조합에서도 채권자 보호를 위한 절차를 밟아야 한다.

조합의 합병의 공고, 최고 및 채권자 이의에 관하여는 제74조(출자금액의 감소 의결) 제2항 및 제75조(출자감소 의결에 대한 채권자의 이의)를 준용한다(법82, 법108, 법113).

(6) 합병등기

위의 합병절차 끝난 때에는 합병등기를 하여야 한다.

(가) 변경등기, 해산등기 및 설립등기

조합이 합병하였을 때에는 해양수산부장관이 합병인가를 한 날부터 2주 이내에 합병 후 존속하는 조합은 변경등기를, 합병으로 소멸되는 조합은 해산등기를, 합병으로 설립되는 조합은 설립등기를 각각 그 사무소의 소재지에서 하여야 한다(법97①, 법108, 법113).

(나) 등기신청서의 첨부서류

1) 설립등기신청서의 첨부서류

합병으로 인한 조합의 설립등기신청서에는 ⅰ) 설립인가서, 창립총회의사록 및 정관의 사본(제1호), ⅱ) 합병을 공고하거나 최고(법82)한 사실을 증명하는 서류(제2호), ⅲ) 이의를 제기한 채권자에게 변제나 담보를 제공한 사실을 증명하는 서류(제3호)를 첨부하여야 한다(법92⑤, 법108, 법113).

2) 변경등기신청서의 첨부서류

합병으로 인한 변경등기신청서에는 ⅰ) 등기사항의 변경을 증명하는 서류 (제1호), ⅱ) 출자감소의 의결에 대하여 공고하거나 최고한 사실을 증명하는 서류 (제2호), ⅲ) 이의를 제기한 채권자에게 변제나 담보를 제공한 사실을 증명하는 서류(제3호)를 첨부하여야 한다(법95⑤, 법108, 법113).

(다) 해산등기의 신청인과 첨부서류

합병으로 소멸되는 조합의 조합장이 해산등기의 신청인이 된다(법97②, 법 108, 법113). 조합장이 해산등기를 신청할 때에는 해산 사유를 증명하는 서류를 첨부하여야 한다(법97③, 법108, 법113).

(7) 합병의 효력발생시기

조합의 합병은 합병 후 존속하거나 합병으로 설립되는 조합이 그 주된 사무소의 소재지에서 합병등기를 함으로써 그 효력을 가진다(법83, 법108, 법113).

3. 합병의 효과

(1) 권리·의무의 포괄적 승계

합병 후 존속하거나 합병으로 설립되는 조합은 소멸되는 조합의 권리의무를 승계한다(법81①, 법108, 법113).

(2) 등기부 등 명의의 존속조합 또는 신설조합 명의 의제

조합의 합병 후 등기부 및 그 밖의 공적 장부에 표시된 소멸된 조합의 명의는 합병 후 존속하거나 합병으로 설립된 조합의 명의로 본다(법81②, 법108, 법113).

(3) 합병에 따른 임원 임기에 관한 특례
(가) 설립등기일부터 2년

합병으로 설립되는 조합의 설립 당시 조합장·이사 및 감사의 임기는 제1항 (제108조 및 제113조에 따라 준용되는 경우를 포함)에도 불구하고 설립등기일부터 2년으로 한다(법50③ 본문, 법108, 법113). 다만, 합병으로 소멸되는 조합의 조합장이 합병으로 설립되는 조합의 조합장으로 선출되는 경우 설립등기일 현재 조합장의 종전 임기의 남은 임기가 2년을 초과하는 경우에는 그 남은 임기를 그 조합장의 임기로 한다(법50③ 단서, 법108, 법113).

(나) 변경등기일부터 2년

합병 후 존속하는 조합의 변경등기 당시 재임 중인 조합장·이사 및 감사의 남은 임기가 변경등기일 현재 2년 미만인 경우에는 제1항(제108조 및 제113조에 따라 준용되는 경우를 포함)에도 불구하고 그 임기를 변경등기일부터 2년으로 한다(법50④, 법108, 법113).

4. 합병무효의 소

합병무효에 관하여는 상법 제529조(합병무효의 소)를 준용한다(법77③, 법108, 법113).

5. 합병권고 등의 기준

중앙회장은 회원의 경영상태를 평가하고 그 결과에 따라 회원에게 경영개선을 요구하거나 합병을 권고하는 등 필요한 조치를 할 수 있다(법142② 전단). 이 경우 회원조합장은 그 조치 결과를 조합의 이사회·총회 및 회장에게 보고하여야 한다(법142② 후단).

Ⅳ. 산림조합

1. 개념과 종류

(1) 개념

산림조합의 합병이란 산림조합법의 절차에 따라 2개 이상의 산림조합이 그 중 1개의 산림조합을 제외하고 소멸하거나 전부 소멸하되 청산절차를 거치지 아니하고, 소멸하는 산림조합의 권리·의무를 존속 산림조합 또는 신설된 산림조합이 포괄적으로 승계하는 산림조합법상의 법률사실이다(법79① 참조).

(2) 종류

(가) 흡수합병

수개의 합병당사 산림조합 중 1개의 산림조합만이 존속하고 나머지 산림조합은 모두 소멸하며, 존속 산림조합이 소멸 산림조합의 권리·의무를 포괄적으로 승계하는 방법이다.

(나) 신설합병

당사산림조합 전부가 소멸하고, 이들에 의해 신설된 산림조합이 소멸 산림조합의 권리·의무를 포괄적으로 승계하는 방법이다.

2. 합병의 절차

(1) 합병계약서 작성과 총회 결의

(가) 합병계약서 작성

조합이 다른 조합과 합병할 때에는 합병계약서를 작성하고 각 총회의 의결을 받아야 한다(법61①).

합병당사 산림조합의 대표기관에 의해 합병조건과 합병방식 등 합병에 필요한 사항이 합의되어야 한다. 합병계약은 특별한 방식을 요하지 않는다.

(나) 총회 결의 또는 조합원 투표

합병은 총회의 결의사항으로 총회의 의결을 거쳐야 한다(법31⑤(3)).

그러나 조합원투표로써 총회의 의결을 갈음할 수 있다(법31의2①(2)). 이 경우 조합원 과반수의 투표와 투표조합원 과반수의 찬성으로 의결한다(법31②(2)).

(2) 시·도지사의 인가

합병은 시·도지사의 인가를 받아야 한다(법61②).

(3) 신설합병에서의 설립위원 선출

합병으로 조합을 설립할 때에는 각 총회에서 설립위원을 선출하여야 한다(법61③).

(가) 설립위원의 정수

설립위원의 정수는 20명 이상으로 하고, 합병하려는 각 조합의 조합원 중에서 같은 수로 선임한다(법61④).

(나) 설립위원의 임무

1) 정관작성과 임원 선임

설립위원은 설립위원회를 개최하여 정관을 작성하고 임원을 선임하여 제14조(설립인가 등)에 따른 인가를 받아야 한다(법61⑤).

2) 임원 선출 정족수

설립위원회에서 임원을 선출할 때에는 설립위원이 추천한 사람 중에서 설립위원 과반수의 출석과 출석위원 과반수의 찬성이 있어야 한다(법61⑥).

3) 준용규정

신설합병에서의 설립위원 선출(법61③④⑤⑥) 규정에 따른 조합의 설립에 관하여는 합병설립의 성질에 반하지 아니하는 범위에서 제14조(설립인가 등), 제15조(정관기재사항), 제16조(정관례), 제17조(조합의 성립)의 규정을 준용한다(법61⑦).

(4) 국가 또는 중앙회의 자금 지원

국가와 중앙회는 조합의 합병을 촉진하기 위하여 필요하다고 인정하는 경우에는 예산의 범위에서 자금을 지원할 수 있다(법62).

(5) 채권자 보호절차: 합병의 공고 및 최고 등

합병에 관해 조합의 채권자도 조합원 못지않게 중대한 이해관계를 갖는다. 합병으로 인해 당사 조합들의 재산은 모두 합일귀속되어 당사 조합들의 총채권자에 대한 책임재산이 되는 까닭에 합병 전의 신용이 그대로 유지된다고 볼 수 없기 때문이다. 따라서 소멸 조합에서는 물론 존속 조합에서도 채권자 보호를 위한 절차를 밟아야 한다.

조합의 합병에 관하여는 제58조(출자감소의 의결) 및 제59조(출자감소에 대한 채권자의 이의)를 준용한다(법65).

(6) 합병등기 등

위의 합병절차 끝난 때에는 합병등기를 하여야 한다.

(가) 변경등기, 해산등기 및 설립등기

조합이 합병하였을 때에는 합병한 날부터 2주 이내에 그 사무소의 소재지에서 합병 후 존속하는 조합은 변경등기를, 합병으로 인하여 소멸되는 조합은 해산

등기를, 합병으로 인하여 설립된 조합은 설립등기(법75)를 각 사무소의 소재지에서 히여야 한디(법80①).

(나) 등기신청서의 첨부서류

1) 설립등기신청서의 첨부서류

합병으로 인한 조합의 설립등기 신청서에는 설립인가서, 창립총회 의사록 및 정관의 사본, 법 제65조에 따른 공고 또는 최고를 한 사실과 이의를 진술한 채권자에게 변제나 담보를 제공한 사실을 각각 증명하는 서류를 첨부하여야 한다(법75⑤).

2) 변경등기신청서의 첨부서류

합병으로 인한 변경등기 신청서에는 등기사항의 변경을 증명하는 서류, 법 제58조(출자감소의 의결) 및 제59조(출자감소에 대한 채권자의 이의)에 따른 공고 또는 최고를 한 사실과 이의를 진술한 채권자에게 변제나 담보를 제공한 사실을 각각 증명하는 서류를 첨부하여야 한다(법78⑤)

(다) 해산등기의 신청인과 첨부서류

해산등기를 할 때에는 합병으로 소멸하는 조합의 조합장이 신청인이 된다(법80②). 이 경우에는 해산사유를 증명하는 서류를 첨부하여야 한다(법80③).

(7) 합병의 효력발생시기

조합의 합병은 합병 후 존속하거나 설립되는 조합이 그 주된 사무소의 소재지에서 합병등기를 함으로써 그 효력을 가진다(법64).

3. 합병의 효과

(1) 권리·의무의 포괄적 승계

합병 후 존속하거나 합병으로 인하여 설립되는 조합은 소멸되는 조합의 권리·의무를 승계한다(법63①).

(2) 등기부 등 명의의 존속조합 또는 신설조합 명의 의제

조합의 합병 후 등기부나 그 밖의 공적 장부에 표시된 소멸된 조합의 명의는 존속하거나 설립된 합병조합의 명의로 본다(법63②).

(3) 합병에 따른 임원 임기에 관한 특례

(가) 설립등기일부터 2년 등

합병으로 설립되는 조합의 설립 당시 조합장·이사 및 감사의 임기는 제38조(임원의 임기) 제1항에도 불구하고 설립등기일부터 2년으로 한다(법61의2①) 본문). 다만, 합병으로 소멸되는 조합의 조합장이 합병으로 설립되는 조합의 조합장으로 선출되는 경우 설립등기일 현재 조합장의 종전 임기 중 남은 임기가 2년을 초과하면 그 조합장의 임기는 그 남은 임기로 한다(법61의2① 단서).

(나) 변경등기일부터 2년

합병 후 존속하는 조합의 변경등기 당시 재임 중인 조합장, 이사 및 감사의 남은 임기가 변경등기일 현재 2년 미만이면 제38조 제1항에도 불구하고 그 임기를 변경등기일부터 2년으로 한다(법61의2②).

4. 합병무효의 소

조합의 합병무효에 관하여는 상법 제529조(합병무효의 소)를 준용한다(법61⑧).

5. 합병권고 등의 기준

중앙회장은 회원의 경영상태를 평가하고 그 결과에 따라 그 회원에게 경영개선, 합병권고 등의 필요한 조치를 요구할 수 있다(법117② 전단). 이 경우 조합장은 그 사실을 지체 없이 공고하고 서면으로 조합원에게 통지하여야 하며, 조치결과를 조합의 이사회 및 총회에 보고하여야 한다(법117② 후단).

Ⅴ. 새마을금고

1. 개념과 종류

(1) 개념

금고의 합병이란 새마을금고법의 절차에 따라 2개 이상의 금고가 그 중 1개의 금고를 제외하고 소멸하거나 전부 소멸하되 청산절차를 거치지 아니하고, 소멸하는 금고의 권리·의무를 존속금고 또는 신설된 금고가 포괄적으로 승계하는 새마을금고법상의 법률사실이다(법55③ 참조).

(2) 종류

(가) 흡수합병

수개의 합병당사금고 중 1개의 금고만이 존속하고 나머지 금고는 모두 소멸하며, 존속금고가 소멸금고의 권리·의무를 포괄적으로 승계하는 방법이다.

(나) 신설합병

당사금고 전부가 소멸하고, 이들에 의해 신설된 금고가 소멸금고의 권리·의무를 포괄적으로 승계하는 방법이다.

2. 합병의 절차

(1) 합병계약

금고가 합병하려면 합병계약서를 작성하여 총회의 의결을 거쳐야 한다(법37①).

합병당사금고의 대표기관에 의해 합병조건과 합병방식 등 합병에 필요한 사항이 합의되어야 한다. 합병계약은 특별한 방식을 요하지 않는다.

(2) 총회 결의

합병은 금고의 구조적 변화를 가져오므로 조합원의 중대한 이해관계가 걸린 문제이다. 따라서 합병은 총회결의사항으로 총회의 의결이 있어야 한다(법12④(2)).

(3) 특별자치시장·특별자치도지사 또는 시장·군수·구청장의 인가

(가) 인가의 효력

금고는 50명 이상의 발기인이 중앙회장이 정하는 정관례에 따라 정관을 작성하여 창립총회의 의결을 거친 뒤에 회장을 거쳐 특별자치시장·특별자치도지사 또는 시장·군수·구청장(구청장은 자치구의 구청장을 말한다)의 인가를 받아야 한다(법37④, 법7①).

(나) 첨부서류

금고의 설립이 법 제37조에 따른 합병으로 인한 것이면 정관, 창립총회 의사록 사본, 사업계획서, 발기인 대표와 임원의 이력서 및 취임승낙서, 금고 설립 동의서를 제출한 자의 명부 외에 그 설립되는 금고가 승계할 권리·의무의 범위를 의결한 합병총회의 의사록 사본을 첨부하여야 한다(영3②).

(4) 신설합병에서의 설립위원 선출

합병에 따른 금고의 설립이 의결되면 각 총회는 설립위원을 선출하여야 한다(법37② 전단).

(가) 설립위원의 정수

설립위원의 정수는 20명 이상으로 하고, 합병하려는 각 금고의 회원 중에서 같은 수로 선출한다(법37② 후단).

(나) 설립위원의 임무

1) 정관작성과 임원 선임

설립위원은 설립위원회를 개최하여 회장이 정하는 정관례에 따라 정관을 작성하고 임원을 선임하여 제7조(설립) 제1항에 따른 인가를 받아야 한다(법37③).

2) 임원 선출 정족수

설립위원회에서 임원을 선출하는 경우에는 설립위원이 추천하는 자 중에서 설립위원 과반수의 출석과 출석위원 과반수의 찬성이 있어야 한다(법37④).

(5) 준용규정

금고의 설립에 관하여는 그 합병계약의 취지에 위배되지 아니하는 한 제2장 제1절의 제7조(설립), 제7조의2(설립인가의 요건), 제8조(정관의 기재사항), 제8조의2(사무소)의 신규 설립에 관한 규정을 준용한다(법37⑤).

(6) 합병 권고 등

(가) 중앙회장의 합병권고

중앙회장은 금고의 원활한 합병을 위하여 금고 간의 합병을 권고할 수 있다(법38① 전단). 이 경우 합병 권고를 받은 금고의 이사장은 그 사실을 지체 없이 공고하여야 한다(법38① 후단).

중앙회장으로부터 합병 권고를 받은 금고는 합병 권고를 받은 날부터 7일 이내에 그 사실을 금고 게시판에 공고하여야 한다(영21①).

이사장은 법 제38조 제1항의 규정에 따라 중앙회장으로부터 합병권고를 받은 때에는 합병권고를 받은 날부터 7일 이내에 그 사실을 금고의 게시판에 공고하고 6월 이내에 총회의 의결을 얻어야 한다(정관례60②).

(나) 국가, 지방자치단체 또는 중앙회의 합병 지원

국가, 지방자치단체 또는 중앙회는 금고 간의 합병을 추진하거나 금고 간에 합병을 한 경우에 대통령령으로 정하는 바에 따라 합병에 필요한 지원을 할 수 있다(법38②).

국가, 지방자치단체 또는 중앙회는 금고 간의 합병을 추진하거나 금고 간에 합병을 한 경우에 금고의 정상운영을 위하여 인력과 자금 등을 지원할 수 있다(영21②).

(다) 합병 불이행과 자금지원의 감축 · 중단

중앙회장은 합병 권고를 하였는데도 정당한 사유 없이 합병 권고를 받은 날부터 6개월 이내에 합병에 관한 의결 절차를 이행하지 아니하는 금고에 대하여는 자금 지원 등을 감축하거나 중단할 수 있다(법38③).

(7) 합병등기

금고가 합병한 경우에는 3주간 내에 그 사무소의 소재지에서 합병으로 인하여 존속하는 금고는 변경등기를, 합병으로 인하여 소멸하는 금고는 해산등기를, 합병으로 인하여 설립되는 금고는 설립등기를 하여야 한다(법49).

3. 합병의 효과

(1) 권리 · 의무의 포괄적 승계

합병 후 존속할 금고나 합병으로 설립되는 금고는 합병으로 소멸되는 금고의 권리와 의무를 승계한다(법39①).

(2) 등기부 등 명의의 존속금고 또는 신설금고 명의 의제

금고를 합병한 후 등기부나 그 밖의 공부(公簿)에 표시된 소멸된 금고의 명의는 존속되거나 설립된 합병 금고의 명의로 본다(법39②)

(3) 조세 감면

금고를 합병한 경우에는 조세특례제한법, 지방세특례제한법, 그 밖에 조세의 감면에 관한 법령으로 정하는 바에 따라 부동산 등의 양도에 따른 법인세, 자산재평가세, 부동산 취득에 따른 취득세, 법인·부동산 등의 등기에 따른 등록면허세, 합병으로 소멸되는 금고의 청산소득에 대한 법인세, 합병으로 소멸되는 금고의 회원의 의제배당에 대한 소득세, 그 밖의 조세를 감면할 수 있다(법40).

4. 합병권고 등의 기준

회장은 금고의 경영상태를 평가하고 그 결과에 따라 그 금고에 대하여 경영개선을 요구하거나 합병을 권고하는 등 필요한 조치를 할 수 있다(법79⑥).

이사장은 법 제79조(중앙회의 금고에 대한 지도·감독) 제6항의 규정에 따라 중앙회장으로부터 합병권고를 받은 때에는 합병권고를 받은 날부터 7일 이내에 그 사실을 금고의 게시판에 공고하고 6월 이내에 총회의 의결을 얻어야 한다(정관례60②).

제5절 해산, 청산 및 파산

Ⅰ. 신용협동조합

1. 해산

(1) 의의

조합의 해산은 조합이 본래 목적 달성을 정지한 후 청산절차를 밟는 것을 말한다.

(2) 총회결의 또는 조합원투표

조합의 해산은 총회의 결의를 거쳐야 한다(법24①(6)). 그러나 조합의 해산에 대해서는 조합원의 투표로 총회의 결의를 갈음할 수 있다(법26의2①(1)). 이 경우 조합원의 투표는 재적조합원 과반수(재적조합원이 500인을 초과하는 경우에는 251인 이상)의 투표와 투표한 조합원 3분의 2 이상의 찬성으로 결의한다(법26의2②(1)).

인의 대표권을 제한한 경우에는 그 제한 내용(제4호)을 주된 사무소 및 지사무소 소재지에서 등기하여야 한다(법57② 전단). 등기사항이 변경된 경우에도 또한 같다(법57② 후단).

(4) 청산인의 임무 등

(가) 재산상태 조사 등과 총회 승인

청산인은 취임 후 지체 없이 조합의 재산상태를 조사하고, 재산목록과 재무상태표를 작성하여 총회의 승인을 받아야 한다(법59① 전단). 청산 사무가 종결되었을 때의 결산보고서에 관하여도 또한 같다(법59① 후단).

(나) 총회 승인 의제

청산인이 총회의 승인을 받는 경우 총회를 2회 이상 소집하여도 총회가 구성되지 아니할 때에는 중앙회장의 승인을 받은 경우 총회의 승인을 받은 것으로 본다(법59②).

재산목록, 대차대조표 또는 결산보고서의 승인을 신청하고자 하는 신청인은 i) 재산목록 및 대차대조표 승인신청의 경우 재산목록, 대차대조표, 청산계획서, 1차 및 2차 총회소집 통지서 사본 각 1부, 청산인의 자격을 증명하는 서류(제1호), ii) 결산보고서 승인신청의 경우 총회 또는 중앙회장의 승인을 얻은 재산목록 및 대차대조표, 결산보고서, 총회소집통지서 사본(제2호)를 첨부한 신청서를 중앙회장에게 제출하여야 한다(표준업무방법서5②).

(다) 변제 또는 공탁 전 재산분배 금지

청산인은 조합의 채무를 변제하거나 변제에 상당하는 재산을 공탁하기 전에는 조합의 재산을 분배해서는 아니 된다(법59③).

(라) 청산 사무의 종결 등기 및 보고

청산인은 청산 사무를 종결하였을 때에는 지체 없이 사무소 소재지에서 이를 등기하고 그 경위를 중앙회장에게 보고하여야 한다(법59④).

(5) 청산잔여재산

해산한 조합이 채무를 변제하고 청산잔여재산이 있을 때에는 정관에서 정하는 바에 따라 처분한다(법58).

이에 따라 해산한 조합이 채무를 변제하고 청산잔여재산이 있을 때에는 총회에서 정한 산정방법에 의하여 산정한 지분의 비율에 의하여 이를 조합원에게 분배한다(표준정관77).

(6) 청산종결의 등기

조합의 청산이 종결된 때에는 결산보고서에 대한 총회의 승인을 얻은 날부터 주된 사무소의 소재지에서는 2주일 이내에, 지사무소등의 소재지에 있어서는 3주일 이내에 청산종결의 등기를 하여야 한다(영6③).

3. 파산

(1) 파산신청

금융위원회는 경영관리를 받는 조합에 대한 재산실사 결과 해당 조합의 재산으로 채무를 완전히 변제할 수 없는 경우로서 ⅰ) 해당 조합을 합병하려는 조합이 없어 조합원을 보호하기 곤란한 경우(제1호), ⅱ) 중앙회가 해당 조합에 자금을 대출하더라도 3년 이내에 경영정상화가 곤란하다고 인정되는 경우(제2호)의 어느 하나에 해당되는 경우 또는 계약이전의 결정에 따라 부실조합의 계약이전이 이루어진 경우에는 해당 조합의 주사무소 소재지를 관할하는 지방법원에 파산신청을 할 수 있다(법88).

금융위원회는 파산신청에 관한 권한을 금융감독원장에게 위탁한다(법96①, 영24①(19)).

(2) 중앙회장의 파산관재인 추천

중앙회장은 조합이 파산되는 때에는 채무자회생법 제355조에도 불구하고 기금관리위원회의 의결을 거쳐 중앙회의 임직원 중에서 1명을 법원에 파산관재인으로 추천할 수 있다(법88의2).

Ⅱ. 농업협동조합

1. 해산

(1) 의의

조합의 해산은 조합이 본래 목적 달성을 정지한 후 청산절차를 밟는 것을 말한다.

(2) 총회결의 또는 조합원투표

조합의 해산은 총회의 의결을 거쳐야 한다(법35①(2), 법107①, 법112①). 그러나 조합원의 투표로 총회의 의결을 갈음할 수 있다(법41①(1), 법107①, 법112①). 이 경우 조합원투표는 조합원 과반수의 투표와 투표한 조합원 3분의 2 이상의 찬성으로 의결한다(법41②, 법107①, 법112①).

(3) 농림축산식품부장관의 인가

조합의 해산은 농림축산식품부장관의 인가를 받지 아니하면 효력을 발생하지 아니한다(법35②, 법107①, 법112①).

(4) 해산 사유

조합은 ⅰ) 정관으로 정한 해산 사유의 발생(제1호), ⅱ) 총회의 의결(제2호), ⅲ) 합병, 분할(제3호), ⅳ) 설립인가의 취소(제4호)의 어느 하나에 해당하는 사유로 해산한다(법82, 법107①, 법112①).

(5) 해산등기
(가) 등기기간

조합이 해산한 경우에는 합병과 파산의 경우 외에는 주된 사무소의 소재지에서는 2주일 이내에, 지사무소의 소재지에서는 3주일 이내에 해산등기를 하여야 한다(법97①, 법107①, 법112①).

(나) 설립인가 취소로 인한 해산등기 이외의 신청인

해산등기를 할 때에는 농림축산식품부장관의 설립인가의 취소로 인한 해산

등기를 하는 경우(법97④) 외에는 청산인이 신청인이 된다(법97②, 법107①, 법112①).

(다) 해산사유 증명서류 첨부

해산등기신청서에는 해산 사유를 증명하는 서류를 첨부하여야 한다(법97③, 법107①, 법112①).

(라) 설립인가의 취소로 인한 해산등기의 촉탁

농림축산식품부장관은 설립인가의 취소로 인한 해산등기를 촉탁하여야 한다(법97④, 법107①, 법112①).

(6) 해산의 효과

해산에 의해 조합의 권리능력은 청산의 목적범위 내로 축소된다. 조합에 있어서는 조합의 재산이 조합 채권자에 대한 유일한 담보이므로 합병 및 파산 이외의 사유에 의하여 해산한 때에는 해산등기와 아울러 채권자 보호절차를 위하여 법정의 청산절차를 밟아야 한다. 청산 중에는 청산인이 조합의 청산사무를 집행하고 조합을 대표하는 기관이 된다.

2. 청산

(1) 의의

조합이 해산하면 존립 중에 발생한 일체의 대내적·대외적 법률관계를 종국적으로 처리하기 이해 청산을 해야 한다. 다만 합병을 원인으로 해산하는 경우는 그 권리의무가 포괄적으로 신설 또는 존속 조합에 승계되므로 청산을 요구하지 않으며, 파산의 경우에는 채무자회생법의 규정에 따라 처리하므로 농업협동조합법의 청산절차를 따를 여지가 없다.

조합의 청산은 해산 후에 실시된다(각 정관례153①).

(2) 청산 사무의 감독

농림축산식품부장관은 조합의 청산 사무를 감독한다(법84③, 법107①, 법112①).

농림축산식품부장관은 조합등(조합, 조합공동사업법인, 품목조합연합회)에 관한 감독권의 일부를 대통령령으로 정하는 바에 따라 회장에게 위탁할 수 있다(법162

③). 이에 따라 농림축산식품부장관은 법 제162조 제3항에 따라 중앙회의 회원인 조합 또는 연합회("중앙회의 회원")에 대한 법 제84조 제3항(법 제107조 및 제112조에서 준용하는 경우를 포함)에 따른 청산 사무의 감독 권한을 중앙회장에게 위탁한다(영51①(2)).

(3) 청산인

청산인이란 법정청산절차에 따라 청산사무를 집행하고 법이 정한 바에 따라 청산 중의 조합을 대표하는 자를 말한다. 따라서 해산 전 조합의 조합장에 대응하는 지위라 할 수 있다.

(가) 청산인의 자격

조합이 해산하면 파산으로 인한 경우 외에는 조합장이 청산인(清算人)이 된다(법84① 본문, 법107①, 법112①). 다만, 총회에서 다른 사람을 청산인으로 선임하였을 때에는 그러하지 아니하다(법84① 단서, 법107①, 법112①).

(나) 청산인의 권리 · 의무

청산인은 직무의 범위에서 조합장과 동일한 권리 · 의무를 가진다(법84②, 법107①, 법112①).

(다) 청산인등기

청산인은 그 취임일부터 2주일 이내에 주된 사무소의 소재지에서 그 성명 · 주민등록번호 및 주소를 등기하여야 한다(법98①, 법107①, 법112①). 이에 따른 등기를 할 때 조합장이 청산인이 아닌 경우에는 신청인의 자격을 증명하는 서류를 첨부하여야 한다(법98②, 법107①, 법112①).

(4) 청산인의 직무

(가) 재산상태 조사 등과 총회 승인

청산인은 취임 후 지체 없이 재산 상황을 조사하고 재무상태표를 작성하여 재산 처분의 방법을 정한 후 이를 총회에 제출하여 승인을 받아야 한다(법85①, 법107①, 법112①).

(나) 총회 승인 대체

청산인이 총회의 승인을 받기 위하여 2회 이상 총회를 소집하여도 총회가 개의되지 아니하여 총회의 승인을 받을 수 없으면 농림축산식품부장관의 승인으로 총회의 승인을 갈음할 수 있다(법85②, 법107①, 법112①).

(5) 청산인의 재산분배 제한

청산인은 채무를 변제하거나 변제에 필요한 금액을 공탁한 후가 아니면 그 재산을 분배할 수 없다(법87, 법107①, 법112①).

(6) 청산 잔여재산

해산한 조합의 청산 잔여재산은 따로 법률로 정하는 것 외에는 정관으로 정하는 바에 따라 처분한다(법86, 법107①, 법112①).

(7) 결산보고서
(가) 결산보고서 작성 및 총회 승인

청산 사무가 끝나면 청산인은 지체 없이 결산보고서를 작성하고 총회에 제출하여 승인을 받아야 한다(법88 전단, 법107①, 법112①).

(나) 총회 승인 대체

청산인이 총회의 승인을 받기 위하여 2회 이상 총회를 소집하여도 총회가 개의되지 아니하여 총회의 승인을 받을 수 없으면 농림축산식품부장관의 승인으로 총회의 승인을 갈음할 수 있다(법88 후단, 법85②, 법107①, 법112①).

(8) 청산종결등기

청산이 끝나면 청산인은 주된 사무소의 소재지에서는 2주일 이내에, 지사무소의 소재지에서는 3주일 이내에 청산종결의 등기를 하여야 한다(법99①, 법107①, 법112①). 이에 따른 등기신청서에는 결산보고서의 승인을 증명하는 서류를 첨부하여야 한다(법99②, 법107①, 법112①).

3. 파산선고

조합이 그 채무를 다 갚을 수 없게 되면 법원은 조합장이나 채권자의 청구에 의하여 또는 직권으로 파산을 선고할 수 있다(법83, 법107①, 법112①).

Ⅲ. 수산업협동조합

1. 해산

(1) 의의

조합의 해산은 조합이 본래 목적 달성을 정지한 후 청산절차를 밟는 것을 말한다.

(2) 총회결의 또는 조합원투표

해산은 총회의 의결을 거쳐야 한다(법37①(2), 법108, 법113). 그러나 조합원의 투표로 총회의 의결을 갈음할 수 있다(법43①(1), 법108, 법113). 이 경우 조합원 투표는 조합원 과반수의 투표와 투표한 조합원 3분의 2 이상의 찬성을 얻어야 한다(법43②, 법108, 법113).

(3) 해양수산부장관의 인가

해산은 해양수산부장관의 인가를 받지 아니하면 효력이 발생하지 아니한다(법37② 본문, 법108, 법113).

(4) 해산 사유

조합은 ⅰ) 정관으로 정한 해산 사유의 발생(제1호), ⅱ) 총회의 의결(제2호), ⅲ) 합병 또는 분할(제3호), ⅳ) 조합원 수가 100인 미만(지구별수협은 100인 미만, 업종별수협은 15인 미만, 수산물가공수협은 7인 미만)인 경우(제4호), ⅴ) 설립인가의 취소(제5호)의 어느 하나의 사유로 해산한다(법84, 법108, 법113).

(5) 해산등기
(가) 등기기간

조합이 해산(합병과 파산으로 인한 경우는 제외)하였을 때에는 주된 사무소의 소재지에서는 2주 이내에, 지사무소의 소재지에서는 3주 이내에 해산등기를 하여야 한다(법98①, 법108, 법113).

(나) 설립인가 취소로 인한 해산등기 이외의 신청인

해양수산부장관이 설립인가를 취소하였을 때에는 지체 없이 해산등기를 촉탁하는 경우(법98④)를 제외하고는 청산인이 해산등기의 신청인이 된다(법98②, 법108, 법113).

(다) 해산 사유 증명서류 첨부

청산인이 해산등기를 신청할 때에는 해산등기신청서에 해산 사유를 증명하는 서류를 첨부하여야 한다(법98③, 법108, 법113).

(라) 설립인가의 취소로 인한 해산등기의 촉탁

해양수산부장관은 설립인가를 취소하였을 때에는 지체 없이 해산등기를 촉탁하여야 한다(법98④, 법108, 법113).

(6) 해산의 효과

해산에 의해 조합의 권리능력은 청산의 목적범위 내로 축소된다. 조합에 있어서는 조합의 재산이 조합 채권자에 대한 유일한 담보이므로 합병 및 파산 이외의 사유에 의하여 해산한 때에는 해산등기와 아울러 채권자 보호절차를 위하여 법정의 청산절차를 밟아야 한다. 청산 중에는 청산인이 조합의 청산사무를 집행하고 조합을 대표하는 기관이 된다.

2. 청산

(1) 의의

조합이 해산하면 존립 중에 발생한 일체의 대내적·대외적 법률관계를 종국적으로 처리하기 이해 청산을 해야 한다. 다만 합병을 원인으로 해산하는 경우는 그 권리의무가 포괄적으로 신설 또는 존속 조합에 승계되므로 청산을 요구하지 않으며, 파산의 경우에는 채무자회생법의 규정에 따라 처리하므로 수산업협동조합법의 청산절차를 따를 여지가 없다.

조합의 청산은 해산 후에 실시한다(지구별수협정관예82①, 업종별수협정관예81①, 수산문가공수협정관예79①).

(2) 청산 사무의 감독

해양수산부장관은 조합의 청산 사무를 감독한다(법86④, 법108, 법113).

해양수산부장관은 조합등에 관한 감독 업무의 일부를 대통령령으로 정하는 바에 따라 중앙회의 회장에게 위탁할 수 있다(법169③). 이에 따라 해양수산부장관은 법 제169조 제3항에 따라 법 제86조 제4항(법 제108조 및 제113조에서 준용하는 경우를 포함)에 따른 청산 사무의 감독 권한을 회장에게 위탁한다(영62(1)).

(3) 청산인

청산인이란 법정청산절차에 따라 청산사무를 집행하고 법이 정한 바에 따라 청산 중의 조합을 대표하는 자를 말한다. 따라서 해산 전 조합의 조합장에 대응하는 지위라 할 수 있다.

(가) 조합장

조합이 해산(파산으로 인한 경우는 제외)하였을 때에는 조합장이 청산인이 된다(법86① 본문, 법108, 법113). 다만, 총회에서 다른 사람을 청산인으로 선임하였을 때에는 그러하지 아니하다(법86① 단서, 법108, 법113).

(나) 해양수산부장관이 청산인을 임명하는 경우

청산인이 결원 상태인 경우 또는 설립인가의 취소로 인하여 지구별수협이 해산한 경우에는 해양수산부장관이 청산인을 임명한다(법86②, 법108, 법113).

(다) 청산인의 권리 · 의무

청산인은 그 직무의 범위에서 조합장과 동일한 권리의무를 가진다(법86③, 법108, 법113).

(라) 청산인등기

청산인은 취임한 날부터 2주 이내에 주된 사무소의 소재지에서 그 성명 · 주민등록번호 및 주소를 등기하여야 한다(법99①, 법108, 법113). 이에 따른 등기를 할 때 조합장이 청산인이 아닌 경우에는 신청인의 자격을 증명하는 서류를 첨부하여야 한다(법99②, 법108, 법113).

(4) 청산인의 직무

(가) 재산상태 조사 등과 총회 승인

청산인은 취임 후 지체 없이 재산 상황을 조사하고 재산목록 및 재무상태표를 작성하여 재산 처분 방법을 정한 후 이를 총회에 제출하여 승인을 받아야 한다(법87①, 법108, 법113).

(나) 총회 승인 대체

청산인이 총회의 승인을 받기 위하여 2회 이상 총회를 소집하여도 총회가 구성되지 아니하여 총회의 승인을 받을 수 없을 때에는 해양수산부장관의 승인으로 총회의 승인을 갈음할 수 있다(법87②, 법108, 법113).

(5) 청산인의 재산분배 제한

청산인은 조합의 채무를 변제하거나 변제에 필요한 금액을 공탁한 후가 아니면 그 재산을 분배할 수 없다(법89, 법108, 법113).

(6) 청산 잔여재산

해산한 조합의 청산 후 남은 재산은 따로 법률로 정하는 것 외에는 정관으로 정하는 바에 따라 처분한다(법88, 법108, 법113).

(7) 결산보고서

(가) 결산보고서 작성 및 총회 승인

청산 사무가 끝나면 청산인은 지체 없이 결산보고서를 작성하고 이를 총회에 제출하여 승인을 받아야 한다(법90 전단, 법108, 법113).

(나) 총회 승인 대체

청산인이 총회의 승인을 받기 위하여 2회 이상 총회를 소집하여도 총회가 구성되지 아니하여 총회의 승인을 받을 수 없을 때에는 해양수산부장관의 승인으로 총회의 승인을 갈음할 수 있다(법90 후단, 법87②, 법108, 법113).

(8) 청산종결등기

청산이 끝나면 청산인은 주된 사무소의 소재지에서는 2주 이내에, 지사무소의 소재지에서는 3주 이내에 청산종결의 등기를 하여야 한다(법100①, 법108, 법113). 이에 따라 청산인이 청산종결의 등기를 신청할 때에는 등기신청서에 결산보고서의 승인을 증명하는 서류를 첨부하여야 한다(법100②, 법108, 법113).

3. 파산선고

조합이 그 채무를 다 갚을 수 없게 되었을 때에는 법원은 조합장이나 채권자의 청구에 의하여 또는 직권으로 파산을 선고할 수 있다(법85, 법108, 법113).

Ⅳ. 산림조합

1. 해산

(1) 의의

조합의 해산은 조합이 본래 목적 달성을 정지한 후 청산절차를 밟는 것을 말한다.

(2) 총회결의 또는 조합원투표

조합의 해산은 총회의 의결을 거쳐야 한다(법31⑤(2)). 해산은 조합원 과반수의 출석과 출석조합원 3분의 2 이상의 찬성으로 의결한다(법31④ 단서). 그러나 조합원투표로써 총회의 의결을 갈음할 수 있다(법31의2①(1)). 이 경우 조합원 과반수의 투표와 투표조합원 3분의 2 이상의 찬성으로 의결한다(법31의2②(1)).

(3) 시 · 도지사의 인가

해산 사유 중 총회의 의결이나 합병 또는 분할로 인한 해산은 시·도지사의 인가를 받지 아니하면 그 효력이 발생하지 아니한다(정관례82②).

(4) 해산 사유

조합은 ⅰ) 정관으로 정한 해산 사유의 발생(제1호), ⅱ) 총회의 의결(제2호), ⅲ) 합병 또는 분할(제3호), ⅳ) 설립인가 취소(제4호)의 어느 하나에 해당하는 사유로 해산한다(법67).

(5) 해산등기
(가) 등기기간

조합이 해산하였을 때에는 합병과 파산의 경우를 제외하고는 주된 사무소의 소재지에서는 2주 이내에, 지사무소의 소재지에서는 3주 이내에 해산등기를 하여야 한다(법81①).

(나) 설립인가 취소로 인한 해산등기 이외의 신청인

해산등기를 할 때에는 시·도지사가 설립인가의 취소로 인한 해산등기를 촉탁하는 경우(법81④)를 제외하고는 청산인이 신청인이 된다(법81②).

(다) 해산 사유 증명서류 첨부

해산등기 신청서에는 해산 사유를 증명하는 서류를 첨부하여야 한다(법81③).

(라) 설립인가의 취소로 인한 해산등기의 촉탁

시·도지사는 설립인가의 취소로 인한 해산등기를 촉탁하여야 한다(법81④).

(6) 해산의 효과

해산에 의해 조합의 권리능력은 청산의 목적범위 내로 축소된다. 조합에 있어서는 조합의 재산이 조합 채권자에 대한 유일한 담보이므로 합병 및 파산 이외의 사유에 의하여 해산한 때에는 해산등기와 아울러 채권자 보호절차를 위하여 법정의 청산절차를 밟아야 한다. 청산 중에는 청산인이 조합의 청산사무를 집행하고 조합을 대표하는 기관이 된다.

2. 청산

(1) 의의

조합이 해산하면 존립 중에 발생한 일체의 대내적·대외적 법률관계를 종국적으로 처리하기 이해 청산을 해야 한다. 다만 합병을 원인으로 해산하는 경우는 그 권리의무가 포괄적으로 신설 또는 존속 조합에 승계되므로 청산을 요구하지 않으며, 파산의 경우에는 채무자회생법의 규정에 따라 처리하므로 산림조합법의 청산절차를 따를 여지가 없다.

조합의 청산은 해산 후에 실시된다(정관례83①).

(2) 청산 사무의 감독

시·도지사는 조합의 청산사무를 감독한다(법69③).

산림청장 또는 시·도지사는 조합등에 관한 감독권의 일부를 대통령령으로 정하는 바에 따라 회장에게 위탁할 수 있다(법123② 본문). 이에 따라 산림청장 또는 시·도지사는 법 제123조 제2항 본문에 따라 법 제69조 제3항의 규정에 의한 청산사무의 감독 권한을 중앙회장에게 위탁한다(영28①(2)).

(3) 청산인

청산인이란 법정청산절차에 따라 청산사무를 집행하고 법이 정한 바에 따라 청산 중의 조합을 대표하는 자를 말한다. 따라서 해산 전 조합의 조합장에 대응하는 지위라 할 수 있다.

(가) 조합장

조합이 해산하였을 때에는 파산으로 인한 경우를 제외하고는 조합장이 청산인이 된다(법69① 전단). 다만, 총회에서 다른 사람을 청산인으로 선임하였을 때에는 그러하지 아니하다(법69① 후단).

(나) 청산인의 권리·의무

청산인은 그 직무의 범위에서 조합장과 동일한 권리·의무를 가진다(법69②).

(다) 청산인등기

청산인은 그 취임일부터 2주 이내에 주된 사무소의 소재지에서 그 성명·주민등록번호 및 주소를 등기하여야 한다(법82①). 이에 따른 등기를 할 때 조합장이 청산인이 아닌 경우에는 신청인의 자격을 증명하는 서류를 첨부하여야 한다(법82②).

(4) 청산인의 직무

(가) 재산상태 조사 등과 총회 승인

청산인은 취임 후 지체 없이 재산상황을 조사하고 재무상태표를 작성하여 재산처분의 방법을 정한 후 총회에 제출하여 승인을 받아야 한다(법70①).

(나) 총회 승인 대체

청산인이 총회의 승인을 받기 위하여 2회 이상 총회를 소집하여도 총회가 열리지 아니하여 총회의 승인을 받을 수 없을 때에는 시·도지사의 승인으로 갈음할 수 있다(법70②).

(5) 청산인의 재산분배 제한

청산인은 채무를 변제하거나 변제에 필요한 금액을 공탁하기 전에는 그 재산을 분배하여서는 아니 된다(법72).

(6) 결산보고서
(가) 결산보고서 작성 및 총회 승인

청산사무가 종결되었을 때에는 청산인은 지체 없이 결산보고서를 작성하고 총회에 제출하여 승인을 받아야 한다(법73 전단).

(나) 총회 승인 대체

청산인이 총회의 승인을 받기 위하여 2회 이상 총회를 소집하여도 총회가 열리지 아니하여 총회의 승인을 받을 수 없을 때에는 시·도지사의 승인으로 길음할 수 있다(법73 후단, 법70②).

(7) 청산잔여재산

해산한 조합의 청산잔여재산은 따로 법률에서 정하는 것 외에는 정관으로 정하는 바에 따라 처분한다(법71).

(8) 청산종결등기

청산이 종결되었을 때에는 청산인은 주된 사무소의 소재지에서는 2주 이내에, 지사무소의 소재지에서는 3주 이내에 청산종결의 등기를 하여야 한다(법83①). 이에 따른 등기신청서에는 제73조에 따른 결산보고서의 승인을 증명하는 서류를 첨부하여야 한다(법83②).

3. 파산선고

조합이 그 채무를 완전 변제할 수 없게 되었을 때에는 법원은 조합장이나 채권자의 청구에 의하여 또는 직권으로 파산을 선고할 수 있다(법68).

V. 새마을금고

1. 해산

(1) 의의

금고의 해산은 조합이 본래 목적 달성을 정지한 후 청산절차를 밟는 것을 말한다.

(2) 총회결의

금고의 해산은 총회의 의결이 있어야 한다(법12④(2)).

(3) 해산 사유

금고는 ⅰ) 정관에 정한 해산 사유의 발생(제1호), ⅱ) 총회의 해산 의결(제2호), ⅲ) 합병이나 파산(제3호), ⅳ) 설립인가의 취소(제4호)의 어느 하나에 해당하는 사유가 있을 때에는 해산한다(법36).

(4) 해산 사유 보고

총회의 해산 의결로 금고가 해산하는 때에는 청산인은 취임일로부터 7일 이내에 중앙회장과 인가권자에게 그 사유를 보고하여야 한다(정관례61②).

(5) 해산등기
(가) 등기기간 및 등기사항

금고가 해산한 경우에는 합병과 파산의 경우 외에는 청산인은 그 취임일부터 3주간 내에 그 사무소의 소재지에서 ⅰ) 해산의 사유와 해산 연월일(제1호), ⅱ) 청산인의 성명·주소(제2호), ⅲ) 청산인의 대표권을 제한한 경우에는 그 제한에 관한 사항(제3호)을 등기하여야 한다(법50①).
(나) 해산 사유 증명서류 첨부

해산등기의 경우에는 청산인이 신청인이 되며, 그 등기신청서에는 해산 사유를 증명하는 서류를 첨부하여야 한다(법51 단서).

(6) 해산의 효과

해산에 의해 금고의 권리능력은 청산의 목적범위 내로 축소된다. 금고에 있어서는 금고의 재산이 금고 채권자에 대한 유일한 담보이므로 합병 및 파산 이외의 사유에 의하여 해산한 때에는 해산등기와 아울러 채권자 보호절차를 위하여 법정의 청산절차를 밟아야 한다. 청산 중에는 청산인이 금고의 청산사무를 집행하고 금고를 대표하는 기관이 된다.

2. 청산

(1) 의의

금고가 해산하면 존립 중에 발생한 일체의 대내적·대외적 법률관계를 종국적으로 처리하기 이해 청산을 해야 한다. 디민 힙병을 원인으로 해산하는 경우는 그 권리의무가 포괄적으로 신설 또는 존속 금고에 승계되므로 청산을 요구하지 않으며, 파산의 경우에는 채무자회생법의 규정에 따라 처리하므로 새마을금고법의 청산절차를 따를 여지가 없다.

(2) 청산사무의 감독

중앙회장은 금고의 청산 사무를 감독한다(법41③). 금고의 청산은 모든 이해관계인의 이해에 직접 관계되는 사항이므로 청산사무가 적법하고 공정하게 처리되도록 중앙회장이 감독하도록 하고 있다.

(3) 청산인

청산인이란 법정청산절차에 따라 청산사무를 집행하고 법이 정한 바에 따라 청산 중의 금고를 대표하는 자를 말한다. 따라서 해산 전 금고의 이사장에 대응하는 지위라 할 수 있다.

(가) 총회의 선임

금고가 해산한 때에는 파산으로 인한 경우 외에는 총회에서 청산인을 선임한다(법41①).

(나) 중앙회장의 선임

총회에서 청산인을 선임하기 위하여 총회를 2회 이상 소집하여도 총회가 구성되지 아니하는 경우에는 회장이 청산인을 선임할 수 있다(법41②).

(다) 중앙회장의 청산인 신규 선임

회장은 청산인이 청산 사무를 수행함에 있어 청산금고의 재산에 손해를 끼칠 우려가 있다고 인정되는 경우 청산인을 새로이 선임할 수 있다(법41④).

(4) 청산인의 직무

(가) 재산상태 조사 등과 총회 승인

청산인은 취임 후 지체 없이 재산 상황을 조사하고, 재산 목록과 재무상태표를 작성하여 재산 처분 방법을 정하고 총회에 제출하여 승인을 받아야 한다(법42①).

(나) 총회 승인 대체

청산인이 총회의 승인을 받기 위하여 총회를 2회 이상 소집하여도 총회가 구성되지 아니하는 경우에는 회장의 승인으로써 이를 갈음할 수 있다(법42②).

(5) 청산잔여재산

금고가 해산한 경우에 그 채무를 완제하고 남은 재산이 있으면 정관으로 정하는 바에 따라 이를 처분한다(법43).

(6) 결산보고서

청산사무가 종결된 때에는 청산인은 지체 없이 결산보고서를 작성하여 총회의 승인을 얻어야 한다(정관례63②).

(7) 청산종결등기

청산이 종결된 경우에는 청산인은 사무소의 소재지에서 2주간 내에 청산종결등기를 하여야 한다(법50②).

제6절 예금자 보호

Ⅰ. 신용협동조합

1. 예금자보호기금의 설치·운영

중앙회는 조합의 조합원(비조합원을 포함하며, 이하 "조합원등")이 납입한 "예탁금등"의 환급을 보장하고 조합의 건전한 육성을 도모하기 위하여 중앙회에 신용협동조합 예금자보호기금("기금")을 설치·운영한다(법80의2①).

2. 예금보호대상

예금보호대상은 "예탁금등"이다. 예탁금등이란 ⅰ) 조합원등이 조합에 납입한 예탁금 및 적금의 원금·이자(이 경우 이자는 원금에 은행의 1년 만기 정기예금의 평균금리를 고려하여 기금관리위원회가 정하는 이율을 곱한 금액에 한한다)(제1호). ⅱ) 조합원등이 공제계약에 따라 중앙회 및 조합에 대하여 가지는 공제금, 그 밖에 약정된 금전채권(제2호), ⅲ) 중앙회의 자기앞수표를 결제하기 위한 별단예금(제3호)을 말한다(영19의8①).

그러나 ⅰ) 정부 및 지방자치단체(제1호), ⅱ) 한국은행(제2호), ⅲ) 금융감독원(제3호), ⅳ) 예금보험공사(제4호), ⅴ) 부보금융회사(제5호)가 조합에 납입한 예탁금 및 적금은 앞의 예탁금 및 적금의 원금·이자에서 제외한다(영19의8②)).

3. 기금의 조성

기금은 ⅰ) 조합이 납입하는 출연금(제1호), ⅱ) 중앙회의 다른 회계로부터의 출연금, 전입금 및 차입금(제2호), ⅲ) 정부, 한국은행, 금융기관으로부터의 차입금(제3호), ⅳ) 기금의 운용으로 발생하는 수익금(제4호), ⅴ) 그 밖의 수입금(제5호)을 재원으로 조성한다(법80의3①).

4. 1인당 보호한도

중앙회는 조합 또는 중앙회의 다른 회계에서 예탁금등을 조합원등에게 지급할 수 없는 경우에는 그 조합원등의 청구에 의하여 해당 조합 또는 중앙회의 다른 회계를 갈음하여 이를 변제한다(법80의2④).

이에 따라 중앙회가 조합 또는 중앙회 타 회계에 갈음하여 변제하는 동일인에 대한 보장한도는 5천만원으로 한다(영19의8③).

Ⅱ. 농업협동조합

1. 상호금융예금자보호기금 설치·운용

농협구조개선법 제11조에 따라 신용사업을 하는 조합이 파산 등의 사유로 "예금등채권"을 지급할 수 없는 상황에 대처하기 위하여 예금등채권에 대한 보험제도를 효율적으로 운영함으로써 예금자등의 예금등채권의 환급을 보장하고 조합의 건전한 육성을 도모하기 위하여 중앙회에 상호금융예금자보호기금("기금")을 설치·운용한다(농협구조개선법11①).

2. 예금보호대상

예금보호대상은 "예금등채권"이다. "예금등채권"이란 예금자등이 조합에 대하여 가지는 예금등의 원금·이자, 그 밖의 약정된 금전의 채권을 말한다(농협구조개선법2(8)). "예금자등"이란 조합에 대하여 예금등채권을 가진 자를 말한다(농협구조개선법2(7)).

"예금등"이란 ⅰ) 조합이 신용사업으로 수입한 예금 및 적금, ⅱ) 조합이 고객으로부터 자본시장법에 따른 증권의 매매, 그 밖의 거래와 관련하여 예탁받은 금전 중 어느 하나에 해당하는 것을 말한다(농협구조개선법2(6) 본문). 다만, ⅰ) 정부 및 지방자치단체, ⅱ) 한국은행, ⅲ) 금융감독원, ⅳ) 예금보험공사, ⅴ) 예금자보호법에 따른 부보금융회사, ⅵ) 조합으로부터 수입한 것은 제외할 수 있다(농협구조개선법2(6) 단서, 동법 시행령2).

3. 기금의 조성

기금은 ⅰ) 조합이 납입한 보험료(제1호), ⅱ) 정부의 출연금(제2호), ⅲ) 중앙회의 출연금(제3호), ⅳ) 정부, 한국은행, 중앙회, 농협은행 또는 금융기관으로부터의 차입금(제4호), ⅴ) 상호금융예금자보호기금채권("기금채")을 발행하여 조성한 자금(제5호), ⅵ) 관리기관(기금을 관리하는 중앙회)이 매입한 예금등채권을 회수한 자금(제6호), ⅶ) 제25조(자금지원의 결정) 또는 제26조(부실우려조합에 대한 지원)에 따라 지원한 자금을 회수한 자금(제7호), ⅷ) 제29조(농업협동조합자산관리회사의 설립)에 따라 설립된 농업협동조합자산관리회사("관리회사")에 제31조(자금의 조달 및 운용) 제2항에 따라 빌려 준 자금을 회수한 자금(제8호), ⅸ) 기금의 운용수익과 그 밖의 수입금(제9호)의 재원을 그 수입으로 한다(농협구조개선법11②).

4. 1인당 보호한도

관리기관은 조합에 보험사고가 발생하였을 때에는 그 조합의 예금자등의 청구에 의하여 대통령령으로 정하는 바에 따라 보험금을 지급하여야 한다(농협구조개선법17① 본문).

이에 따라 관리기관이 보험금을 지급할 때 예금등채권의 금액은 예금등의 금액과 그 금액에 전체 조합의 예금등에 대한 평균이자율을 고려하여 기금관리위원회가 정하는 이자율을 곱한 금액을 합산한 금액으로 하되, 동일인인 예금자등에 대한 보험금의 지급한도는 5천만원으로 한다(동법 시행령8①).

Ⅲ. 수산업협동조합

1. 상호금융예금자보호기금 설치·운용

수협구조개선법("법") 제20조에 따라 신용사업이나 공제사업을 하는 조합(공제사업에서는 중앙회를 포함)이 파산 등의 사유로 "예금등채권"을 지급할 수 없는 상황에 대처하고 조합의 건전한 육성을 도모하기 위하여 중앙회에 상호금융예금자보호기금("기금")을 설치·운용한다(수협구조개선법20①).

2. 예금보호대상

예금보호대상은 "예금등채권"이다. "예금등채권"이란 ⅰ) 예금자등이 조합에 대하여 가지는 예금과 적금의 원금·이자 또는 그 밖의 약정된 금전의 채권(가목), ⅱ) 예금자등이 공제계약에 의하여 조합과 중앙회에 대하여 가지는 공제급 또는 ㄱ 밖의 약정된 금전의 채권(나목)의 어느 하나에 해당하는 것을 말한다 (수협구조개선법2(8)). "예금자등"이란 조합 또는 중앙회에 대하여 예금등채권을 가진 자를 말한다(수협구조개선법2(7)).

"예금등"이란 ⅰ) 조합이 신용사업에 의하여 수납한 예금 및 적금(제1호), ⅱ) 조합과 중앙회가 공제사업에 의하여 수납한 공제료(제2호)의 어느 하나에 해당하는 것을 말한다(법2(6) 본문). 다만, ⅰ) 정부와 지방자치단체(제1호), ⅱ) 한국은행, 금융감독원 및 예금보험공사(제2호), ⅲ) 예금자보호법에 따른 부보금융회사(제3호), ⅳ) 조합(제4호)으로부터 수납한 것은 제외할 수 있다(수협구조개선법2(6) 단서, 동법 시행령2).

3. 기금의 조성

기금은 ⅰ) 조합이 납부한 보험료(제1호), ⅱ) 정부의 출연금(제2호), ⅲ) 중앙회의 출연금(제3호), ⅳ) 정부, 한국은행, 중앙회, 수협은행 또는 금융기관으로부터의 차입금(제4호), ⅴ) 제7조(자금지원)에 따라 부실조합등(＝부실조합 또는 부실우려조합)에 지원한 자금을 회수한 자금(제5호), ⅵ) 관리기관(기금을 관리하는 중앙회)이 제13조(예금등채권의 매입) 제1항과 제33조(예금등채권의 취득)에 따라 매입·취득한 예금등채권을 회수한 자금(제6호), ⅶ) 상호금융예금자보호기금채권("기금채")을 발행하여 조성한 자금(제7호), ⅷ) 기금의 운용수익 및 그 밖의 수입금(제8호)의 재원으로 조성한다(수협구조개선법20②).

4. 1인당 보호한도

예금자등에게 지급하는 보험금은 보호되는 예금등의 규모 등을 고려하여 대통령령으로 정하는 금액을 한도로 한다(수협구조개선법31②). 이에 따른 보험금의 지급한도는 신용사업 및 공제사업별로 각각 5천만원으로 한다(동법 시행령18)

Ⅳ. 산림조합

1. 상호금융예금자보호기금 설치·운용

산림조합개선법("법") 제17조에 따르면 신용사업이나 공제사업을 실시하는 조합(공제사업의 경우에는 중앙회를 포함)이 파산 등의 사유로 "예금등채권"을 지급할 수 없는 상황에 대처하고 조합을 건전하게 육성하기 위하여 중앙회에 상호금융예금자보호기금("기금")을 설치·운용한다(산림조합개선법17①).

2. 예금보호대상

예금보호대상은 "예금등채권"이다. "예금등채권"이란 ⅰ) 예금자등이 조합에 대하여 가지는 예금이나 적금의 원금·이자, 그 밖의 약정된 금전채권(제1호), ⅱ) 예금자등이 공제계약에 따라 조합이나 중앙회에 대하여 가지는 공제금, 그 밖의 약정된 금전채권(제2호)의 어느 하나에 해당하는 것을 말한다(산림조합개선법2(8)). "예금자등"이란 조합에 대하여 예금등채권을 가진 자를 말한다(산림조합개선법2(7)).

"예금등"이란 ⅰ) 조합이 신용사업으로 거두어들인 예금과 적금(제1호), ⅱ) 조합 및 중앙회가 공제사업으로 거두어들인 공제료(제2호)의 어느 하나에 해당하는 것을 말한다(법2(6) 본문). 다만, ⅰ) 정부 및 지방자치단체(제1호), ⅱ) 한국은행(제2호), ⅲ) 금융감독원(제3호), ⅳ) 예금보험공사(제4호), ⅴ) 예금자보호법에 따른 부보금융회사(제5호), ⅵ) 조합(제6호)으로부터 거두어들인 것은 제외할 수 있다(산림조합개선법2(6) 단서, 동법 시행령2).

3. 기금의 조성

기금은 ⅰ) 조합이 납부한 보험료(제1호), ⅱ) 정부의 출연금(제2호), ⅲ) 중앙회의 출연금(제3호), ⅳ) 정부, 한국은행, 중앙회 또는 금융기관으로부터의 차입금(제4호), ⅴ) 부실조합등(부실조합 또는 부실우려조합)에 지원한 자금을 회수한 금액(제5호), ⅵ) 상호금융예금자보호기금채권("기금채")을 발행하여 조성한 자금(제6호), ⅶ) 관리기관이 제34조 제1항 및 제35조에 따라 매입·취득한 예금등채권을 회수한 자금(제7호), ⅷ) 기금의 운용수익이나 그 밖의 수입금(제8호)의 재원으로 조성한다(산림조합개선법17②).

4. 1인당 보호한도

예금자등에게 지급하는 보험금의 지급한도는 보호되는 예금등의 규모 등을 고려하여 신용사업 및 공제사업별로 각각 5천만원으로 한다(산림조합개선법33②,

동법 시행령32).

Ⅴ. 새마을금고

1. 예금자보호준비금 설치 · 운용

새마을금고법 제71조에 따르면 중앙회는 금고의 회원(제30조에 따른 비회원을 포함)이 납입한 예탁금, 적금, 그 밖의 수입금과 중앙회의 공제금, 자기앞수표를 결제하기 위한 별단예탁금에 대한 환급을 보장하며 그 회원의 재산을 보호하고 금고의 건전한 육성을 도모하기 위하여 중앙회에 예금자보호준비금("준비금")을 설치 · 운영한다(법71①).

2. 예금보호대상

예금보호대상은 금고의 회원(제30조에 따른 비회원을 포함)이 납입한 예탁금, 적금, 그 밖의 수입금과 중앙회의 공제금, 자기앞수표를 결제하기 위한 별단예탁금이다(법71①).

3. 기금의 조성

준비금은 ⅰ) 금고 및 중앙회가 납입하는 출연금(제1호), ⅱ) 타회계(他會計)에서 넘어온 전입금 및 차입금(제2호), ⅲ) 준비금의 운용에 의하여 생기는 수익금(제3호), ⅳ) 국가로부터의 차입금(제4호), ⅴ) 그 밖의 수입금(제5호)의 자금으로 조성한다(법72①).

4. 1인당 보호한도

대위변제의 범위는 예탁금, 적금, 그 밖의 수입금 및 중앙회 공제금 및 별단예탁금의 원금과 그에 대한 이자로 하며, 동일인에 대한 대위변제의 한도는 5천만원으로 한다(법72의3②, 영46③ 전단).

제 3 편

중앙회

제
1
장
／

설 립

제1절 설립목적

Ⅰ. 신협중앙회

　　신용협동조합중앙회("중앙회")란 조합의 공동이익을 도모하기 위하여 신용협동조합법("법")에 따라 설립된 비영리법인을 말한다(법2(2)). 신용협동조합의 업무를 지도·감독하며 그 공동이익의 증진과 건전한 발전을 도모하기 위하여 조합을 구성원으로 하는 중앙회를 둔다(법61①). 중앙회가 아닌 자는 그 명칭에 "신용협동조합"이나 이와 유사한 문자를 사용해서는 아니 된다(법3②).

Ⅱ. 농협중앙회

　　농업협동조합중앙회("중앙회")는 회원의 공동이익의 증진과 그 건전한 발전을 도모하는 것을 목적으로 농업협동조합법("법")에 따라 설립된 법인을 말한다(법113, 법2(4), 법4①). 중앙회가 아니면 농업협동조합중앙회의 명칭이나 이와 유사한 명칭을 사용하지 못한다(법3② 본문).

Ⅲ. 수협중앙회

수산업협동조합중앙회("중앙회")는 회원의 공동이익의 증진과 건전한 발전을 도모하는 것을 목적으로 수산업협동조합법("법")에 따라 설립된 법인을 말한다 (법116 법2(5), 법4①). 중앙회가 아니면 수산업협동조합중앙회의 명칭이나 이와 유사한 명칭을 사용하지 못한다(법3).

Ⅳ. 산림조합중앙회

산림조합중앙회("중앙회")는 회원의 공동이익 증진과 그 건전한 발전을 도모함을 목적으로 산림조합법("법")에 따라 설립된 법인을 말한다(법187, 법2(4), 법4①). 중앙회는 산림조합중앙회의 명칭을 사용하여야 한다(법3①). 중앙회가 아니면 산림조합중앙회 또는 이와 유사한 명칭을 사용하지 못한다(법3② 본문).

Ⅴ. 새마을금고중앙회

새마을금고중앙회("중앙회')란 모든 금고의 공동이익 증진과 지속적인 발전을 도모하기 위하여 새마을금고법("법")에 따라 설립한 비영리법인을 말한다(법2③). 새마을금고의 업무를 지도·감독하며 그 공동 이익의 증진과 건전한 발전을 도모하기 위하여 금고를 구성원으로 하는 중앙회를 둔다(법54①). 중앙회는 그 명칭 중 새마을금고중앙회라는 문자를 사용하여야 한다(법2④). 중앙회가 아니면 새마을금고중앙회라는 명칭이나 이와 유사한 명칭을 사용할 수 없다(법2⑤).

제2절 주요업무

Ⅰ. 신협중앙회

중앙회는 그 목적을 달성하기 위하여 다음의 사업을 한다(법78①).

1. 조합의 사업에 관한 지도·조정·조사연구 및 홍보

중앙회는 그 목적을 달성하기 위하여 조합의 사업에 관한 지도·조정·조사연구 및 홍보 사업을 한다(법7①(1)).

2. 조합원 및 조합의 임직원을 위한 교육사업

중앙회는 그 목적을 달성하기 위하여 조합원 및 조합의 임직원을 위한 교육사업을 한다(법78①(2)).

3. 조합에 대한 검사·감독

중앙회는 그 목적을 달성하기 위하여 조합에 대한 검사·감독을 한다(법78①(3)).

4. 조합의 사업에 대한 지원

중앙회는 그 목적을 달성하기 위하여 조합의 사업에 대한 지원사업을 한다(법78①(4)).

5. 신용사업

(1) 의의

조합의 신용사업이 조합원을 대상으로 하는 여·수신업무(법39①(1) 가목~아목)이나 중앙회의 신용사업은 조합의 여유자금을 예탁받아 그 자금으로 조합에 대출(법78①(1) 나목)을 하거나 자금운용 시장에 참여(법78⑥, 법79①②)하며, 조합의 환거래(전자금융, CD, 지로 등)와 국고금 수납에 따른 결제를 대행(법78① 바목~아목)하고, 자기앞수표를 발행함으로써 조합원의 원활한 금융거래를 지원한다.

신용협동조합중앙회가 금융소비자에 어음 할인·매출채권 매입(각각 금융소비자에 금전의 상환을 청구할 수 있는 계약으로 한정)·대출·지급보증 또는 이와 유사한 것으로서 금전 또는 그 밖의 재산적 가치가 있는 것("금전등")을 제공하고 장래에 금전등 및 그에 따른 이자 등의 대가를 받기로 하는 계약은 금융상품이다(금융소비자 보호에 관한 감독규정2②(2) 본문).

(2) 신용사업의 내용

중앙회는 그 목적을 달성하기 위하여 신용사업을 하는데, 그 내용에는 i) 조합으로부터 예치된 여유자금 및 상환준비금 등의 운용(가목), ii) 조합에 대한 자금의 대출(나목), iii) 조합 및 조합원을 위한 내국환 및 외국환 업무(다목), iv) 국가·공공단체 또는 금융기관의 업무 대리(라목), v) 조합에 대한 지급보증 및 어음할인(마목), vi) 자본시장법 제4조 제3항에 따른 국채증권 및 지방채증권의 인수·매출(바목), vii) 전자금융거래법에서 정하는 직불전자지급수단[1]의 발행·관리 및 대금의 결제(사목), viii) 전자금융거래법에서 정하는 선불전자지급수단[2]의 발행·관리·판매 및 대금의 결제(아목)가 있다(법78①(5)).

---

[1] "직불전자지급수단"이라 함은 이용자와 가맹점 간에 전자적 방법에 따라 금융회사의 계좌에서 자금을 이체하는 등의 방법으로 재화 또는 용역의 제공과 그 대가의 지급을 동시에 이행할 수 있도록 금융회사 또는 전자금융업자가 발행한 증표 또는 그 증표에 관한 정보를 말한다(전자금융거래법2(13)). 현재 직불전자지급수단으로는 은행권이 발행하는 직불카드와 증권회사가 발행하는 체크카드가 있다. 이는 이용자가 가맹점에서 재화 또는 용역을 제공받고 직불카드단말기에서 직불전자지급수단을 이용하여 그 대가를 동시에 지급하는 전자지급거래라고 할 수 있다. 직불전자지급수단은 전자식 카드(증표) 형태 이외에도 네트워크(온라인)상에서 사용되는 "그 증표에 관한 정보"까지 확대 적용하고 있다. 직불전자지급수단에는 자금을 융통받을 수 있는 증표가 제외된다(전자금융거래법2(13)). 이에는 현금인출카드, 현금서비스카드, 대출카드 등이 해당한다.

[2] "선불전자지급수단"은 이전 가능한 금전적 가치를 전자적 방법으로 저장하여 발행된 증표(카드형) 또는 그 증표에 관한 정보(네트워크형)로서 발행인 외의 제3자로부터 2개 업종 이상의 재화 또는 용역의 구입 대가를 지급하는데 사용되는 전자지급수단이다(전자금융거래법2(14) 본문). 선불전자지급수단은 구입할 수 있는 재화 또는 용역의 범위가 2개 업종 이상의 범용성을 가져야 한다(전자금융거래법2(14) 나목). 따라서 단일한 특정 재화와 용역만 구입할 수 있는 것은 선불전자지급수단이 아닌 상품권에 해당한다. 재화 또는 용역을 구입할 수 있는 업종의 기준은 통계청장이 고시하는 한국표준산업분류의 중분류상의 업종을 적용한다. 다만, 전자화폐를 제외한다(전자금융거래법2(14) 단서).

(3) 신용사업의 종류

여기서는 조합의 신용사업과 다른 내용에 관하여만 살펴본다. 중앙회는 그 목적을 달성하기 위하여 조합 및 조합원을 위한 외국환 업무(법78①(5) 다목), 조합에 대한 지급보증(법78①(5) 마목) 사업을 한다(법78①).

(가) 외국환업무

외국환업무란 다음의 어느 하나에 해당하는 것을 말한다(외국환거래법3① (16), 동법 시행령6). 즉 ⅰ) 외국환의 발행 또는 매매(가목), ⅱ) 대한민국과 외국 간의 지급·추심 및 수령(나목),[3] ⅲ) 외국통화로 표시되거나 지급되는 거주자와의 예금, 금전의 대차 또는 보증(다목), ⅳ) 비거주자와의 예금, 금전의 대차 또는 보증(라목), ⅴ) 그 밖에 가목부터 라목까지의 규정과 유사한 업무로서 대통령령으로 정하는 업무(마목)를 말한다.

여기서 "대통령령으로 정하는 업무"란 ㉠ 비거주자와의 내국통화로 표시되거나 지급되는 증권 또는 채권의 매매 및 매매의 중개, ㉡ 거주자 간의 신탁·보험 및 파생상품거래(외국환과 관련된 경우에 한정) 또는 거주자와 비거주자 간의 신탁·보험 및 파생상품거래, ㉢ 외국통화로 표시된 시설대여(여신전문금융업법에 따른 시설대여), ㉣ 앞에서 열거한 7가지 업무에 딸린 업무를 말한다.[4]

(나) 조합에 대한 지급보증

지급보증은 신용공여의 한 형태로 중앙회가 타인의 채무를 보증하거나 인수하는 것을 말한다. 인수는 어음의 인수를 말하며, 신용장 개설이나 환어음의 인수 또는 환어음이나 약속어음의 보증도 지급보증에 해당한다.

---

3) 인천지방법원 2005. 2. 4. 선고 2004노2793 판결(피고인이 "송금의뢰 받은 돈을 환치기계좌에 입금하고 그 무렵 미국에 있는 공범들이 입금한 돈에 해당하는 미화를 수령자로 지정된 자에게 지급"하는 행위뿐 아니라 이에 필수적으로 수반하는 행위 즉 송금의뢰자로부터 돈을 받거나 입금하기 전 이를 보관하고 있는 행위도 그 "부대되는 업무"로서 "외국환업무"에 해당한다).

4) 대법원 2013. 11. 28. 선고 2011도13007 판결(구 외국환거래법(2011. 4. 30. 법률 제10618호로 개정되기 전의 것, 이하 "법"이라 한다) 제3조 제1항 제16호 (나)목은 "대한민국과 외국 간의 지급·추심 및 수령"이, 같은 호 (마)목은 "위 (나)목 등과 유사한 업무로서 대통령령이 정하는 업무"가 각 "외국환업무"에 해당하는 것으로 규정하고, 구 외국환거래법 시행령(2010. 11. 15. 대통령령 제22493호로 개정되기 전의 것) 제6조 제4호는 "법 제3조 제1항 제16호 (나)목 등의 업무에 딸린 업무"가 위 "대통령령이 정하는 업무"에 해당하는 것으로 규정하고 있는바, "대한민국과 외국 간의 지급·추심 및 영수"에 직접적으로 필요하고 밀접하게 관련된 부대업무는 법 제3조 제1항 제16호 (마)목의 외국환업무에 해당한다).

지급보증은 은행 등의 금융기관 등이 상품으로 취급하는 보증계약[5])을 말한다.[6]) 지급보증은 민법 세428조의 보증채무를 지는 계약, 즉 보증계약의 일종으로서 보증인이 주채무자로부터 수수료 등의 대가를 받고(즉 상행위로서) 채권자와 체결한다는 특성을 갖는다. 따라서 일반적인 보증계약과 같이 다음과 같은 주요한 특성을 가진다. i) 주채무자가 주채무의 이행을 못하는 경우 보증인이 이를 대이행할 책임을 진다(민법428①), ii) 보증채무의 부담은 주채무를 한도로 한다(민법430). iii) 주채무자의 항변(상계권, 취소권, 해제권 등)을 원용할 수 있다(민법434 및 435). iv) 보증인이 주채무를 변제한 경우에는 주채무자에 대한 구상권을 가진다(민법442).

6. 조합 및 조합원을 위한 공제사업

중앙회는 그 목적을 달성하기 위하여 조합 및 조합원을 위한 공제사업을 한다(법78①(6)).

7. 국가 또는 공공단체가 위탁하거나 보조하는 사업

중앙회는 그 목적을 달성하기 위하여 국가 또는 공공단체가 위탁하거나 보조하는 사업을 한다(법78①(7)).

8. 부대사업

중앙회는 그 목적을 달성하기 위하여 앞에서 열거한 제1호부터 제7호까지의 사업에 부대하는 사업을 한다(법78①(8)).

---

5) 대법원 2002. 10. 11. 선고 2001다62374 판결에 의하면, 지급보증이란 은행이 거래처(지급보증신청인)의 위탁에 따라 그 거래처가 제3자에 대하여 부담하는 채무를 보증하여 주는 거래로서, 은행과 거래처 사이에 체결된 보증위탁계약에 터 잡아 은행이 다시 채권자와 사이에 보증계약을 체결함으로써 성립하고, 그로 인하여 지급보증을 한 은행은 거래처가 주채무를 이행하지 못할 경우에 그 보증채무를 이행할 의무를 지게 되며, 이러한 지급보증계약은 통상 은행이 지급보증서라는 형식의 서면에 보증의 의사표시를 하여 피보증인인 거래처로 하여금 채권자에게 전달하는 방식으로 체결되고, 그 보증범위는 지급보증서 등에 표시된 보증의사의 해석을 통하여 결정된다고 판시하여 지급보증의 성격을 정의하고 있다.
6) 은행법 제2조 제1항 제6호는 "지급보증"이란 은행이 타인의 채무를 보증하거나 인수하는 것을 말한다고 규정한다.

9. 기타 사업

중앙회는 그 목적을 달성하기 위하여 그 밖에 목적 달성에 필요한 사업을 한다(법78①(9)).

Ⅱ. 농협중앙회

중앙회는 다음 사업의 전부 또는 일부를 수행한다(법134① 본문). 다만, 제2 호 및 제3호의 사업과 제5호부터 제9호까지의 사업 중 경제사업과 관련된 사업 은 농협경제지주회사 및 그 자회사가 수행하고, 제4호의2의 사업과 제5호부터 제9호까지의 사업 중 금융사업과 관련된 사업은 농협금융지주회사 및 그 자회사 가 수행한다(법134① 단서).

1. 교육 · 지원 사업

중앙회는 교육·지원 사업의 전부 또는 일부를 수행하는데, 그 내용에는 ⅰ) 회원의 조직 및 경영의 지도(가목), ⅱ) 회원의 조합원과 직원에 대한 교육·훈련 및 농업·축산업 등 관련 정보의 제공(나목), ⅲ) 회원과 그 조합원의 사업에 관 한 조사·연구 및 홍보(다목), ⅳ) 회원과 그 조합원의 사업 및 생활의 개선을 위 한 정보망의 구축, 정보화 교육 및 보급 등을 위한 사업(라목), ⅴ) 회원과 그 조 합원 및 직원에 대한 자금지원(마목), ⅵ) 농업·축산업 관련 신기술 및 신품종의 연구·개발 등을 위한 연구소와 시범농장의 운영(바목), ⅶ) 회원에 대한 감사(사 목), ⅷ) 회원과 그 조합원의 권익증진을 위한 사업(아목), ⅸ) 의료지원사업(자 목), ⅹ) 회원과 출자법인에 대한 지원 및 지도(차목), ⅺ) 명칭 사용(법159의2)의 관리 및 운영(카목)이 있다(법134①(1)).

2. 농업경제사업

중앙회는 농업경제사업의 전부 또는 일부를 수행하는데, 그 내용에는 ⅰ) 회원을 위한 구매·판매·제조·가공 등의 사업(가목), ⅱ) 회원과 출자법인의 경 제사업의 조성, 지원 및 지도(나목), ⅲ) 인삼 경작의 지도, 인삼류 제조 및 검사 (다목), ⅳ) 산지 유통의 활성화 및 구조개선 사업(라목)이 있다(법134①(2)).

3. 축산경제사업

중앙회는 축산경제사업의 전부 또는 일부를 수행하는데, 그 내용에는 ⅰ) 회원을 위한 구매·판매·제조·가공 등의 사업(가목), ⅱ) 회원과 출자법인의 경제사업의 조성, 지원 및 지도(나목), ⅲ) 가축의 개량·증식·방역 및 진료에 관한 사업(다목), ⅳ) 산지 유통의 활성화 및 구조개선 사업(라목)이 있다(법134①(3)).

4. 상호금융사업

중앙회는 상호금융사업의 전부 또는 일부를 수행하는데, 그 내용에는 ⅰ) 대통령령으로 정하는 바에 따른 회원의 상환준비금과 여유자금의 운용·관리(가목), ⅱ) 회원의 신용사업 지도(나목), ⅲ) 회원의 예금·적금의 수납·운용(다목), ⅳ) 회원에 대한 자금대출(라목), ⅴ) 국가·공공단체 또는 금융기관(은행과 그 외에 금융 업무를 취급하는 금융기관을 포함)의 업무의 대리(마목), ⅵ) 회원 및 조합원을 위한 내국환 및 외국환 업무(바목), ⅶ) 회원에 대한 지급보증 및 회원에 대한 어음할인(사목), ⅷ) 자본시장법 제4조 제3항에 따른 국채증권 및 지방채증권의 인수·매출(아목), ⅸ) 전자금융거래법에서 정하는 직불전자지급수단의 발행·관리 및 대금의 결제(자목), ⅹ) 전자금융거래법에서 정하는 선불전자지급수단의 발행·관리 및 대금의 결제(차목)가 있다(법134①(4)).

5. 금융업 및 금융업의 영위와 밀접한 관련이 있는 회사의 사업

중앙회는 금융지주회사법 제2조 제1항 제1호[7])에 따른 금융업 및 금융업의 영위와 밀접한 관련이 있는 회사의 사업의 전부 또는 일부를 수행한다(법134①(4 의2)).

---

7) 1. "금융지주회사"라 함은 주식(지분을 포함)의 소유를 통하여 금융업을 영위하는 회사 ("금융기관") 또는 금융업의 영위와 밀접한 관련이 있는 회사를 대통령령이 정하는 기준에 의하여 지배("지배")하는 것을 주된 사업으로 하는 회사로서 다음에 모두 해당하는 것을 말한다.
가. 1 이상의 금융기관을 지배할 것
나. 자산총액이 대통령령으로 정하는 기준 이상일 것
다. 제3조에 따라 금융위원회의 인가를 받을 것

6. 국가나 공공단체가 위탁하거나 보조하는 사업

중앙회는 국가나 공공단체가 위탁하거나 보조하는 사업의 전부 또는 일부를 수행한다(법134①(5)).

7. 다른 법령에서 중앙회의 사업으로 정하는 사업

중앙회는 다른 법령에서 중앙회의 사업으로 정하는 사업의 전부 또는 일부를 수행한다(법134①(6)).

8. 대외무역

중앙회는 앞에서 열거한 제1호부터 제6호까지의 사업과 관련되는 대외무역의 전부 또는 일부를 수행한다(법134①(7)).

9. 부대사업

중앙회는 앞에서 열거한 제1호부터 제7호까지의 사업과 관련되는 부대사업의 전부 또는 일부를 수행한다(법134①(8)).

10. 농림축산식품부장관의 승인을 받은 사업

중앙회는 앞에서 열거한 제1호부터 제8호까지에서 규정한 사항 외에 중앙회의 설립목적의 달성에 필요한 사업으로서 농림축산식품부장관의 승인을 받은 사업의 전부 또는 일부를 수행한다(법134①(9)).

Ⅲ. 수협중앙회

중앙회는 그 목적을 달성하기 위하여 다음 사업의 전부 또는 일부를 수행한다(법138①).

1. 교육·지원 사업

중앙회는 그 목적을 달성하기 위하여 교육·지원 사업의 전부 또는 일부를 수행를 수행하는데, 그 내용에는 ⅰ) 회원의 조직·경영 및 사업에 관한 지도·조정(가목), ii) 회원의 조합원과 직원에 대한 교육·훈련 및 정보의 제공(나목), iii) 회원과 그 조합원의 사업에 관한 조사·연구 및 홍보(다목), iv) 회원과 그 조합원의 사업 및 생활 개선을 위한 정보망의 구축, 정보화 교육 및 보급 등을 위한 사업(라목), v) 회원과 그 조합원에 대한 보조금의 지급(마목), vi) 수산업 관련 신기술의 개발 등을 위한 사업 및 시설의 운영(바목), vii) 회원에 대한 감사(사목), viii) 각종 사업을 위한 교육·훈련(아목), ix) 회원과 그 조합원의 권익 증진을 위한 사업(자목), x) 명칭사용료(법162의2)의 관리 및 운영(차목)이 있다(법138①(1)).

2. 경제사업

중앙회는 그 목적을 달성하기 위하여 경제사업의 전부 또는 일부를 수행하는데, 그 내용에는 i) 회원과 그 조합원을 위한 구매·보관·판매·제조 사업 및 그 공동사업과 업무대행(가목), ii) 회원과 그 조합원을 위한 수산물의 처리·가공 및 제조 사업(나목), iii) 회원 및 출자회사(중앙회가 출자한 회사만을 말한다)의 경제사업의 조성·지도 및 조정(다목)이 있다(법138①(2)).[8]

3. 상호금융사업

중앙회는 그 목적을 달성하기 위하여 상호금융사업의 전부 또는 일부를 수행를 수행하는데, 그 내용에는 i) 대통령령으로 정하는 바에 따라 회원으로부터 예치된 여유자금 및 상환준비금의 운용·관리(가목), ii) 회원의 신용사업 지도(나목), iii) 회원의 예금·적금의 수납·운용(다목), iv) 회원에 대한 자금대출(라목), v) 국가·공공단체 또는 금융기관(은행과 그 외에 금융업무를 취급하는 금융기관을 포함)의 업무의 대리(마목), vi) 회원 및 조합원을 위한 내국환 및 외국환 업무(바목), vii) 회원에 대한 지급보증 및 회원에 대한 어음할인(사목), viii) 자본시장법 제4조 제3항에 따른 국채증권 및 지방채증권의 인수·매출(아목), ix) 전자금융거래법에서 정하는 직불전자지급수단의 발행·관리 및 대금의 결제(자목), x) 전자금융거래법에서 정하는 선불전자지급수단의 발행·관리 및 대금의 결제(차목)가 있다(법138①(4)).

---

8) 제3호 삭제 [2016. 5. 29.]

4. 공제사업

중앙회는 그 목적을 달성하기 위하여 공제사업의 전부 또는 일부를 수행한다(법138①(5)).

5. 의료지원사업

중앙회는 그 목적을 달성하기 위하여 의료지원사업의 전부 또는 일부를 수행한다(법138①(6)).

6. 파생상품시장에서의 거래

중앙회는 그 목적을 달성하기 위하여 자본시장법에 따른 파생상품시장에서의 거래의 전부 또는 일부를 수행한다(법138①(7)).

7. 국가와 공공단체가 위탁하거나 보조하는 사업

중앙회는 그 목적을 달성하기 위하여 국가와 공공단체가 위탁하거나 보조하는 사업의 전부 또는 일부를 수행한다(법138①(8)).

8. 대외무역 등

(1) 대외무역

중앙회는 그 목적을 달성하기 위하여 앞에서 열거한 제1호, 제2호, 제4호부터 제8호까지의 사업에 관련된 대외무역의 전부 또는 일부를 수행한다(법138①(9)).

(2) 다른 경제단체 · 사회단체 및 문화단체와의 교류 · 협력

중앙회는 그 목적을 달성하기 위하여 다른 경제단체 · 사회단체 및 문화단체와의 교류 · 협력의 전부 또는 일부를 수행한다(법138①(10)).

(3) 어업통신사업

중앙회는 그 목적을 달성하기 위하여 어업통신사업의 전부 또는 일부를 수행한다(법138①(11)).

(4) 어업협정 등과 관련된 국제 민간어업협력사업

중앙회는 그 목적을 달성하기 위하여 어업협정 등과 관련된 국제 민간어업 협력사업의 전부 또는 일부를 수행한다(법138①(12)).

(5) 회원과 그 조합원을 위한 공동이용사업 및 운송사업

중앙회는 그 목적을 달성하기 위하여 회원과 그 조합원을 위한 공동이용사 업 및 운송사업의 전부 또는 일부를 수행한다(법138①(13)).

(6) 어선원 고용 및 복지와 관련된 사업

중앙회는 그 목적을 달성하기 위하여 어선원 및 어선 재해보상보험법 제2조 제1항 제2호9)에 따른 어선원 고용 및 복지와 관련된 사업의 전부 또는 일부를 수행한다(법138①(14)).

(7) 다른 법령에서 중앙회의 사업으로 정하는 사업

중앙회는 그 목적을 달성하기 위하여 다른 법령에서 중앙회의 사업으로 정 하는 사업의 전부 또는 일부를 수행한다(법138①(15)).

(8) 부대사업

중앙회는 그 목적을 달성하기 위하여 앞에서 열거한 제1호, 제2호, 제4호부 터 제15호까지의 사업에 부대하는 사업의 전부 또는 일부를 수행한다(법138① (16)).

(9) 해양수산부장관의 승인을 받은 사업

중앙회는 그 목적을 달성하기 위하여 그 밖에 중앙회의 목적 달성에 필요한 사업으로서 해양수산부장관의 승인을 받은 사업의 전부 또는 일부를 수행한다 (법138①(17)).

---

9) 2. "어선원"이란 임금을 받을 목적으로 어선에서 근로를 제공하기 위하여 고용된 사람을 말한다.

Ⅳ. 산림조합중앙회

중앙회는 그 목적을 달성하기 위하여 다음의 사업을 수행한다(법108①).

1. 교육 · 지원 사업

중앙회는 그 목적을 달성하기 위하여 교육·지원 사업을 수행하는데, 그 내용에는 ⅰ) 회원의 조직 및 경영 지도(가목), ⅱ) 회원의 조합원과 직원에 관한 교육·훈련 및 정보의 제공(나목), ⅲ) 회원과 그 조합원의 사업에 관한 조사·연구 및 홍보(다목), ⅳ) 회원과 그 조합원의 사업 및 생활개선을 위한 정보망 구축, 정보화 교육 및 보급 등을 위한 사업(라목), ⅴ) 회원과 그 조합원 및 직원에 대한 보조금 교부 및 자금지원(마목), ⅵ) 임업 관련 신기술 및 신품종의 연구·개발 등을 위한 연구소와 시범사업 운영(바목), ⅶ) 회원 및 중앙회의 사업에 대한 계획·설계 및 감리(사목), ⅷ) 회원에 대한 감사(아목), ⅸ) 회원과 그 조합원의 권익증진을 위한 사업(자목), ⅹ) 평생교육법에 따른 평생교육시설의 설치 및 운영(차목), ⅺ) 명칭사용료(법114의2)의 관리 및 운영(카목)이 있다(법108①(1), 산림조합중앙회 정관5①(1), 이하 "정관").

2. 임업경제사업

중앙회는 그 목적을 달성하기 위하여 임업경제사업을 수행하는데, 그 내용에는 ⅰ) 중앙회 및 회원과 그 조합원을 위한 구매·보관·이용·판매, 시설물 조성 및 공동사업과 그 업무대행(가목), ⅱ) 산림의 지하수를 이용한 먹는 물의 개발·공급(나목), ⅲ) 임업용 각종 균류의 배양·개량 및 공급(다목), ⅳ) 수목의 병리치료 및 외과수술, 임산물을 소재로 하는 건물이나 그 밖의 인공구조물의 건설, 판매 및 조경사업(라목), ⅴ) 임산물 또는 그 밖의 임업용 기자재의 수출·수입(마목), ⅵ) 보관사업(바목), ⅶ) 산림경영 구조개선사업(사목), ⅷ) 임도, 사방, 산지복구나 그 밖의 산림토목사업 등의 관련 사업에 대한 조사·설계·감리(아목), ⅸ) 산촌개발, 수목원, 산림복지시설, 산림환경 등의 관련 사업에 대한 조사·설계·감리(자목), ⅹ) 조림, 숲가꾸기 및 병해충 방제 등 산림사업에 대한 조사·설계·감리(차목), ⅺ) 산림 분야 안전진단, 계측 및 유지관리(카목), ⅻ) 산림자원조사, 산림공간정보체계 구축 및 활용 등을 위한 사업(타목), ⅹⅲ) 임목폐기물처리사업(파목)이 있다(법108①(2), 정관5①(2)).

3. 회원을 위한 신용사업

중앙회는 그 목적을 달성하기 위하여 회원을 위한 신용사업을 수행하는데, 그 내용에는 ⅰ) 회원의 여신자금과 사업자금의 대출(가목), ⅱ) 중앙회의 사업부문에 대한 자금 공급(나목), ⅲ) 회원의 예탁금 수납(다목), ⅳ) 내국환과 회원을 위한 보호예수업무(라목), ⅴ) 국가, 지방자치단체 등의 공공단체와 금융회사 등의 업무 대행(마목)이 있다(법108①(3), 정관5①(3)).

4. 회원의 상환준비금과 여유자금의 운용·관리

중앙회는 그 목적을 달성하기 위하여 회원을 위한 대통령령으로 정하는 바에 따른 회원의 상환준비금과 여유자금의 운용·관리를 수행한다(법108①(4)).

5. 공제사업

중앙회는 그 목적을 달성하기 위하여 공제사업을 수행한다(법108①(5)).

6. 산림자원조성기금의 설치·운용 등

(1) 산림자원조성기금의 설치·운용

중앙회는 그 목적을 달성하기 위하여 산림자원조성기금의 설치·운용 사업을 수행한다(법108①(6), 정관5①(6)).

(2) 온실가스·에너지 목표관리제와 관련된 검증 업무

중앙회는 그 목적을 달성하기 위하여 온실가스·에너지 목표관리제와 관련된 검증 업무 사업을 수행한다(정관5①(7)).

(3) 신·재생에너지 발전사업

중앙회는 그 목적을 달성하기 위하여 신·재생에너지 발전사업을 수행한다(정관5①(8)).

(4) 정보기술 용역 및 시스템구축사업

중앙회는 그 목적을 달성하기 위하여 정보기술(IT)용역 및 시스템구축사업을 수행한다(정관5①(9)).

(5) 산림 분야 학술 · 연구용역

중앙회는 그 목적을 달성하기 위하여 산림 분야 학술 · 연구용역 사업을 수행한다(정관5①(10)).

(6) 산림욕장 · 치유의 숲 · 숲속야영장 · 산림레포츠시설의 조성 및 운영

중앙회는 그 목적을 달성하기 위하여 산림욕장 · 치유의 숲 · 숲속야영장 · 산림레포츠시설의 소성 빛 운영 사업을 수행한다(정관5①(11)).

(7) 국가나 공공단체가 위탁하거나 보조하는 사업

중앙회는 그 목적을 달성하기 위하여 국가나 공공단체가 위탁하거나 보조하는 사업을 수행한다(법108①(7), 정관5①(12)).

중앙회는 국가나 공공단체에서 위탁하는 사업의 위탁을 받으려면 해당 기관과 위탁계약을 체결하여야 한다(법122, 법46④).

(8) 다른 법령에서 중앙회의 사업으로 정하는 사업

중앙회는 그 목적을 달성하기 위하여 다른 법령에서 중앙회의 사업으로 정하는 사업을 수행한다(법108①(8), 정관5①(13)).

(9) 부대사업

중앙회는 그 목적을 달성하기 위하여 앞의 사업과 관련되는 부대사업(본회가 보유하는 자산의 임대를 포함)을 수행한다(법108①(8), 정관5①(14)).

(10) 산림청장의 승인을 받은 사업

중앙회는 그 목적을 달성하기 위하여 그 밖에 설립목적의 달성에 필요한 사업으로서 산림청장의 승인을 받은 사업을 수행한다(법108①(10), 정관5①(15)).

Ⅴ. 새마을금고중앙회

중앙회는 그 목적을 달성하기 위하여 다음 사업의 전부 또는 일부를 행한다(법67①).

1. 금고의 사업 및 경영의 지도

중앙회는 그 목적을 달성하기 위하여 금고의 사업 및 경영 지도의 전부 또는 일부를 행한다(법67①(1)).

2. 교육 · 훈련 · 계몽 및 조사연구와 보급 · 홍보

중앙회는 그 목적을 달성하기 위하여 교육 · 훈련 · 계몽 및 조사연구와 보급 · 홍보의 전부 또는 일부를 행한다(법67①(2)).

3. 금고의 감독과 검사

중앙회는 그 목적을 달성하기 위하여 금고의 감독과 검사의 전부 또는 일부를 행한다(법67①(3)).

4. 금고 사업에 대한 지원

중앙회는 그 목적을 달성하기 위하여 금고 사업에 대한 지원의 전부 또는 일부를 행한다(법67①(4)).

5. 신용사업

중앙회는 그 목적을 달성하기 위하여 신용사업을 하는데, 그 내용에는 ⅰ) 금고로부터의 예탁금, 적금, 그 밖의 여유자금의 수납(가목), ⅱ) 금고 및 금고의 회원을 위한 자금의 대출(나목), ⅲ) 금고 및 금고의 회원을 위한 내국환 및 외국환업무(다목), ⅳ) 금고 및 금고의 회원을 위한 보호예수(유가증권 · 귀금속 및 서류의 보관업무(영31②))(라목), ⅴ) 국가 · 공공단체 또는 금융기관의 업무의 대리(마목), ⅵ) 지급보증과 어음할인(바목), ⅶ) 자본시장법 제4조 제3항에 따른 국채증권 및 지방채증권의 인수 · 매출(사목), ⅷ) 신용카드업(아목)의 전부 또는 일부를 행한다(법67①(5)).

6. 금고 및 금고의 회원을 위한 공제사업

중앙회는 그 목적을 달성하기 위하여 금고 및 금고의 회원을 위한 공제사업의 전부 또는 일부를 행한다(법67①(6)).

7. 국가나 공공단체가 위탁하거나 보조하는 사업

중앙회는 그 목적을 달성하기 위하여 국가나 공공단체가 위탁하거나 보조하는 사업의 전부 또는 일부를 행한다(법67①(7)).

8. 다른 법령에서 중앙회의 사업으로 정하는 사업

중앙회는 그 목적을 달성하기 위하여 다른 법령에서 중앙회의 사업으로 정하는 사업의 전부 또는 일부를 행한다(법67①(8)).

9. 의료지원사업

중앙회는 그 목적을 달성하기 위하여 의료지원사업의 전부 또는 일부를 행한다(법67①(9)).

10. 부대사업 등

(1) 부대사업

중앙회는 그 목적을 달성하기 위하여 앞에서 열거한 제1호부터 제8호까지의 사업에 딸린 사업의 전부 또는 일부를 행한다(법67①(10)).

(2) 금고의 회계방법이나 그 밖에 장부·서류의 통일 및 조정

중앙회는 그 목적을 달성하기 위하여 금고의 회계방법이나 그 밖에 장부·서류의 통일 및 조정의 전부 또는 일부를 행한다(법67①(11)).

(3) 국제기구 및 외국과의 지역개발 협력사업

중앙회는 그 목적을 달성하기 위하여 국제기구 및 외국과의 지역개발 협력사업으로서 행정안전부장관의 승인을 받은 사업의 전부 또는 일부를 행한다(법67①(12)).

(4) 행정안전부장관의 승인을 받은 사업

중앙회는 그 목적을 달성하기 위하여 그 밖에 목적 달성에 필요한 사업으로서 행정안전부장관의 승인을 받은 사업의 전부 또는 일부를 행한다(법67①(13)).

제3절 업무구역

Ⅰ. 신협중앙회

1. 전국

중앙회는 1개를 두며 전국을 업무구역으로 한다(법65①).

2. 사무소와 지부

중앙회는 정관에서 정하는 바에 따라 주된 사무소를 두고 필요한 곳에 지부(支部)를 둘 수 있다(법65②).

중앙회 정관("정관")에 의하면 중앙회의 주된 사무소는 대전광역시에 둔다(정관4①). 중앙회는 지부로서 필요한 곳에 지역본부와 출장소를 둘 수 있다(정관4②). 지부의 명칭, 소재지 및 업무구역은 규정으로 정한다(정관4③).

Ⅱ. 농협중앙회

1. 전국

중앙회는 전국을 구역으로 하되, 2개 이상의 중앙회를 설립할 수 없다(법114②).

2. 사무소

중앙회는 서울특별시에 주된 사무소를 두고, 정관으로 정하는 기준과 절차에 따라 지사무소를 둘 수 있다(법114①).

중앙회 정관에 의하면 중앙회의 주된 사무소는 서울특별시에 두며, 규정이 정하는 바에 따라 필요한 곳에 지사무소를 둘 수 있다(정관3).

Ⅲ. 수협중앙회

1. 전국

중앙회는 전국을 구역으로 한다(법117②).

2. 사무소

중앙회는 서울특별시에 주된 사무소를 두고, 정관으로 정하는 바에 따라 지사무소를 둘 수 있다(법117①).

중앙회 정관에 의하면 중앙회의 주된 사무소는 서울특별시에 두며, 규약이 정하는 바에 따라 필요한 곳에 지사무소를 둘 수 있다(정관4).

Ⅳ. 산림조합중앙회

1. 전국

중앙회는 전국을 그 구역으로 한다(법88②).

2. 사무소

중앙회는 정관으로 정하는 바에 따라 주된 사무소를 두고, 정관으로 정하는 기준과 절차에 따라 지사무소를 둘 수 있다(법88①).

중앙회 정관에 의하면 중앙회의 주된 사무소는 서울특별시에 두며, 규정에서 정하는 바에 따라 필요한 곳에 지사무소를 둘 수 있다(정관3).

Ⅴ. 새마을금고중앙회

1. 전국

중앙회는 1개를 둔다(법54②).

2. 사무소

서울특별시에 주된 사무소를 두고 정관으로 정하는 바에 따라 분사무소를 둘 수 있다(법54②).

중앙회 정관에 의하면 중앙회의 주된 사무소는 서울특별시에 둔다(정관3①).

제4절 설립 및 해산 등

Ⅰ. 신협중앙회

1. 설립

(1) 30개 이상 조합의 발기인

중앙회를 설립하려면 30개 이상의 조합이 발기인이 되어 정관을 작성하고 창립총회의 의결을 거쳐 금융위원회의 인가를 받아야 한다(법61②, 법7①).

(2) 준용규정

중앙회의 설립 및 인가에 관하여는 제7조(설립) 및 제8조(인가의 요건)를 준용한다(법61②).

2. 해산

중앙회의 해산에 관하여는 법률로 정한다(법67).

3. 정관변경 등

(1) 정관 기재사항

중앙회의 정관에는 ⅰ) 목적(제1호), ⅱ) 명칭(제2호), ⅲ) 주된 사무소의 소재지(제3호), ⅳ) 사업의 내용 및 회계에 관한 사항(제4호), ⅴ) 출자 1좌의 금액과 그 납입 방법 및 시기(제5호), ⅵ) 회비 부과와 징수에 관한 사항(제6호), ⅶ) 기관 및 임원에 관한 사항(제7호), ⅷ) 공고의 방법(제8호), ⅸ) 그 밖에 필요한 사항(제9호)이 포함되어야 한다(법64).

(2) 금융위원회의 인가

정관의 변경은 총회의 결의사항으로 총회의 결의를 거쳐야 한다(법69①(1)). 정관을 변경하였을 때에는 금융위원회의 인가를 받은 후 지체 없이 등기하여야 한다(법69②).

Ⅱ. 농협중앙회

1. 설립

(1) 15개 이상 조합의 발기인

중앙회를 설립하려면 15개 이상의 조합이 발기인이 되어 정관을 작성하고 창립총회의 의결을 거쳐 농림축산식품부장관의 인가를 받아야 한다(법121①). 이에 따른 인가를 받으면 제17조(설립사무의 인계와 출자납입)에 준하여 조합으로 하여금 출자금을 납입하도록 하여야 한다(법121②).

(2) 준용규정

중앙회에 관하여는 지역농협의 설립에 관한 제15조(설립인가 등) 제2항·제3항, 제17조(설립사무의 인계와 출자납입), 제18조(지역농협의 성립)를 준용한다(법161 전단). 이 경우 "지역농협"은 "중앙회"로 본다(법161 후단).

2. 해산

중앙회의 해산에 관하여는 따로 법률로 정한다(법121③).

3. 정관변경 등

(1) 정관기재사항

중앙회의 정관에는 ⅰ) 목적, 명칭과 구역(제1호), ⅱ) 주된 사무소의 소재지(제2호), ⅲ) 출자에 관한 사항(제3호), ⅳ) 우선출자에 관한 사항(제4호), ⅴ) 회원의 가입과 탈퇴에 관한 사항(제5호), vi) 회원의 권리·의무에 관한 사항(제6호), vii) 총회와 이사회에 관한 사항(제7호), viii) 임원, 집행간부 및 집행간부 외의 간부직원("일반간부직원")에 관한 사항(제8호), ix) 사업의 종류 및 업무집행에 관한 사항(제9호), x) 회계와 손익의 구분 등 독립사업부제의 운영에 관한 사항(제10호), xi) 경비 부과와 과태금 징수에 관한 사항(제11호), xii) 농업금융채권의 발행에 관한 사항(제12호), xiii) 회계에 관한 사항(제13호), xiv) 공고의 방법에 관한 사항(제14호)이 포함되어야 한다(법120①).

(2) 농림축산식품부장관의 인가

중앙회의 총회의 의결사항으로 정관변경은 총회의 의결을 거쳐 농림축산식품부장관의 인가를 받아야 한다(법120②). 정관변경은 의결권 총수의 과반수에 해당하는 회원의 출석으로 개의하고, 출석한 회원의 의결권 3분의 2 이상의 찬성으로 의결한다(법123의2②).

Ⅲ. 수협중앙회

1. 설립

(1) 7개 이상 조합의 발기인

중앙회에 관하여는 법 제16조를 준용한다(법168). 따라서 중앙회를 설립하려면 해당 구역(시·군의 행정구역에 따른다)의 회원 자격을 가진 자 7개 조합 이상이 발기인이 되어 정관을 작성하고 창립총회의 의결을 거친 후 해양수산부장관의 인가를 받아야 한다(법168, 법16①).

(2) 준용규정

중앙회에 관하여는 지구별수협의 설립에 관한 제16조(설립인가 등), 제17조(정관 기재사항) 제17호·제18호,[10] 제18조(설립사무의 인계와 출자납입), 제19조(지

---

10) 17. 설립 후 현물출자를 약정한 경우에는 그 출자 재산의 명칭·수량·가격 및 출자자의 성명·주소와 현금출자로의 전환 및 환매특약 조건
　　18. 설립 후 양수하기로 약정한 재산이 있는 경우에는 그 재산의 명칭·수량·가격과 양도인의 성명·주소

구별수협의 성립)를 준용한다(법168 전단). 이 경우 "지구별수협"은 "중앙회"로 본다(법168 후단).

2. 해산

중앙회의 해산에 관하여는 따로 법률로 정한다(법124).

3. 정관변경 등

(1) 정관 기재사항

중앙회의 정관에는 ⅰ) 목적·조직·명칭 및 구역(제1호), ⅱ) 주된 사무소의 소재지(제2호), ⅲ) 출자에 관한 사항(제3호), ⅳ) 우선출자에 관한 사항(제4호), ⅴ) 회원의 기입 및 딜퇴에 관한 사항(제5호), ⅵ) 회원의 권리의무에 관한 사항(제6호), ⅶ) 총회 및 이사회에 관한 사항(제7호), ⅷ) 임원, 집행간부 및 집행간부 외의 간부직원("일반간부직원")에 관한 사항(제8호), ⅸ) 사업의 종류, 업무집행에 관한 사항(제9호), ⅹ) 경비 및 과태금의 부과·징수에 관한 사항(제10호), ⅺ) 수산금융채권의 발행에 관한 사항(제11호), ⅻ) 회계에 관한 사항(제12호), ⅹⅲ) 공고의 방법에 관한 사항(제13호)이 포함되어야 한다(법123).

(2) 총회 의결과 인가
(가) 총회 의결

정관의 변경은 총회의 의결사항으로 총회의 의결을 거쳐야 한다(법126①(1)).

(나) 해양수산부장관의 인가

정관의 변경은 총회의 의결을 거쳐 해양수산부장관의 인가를 받아야 한다(법126② 전단). 이 경우 해양수산부장관은 제167조 제1항에 따른 신용사업특별회계("신용사업특별회계")에 관한 사항 및 신용사업특별회계 출자자의 권리에 영향을 미치는 사항은 미리 금융위원회와 협의하여야 한다(법126② 후단).

Ⅳ. 산림조합중앙회

1. 설립

(1) 50개 이상 조합의 발기인

중앙회를 설립하려면 50개 이상의 조합이 발기인이 되어 정관을 작성하고 창립총회의 의결을 거쳐 산림청장의 인가를 받아야 한다(법93).

(2) 준용규정

중앙회에 관하여는 조합의 설립에 관한 제14조(설립인가 등) 제2항·제3항, 제17조(조합의 성립)를 준용한다(법122 전단). 이 경우 "조합"은 "중앙회"로 본다(법122 후단).

2. 해산

중앙회의 해산에 관하여는 따로 법률에서 정한다(법94).

3. 정관변경 등

(1) 정관기재사항

중앙회의 정관에는 ⅰ) 목적·명칭과 구역(제1호), ⅱ) 사무소의 소재지(제2호), ⅲ) 회원의 가입과 탈퇴에 관한 사항(제3호), ⅳ) 회원의 권리·의무에 관한 사항(제4호), ⅴ) 회원의 출자에 관한 사항(제5호), ⅵ) 우선출자에 관한 사항(제6호), ⅶ) 총회·대의원회 및 이사회에 관한 사항(제7호), ⅷ) 임원·집행간부 및 집행간부 외의 간부직원("일반간부직원")에 관한 사항(제8호), ⅸ) 재산과 감사에 관한 사항(제9호), ⅹ) 사업의 종류 및 업무집행에 관한 사항(제10호), ⅺ) 회계에 관한 사항(제11호), ⅻ) 적립금에 관한 사항(제12호), ⅹⅲ) 잉여금의 처분과 손실금의 처리방법에 관한 사항(제13호), ⅹⅳ) 경비 및 과태금의 부과·징수와 사용료·수수료에 관한 사항(제14호), ⅹⅴ) 공고의 방법에 관한 사항(제15호), ⅹⅵ) 정관의 변경에 관한 사항(제16호), ⅹⅶ) 그 밖에 필요한 사항(제17호)이 포함되어야 한다(법92①).

(2) 총회 의결과 인가

(가) 총회 의결

정관변경은 총회의 의결을 받아야 한다(법95④(1)).

(나) 산림청장의 인가

정관의 변경은 산림청장의 인가를 받아야 한다(법92② 전단). 이 경우 산림청장이 정관변경의 인가를 할 때 신용사업에 관한 사항에 관하여는 금융위원회와 협의하여야 한다(법92② 후단).

Ⅴ. 새마을금고중앙회

1. 설립

(1) 30개 이상 금고의 발기인

중앙회는 30개 이상의 금고가 발기인이 되어 정관을 작성하고, 창립총회의 의결을 거친 후 행정안전부장관의 인가를 받아 그 주된 사무소의 소재지에서 설립등기를 함으로써 성립한다(법54③).

(2) 준용규정

중앙회에 관하여는 제7조(설립) 제2항·제3항, 제7조의2(설립인가의 요건), 제45조(설립등기), 제46조(분사무소의 설치 등기), 제47조(변경등기), 제51조(등기신청인), 제52조(등기일의 기산일), 제53조(등기부)까지를 준용한다(법54④).

2. 해산

중앙회의 해산에 관하여는 따로 법률로 정한다(법57).

3. 정관변경 등

(1) 정관기재사항

중앙회의 정관에는 ⅰ) 목적(제1호), ⅱ) 명칭(제2호), ⅲ) 주된 사무소의 소재지(제3호), ⅳ) 출자에 관한 사항(제4호), ⅴ) 우선출자에 관한 사항(제4의2호), ⅵ) 금고의 가입과 탈퇴에 관한 사항(제5호), ⅶ) 금고의 권리와 의무에 관한 사항(제6호), viii) 기관 및 임직원에 관한 사항(제7호), ix) 회비의 부과 및 징수에 관한 사항(제8호), x) 사업의 종류와 회계에 관한 사항(제9호), xi) 공고 방법에 관한 사항(제10호), xii) 그 밖에 필요한 사항(제11호)을 적어야 한다(법55).

(2) 총회 의결과 인가

(가) 총회 의결

정관의 변경은 총회의 의결사항으로 총회의 의결을 거쳐야 한다(법59①(1)).

(나) 행정안전부장관의 인가

정관의 변경은 행정안전부장관의 인가를 받아야 한다(법59②).

제
2
장
/

회 원

제1절 자격 등

Ⅰ. 신협중앙회

1. 자격

모든 조합은 중앙회의 회원이 된다(법62). 조합은 그 설립등기를 함으로써 중앙회의 회원이 된다(정관7).

2. 회원의 신고의무

(1) 제출서류

회원은 설립등기일로부터 30일 이내에 ⅰ) 인가서 사본(제1호), ⅱ) 정관사본(제2호), ⅲ) 등기부등본(제3호), ⅳ) 법인 인감증명서(제4호), ⅴ) 대차대조표 및 손익계산서(제5호), ⅵ) 기타 필요한 서류(제6호)를 중앙회에 제출하여야 한다(정관10①).

(2) 부속서류의 기재사항 변경의 신고

회원은 위의 제출 서류의 부속서류의 기재사항에 변경이 있을 때에는 지체 없이 이를 중앙회에 신고하여야 한다(정관10②).

3. 회원의 자격상실

(1) 자격상실 사유

회원이 ⅰ) 설립인가의 취소(제1호), ⅱ) 해산(제2호), ⅲ) 파산(제3호), ⅳ) 합병으로 인하여 소멸되는 경우(제4호)에 해당하게 된 경우에는 회원의 자격을 상실한다(정관11①).

(2) 자격상실 사유 발생의 신고

회원은 자격상실 사유가 발생한 때에는 지체없이 중앙회에 이를 신고하여야 한다(정관11②).

Ⅱ. 농협중앙회

1. 자격

(1) 회원 자격

중앙회는 지역조합, 품목조합 및 품목조합연합회를 회원으로 한다(법115①).

(2) 회원가입 신청과 승낙의무

중앙회는 농림축산식품부장관의 인가를 받아 설립된 조합 또는 품목조합연합회가 회원가입 신청을 하면 그 신청일부터 60일 이내에 가입을 승낙하여야 한다(법115② 본문).

(3) 승낙거절 사유와 회원가입 거절기준

다음의 경우, 즉 ⅰ)농협구조개선법에 따른 부실조합 및 부실우려조합의 기준에 해당하는 조합(제1호), ⅱ) 조합 또는 품목조합연합회가 제명(법123(2))된 후 2년이 지나지 아니한 경우(제2호), ⅲ) 그 밖에 대통령령으로 정하는 기준에 해당되어 중앙회 및 그 회원의 발전을 해칠 만한 현저한 이유가 있는 조합(이 경우 농림축산식품부장관의 동의를 받아야 한다)(제3호)의 어느 하나에 해당할 때에는 승낙을 하지 아니할 수 있다(법115② 단서).

위 ⅲ)에서 "대통령령으로 정하는 기준"이란 ⅰ) 중앙회와 호환이 가능한 최소한의 전산설비를 갖추지 아니한 경우(제1호), ⅱ) 제명을 회피할 목적으로 탈퇴한 지 2년이 지나지 아니한 조합이라고 중앙회 이사회가 결정하는 경우(제2호), ⅲ) 설립 후 농업협동조합 관련 법령, 농업협동조합 관련 법령에 따른 행정명령 또는 정관에 위반되는 행위를 함으로써 중앙회(중앙회의 자회사 및 손자회사를 포함) 및 그 회원에 대하여 재산상 피해를 입히거나 명예를 훼손한 사실이 있고 그 위반사실을 해소한 지 2년이 지나지 아니한 조합이라고 중앙회 이사회가 결정하는 경우(제3호)를 말한다(영11의3).

2. 가입

(1) 가입 거절 또는 불리한 가입 조건 금지

중앙회는 정당한 사유 없이 회원 자격을 갖추고 있는 자의 가입을 거절하거나 다른 회원보다 불리한 가입 조건을 달 수 없다(법161 전단, 법28① 본문).

(2) 신회원의 출자

새로 회원이 되려는 자는 정관으로 정하는 바에 따라 출자하여야 한다(법161 전단, 법28③).

(3) 회원수 제한 금지

중앙회는 회원 수(數)를 제한할 수 없다(법161 전단, 법28④).

3. 탈퇴

(1) 임의탈퇴

회원은 중앙회에 탈퇴 의사를 알리고 탈퇴할 수 있다(법161 전단, 법29①).

(2) 당연탈퇴

회원이 해산하거나 파산하면 그 회원은 당연히 탈퇴된다(법118).

4. 제명

(1) 제명 사유

중앙회는 회원이 ⅰ) 1년 이상 중앙회의 사업을 이용하지 아니한 경우(제1
호), ⅱ) 출자 및 경비의 납입, 그 밖의 중앙회에 대한 의무를 이행하지 아니한
경우(제2호), ⅲ) 정관으로 금지한 행위를 한 경우(제3호)의 어느 하나에 해당하면
총회의 의결을 거쳐 제명할 수 있다(법161 전단, 법30①).

(2) 제명 사유의 통지 및 의견진술 기회 부여

중앙회는 회원이 제명 사유 중 어느 하나에 해당하면 총회 개회 10일 전까
지 그 회원에게 제명의 사유를 알리고 총회에서 의견을 진술할 기회를 주어야
한다(법161 전단, 법30②).

5. 의결 취소의 청구 등

(1) 의결 취소 또는 무효확인의 사유

회원은 총회(창립총회를 포함)의 소집절차, 의결 방법, 의결 내용 또는 임원의
선거가 법령, 법령에 따른 행정처분 또는 정관을 위반한 것을 사유로 하여 그 의
결이나 선거에 따른 당선의 취소 또는 무효 확인을 농림축산식품부장관에게 청
구하거나 이를 청구하는 소를 제기할 수 있다(법161 전단, 법33① 본문). 다만, 농
림축산식품부장관은 회원의 청구와 같은 내용의 소가 법원에 제기된 사실을 알
았을 때에는 제2항 후단에 따른 조치를 하지 아니한다(법161 전단, 법33① 단서).

(2) 청구 기간 등

농림축산식품부장관에게 청구하는 경우에는 의결일이나 선거일부터 1개월
이내에 회원 300인 또는 5% 이상의 동의를 받아 청구하여야 한다(법161 전단, 법
33② 전단). 이 경우 농림축산식품부장관은 그 청구서를 받은 날부터 3개월 이내
에 이에 대한 조치 결과를 청구인에게 알려야 한다(법161 전단, 법33② 후단).

(3) 상법의 준용

소에 관하여는 상법 제376조(결의취소의 소), 제377조(제소주주의 담보제공의

무), 제378조(결의취소의 등기), 제379조(법원의 재량에 의한 청구기각), 제380조(결의 무효 및 부존재확인의 소), 제381조(부당결의의 취소, 변경의 소)를 준용한다(법161 전단, 법33③).

(4) 취소청구서 또는 무효확인청구서 제출

의결 취소의 청구 등에 필요한 사항은 농림축산식품부령으로 정한다(법161 전단, 법33④).

법 제33조(법 제107조·제112조·제112조의11 및 제161조에서 준용하는 경우를 포함)에 따라 총회(창립총회를 포함)의 의결이나 선거에 따른 당선의 취소 또는 무효확인을 청구하려는 자는 청구의 취지·이유 및 위반되었다고 주장하는 규정을 명기(明記)한 취소청구서 또는 무효확인청구서에 총회의사록 또는 선거록 사본 및 사실관계를 증명할 수 있는 서류를 첨부하여 농림축산식품부장관에게 제출하여야 한다(시행규칙6).

Ⅲ. 수협중앙회

1. 자격

(1) 회원의 자격

중앙회는 조합을 회원으로 한다(법118). 조합이란 수산업협동조합법에 따라 설립된 지구별수협, 업종별수협 및 수산물가공수협을 말하므로(법2(4)), 중앙회는 지구별수협, 업종별수협 및 수산물가공수협 회원으로 한다.

(2) 회원가입 신청과 승낙

중앙회에 가입하고자 하는 자는 인수하고자 하는 출자계좌 수를 기재한 [별표]의 가입신청서를 등기부등본, 정관, 중앙회에 가입할 것을 의결한 총회의사록 등본 또는 초본, 재무제표(신설 조합의 경우는 추정재무제표)와 함께 중앙회에 제출하여야 한다(정관13①).

중앙회는 가입신청서를 접수하였을 때에는 이사회에 부의하여 조합의 설립인가기준에 적합한지 여부를 확인한 후 가입승낙여부를 결정하여야 한다(정관13②).

2. 가입

(1) 가입 거절 또는 불리한 가입 조건 금지

중앙회는 정당한 사유 없이 회원 자격을 갖추고 있는 자의 가입을 거절하거나 다른 회원보다 불리한 가입 조건을 달 수 없다(법168, 법29①).

(2) 신회원의 출자

새로 회원이 되려는 자는 정관으로 정하는 바에 따라 출자하여야 한다(법168, 법29②).

(3) 회원수 제한 금지

중앙회는 회원의 수를 제한할 수 없다(법168, 법29③).

3. 탈퇴

(1) 임의탈퇴

회원은 중앙회에 탈퇴 의사를 서면으로 통지하고 중앙회을 탈퇴할 수 있다(법168, 법31①).

(2) 당연탈퇴

회원이 해산하거나 파산한 경우에는 당연히 탈퇴한다(법121).

4. 제명

(1) 제명 사유

중앙회는 회원이 ⅰ) 1년 이상 중앙회의 사업을 이용하지 아니한 경우(제1호), ⅱ) 출자 및 경비의 납입과 그 밖의 중앙회에 대한 의무를 이행하지 아니한 경우(제2호), ⅲ) 정관에서 금지된 행위를 한 경우(제3호)의 어느 하나에 해당하면 총회의 의결을 거쳐 제명할 수 있다(법168, 법32①).

(2) 제명 사유의 통지 및 의견진술 기회 부여

중앙회는 회원이 제명 사유 중 어느 하나에 해당하면 총회 개회 10일 전에 그 회원에게 제명의 사유를 알리고 총회에서 의견을 진술할 기회를 주어야 한다 (법168, 법32②).

5. 의결 취소의 청구 등

(1) 의결 취소 또는 무효확인의 사유

회원은 총회(창립총회를 포함)의 소집절차, 의결 방법, 의결 내용 또는 임원 (대의원을 포함)의 선거가 법령, 법령에 따른 처분 또는 정관을 위반한 것을 사유로 하여 그 의결이나 선거에 따른 당선의 취소 또는 무효 확인을 해양수산부장관에게 청구하거나 이를 청구하는 소를 제기할 수 있다(법168, 법35①).

(2) 청구 기간 등

회원은 해양수산부장관에게 의결이나 선거에 따른 당선의 취소 또는 무효 확인을 청구할 때에는 의결일 또는 선거일부터 1개월 이내에 회원 10% 이상의 동의를 받아 청구하여야 한다(법168, 법35② 전단). 이 경우 해양수산부장관은 그 청구서를 받은 날부터 3개월 이내에 처리 결과를 청구인에게 알려야 한다(법168, 법35② 후단).

(3) 상법의 준용

소에 관하여는 상법 제376조(결의취소의 소), 제377조(제소주주의 담보제공의무), 제378조(결의취소의 등기), 제379조(법원의 재량에 의한 청구기각), 제380조(결의무효 및 부존재확인의 소), 제381조(부당결의의 취소, 변경의 소)를 준용한다(법168, 법35③).

Ⅳ. 산림조합중앙회

1. 자격

(1) 회원 자격

중앙회는 지역조합과 전문조합을 회원으로 한다(법89① 본문). 다만, 지역조합의 경우 조합원 중 산림소유자의 비율이 50% 이상이거나 해당구역 사유림 면적 중 조합원 소유 산림의 면적비율이 40% 이상이어야 한다(법89① 단서, 정관14 단서).

(2) 회원가입 신청과 승낙의무

중앙회는 조합이 회원가입 신청을 하였을 때에는 ⅰ) 산림조합구조개선법에 따른 부실조합 또는 부실우려조합의 기준에 해당하는 조합(제1호), ⅱ) 제명된 후 2년이 지나지 아니한 조합(제2호), ⅲ) 그 밖에 대통령령으로 정하는 기준1)에 해당되어 중앙회 및 그 회원의 발전을 저해할만한 현저한 이유가 있는 조합(이 경우 산림청장의 동의를 받아야 한다)(제3호)의 어느 하나에 해당하는 경우를 제외하고는 그 신청일부터 60일 이내에 가입을 승낙하여야 한다(법89③).

2. 가입

(1) 가입신청서 제출

회원의 자격이 있는 자는 누구든지 자유로이 중앙회에 가입할 수 있다(법26① 전단).

회원의 자격을 가진 자가 중앙회의 회원으로 가입하고자 할 때에는 가입신청서에 ⅰ) 등기부등본(제1호), ⅱ) 정관(제2호), ⅲ) 출자신청서(제3호), ⅳ) 중앙회에 가입을 의결한 총회의사록의 사본(제4호), ⅴ) 재무제표(신설조합의 경우는 추정재무제표)(제5호), ⅵ) 그 밖에 제17조 제2항 각 호의 어느 하나에 해당하는지에 대한 여부를 판단하기 위하여 회장이 필요하다고 인정하는 서류(제6호)를 붙여 중앙회에 제출하여야 한다(법122, 법26③, 정관17①).

(2) 승낙 제외 사유와 승낙의무

중앙회는 가입신청서를 접수하였을 때에는 ⅰ) 산림조합개선법 제2조 제3호2)에 따른 부실조합 또는 같은 조 제4호3)에 따른 부실우려조합의 기준에 해당

---

1) "대통령령으로 정하는 기준"이란 산림조합구조개선법에 따른 부실조합 또는 부실우려조합이 해산 또는 분할의 방법에 의하여 조합을 재설립하는 경우를 말한다(영11의12 본문). 다만, 재설립한 조합이 부실 우려가 없는 것이 명백한 경우로서 중앙회의 이사회에서 회원가입을 의결하는 경우는 제외한다(영11의12 단서).
2) 3. "부실조합"이란 다음 각 목의 어느 하나에 해당하는 조합을 말한다.
　　가. 경영상태를 실제조사한 결과 부채가 자산을 초과하거나 거액의 금융사고 또는 부실채권의 발생으로 정상적인 경영이 어려울 것이 명백한 조합으로서 제18조에 따

하는 조합(제1호), ⅱ) 제명된 후 2년이 지나지 아니한 조합(제2호), ⅲ) 산림조합 개선법에 따른 부실조합 또는 부실우려조합이 해산 또는 분할의 방법에 따라 조합을 재설립하여 중앙회의 발전을 저해할 만한 현저한 이유가 있는 조합(제3호)의 어느 하나에 해당하는 경우를 제외하고는 그 신청일부터 60일 이내에 가입을 승낙하여야 한다(법122, 법26③, 정관17②). 제3호의 경우에는 산림청장의 동의를 받아야 한다(법122, 법26③, 정관17③).

(3) 가입 거절 또는 불리한 가입 조건 금지

중앙회는 정당한 사유 없이 중앙회원 가입을 거절하거나 그 가입에 관하여 다른 회원보다 불리한 조건을 붙일 수 없다(법122, 법26① 후단).

(4) 회원 자격의 취득

가입신청자는 출자를 함으로써 회원의 자격을 갖는다(법122, 법26③, 정관17④).

3. 탈퇴

(1) 임의탈퇴

회원의 자격이 있는 자는 누구든지 자유로이 중앙회에서 탈퇴할 수 있다(법122, 법26① 전단). 회원은 탈퇴를 의결한 총회의 의사록사본을 첨부한 서면으로 본회에 탈퇴의사를 통지하고 탈퇴할 수 있다(법122, 법26③, 정관20①).

(2) 당연탈퇴

회원이 해산하거나 파산하였을 때에는 당연히 탈퇴된다(법91①).

른 기금관리위원회의 심의를 거쳐 특별시장·광역시장·특별자치시장·도지사·특별자치도지사("시·도지사")가 결정한 조합. 이 경우 부채와 자산의 평가 및 산정은 농림축산식품부령으로 정하는 기준에 따른다.
  나. 제8호에 따른 예금등채권의 지급 또는 국가·공공단체 및 중앙회로부터의 차입금의 상환이 정지상태에 있는 조합
  다. 외부로부터의 자금지원이나 차입이 없이는 예금등채권의 지급이나 차입금의 상환이 어렵다고 기금관리위원회의 심의를 거쳐 시·도지사가 결정한 조합
  3) 4. "부실우려조합"이란 경영상태가 농림축산식품부령으로 정한 기준에 미달하여 부실조합이 될 가능성이 높다고 기금관리위원회의 심의를 거쳐 시·도지사가 결정한 조합을 말한다.

4. 제명

(1) 제명 사유

중앙회의 회원이 ⅰ) 1년 이상 중앙회의 사업을 이용하지 아니한 회원(제1호), ⅱ) 출자 및 경비의 납입, 그 밖에 중앙회에 대한 의무를 이행하지 아니한 회원(제2호), ⅲ) 중앙회의 사업을 방해한 회원(제3호), ⅳ) 법령이나 법령에 따른 감독관청의 처분 또는 정관과 각종 규정에 위반한 회원(제4호), ⅴ) 고의 또는 중대한 과실로 인하여 본회에 손실을 끼치거나 중앙회의 신용을 손상하게 한 회원(제5호), ⅵ) 회원인 지역조합이 산림소유자의 비율이 50% 이상이거나 해당구역 사유림 면적 중 조합원 소유 산림의 면적비율이 40% 이상(법89① 단서, 정관14 단서)에 미달되어 기간을 정하여 시정을 요구하였음에도 불구하고 그 기간 내에 시정요구사항을 이행하지 아니한 회원(제6호)의 어느 하나에 해당할 때에는 총회의 의결을 받아 이를 제명할 수 있다(법122, 법27①, 정관21① 본문).

(2) 제명 사유의 통지 및 의견진술 기회 부여

중앙회는 총회 개회 10일 전에 그 회원에 대하여 제명의 사유를 통지하고 총회에서 의견을 진술할 기회를 주어야 한다(법122, 법27②, 정관21① 단서).

(3) 제명 회원에 대한 통지와 대항력

제명은 제명된 회원에 대하여 그 취지를 서면으로 통지하지 아니하면 그 회원에게 대항할 수 없다(법122, 법27②, 정관21②).

5. 의결 취소의 청구 등

(1) 의결 취소 또는 무효확인의 사유

중앙회의 회원은 총회의 소집절차, 의결방법, 의결내용 또는 임원선거가 법령이나 법령에 따른 행정처분 또는 정관을 위반하였다는 것을 사유로 하여 그 의결이나 선거에 따른 당선의 취소 또는 무효확인을 산림청장에게 청구하거나 이를 청구하는 소를 법원에 제기할 수 있다(법122, 법30①, 정관51①).

(2) 청구기간 등

산림청장에게 청구할 때에는 의결일 또는 선거일부터 1개월 이내에 회원 5% 이상의 동의를 받아 청구하여야 한다(법122, 법30①, 정관51②).

(3) 상법의 준용

소에 관하여는 상법 제376조(결의취소의 소), 제377조(제소주주의 담보제공의무), 제378조(결의취소의 등기), 제379조(법원의 재량에 의한 청구기각), 제380조(결의무효 및 부존재확인의 소), 제381조(부당결의의 취소, 변경의 소)를 준용한다(법122, 법30③).

Ⅴ. 새마을금고중앙회

1. 자격

금고는 중앙회의 회원이 된다(법56①). 금고는 그 설립등기를 함으로써 중앙회의 회원이 된다(정관6).

2. 당연탈퇴

(1) 사유

금고가 설립인가가 취소된 때, 해산한 때, 파산한 때, 합병으로 인하여 소멸한 때에 해당하는 경우에는 당연히 중앙회에서 탈퇴한다(법56⑥, 정관10①).

(2) 중앙회 신고

위의 탈퇴 사유가 있을 때에는 그 사유가 발생한 날로부터 1주일 안에 이를 중앙회에 신고하여야 한다(정관10②).

3. 의결 취소의 소 등

(1) 의결 취소 또는 무효확인의 사유

회원은 총회(창립총회를 포함)의 소집 절차, 의결방법, 의결내용 또는 임원의 선거가 법령이나 법령에 따른 행정처분 또는 정관을 위반한 것을 사유로 하여 그 의결이나 선거에 따른 당선의 취소 또는 무효확인을 청구하는 소(訴)를 제기할 수 있다(법56⑦, 법11의2①).

(2) 상법의 준용

소에 관하여는 상법 제376조(결의취소의 소), 제377조(제소주주의 담보제공의무), 제378조(결의취소의 등기), 제379조(법원의 재량에 의한 청구기각), 제380조(결의무효 및 부존재확인의 소), 제381조(부당결의의 취소, 변경의 소)를 준용한다(법56⑦, 법11의2②).

제2절 책임

Ⅰ. 신협중앙회

1. 납입출자액 한도

조합의 책임은 그 납입출자액을 한도로 한다(법63③ 후단).

2. 회비

중앙회는 총회의 결의를 거쳐 조합으로부터 회비를 받을 수 있다(법66).

(1) 회비 징수

중앙회는 총회에서 정하는 기준에 따라 회원으로부터 회비를 징수할 수 있다(정관15①).

(2) 기간 유예 및 분할 납입

회비징수에 관하여는 이사회의 결의에 의하여 그 기간을 유예할 수 있으며 분할하여 납입하게 할 수 있다(정관15②).

(3) 상계 금지

회비는 중앙회에 대한 채권과 상계하지 못한다(정관15③).

3. 과태금

회원이 출자금 또는 회비 등의 납입의무를 그 기한까지 이행하지 아니한 때에는 이사회에서 정한 기준에 따라 과태금을 징수할 수 있다(정관16).

Ⅱ. 농협중앙회

1. 회원의 책임

(1) 출자액 한도

중앙회 회원의 책임은 그 출자액을 한도로 한다(법119).

(2) 운영과정 참여 의무

회원은 중앙회의 운영과정에 성실히 참여하여야 하며, 생산한 농산물을 중앙회를 통하여 출하하는 등 그 사업을 성실히 이용하여야 한다(법161 전단, 법24②).

2. 경비와 과태금

(1) 경비와 과태금의 부과

중앙회는 정관으로 정하는 바에 따라 회원에게 경비와 과태금을 부과할 수 있다(법161 전단, 법25①).

(2) 상계 금지

회원은 경비와 과태금을 납부할 때 중앙회에 대한 채권과 상계할 수 없다(법161 전단, 법25②).

Ⅲ. 수협중앙회

1. 회원의 책임

(1) 출자액 한도

회원의 책임은 그 출자액을 한도로 한다(법122).

(2) 운영과정 참여 의무

회원은 중앙회의 운영 과정에 성실히 참어하여야 히며, 생산한 수산물을 중앙회를 통하여 출하하는 등 그 사업을 성실히 이용하여야 한다(법168, 법25②).

2. 경비와 과태금

(1) 경비와 과태금 부과

중앙회는 정관으로 정하는 바에 따라 회원에게 경비와 과태금을 부과할 수 있다(법168, 법26①).

(2) 사용료 또는 수수료 징수

중앙회는 정관으로 정하는 바에 따라 사용료나 수수료를 징수할 수 있다(법168, 법26②).

(3) 상계 금지

회원은 경비와 과태금 및 사용료 또는 수수료를 납부할 때 중앙회에 대한 채권과 상계할 수 없다(법168, 법26③).

Ⅳ. 산림조합중앙회

1. 회원의 책임

(1) 출자액 한도

회원의 책임은 그 출자액을 한도로 한다(법90③).

(2) 운영과정 참여 의무

회원은 중앙회의 운영과정에 성실히 참여하여야 하며, 생산한 임산물을 중앙회를 통하여 출하하는 등 중앙회의 사업을 성실히 이용하여야 한다(법122, 법20⑦).

2. 경비와 과태금

(1) 경비부담
(가) 경비 부과

중앙회는 교육·지원사업 및 임업경제사업에 필요한 경비를 충당하기 위하여 회원에게 경비를 부과할 수 있다(법122, 법23①, 정관31①). 이에 따른 경비의 부과금액과 부과방법, 징수시기와 징수방법은 총회에서 정한다(법122, 법23①, 정관31②).

(나) 기부과금액의 변경 금지

중앙회는 부과금액의 산정기준이 된 사항에 변경이 있는 경우에도 이미 부과한 금액은 변경하지 못한다(법122, 법23①, 정관31③).

(다) 상계 금지

회원은 납입하여야 하는 경비를 중앙회에 대한 채권과 상계할 수 없다(법122, 법23②, 정관31④).

(2) 사용료 및 수수료
(가) 사용료 또는 수수료 징수

중앙회는 중앙회의 사업을 이용하는 자에 대하여 사용료 또는 수수료를 받을 수 있다(정관32①).

(나) 실비 및 수수료 징수

중앙회는 회원 또는 다른 사람으로부터 사업을 위탁받거나 알선을 할 때에는 실비 및 수수료를 받을 수 있다(정관32②).

(다) 사용료 및 수수료의 요율과 실비의 계산기준

수수료의 요율과 실비 및 사용료의 계산기준은 회장이 정한다(정관32③).

(3) 과태금
(가) 과태금 부과

중앙회는 경비·사용료·실비 및 수수료의 징수에 있어서 그 납부의무자가 중앙회가 정한 기한까지 납부의무를 이행하지 아니할 때에는 납부기한 다음 날부터 매 1일마다 납부할 금액 1만원에 대하여 금 4원의 율로써 과태금을 징수할 수 있다(법122, 법23①, 정관33①).

과태금의 징수에 관하여 필요한 사항은 이사회에서 정한다(법122, 법23①, 정관33②).

(나) 상계 금지

회원은 과태금을 본회에 대한 채권과 상계할 수 없다(법122, 법23①, 정관33③).

Ⅴ. 새마을금고중앙회

1. 책임한도

출자 1좌의 금액은 정관으로 정하며 금고의 책임은 그 출자액을 한도로 한다(법56③).[4]

2. 회비

중앙회는 총회의 의결에 따라 금고로 하여금 회비를 내게 할 수 있다(법56⑤).

(1) 회비 징수

중앙회는 금고로부터 회비를 징수한다(정관14①).

(2) 회비의 규모

금고가 납부해야 할 회비는 당해 금고의 매사업연도의 총자산의 월 평균액에 1,000분의 2의 범위 안에서 총회의 의결로 정한 회비징수율을 곱한 금액으로 한다(정관14②).

(3) 총회 의결

회비징수대상 금고의 기준과 금고의 총자산의 기준 등 회비징수에 관하여 기타 필요한 사항은 총회에서 정한다(정관14③).

---

4) [시행일: 2023. 10. 12.]

(4) 납부시기

금고는 회비를 매사업연도 종료 후 5월 이내에 중앙회에 납부하여야 한다 (정관14④).

(5) 납부기한 유예와 분할 납부

중앙회는 이사회 의결을 얻어 회비 납부기한을 유예하거나 또는 회비를 분할하여 납부하게 할 수 있다(정관14⑤).

(6) 상계의 대항력

금고는 중앙회에 납부하여야 할 회비를 중앙회에 대한 채권과 상계로서 중앙회에 대항하지 못한다(정관14⑥).

제3절 의결권 및 선거권

Ⅰ. 신협중앙회

중앙회장("회장")과 회원은 출자좌수에 관계없이 평등한 의결권과 선거권을 가진다(정관8).

Ⅱ. 농협중앙회

규정이 없다.

Ⅲ. 수협중앙회

1. 평등한 의결권과 선거권 보유

회원은 출자금의 많고 적음과 관계없이 평등한 의결권 및 선거권을 가진다

(법168, 법27 전단).

2. 선거권 제한

선거권은 임원의 임기 만료일(보궐선거 등의 경우에는 그 선거 실시 사유가 확정된 날) 전 180일까지 해당 중앙회의 회원으로 가입한 자만 행사할 수 있다(법168, 법27 후단).

3. 의결권의 대리

(1) 의결권의 대리 행사

회은 대리인에게 의결권을 행사하게 할 수 있다(법168, 법28① 전단). 이 경우 그 회원은 출석한 것으로 본다(법168, 법28① 후단).

(2) 대리인의 자격

대리인은 ⅰ) 다른 회원(제1호), ⅱ) 본인과 동거하는 가족(제2호), ⅲ) 제20조 제2항(영어조합법인과 어업회사법인)에 따른 법인의 경우에는 회원·사원 등 그 구성원(제3호)의 어느 하나에 해당하는 자이어야 하고, 대리인은 회원 1인만을 대리할 수 있다(법168, 법28②).

(3) 대리권의 증명

대리인은 대리권을 증명하는 서면을 중앙회에 제출하여야 한다(법168, 법28③).

Ⅳ. 산림조합중앙회

1. 평등한 의결권과 선거권 보유

회원은 출자액의 다소에 관계없이 평등한 의결권 및 선거권을 가진다(법122, 법24 전단).

2. 선거권 제한

선거권은 임원 또는 대의원의 임기만료일(보궐선거 등의 경우에는 그 선거의 실시 사유가 확정된 날) 전 180일까지 해당 중앙회의 회원으로 가입한 자만 행사할 수 있다(법122, 법24 후단).

Ⅴ. 새마을금고중앙회

회원은 출자좌수에 관계없이 평등한 의결권과 선거권을 가진다(법56⑦, 법9 ⑤).

제4절 준회원

Ⅰ. 신협중앙회

준회원 제도가 없다.

Ⅱ. 농협중앙회

1. 준회원의 자격

중앙회는 정관으로 정하는 바에 따라 조합공동사업법인 및 농업 또는 농촌 관련 단체와 법인을 준회원으로 할 수 있다(법116).

2. 준회원의 권리

준회원은 정관으로 정하는 바에 따라 중앙회의 사업을 이용할 권리를 가진다(법161 전단, 법20③).

3. 준회원의 의무

중앙회는 준회원에 대하여 정관으로 정하는 바에 따라 가입금과 경비를 부담하게 할 수 있다(법161 전단, 법20②).

Ⅲ. 수협중앙회

1. 준회원의 자격

중앙회는 정관으로 정하는 바에 따라 ⅰ) 해양수산 관련 법인 또는 단체(제1호), ⅱ) 중앙회의 사업을 이용하는 것이 적당하다고 인정되는 자(제2호), ⅲ) 조합공동사업법인(제3호)에 해당하는 자를 준회원으로 할 수 있다(법119).

2. 준회원의 권리

준회원은 정관으로 정하는 바에 따라 중앙회의 사업을 이용할 권리 및 탈퇴시 가입금의 환급을 청구할 권리를 가진다(법168, 법21③). 이에 따라 준회원은 사업이용권·이용고배당청구권 및 가입금의 환급청구권을 가진다(정관20①).

3. 준회원의 의무

중앙회는 준회원에 대하여 정관으로 정하는 바에 따라 가입금과 경비를 부담하게 할 수 있다(법168, 법21②). 이에 따라 준회원은 출자를 하지 아니하되, 본회가 정하는 바에 따라 가입금·경비 및 과태금을 납입하여야 하며, 그 밖에 권리의무와 관련된 사항은 본회의 결정에 따라야 한다(정관20②).

Ⅳ. 산림조합중앙회

1. 준회원의 자격

중앙회는 ⅰ) 산림청에 등록된 임업단체 또는 법인(제1호), ⅱ) 임업용기자재 생산업체, 임산물가공·제조업체, 임산물유통 관련 단체·법인(제2호)의 임업단체를 준회원으로 할 수 있다(법89②, 정관24①).

2. 준회원의 권리

준회원은 사업이용권, 이용고배당청구권 및 가입금환급청구권을 가지며, 사업이용에 관하여 총회에 의견을 제출할 수 있다(법19③, 정관24②). 준회원의 사업이용은 회원의 이용으로 본다(법19③, 정관24④).

3. 준회원의 의무

준회원은 출자를 하지 아니하되 중앙회가 정하는 바에 따라 가입금, 경비 및 과태금을 납부하여야 하며, 그 밖에 사업수행과 관련된 사항은 중앙회의 결정에 따라야 한다(법19②, 정관24③).

Ⅴ. 새마을금고중앙회

준회원 제도가 없다.

제
3
장

출 자

제1절 종류 및 내용

Ⅰ. 신협중앙회

1. 출자 1좌 금액

조합은 1좌 이상 출자하여야 한다(법63②). 출자 1좌의 금액 및 납입 기준은 정관에서 정한다(법63③ 전단). 출자 1좌의 금액은 500,000원으로 한다(정관12① 후단).

2. 현금 납입과 일시 납입

중앙회에 납입할 출자금은 현금으로 납입하여야 하며(법63④ 전단). 이에 따라 회원은 출자 1좌 이상을 현금으로 납입하여야 하며(정관12① 전단). 회원은 설립등기일로부터 30일 이내에 출자 1좌 이상의 금액을 중앙회에 일시에 납입하여야 한다(정관12②).

3. 상계 금지

출자금은 중앙회에 대한 채권과 상계할 수 없다(법63④ 후단). 따라서 회원이 납입할 출자금은 중앙회에 대한 채권과 상계하지 못한다(정관12③).

4. 자본금

중앙회의 자본금은 조합의 납입출자금으로 한다(법63①).

5. 자본금의 감소

중앙회가 여러 사업연도에 걸쳐 계속하여 손실이 있고 이를 보전할 적립금이 없을 때에는 총회의 결의를 거쳐 자본금을 감소할 수 있다(법82).

Ⅱ. 농협중앙회

1. 출자금

(1) 출자 좌수와 출자 금액

회원은 정관으로 정하는 좌수 이상의 출자를 하여야 한다(법117①). 출자 1좌의 금액은 정관으로 정한다(법117②).

이에 따라 회원은 총 출자 좌수의 10% 이내에서 1,000좌 이상을 출자하여야 한다(정관19①). 출자 1좌의 금액은 1만원으로 한다(정관19②).

(2) 질권설정 금지

회원의 출자액은 질권의 목적이 될 수 없다(법161 전단, 법21④).

(3) 상계 금지

회원은 출자의 납입 시 중앙회에 대한 채권과 상계(相計)할 수 없다(법161 전단, 법21⑤).

2. 출자배당금의 출자전환

(1) 배당금의 출자

중앙회는 정관으로 정하는 바에 따라 회원의 출자액에 대한 배당 금액의 전부 또는 일부를 그 회원으로 하여금 출자하게 할 수 있다(법161 전단, 법21의3 전단).

(2) 상계 금지

회원은 배당받을 금액을 중앙회에 대한 채무와 상계할 수 없다(법161 전단, 법21의3 후단).

3. 회전출자

(1) 사업이용배당금의 재출자

중앙회는 출자 외에 정관으로 정하는 바에 따라 그 사업의 이용 실적에 따라 회원에게 배당할 금액의 전부 또는 일부를 그 회원으로 하여금 출자하게 할 수 있다(법161 전단, 법22 전단).

(2) 상계 금지

회원은 배당받을 금액을 중앙회에 대한 채무와 상계할 수 없다(법161 전단, 법22 후단, 법21의3 후단).

4. 우선출자

(1) 서설
(가) 의의

우선출자란 정식구성원(회원농협)이 아닌 불특정 다수인이 경영참여보다 우선적 배당을 받을 목적으로 하는 출자로서 정식구성원(회원농협)보다 우선적으로 배당을 받는 출자를 말한다.

(나) 제도적 취지

우선출자제도는 중앙회 입장에서는 자기자본 증대가 효과를 얻을 수 있는 것으로서 협동조합의 주요한 문제점인 자본조달의 한계를 극복하기 위한 것이다. 즉 우선출자제의 도입은 자본조달 능력이 취약한 중앙회의 현실을 감안하여 자본금의 확충으로 중앙회의 경영안정과 사업 활성화를 도모하고자 하는 것이다.

(2) 우선출자 발행 등
(가) 우선출자 발행

중앙회는 자기자본의 확충을 통한 경영의 건전성을 도모하기 위하여 정관으로 정하는 바에 따라 잉여금 배당에서 우선적 지위를 가지는 우선출자를 발행할 수 있다(법147①).

(나) 우선출자 1좌의 금액과 우선출자의 총액

우선출자 1좌의 금액은 출자 1좌의 금액과 같아야 하며, 우선출자의 총액은 자기자본의 2분의 1을 초과할 수 없다(법147②).

(다) 의결권과 선거권 불인정

우선출자에 대하여는 의결권과 선거권을 인정하지 아니한다(법147③).

(라) 우선출자에 대한 배당과 배당률

우선출자에 대한 배당은 출자에 대한 배당보다 우선하여 실시하되, 그 배당률은 정관으로 정하는 최저 배당률과 최고 배당률 사이에서 정기총회에서 정한다(법147④).

(마) 우선출자 발행사항의 공고

중앙회는 우선출자를 발행할 때에는 우선출자의 납입기일 2주 전까지 발행하려는 우선출자의 내용, 좌수(座數), 발행가액, 납입기일 및 모집방법을 공고하고 출자자 및 우선출자자에게 알려야 한다(영23).

(3) 우선출자의 청약 등
(가) 우선출자의 청약

우선출자의 청약을 하려는 자는 우선출자청약서에 인수하려는 우선출자의 좌수 및 인수가액과 주소를 적고 기명날인하여야 한다(영24①).

우선출자청약서의 서식은 중앙회장이 작성하되, ⅰ) 중앙회의 명칭, ⅱ) 출자 1좌의 금액 및 총좌수, ⅲ) 우선출자 총좌수의 최고한도, ⅳ) 이미 발행한 우선출자의 종류 및 종류별 좌수, ⅴ) 중앙회의 자기자본, ⅵ) 발행하려는 우선출자의 액면금액, 내용 및 좌수, ⅶ) 발행하려는 우선출자의 발행가액 및 납입기일, ⅷ) 우선출자의 매입소각을 하는 경우에는 그에 관한 사항이 포함되어야 한다(영

24②).

(나) 우선출자 금액의 납입 등

우선출자의 청약을 한 자는 중앙회장이 배정한 우선출자의 좌수에 대하여 우선출자를 인수할 수 있다(영25①). 이에 따라 우선출자를 인수하려는 자는 납입기일까지 우선출자 발행가액의 전액을 납입하여야 한다(영25②).

우선출자를 인수한 자는 우선출자 발행가액의 납입기일의 다음날부터 우선출자자가 된다(영25③).

(4) 우선출자증권의 발행 등

(가) 우선출자증권의 발행

우선출자의 전액납입이 있은 후가 아니면 우선출자증권("증권")을 발행할 수 없다(영26①). 중앙회는 우선출자의 납입기일 후 지체 없이 증권을 발행하여야 한다(영26②).

(나) 우선출자증권의 형식

우선출자증권은 기명식으로 한다(영27).

(다) 우선출자증권의 기재사항

증권에는 중앙회의 명칭, 우선출자의 액면금액, 우선출자의 내용, 증권번호, 발행 연월일, 우선출자 좌수 및 우선출자자의 성명(법인의 경우에는 명칭)을 적고 중앙회장이 기명날인하여야 한다(영28).

(5) 우선출자자명부의 비치 및 기재사항 등

(가) 우선출자자명부의 비치 및 기재사항

중앙회는 주된 사무소에 우선출자자명부를 갖춰 두고 증권소유자의 성명과 주소, 증권의 수와 번호, 증권의 취득 연월일을 적어야 한다(영29).

(나) 우선출자의 매입소각

중앙회는 이사회의 의결을 거쳐 우선출자를 매입하여 소각할 수 있다(영30).

(다) 우선출자자의 책임

우선출자자의 책임은 그가 가진 우선출자의 인수가액을 한도로 한다(영30의2).

(6) 우선출자의 양도

(가) 양도와 그 효력

우선출자는 양도할 수 있다(영30의3① 본문). 다만, 증권 발행 전의 양도는 중앙회에 대하여 효력이 없다(영30의3① 단서).

(나) 양도방법

우선출자를 양도할 때에는 증권을 내주어야 한다(영30의3②).

(다) 점유자의 소지인 추정

증권의 점유자는 적법한 소지인으로 추정한다(영30의3③).

(라) 증권 명의변경의 대항력

증권의 명의변경은 취득자의 성명과 주소를 우선출자자 명부에 등록하고 그 성명을 증권에 적지 아니하면 중앙회나 그 밖의 제3자에게 대항하지 못한다(영30 의3④).

(마) 등록질권의 대항력

증권을 질권의 목적으로 하는 경우에는 질권자의 성명과 주소를 우선출자자 명부에 등록하지 아니하면 중앙회나 그 밖의 제3자에게 대항하지 못한다(영30의3 ⑤).

(7) 우선출자자 총회

(가) 정관변경

중앙회는 정관이 변경되어 우선출자자에게 손해를 미치게 되는 경우에는 우선출자자 총회의 의결을 거쳐야 한다(영30의4①).

(나) 의결정족수

우선출자자 총회의 의결은 발행한 우선출자 총좌수의 과반수의 출석과 출석한 출자좌수의 3분의 2 이상의 찬성이 있어야 한다(영30의4②).

(다) 운영사항

우선출자자 총회의 운영 등에 필요한 사항은 정관으로 정한다(영30의4③).

(8) 통지와 최고

우선출자신청인 또는 우선출자자에 대한 통지나 최고는 따로 그 주소를 중앙회에 통지한 때를 제외하고는 우선출자청약서 또는 우선출자자명부에 적힌 주소로 한다(영31).

(9) 우선출자의 금지

중앙회(중앙회의 자회사 및 손자회사 포함)는 조합에 대한 우선출자를 할 수 없다(영31의2③(2)).

Ⅲ. 수협중앙회

1. 출자금

(1) 정관이 정하는 좌수 이상의 출자

회원은 정관으로 정하는 계좌 수 이상의 출자를 하여야 한다(법120①). 따라서 회원은 출자계좌 1,000계좌 이상을 가져야 한다(정관21① 본문).

(2) 출자 1계좌의 금액

출자 1계좌의 금액은 정관으로 정한다(법120②). 따라서 출자 1계좌의 금액은 1만원으로 한다(정관21②). 회원 1인의 출자계좌 수의 한도는 정관으로 정한다(법168, 법22③). 따라서 회원 1인이 가질 출자계좌 수의 최고한도는 총 출자계좌 수의 10% 이내로 한다(정관21① 단서).

(3) 질권설정 금지

회원의 출자금은 질권의 목적이 될 수 없다(법168, 법22④).

(4) 상계 금지

회원은 중앙회에 대한 채권과 출자금 납입을 상계할 수 없다(법168, 법22⑤).

2. 출자배당금의 출자전환

(1) 배당금의 출자

중앙회는 정관으로 정하는 바에 따라 회원의 출자액에 대한 배당 금액의 전부 또는 일부를 그 회원으로 하여금 출자하게 할 수 있다(법168, 법22의3 전단).

(2) 상계 금지

출자배당금을 출자하는 회원은 배당받을 금액을 중앙회에 대한 채무와 상계할 수 없다(법168, 법22의3 후단).

3. 회전출자

(1) 사업이용배당금의 재출자

중앙회는 출자 외에 정관으로 정하는 바에 따라 그 사업의 이용 실적에 따라 회원에게 배당할 금액의 전부 또는 일부를 그 회원에게 출자하게 할 수 있다(법168, 법23 전단).

(2) 상계 금지

중앙회는 중앙회에 대한 채권과 출자금 납입을 상계할 수 없다(법168, 법23 후단).

4. 우선출자

(1) 서설

(가) 의의

우선출자란 우선적 배당을 받을 목적으로 하는 출자로서 조합원보다 우선적으로 배당을 받는 출자를 말한다.

(나) 제도적 취지

우선출자제도의 도입은 자본조달 능력이 취약한 조합의 현실을 고려하여 자본금의 확충으로 조합의 경영안정과 사업 활성화를 도모하기 위함이다.

(2) 우선출자 발행 등

(가) 우선출자 발행

중앙회는 자기자본의 확충을 통한 경영의 건전성을 도모하기 위하여 제164조 제1항에 따라 구분된 신용사업특별회계 외의 사업 부문 또는 신용사업특별회계에 대하여 정관으로 정하는 바에 따라 회원 또는 임직원 등을 대상으로 잉여금 배당에 관하여 내용이 다른 종류의 우선적 지위를 가지는 우선출자를 하게 할 수 있다(법147①).

(나) 우선출자 1좌의 금액 및 우선출자의 총액

우선출자에 대해서는 정관으로 우선출사의 내용과 계좌 수를 정하여야 한다(법147②).

우선출자 1계좌의 금액은 출자 1계좌의 금액과 같아야 하며, 우선출자의 총액은 자기자본의 2분의 1을 초과할 수 없다(법147③ 전단). 다만, 국가와 공공단체의 우선출자금에 대하여는 총 출자계좌 수의 제한을 받지 아니한다(법147③ 후단).

(다) 의결권과 선거권 불인정

잉여금 배당에 우선적 지위를 가지는 우선출자를 한 자("우선출자자")는 의결권과 선거권을 가지지 아니한다(법147④).

(라) 우선출자에 대한 배당률

우선출자의 배당률은 정관으로 정하는 최저 배당률과 최고 배당률 사이에서 정기총회에서 정한다(법147⑤).

(마) 우선출자 발행사항의 공고

지도경제사업대표이사는 우선출자를 하게 할 때에는 우선출자의 납입일 2주 전까지 발행하려는 우선출자증권의 내용, 좌수, 발행가액, 납입일 및 모집방법을 공고하고 출자자와 우선출자자에게 알려야 한다(영31 전단). 이 경우 국가가 우선출자자일 때에는 해양수산부장관에게 알려야 한다(영31 후단).

(3) 우선출자의 청약 등

(가) 우선출자의 청약

우선출자의 청약을 하려는 자는 우선출자청약서에 인수하려는 우선출자의 좌수 및 인수가액과 주소를 적고 기명날인하여야 한다(영32①).

우선출자청약서의 서식은 지도경제사업대표이사가 정하되, ⅰ) 중앙회의 명칭(제1호), ⅱ) 출자 1좌의 금액 및 총좌수(제2호), ⅲ) 우선출자 총좌수의 최고한도(제3호), ⅳ) 이미 발행한 우선출자의 종류 및 종류별 좌수(제4호), ⅴ) 우선출자를 발행하는 날이 속하는 연도의 전년도 말 현재의 자기자본(제5호), ⅵ) 발행하려는 우선출자의 액면금액·내용 및 좌수(제6호), ⅶ) 발행하려는 우선출자의 발행가액 및 납입일(제7호), ⅷ) 우선출자의 매입소각을 하는 경우에는 그에 관한 사항(제8호), ⅸ) 우선출자 인수금액의 납입을 취급하는 금융기관(제9호)이 포함되어야 한다(영32②).

(나) 우선출자 금액의 납입 등

우선출자의 청약을 한 자는 지도경제사업대표이사가 배정한 우선출자의 좌수에 대하여 우선출자를 인수할 수 있다(영33①). 이에 따라 우선출자를 인수하려는 자는 납입일까지 우선출자 발행가액 전액을 납입하여야 한다(영33②).

우선출자를 인수한 자는 우선출자 발행가액의 납입일의 다음 날부터 우선출자자가 된다(영33③).

(다) 우선출자의 매입소각

중앙회는 이사회의 의결을 거쳐 우선출자를 매입하여 소각할 수 있다(영37).

(라) 우선출자증권의 발행

중앙회는 우선출자의 납입기일 후 지체 없이 우선출자증권을 발행하여야 한다(법148).

(4) 우선출자자의 책임

우선출자자의 책임은 그가 가진 우선출자의 인수가액을 한도로 한다(법149).

(5) 우선출자의 양도

(가) 양도와 그 효력

우선출자는 이를 양도할 수 있다(법150① 본문). 다만, 우선출자증권 발행 전의 양도는 중앙회에 대하여 효력이 없다(법150① 단서).

(나) 양도방법

우선출자자는 우선출자를 양도할 때에는 우선출자증권을 내주어야 한다(법150②).

(다) 점유자의 소지인 추정

우선출자증권의 점유자는 그 증권의 적법한 소지인으로 추정한다(법150③).

(라) 증권 명의변경의 대항력

우선출자증권의 명의변경은 그 증권 취득자의 성명과 주소를 우선출자자 명부에 등록하고 그 성명을 증권에 기재하지 아니하면 중앙회나 그 밖의 제3자에게 대항하지 못한다(법150④).

(마) 등록질권의 대항력

우선출자증권을 질권의 목적으로 하는 경우에는 질권자의 성명 및 주소를 우선출자자 명부에 등록하지 아니하면 중앙회나 그 밖의 제3자에게 대항하지 못한다(법150⑤).

(6) 우선출자자 총회
(가) 설치
중앙회에 대한 우선출자자로 구성하는 우선출자자총회를 각각 둔다(법151①).

(나) 정관변경
중앙회는 정관의 변경으로 중앙회의 우선출자자에게 손해를 입히게 될 사항에 관하여는 각각 우선출자자총회의 의결을 거쳐야 한다(법151② 전단).

(다) 의결정족수
우선출자자총회는 발행한 우선출자자 총 출자계좌 수의 과반수의 출석과 출석한 우선출자자 출자계좌 수의 3분의 2 이상의 찬성으로 의결한다(법151② 후단).

(라) 운영사항
우선출자자총회의 운영 등에 필요한 사항은 정관으로 정한다(법151③).

5. 국가 등의 출자 지원 등

(1) 국가 또는 공공단체의 중앙회와 수협은행에 대한 출자 등
국가나 공공단체는 ⅰ) 수협은행이 계속된 예금인출 등으로 인한 재무구조의 악화로 영업을 지속하기가 어렵다고 인정되는 경우(제1호), ⅱ) 예금자 보호 및 신용질서의 안정을 위하여 수협은행의 재무구조 개선이 필요하다고 인정되는 경우(제2호)에는 중앙회에 대한 출연 또는 출자와 수협은행에 대한 출자 또는 ⅰ) 수협은행이 보유하고 있는 채권 중 국채·지방채와 국가가 원리금의 지급을 보증한 채권(제1호), ⅱ) 수협은행이 발행한 은행법 제33조(금융채의 발행) 제1항 제2호부터 제4호까지의 채권(제2호), ⅲ) 앞의 제1호 또는 제2호의 유가증권에 준하는 것으로서 금융위원회가 인정하는 유가증권(제3호)의 매입을 할 수 있다(법153①).

(2) 예금보험공사의 중앙회 출자 또는 유가증권 매입

예금보험공사가 중앙회에 출자하거나 유가증권을 매입한 경우에는 예금자보호법 제38조(부보금융회사에 대한 자금지원)에 따라 자금 지원을 한 것으로 본다(법153②).

Ⅳ. 산림조합중앙회

1. 출자금

(1) 회원의 출자의무

회원은 그 구성원의 출자자본금의 5% 이상에 해당하는 금액을 출자하여야 한다(법90①, 정관25①).

(2) 출자 1계좌의 금액

출자 1계좌의 금액은 1만원으로 한다(법90②, 정관26①). 회원 1인이 가질 출자계좌 수의 최고한도는 총 출자계좌 수의 10% 이내로 한다(정관25②).

(3) 회원의 특별출자

회원은 회원간의 상호지원을 목적으로 중앙회에 특별출자를 할 수 있다(정관25③).

(4) 질권설정 금지

회원의 출자액은 질권의 목적이 될 수 없다(법122, 법20④).

(5) 상계 금지

회원은 출자액의 납입에 있어서 중앙회에 대한 채권과 상계할 수 없다(법122, 법20⑤).

(6) 출자금 납입방법

출자금은 일시에 전액 납입하여야 한다(정관26①). 회원이 현물로써 출자를 납입할 경우에는 이사회에서 정하는 평가방법에 따라 계산한다(정관26②).

2. 회전출자

(1) 사업이용배당금의 재출자

(가) 원칙

중앙회는 출자 외에 정관으로 정하는 바에 따라 그 사업의 이용실적에 따라 회원에게 배당할 금액의 전부 또는 일부를 해당 회원으로 하여금 출자하게 할 수 있다(법122, 법21①). 이에 따라 중앙회의 회원은 배당되는 매 회계연도의 잉여금전액을 회전출자하여야 한다(정관27① 본문).

(나) 예외

출자계좌 수 최고한도를 초과하는 경우와 총회에서 배당하도록 의결하는 경우는 그러하지 아니하다(정관27① 단서).

(2) 상계 금지

회원은 회전출자금의 납입에 있어서 중앙회에 대한 채권과 상계할 수 없다(법122, 법21②, 법20⑤).

3. 우선출자

(1) 서설

(가) 의의

우선출자란 우선적 배당을 받을 목적으로 하는 출자로서 회원보다 우선적으로 배당을 받는 출자를 말한다.

(나) 제도적 취지

우선출자제도의 도입은 자본조달 능력이 취약한 중앙회의 현실을 고려하여 자본금의 확충으로 중앙회의 경영안정과 사업 활성화를 도모하기 위함이다.

(2) 우선출자 발행 등

(가) 우선출자 발행

중앙회는 자기자본의 확충을 통한 경영의 건전성을 도모하기 위하여 정관으로 정하는 바에 따라 조합원 외의 자를 대상으로 잉여금 배당에서 우선적 지위를 가지는 우선출자를 하게 할 수 있다(법122, 법60의2①).

(나) 우선출자 1좌의 금액 및 우선출자의 총액

우선출자 1계좌의 금액은 출자 1계좌의 금액과 동일하여야 하며, 우선출자의 총액은 자기자본의 2분의 1을 초과할 수 없다(법122, 법60의2②). 중앙회는 자기자본의 2분의 1의 범위에서 회원 외의 자를 대상으로 회원보다 잉여금 배당에서 우선적 지위를 가지는 우선출자를 발행할 수 있다(정관30의2①). 우선출자 1계좌의 금액은 1만원으로 한다(정관30의2②).

(다) 의결권과 선거권 불인정

우선출자자는 의결권 및 선거권을 가지지 아니한다(법122, 법60의2③).

(라) 우선출자에 대한 배당률

우선출자에 대한 배당은 조합원에 대한 배당보다 우선하여 실시하되, 그 배당률은 정관으로 정하는 최저배당률과 최고배당률 사이에서 정기총회에서 정한다(법122, 법60의2④).

우선출자에 대한 배당은 회원에 대한 배당보다 우선하여 실시하되, 그 배당률은 액면금액의 5% 이상 15% 이하의 범위에서 정기총회에서 정한다(정관30의2④ 본문). 다만, 해당 회계연도의 이익잉여금이 우선출자총액의 5%에 해당하는 금액에 미치지 못할 때 또는 우선출자자와 별도 계약에 의할 때에는 달리 정할 수 있다(정관30의2④ 단서).

우선출자에 대해서는 해당 회계연도의 이익잉여금으로써 배당을 할 수 없는 경우에 그 부족액에 대하여 다음 회계연도로 이월하지 아니한다(정관30의2⑤).

(마) 우선출자 발행사항의 공고

중앙회가 우선출자를 하게 하는 때에는 우선출자의 납입기일 2주 전까지 우선출자의 내용·계좌 수·발행가액·납입기일 및 모집방법을 공고하고 출자자 및 우선출자자에게 통지해야 한다(법122, 법60의6, 영11의2).

(3) 우선출자의 청약 등

(가) 우선출자의 청약

우선출자의 청약을 하려는 자는 우선출자청약서에 인수하려는 우선출자의 계좌 수 및 인수가액과 주소를 기재하고 기명날인해야 한다(법122, 법60의6, 영11의3①).

우선출자청약서의 서식은 중앙회에서 정하되, ⅰ) 중앙회의 명칭(제1호), ⅱ) 출자 1계좌의 금액 및 총 계좌 수(제2호), ⅲ) 우선출자 총 계좌 수의 최고한도(제 3호), ⅳ) 이미 발행한 우서출자의 종류 및 종류별 계좌 수(제4호), ⅴ) 우선출자 를 발행하는 날이 속하는 연도의 전년도말 현재의 자기자본(제5호), ⅵ) 발행하려 는 우선출자의 액면금액·내용 및 계좌 수(제6호), ⅶ) 발행하고자 하는 우선출자 의 발행가액 및 납입기일(제7호), ⅷ) 우선출자의 매입소각이 행해지는 경우에는 그에 관한 사항(제8호), ⅸ) 우선출자 인수금액의 납입을 취급하는 금융회사 등 (제9호)이 포함되어야 한다(법122, 법60의6, 영11의3②).

(나) 우선출자 금액의 납입 등

우선출자의 청약을 한 자는 중앙회에서 배정한 우선출자의 계좌 수에 대하 여 우선출자를 인수할 수 있다(법122, 법60의6, 영11의4①). 이에 따라 우선출자를 인수하려는 자는 납입기일까지 우선출자 발행가액의 전액을 납입해야 한다(법 122, 법60의6, 영11의4②).

우선출자를 인수한 자는 우선출자 발행가액의 납입기일의 다음 날부터 우선 출자자가 된다(법122, 법60의6, 영11의4③).

(다) 우선출자증권의 발행

중앙회는 우선출자의 납입기일 후 지체 없이 우선출자증권을 발행하여야 한 다(법122, 법60의3).

(라) 우선출자의 매입소각

중앙회는 이사회의 의결을 거쳐 우선출자를 매입하여 이를 소각할 수 있다 (법122, 법60의6, 영11의9).

(4) 우선출자자의 책임

우선출자자의 책임은 그가 가진 우선출자의 인수가액을 한도로 한다(법122, 법60의2⑤).

(5) 우선출자의 양도

(가) 양도와 그 효력

우선출자는 양도할 수 있다(법122, 법60의4① 본문). 다만, 우선출자증권 발행 전의 양도는 중앙회에 대하여 효력이 없다(법122, 법60의4① 단서).

(나) 양도방법

우선출자를 양도할 때에는 우선출자증권을 내주어야 한다(법122, 법60의4②).

(다) 점유자의 소지인 추정

우선출자증권의 점유자는 적법한 소지인으로 추정한다(법122, 법60의4③).

(라) 증권 명의변경의 대항력

우선출자증권의 명의 변경은 취득자의 성명 및 주소를 우선출자자 명부에 등록하고 그 성명을 증권에 적지 아니하면 중앙회와 그 밖의 제3자에게 대항하지 못한다(법122, 법60의4④).

(마) 등록질권의 대항력

우선출자증권을 질권의 목적으로 할 때에는 질권자의 성명 및 주소를 우선출자자 명부에 등록하지 아니하면 중앙회와 그 밖의 제3자에게 대항하지 못한다(법122, 법60의4⑤).

(6) 우선출자자 총회

(가) 우선출자자 총회의 구성

우선출자자총회는 우선출자자 전원으로 구성하고, 사업대표이사가 소집하며 그 의장이 된다(법122, 법60의5③, 정관30의2⑧)

(나) 정관변경과 손해 발생시의 의결

중앙회는 정관의 변경에 의하여 우선출자자에게 손해를 미치게 될 때에는 우선출자자총회의 의결을 받아야 한다(법122, 법60의5①).

중앙회는 정관을 변경함으로써 우선출자자에게 손해를 미치게 될 때에는 발행한 우선출자 총 계좌 수의 과반수가 출석한 우선출자자총회에서 출석한 출자계좌 수의 3분의 2 이상의 찬성을 받아야 한다(정관30의2⑥). 이에 따른 우선출자자총회를 소집할 때에는 개최일 10일 전에 각 우선출자자에게 회의목적을 기재한 소집통지서를 발송하여야 한다(정관30의2⑦).

(다) 의결정족수

우선출자자총회의 의결은 발행한 우선출자 총 계좌 수의 과반수 출석과 출석한 출자계좌 수의 3분의 2 이상의 찬성이 있어야 한다(법122, 법60의5②).

(7) 통지와 최고

우선출자신청인 또는 우선출자자에 대한 통지나 최고는 따로 그 주소를 중앙회에 통지한 때를 제외하고는 우선출자청약서 또는 우선출자자명부에 기재된 주소로 한다(법122, 법60의6, 영11의10).

Ⅴ. 새마을금고중앙회

1. 출자금

(1) 출자 좌수

금고는 1좌 이상 출자하여야 한다(법56②). 출자 1좌의 금액은 정관으로 정한다(법56③). 이에 따라 출자 1좌의 금액은 10,000원으로 한다(정관12①).

한 회원이 가질 수 있는 출자 좌수의 최고한도는 총출자좌수의 15%를 초과할 수 없다(법56⑦, 법9④).

(2) 자본금

중앙회의 자본금은 금고가 납입한 출자금(제7항에 따라 준용되는 제9조의2 출자배당금의 출자전환에 따른 출자금을 포함), 제7항에 따라 준용되는 제9조의3에 따른 회전출자금 및 제70조의2에 따른 우선출자금(누적되지 아니하는 것만 해당)의 총액으로 한다(법56④).[1]

(3) 현금 납입

중앙회에 납입할 출자금은 반드시 현금으로 납입하여야 한다(법56②).

(4) 질권설정 및 상계 금지

출자금은 질권의 목적이 될 수 없다(법56⑦, 법9⑧). 회원이 금고에 납입할 출자금은 금고에 대한 채권과 상계하지 못한다(법56⑦, 법9⑦).

---

1) [시행일: 2023. 10. 12.]

2. 출자배당금의 출자전환

중앙회는 정관으로 정하는 바에 따라 금고의 출자액에 대한 배당금액의 전부 또는 일부를 그 금고로 하여금 출자하게 할 수 있다(법56⑦, 법9의2 전단). 이 경우 그 금고는 배당받을 금액을 중앙회에 대한 채무와 상계할 수 없다(법56⑦, 법9의2 후단).[2]

3. 회전출자

중앙회는 출자 외에 정관으로 정하는 바에 따라 그 사업의 이용실적에 따라 금고에게 배당할 금액의 전부 또는 일부를 그 금고로 하여금 출자하게 할 수 있다(법56⑦, 법9의3 전단). 이 경우 그 금고는 배당받을 금액을 금고에 대한 채무와 상계할 수 없다(법56⑦, 법9의3 후단).[3]

4. 우선출자

(1) 서설
(가) 의의

우선출자란 우선적 배당을 받을 목적으로 하는 출자로서 회원보다 우선적으로 배당을 받는 출자를 말한다.

(나) 제도적 취지

우선출자제도의 도입은 자본조달 능력이 취약한 중앙회의 현실을 고려하여 자본금의 확충으로 중앙회의 경영안정과 사업 활성화를 도모하기 위함이다.

(2) 우선출자 발행 등
(가) 우선출자 발행

중앙회는 자기자본의 확충을 통한 경영의 건전성을 도모하기 위하여 정관으로 정하는 바에 따라 잉여금배당에서 우선적 지위를 가지는 우선출자를 하게 할 수 있다(법70의2①).

---

2) [제9조의2 신설 2023. 4. 11.][시행일: 2023. 10. 12.]
3) [제9조의3 신설 2023. 4. 11.][시행일: 2023. 10. 12.]

(나) 우선출자 1좌의 금액 및 우선출자의 총액

우선출자 1좌의 금액은 출자 1좌의 금액과 같아야 하며, 우선출자의 총액은 납입 출자금의 2분의 1을 초과할 수 없다(법70의2②).

(다) 의결권과 선거권 불인정

우선출자자는 의결권 및 선거권이 없다(법70의2③).

(라) 우선출자에 대한 배당과 배당률

우선출자에 대한 배당은 출자에 대한 배당보다 우선하여 실시하되, 그 배당률은 정관으로 정하는 최저배당률과 최고배당률 사이에서 정기총회에서 정한다(법70의2④).

(마) 우선출자 발행사항의 공고

중앙회는 우선출자를 하게 할 때에는 우선출자의 납입일 2주 전까지 발행하려는 우선출자증권의 내용, 좌수(座數), 발행가액, 납입일 및 모집방법을 공고하고 출자자와 우선출자자에게 알려야 한다(영41의2).

(3) 우선출자의 청약 등

(가) 우선출자의 청약

우선출자의 청약을 하려는 자는 우선출자청약서에 인수하려는 우선출자의 좌수 및 인수가액과 주소를 적고 기명날인 또는 서명하여야 한다(영41의3①).

우선출자청약서의 서식은 회장이 정하되, ⅰ) 중앙회의 명칭(제1호), ⅱ) 출자 1좌의 금액 및 총좌수(제2호), ⅲ) 우선출자 총좌수의 최고한도(제3호), ⅳ) 이미 발행한 우선출자의 종류 및 종류별 좌수(제4호), ⅴ) 발행하려는 우선출자증권의 발행가액 및 납입일(제5호), ⅵ) 발행하려는 우선출자의 액면금액·내용 및 좌수(제6호), ⅶ) 우선출자의 매입소각을 하는 경우에는 그에 관한 사항(제7호)이 포함되어야 한다(영41의3②).

(나) 우선출자 금액의 납입 등

우선출자의 청약을 한 자는 회장이 배정한 우선출자의 좌수에 대하여 우선출자를 인수할 수 있다(영41의4①). 이에 따라 우선출자를 인수하려는 자는 납입일까지 우선출자 발행가액 전액을 납입하여야 한다(영41의4②).

우선출자를 인수한 자는 우선출자 발행가액의 납입일의 다음 날부터 우선출자자가 된다(영41의4③).

(4) 우선출자증권의 발행 등
(가) 우선출자증권의 발행

중앙회는 우선출자의 납입기일 후 지체 없이 우선출자증권을 발행하여야 한다(법70의3①). 우선출자증권("증권")은 기명식으로 하되, 우선출자의 전액을 납입한 후가 아니면 증권을 발행할 수 없다(영41의5).

(나) 우선출자증권의 기재사항

증권에는 ⅰ) 중앙회의 명칭(제1호), ⅱ) 우선출자의 액면금액(제2호), ⅲ) 우선출자의 내용(제3호), ⅳ) 증권번호(제4호), ⅴ) 발행 연월일(제5호), ⅵ) 우선출자 좌수(제6호), ⅶ) 우선출자자의 성명(법인인 경우에는 법인의 명칭)(제7호)을 적고 회장이 기명날인 또는 서명하여야 한다(영41의6).

(다) 우선출자자명부의 비치 및 기재사항

중앙회장은 우선출자자명부를 작성하여 주된 사무소에 갖추어 두어야 한다(법70의3②).

중앙회는 주된 사무소에 우선출자자명부를 갖추어 두고 ⅰ) 증권소유자의 성명과 주소(제1호), ⅱ) 증권의 수와 번호(제2호), ⅲ) 증권의 취득 연월일(제3호)을 적어야 한다(영41의7).

(라) 우선출자자명부의 열람 및 사본 청구

회원, 우선출자자 또는 중앙회의 채권자는 영업시간 내에 우선출자자명부를 열람할 수 있으며, 중앙회에서 정한 비용을 내고 그 사본을 청구할 수 있다(법70의3③).

(5) 우선출자의 매입소각

중앙회는 이사회의 의결을 거쳐 우선출자를 매입하여 소각할 수 있다(영41의8).

(6) 우선출자자의 책임

우선출자자의 책임은 그가 가진 우선출자의 인수가액(引受價額)을 한도로 한다(법70의4).

(7) 우선출자의 양도

(가) 양도와 그 효력

우선출자는 양도할 수 있다(법70의5① 본문). 다만, 우선출자증권 발행 전의 양도는 중앙회에 대하여 효력이 없다(법70의5① 단서).

(나) 양도방법

우선출자를 양도하는 때에는 우선출자증권을 교부하여야 한다(법70의5②).

(다) 점유자의 소지인 추정

우선출자증권의 점유자는 적법한 소지인으로 추정한다(법70의5③).

(라) 증권 명의변경의 대항력

우선출자증권의 명의변경은 취득자의 성명과 주소를 우선출자자명부에 등록하고 그 성명을 증권에 적지 아니하면 중앙회나 그 밖의 제3자에게 대항하지 못한다(법70의5④).

(마) 등록질권의 대항력

우선출자증권을 질권의 목적으로 하는 경우에는 질권자의 성명 및 주소를 우선출자자명부에 등록하지 아니하면 중앙회나 그 밖의 제3자에게 대항하지 못한다(법70의5⑤).

(8) 우선출자자 총회

(가) 정관변경

중앙회는 정관이 변경되어 우선출자자에게 손해를 미치게 되는 경우에는 우선출자자총회의 의결을 받아야 한다(법70의6①).

(나) 의결정족수

우선출자자 총회의 의결은 발행한 우선출자 총좌수의 과반수의 출석과 출석한 출자좌수의 3분의 2 이상의 찬성이 있어야 한다(법70의6②).

(다) 운영사항

우선출자자 총회의 운영 등에 필요한 사항은 정관으로 정한다(법70의6③).

(9) 통지와 최고

우선출자 신청인 또는 우선출자자에 대한 통지나 최고는 따로 그 주소를 중앙회에 통지한 경우를 제외하고는 우선출자청약서 또는 우선출자자명부에 적힌 주소로 한다(영41의9).

제2절 환급

Ⅰ. 신협중앙회

1. 해산과 출자금의 환급

중앙회는 조합이 해산하는 경우에는 해산하는 조합의 출자금을 환급하여 그 출자지분에 해당하는 금액을 자본금에서 감소시키거나 해산하는 조합의 출자지분을 다른 조합에 양도하게 할 수 있다(법63⑥).

2. 자격상실과 출자금의 환급

중앙회는 회원이 회원자격을 상실한 때에 한하여 그의 청구에 따라 출자금을 환급한다(정관13①).

3. 환급청구권의 행사기간

출자금 환급청구권은 회원자격을 상실한 날부터 2년간 행사하지 아니하면 그 청구권은 소멸한다(정관13②).

4. 공제 후 환급

회원자격을 상실한 회원이 중앙회에 대하여 채무가 있을 때에는 이를 공제한 후 출자금을 환급한다(정관13③).

Ⅱ. 농협중앙회

1. 지분환급청구권과 환급정지

(1) 지분환급청구권의 행사

탈퇴 회원(제명된 회원을 포함)은 탈퇴(제명을 포함) 당시의 회계연도의 다음 회계연도부터 정관으로 정하는 바에 따라 그 지분의 환급을 청구할 수 있다(법 161 전단, 법31①).

(2) 지분환급청구권 행사기간

지분환급청구권은 2년간 행사하지 아니하면 소멸된다(법161 전단, 법31②).

(3) 환급정지

중앙회는 탈퇴 회원이 중앙회에 대한 채무를 다 갚을 때까지는 지분의 환급을 정지할 수 있다(법161 전단, 법31③).

2. 탈퇴회원의 손실액 부담

(1) 손실액 납입청구

중앙회는 중앙회의 재산으로 그 채무를 다 갚을 수 없는 경우에는 환급분을 계산할 때 정관으로 정하는 바에 따라 탈퇴 회원이 부담하여야 할 손실액의 납입을 청구할 수 있다(법161 전단, 법32 전단).

(2) 행사시기

탈퇴 회원(제명된 회원 포함)은 탈퇴(제명 포함) 당시의 회계연도의 다음 회계연도부터 정관으로 정하는 바에 따라 그 지분의 환급을 청구할 수 있다(법161전단, 법32 후단, 법31①).

(3) 행사기간

청구권은 2년간 행사하지 아니하면 소멸된다(법161 전단, 법32 후단, 법31②).

Ⅲ. 수협중앙회

1. 지분환급청구권과 환급정지

(1) 지분환급청구권의 행사

탈퇴 회원(제명된 회원 포함)은 탈퇴(제명 포함) 당시 회계연도의 다음 회계연도부터 정관으로 정하는 바에 따라 그 지분의 환급을 청구할 수 있다(법168, 법33①).

(2) 지분 산정시기

지분은 탈퇴(제명 포함)한 회계연도 말의 중앙회의 자산과 부채에 따라 정한다(법168, 법33②).

(3) 지분환급청구권 행사기간

청구권은 2년간 행사하지 아니하면 시효로 인하여 소멸된다(법168, 법33③).

(4) 환급정지

중앙회는 탈퇴 회원(제명된 회원 포함)이 중앙회에 대한 채무를 다 갚을 때까지는 지분의 환급을 정지할 수 있다(법168, 법33④).

2. 탈퇴회원의 손실액 부담

(1) 손실액 납입청구

중앙회는 중앙회의 재산으로 그 채무를 다 갚을 수 없는 경우에는 지분의 환급분을 계산할 때 정관으로 정하는 바에 따라 탈퇴 회원(제명된 회원 포함)이 부담하여야 할 손실액의 납입을 청구할 수 있다(법168, 법34 전단).

(2) 행사기간

청구권은 2년간 행사하지 아니하면 시효로 인하여 소멸된다(법168, 법34 후단, 법33③).

Ⅳ. 산림조합중앙회

1. 지분환급청구권과 환급정지

(1) 탈퇴회원의 환급청구
(가) 탈퇴회원에 대한 지분의 합계액 환급

중앙회는 탈퇴한 회원의 청구에 따라 탈퇴한 회계연도말의 본회 재산에 대하여 제38조(지분계산) 제1호부터 제3호(법정적립금과 이월금은 제외)까지의 규정에 따라 산출된 지분의 합계액을 환급한다(정관22① 본문).

1) 납입출자금

납입출자금에 대해서는 납입한 출자액에 따라 회계연도마다 계산한다(정관 38(1) 본문). 다만, 그 재산이 납입출자액의 총액보다 감소되었을 때에는 각 회원의 출자액에 따라 감액하여 계산한다(정관38(1) 단서).

2) 회전출자금

회전출자금에 대해서는 각 회원이 납입한 회전출자액에 따라 회계연도마다 계산하여 더한다(정관38(2) 본문). 다만, 회전출자금이 감소되었을 때에는 각 회원의 출자액에 따라 감액하여 계산한다(정관38(2) 단서).

3) 사업준비금

사업준비금에 대해서는 회계연도마다 제84조(잉여금의 배당) 제3항에 따라 계산하여 더한다(정관38(3) 본문). 다만, 사업준비금이 감소되었을 때에는 각 회원의 지분액에 따라 감액하여 계산한다(정관38(3) 단서).

(나) 제명으로 탈퇴한 회원에 대한 지분액 한정

제명으로 인하여 탈퇴한 회원에 대해서는 앞의 제38조 제1호 및 제2호에 따라 산출된 지분액만 환급한다(정관22① 단서).

(2) 지분환급청구권의 행사시기

지분의 환급은 탈퇴 당시 회계연도의 다음 회계연도부터 청구할 수 있다(법 122, 법28①, 정관22②).

(3) 청구권 행사기간

지분환급의 청구권은 2년간 행사하지 아니하면 소멸된다(법122, 법28②, 정관 22③).

(4) 환급정지

탈퇴한 회원이 중앙회에 채무가 있을 때에는 그 채무를 전부 변제할 때까지 중앙회는 환급을 정지할 수 있다(법122, 법28③, 정관22④).

2. 탈퇴회원의 손실액 부담

(1) 손실액 납입청구

환급분을 계산하는 경우에 중앙회 그 재산으로 조합의 채무를 완전 변제할 수 없을 때에는 중앙회는 정관으로 정하는 바에 따라 탈퇴조합원이 부담하여야 할 손실액의 납입을 청구할 수 있다(법122, 법29①).

(2) 환급청구권 행사시기

탈퇴회원은 탈퇴 당시 회계연도의 다음 회계연도부터 정관으로 정하는 바에 따라 그 손실액의 환급을 청구할 수 있다(법122, 법29②, 법28①).

(3) 손실액 납입청구권의 행사기간

청구권은 2년간 행사하지 아니하면 소멸된다(법122, 법29②, 법28②).

Ⅴ. 새마을금고중앙회

탈퇴한 회원(당연탈퇴한 것으로 보는 경우와 제명된 경우를 포함)은 정관으로 정하는 바에 따라 그의 예탁금 및 적금의 환급을 청구할 수 있다(법56⑦, 법10④).

1. 중앙회의 환급의무

중앙회는 탈퇴한 금고의 청구에 따라 그 금고의 출자금, 예탁금, 적금을 환급한다(정관11①).

2. 배당금 등의 지급시기

탈퇴된 금고의 출자금에 대한 배당금은 당해 사업연도 결산 후에 지급하며, 예탁금, 적금과 그에 대한 이자는 탈퇴와 동시에 지급한다(정관11②).

3. 환급청구권의 소멸시효

출자금, 예탁금, 적금의 환급청구권은 탈퇴한 다음날부터 출자금의 경우에는 2년간, 예탁금, 적금의 경우에는 5년간 행사하지 아니하면 시효로 각각 소멸한다(정관11③).

4. 공제한 잔액의 지급

탈퇴된 금고가 중앙회에 대하여 채무가 있을 때에는 환급금에서 이를 공제한 잔액을 지급한다(정관11④).

5. 감액 지급

탈퇴된 금고의 출자금에 대한 환급금을 계산함에 있어서 중앙회의 재산으로 그 채무를 완제할 수 없을 때에는 금고의 출자금을 금액하여 지급할 수 있다(정관11⑤).

제3절 지분의 양도

Ⅰ. 신협중앙회

1. 양도의 승인

중앙회에 대한 조합의 출자지분은 중앙회장의 승인을 받아 다른 조합에 양도할 수 있다(법63⑤ 전단). 이 경우 양수한 조합은 양도한 조합의 권리와 의무를 승계한다(법63⑤ 후단).

2. 출자금의 공유 금지

회원의 출자금은 공유할 수 없다(정관14②).

Ⅱ. 농협중앙회

1. 지분양도 금지

회원은 중앙회의 승인 없이 그 지분을 양도할 수 없다(법161 전단, 법23①).

2. 비회원의 지분 양수 조건

회원이 아닌 자가 지분(持分)을 양수하려면 가입신청, 자격심사 등 가입의 예에 따른다(법161 전단, 법23②).

3. 양수인의 권리의무 승계

지분양수인은 그 지분에 관하여 양도인의 권리의무를 승계한다(법161 전단, 법23③).

4. 지분공유 금지

회원의 지분은 공유할 수 없다(법161 전단, 법23④).

Ⅲ. 수협중앙회

1. 지분양도 금지

회원은 이사회의 승인 없이 그 지분을 양도할 수 없다(법168, 법24①).

2. 비회원의 지분 양수 조건

회원이 아닌 자가 지분을 양수할 때에는 수산업협동조합법 또는 정관에서 정하고 있는 가입 신청, 자격 심사 등 회원 가입에 관한 규정에 따른다(법168, 법24②).

3. 양수인의 권리의무 승계

지분의 양수인은 그 지분에 관하여 양도인의 권리·의무를 승계한다(법168, 법24③).

4. 지분공유 금지

회원의 지분은 공유할 수 없다(법168, 법24④).

Ⅳ. 산림조합중앙회

1. 지분양도 금지

회원은 중앙회의 승인 없이 그 지분을 양도할 수 없다(법122, 법22①).

2. 비회원의 지분 양수 조건

회원이 아닌 자가 지분을 양수하려면 가입신청, 자격심사 등 가입의 예에 따른다(법122, 법22②).

3. 양수인의 권리의무 승계

지분양수인은 그 지분에 관하여 양도인의 권리·의무를 승계한다(법122, 법22③).

4. 지분공유 금지

회원의 지분은 공유할 수 없다(법122, 법22④).

Ⅴ. 새마을금고중앙회

1. 중앙회장의 승인

출자금의 양도·양수는 금고 간에 한하여 할 수 있으며 금고의 출자금을 양도·양수하고자 할 때에는 회장의 승인을 얻어야 한다(정관13①).

2. 권리의무의 승계

양수인은 양도인의 출자금에 관한 재산상의 권리와 의무를 승계한다(법56⑦, 법9⑨ 후단).

3. 공유 금지

출자금은 공유할 수 없다(정관13③).

제
4
장
/

지배구조

제1절 총회 및 대의원회

Ⅰ. 신협중앙회

1. 설치

중앙회에 총회를 둔다(법68①). 총회는 전체 회원으로 구성되고 중앙회의 운영에 관한 기본적인 사항을 결정하는 최고 의사결정기관이다.

2. 구성과 구분

총회는 중앙회장과 조합의 대표로 구성하며, 정기총회와 임시총회로 구분한다(법68②).

(1) 정기총회의 소집

정기총회는 중앙회장이 매년 1회 소집하고, 중앙회장이 총회의 의장이 된다(법68③). 정기총회는 매년 1회 사업연도 종료 후 3월 이내에 회장이 이를 개최한다(정관18).

(2) 임시총회 소집

임시총회는 중앙회장이 필요하다고 인정하거나 조합 대표의 청구로 정관에서 정하는 바에 따라 소집하며, 중앙회장이 총회의 의장이 된다(법68③).

임시총회는 ⅰ) 회장이 필요하다고 인정한 때(제1호), ⅱ) 회원 5분의 1 이상이 회의의 목적과 소집이유를 기재한 서면을 회장에게 제출하고 소집을 청구한 때(제2호), ⅲ) 감사위원회의 감사(법76의2①)에 의한 감사결과 부정한 사실이 발견되어 감사위원회의 대표자("대표감사위원")가 회의의 목적과 소집이유를 기재한 서면을 회장에게 제출하고 소집을 청구한 때(제3호)에 해당하는 경우에 회장이 이를 개최한다(정관19①).

앞의 ⅰ) 및 ⅱ)에 의한 청구가 있을 때에는 회장은 15일 이내에 총회를 개최하여야 한다(정관19②).

3. 총회의 결의사항 등

(1) 총회의 결의사항

다음의 사항, 즉 ⅰ) 정관의 변경(제1호), ⅱ) 규약의 제정, 개정 및 폐지(제2호), ⅲ) 회비의 부과방법 및 금액의 결정(제3호), ⅳ) 사업계획·예산 및 결산보고서의 승인(제4호), ⅴ) 감사보고서(외부감사인의 감사보고서 포함)의 승인(제5호), ⅵ) 임원의 임면에 관한 사항(제6호), ⅶ) 그 밖에 이사회 결의 또는 전체 회원 5분의 1 이상의 동의를 받아 총회에 부치는 사항(제7호)은 신용협동조합법에 다른 규정이 있는 경우를 제외하고는 총회의 결의를 거쳐야 한다(법69①).

(2) 정관변경과 금융위원회 인가 및 등기

정관을 변경하였을 때에는 금융위원회의 인가를 받은 후 지체 없이 등기하여야 한다(법69②).

(3) 예산심의위원회의 설치·운영

총회의 결의사항 중 회비의 부과방법 및 금액의 결정, 사업계획 및 예산의 승인 사항을 심의하기 위하여 중앙회장 및 대의원 중에서 선출하는 위원을 합하여 40인 이내로 구성하는 예산심의위원회("예심위")를 설치·운영한다(정관24③).

예심위는 총회소집통지일 전일까지 의결사항을 심의하고, 그 결과를 당해 총회에 보고하여야 한다(정관24④).

4. 총회 결의의 특례

(1) 회원의 투표로 총회 결의 갈음

다음의 사항, 즉 ⅰ) 중앙회의 해산(제1호), ⅱ) 임원의 선임에 대해서는 회원의 투표로 총회의 결의를 갈음할 수 있다(법68④ 전단, 법26의2① 전단). 이 경우 회원 투표의 통지·방법, 그 밖에 투표에 필요한 사항은 정관에서 정한다(법68④ 전단, 법26의2① 후단).

(2) 회원 투표와 결의 정족수

회원의 투표는 다음의 구분에 따른다(법68④ 전단, 법26의2②). 즉 ⅰ) 중앙회의 해산: 재적회원 과반수(재적회원이 500인을 초과하는 경우에는 251인 이상)의 투표와 투표한 회원 3분의 2 이상의 찬성으로 결의하고(제1호), ⅱ) 임원의 선임: 회장은 선거인(정관으로 정하는 바에 따라 선거권을 가진 자) 과반수의 투표로써 다수 득표자를 당선인으로 결정하고, 회장을 제외한 임원 중 회원이어야 하는 임원은 선거인 과반수의 투표로써 다수 득표자순으로 당선인을 결정한다(제2호 전단) 이 경우 재적회원이 500인을 초과하는 경우에는 251인 이상의 출석으로 개의하고 출석회원 과반수의 찬성으로 결의할 수 있다(제2호 후단).

(3) 회장의 선임

회장의 선임은 법 제68조 제4항에서 준용하는 법 제26조의2의 규정에 따른 선거인의 투표로 총회의 결의를 갈음한다(정관24의2).

5. 총회의 개의와 결의

(1) 총회의 보통결의

총회는 신용협동조합법에 다른 규정이 있는 경우를 제외하고는 재적회원 과반수의 출석으로 개의하고 출석회원 과반수의 찬성으로 결의한다(법68④ 전단, 법25① 본문).

(2) 총회의 특별결의

정관의 변경은 출석인원 3분의 2 이상의 찬성으로 의결한다(정관23① 단서).

(3) 이해상충과 의결권행사 제한

총회의 결의에 관하여 특별한 이해관계가 있는 회원은 의결권을 행사하지 못한다(정관23② 본문). 다만, 그 회원은 당해 사항에 관한 의견을 진술할 수 있다(정관23② 단서).

(4) 사전통지 사항

총회는 미리 통지한 사항에 한하여 의결할 수 있다(정관23③).

6. 총회의 소집 청구

(1) 회원의 소집 청구

회원은 회원 5분의 1 이상의 동의를 받아 회의의 목적과 소집 이유를 적은 서면을 제출하여 총회의 소집을 회장에게 청구할 수 있다(법68④ 전단, 법26①).

회장은 회원의 총회 소집 청구를 받으면 15일 이내에 총회를 개최하여야 한다(법68④ 전단, 법26③).

(2) 대표감사위원의 소집 청구

감사위원회의 대표자("대표감사위원")는 감사결과 부정한 사실이 발견되어 그 내용을 총회에 신속히 보고할 필요가 있을 때에는 회의의 목적과 소집 이유를 적은 서면을 제출하여 총회의 소집을 회장에게 청구할 수 있다(법68④ 전단, 법26②).

회장은 대표감사위원의 총회 소집 청구를 받으면 15일 이내에 총회를 개최하여야 한다(법68④ 전단, 법26③).

(3) 대표감사위원의 소집 사유

총회를 소집할 자가 없거나 회장의 총회 개최 기간인 15일 이내(법26③)에 정당한 이유 없이 회장이 총회를 개최하지 아니한 경우에는 감사위원회의 대표자가 지체 없이 총회를 소집하여야 한다(법68④ 전단, 법26④ 전단).

따라서 다음에 해당하는 경우, 즉 ⅰ) 총회를 소집할 자가 없을 때, ⅱ) 회원 5분의 1 이상이 회의의 목적과 소집이유를 기재한 서면을 회장에게 제출하고 소집을 청구한 경우에 회장이 정당한 이유없이 15일 이내에 총회를 개최하지 아니한 때, ⅲ) 감사위원회의 감사(법76의2①)에 의한 감사결과 부정한 사실이 발견되어 대표감사위원이 회의의 목적과 소집이유를 기재한 서면을 회장에게 제출하고 소집을 청구한 경우에 회장이 정당한 이유없이 15일 이내에 총회를 개최하지 아니한 때에는 대표감사위원이 지체없이 총회를 소집한다(정관20①).

이 경우 감사위원회의 대표자가 의장의 직무를 대행한다(법68④ 전단, 법26④ 후단).

(4) 회원대표의 총회소집

회원이 총회의 소집을 청구한 경우로서 대표감사위원이 총회를 소집하지 아니한 경우에는 총회의 소집을 청구한 회원의 대표가 총회를 소집한다(법68④ 전단, 법26⑤ 전단). 대표감사위원이 총회를 소집하지 아니할 때에는 회원 5분의 1 이상의 동의를 얻은 회원대표가 총회를 소집한다(정관21①).

이 경우 그 회원의 대표가 의장의 직무를 대행한다(법68④ 전단, 법26⑤ 후단).

7. 의결권 및 선거권

회원은 출자좌수에 관계없이 평등한 의결권과 선거권을 가진다(법68④ 전단, 법19① 본문).

8. 총회의 소집방법

총회를 소집 또는 개최하는 자는 개최 10일 전까지 그 회의의 일시, 장소, 목적사항 등을 회원에게 서면으로 통지하여야 한다(정관22).

9. 총회 의사록

총회의 의사에 관하여는 의사의 경과 및 결과를 기재한 의사록을 작성하고 의장과 총회에서 선출한 3인이 기명날인 또는 서명한다(정관25).

10. 대의원회

(1) 설치
중앙회에 총회를 갈음할 대의원회를 둔다(법70①).

(2) 결의사항
총회의 결의사항은 대의원회에서 결의할 수 있다(법70② 전단). 이 경우 그 결의는 총회의 결의로 본다(법70② 후단).

(3) 구성
대의원회는 중앙회장과 대의원으로 구성한다(법70③).

(4) 정수 및 임기
대의원의 정수는 중앙회장을 포함하여 200인 이내로 한다(법70④, 정관27①). 대의원의 임기는 4년으로 하며, 보궐선거로 선출된 대의원의 임기는 전임자 임기의 남은 기간으로 한다(법70⑤).
대의원의 임기는 전임자의 임기만료일 다음 날로부터 기산한다(정관27②).

(5) 선출
대의원은 조합의 대표 중 정관에서 정하는 바에 따라 선출한다(법70④).
(가) 선출 방법
대의원은 회원의 대표 중에서 대의원 선거구별로 당해 선거구 내의 회원대표의 과반수가 출석한 회의에서 선출한다(정관28① 본문). 다만, 경영관리를 받고 있는 회원의 대표는 선거권을 가지지 아니한다(정관28① 후단).
(나) 선거구별 대의원 정수의 결정
선거구별 대의원의 정수는 회원수에 비례하여 배정한다(정관28②).
(다) 임기만료로 인한 선출 시기
대의원의 임기만료로 인한 선출은 그 임기만료일 전 12일까지 실시하여야 한다(정관28③).

(라) 규약

선거구별 대의원의 정수 및 선출 등에 관하여 필요한 사항은 이 정관에 정하는 것을 제외하고는 규약으로 정한다(정관28④).

(6) 의결권과 선거권의 대리 행사

대의원은 그 의결권과 선거권을 대리인으로 하여금 행사하게 할 수 없다(법 70⑥ 후단).

(7) 대의원의 보궐선거

(가) 결원시 실시

대의원에 결원이 생긴 때에는 보궐선거를 실시한다. 이 경우 대의원의 선출방법에 관한 정관 제28조 제1항의 규정을 준용한다(정관29①).

(나) 실시 기한

보궐선거는 그 결원이 발생한 날로부터 60일 이내에 실시하여야 한다(정관29②).

(8) 대의원 자격의 상실

대의원이 회원의 대표직을 상실하거나 ⅰ) 법 제28조(임원 등의 자격 제한) 제1항 제1호부터 제11호 중 어느 하나에 해당하는 자, ⅱ) 법 제86조(경영관리) 제1항의 규정에 의한 경영관리를 받고 있거나 금융위원회가 정하는 경영관리유예조치 또는 재무상태개선요구조치를 받고 있는 회원의 임원, ⅲ) 총회에서 임원의 해임이 의결된 때에는 당해 임원은 당연히 해임되는데 해임된 날로부터 5년이 경과되지 아니한 자, ⅳ) 정관부속서임원선거규약 제17조(피선거권의 제한)[1])에

---

1) 제17조(피선거권의 제한) 다음에 해당하는 자는 피선거권이 없다.
  1. 삭제 <2000. 5. 26.>
  2. 후보자등록개시일 현재 회원의 조합원 자격을 3년 이상 계속 유지하고 있지 아니한 자. 다만, 설립(합병 또는 분할의 경우를 포함)후 3년을 경과하지 아니한 회원의 경우를 제외한다.
  3. 후보자등록개시일 현재 과년도 중앙회비를 체납한 회원의 조합원
  4. 후보자등록개시일 현재 중앙회에 대한 출자의무를 이행하지 아니하였거나 중앙회에 대한 채무를 3월 이상 연체하고 있는 회원의 조합원
  5. 후보자등록개시일 현재 회원에 대한 채무를 3월 이상 연체하고 있는 자
  6. 후보자등록개시일 현재 신용정보 관리규약에 의한 연체정보 및 금융질서문란정보에 등

서 정한 피선거권의 제한에 해당하는 자 중 어느 하나에 해당하는 사유가 발견 또는 발생(법 제28조 제1항 제9호2)의 경우는 제외)되었을 때에는 그 날부터 대의원의 자격을 상실한다(정관26③).

(9) 총회 규정 준용

대의원회에 관하여는 총회에 관한 규정을 준용한다(법70⑥ 전단).

Ⅱ. 농협중앙회

1. 설치

중앙회에 총회를 둔다(법122①). 회장은 총회의 의장이 된다(법122③). 총회는 전체 회원으로 구성되고(대의원제가 총회를 갈음하고 있다면 회원은 언제라도 대의원이 될 수 있으므로), 회원의 총의를 직접적으로 나타내며, 중앙회 조직의 운영에 관한 기본적인 사항을 결정하는 최고의 의사결정기관이다.

2. 구성

총회는 회장과 회원으로 구성하고, 회장이 소집한다(법122②). 총회는 정기총회와 임시총회로 구분한다(법122④).

(1) 정기총회의 소집

정기총회는 매년 1회 정관으로 정한 시기에 소집한다(법122④). 이에 따라 정기총회는 매년 1회 회계연도 종료 후 3개월 이내에 회장이 이를 소집한다(정관33).

(2) 임시총회 소집

임시총회는 필요할 때에 수시로 소집한다(법122④). 임시총회는 ⅰ) 회장이 필요하다고 인정한 때(제1호), ⅱ) 이사회가 필요하다고 인정하여 소집을 청구한

재된 자, 다만 공공기록정보는 제외한다.
7. 삭제 <2004. 1. 27.>
8. 후보자등록개시일 현재 중앙회 임원의 직을 사임하지 아니한 자(상임임원 선거에 한한다). 다만, 당해 선거로 선출된 임원의 임기 개시 전에 임기가 만료되는 임원은 제외한다.
2) 9. 신용협동조합법 또는 금융관계법령에 따라 대통령령으로 정하는 정직·업무집행정지 이상의 제재 조치를 받은 사람으로서 대통령령으로 정하는 기간이 지나지 아니한 사람

때(제2호), ⅲ) 회원이 회원 10% 이상의 동의를 얻어 소집의 목적과 이유를 기재한 서면을 제출하여 회장에게 소집을 청구한 때(제3호), ⅳ) 감사위원회가 본회의 재산상황 또는 업무집행에 관하여 부정한 사실이 있는 것을 발견하여 그 내용을 총회에 신속히 보고하여야 할 필요가 있어 회장에게 소집을 요구한 때(제4호)에 해당하는 경우에 회장이 이를 소집한다(정관34①).

위 ⅱ) 및 ⅲ)의 청구가 있는 때에는 정당한 사유가 없는 한 회장은 2주 이내에 총회소집통지서를 발송하여야 한다(정관34②).

3. 의결권 행사

(1) 의결권 행사기준

중앙회의 회원은 ⅰ) 조합원 수가 2천명 미만인 조합 또는 연합회는 1표(제1호), ⅱ) 조합원 수가 2천명 이상 3천명 미만인 조합은 2표(제2호), ⅲ) 조합원 수가 3천명 이상인 조합은 3표(제3호)에 따라 정관으로 정하는 바에 따라 총회에서 1표에서 3표까지의 의결권을 행사한다(법122⑤, 영11의4①).

(2) 조합원 수의 확정시기

중앙회 총회 의결권 행사기준이 되는 조합원 수는 매년 중앙회 정기총회에서 직전 회계연도 말을 기준으로 하여 확정한다(영11의4②).

(3) 합병조합 또는 신설조합의 경우의 조합원수 확정시기

정기총회 이후 합병하거나 새로 설립된 조합의 경우에는 합병등기일 또는 설립등기일을 기준으로 중앙회 이사회가 조합원 수를 확정한다(영11의4③).

4. 의결사항 등

(1) 의결사항

다음의 사항, 즉 ⅰ) 정관의 변경(제1호), ⅱ) 회원의 제명(제2호), ⅲ) 임원 및 조합감사위원장의 선출과 해임(제3호), ⅳ) 사업계획, 수지 예산 및 결산의 승인(제4호), ⅴ) 그 밖에 이사회나 회장이 필요하다고 인정하는 사항(제5호)은 총회의 의결이 있어야 한다(법123).

(2) 위반시 제재

조합등(조합, 조합공동사업법인, 품목조합연합회)과 중앙회의 임원, 조합의 간부직원, 중앙회의 집행간부·일반간부직원, 파산관재인 또는 청산인이 법 제123조에 따라 총회·대의원회 또는 이사회(소이사회를 포함)의 의결을 필요로 하는 사항에 대하여 의결을 거치지 아니하고 집행한 경우에는 3년 이하의 징역 또는 3천만원 이하의 벌금에 처한다(법171(2)).

5. 개의와 의결

(1) 총회의 보통결의

중앙회의 총회는 농업협동조합법에 다른 규정이 있는 경우 외에는 의결권 총수의 과반수에 해당하는 회원의 출석으로 개의하고, 출석한 회원의 의결권 과반수의 찬성으로 의결한다(법123의2①).

(2) 총회의 특별결의

ⅰ) 정관의 변경(법123(1)), ⅱ) 회원의 제명(법123(2))은 의결권 총수의 과반수에 해당하는 회원의 출석으로 개의하고, 출석한 회원의 의결권 3분의 2 이상의 찬성으로 의결한다(법123의2②).

(3) 의장의 의결 참여

회장이 총회의 의장이 되는데(법122③), 의장은 총회의 의결에 참여한다(정관40③).

6. 총회의 소집

(1) 회원의 소집청구

회원은 회원 300인이나 10% 이상의 동의를 받아 소집의 목적과 이유를 서면에 적어 회장에게 제출하고 총회의 소집을 청구할 수 있다(법161, 법36①).

회장은 청구를 받으면 2주일 이내에 총회소집통지서를 발송하여야 한다(법161, 법36②).

(2) 감사위원회의 총회소집

총회를 소집할 사람이 없거나 회장의 총회소집통지서를 발송기간(법36②) 이내에 정당한 사유 없이 회장이 총회소집통지서를 발송하지 아니할 때에는 감사위원회가 5일 이내에 총회소집통지서를 발송하여야 한다(법161, 법36③). 이 경우 감사위원회의 위원장이 의장의 직무를 대행한다(정관35② 후단).

(3) 회원대표의 총회소집

감사위원회가 정당한 사유없이 총회소집사유가 발생한 날부터 5일 이내에 총회소집통지서를 발송하지 아니할 때에는 회원 300인 또는 10% 이상의 동의를 얻은 회원대표가 총회를 소집한다(법161, 법36④ 전단, 정관36 전단). 이 경우 회원대표가 의장의 직무를 수행한다(법161, 법36④ 후단, 정관36 후단).

7. 총회소집의 통지

(1) 통지와 최고

중앙회가 회원에게 통지나 최고를 할 때에는 회원명부에 적힌 회원의 주소나 거소로 하여야 한다(법161, 법37①). 회원명부에는 ⅰ) 회원의 성명과 주소 또는 거소, ⅱ) 회원의 가입 연월일을 적어야 한다(영4의3).

(2) 통지기간

총회를 소집하려면 총회 개회 10일 전까지 회의 목적 등을 적은 총회소집통지서를 회원에게 발송하여야 한다(법161, 법37② 본문). 다만, 같은 목적으로 총회를 다시 소집할 때에는 개회 전날까지 알린다(법161, 법37② 단서).

8. 의결권의 제한 등

(1) 의결권 제한사항

총회에서는 통지한 사항에 대하여만 의결할 수 있다(법161, 법39① 본문). 다만, ⅰ) 정관의 변경(제1호), ⅱ) 회원의 제명(제2호), ⅲ) 임원 및 조합감사위원장의 선출과 해임(제3호)을 제외한 긴급한 사항으로서 의결권 총수의 과반수에 해당하는 회원의 출석과 출석한 회원의 의결권 3분의 2 이상의 찬성이 있을 때에는 그러하지 아니하다(법161, 법39① 단서).

(2) 이해상충과 의결권행사 제한

중앙회와 회원의 이해가 상반되는 의사를 의결할 때에는 해당 회원은 그 의결에 참여할 수 없다(법161, 법39②).

(3) 회원제안

회원은 회원 100인이나 3% 이상의 동의를 받아 총회 개회 30일 전까지 회장에게 서면으로 일정한 사항을 총회의 목적 사항으로 할 것을 제안("회원제안")할 수 있다(법161, 법39③ 전단).

이 경우 회원제안의 내용이 법령이나 정관을 위반하는 경우를 제외하고는 이를 총회의 목적 사항으로 하여야 하고, 회원제안을 한 자가 청구하면 총회에서 그 제안을 설명할 기회를 주어야 한다(법161, 법39③ 후단).

9. 총회 의사록

(1) 총회 의사록 작성

총회의 의사에 관하여는 의사록을 작성하여야 한다(법161, 법40①).

(2) 총회 의사록 기재사항과 기명날인 또는 서명

총회 의사록에는 의사의 진행 상황과 그 결과를 적고 의장과 총회에서 선출한 조합원 5인 이상이 기명날인하거나 서명하여야 한다(법161, 법40②).

회장은 의사록을 주된 사무소에 비치하여야 한다(정관46③).

10. 대의원회

(1) 총회 갈음

중앙회에 총회를 갈음하는 대의원회를 둔다(법124① 본문). 다만, 회장의 선출(법130①)을 위한 총회 및 임원의 해임(법161, 법54①)을 위한 총회의 경우에는 그러하지 아니하다(법124① 단서).

(2) 구성

대의원회는 회장을 포함한 대의원으로 구성하며, 회장이 그 의장이 된다(정관47②).

(3) 대의원의 정수 및 임기

(가) 대의원의 자격과 정수

대의원의 수는 회원의 3분의 1의 범위에서 조합원수 및 경제 사업규모 능을 고려하여 정관으로 정하되, 회원인 지역조합과 품목조합의 대표성이 보장될 수 있도록 하여야 한다(법124②).

회장을 제외한 대의원은 회원인 지역조합과 품목조합의 조합장 또는 품목조합연합회장이어야 하며, 대의원 수는 300명 이내에서 광역자치단체별(품목조합의 경우에는 품목별을 말한다) 조합원 수, 경제사업규모, 본회에 대한 출자금규모 및 지방자치단체 수 등을 고려하여 규약으로 정한다(정관47③ 본문). 다만, 법 제161조에서 준용하는 법 제52조 제4항 및 제5항에서 정한 경업관계를 해소하지 아니한 사람은 대의원이 될 수 없다(정관47③ 단서).

(나) 대의원의 임기

1) 회장을 제외한 대의원의 임기

대의원의 임기는 정관으로 정한다(법124③). 회장을 제외한 대의원의 임기는 2년으로 한다(정관47⑦ 본문).

2) 임기 연장

임기만료연도 결산기의 마지막 달부터 그 결산기에 관한 정기총회 전에 임기가 끝난 경우에는 정기총회가 끝날 때까지 그 임기가 연장된다(법161, 법42③ 단서).

3) 보궐선거로 취임한 대의원의 임기

보궐선거에 의하여 취임한 대의원의 임기는 전임자의 잔임기간으로 한다(정관47⑨).

(4) 대의원 선출

대의원은 정관으로 정하는 바에 따라 회원의 직접투표로 선출하되, 대의원을 선출하기 위한 회원별 투표권의 수는 제122조 제5항에 따른 의결권의 수와 같다(법124④).

대의원은 대의원회에서 1표의 의결권을 행사한다(정관47⑤).

(가) 총회의 의결권 행사기준

중앙회의 회원은 ⅰ) 조합원 수가 2천명 미만인 조합 또는 연합회는 1표(제1

호), ⅱ) 조합원 수가 2천명 이상 3천명 미만인 조합은 2표(제2호), ⅲ) 조합원 수가 3천명 이상인 조합은 3표(제3호)에 따라 정관으로 정하는 바에 따라 총회에서 1표에서 3표까지의 의결권을 행사한다(법122⑤, 영11의4①).

(나) 조합원 수의 확정 시기

중앙회 총회 의결권 행사기준이 되는 조합원 수는 매년 중앙회 정기총회에서 직전 회계연도 말을 기준으로 하여 확정한다(영11의4②).

(다) 합병조합 또는 신설조합의 경우의 조합원수 확정시기

정기총회 이후 합병하거나 새로 설립된 조합의 경우에는 합병등기일 또는 설립등기일을 기준으로 중앙회 이사회가 조합원 수를 확정한다(영11의4③).

(5) 대의원의 의결권 행사

대의원은 대의원회에서 한 표의 의결권을 행사하며, 대의원회의 운영 능에 관한 세부 사항은 정관으로 정한다(법124⑤).

(6) 대의원회의 개의와 의결

대의원회의 개의와 의결에 관하여는 제123조의2를 준용한다(법124⑥).

(가) 대의원회의 보통결의

중앙회의 대의원회는 농업협동조합법에 다른 규정이 있는 경우 외에는 의결권 총수의 과반수에 해당하는 회원의 출석으로 개의하고, 출석한 회원의 의결권 과반수의 찬성으로 의결한다(법124⑥, 법123의2①).

(나) 대의원회의 특별결의

ⅰ) 정관의 변경(법123(1)), ⅱ) 회원의 제명(법123(2))은 의결권 총수의 과반수에 해당하는 회원의 출석으로 개의하고, 출석한 회원의 의결권 3분의 2 이상의 찬성으로 의결한다(법124⑥, 법123의2②).

(7) 겸직 금지

대의원은 해당 중앙회의 회장을 제외한 임직원과 다른 조합의 임직원을 겸직하여서는 아니 된다(법161, 법42④).

(8) 의결권 대리행사 금지

대의원의 의결권은 대리인이 행사할 수 없다(법161, 법42⑤ 단서).

(9) 총회 규정 준용

대의원회에 대하여는 총회에 관한 규정을 준용한다(법161, 법42⑤ 본문)

Ⅲ. 수협중앙회

1. 설치

중앙회에 총회를 둔다(법125①). 회장은 총회의 의장이 된다(법125③).

2. 구성 및 구분

총회는 회장과 회원으로 구성하고, 회장이 소집한다(법125②). 총회는 정기총회와 임시총회로 구분한다(법125④).

(1) 정기총회의 소집

정기총회는 회계연도 경과 후 3개월 이내에 회장이 매년 1회 소집한다(법125④ 전단).

(2) 임시총회 소집

임시총회는 회장이 필요하다고 인정할 때 수시로 소집한다(법125④ 후단).

중앙회 정관에 의하면 임시총회는 ⅰ) 회장이 필요하다고 인정할 때(제1호), ⅱ) 이사회가 필요하다고 인정하여 소집의 청구를 할 때(제2호), ⅲ) 회원이 회원 5분의 1 이상의 동의를 받아 소집의 목적과 이유를 기재하고 기명날인하거나 서명한 서면을 회장에게 제출하여 소집을 청구한 때(제3호), ⅳ) 감사위원회가 본회의 재산상황 또는 업무집행에 관하여 부정한 사실을 발견한 경우에 있어서 이를 신속히 총회에 보고할 목적으로 총회의 소집을 요구할 때(제4호)의 어느 하나에 해당하는 경우에 회장이 이를 소집한다(정관39①).

회장은 정당한 사유가 없는 한 위 ⅱ) 및 ⅲ)의 청구가 있는 때에는 2주 이내에, ⅳ)의 요구가 있는 때에는 7일 이내에 총회소집의 절차를 취하여야 한다

(정관39②).

3. 총회의 의결사항 등

(1) 총회 의결사항

다음의 사항, 즉 ⅰ) 정관의 변경(제1호), ⅱ) 회원의 제명(제2호), ⅲ) 회장, 사업전담대표이사(중앙회의 사업을 각 사업 부문별로 전담하는 대표이사), 감사위원, 이사의 선출·해임(제3호), ⅳ) 사업계획·수지예산 및 결산의 승인(제4호), ⅴ) 그 밖에 회장이나 이사회가 필요하다고 인정하는 사항(제5호)은 총회의 의결을 거쳐야 한다(법126①).

(2) 정관변경과 해양수산부장관의 인가

정관의 변경은 총회의 의결을 거쳐 해양수산부장관의 인가를 받아야 한다(법126③ 전단). 이 경우 해양수산부장관은 제167조 제1항에 따른 신용사업특별회계("신용사업특별회계")에 관한 사항 및 신용사업특별회계 출자자의 권리에 영향을 미치는 사항은 미리 금융위원회와 협의하여야 한다(법126③ 후단).

4. 총회의 개의와 의결

(1) 총회의 보통결의

총회는 수산업협동조합법에 다른 규정이 있는 경우를 제외하고는 구성원 과반수의 출석으로 개의하고 출석구성원 과반수의 찬성으로 의결한다(법168, 법40 전단).

(2) 총회의 특별결의

다음의 경우, 즉 ⅰ) 정관의 변경(법126①(1)), ⅱ) 회원의 제명(법126①(2))은 구성원 과반수의 출석과 출석구성원 3분의 2 이상의 찬성으로 의결한다(법168, 법40 후단).

5. 총회의 소집

(1) 회원의 소집청구

회원은 회원 5분의 1 이상의 동의를 받아 소집의 목적과 이유를 서면에 적어 회장에게 제출하고 총회의 소집을 청구할 수 있다(법168, 법38①).

회장은 청구를 받으면 2주 이내에 총회를 소집하여야 한다(법168, 법38②).

(2) 감사위원회의 총회소집

총회를 소집할 사람이 없거나 회장의 총회소집 기간(법38②) 이내에 정당한 사유 없이 총회를 소집하지 아니할 때에는 감사위원회가 5일 이내에 총회를 소집하여야 한다(법168, 법38③ 전단). 이 경우 감사위원장이 의장의 직무를 수행한다(법168, 법38③ 후단).

(3) 회원대표의 총회소집

다음의 경우, 즉 ⅰ) 감사위원회가 정당한 사유없이 총회소집사유가 발생한 날부터 5일 이내에 총회 소집절차를 취하지 아니한 때, ⅱ) 임원 전원의 결원으로 총회를 소집할 사람이 없을 때에는 회원 5분의 1 이상의 동의를 받은 회원대표가 임시총회를 소집한다(법168, 법38④ 전단). 이 경우 회원대표가 의장의 직무를 수행한다(법168, 법38④ 후단).

6. 총회소집의 통지

(1) 회원에 대한 통지와 최고

중앙회가 회원에게 통지 또는 최고를 할 때에는 회원 명부에 기재된 회원의 주소 또는 거소나 회원이 중앙회에 통지한 연락처로 하여야 한다(법168, 법39①).

(2) 총회소집의 통지 기간

총회를 소집하려면 총회 개회 7일 전까지 회의 목적 등을 적은 총회소집통지서를 회원에게 발송하여야 한다(법168, 법39② 본문). 다만, 같은 목적으로 총회를 다시 소집할 때에는 개회 전날까지 통지한다(법168, 법39② 단서).

7. 의결권의 제한 등

(1) 의결권 제한 사항

총회에서는 미리 통지한 사항에 대해서만 의결할 수 있다(법168, 법41① 본문, 정관45① 본문). 다만, 정관의 변경, 회원의 제명, 또는 회장, 대표이사, 감사위원, 이사의 선출·해임을 제외한 긴급한 사항으로서 구성원 과반수의 출석과 출석구성원 3분의 2 이상의 찬성이 있을 때에는 그러하지 아니하다(법168, 법41①단서, 정관45① 단서).

(2) 이해상충과 결의 배제

중앙회와 총회 구성원의 이해가 상반되는 의사를 의결할 때에는 해당 구성원은 그 의결에 참여할 수 없다(법168, 법41②). 이 경우 의결에 참여하지 못하는 구성원은 총회의 구성원 수에 포함되지 아니한다(정관45② 후단).

(3) 회원제안

회원은 조합원 10% 이상의 동의를 받아 총회 개회 30일 전까지 회장에게 서면으로 일정한 사항을 총회의 목석 사항으로 할 것을 제인("회원제인")할 수 있다(법168, 법41③ 전단).

이 경우 회원제안 내용이 법령 또는 정관을 위반하는 경우를 제외하고는 이를 총회의 목적 사항으로 하여야 하고, 회원제안을 한 사람이 청구하면 총회에서 그 제안을 설명할 기회를 주어야 한다(법168, 법41③ 후단).

8. 총회 의사록

(1) 총회 의사록 작성

총회의 의사에 관하여는 의사록을 작성하여야 한다(법168, 법42①).

(2) 총회 의사록 기재사항과 기명날인 또는 서명

총회 의사록에는 의사의 진행 상황 및 그 결과를 기록하고 의장과 총회에서 선출한 회원 3인 이상이 기명날인하거나 서명하여야 한다(법168, 법42②).

(3) 총회 의사록의 비치

회장은 의사록을 주된 사무소에 갖추어 두어야 한다(법168, 법42③).

Ⅳ. 산림조합중앙회

1. 설치

중앙회에 총회를 둔다(법95①).

2. 구성

총회는 회장과 회원으로 구성하고 정관으로 정하는 바에 따라 회장이 소집한다(법95②). 총회는 정기총회와 임시총회로 구분한다(법95③).

(1) 정기총회의 소집

정기총회는 매년 한 번 회계연도 경과 후 3개월 이내에 회장이 소집한다(법95③, 정관42)).

(2) 임시총회 소집

임시총회는 ⅰ) 회장이 필요하다고 인정할 때(제1호), ⅱ) 이사회가 필요하다고 인정하여 소집을 요구한 때(제2호), ⅲ) 회원 10% 이상이 회의의 목적으로 하는 사항과 소집의 이유를 기재한 서면을 회장에게 제출하고 소집을 요구한 때(제3호), ⅳ) 감사위원회가 재산의 상황 또는 업무의 집행에 관하여 부정사실을 발견한 경우에 있어서 신속히 총회에 보고할 필요가 있어 회장에게 소집을 요구한 때(제4호)의 어느 하나에 해당하는 경우에 회장이 소집한다(법95③, 정관43①).

회장은 앞의 제1항 제2호 및 제3호에 따른 요구가 있는 때에는 2주 이내에 총회를 소집하여야 한다(정관43②).

3. 총회의 의결사항

다음의 사항, 즉 ⅰ) 정관의 변경(제1호), ⅱ) 회원의 제명(제2호), ⅲ) 임원, 대의원 및 조합감사위원회 위원장의 선출과 해임(제3호), ⅳ) 사업계획, 수지예산 및 결산의 승인(제4호), ⅴ) 그 밖에 이사회 및 회장이 필요하다고 인정하는 사항(제5호)은 총회의 의결을 받아야 한다(법95④).

4. 총회의 개의와 의결

(1) 총회의 보통결의

총회는 산림조합법에 다른 규정이 있는 경우를 제외하고는 회원 과반수의 출석으로 개의하고, 출석회원 과반수의 찬성으로 의결한다(법122, 법31④ 본문).

(2) 총회의 특별결의

ⅰ) 정관의 변경(법95④(1)), ⅱ) 회원의 제명(법95④(2))은 회원 과반수의 출석과 출석회원 3분의 2 이상의 찬성으로 의결한다(법122, 법31④ 단서).

(3) 회장의 의결 참여

회장은 총회의 의장이 되나, 그 의결에 참가한다(정관40②).

5. 총회의 소집

(1) 회원의 소집청구

회원은 회원 10% 이상의 동의를 받아 소집의 목적과 이유를 적은 서면을 제출하여 회장에게 총회의 소집을 청구할 수 있다(법122, 법31의3①).

회장은 청구를 받으면 2주 이내에 총회를 소집하여야 한다(법122, 법31의3②).

(2) 감사위원회의 총회소집

감사위원회는 ⅰ) 총회를 소집할 자가 없을 때(제1호), ⅱ) 이사회가 필요하다고 인정하여 소집을 요구한 날 및 회원 10% 이상이 회의의 목적으로 하는 사항과 소집의 이유를 기재한 서면을 회장에게 제출하고 소집을 요구한 날부터 2주 이내에 정당한 사유 없이 회장이 총회를 소집하지 아니한 때(제2호), ⅲ) 감사위원회가 재산의 상황 또는 업무의 집행에 관하여 부정사실을 발견한 경우에 있어서 신속히 총회에 보고할 필요가 있어 회장에게 소집을 요구한 때에 회장이 정당한 이유 없이 1주 이내에 총회소집의 절차를 취하지 아니한 때(제3호)의 어느 하나에 해당하는 경우에는 임시총회를 소집한다(법122, 법31의3③ 전단, 정관44①).

이 경우 감사위원장이 의장의 직무를 행한다(법122, 법31의3③ 후단, 정관44

②). 감사위원회는 5일 이내에 총회소집의 절차를 취하여야 한다(법122, 법31의3③ 후단, 정관44③).

(3) 회원대표의 총회소집

감사위원회가 5일 이내에 총회소집의 절차를 취하여야 총회소집 사유가 있음에도 불구하고 정당한 이유없이 총회를 소집하지 아니할 경우에는 회원 10% 이상의 동의를 받은 회원의 대표가 소집한다(법122, 법31의3④ 전단, 정관45①). 이경우 회원의 대표가 의장의 직무를 수행한다(법122, 법31의3④ 후단, 정관45②).

6. 총회소집의 통지

(1) 통지와 최고

중앙회가 회원에게 통지 또는 최고를 할 때에는 회원 명부에 적힌 조합원의 주소 또는 거소로 하여야 한다(법122, 법31의4①).

(2) 통지 기간

총회소집의 통지는 총회 개회 7일 전까지 회의목적 등을 적은 총회소집통지서의 발송에 의한다(법122, 법31의4② 본문). 다만, 같은 목적으로 총회를 다시 소집하려는 경우에는 개회 전날까지 통지한다(법122, 법31의4② 단서).

7. 의결권의 제한 등

(1) 의결권 제한사항

총회에서는 미리 통지한 사항만 의결할 수 있다(법122, 법31의5① 본문, 정관50① 본문). 다만, 총회 의결사항 중 정관의 변경, 회원의 제명, 임원과 대의원 및 조합감사위원회 위원장의 선출과 해임을 제외한 긴급한 사항으로서 구성원 과반수의 출석과 출석구성원 3분의 2 이상의 찬성이 있을 때에는 그러하지 아니하다(법122, 법31의5① 단서, 정관50① 단서).

(2) 이해상충과 의결권행사 제한

중앙회와 회원의 이해가 상반되는 의사에 관하여 해당 회원은 그 의결에 참여할 수 없다(법122, 법31의5②).

(3) 회원제안

회원은 회원 3% 이상의 동의를 받아 총회 개최 30일 전까지 회장에 대하여 서면으로 일정한 사항을 총회의 목적사항으로 할 것을 제안("회원제안")할 수 있다(법122, 법31의5③ 전단, 정관50③ 전단).

이 경우 회원제안의 내용이 법령 또는 정관을 위반하는 경우를 제외하고는 총회의 목적사항으로 하여야 하고, 회원제안을 한 자의 청구가 있을 때에는 총회에서 그 제안을 설명할 기회를 주어야 한다(법122, 법31의5③ 후단).

8. 총회 의사록

(1) 총회 의사록 작성

총회의 의사에 관하여는 의사록을 작성하여야 한다(법122, 법31의6①).

(2) 총회 의사록 기재사항과 기명날인 또는 서명

총회 의사록에는 의사의 진행상황 및 그 결과를 적고 의장과 총회에서 선출한 3인 이상의 회원이 기명날인하여야 한다(법122, 법31의6②).

9. 대의원회

(1) 설치

중앙회에 총회를 갈음하는 대의원회를 둔다(법96① 본문, 정관54① 본문). 다만, 회장 및 대의원의 선출을 위한 총회의 경우에는 그러하지 아니하다(법96① 단서, 정관54① 단서).

(2) 구성

대의원회는 회장과 대의원으로 구성하며, 회장이 소집한다(법96②).

(3) 대의원 정수와 임기
(가) 대의원의 정수

대의원의 정수는 회원의 3분의 1의 범위에서 정관으로 정한다(법97①). 정관에 따르면 대의원의 정수는 ⅰ) 지역조합장 중에서 도단위 별 각 2명(제주도는 1명)(다만, 지역조합수가 20개 이상인 도에는 1명을 추가한다)(제1호), ⅱ) 전문조합의 수가 5개일 경우 전문조합장 중 1명(다만, 전문조합수가 10개 이상인 경우에는 1명을 추가한다)(제2호)이다(정관54③).

(나) 대의원의 임기

대의원의 임기는 2년으로 하되, 보궐선거로 선출된 대의원의 임기는 전임자 임기의 남은 기간으로 한다(법97③ 전단). 이 경우 임기가 만료하는 연도의 결산기 마지막 달 이후 그 결산기에 관한 정기총회 전에 임기가 만료될 때에는 그 정기총회가 끝나는 날까지 임기가 연장된다(법97③ 후단, 법32④ 단서).

(4) 대의원 선출

(가) 총회 선출

대의원은 총회에서 회원 중에서 선출하되, 회원인 지역조합 및 전문조합의 대표성이 보장될 수 있도록 하여야 한다(법97②).

(나) 대의원선거규정

대의원은 대의원선거규정이 정하는 바에 따라 선출한다(정관54④).

(다) 보궐선거

대의원 중에 결원이 생긴 때에는 보궐선거를 실시하여야 한다(정관54⑤ 본문). 다만, 대의원의 결원수가 총정수의 3분의 1 이상일 경우를 제외하고는 결원된 대의원에 대해서는 정기총회 때까지 선출하지 아니할 수 있다(정관54⑤ 단서).

(5) 겸직 금지

대의원은 해당 중앙회의 회장을 제외한 임직원과 다른 중앙회(다른 법률에 따른 중앙회를 포함)의 임직원을 겸직하여서는 아니 된다(법122, 법32⑤).

(6) 의결권 대리행사 금지

의결권은 대리인으로 하여금 행사하게 할 수 없다(법122, 법32⑥ 후단).

(7) 총회 규정 준용

대의원회에는 총회에 관한 규정을 준용한다(법122, 법32⑥ 전단).

Ⅴ. 새마을금고중앙회

1. 설치

중앙회에 총회를 둔다(법58①).

2. 구성과 의장

총회는 회장과 금고로 구성하며, 회장이 이를 소집하고 그 의장이 된다(법58③).

3. 구분과 소집

총회는 정기총회와 임시총회로 구분하며, 정기총회는 매년 1회 정관으로 정하는 바에 따라 소집하고, 임시총회는 필요하다고 인정되는 때에 소집한다(법58②).

(1) 정기총회의 소집

정기총회는 매사업연도 종료 후 2월 이내에 개최하며, 그 일시 및 장소는 회장이 정한다(정관17).

(2) 임시총회의 소집

임시총회는 ⅰ) 회장이 필요하다고 인정한 때(제1호), ⅱ) 이사회가 필요하다고 인정하여 서면으로 소집을 요구한 때(제2호), ⅲ) 금고 3분의 1 이상이 회의의 목적과 이유를 기재하고 서명날인한 서면으로 그 소집을 요구한 때(제3호), ⅳ) 감사위원회가 감사를 실시한 결과 중앙회의 재산상황 또는 업무집행에 관하여 부정한 사실을 발견하여 이를 신속히 총회에 보고할 필요가 있다고 판단하여 회의 목적과 이유를 기재한 서면으로 소집을 요구한 때(제4호)의 어느 하나에 해당하는 경우에 개최한다(정관18①).

앞의 ⅱ) 내지 ⅳ)에 의한 요구가 있을 때에는 회장은 2주일 이내에 총회를 개최하여야 한다(정관18②).

4. 총회의 의결사항 등

(1) 총회 의결사항

다음의 사항, 즉 ⅰ) 정관의 변경(제1호), ⅱ) 규약의 제정, 변경 또는 폐지(제2호), ⅲ) 회비의 부과방법 및 금액의 결정(제3호), ⅳ) 사업계획·예산 및 결산의 승인(제4호), ⅴ) 임원 및 금고감독위원회 위원의 선임 및 해임(제5호), ⅵ) 금고 5분의 1 이상의 동의로 부의하는 사항(제6호), ⅶ) 기타 이사회 또는 회장이 필요하다고 인정하는 사항(제7호)은 총회의 의결을 거쳐야 한다(법59①, 정관22①).

금고나 중앙회의 임직원 또는 청산인이 총회의 의결이 필요한 사항에 대하여 의결을 거치지 아니하고 집행한 경우에는 3년 이하의 징역이나 3천만원 이하의 벌금에 처한다(법85②(4)).

(2) 정관변경과 행정안전부장관의 인가

정관의 변경은 행정안전부장관의 인가를 받아야 한다(법59②).

(3) 총회 소집통지와 안건의 사전 송부

의결사항 중 정관의 변경, 규약의 제정, 변경 또는 폐지, 사업계획 및 예산의 결정을 의결하고자 할 때에는 당해 총회의 소집통지와 함께 그 안을 금고에 미리 송부하여야 한다(정관22②).

(4) 총회를 소집할 수 없는 경우의 조치

회장은 전시·사변이나 천재지변, 그 밖에 이에 준하는 사태에 처하여 총회를 소집할 수 없으면 회비의 부과방법 및 금액의 결정과 사업계획·예산 및 결산의 승인에 관하여 필요한 조치를 취할 수 있다(법59③).

5. 총회의 개의와 의결

(1) 총회의 보통결의

총회는 새마을금고법에 다른 규정이 있는 경우 외에는 금고 과반수의 출석으로 회의를 개의하고 출석한 금고 과반수의 찬성으로 의결한다(법58④ 본문).

이에 의한 금고의 출석이 미달한 경우에는 15일 이내에 다시 총회를 소집하여야 한다(정관23②).

(2) 총회의 특별결의

정관의 변경은 금고 3분의 2 이상의 출석과 출석한 금고 3분의 2 이상의 찬성으로 의결하여야 한다(법58④ 단서).

6. 총회의 소집

(1) 회원의 소집요구

회원은 회원 3분의 1 이상의 동의를 받아 회의의 목적과 이유를 적고 서명날인한 서면을 제출하여 임시총회의 소집을 회장에게 요구할 수 있다(법58⑥, 법14①).

회원의 총회 소집요구가 있으면 회장은 요구가 있는 날부터 2주일 이내에 총회를 개최하여야 한다(법58⑥, 법14③).

(2) 감사위원장의 총회소집

다음의 경우, 즉 ⅰ) 회장의 직무를 행할 자가 없을 때(제1호), ⅱ) 회장이 정당한 이유 없이 위의 정관 제18조 제2항의 규정에 의한 총회를 개최하지 아니한 때(제2호)에는 감사위원장이 총회를 소집한다(정관19①).

이 경우 감사위원장이 의장의 직무를 대행한다(정관19②). 앞의 ⅱ)의 경우에는 감사위원장이 5일 이내에 총회의 소집절차를 취하여야 한다(정관19③).

(5) 금고대표의 총회소집

회장 또는 감사위원장이 정관 제18조 제2항 및 제19조 제3항의 규정에 따라 총회를 소집하지 아니할 때에는 금고 3분의 1 이상의 동의를 얻은 금고 대표가 총회를 개최한다(정관20①).

이 경우에는 금고 대표가 의장의 직무를 대행한다(정관20②).

7. 총회의 소집방법

(1) 회원에 대한 통지

중앙회가 그 회원에게 하는 통지는 회원 명부에 적은 회원의 주소 또는 거소로 한다(법58⑥, 법15①).

(2) 총회소집의 통지기간

총회는 개최일 7일 전까지 그 회의의 일시, 장소, 목적사항 등을 중앙회의 게시판과 인터넷 홈페이지에 공고함과 동시에 금고에 이를 기재한 서면을 발송하여야 한다(정관21).

8. 의결권의 제한 등

(1) 의결권 제한사항

총회에서는 공고한 사항에 대하여만 의결할 수 있다(법58⑤ 본문). 다만, 긴급한 사항으로서 금고 3분의 2 이상의 출석과 출석한 금고 3분의 2 이상의 찬성이 있는 때에는 그러하지 아니하다(법58⑤ 단서).

(2) 이해상충과 의결권행사 제한

중앙회와 특정 회원(금고)과의 관련 사항을 의결하는 경우에는 그 회원(금고)은 의결권이 없다(법58⑥, 법13④). 다만, 그 회원(금고)는 당해 사항에 관한 의견을 진술할 수 있다(정관24② 단서).

9. 총회 의사록

총회의 의사에 관하여는 의사의 경과와 결과를 기재한 의사록을 작성하고 의장과 총회에서 지명한 5 이상의 출석금고가 기명날인하거나 서명하여야 한다(정관25).

10. 대의원회

(1) 설치와 구성

중앙회는 금고가 300을 초과하는 경우에는 총회에 갈음하여 회장과 대의원(금고의 이사장)으로 구성하는 대의원회를 둔다(법58⑥, 법16①, 정관26①).

(2) 대의원의 정수

대의원 정수는 300인 이상 500인 이하로 하되, 시·도별 선거구 및 선거구별 정수는 따로 규약으로 정하는 바에 의한다(법58⑥, 법16③, 영24③, 정관26②).

(3) 대의원의 임기

대의원의 임기는 3년으로 한다(법58⑥, 법16②). 대의원 중 일부의 궐원으로 인한 재선거 또는 보궐선거로 선임된 대의원의 임기는 ⅰ) 재선거의 경우에는 재선거 실시 전에 실시한 선거로 선출된 대의원의 남은 임기(제1호), ⅱ) 보궐선거의 경우에는 전임자의 남은 임기(제2호)로 한다(법58⑥, 법16③).[3]

(4) 대의원의 자격

대의원의 자격은 정관으로 정하되, 대의원은 금고의 이사장이어야 한다(법58⑥, 법16④, 영24②).

대의원이 금고 이사장직을 사임하거나 해임될 때 또는 임원의 결격사유(법21①)가 발견 또는 발생되었을 때에는 그 날부터 대의원의 자격을 상실한다(정관26④).

(5) 대의원의 선거
(가) 대의원의 선거권과 피선거권
1) 선거권

금고는 대의원 선거권이 있다(정관27①).

2) 피선거권

금고의 이사장은 대의원 피선거권이 있다(정관27② 본문). 다만 ⅰ) 휴업 중이거나 청산 또는 파산절차가 진행 중인 금고의 이사장(제1호), ⅱ) 법 제74조의2(임직원에 대한 제재처분) 제1항과 제2항, 법 제79조(중앙회의 금고에 대한 지도·감독) 제7항 또는 제79조의4(형사 기소된 임직원에 대한 제재 등)의 규정에 의하여 이사장의 직무가 정지된 금고의 이사장(제2호), ⅲ) 중앙회에 대한 회비납부를 이행하지 아니한 금고의 이사장(제3호), ⅳ) 정관 제47조 제1항의 규정에 의하여 임원 자격 제한사유에 해당하는 금고의 이사장(제4호), ⅴ) 새마을금고 감독기준 제11

---

3) 부칙 <법률 제19329호, 2023. 4. 11.> 제2조(재선거로 선임된 대의원의 임기에 관한 적용례) 제16조 제3항의 개정규정(제58조 제6항에서 준용하는 경우를 포함)은 이 법 시행 이후 선임되는 대의원부터 적용한다.

조 제4항의 규정에 의한 계량지표에 의한 경영실태평가결과 종합평가등급이 4등급(취약)·5등급(위험)인 금고의 이사장(제5호)은 대의원 피선거권이 없다(정관27② 단서).

그러나 합병으로 인하여 계량지표에 따른 경영실태평가결과 종합평가등급이 하향된 경우와 당해 선거구에 대의원으로 선출될 수 있는 자가 없는 경우에는 규약에서 정하는 바에 따라 앞의 제5호를 적용하지 아니할 수 있다(정관27③).

(나) 선거방법 등

1) 선거방법

대의원의 선거방법은 대의원선거구별로 그 선거구안의 금고 과반수가 출석한 회의에서 투표로써 한다(정관28① 본문), 다만 그 회의에서 따로 선거방법을 정하는 경우에는 그 방법으로 선거할 수 있다(정관28① 단서).

2) 선거구별 대의원 정수

선거구별 대의원 정수는 금고수, 금고의 자산규모 및 경영실적 등을 고려하여 정하여야 한다(정관28②).

3) 절차 등

대의원선거에 필요한 절차 등은 이 정관에 따로 규정한 것을 제외하고는 규약으로 정하는 바에 의한다(정관28③).

(다) 대의원 선거일

대의원의 임기만료로 인한 선거는 임기만료일 전 30일까지, 보궐선거와 재선거는 결원 또는 그 사유가 발생한 날로부터 30일 이내에 각각 실시하여야 한다(정관29).

(라) 이의신청

대의원선거와 당선의 효력에 관하여 이의가 있는 금고는 그 선거일로부터 10일 이내에 중앙회에 이의신청을 할 수 있다(정관30①). 이의신청이 이유 있다고 인정될 때에는 당해 선거구에 대하여 재선거를 실시하거나 당선인의 결정을 변경하여야 한다(정관30②).

(마) 보궐선거와 재선거

대의원의 결원이 생긴 때에는 보궐선거를 실시한다(정관31① 본문), 다만, 재적 대의원수가 300인 이상인 때에는 보궐선거를 실시하지 아니할 수 있다(정관31① 단서).

보궐선거와 재선거의 실시방법은 정관 제28조 제1항의 규정을 준용한다(정관31②).

(6) 총회 규정 준용

대의원회에 관하여는 총회에 관한 규정을 준용한다(법58⑥, 법16⑥).

제2절 이사회

Ⅰ. 신협중앙회

1. 이사회의 설치 등

(1) 이사회의 설치

중앙회에 이사회를 둔다(법74①).

(2) 이사회의 구성

이사회는 이사로 구성한다(법74② 전단). 중앙회에 회장, 사업대표이사 및 감독이사를 포함한 이사로 구성하는 이사회를 둔다(정관37①).

(3) 이해 상충 이사의 의사 관여 금지

이사는 개인의 이익과 조합의 이익이 상반되는 사항에 대해서는 이사회의 의사에 관여할 수 없다(법75③, 법34③).

이사회의 결의에 관하여 특별한 이해관계가 있는 이사는 의결권을 행사하지 못한다(정관38③ 본문). 다만 그 이사는 당해 사항에 관한 의견을 진술할 수 있다(정관38③ 단서).

(4) 위원회 설치

중앙회는 정관에서 정하는 바에 따라 신용사업 등 전문사항을 심의하기 위하여 이사회에 3명 이상의 이사로 구성되는 위원회를 설치할 수 있다(법74④).

2. 이사회의 소집 등

(1) 중앙회장의 소집

이사회는 필요할 때에 정관에서 정하는 바에 따라 중앙회장이 소집하고 그 의장이 된다(법74② 후단). 회장은 필요하다고 인정하는 때에 수시로 이사회를 소집한다(정관37②).

(2) 5명 이상의 이사의 소집 요구

중앙회장은 5명 이상의 이사가 요구하면 지체 없이 이사회를 소집하여야 한다(법74③). 회장은 5인 이상의 이사가 회의의 목적사항과 이유를 기재하여 서면으로 회장에게 회의 소집을 요구한 경우 지체없이 이사회를 소집하여야 한다(정관37③).

(3) 이사회 소집의 통지

이사회 소집은 개최일 7일 전까지 그 회의의 일시, 장소, 목적사항 등을 기재하여 각 이사에게 통지하여야 한다(정관37④ 본문). 다만, 의사결정에 긴급을 필요로 하는 경우에는 그러하지 아니한다(정관37④ 단서).

3. 이사회 결의사항 등

(1) 이사회 결의사항

다음의 사항, 즉 ⅰ) 회원의 표준정관 제정·변경 및 폐지(제1호), ⅱ) 회원의 표준규정 제정·변경 및 폐지(제2호), ⅲ) 제규정의 제정·변경 및 폐지(제3호),[4] ⅳ) 기본재산의 취득과 처분(제5호), ⅴ) 차입금의 최고한도(제6호), ⅵ) 사업대표이사의 경영평가보고서의 승인(제7호), ⅶ) 국제기구에의 가입(제8호), ⅷ) 총회로부터 위임된 사항과 총회에 부의할 사항(제9호), ⅸ) 기타 회장 또는 3분의 1 이상의 이사가 필요하다고 인정하는 중요사항(제10호)은 이사회의 결의를 얻어야 한다(법75①, 정관38①).

---

4) 제4호 삭제 <2004. 1. 27.>

(2) 이사회의 개의와 결의

이사회는 이사 과반수의 출석으로 개의하고, 출석이사 과반수의 찬성으로 결의한다(법75③, 법36②).

4. 이사회의 권한

(1) 위법한 표준정관 등의 시정요구

금융위원회는 표준정관 또는 표준규정이 위법하거나 조합의 건전한 경영을 저해한다고 인정되는 경우에는 이의 시정을 요구할 수 있다(법75② 전단). 이 경우 이사회는 요구에 따라야 한다(법75② 후단).

(2) 상임 임원의 업무집행 감독과 보고 요구

이사회는 이사회 결의사항 중 결의된 사항에 대한 상임 임원의 업무집행을 감독하고, 필요한 사항을 이사회에 보고하도록 요구할 수 있다(법75④).

(3) 직원이 출석답변 요구

이사회는 필요하다고 인정하는 때에는 직원의 출석답변을 요구할 수 있다(정관38⑤).

5. 이사회 의사록 등

(1) 이사회 의사록

이사회의 의사에 관하여는 의사의 경과 및 결과를 기재한 의사록을 작성하고 의장과 출석한 이사가 기명날인 또는 서명한다(정관38④).

(2) 이사회의 운영 및 소집 방법 등

이사회의 운영 및 소집 방법 등은 정관에서 정한다(법75③, 법36③).

Ⅱ. 농협중앙회

1. 설치와 구성

(1) 설치

중앙회에 이사회를 둔다(법125①). 중앙회에 이사회를 두며, 필요한 경우 이사회 내에 위원회 또는 협의회 등을 둘 수 있다(정관48①).

(2) 구성

이사회는 회장, 상호금융대표이사 및 전무이사를 포함한 이사로 구성하되, 이사회 구성원의 2분의 1 이상은 회원인 조합의 조합장("회원조합장")이어야 한다(법125②). 회원조합장인 이사의 3분의 1 이상은 품목조합의 조합장으로 한다(법125③).

이사회는 회장이 이를 소집하고 그 의장이 된다(정관48② 후단).

2. 의결사항 등

이사회는 ⅰ) 중앙회의 경영목표의 설정(제1호), ⅱ) 중앙회의 사업계획 및 자금계획의 종합조정(제2호), ⅲ) 중앙회의 조직·경영 및 임원에 관한 규정의 제정·개정 및 폐지(제3호), ⅳ) 조합에서 중앙회에 예치하는 여유자금의 하한 비율 또는 금액(제4호), ⅴ) 상호금융대표이사 및 전무이사("사업전담대표이사등")의 해임건의에 관한 사항(제5호), ⅵ) 인사추천위원회 구성에 관한 사항(제6호), ⅶ) 교육위원회 구성에 관한 사항(제7호), ⅷ) 중앙회의 중요한 자산의 취득 및 처분에 관한 사항(제8호), ⅸ) 중앙회 업무의 위험관리에 관한 사항(제9호), ⅹ) 인사추천위원회에 추천된 후보자(감사위원후보자는 제외) 선임에 관한 사항(제10호), ⅺ) 사업전담대표이사등의 소관사업에 대한 성과평가에 관한 사항(제11호), ⅻ) 회원의 발전계획 수립에 관한 사항(제11의2호), ⅹⅲ) 총회로부터 위임된 사항(제12호), ⅹⅳ) 그 밖에 회장 또는 이사 3분의 1 이상이 필요하다고 인정하는 사항(제13호)을 의결한다(법125④).

3. 업무집행상황 감독 등

(1) 업무집행상황 감독

이사회는 의결된 사항에 대하여 회장 및 사업전담대표이사등의 업무집행상황을 감독한다(법125⑤).

(2) 집행간부의 이사회 출석과 의견진술

집행간부는 이사회에 출석하여 의견을 진술할 수 있다(법125⑥).

(3) 이사회 운영사항

이사회의 운영에 필요한 사항은 정관으로 정한다(법125⑦).

4. 상호금융 소이사회

(1) 설치와 구성

(가) 설치

이사회 운영의 전문성과 효율성을 도모하기 위하여 상호금융대표이사의 소관사업부문에 소이사회를 둔다(법125의2①).

(나) 구성 등

소이사회는 상호금융대표이사와 이사로 구성하고, 상호금융대표이사는 소이사회의 의장이 되며, 구성원의 4분의 1 이상은 회원조합장이 아닌 이사이어야 한다(법125의2②).

(2) 의결사항 등

(가) 의결사항

소이사회는 ⅰ) 소관 업무의 경영목표의 설정에 관한 사항(제1호), ⅱ) 소관 업무의 사업계획 및 자금계획에 관한 사항(제2호), ⅲ) 소관 업무에 관련된 조직 및 그 업무의 운영에 관한 사항(제3호), ⅳ) 소관 업무와 관련된 중요한 자산의 취득 및 처분에 관한 사항(제4호), ⅴ) 소관 업무의 위험관리에 관한 사항(제5호) 중 이사회가 위임한 사항을 의결한다(법125의2③).

(나) 개의와 의결

소이사회는 구성원 과반수의 출석으로 개의하고, 출석구성원 과반수의 찬성으로 의결한다(법125의2④).

(다) 의결사항의 통지 등

소이사회는 의결된 사항을 이사에게 각각 통지하여야 한다(법125의2⑤ 전단). 이 경우 이를 통지받은 각 이사는 이사회의 소집을 요구할 수 있으며, 이사회는 소이사회가 의결한 사항에 대하여 다시 의결할 수 있다(법125의2⑤ 후단).

(3) 업무집행상황 감독 등

(가) 업무집행상황 감독

소이사회는 의결된 사항(이사회에서 다시 의결된 사항은 제외)에 대하여 상호금융대표이사의 업무집행상황을 감독한다(법125의2⑥).

(나) 집행간부의 출석 및 의견진술

집행간부는 소이사회에 출석하여 의견을 진술할 수 있다(법125의2⑦).

(4) 운영사항

소이사회의 운영에 관하여 필요한 사항은 정관으로 정한다(법125의2⑧).

5. 인사추천위원회

(1) 이사회 내 설치

다음의 사람, 즉 ⅰ) 사업전담대표이사등(제1호), ⅱ) 회원조합장인 이사 외의 이사(제2호), ⅲ) 감사위원(제3호), ⅳ) 조합감사위원장(제4호)을 추천하기 위하여 이사회에 인사추천위원회를 둔다(법125의5①).

(2) 구성 및 위원장

인사추천위원회는 ⅰ) 이사회가 위촉하는 회원조합장 3명(제1호), ⅱ) 농업인단체 및 학계 등이 추천하는 학식과 경험이 풍부한 외부전문가(공무원은 제외) 중에서 이사회가 위촉하는 4명(제2호)으로 구성하고, 위원장은 제2호에 따른 위원 중에서 호선한다(법125의5②).

(3) 농업인단체의 이사 후보자 추천

농업인단체는 학식과 경험이 풍부한 외부전문가 중에서 제1항 제2호에 따른 이사 후보자를 인사추천위원회에 추천할 수 있다(법125의5③).

(4) 운영사항

그 밖에 인사추천위원회 구성과 운영에 필요한 사항은 정관으로 정한다(법125의5④).

6. 교육위원회

(1) 이사회 내에 설치

회원의 조합원과 직원에 대한 교육(법134①(1) 나목)업무의 계획을 수립하고 운영하기 위하여 이사회 소속으로 교육위원회를 둔다(법125의6①).

(2) 구성

교육위원회는 위원장을 포함한 7명 이내의 위원으로 구성하되, 농업인단체·학계의 대표를 포함하여야 한다(법125의6②).

(3) 교육계획의 수립 및 운영현황 등의 이사회 보고

교육위원회는 교육계획의 수립 및 운영현황 등을 이사회에 보고하고 이사회 의결에 따른 조치를 하여야 한다(법125의6③).

(4) 구성·운영 등의 사항

그 밖의 교육위원회의 구성·운영 등에 필요한 사항은 정관으로 정한다(법125의6④).

Ⅲ. 수협중앙회

1. 설치

중앙회에 이사회를 두되, 회장이 그 의장이 된다(법127①). 중앙회에 이사회를 두며, 필요한 경우 이사회 내에 위원회 또는 협의회 등을 둘 수 있다(정관51①).

2. 구성

이사회는 회장·사업전담대표이사를 포함한 이사로 구성하되, 이사회 구성원의 2분의 1 이상은 회원인 조합의 조합장("회원조합장")이어야 한다(법127②).

3. 이사회의 의결사항 등

(1) 의결사항

이사회는 ⅰ) 중앙회의 경영목표 설정(제1호), ⅱ) 중앙회의 사업계획 및 자금계획의 종합 조정(제2호), ⅲ) 조직·경영 및 임원에 관한 규약의 제정·개정 및 폐지(제3호), ⅳ) 사업전담대표이사 및 상임이사의 직무와 관련한 업무의 종합 조정 및 소관 업무의 경영평가(제4호), ⅴ) 사업전담대표이사 및 상임이사의 해임요구에 관한 사항(제5호), ⅵ) 인사추천위원회 구성에 관한 사항(제6호), ⅶ) 교육위원회 구성에 관한 사항(제7호), ⅷ) 조합감사위원회 위원 선출(제8호),5) ⅸ) 업무용 부동산의 취득 및 처분(제10호), ⅹ) 총회로부터 위임된 사항(제11호), ⅺ) 그 밖에 회장 또는 이사 5분의 1 이상이 필요하다고 인정하는 사항(제12호)을 의결한다(법127③).

(2) 위반시 제재

조합등 또는 중앙회의 임원·집행간부·일반간부직원·파산관재인 또는 청산인이 법 제127조 제3항에 따라 총회·대의원회 또는 이사회의 의결을 거쳐야 하는 사항에 대하여 의결을 거치지 아니하고 집행한 경우에는 3년 이하의 징역 또는 3천만원 이하의 벌금에 처한다(법177(2)).

4. 이사회의 소집 등

(1) 이사회의 소집

회장은 이사 3명 이상 또는 감사위원회의 요구가 있을 때에는 지체 없이 이

---

5) 제9호는 삭제 [2016. 5. 29.]

사회를 소집하여야 하고, 회장이 필요하다고 인정할 때에는 직접 이사회를 소집할 수 있다(법127④).

(2) 개의와 의결

이사회는 구성원 과반수의 출석으로 개의하고 출석구성원 과반수의 찬성으로 의결한다(법127⑤).

(3) 집행간부의 이사회 출석과 의견진술

집행간부는 정관으로 정하는 바에 따라 이사회에 출석하여 의견을 진술할 수 있다(법127⑥).

(4) 특별이해관계 있는 이사의 이사회 참여 제한

이사회의 의사에 특별한 이해관계가 있는 이사회의 구성원은 그 이사회의 회의에 참여할 수 없다(법127⑦).

(5) 운영사항

이사회의 운영에 필요한 사항은 정관으로 정한다(법127⑧).

5. 인사추천위원회

(1) 설치

중앙회에 ⅰ) 감사위원(제1호), ⅱ) 지도경제사업대표이사(제2호), ⅲ) 상임이사(제2의2호), ⅳ) 비상임이사(제3호), ⅴ) 조합감사위원회 위원 2명(제4호)을 추천하기 위하여 인사추천위원회를 둔다(법127의2①).

(2) 구성 및 위원장

인사추천위원회는 ⅰ) 이사회가 위촉하는 회원조합장 3명(제1호), ⅱ) 수산 관련 단체 및 학계 등이 추천하는 학식과 경험이 풍부한 외부전문가(공무원은 제외) 중에서 이사회가 위촉하는 2명(제2호)의 위원으로 구성하고, 위원장은 위원 중에서 호선한다(법127의2②).

(3) 수산 관련 단체 또는 법인의 이사후보자 추천

수산 관련 단체 또는 법인은 학식과 경험이 풍부한 외부전문가 중에서 제1항 제2호에 따른 이사후보자를 인사추천위원회에 추천할 수 있다(법127의2③).

(4) 운영사항

그 밖에 인사추천위원회 구성과 운영에 필요한 사항은 정관으로 정한다(법127의2④).

6. 교육위원회

(1) 이사회 소속

회원의 조합원과 직원에 대한 교육(법138①(1) 나목)업무를 지원하기 위하여 이사회 소속으로 교육위원회를 둔다(법127의3①).

(2) 구성

교육위원회는 위원장을 포함한 5명 이내의 위원으로 구성하되, 수산 관련 단체·학계의 대표를 포함하여야 한다(법127의3②).

(3) 기구의 설치

교육위원회는 교육지원업무를 처리하기 위하여 정관으로 정하는 바에 따라 교육위원회에 필요한 기구를 둘 수 있다(법127의3③).

(4) 구성·운영 등의 사항

그 밖에 교육위원회의 구성·운영 등에 필요한 사항은 정관으로 정한다(법127의3④).

Ⅳ. 산림조합중앙회

1. 설치와 구성

(1) 설치

중앙회에 이사회를 둔다(법98①).

(2) 구성

이사회는 회장과 사업대표이사를 포함한 이사로 구성하되 회장과 사업대표이사를 제외한 이사의 2분의 1 이상은 회원인 조합의 조합장("회원조합장")이어야 하며, 회장이 소집한다(법98②, 정관55②).

(3) 소집의 통지

회장은 이사회개최 5일 전에 회의의 목적·부의할 사항 등을 적어 서면으로 구성원에게 통지하여야 한다(법98⑥, 정관55④ 본문). 다만, 긴급을 요할 경우에는 다른 방법으로 통지할 수 있다(법98⑥, 정관55④ 단서).

2. 의결사항 등

(1) 의결사항

이사회는 ⅰ) 중앙회의 경영목표 설정(제1호), ⅱ) 중앙회의 사업계획 및 자금계획의 종합조정(제2호), ⅲ) 조직·경영 및 임원에 대한 규정의 제정·개정 및 폐지(제3호), ⅳ) 조합에서 중앙회에 예치하는 여유자금의 최저비율 또는 금액(제4호), ⅴ) 사업대표이사 소관 업무의 성과평가 및 해임건의에 관한 사항(제5호), ⅵ) 인사추천위원회의 구성에 관한 사항(제6호), ⅶ) 조합감사위원회 위원 선출(제7호), ⅷ) 중앙회의 중요한 자산 취득 및 처분에 관한 사항(제8호), ⅸ) 중앙회 업무의 위험관리에 관한 사항(제9호), ⅹ) 총회로부터 위임된 사항(제10호), ⅺ) 그 밖에 회장 또는 이사 3분의 1 이상이 필요하다고 인정하는 사항(제11호)을 의결한다(법98③).

(2) 이사회의 개의와 결의

이사회는 구성원 과반수의 출석으로 개의하고, 출석구성원 과반수의 찬성으로 의결한다(법98⑥, 정관55③ 본문). 다만, 해당 안건과 특별한 이해관계가 있는 이사회의 구성원은 그 안건의 의결에 참여할 수 없으며, 의결에 참여하지 못하는 이사는 이사회의 구성원 수에 포함하지 아니한다(법98⑥, 정관55③ 단서).

(3) 이사회의 서면 의결

이사회는 부의안건 중 경미하거나 긴급을 요하는 사항에 관하여는 서면으로 의결할 수 있다(법98⑥, 정관55⑤ 본문). 이 경우 이사회는 개의된 것으로 보며 앞의 정관 제55조 제3항은 서면회의 의결방법에 관하여 준용한다(법98⑥, 정관55⑤ 단서).

3. 회장 및 사업대표이사의 업무집행상황 감독 등

(1) 회장 및 사업대표이사의 업무집행상황 감독

이사회는 의결된 사항에 대하여 회장 및 사업대표이사의 업무집행상황을 감독한다(법98④).

(2) 감사 및 집행간부의 이사회 출석 및 의견 진술

감사 및 집행간부는 이사회에 출석하여 의견을 진술할 수 있다(법98⑤).

4. 이사회 의사록

이사회의 의사에 관하여는 의사의 경과 및 결과를 적은 의사록을 작성하고 의장과 출석한 사업대표이사 및 이사가 이에 서명 또는 기명날인한다(법98⑥, 정관55⑦).

5. 인사추천위원회

(1) 설치

중앙회에 감사위원 등을 추천하기 위하여 인사추천위원회를 둔다(법98의2①).

(2) 추천대상

인사추천위원회는 중앙회에 ⅰ) 감사위원(제1호), ⅱ) 사업대표이사(제2호), ⅲ) 회원조합장이 아닌 이사(제3호), ⅳ) 조합감사위원장(제4호), ⅴ) 조합감사위원(제5호) 후보자를 추천한다(법98의2①).

임업 관련 단체는 학식과 경험이 풍부한 외부전문가 중에서 회원조합장이 아닌 이사 후보자를 인사추천위원회에 추천할 수 있다(법98의2③).

(3) 구성 등

(가) 구성

이사회는 감사위원, 사업대표이사, 회원조합장이 아닌 이사, 조합감사위원장, 조합감사위원이 임기만료, 사임 등의 사유로 궐위되어 선출할 필요가 있는 경우에는 지체 없이 위원회를 구성하여야 한다(법98의2④, 정관58의2③).

(나) 위원

인사추천위원회는 ⅰ) 이사회가 위촉하는 회원조합장 3명(제1호), ⅱ) 임업 관련 단체 또는 학계 등이 추천하는 학식과 경험이 풍부한 외부전문가(공무원은 제외) 중에서 이사회가 위촉하는 2명(제2호)의 위원으로 구성하고, 위원장은 위원 중에서 호선한다(법98의2②).

(다) 임기

위원장 및 위원의 임기는 위원회 구성 후 사위원, 사업대표이사, 회원조합장이 아닌 이사, 조합감사위원장, 조합감사위원이 선출될 때까지로 한다(법98의2④, 정관58의2④).

(라) 소집

위원회는 위원장이 소집한다(법98의2④, 정관58의2⑤ 본문). 다만, 위원회 구성 후 최초로 개최되는 위원회는 이사회 의장이 소집한다(법98의2④, 정관58의2⑤ 단서).

(마) 직무대행

위원장이 궐위·구금되는 등 부득이한 사유로 그 직무를 수행할 수 없을 때에는 위원 중에서 연장자 순으로 그 직무를 대행한다(법98의2④, 정관58의2⑥).

(바) 의결정족수

위원회는 구성원 과반수의 찬성으로 의결한다(법98의2④, 정관58의2⑦).

(사) 사무

위원회는 ⅰ) 추천대상자 선정방법 결정 및 선정(제1호), ⅱ) 추천대상자 자격심사(제2호), ⅲ) 그 밖에 추천에 관하여 필요한 사항(제3호)을 관장한다(법98의2④, 정관58의2⑧).

6. 운영에 관한 특례

(1) 회장의 긴급한 조치

회장은 전시·사변이나 그 밖에 이에 준하는 비상사태의 경우에 회원 및 중앙회를 위하여 긴급한 조치가 필요하고 총회·대의원회 및 이사회를 소집할 수 없을 때에는 총회·대의원회 및 이사회의 권한의 범위에서 필요한 조치를 할 수 있다(법99①).

(2) 이사회 소집과 보고

회장은 조치를 하였을 때에는 지체 없이 총회·대의원회 및 이사회를 소집하고 그 조치사항을 보고하여야 한다(법99②).

(3) 이사회의 조치 수정 또는 정지

총회·대의원회 및 이사회는 조치를 수정하거나 정지하게 할 수 있다(법99③).

Ⅴ. 새마을금고중앙회

1. 설치와 구성

(1) 설치

중앙회에 이사회를 두고, 회장이 이를 소집하며 그 의장이 된다(법60①).

(2) 구성

이사회는 회장, 신용공제대표이사, 지도이사, 전무이사를 포함한 이사로 구성한다(법60②).

2021년 10월 19일 개정 전에는 중앙회 부회장 제도를 규정하고 있었다. 그러나 중앙회 부회장은 특별한 역할을 부여받고 있지 아니하여 선거 비용 발생에 비해 제도를 유지할 실익이 적다는 지적이 제기되고 있었다. 이에 중앙회 부회장 제도를 폐지하였다.

2. 이사회의 소집방법

(1) 소집 시기

이사회는 매분기마다 1회 이상 개최함을 원칙으로 하며 회장이 필요하다고 인정할 때에 소집한다(정관33①).

(2) 소집통지

이사회의 소집은 개최일 7일 전까지 그 회의의 일시, 장소, 부의사항 등을 기재한 서면을 발송하여야 한다(정관33② 본문). 다만, 이사(회장, 신용공제대표이사, 지도이사 및 전무이사를 포함한 이사) 전원의 동의가 있을 때에는 그러하지 아니하다(정관33② 단서)

3. 이사회 의결사항 등

(1) 의결사항

다음의 사항, 즉 ⅰ) 규정의 제정·변경 또는 폐지(제1호), ⅱ) 차입금의 최고 한도(제2호), ⅲ) 총회로부터 위임된 사항과 총회에 부의할 사항(제3호), ⅳ) 정관으로 정하는 간부 직원의 임면과 보수의 결정(제4호), ⅴ) 정관으로 정하는 직원의 징계(제5호), ⅵ) 신용공제대표이사, 지도이사 및 전무이사의 전담업무에 대한 성과평가에 관한 사항(제6호), ⅶ) 그 밖에 회장이 필요하다고 인정한 사항(제7호)은 이사회의 의결을 거쳐야 한다(법60③).

(2) 이사회의 개의와 의결

이사회는 재적이사 과반수의 출석으로 개의하고 출석이사 과반수의 찬성으로 의결한다(법60④, 법17⑤).

4. 이사회 의사록

이사회의 의사에 관하여는 의사의 경과와 결과를 기재한 의사록을 작성하고 의장과 출석한 이사가 이에 기명날인 또는 서명하여야 한다(정관35②).

제3절 감사위원회

Ⅰ. 신협중앙회

1. 설치와 구성

(1) 설치

중앙회는 이사회 내에 중앙회의 업무집행 및 회계 등을 감사하기 위한 위원회("감사위원회")를 설치하여야 한다(법76①, 정관39①).

(2) 구성

감사위원회는 3명 이상의 이사로 구성하되, 총 위원의 3분의 2 이상을 전문이사로 구성하여야 한다(법76②). 이에 따라 감사위원회는 대표감사위원을 포함한 3인의 이사("감사위원")로 구성하되 이 중 2인은 전문이사로 구성한다(정관39②). 대표감사위원은 감사위원회에서 호선한다(정관39③).

감사위원회 위원의 사임이나 사망 등의 사유로 감사위원회의 구성이 구성(법76②) 요건을 충족하지 못하게 된 경우에는 그 사유가 발생한 날 이후 최초로 소집되는 총회에서 감사위원회의 구성이 요건을 충족하도록 하여야 한다(법76④).

(3) 대표 감사위원의 선정

감사위원회는 그 결의로써 위원회를 대표할 사람을 선정하여야 한다(법76③).

2. 총회의 소집

(1) 대표감사위원의 소집 청구

감사위원회의 대표자(대표감사위원)는 감사결과 부정한 사실이 발견되어 그 내용을 총회에 신속히 보고할 필요가 있을 때에는 회의의 목적과 소집 이유를 적은 서면을 제출하여 총회의 소집을 이사장에게 청구할 수 있다(법76의2②, 법26②).

회장은 대표감사위원의 총회 소집 청구를 받으면 15일 이내에 총회를 개최하여야 한다(법76의2②, 법26③).

(2) 대표감사위원의 총회소집

총회를 소집할 사가 없거나 회장의 총회 개최 기간인 15일 이내(법26①)에 정당한 이유 없이 회장이 총회를 개최하지 아니한 경우에는 대표감사위원이 지체 없이 총회를 소집하여야 한다(법76의2②, 법26④ 전단). 이 경우 대표감사위원이 의장의 직무를 대행한다(법76의2②, 법26④ 후단).

(3) 회원대표의 총회소집

회원이 총회의 소집을 청구한 경우로서 대표감사위원이 총회를 소집하지 아니한 경우에는 총회의 소집을 청구한 회원의 대표가 총회를 소집한다(법76의2②, 법26⑤ 전단). 이 경우 그 회원의 대표가 의장의 직무를 대행한다(법76의2②, 법26⑤ 후단).

3. 감사위원회의 직무와 권한

(1) 대표감사위원의 대표권

중앙회가 중앙회장 또는 신용·공제사업 대표이사와의 소송, 계약 등의 법률행위를 하는 경우에는 대표감사위원이 중앙회를 대표한다(법76의2②, 법38).

(2) 유지청구권

이사가 법령 또는 정관에 위반한 행위를 하여 이로 인하여 회사에 회복할 수 없는 손해가 생길 염려가 있는 경우에는 감사위원회는 중앙회를 위하여 이사에 대하여 그 행위를 유지할 것을 청구할 수 있다(법76의2②, 상법402).

(3) 직무와 보고요구, 조사의 권한

감사위원회는 이사의 직무의 집행을 감사한다(법76의2②, 상법412①). 감사위원회는 언제든지 이사에 대하여 영업에 관한 보고를 요구하거나 회사의 업무와 재산상태를 조사할 수 있다(법76의2②, 상법412②).

감사위원회는 회사의 비용으로 전문가의 도움을 구할 수 있다(법76의2②, 상법412③).

(4) 보고 수령권

이사는 회사에 현저하게 손해를 미칠 염려가 있는 사실을 발견한 때에는 즉시 감사위원회에 이를 보고하여야 한다(법76의2②, 상법412의2).

(5) 재무제표 등의 수령

이사는 정기총회회일의 6주간 전에 제447조(재무제표의 작성) 및 제447조의2(영업보고서의 작성)의 서류를 감사위원회에 제출하여야 한다(법76의2②, 상법447의3).

4. 감사위원회의 의무

(1) 감사보고서 제출의무

감사위원회는 분기마다 1회 이상 감사실시를 통보한 후 중앙회의 업무, 재산상태 및 장부·서류 등을 감사하여야 하며, 분기별 감사보고서는 이사회에 제출하고, 분기별 감사보고서를 종합한 연차감사보고서는 정기총회 또는 정기대의원회에 제출하여야 한다(법76의2①).

(2) 이사회 보고의무

감사위원회는 이사가 법령 또는 정관에 위반한 행위를 하거나 그 행위를 할 염려가 있다고 인정한 때에는 이사회에 이를 보고하여야 한다(법76의2②, 상법391의2②).

(3) 총회에서의 의견진술

감사위원회는 이사가 총회에 제출할 의안 및 서류를 조사하여 법령 또는 정관에 위반하거나 현저하게 부당한 사항이 있는지의 여부에 관하여 총회에 그 의견을 진술하여야 한다(법76의2②, 상법413).

(4) 감사록의 작성

감사위원회의 위원은 감사에 관하여 감사록을 작성하여야 한다(법76의2②, 상법413의2①). 감사록에는 감사의 실시요령과 그 결과를 기재하고 감사를 실시한 감사위원회 위원이 기명날인 또는 서명하여야 한다(법76의2②, 상법413의2②).

(5) 감사보고서의 작성 및 제출

(기) 감시보고서의 제출

감사위원회는 제447조의3의 서류를 받은 날부터 4주 내에 감사보고서를 이사에게 제출하여야 한다(법76의2②, 상법447의4①). 감사위원회가 감사를 하기 위하여 필요한 조사를 할 수 없었던 경우에는 감사보고서에 그 뜻과 이유를 적어야 한다(법76의2②, 상법447의4③).

(나) 감사보고서의 기재사항

감사보고서에는 ⅰ) 감사방법의 개요(제1호), ⅱ) 회계장부에 기재될 사항이 기재되지 아니하거나 부실기재된 경우 또는 대차대조표나 손익계산서의 기재 내용이 회계장부와 맞지 아니하는 경우에는 그 뜻(제2호), ⅲ) 대차대조표 및 손익계산서가 법령과 정관에 따라 회사의 재무상태와 경영성과를 적정하게 표시하고 있는 경우에는 그 뜻(제3호), ⅳ) 대차대조표 또는 손익계산서가 법령이나 정관을 위반하여 회사의 재무상태와 경영성과를 적정하게 표시하지 아니하는 경우에는 그 뜻과 이유(제4호), ⅴ) 대차대조표 또는 손익계산서의 작성에 관한 회계방침의 변경이 타당한지 여부와 그 이유(제5호), ⅵ) 영업보고서가 법령과 정관에 따라 회사의 상황을 적정하게 표시하고 있는지 여부(제6호), ⅶ) 이익잉여금의 처분 또는 결손금의 처리가 법령 또는 정관에 맞는지 여부(제7호), ⅷ) 이익잉여금의 처분 또는 결손금의 처리가 회사의 재무상태나 그 밖의 사정에 비추어 현저하게 부당한 경우에는 그 뜻(제8호), ⅸ) 제447조(재무제표의 작성)의 부속명세서에 기재할 사항이 기재되지 아니하거나 부실기재된 경우 또는 회계장부·대차대조표·

손익계산서나 영업보고서의 기재 내용과 맞지 아니하게 기재된 경우에는 그 뜻 (제9호), x) 이사의 직무수행에 관하여 부정한 행위 또는 법령이나 정관의 규정 을 위반하는 중대한 사실이 있는 경우에는 그 사실(제10호)을 적어야 한다(법76의 2②, 상법447의4②).

5. 감사위원회의 책임

(1) 중앙회에 대한 책임

감사위원회 위원이 그 임무를 해태한 때에는 그 감사위원회 위원은 중앙회 에 대하여 연대하여 손해를 배상할 책임이 있다(법76의2②, 상법414①).

(2) 제3자에 대한 책임

감사위원회 위원이 악의 또는 중대한 과실로 인하여 그 임무를 해태한 때에 는 그 감사위원회 위원은 제3자에 대하여 연대하여 손해를 배상할 책임이 있다 (법76의2②, 상법414②).

(3) 이사와 연대책임

감사위원회 위원이 회사 또는 제3자에 대하여 손해를 배상할 책임이 있는 경우에 이사도 그 책임이 있는 때에는 그 감사위원회 위원과 이사는 연대하여 배상할 책임이 있다(법76의2②, 상법414③).

(4) 감사위원회 위원의 책임해제

정기총회에서 재무제표등의 승인을 한 후 2년 내에 다른 결의가 없으면 회 사는 이사와 감사위원회 위원의 책임을 해제한 것으로 본다(법76의2②, 상법450 본문). 그러나 이사 또는 감사위원회 위원의 부정행위에 대하여는 그러하지 아니 하다(법76의2②, 상법450 단서).

Ⅱ. 농협중앙회

1. 설치

중앙회는 재산과 업무집행상황을 감사하기 위하여 감사위원회를 둔다(법129①).

2. 구성과 임기

감사위원회는 감사위원장을 포함한 5명의 감사위원으로 구성하되 그 임기는 3년으로 하며, 감사위원 중 3명은 ⅰ) 중앙회(중앙회의 자회사 및 손자회사를 포함), 조합 또는 금융위원회법 제38조에 따른 검사대상기관(이에 상응하는 외국금융기관을 포함)에서 10년 이상 종사한 경력이 있는 사람(제1호), ⅱ) 농업·축산업 또는 금융 관계 분야의 석사학위 이상의 학위소지자로서 연구기관 또는 대학에서 연구원 또는 조교수 이상의 직에 5년 이상 종사한 경력이 있는 사람(제2호), ⅲ) 판사·검사·군법무관·변호사 또는 공인회계사의 직에 5년 이상 종사한 경력이 있는 사람(제3호), ⅳ) 주권상장법인에서 법률·재무·감사 또는 회계 관련 업무에 임원으로 5년 이상 또는 임직원으로 10년 이상 종사한 경력이 있는 사람(제4호), ⅴ) 국가, 지방자치단체, 공공기관 및 금융감독원에서 재무 또는 회계 관련 업무 및 이에 대한 감독업무에 5년 이상 종사한 경력이 있는 사람(제5호)의 어느 하나에 해당하는 사람 중에서 선출하여야 한다(법129② 전단, 영11의7).

다만, 외부전문가는 조합, 중앙회 및 그 자회사(손자회사를 포함)에서 최근 3년 이내에 중앙회 감사위원 이외의 임직원으로 근무한 사람은 제외한다(법129② 후단).[6]

3. 위원장과 위원의 선임

감사위원장은 외부전문가인 감사위원 중에서 호선한다(법129④). 감사위원은 인사추천위원회가 추천한 자를 대상으로 총회에서 선출한다(법129③).

---

6) 법 제129조 제2항은 이 법 시행 후 최초로 선출되는 중앙회장의 임기개시일부터 시행.

4. 직무와 권한 및 의무

(1) 재산 상황 등의 총회 보고 및 총회 소집

감사위원회는 중앙회의 재산 상황이나 업무집행에 부정한 사실이 있는 것을 발견하면 총회에 보고하여야 하고, 그 내용을 총회에 신속히 보고하여야 할 필요가 있으면 정관으로 정하는 바에 따라 회장에게 총회의 소집을 요구하거나 총회를 소집할 수 있다(법129⑤, 법46⑦).

(2) 총회 등 출석 및 의견진술권

감사위원은 총회나 이사회 또는 소이사회에 출석하여 의견을 진술할 수 있다(법129⑤, 법46⑧).

(3) 자회사의 조사권

(가) 영업의 보고 요구

모회사의 감사위원회는 그 직무를 수행하기 위하여 필요한 때에는 자회사에 대하여 영업의 보고를 요구할 수 있다(법129⑤, 법46⑨, 상법412의5①).

(나) 업무 또는 재산 상태 조사

모회사의 감사위원회는 자회사가 지체없이 보고를 하지 아니할 때 또는 그 보고의 내용을 확인할 필요가 있는 때에는 자회사의 업무와 재산상태를 조사할 수 있다(법129⑤, 법46⑨, 상법412의5②).

(다) 보고 또는 조사의 거부 제한

자회사는 정당한 이유가 없는 한 보고 또는 조사를 거부하지 못한다(법129⑤, 법46⑨, 상법412의5③).

(4) 조사·보고의 의무

감사위원회는 이사가 총회에 제출할 의안 및 서류를 조사하여 법령 또는 정관에 위반하거나 현저하게 부당한 사항이 있는지의 여부에 관하여 총회에 그 의견을 진술하여야 한다(법129⑤, 법46⑨, 상법413).

(5) 감사록의 작성

감사위원회의 위원은 감사에 관하여 감사록을 작성하여야 한다(법129⑤, 법46⑨, 상법413의2①). 감사록에는 감사의 실시요령과 그 결과를 기재하고 감사를 실시한 감사위원회 위원이 기명날인 또는 서명하여야 한다(법129⑤, 법46⑨, 상법413의2②).

(6) 감사위원회의 대표권

중앙회가 이사와 계약을 할 때에는 감사위원회가 중앙회를 대표한다(법129⑤, 법47①). 중앙회와 이사 간의 소송에 관하여도 같다(법129⑤, 법47②).

5. 운영 등의 사항

감사위원회의 운영 등에 필요한 사항은 정관으로 정한다(법129⑥).

Ⅲ. 수협중앙회

1. 설치

중앙회는 재산과 업무집행상황을 감사하기 위하여 감사위원회를 둔다(법133①).

2. 구성과 임기

감사위원회는 감사위원장을 포함한 3명의 감사위원으로 구성하되, 그 임기는 3년으로 하며 감사위원 중 2명은 ⅰ) 중앙회, 조합 또는 금융위원회법 제38조[7]에 따른 검사대상기관(이에 상응하는 외국금융기관을 포함)에서 10년 이상 종사한 경력이 있는 사람. 다만, 중앙회 또는 조합에서 최근 2년 이내에 임직원으로 근무한 사람(중앙회 감사위원으로 근무 중이거나 근무한 사람은 제외)은 제외한다(제1호), ⅱ) 수산업 또는 금융 관계 분야의 석사 이상의 학위소지자로서 연구기관 또

---

7) 은행, 금융투자업자, 증권금융회사, 종합금융회사 및 명의개서대행회사, 보험회사, 상호저축은행과 그 중앙회, 신용협동조합 및 그 중앙회, 여신전문금융회사 및 겸영여신업자, 농협은행, 수협은행, 다른 법령에서 금융감독원이 검사를 하도록 규정한 기관, 그 밖에 금융업 및 금융 관련 업무를 하는 자로서 대통령령으로 정하는 자를 말한다.

는 대학에서 연구원 또는 조교수 이상의 직에 5년 이상 종사한 경력이 있는 사람 (제2호), iii) 판사·검사·군법무관의 직에 5년 이상 종사하거나 변호사 또는 공인회계사로서 5년 이상 종사한 경력이 있는 사람(제3호), iv) 주권상장법인에서 법률·재무·감사 또는 회계 관련 업무에 임원으로 5년 이상 또는 임직원으로 10년 이상 종사한 경력이 있는 사람(제4호), ⅴ) 국가, 지방자치단체, 공공기관 및 금융감독원에서 재무 또는 회계 관련 업무 및 이에 대한 감독업무에 5년 이상 종사한 경력이 있는 사람(제5호)의 어느 하나에 해당하는 사람 중에서 선출하여야 한다(법133②, 영24의2).

3. 위원장과 위원의 선임

감사위원장은 감사위원 중에서 호선한다(법133④). 감사위원은 인사추천위원회가 추천한 자를 대상으로 총회에서 선출한다(법133③).

4. 직무와 권한 및 의무

(1) 재산 상황 등의 총회 보고 및 소집

감사위원회는 중앙회의 재산 상황 또는 업무집행에 관하여 부정한 사실을 발견하면 총회에 보고하여야 하며, 그 내용을 총회에 신속히 보고하여야 할 필요가 있는 경우에는 정관으로 정하는 바에 따라 기간을 정하여 회장에게 총회의 소집을 요구하고 회장이 그 기간 이내에 총회를 소집하지 아니하면 직접 총회를 소집할 수 있다(법133⑤, 법48②).

(2) 이사회 소집요구 및 시정권고

감사위원회는 자체감사 또는 외부기관의 감사결과 주요 지적 사항이 발생한 경우에는 회장에게 이사회의 소집을 요구하여 이에 대한 시정권고를 할 수 있다(법133⑤, 법48③).

(3) 총회 등 출석 및 의견진술권

감사위원은 총회 또는 이사회에 출석하여 의견을 진술할 수 있다(법133⑤, 법48④).

(4) 감사위원회의 이사회 소집청구

감사위원회는 필요하면 회의의 목적사항과 소집이유를 서면에 적어 이사(소집권자가 있는 경우에는 소집권자)에게 제출하여 이사회 소집을 청구할 수 있다(법133⑤, 법48⑤, 상법412의4①).

청구를 하였는데도 이사가 지체 없이 이사회를 소집하지 아니하면 그 청구한 감사위원회가 이사회를 소집할 수 있다(법133⑤, 법48⑤, 상법412의4②).

(5) 조사·보고의 의무

감사위원회는 이사가 총회에 제출할 의안 및 서류를 조사하여 법령 또는 정관에 위반하거나 현저하게 부당한 사항이 있는지의 여부에 관하여 총회에 그 의견을 진술하여야 한다(법133⑤, 법48⑤, 상법413).

(6) 감사록의 작성

감사위원회는 감사에 관하여 감사록을 작성하여야 한다(법133⑤, 법48⑤, 상법413의2①). 감사록에는 감사의 실시요령과 그 결과를 기재하고 감사를 실시한 감사위원회 위원이 기명날인 또는 서명하여야 한다(법133⑤, 법48⑤, 상법413의2②).

(7) 감사위원회의 대표권

중앙회가 회장을 포함한 이사와 계약을 할 때에는 감사위원회가 중앙회를 대표한다(법133⑤, 법49①). 중앙회와 회장을 포함한 이사 간의 소송에 관하여도 같다(법133⑤, 법49②).

5. 운영 등의 사항

감사위원회의 운영 등에 필요한 사항은 정관으로 정한다(법133⑥).

Ⅳ. 산림조합중앙회

1. 설치

중앙회는 재산과 업무집행상황을 감사하기 위하여 감사위원회를 둔다(법103

①).

2. 구성과 자격

감사위원회는 감사위원장을 포함한 3명의 감사위원으로 구성하되 감사위원 중 2명은 ⅰ) 중앙회(중앙회의 자회사를 포함), 조합 또는 금융위원회법 제38조에 따른 검사 대상 기관(이에 상응하는 외국금융기관을 포함)에서 10년 이상 근무한 경력이 있는 사람. 다만, 중앙회(중앙회의 자회사를 포함) 또는 조합에서 최근 2년 이내에 임직원으로 근무한 사람(중앙회 감사위원으로 근무한 사람은 제외)은 제외한다(제1호), ⅱ) 임업 또는 금융 관계 분야의 석사학위 이상의 학위를 소지한 사람으로서 연구기관 또는 대학에서 연구원 또는 조교수 이상의 직에 5년 이상 종사한 경력이 있는 사람(제2호), ⅲ) 판사·검사·군법무관·변호사 또는 공인회계사의 직에 5년 이상 종사한 경력이 있는 사람(제3호), ⅳ) 주권상장법인에서 법률·재무·감사 또는 회계 관련 업무에 임원으로 5년 이상 또는 임직원으로 10년 이상 종사한 경력이 있는 사람(제4호), ⅴ) 국가, 지방자치단체, 공공기관 및 금융감독원에서 재무 또는 회계 관련 업무 및 이에 대한 감독업무에 5년 이상 종사한 경력이 있는 사람(제5호) 중에서 선출하여야 한다(법103②, 영11의13).

3. 위원장과 위원의 선임

감사위원장은 감사위원 중에서 호선한다(법103④). 감사위원은 인사추천위원회가 추천한 자를 대상으로 총회에서 선출한다(법103③).

4. 직무와 권한 및 의무

(1) 재산 상황 등의 총회 보고

감사위원회는 중앙회의 재산상황 또는 업무집행에 관하여 부정한 사실이 있는 것을 발견하였을 때에는 총회에 보고하여야 하며, 그 내용을 총회에 신속히 보고하여야 할 필요가 있는 경우에는 정관으로 정하는 바에 따라 회장에게 총회의 소집을 요구하거나 총회를 소집할 수 있다(법103⑤, 법36⑤).

(2) 총회 등 출석 및 의견진술권

감사위원회는 총회·대의원회 및 이사회에 출석하여 그 의견을 진술할 수 있다(법103⑤, 법36⑥).

(3) 자회사의 조사권

(가) 영업의 보고 요구

모회사의 감사위원회는 그 직무를 수행하기 위하여 필요한 때에는 자회사에 대하여 영업의 보고를 요구할 수 있다(법103⑤, 법36⑦, 상법412의5①).

(나) 업무와 재산상태 조사

모회사의 감사위원회는 자회사가 지체없이 보고를 하지 아니할 때 또는 그 보고의 내용을 확인할 필요가 있는 때에는 자회사의 업무와 재산상태를 조사할 수 있다(법103⑤, 법36⑦, 상법412의5②).

(다) 보고 또는 조사 거부의 제한

자회사는 정당한 이유가 없는 한 보고 또는 조사를 거부하지 못한다(법103⑤, 법36⑦, 상법412의5③).

(4) 조사·보고의 의무

감사위원회는 이사가 총회에 제출할 의안 및 서류를 조사하여 법령 또는 정관에 위반하거나 현저하게 부당한 사항이 있는지의 여부에 관하여 총회에 그 의견을 진술하여야 한다(법103⑤, 법36⑦, 상법413).

(5) 감사록의 작성

감사위원회의 위원은 감사에 관하여 감사록을 작성하여야 한다(법103⑤, 법36⑦, 상법413의2①). 감사록에는 감사의 실시요령과 그 결과를 기재하고 감사를 실시한 감사위원회 위원이 기명날인 또는 서명하여야 한다(법103⑤, 법36⑦, 상법413의2②).

(6) 감사위원회의 대표권

중앙회가 회장·사업대표이사 또는 이사와 계약을 할 때에는 감사위원회가 조합을 대표한다(법103⑤, 법37①). 중앙회와 회장·사업대표이사 또는 이사 간의 소송에 관하여도 같다(법103⑤, 법37②).

5. 운영 등의 사항

감사위원회의 운영 등에 필요한 사항은 정관으로 정한다(법103⑥).

Ⅴ. 새마을금고중앙회

1. 설치

중앙회의 업무집행 및 회계 등을 감사하기 위하여 중앙회에 감사위원회("감사위원회")를 둔다(법61①).

2. 구성과 임기

(1) 구성

감사위원회는 감사위원장을 포함하여 5명의 감사위원으로 구성하며, ⅰ) 중앙회, 금고 또는 금융위원회법 제38조에 따른 검사대상기관(이에 준하는 외국금융기관을 포함)에서 10년 이상 근무한 경력이 있을 것. 다만, 중앙회 또는 금고에서 최근 2년 이내에 임직원으로 근무한 경우(중앙회의 감사위원으로 근무 중이거나 근무한 경우는 제외)는 제외한다(제1호), ⅱ) 금융 관련 분야에서 석사 이상의 학위를 취득한 후 연구기관 또는 대학에서 연구원 또는 조교수 이상의 직에 5년 이상 근무한 경력이 있을 것(제3호), ⅲ) 판사·검사·군법무관·변호사 또는 공인회계사의 직에 5년 이상 근무한 경력이 있을 것(제3호), ⅳ) 주권상장법인에서 법률·재무·감사 또는 회계 관련 업무에 임원으로 5년 이상 또는 임직원으로 통산하여 10년 이상 근무한 경력이 있을 것(제4호), ⅴ) 국가, 지방자치단체, 공공기관 및 금융감독원에서 재무·회계 또는 감독 관련 업무에 5년 이상 근무한 경력이 있을 것(제5호)의 요건에 적합한 외부전문가 3명이 포함되어야 한다(법61②, 영24의2).

감사위원이 사임 또는 사망하거나 앞의 외부전문가 3명의 요건을 충족하지 못하는 등의 사유로 감사위원회의 구성이 규정에 맞지 아니하게 된 경우에는 그 사유가 발생한 날 이후 최초로 소집되는 총회에서 감사위원회의 구성이 외부전문가 요건의 규정에 맞도록 하여야 한다(법61④).

(2) 임기

감사위원장과 감사위원의 임기는 3년으로 한다(법61⑥).

3. 위원장과 위원의 선출

(1) 감사위원장의 호선

감사위원장은 감사위원 중에서 호선한다(법61⑤).

(2) 감사위원의 총회 선출

감사위원은 인사추천위원회가 추천한 사람 중에서 총회의 투표로 선출한다
(법61③).

(3) 보궐 위원의 선출

감사위원(감사위원장을 포함) 중 결원이 생긴 경우에는 인사추천위원회가 추
천한 사람 중에서 총회의 투표로 보궐 위원을 선출하여야 하며, 그 보궐 위원의
임기는 전임자의 남은 기간으로 한다(법61⑦).

4. 설치 절차 등

위에서 규정한 사항 외에 감사위원회의 설치 절차 등에 필요한 사항은 정관
으로 정한다(법61⑧).

5. 감사위원회의 임무 등

(1) 감사결과의 총회 및 이사회 보고

감사위원회는 중앙회의 재산과 업무 집행상황에 대하여 분기마다 1회 이상
감사하고, 그 결과를 총회와 이사회에 보고하여야 한다(법62①).

(2) 유지청구권

이사가 법령 또는 정관에 위반한 행위를 하여 이로 인하여 회사에 회복할
수 없는 손해가 생길 염려가 있는 경우에는 감사위원회는 중앙회를 위하여 이사
에 대하여 그 행위를 유지할 것을 청구할 수 있다(법62②, 상법402).

(3) 자회사의 조사권

(가) 영업의 보고 요구

감사위원회는 그 직무를 수행하기 위하여 필요한 때에는 자회사에 대하여 영업의 보고를 요구할 수 있다(법62②, 상법412의5①).

(나) 업무와 재산상태 조사

감사위원회는 자회사가 지체없이 보고를 하지 아니할 때 또는 그 보고의 내용을 확인할 필요가 있는 때에는 자회사의 업무와 재산상태를 조사할 수 있다(법62②, 상법412의5②).

(다) 보고 또는 조사의 거부 제한

자회사는 정당한 이유가 없는 한 보고 또는 조사를 거부하지 못한다(법62②, 상법412의5③).

(4) 조사·보고의 의무

감사위원회는 이사가 총회에 제출할 의안 및 서류를 조사하여 법령 또는 정관에 위반하거나 현저하게 부당한 사항이 있는지의 여부에 관하여 총회에 그 의견을 진술하여야 한다(법62②, 상법413).

(5) 감사록의 작성

감사위원회의 위원은 감사에 관하여 감사록을 작성하여야 한다(법62②, 상법413의2①). 감사록에는 감사의 실시요령과 그 결과를 기재하고 감사를 실시한 감사위원회 위원이 기명날인 또는 서명하여야 한다(법62②, 상법413의2②).

(6) 감사위원장의 대표권

중앙회와 회장 사이 또는 중앙회와 신용공제대표이사 사이에 소송, 계약 등의 법률행위를 하는 경우에는 감사위원장이 중앙회를 대표한다(법62③).

(7) 총회 또는 이사회 출석 및 의견진술권

감사위원은 총회나 이사회에 출석하여 그 의견을 진술할 수 있다(법62④).

(8) 감사위원회 업무 등의 사항

앞에서 규정한 사항 외에 감사위원회의 업무 등에 필요한 사항은 정관으로 정한다(법62⑤).

제4절 내부통제기준과 준법감시인

Ⅰ. 신협중앙회

1. 내부통제기준

(1) 내부통제기준의 제정

중앙회는 법령을 준수하고 자산운용을 건전하게 하기 위하여 중앙회 임직원이 직무를 수행할 때 지켜야 할 기본적인 절차와 기준("내부통제기준")을 정하여야 한다(법76의3①).

(2) 내부통제기준의 필수적 포함사항

내부통제기준에는 ⅰ) 업무의 분장 및 조직구조에 관한 사항(제1호), ⅱ) 자산의 운용 또는 업무의 수행과정에서 발생하는 위험의 관리에 관한 사항(제2호), ⅲ) 임·직원이 업무를 수행함에 있어서 반드시 준수하여야 하는 절차에 관한 사항(제3호), ⅳ) 경영의사의 결정에 필요한 정보가 효율적으로 전달될 수 있는 체제의 구축에 관한 사항(제4호), ⅴ) 임·직원의 내부통제기준 준수여부를 확인하는 절차·방법 및 내부통제기준을 위반한 임·직원의 처리에 관한 사항(제5호), ⅵ) 임·직원의 유가증권거래내역의 보고 등 불공정거래행위를 방지하기 위한 절차나 기준에 관한 사항(제6호), ⅶ) 내부통제기준의 제정 또는 변경절차에 관한 사항(제7호), ⅷ) 앞의 제1호 내지 제7호의 사항에 관한 구체적인 기준으로서 금융위원회가 정하는 사항(제8호)이 포함되어야 한다(법76의3⑤, 영19의3①).

(3) 내부통제기준의 제정 또는 변경

중앙회는 내부통제기준을 제정하거나 변경하고자 하는 때에는 이사회의 결의를 거쳐야 한다(법76의3⑤, 영19의3②).

(4) 내부통제기준의 변경 권고

금융위원회는 금융감독원의 검사(법83②)결과 법령을 위반한 사실이 드러난 경우에는 법령위반행위의 재발방지를 위하여 내부통제기준의 변경을 권고할 수 있다(법76의3⑤, 영19의3③).

2. 준법감시인

(1) 준법감시인의 임면

중앙회는 내부통제기준의 준수 여부를 점검하고 내부통제기준을 위반하는 경우 이를 조사하여 감사위원회에 보고하는 사람("준법감시인")을 1명 이상 두어야 한다(법76의3②).

중앙회는 준법감시인을 임면한 때에는 그 사실을 금융위원회(금융감독원장 위탁)에 통보하여야 한다(법76의3⑤, 영19의4①).

(2) 이사회 결의

중앙회장은 준법감시인을 임면하려면 이사회의 결의를 거쳐야 한다(법76의3③).

(3) 준법감시인의 자격 요건

준법감시인은 ⅰ) 다음의 어느 하나에 해당하는 경력이 있는 사람, 즉 ㉠ 한국은행 또는 금융위원법 제38조에 따른 검사대상기관(이에 상당하는 외국 금융기관을 포함)에서 10년 이상 근무한 경력이 있는 사람(가목), ㉡ 금융 관계 분야의 석사학위 이상의 학위 소지자로서 연구기관이나 대학에서 연구원 또는 조교수 이상의 직에 5년 이상 근무한 경력이 있는 사람(나목), ㉢ 변호사 또는 공인회계사의 자격을 가진 사람으로서 해당 자격과 관련된 업무에 5년 이상 종사한 경력이 있는 사람(다목), ㉣ 기획재정부, 금융위원회, 증권선물위원회 또는 금융감독원에서 5년 이상 근무한 경력이 있는 사람으로서 해당 기관에서 퇴임하거나 퇴직한 후 5년이 지난 사람(라목)이어야 하고(제1호), ⅱ) 법 제28조(임원 등의 자격 제한) 제1항 각 호8)의 어느 하나에 해당하지 아니하여야 하며(제2호), ⅲ) 최근 5년간 금융관계법령을 위반하여 금융위원회 또는 금융감독원장으로부터 주의·경고의 요구 이상에 해당하는 조치를 받은 사실이 없는 요건(제3호)을 충족하는 사람이어야 한다(법76의3④).

(4) 준법감시인의 직무
(가) 선관주의 의무와 겸직 금지

준법감시인은 선량한 관리자의 주의로 그 직무를 수행하여야 하며, ⅰ) 위험관리에 관한 업무(제1호), ⅱ) 감사업무(제2호) 외에 다른 직무를 겸직하여서는 아니 된다(법76의3⑤, 영19의4②).

---

8) 1. 피성년후견인, 피한정후견인 및 파산선고를 받고 복권되지 아니한 사람
 2. 금고 이상의 실형을 선고받고 그 집행이 끝나거나(집행이 끝난 것으로 보는 경우를 포함) 집행이 면제된 날부터 3년이 지나지 아니한 사람
 3. 형의 집행유예를 선고받고 그 유예기간 중에 있는 사람
 4. 금고 이상의 형의 선고유예를 받고 그 선고유예기간 중에 있는 사람
 5. 신용협동조합법 또는 대통령령으로 정하는 금융 관련 법령("금융관계법령")을 위반하여 벌금 이상의 형을 선고받고 그 집행이 끝나거나(집행이 끝난 것으로 보는 경우를 포함) 집행이 면제된 날부터 5년이 지나지 아니한 사람
 6. 법원의 판결 또는 다른 법률에 따라 자격이 상실되거나 정지된 사람
 7. 신용협동조합법 또는 금융관계법령에 따라 해임[제84조 제1항 제1호에 따른 임원에 대한 개선(改選)을 포함]되거나 징계면직된 사람으로서 해임되거나 징계면직된 후 5년이 지나지 아니한 사람
 8. 신용협동조합법 또는 금융관계법령에 따라 영업의 허가·인가 또는 등록이 취소된 법인 또는 회사의 임직원이었던 사람(그 취소 사유의 발생에 직접적 책임이 있거나 이에 상응하는 책임이 있는 사람으로서 대통령령으로 정하는 사람만 해당)으로서 그 법인이나 회사에 대한 취소 처분이 있었던 날부터 5년이 지나지 아니한 사람
 9. 신용협동조합법 또는 금융관계법령에 따라 대통령령으로 정하는 정직·업무집행정지 이상의 제재 조치를 받은 사람으로서 대통령령으로 정하는 기간이 지나지 아니한 사람
 10. 신용협동조합법 또는 금융관계법령에 따라 재임 중이었거나 재직 중이었더라면 해임 요구 또는 징계면직의 조치를 받았을 것으로 통보된 퇴임한 임원 또는 퇴직한 직원으로서 그 통보가 있었던 날부터 5년(통보가 있었던 날부터 5년이 퇴임 또는 퇴직한 날부터 7년을 초과한 경우에는 퇴임 또는 퇴직한 날부터 7년으로 한다)이 지나지 아니한 사람
 11. 신용협동조합법 또는 금융관계법령에 따라 재임 중이었거나 재직 중이었더라면 대통령령으로 정하는 정직·업무집행정지 이상의 제재 조치를 요구받았을 것으로 통보된 퇴임한 임원 또는 퇴직한 직원으로서 그 통보가 있었던 날부터 대통령령으로 정하는 기간(통보가 있었던 날부터 대통령령으로 정하는 기간이 퇴임 또는 퇴직한 날부터 6년을 초과한 경우에는 퇴임 또는 퇴직한 날부터 6년으로 한다)이 지나지 아니한 사람
 12. 그 밖에 정관에서 정한 자격 제한 사유에 해당하는 사람

(나) 자료 또는 정보 제출의 요구

중앙회는 준법감시인이 그 직무를 수행함에 있어서 자료나 정보의 제출을 임·직원에게 요구한 경우에는 그 임·직원으로 하여금 이에 성실히 응하도록 하여야 한다(법76의3⑤, 영19의4③).

(다) 인사상 부당한 불이익의 금지

중앙회는 준법감시인이었던 자에 대하여 당해 직무수행과 관련한 사유로 인사상의 부당한 불이익을 주어서는 아니 된다(법76의3⑤, 영19의4④).

Ⅱ. 농협중앙회

1. 내부통제기준

(1) 내부통제기준의 제정

중앙회는 법령과 정관을 준수하고 중앙회의 이용자를 보호하기 위하여 중앙회의 임직원이 그 직무를 수행할 때 따라야 할 기본적인 절차와 기준("내부통제기준")을 정하여야 한다(법125의4①).

(2) 내부통제기준의 필수적 포함사항

내부통제기준에는 ⅰ) 업무의 분장 및 조직구조에 관한 사항(제1호), ⅱ) 자산의 운용 또는 업무의 수행과정에서 발생하는 위험의 관리에 관한 사항(제2호), ⅲ) 임직원이 업무를 수행할 때 준수하여야 하는 절차에 관한 사항(제3호), ⅳ) 경영의사의 결정에 필요한 정보가 효율적으로 전달될 수 있는 체제의 구축에 관한 사항(제4호), ⅴ) 임직원의 내부통제기준 준수 여부를 확인하는 절차·방법 및 내부통제기준을 위반한 임직원의 처리에 관한 사항(제5호), ⅵ) 임직원의 유가증권 거래내역의 보고 등 불공정거래행위를 방지하기 위한 절차나 기준에 관한 사항(제6호), ⅶ) 내부통제기준의 제정 또는 변경 절차에 관한 사항(제7호), ⅷ) 앞의 제1호부터 제7호까지의 사항에 관한 구체적인 기준으로서 농림축산식품부장관 또는 금융위원회가 정하는 사항(제8호)이 포함되어야 한다(법125의4④, 영11의6①).

(3) 내부통제기준의 제정 또는 변경

중앙회는 내부통제기준을 제정하거나 변경하려면 이사회의 의결을 거쳐야 한다(법125의4④, 영11의6②).

2. 준법감시인

(1) 준법감시인의 임면

중앙회는 내부통제기준의 준수여부를 점검하고 내부통제기준을 위반하면 이를 조사하여 감사위원회에 보고하는 사람("준법감시인")을 1명 이상 두어야 한다(법125의4②).

(2) 준법감시인의 자격요건과 이사회 결의

준법감시인은 ⅰ) 다음의 어느 하나에 해당하는 경력이 있는 사람, 즉 ㉠ 중앙회(중앙회의 자회사 및 손자회사를 포함) 또는 금융위원회법 제38조에 따른 검사대상기관(이에 상당하는 외국금융기관을 포함)에서 10년 이상 종사한 경력이 있는 사람(가목), ㉡ 농업·축산업 또는 금융 관계분야의 석사학위 이상의 학위소지자로서 연구기관 또는 대학에서 연구원 또는 조교수 이상의 직에 5년 이상 종사한 경력이 있는 사람(나목), ㉢ 변호사 또는 공인회계사 자격을 가진 사람으로서 해당 자격과 관련된 업무에 5년 이상 종사한 경력이 있는 사람(다목), ㉣ 농업·축산업 분야 또는 금융업과 관련된 국가기관·지방자치단체에서 5년 이상 종사한 경력이 있는 사람으로서 해당 기관에서 퇴임 또는 퇴직한 후 3년이 지난 사람(라목)이어야 하고(제1호), ⅱ) 법 제49조(임원의 결격사유) 제1항 각 호(제10호부터 제12호까지는 제외)[9]의 어느 하나에 해당하지 아니하여야 하며(제2호), ⅲ) 최근 5년

---

9) 1. 대한민국 국민이 아닌 사람
   2. 미성년자·피성년후견인 또는 피한정후견인
   3. 파산선고를 받고 복권되지 아니한 사람
   4. 법원의 판결이나 다른 법률에 따라 자격이 상실되거나 정지된 사람
   5. 금고 이상의 실형을 선고받고 그 집행이 끝나거나(집행이 끝난 것으로 보는 경우를 포함) 집행이 면제된 날부터 3년이 지나지 아니한 사람
   6. 제164조(위법행위에 대한 행정처분) 제1항이나 신용협동조합법 제84조(임직원에 대한 행정처분)에 규정된 개선 또는 징계면직의 처분을 받은 날부터 5년이 지나지 아니한 사람
   7. 형의 집행유예선고를 받고 그 유예기간 중에 있는 사람
   8. 제172조(벌칙) 또는 위탁선거법 제58조(매수 및 이해유도죄)·제59조(기부행위의 금지·

간 금융 관련 법령 또는 농업협동조합 관련 법령을 위반하여 금융위원회, 금융감독원장 또는 농림축산식품부장관으로부터 주의·경고의 요구 이상에 해당하는 조치를 받은 사실이 없는 요건(제3호)을 모두 갖춘 사람 중에서 이사회의 의견을 거쳐 회장이 임면한다(법125의4③, 영11의5①).

(3) 선관주의 의무와 금지 업무

준법감시인은 선량한 관리자의 주의로 그 직무를 수행하여야 하며, ⅰ) 자산운용에 관한 업무(제1호), ⅱ) 중앙회가 수행하는 상호금융사업과 경제사업 및 그와 관련되는 부대업무(제2호)를 담당해서는 아니 된다(법125의4④, 영11의5②).

Ⅲ. 수협중앙회

1. 내부통제기준

(1) 내부통제기준의 제정

중앙회는 법령과 정관을 준수하고 중앙회의 이용자를 보호하기 위하여 중앙회의 임직원이 그 직무를 수행할 때 따라야 할 기본적인 절차와 기준("내부통제기준")을 정하여야 한다(법127의4①).

(2) 내부통제기준의 필수적 포함사항

내부통제기준에는 ⅰ) 업무의 분장 및 조직구조에 관한 사항(제1호), ⅱ) 자산의 운용 또는 업무의 수행 과정에서 발생하는 위험의 관리에 관한 사항(제2호), ⅲ) 임직원이 업무를 수행할 때 준수하여야 하는 절차에 관한 사항(제3호), ⅳ) 경영의사의 결정에 필요한 정보가 효율적으로 전달될 수 있는 체제의 구축에 관한 사항(제4호), ⅴ) 임직원의 내부통제기준 준수 여부를 확인하는 절차·방법 및 내부통제기준을 위반한 임직원에 대한 조치에 관한 사항(제5호), ⅵ) 임직원의 유가증권 거래명세의 보고 등 불공정 거래행위를 방지하기 위한 절차나 기준에 관

제한 등 위반죄)·제61조(허위사실 공표죄)부터 제66조(각종 제한규정 위반죄)까지에 규정된 죄를 범하여 벌금 100만원 이상의 형을 선고받고 4년이 지나지 아니한 사람
9. 농업협동조합법에 따른 임원 선거에서 당선되었으나 제173조(선거 범죄로 인한 당선 무효 등) 제1항 제1호 또는 위탁선거법 제70조(위탁선거범죄로 인한 당선무효) 제1호에 따라 당선이 무효로 된 사람으로서 그 무효가 확정된 날부터 5년이 지나지 아니한 사람

한 사항(제6호), vii) 내부통제기준의 제정 또는 변경 절차에 관한 사항(제7호), viii) 앞의 제1호부터 제7호까지의 사항에 관한 구체적인 기준으로서 해양수산부장관이 정하는 사항(제8호)이 포함되어야 한다(법127의4④, 영23의3①).

(3) 내부통제기준의 제정 또는 변경

중앙회는 내부통제기준을 제정하거나 개정하려면 이사회의 의결을 거쳐야 한다(법127의4④, 영23의3②).

2. 준법감시인

(1) 준법감시인의 임면

중앙회는 내부통제기준의 준수 여부를 점검하고 위반 여부를 조사하여 감사위원회에 보고하는 사람("준법감시인")을 1명 이상 두어야 한다(법127의4②).

준법감시인은 이사회의 의결을 거쳐 중앙회장이 임면한다(법127의4③).

(2) 준법감시인의 자격요건

준법감시인은 ⅰ) 다음의 어느 하나에 해당하는 사람, 즉 ㉠ 중앙회 또는 금융위원회법 제38조에 따른 검사대상기관(이에 상당하는 외국금융기관을 포함)에서 10년 이상 종사한 경력이 있는 사람(가목), ㉡ 수산업 또는 금융 관계 분야의 석사학위 이상의 학위를 소지하고 연구기관 또는 대학에서 연구원 또는 조교수 이상의 직에 5년 이상 종사한 경력이 있는 사람(나목), ㉢ 변호사 또는 공인회계사 자격을 가지고 해당 자격과 관련된 업무에 5년 이상 종사한 경력이 있는 사람(다목), ㉣ 국가·지방자치단체에서 수산업 또는 금융업과 관련된 업무에 5년 이상 종사한 경력이 있는 사람으로서 해당 기관에서 퇴임 또는 퇴직한 후 5년이 지난 사람(라목)이어야 하고(제1호), ⅱ) 법 제51조(임원의 결격사유) 제1항 제1호부터 제10호[10])까지의 어느 하나에 해당하지 아니하여야 하며(제2호), ⅲ) 최근 5년간

---

10) 1. 대한민국 국민이 아닌 사람
    2. 미성년자·피성년후견인·피한정후견인
    3. 파산선고를 받고 복권되지 아니한 사람
    4. 법원의 판결 또는 다른 법률에 따라 자격이 상실되거나 정지된 사람
    5. 금고 이상의 형을 선고받고 그 집행이 끝나거나(집행이 끝난 것으로 보는 경우를 포함) 집행이 면제된 날부터 3년이 지나지 아니한 사람
    6. 제146조(회원에 대한 감사 등) 제3항 제1호(=임원에 대하여는 개선, 직무의 정지, 견

금융 관련 법령 또는 수산업협동조합 관련 법령을 위반하여 금융위원회, 금융감독원의 원장 또는 해양수산부장관으로부터 감봉 요구 이상에 해당하는 조치를 받은 사실이 없는 요건(제3호)을 모두 갖춘 사람으로 한다(법127의4④, 영23의4①).

(3) 선관주의 의무와 금지 업무

준법감시인은 선량한 관리자의 주의로 그 직무를 수행하여야 하며, ⅰ) 자산운용에 관한 업무(제1호), ⅱ) 중앙회가 수행하는 상호금융사업, 공제사업과 경제사업 및 그와 관련되는 부대업무(제2호)를 담당해서는 아니 된다(법127의4④, 영23의4②).

(4) 자료 또는 정보 제출의 요구 등

중앙회는 준법감시인이 그 직무를 독립적으로 수행할 수 있도록 하여야 하며, 준법감시인이 그 직무를 수행할 때 자료나 정보의 제출을 임직원에게 요구하는 경우 이에 성실히 응하도록 하여야 한다(법127의4④, 영23의4③).

Ⅳ. 산림조합중앙회

규정이 없다.

책 또는 변상), 제170조(법령 위반에 대한 조치) 제2항 제1호(＝임원에 대하여는 개선, 직무정지, 견책 또는 경고) 또는 신용협동조합법 제84조(임직원에 대한 행정처분)에 따른 개선 또는 징계면직의 처분을 받은 날부터 5년이 지나지 아니한 사람
7. 금고 이상의 형의 집행유예를 선고받고 그 유예기간 중에 있는 사람
8. 삭제 [2020. 3. 24.]
8의2. 형법 제303조(업무상위력등에 의한 간음) 또는 성폭력처벌법 제10조(업무상 위력 등에 의한 추행)에 규정된 죄를 저지른 사람으로서 300만원 이상의 벌금형을 선고받고 그 형이 확정된 후 2년이 지나지 아니한 사람
9. 제178조(벌칙) 제1항부터 제4항까지 또는 위탁선거법 제58조(매수 및 이해유도죄)·제59조(기부행위의 금지·제한 등 위반죄)·제61조(허위사실 공표죄)부터 제66조(각종 제한규정 위반죄)까지에 규정된 죄를 지어 징역 또는 100만원 이상의 벌금형을 선고받고 4년이 지나지 아니한 사람
10. 수산업협동조합법에 따른 임원 선거에서 당선되었으나 제179조(선거범죄로 인한 당선무효 등) 제1항 제1호 또는 위탁선거법 제70조(위탁선거범죄로 인한 당선무효) 제1호에 따라 당선이 무효가 된 사람으로서 그 무효가 확정된 날부터 4년이 지나지 아니한 사람

Ⅴ. 새마을금고중앙회

1. 내부통제기준

(1) 내부통제기준의 제정

중앙회는 법령을 지키고 자산의 운용을 건전하게 하기 위하여 중앙회 임직원이 그 직무를 수행할 때 지켜야 할 기본적인 절차와 기준("내부통제기준")을 정하여야 한다(법63①).

(2) 내부통제기준의 필수적 포함사항

중앙회 임직원의 내부통제기준에는 ⅰ) 업무 분장 및 조직구조에 관한 사항(제1호), ⅱ) 자산 운용이나 업무 수행과정에서 발생하는 위험의 관리에 관한 사항(제2호), ⅲ) 임직원이 업무를 수행할 때 반드시 준수하여야 하는 절차에 관한 사항(제3호), ⅳ) 경영의사의 결정에 필요한 정보가 효율적으로 전달될 수 있는 체제의 구축에 관한 사항(제4호), ⅴ) 임직원의 내부통제기준 준수 여부를 확인하는 절차·방법과 내부통제기준을 위반한 임직원의 처리에 관한 사항(제5호), ⅵ) 임직원의 유가증권 거래명세의 보고 등 불공정 거래행위를 방지하기 위한 절차 및 기준에 관한 사항(제6호), ⅶ) 내부통제기준의 제정절차 또는 변경절차에 관한 사항(제7호), ⅷ) 앞의 제1호부터 제7호까지의 사항에 관한 구체적인 기준으로서 행정안전부장관이 정하는 사항(제8호)이 포함되어야 한다(법63④, 영25①).

(3) 내부통제기준의 제정 또는 변경

중앙회는 내부통제기준을 제정하거나 변경하려면 이사회의 의결을 거쳐야 한다(법63④, 영25②).

2. 준법감시인

(1) 준법감시인의 임면

중앙회는 내부통제기준을 지키는지 점검하고 내부통제기준을 위반하는 경우 이를 조사하여 감사위원회에 보고하는 자("준법감시인")를 1명 이상 두어야 한다(법63②).

회장은 준법감시인을 임면하려는 경우 이사회의 의결을 거쳐야 한다(법63
③).

(2) 준법감시인의 자격요건

준법감시인의 자격요건은 다음과 같다(법63④, 영26①). 즉 ⅰ) 중앙회·한국
은행 또는 금융위원회법 제38조에 따른 검사대상기관에서 상근직으로 10년 이상
근무한 경력이 있는 자(제1호), ⅱ) 금융 관계 분야의 연구기관이나 대학에서 연
구원이나 조교수 이상의 직에 5년 이상 종사한 경력이 있는 자(제2호), ⅲ) 변호
사나 공인회계사의 자격을 가진 자로서 그 자격과 관련된 업무에 5년 이상 종사
한 경력이 있는 자(제3호), ⅳ) 행정안전부·금융위원회·금융감독원에서 공무원
이나 상근직으로 5년 이상 근무한 경력이 있는 자로서 그 기관에서 퇴임한 후 5
년이 지난 자(제4호)이다.

(3) 선관주의 의무와 금지 업무

준법감시인은 선량한 관리자의 주의를 다하여 그 직무를 수행하여야 하며,
ⅰ) 자산운용에 관한 업무(제1호), ⅱ) 중앙회가 수행하는 신용·공제사업 및 그
와 관련되는 부대업무(제2호)를 담당해서는 아니 된다(법63④, 영26②).

제5절 임원

Ⅰ. 신협중앙회

1. 임원의 정수 등

(1) 임원의 정수

중앙회에 임원으로 회장 1명, 신용·공제사업 대표이사 1명 및 검사·감독이
사 1명을 포함하여 15명 이상 25명 이하의 이사를 둔다(법71①).

중앙회 정관에 의하면 중앙회에 임원으로서 회장 1인, 신용·공제사업 대표

이사("사업대표이사") 1인 및 검사·감독이사("감독이사") 1인을 포함한 이사 21인을 둔다(정관30①).

(2) 상임 임원 및 보수

임원 중 신용·공제사업 대표이사 및 검사·감독이사는 상임으로 한다(법71②). 상임인 임원의 보수는 예산의 범위 안에서 규정이 정하는 바에 따라 지급한다(정관30⑤).

(3) 비상임 임원과 실비 변상

상임 임원을 제외한 임원은 비상임으로 하되, 정관에서 정하는 바에 따라 실비의 변상을 받을 수 있다(법71③).

상임인 임원을 제외한 임원은 명예직으로 하며, 여비, 연구활동비 등 기타 실비는 규정이 정하는 바에 따라 지급한다(정관30④).

2. 임원의 선출 및 자격요건

(1) 임원의 선출 방법

임원은 정관이 정하는 바에 따라 총회에서 선출하되, 신용·공제사업 대표이사 및 검사·감독이사를 포함한 임원의 3분의 1 이상은 조합의 임원 또는 간부직원이 아닌 자 중에서 선출하여야 한다(법71의2①).

(가) 전문이사를 제외한 임원의 자격

임원은 총회에서 선출하되, 전문이사를 제외한 임원은 회원의 조합원이어야 한다(정관31①).

(나) 전문이사의 선출

1) 인사추천위원회의 후보 추천

전문이사는 인사추천위원회에서 후보로 추천한 자를 총회에서 선출한다(정관31③).

2) 인사추천위원회의 설치 및 구성

중앙회에 전문이사를 추천하기 위한 인사추천위원회를 둔다(법71의3①). 인사추천위원회는 ⅰ) 이사회가 위촉하는 전문이사 2명(전문이사 후보지원자로 등록한 사람은 제외) 및 회원 이사장 2명(제1호), ⅱ) 금융·법률에 관한 학식과 경험이 풍부한 외부전문가(공무원은 제외) 중에서 이사회가 위촉하는 3명(제2호)으로 구성하고, 위원장은 위원 중에서 호선한다(법71의3②).

(다) 조합의 이사장이 중앙회장으로 선출된 경우: 취임 전 사임

조합의 이사장이 중앙회장으로 선출된 경우에는 취임 전에 이사장직을 사임하여야 한다(법71의2④).

(라) 임원의 결원 및 보궐선거

임원의 결원으로 인한 보궐선거는 다음과 같이 실시한다(정관31⑥ 각호). ⅰ) 회장 및 사업대표이사는 60일 이내에 총회에서 선출한다(제1호 본문). 다만, 회계연도 종료일 전 3월 이내에 사업대표이사의 결원이 발생한 경우에는 차기총회에서 선출할 수 있다(제1호 단서). ⅱ) 이사는 그 사유가 발생한 날 이후 최초로 소집되는 총회에서 선출하되, 그 추천은 전문이사는 인사추천위원회에서, 전문이사를 제외한 이사는 이사회에서 한다(제2호). ⅲ) 제2호의 전문이사 중 감독이사가 결원된 경우에는 회장이 지명하는 자가 그 결원기간 중의 직무를 대행한다(제3호).

(2) 임원의 자격요건

(가) 중앙회장의 자격요건

중앙회장은 조합의 조합원이어야 한다(법71의2②).

(나) 신용 · 공제사업 대표이사, 검사 · 감독이사 및 전문이사의 자격요건

신용·공제사업 대표이사(사업대표이사), 검사·감독이사 및 조합의 임원 또는 간부직원이 아닌 이사("전문이사")는 금융에 관한 전문지식과 경험을 갖춘 자로서 ⅰ) 한국은행·금융감독원 또는 금융위원법 제38조의 규정에 의한 검사대상 금융기관(이에 상당하는 외국금융기관을 포함)에서 10년 이상 근무한 경력이 있는 자(제1호), ⅱ) 변호사 또는 공인회계사의 자격을 가진 자로서 그 자격과 관련된 업무에 5년 이상 종사한 경력이 있는 자(제2호), ⅲ) 금융관련 국가기관·연구기관 또는 교육기관에서 근무한 경력이 있는 자로서 제1호에 규정된 자와 동등한 자격이 있다고 정관이 정하는 자(제3호) 중에서 선출한다(법71의2③, 영19의2).

중앙회 정관에 따르면 사업대표이사 및 감독이사를 포함한 이사 7인은 조합의 임원 또는 간부직원이 아닌 자("전문이사")로서 ⅰ) 한국은행·금융감독원 또는 금융위원회법 제38조의 규정에 의한 검사대상 금융기관(이에 상당하는 외국금융기관을 포함)에서 10년 이상 근무한 경력이 있는 자(제1호), ⅱ) 변호사 또는 공인회계사의 자격을 가진 자로서 그 자격과 관련된 업무에 5년 이상 종사한 경력이 있는 자(제2호),[11] iii) 금융관련 연구기관에서 연구위원으로 5년 이상 근무하였거나 대학교수(전문대학 전임강사 이상)로 5년 이상 강의한 자(제4호), iv) 3급 이상 국가직 공무원으로서 금융관련 업무에 5년 이상 근무한 자(제5호), v) 금융관련 정부투자기관 또는 금융감독기관에서 10년 이상 근무한 자(제6호)에 해당하는 금융에 관한 전문지식과 경험을 갖춘 자로 한다(정관30③).

3. 임원의 임기

(1) 임원의 임기와 연임

임원의 임기는 4년으로 하며, 연임할 수 있다(법72⑦ 본문). 다만, 중앙회장의 경우 1차에 한하여 연임할 수 있다(법72⑦ 단서). 회장이 그 임기만료일 전에 퇴임한 경우에도 그의 임기만료일까지 1회 재임한 것으로 본다(정관33⑤).

(2) 임기의 기산일

임원의 임기는 전임자의 임기만료일 다음날로부터 기산한다(정관33②).

(3) 보궐선거로 선출된 임원의 임기

보궐선거로 선출된 임원의 임기는 전임자 임기의 남은 기간으로 한다(법72⑧, 법31②). 보궐선거로 선출된 회장은 1차에 한하여 연임할 수 있다(정관33⑥).

(4) 임원 임기의 연장

임기 중 최종의 결산에 관한 정기총회 전에 그 임기가 만료할 때에는 정기총회 종결시까지 그 임기는 연장된다(정관33⑦).

4. 임원의 직무

(1) 중앙회장의 직무

중앙회장은 중앙회를 대표하고 중앙회의 업무를 총괄한다(법72① 본문). 다만, 신용·공제사업 대표이사가 전담하는 업무에 대해서는 그러하지 아니하다(법

---

11) 제3호 삭제 <2004. 1. 27.>

72① 단서).

(가) 전담업무

중앙회장은 ⅰ) 회원의 사업에 관한 지도·조정·조사연구 및 홍보, 회원의 조합원 및 회원의 임·직원을 위한 교육사업, 회원의 사업에 대한 지원, 예금자보호기금의 운용·관리, 국가 또는 공공단체가 위탁하거나 보조하는 사업, 부대사업 중 사업대표이사의 소관업무가 아닌 사업과 그 부대사업(제1호), ⅱ) 앞의 소관업무에 관한 경영목표의 설정, 사업계획 및 자금 계획의 수립(제2호), ⅲ) 중앙회 사업과 관련한 업무의 종합조정(제3호), ⅳ) 사업대표이사와 감독이사의 업무에 속하지 아니하는 업무의 처리(제4호)의 사항을 전담하여 처리한다(정관32②).

(나) 회장 궐위 등의 경우 직무대행

중앙회장이 부득이한 사유로 직무를 수행할 수 없을 때에는 정관에서 정하는 임원의 순으로 그 직무를 대행한다(법72⑥). 이에 따라 중앙회장이 궐위, 구금되거나 30일 이상 장기입원 등의 사유로 그 직무를 수행할 수 없을 때에는 미리 이사회에서 정한 이사의 순서에 따라 그 직무를 대행한다(정관32③).

(2) 신용·공제사업 대표이사의 직무

(가) 전담업무와 중앙회 대표

신용·공제사업 대표이사(사업대표이사)는 ⅰ) 신용사업, 조합 및 조합원을 위한 공제사업, 국가 또는 공공단체가 위탁하거나 보조하는 사업, 부대사업, 그 밖에 목적 달성에 필요한 사업 중 신용사업 및 공제사업에 관련되는 사업과 그 부대사업(제1호), ⅱ) 앞의 제1호의 소관 업무에 관한 경영목표의 설정, 사업계획 및 자금계획의 수립(제2호)의 업무를 전담하여 처리하며, 그 업무에 관하여 중앙회를 대표한다(법72②).

(나) 사업대표이사의 경영평가

사업대표이사는 회장의 요구로 매 2년마다 사업연도 말일을 기준으로 소관업무에 대한 경영평가를 감사위원회가 선정한 회계법인에 의뢰하여 실시하되 1차 평가는 임기개시일이 속하는 사업연도의 다음 사업연도 말일을 기준으로 한다(정관32의4①).

경영평가는 평가대상 기간의 경영실적이 명확히 표시될 수 있도록 하며, 평가기준은 규정으로 정한다(정관32의4②).

(다) 경영평가 결과의 이사회 및 총회 보고

신용·공제사업 대표이사는 소관 업무에 대하여 전문경영인으로서 신의에 따라 성실하게 직무를 수행하여야 하며, 정관에서 정하는 바에 따라 실시하는 경영평가 결과를 이사회 및 총회에 보고하여야 한다(법72③).

(라) 회장의 신용·공제사업 대표이사에 대한 해임요구

중앙회장은 신용·공제사업 대표이사가 경영평가 결과 경영실적이 부진하여 그 직무를 담당하기 곤란하다고 인정되거나 신용협동조합법, 금융소비자보호법("이 법등") 또는 이 법등에 따른 명령·정관 및 규정을 위반하는 행위를 한 경우에는 총회에 해임을 요구할 수 있다(법72⑤).

(3) 검사·감독이사의 직무

(가) 전담업무

검사·감독이사는 조합에 대한 검사·감독업무(법78①(3))를 전담처리한다(법72④ 전단).

(나) 권한의 위임 등

중앙회장은 검사·감독이사가 소관 업무를 독립적으로 수행할 수 있도록 권한의 위임 등 적절한 조치를 하여야 한다(법72④ 후단).

Ⅱ. 농협중앙회

1. 임원의 정수 등

(1) 임원의 정수

중앙회에 임원으로 회장 1명, 상호금융대표이사 1명 및 전무이사 1명을 포함한 이사 28명 이내와 감사위원 5명을 둔다(법126①).

(2) 상임 임원

임원 중 상호금융대표이사 1명, 전무이사 1명과 감사위원장은 상임으로 한다(법126②).

(가) 회원조합장의 상임 임원 선출: 취임 전 사임

회원조합장이 상임 임원으로 선출되면 취임 전에 회원조합장 직을 사임하여야 한다(법130⑦).

(나) 다른 직업 종사의 제한

상임 임원은 직무와 관련되는 영리를 목적으로 하는 업무에 종사할 수 없으며, 이사회가 승인하는 경우를 제외하고는 다른 직업에 종사할 수 없다(법133).

2. 임원의 선출 및 자격요건

(1) 회장의 선출과 자격

회장은 총회에서 선출하되, 회원인 조합의 조합원이어야 한다(법130① 전단). 이 경우 회원은 ⅰ) 조합원 수가 3천명 미만인 조합 또는 연합회는 1표(제1호), ⅱ) 조합원 수가 3천명 이상인 조합은 2표(제2호)의 기준에 따라 투표권을 차등하여 2표까지 행사한다(법130① 후단, 영11의8①).

조합원 수의 산정에 관하여는 제11조의4 제2항 및 제3항을 준용한다(영11의8②). 따라서 중앙회 총회 의결권 행사기준이 되는 조합원 수는 매년 중앙회 정기총회에서 직전 회계연도 말을 기준으로 하여 확정한다(영11의4②). 그러나 정기총회 이후 합병하거나 새로 설립된 조합의 경우에는 합병등기일 또는 설립등기일을 기준으로 중앙회 이사회가 조합원 수를 확정한다(영11의4③).

(2) 사업전담대표이사등의 선출과 자격

사업전담대표이사등(상호금융대표이사 및 전무이사)은 전담사업에 관하여 전문지식과 경험이 풍부한 사람으로서 ⅰ) 상호금융대표이사는 중앙회, 은행 또는 금융업과 관련된 국가기관, 연구기관, 교육기관, 자기자본 200억원 이상인 회사에서 10년 이상 종사한 경력이 있는 사람(제2호),[12] ⅱ) 전무이사는 중앙회 또는 농업·축산업이나 금융업과 관련된 국가기관, 연구기관, 교육기관, 자기자본 200억원 이상인 회사에서 10년 이상 종사한 경력이 있는 사람의 어느 하나에 해당하는 사람(제3호) 중에서 인사추천위원회에서 추천된 사람을 이사회의 의결을 거쳐 총회에서 선출한다(법130②, 영12).

---

12) 제1호 삭제 [2017. 6. 27.].

(3) 회원조합장인 이사의 선출과 자격

회원조합장인 이사는 정관으로 정하는 절차에 따라 선출된 시·도 단위 지역농협의 대표와 지역축협과 품목조합의 조합장 중에서 정관으로 정하는 추천절차에 따라 추천된 사람을 총회에서 선출한다(법130③).

(4) 기타 이사의 선출과 자격: 중앙회의 조합장이 아닌 이사의 자격요건

앞의 (1)(2)(3)의 이사를 제외한 이사는 농업, 축산업, 금융, 경영, 경제, 법률, 회계, 복지 또는 소비자보호 등의 분야에 근무하였거나 연구 또는 조사한 경력이 있는 사람으로서 전문지식이나 실무경험이 풍부한 사람 중 인사추천위원회에서 추천된 사람을 이사회의 의결을 거쳐 총회에서 선출한다(법130④, 영12의2).

(5) 회상 보궐신거의 입후보 자격 제한

중앙회의 회장 선거에 입후보하기 위하여 임기 중 그 직을 그만 둔 중앙회의 이사·사업전담대표이사등 및 감사위원은 그 사직으로 인하여 실시사유가 확정된 보궐선거의 후보자가 될 수 없다(법161, 법45⑨).

(6) 회장 선출의 중앙선거관리위원회 의무위탁

중앙회는 회장 선출에 대한 선거관리를 정관으로 정하는 바에 따라 선거관리위원회법에 따른 중앙선거관리위원회에 위탁하여야 한다(법130⑧).

(7) 회장 외의 임원 선거운동 금지

누구든지 회장 외의 임원 선거의 경우에는 선거운동을 할 수 없다(법130⑪).

(8) 정관 규정

임원의 선출과 추천, 인사추천위원회 구성과 운영에 관하여 농업협동조합법에서 정한 사항 외에 필요한 사항은 정관으로 정한다(법161, 법45⑩).

3. 임원의 임기

(1) 회장의 임기

회장의 임기는 4년으로 하며, 중임할 수 없다(법130⑤).

(2) 사업전담대표이사등의 임기

사업전담대표이사등의 임기는 3년 이내로 한다(법130⑥).

(3) 회원조합장인 이사의 임기

회원조합장인 이사의 임기는 4년으로 한다(법130⑥).

(4) 기타 임원의 임기

그 밖의 임원(감사위원은 제외)의 임기는 2년으로 한다(법130⑥).

(5) 감사위원의 임기

감사위원의 임기는 3년으로 한다(정관58③).

(6) 임원 임기의 연장

임원의 임기가 끝나는 경우에는 임기만료연도 결산기의 마지막 달부터 그 결산기에 관한 정기총회 전에 임기가 끝난 경우에는 정기총회가 끝날 때까지 그 임기가 연장된다(법161, 법48②, 법42③ 단서).

4. 임원의 직무

(1) 회장의 직무

회장은 중앙회를 대표한다(법127① 본문). 다만, 사업전담대표이사등이 대표하거나 조합감사위원회의 위원장이 대표하는 업무에 대하여는 그러하지 아니하다(법127① 단서).

회장은 회원과 그 조합원의 권익 증진을 위한 대외 활동 업무를 처리한다(법127②).

(2) 상호금융대표이사의 직무

상호금융대표이사는 ⅰ) 제134조(사업) 제1항 제4호의 사업과 같은 항 제5호부터 제9호까지의 사업 중 상호금융과 관련된 사업 및 그 부대사업(제1호), ⅱ) 앞의 제1호의 소관 업무에 관한 경영목표의 설정, 사업계획 및 자금계획의 수립, 교육 및 자금지원 계획의 수립 업무를 전담하여 처리하며, 그 업무에 관하여 중앙회를 대표한다(법127③).

(3) 전무이사의 직무

전무이사는 ⅰ) 제134조(사업) 제1항 제1호 가목부터 바목까지 및 아목부터 카목까지의 사업과 같은 항 제5호부터 제9호까지의 사업 중 교육·지원과 관련되는 사업 및 그 부대사업(제1호), ⅱ) 앞의 제1호의 소관 업무에 관한 사업 목표의 설정, 사업계획 및 자금계획의 수립(제2호), ⅲ) 이사회의 의결사항 중 사업전담대표이사등에게 공통으로 관련되는 업무에 관한 협의 및 조정(제3호), ⅳ) 그 밖에 회장, 사업전담대표이사등 및 조합감사위원회의 위원장의 업무에 속하지 아니하는 업무(제4호)를 전담하여 처리하며, 그 업무에 관하여 중앙회를 대표한다(법127④).

(4) 사업전담대표이사등의 소관 업무의 독립사업부제 운영

앞의 (2) 상호금융대표이사의 직무 및 (3) 전무이사의 직무에 따른 사업전담대표이사등의 소관 업무는 정관으로 정하는 바에 따라 독립사업부제로 운영하여야 한다(법127⑤).

(5) 조합감사위원회의 위원장 직무

조합감사위원회의 위원장은 회원에 대한 감사업무(법134①(1) 사목)와 제134조 제1항 제5호부터 제9호까지의 사업 중 회원에 대한 감사와 관련되는 사업 및 그 부대사업을 처리하며, 그 업무에 관하여는 중앙회를 대표한다(법127⑥).

(6) 회장 또는 사업전담대표이사등의 직무대행

회장 또는 사업전담대표이사등이 궐위된 경우, 공소 제기된 후 구금상태에 있는 경우, 의료기관에 60일 이상 계속하여 입원한 경우, 조합장의 해임을 대의원회에서 의결한 경우, 또는 그 밖에 부득이한 사유로 직무를 수행할 수 없는 경우에 해당되어 직무를 수행할 수 없을 때에는 정관으로 정하는 이사가 그 직무를 대행한다(법127⑦).

Ⅲ. 수협중앙회

1. 임원의 정수 등

(1) 임원의 정수

중앙회에 임원으로 회장 1명 및 사업전담대표이사 1명(지도경제사업대표이사)을 포함하여 22명 이내의 이사와 감사위원 3명을 둔다(법129①).

중앙회 정관에 의하면 중앙회의 임원으로서 회장 1명, 대표이사 1명, 이사 20명, 감사위원 3명을 둔다(정관65①).

(2) 상임 임원
(가) 대표이사, 상임이사와 감사위원장

임원 중 사업전담대표이사, 경제사업을 담당하는 이사와 감사위원장은 상임으로 한다(법129②).

임원 중 대표이사 1명, 경제사업을 담당하는 이사("상임이사") 1명, 감사위원장 1명은 상임으로 한다(정관65②).

(나) 회원조합장의 상임 임원 선출: 취임 전 사임

회원조합장이 상임 임원으로 선출된 경우에는 취임 전에 회원조합장의 직을 사임하여야 한다(법134⑥).

(다) 다른 직업 종사의 제한

상임 임원은 직무와 관련되는 영리를 목적으로 하는 사업에 종사할 수 없으며, 이사회가 승인하는 경우를 제외하고는 다른 직업에 종사할 수 없다(법137).

2. 임원의 선출 및 자격요건

(1) 회장의 선출과 자격

회장은 총회에서 선출하되, 회원인 조합의 조합원이어야 한다(법134①).

(2) 사업전담대표이사의 선출과 자격

사업전담대표이사는 총회에서 선출하되, 전담사업에 관한 전문지식과 경험이 풍부한 사람으로서 i) 중앙회에서 10년 이상 종사한 경력이 있는 사람(제1

호), ⅱ) 수산업 관련 국가기관·연구기관·교육기관 또는 상사회사에서 종사한 경력이 있는 사람으로서 중앙회 정관에서 제1호의 사람과 같은 수준 이상의 자격이 있다고 인정하는 사람(제2호) 중 인사추천위원회에서 추천한 사람으로 한다(법134②, 영25).

(3) 상임이사의 선출과 자격

상임이사는 총회에서 선출하되, 위의 사업전담대표이사의 자격요건에 준하는 자격을 갖춘 자 중에서 인사추천위원회에서 추천한 사람으로 한다(법134③).

(4) 비상임이사의 선출과 자격

비상임이사는 총회에서 선출하되, 5명은 회원조합장이 아닌 사람 중에서 인사추천위원회에서 추천한 사람을 선출하고, 나머지 인원은 회원조합장 중에서 선출한다(법134④).

(5) 회장 보궐선거의 입후보 자격 제한

중앙회의 회장선거에 입후보하기 위하여 임기 중 그 직을 그만둔 중앙회의 이사·사업전담대표이사 또는 감사위원은 그 사직으로 인하여 공석이 된 이사·사업전담대표이사 또는 감사위원의 보궐선거의 후보자가 될 수 없다(법168, 법46⑥).

(6) 회장 선출의 중앙선거관리위원회 의무위탁

중앙회는 회장 선출에 대한 선거관리를 정관으로 정하는 바에 따라 선거관리위원회법에 따른 중앙선거관리위원회에 위탁하여야 한다(법134⑦).

(7) 정관 규정

임원의 선출과 추천, 인사추천위원회 구성과 운영에 관하여 수산업협동조합법에서 정한 사항 외에 필요한 사항은 정관으로 정한다(법168, 법46⑦).

3. 임원의 임기

(1) 회장의 임기

회장의 임기는 4년으로 하되, 회장은 연임할 수 없다(법134⑤).

(2) 사업전담대표이사 및 이사의 임기

사업전담대표이사 및 이사의 임기는 2년으로 한다(법134⑤).

(3) 임원 임기의 연장

임원의 임기가 만료되는 경우에는 임기 만료 연도 결산기의 마지막 달 이후 그 결산기에 관한 정기총회 전에 임기가 만료된 경우에는 정기총회가 끝날 때까지 그 임기가 연장된다(법168, 법50②, 법44③ 단서).

4. 임원의 직무

(1) 회장의 직무

회장은 중앙회를 대표한다(법130① 본문). 다만, 사업전담대표이사가 대표하는 업무에서는 그러하지 아니하다(법130① 단서).

(가) 전담업무 등

회장은 중앙회의 사업과 관련 ⅰ) 회원에 대한 감사(제1호), ⅱ) 회원과 그 조합원의 사업에 관한 조사·연구 및 홍보 사업과 그 부대사업(제2호), ⅲ) 중앙회의 지도(제3호), ⅳ) 회원과 그 조합원의 권익 증진을 위한 사업과 대외활동(제4호), ⅴ) 의료지원사업, 다른 경제단체·사회단체 및 문화단체와의 교류·협력, 어업협정 등과 관련된 국제 민간어업협력사업과 그 부대사업(제5호), ⅵ) 앞의 제4호 및 제5호의 업무에 관한 사업계획 및 자금계획의 수립(제6호), ⅶ) 그 밖에 사업전담대표이사의 업무에 속하지 아니하는 업무와 총회 및 이사회에서 위임한 사항(제7호)의 업무를 전담하여 처리하되, 정관으로 정하는 바에 따라 제1호의 업무는 조합감사위원회의 위원장에게, 제2호 및 제3호의 업무는 사업전담대표이사에게 위임하여 전결처리하게 하여야 한다(법130②).

(나) 직무대행

회장이 궐위·구금되거나 의료기관에서 30일 이상 계속하여 입원한 경우 등 부득이한 사유로 그 직무를 수행할 수 없을 때에는 이사회가 정하는 순서에 따라 사업전담대표이사 및 이사가 그 직무를 대행한다(법130③).

(2) 사업전담대표이사의 직무

(가) 지도경제사업대표이사

사업전담대표이사는 지도경제사업대표이사로 한다(법131①).

(나) 전담업무와 중앙회 대표

지도경제사업대표이사는 ⅰ) 회원의 조직·경영 및 사업에 관한 지도·조정(법138①(1) 가목), 회원의 조합원과 직원에 대한 교육·훈련 및 정보의 제공(법138①(1) 나목), 회원과 그 조합원의 사업 및 생활 개선을 위한 정보망의 구축, 정보화 교육 및 보급 등을 위한 사업(법138①(1) 라목), 회원과 그 조합원에 대한 보조금의 지급(법138①(1) 마목), 수산업 관련 신기술의 개발 등을 위한 사업 및 시설의 운영(법138①(1) 바목), 각종 사업을 위한 교육·훈련(법138①(1) 아목), 명칭사용료의 관리 및 운영(법138①(1) 차목) 및 경제사업(법138①(2)), 상호금융사업(법138①(4)), 공제사업(법138①(5)), 어업통신사업(법138①(11))의 사업(제1호), ⅱ) 다른 법령에서 중앙회의 사업으로 정하는 사업(법138①(15)) 중 신용협동조합법 제95조 제2항[13]에 따른 사업과 부대사업(제2호), ⅲ) 자본시장법에 따른 파생상품시장에서의 거래(법138①(7)), 국가와 공공단체가 위탁하거나 보조하는 사업(법138①(8)), 교육·지원 사업(법138①(1))에 관련된 대외무역, 경제사업(법138①(2))에 관련된 대외무역, 상호금융사업(법138①(4))에 관련된 대외무역, 공제사업(법138①(5))에 관련된 대외무역, 의료지원사업(법138①(6))에 관련된 대외무역, 자본시장법에 따른 파생상품시장에서의 거래(법138①(7))에 관련된 대외무역, 국가와 공공단체가 위탁하거나 보조하는 사업(법138①(8))에 관련된 대외무역, 회원과 그 조합원을 위한 공동이용사업 및 운송사업(법138①(13)), 다른 법령에서 중앙회의 사업으로 정하는 사업(법138①(15)) 및 그 밖에 중앙회의 목적 달성에 필요한 사

---

13) 제95조(농업협동조합 등에 대한 특례) ① 다음의 법인이 제39조 제1항 제1호(=신용사업) 및 제6호(=국가 또는 공공단체가 위탁하거나 다른 법령에서 조합의 사업으로 정하는 사업)의 사업을 하는 경우에는 신용협동조합법에 따른 신용협동조합으로 본다.
   2. 지구별 수산업협동조합(법률 제4820호 수산업협동조합법중개정법률 부칙 제5조에 따라 신용사업을 하는 조합을 포함)
  ② 제1항의 경우 중앙회의 사업은 제1항 제2호에 규정된 법률에 따라 설립된 중앙회가 각각 수행한다.

업으로서 해양수산부장관의 승인을 받은 사업(법138①(17)) 중 교육·지원 사업(법138①(1)) 및 경제사업(법138①(2))에 관한 사업과 그 부대사업(제3호), iv) 앞의 제1호부터 제3호까지의 업무에 관한 경영목표의 설성, 조직 및 인사에 관한 사항(제4호), v) 앞의 제1호부터 제3호까지의 업무에 관한 사업계획 및 예산·결산, 자금 조달·운용계획의 수립(제5호), vi) 앞의 제1호부터 제3호까지의 업무의 경영공시 및 부동산등기에 관한 사항(제6호), vii) 신용사업특별회계의 예산·결산, 자금 조달·운용계획의 수립, 우선출자증권의 매입·소각에 관한 계획 수립(제6의2호), viii) 총회·이사회 및 회장이 위임한 사항(제7호)의 업무를 전담하여 처리하며, 그 업무에 관하여 중앙회를 대표한다(법131②).

(다) 경영평가 결과의 이사회 및 총회 보고

사업전담대표이사는 정관으로 정하는 바에 따라 실시한 경영 상태의 평가 결과를 이사회와 총회에 보고하여야 한다(법131④).

(라) 직무대행

사업전담대표이사가 궐위·구금되거나 의료기관에서 30일 이상 계속하여 입원한 경우 등 부득이한 사유로 그 직무를 수행할 수 없을 때에는 정관으로 정하는 순서에 따라 이사가 그 직무를 대행한다(법131⑤).

Ⅳ. 산림조합중앙회

1. 임원의 정수 등

(1) 임원의 정수

중앙회에 임원으로서 회장 1명, 사업대표이사 1명을 포함한 18명 이내의 이사와 감사위원 3명을 둔다(법100①).

(2) 상임 임원

임원 중 사업대표이사와 감사위원장은 상임으로 한다(법100②).

(가) 회원조합장의 상임 임원 선출: 취임 전 사임

회원조합장이 상임 임원으로 선출된 경우에는 취임 전에 조합장의 직을 사임하여야 한다(법104⑥).

(나) 다른 직업 종사의 제한

상임 임원은 직무와 관련되는 영리를 목적으로 하는 업무에 종사할 수 없으며, 이사회가 승인하는 경우를 제외하고는 다른 직업에 종사할 수 없다(법106).

2. 임원의 선출 및 자격요건

(1) 회장의 선출과 자격

회장은 총회에서 선출하되, 회원인 조합의 조합원이어야 한다(법104①).

(2) 사업대표이사의 선출과 자격

사업대표이사는 해당 사업에 관한 전문지식과 경험이 풍부한 사람으로서 ⅰ) 중앙회에서 10년 이상 근무한 경력이 있는 사람(제1호), ⅱ) 농림업 또는 금융업과 관련된 국가기관이나 금융위원회법 제38조에 따른 검사대상기관(이에 상응하는 외국금융기관을 포함)에서 10년 이상 근무한 경력이 있는 사람(제2호), ⅲ) 농림업 또는 금융업과 관련된 연구기관·교육기관 또는 회사에서 근무한 경력이 있는 사람으로서 제1호 또는 제2호에서 정한 사람과 같은 수준 이상의 자격이 있다고 인정하는 사람(제3호) 중에서 인사추천위원회에서 추천된 사람을 총회에서 선출한다(법104②, 영12, 정관60②).

(3) 회원조합장인 이사의 선출

회원조합장인 이사는 총회에서 선출한다(법104③ 전단, 정관60③).

(4) 회원조합장이 아닌 이사의 선출

회원조합장이 아닌 이사는 인사추천위원회에서 추천된 사람을 총회에서 선출한다(법104③ 후단, 정관60③).

(5) 회장 보궐선거의 입후보 자격 제한

회장 선거에 입후보하기 위하여 임기 중 그 직(職)을 그만둔 조합의 이사·사업대표이사 및 감사위원은 그 사직으로 인하여 공석이 된 이사·사업대표이사 및 감사위원의 보궐선거의 후보자가 될 수 없다(법122, 법35⑦).

(6) 회장 선출의 중앙선거관리위원회 의무위탁

중앙회는 회장 선출에 대한 선거관리를 정관으로 정하는 바에 따라 선거관리위원회법에 따른 중앙선거관리위원회에 위탁하여야 한다(법104⑦).

(7) 정관 규정

임원의 선출 및 추천에 관하여 산림조합법에서 정한 사항 외에 필요한 사항은 정관으로 정한다(법122, 법35⑨). 임원선거에 관하여는 정관부속서 임원선거규약이 정하는 바에 따른다(정관60⑤).

3. 임원의 임기

(1) 회장의 임기

회장의 임기는 4년으로 하며, 한 차례만 연임할 수 있다(법104④).

(2) 사업대표이사 및 이사의 임기

사업대표이사 및 이사의 임기는 2년으로 한다(법104⑤).

(3) 감사위원의 임기

감사위원의 임기는 3년으로 한다(법103②, 정관61②).

(4) 임원 임기의 기산

임원의 임기는 전임자의 임기 만료일의 다음날부터 기산하되 당선일이 전임자 임기만료일 이후일 때에는 당선결정일부터 기산한다(정관61③).

(5) 보궐선거에 따른 임원의 임기

보궐선거에 따른 임원의 임기는 당선이 결정된 때부터 새로 기산한다(정관61④ 본문). 다만, 비상임이사 및 감사위원은 전임자 임기의 남은 기간으로 하되, 비상임이사 또는 감사위원 전원의 결원에 따라 실시하는 보궐선거에서 당선되는 비상임이사 또는 감사위원의 임기는 당선이 결정된 때부터 새로이 기산한다(정관61④ 단서).

4. 임원의 직무

(1) 회장의 직무

회장은 중앙회를 대표한다(법101① 본문). 다만, 사업대표이사가 대표하는 업무에 대하여는 그러하지 아니하다(법101① 단서).

(가) 총회 등의 의장

회장은 총회·대의원회 및 이사회의 의장이 된다(법101②).

(나) 전담업무 등

회장은 ⅰ) 회원의 조직 및 경영지도(법108①(1) 가목)와 그 부대사업, 회원의 조합원과 직원에 관한 교육·훈련 및 정보의 제공(법108①(1) 나목)과 그 부대사업, 회원과 그 조합원의 사업에 관한 조사·연구 및 홍보(법108①(1) 다목)와 그 부대사업, 회원과 그 조합원의 사업 및 생활개선을 위한 정보망 구축, 정보화 교육 및 보급 등을 위한 사업(법108①(1) 라목)과 그 부대사업, 회원과 그 조합원 및 직원에 대한 보조금 교부(법108①(1) 마목)와 그 부대사업, 임업 관련 신기술 및 신품종의 연구·개발 등을 위한 연구소와 시범사업 운영(법108①(1) 바목)과 그 부대사업, 회원 및 중앙회의 사업에 대한 계획·설계 및 감리(법108①(1) 사목)와 그 부대사업, 평생교육법에 따른 평생교육시설의 설치 및 운영(법108①(1) 차목)과 그 부대사업, 명칭사용료의 관리 및 운영(법108①(1) 카목)과 그 부대사업(제1호), ⅱ) 회원에 대한 감사(법108①(1) 아목) 및 그 부대사업(제2호), ⅲ) 회원과 그 조합원의 권익증진을 위한 사업(법108①(1) 자목)과 그 대외활동(제3호), ⅳ) 국가나 공공단체가 위탁하거나 보조하는 사업(법108①(7)), 다른 법령에서 중앙회의 사업으로 정하는 사업(법108①(8)), 그 밖에 설립목적의 달성에 필요한 사업으로서 산림청장의 승인을 받은 사업(법108①(10)) 및 제108조 제2항[14]의 사업 중 제1호에 관한 사업(제4호), ⅴ) 앞의 제1호 및 제4호의 업무에 관한 경영목표, 사업계획 및 자금계획의 수립(제5호), ⅵ) 앞의 제2호의 업무에 관한 경영목표, 사업계획 및 자금계획의 수립(제6호), ⅶ) 앞의 제3호의 업무에 관한 사업계획 및 자금계획의 수립(제7호), ⅷ) 중앙회의 지도(제8호), ⅸ) 총회 및 이사회에서 위임한 사항(제9

---

14) ② 중앙회는 회원의 사업과 직접 경합되지 아니하는 범위에서 제46조 제1항 각 호(제4호는 제외한다)의 사업을 할 수 있다. 이 경우 국가나 공공단체가 시행하는 사업은 회원의 사업과 경합하는 것으로 보지 아니한다.

호), x) 그 밖에 사업대표이사의 업무에 속하지 아니하는 업무(제10호)를 처리하되, 정관으로 정하는 바에 따라 제1호·제4호·제5호 및 제8호의 업무는 사업대표이사에게, 제2호 및 제6호의 업무는 조합감사위원회의 위원장에게 위임하여 전결처리하게 하여야 한다(법101③).

(다) 회장 궐위 등의 경우 직무대행

회장이 궐위·구금되거나 의료기관에 30일 이상 계속하여 입원한 경우 등의 사유로 직무를 수행할 수 없을 때에는 사업대표이사가 회장의 직무를 대행한다(법101④).

(2) 사업대표이사의 직무
(가) 전담업무와 중앙회 대표

사업대표이사는 ⅰ) 임업경제사업(법108①(2)) 및 그 부대사업, 회원을 위한 신용사업(법108①(3)) 및 그 부대사업, 회원의 상환준비금과 여유자금의 운용·관리(법108①(4)) 및 그 부대사업, 공공제사업(법108①(5)) 및 그 부대사업, 신재생에너지법 제2조 제2호[15])에 따른 재생에너지 발전사업 중 산림분야와 관련된 사업(법108①(6의2)) 및 그 부대사업, 산림분야 정보기술 용역 및 시스템 구축사업(법108①(6의3)) 및 그 부대사업, 산림 분야 학술·연구용역(법108①(6의4)) 및 그 부대사업(제1호), ⅱ) 국가나 공공단체가 위탁하거나 보조하는 사업(법108①(7)) 중 제1호에 관한 사업과 그 부대사업, 다른 법령에서 중앙회의 사업으로 정하는 사업(법108①(8)) 중 제1호에 관한 사업과 그 부대사업, 그 밖에 설립목적의 달성에 필요한 사업으로서 산림청장의 승인을 받은 사업(법108①(8)) 중 제1호에 관한 사업과 그 부대사업, 제108조 제2항의 사업 중 제1호에 관한 사업과 그 부대사업(제2호), ⅲ) 앞의 제1호 및 제2호의 업무에 관한 경영목표 설정(제3호), ⅳ) 앞의 제1호 및 제2호의 업무에 관한 사업계획 및 자금조달·운영계획 수립(제4호), ⅴ)

---

15) 2. "재생에너지"란 햇빛·물·지열(地熱)·강수(降水)·생물유기체 등을 포함하는 재생 가능한 에너지를 변환시켜 이용하는 에너지로서 다음 각 목의 어느 하나에 해당하는 것을 말한다.
　　가. 태양에너지, 나. 풍력, 다. 수력, 라. 해양에너지, 마. 지열에너지, 바. 생물자원을 변환시켜 이용하는 바이오에너지로서 대통령령으로 정하는 기준 및 범위에 해당하는 에너지, 사. 폐기물에너지(비재생폐기물로부터 생산된 것은 제외)로서 대통령령으로 정하는 기준 및 범위에 해당하는 에너지, 아. 그 밖에 석유·석탄·원자력 또는 천연가스가 아닌 에너지로서 대통령령으로 정하는 에너지.

총회·이사회 및 회장이 위임한 사항(제5호)의 업무를 전담하여 처리하며 그 업무에 관하여 중앙회를 대표한다(법102①).

(나) 사업대표이사 궐위 등의 경우 직무대행

사업대표이사가 궐위·구금되거나 의료기관에 30일 이상 계속하여 입원한 경우 등의 사유로 그 직무를 수행할 수 없을 때에는 이사회가 정하는 순서에 따른 이사가 그 직무를 대행한다(법102②, 정관62⑦).

(다) 사업대표이사의 경영평가

사업대표이사는 재임기간 중 사업연도 말일을 기준으로 소관 업무에 대한 경영평가를 회계법인에 의뢰하여 실시하되 평가는 임기 개시일이 속하는 사업연도의 다음 사업연도 말일을 기준으로 한다(정관62의2①). 경영평가는 각 평가대상 기간의 경영실적이 명확히 비교 표시될 수 있도록 하여야 한다(정관62의2②).

(리) 조합장대표자회의의 설치

사업대표이사의 원활한 업무집행을 지원하기 위하여 조합장 대표로 구성되는 조합장대표자회의를 둘 수 있다(법102③). 조합장대표자회의의 구성 및 운영 등에 필요한 사항은 정관으로 정한다(법102④).

Ⅴ. 새마을금고중앙회

1. 임원의 정수 등

(1) 임원의 정수

중앙회에는 회장 1명, 신용공제대표이사 1명, 지도이사 1명, 전무이사 1명을 포함하여 11명 이상 21명 이하의 이사와 감사위원 5명을 임원으로 둔다(법64①).

(2) 상임 임원 및 보수

임원 중 신용공제대표이사, 지도이사, 전무이사 및 감사위원장은 상근으로 하며, 상근하는 임원에게는 급여를 지급할 수 있다(법64②).

(3) 임원의 명예직

금고의 임원은 명예직으로 한다(법64의2⑥, 법18⑩ 본문).

2. 임원의 선출 및 자격요건

(1) 임원의 자격요건

감사위원을 제외한 임원의 3분의 1 이상은 금고의 이사장이 아닌 사람 중에서 선임하여야 한다(법64③).

(2) 회장의 선출과 자격
(가) 금고 회원

회장은 금고의 회원 중에서 금고의 무기명 비밀투표로 직접 선출한다(법64의2① 전단). 이 경우 최다득표자를 당선인으로 결정한다(법64의2① 후단).

(나) 금고 임원의 회장 선임: 취임 전 사임

금고의 임원이 회장으로 선임된 경우에는 취임 전에 그 임원직을 사임하여야 한다(법64의2⑦).

(3) 상근이사의 선출 및 자격

상근이사는 전담업무에 관하여 전문지식과 경험이 풍부한 사람으로서 ⅰ) 중앙회·한국은행 또는 금융위원회법 제38조에 따른 검사대상기관에서 상근직으로 10년 이상 근무한 경력이 있는 사람(제1호), ⅱ) 금융 관련 국가기관·연구기관·교육기관에서 공무원이나 상근직으로 10년 이상 근무한 경력이 있는 사람(제2호) 중에서 인사추천위원회가 추천한 사람을 이사회의 의결을 거쳐 총회에서 선출한다(법64의2②, 영27).

(4) 금고의 이사장인 이사의 선출

금고의 이사장인 이사는 시·도 단위별로 추천한 이사 후보자 중에서 총회에서 선출한다(법64의2③ 전단). 이 경우 금고의 이사장인 이사 후보자의 자격, 시·도 단위별 추천인원, 추천절차, 그 밖에 필요한 사항은 정관으로 정한다(법64의2③ 후단).

(5) 기타 이사의 선출

앞의 (1)(2)(3)의 이사를 제외한 이사는 이사회의 의결을 거쳐 총회에서 선출한다(법64의2④).

(6) 임원의 선임 방법과 절차 등

임원의 선임 방법과 절차 등에 관하여 새마을금고법에서 정한 사항 외에 필요한 사항은 정관으로 정한다(법64의2⑥, 법18⑪).

3. 임원의 임기

(1) 회장을 포함한 이사의 임기

회장을 포함한 이사의 임기는 4년으로 한다(법64의2⑤ 본문). 다만, 회장은 1회에 한정하여 연임할 수 있다(법64의2⑤ 단서). 이 경우 회장이 임기만료일 전 2년부터 임기만료일까지 퇴임한 경우에는 1회를 재임한 것으로 보고, 임기만료에 따라 퇴임한 회장이 임기만료 후 2년 이내에 회장으로 선임되는 경우에는 연임한 것으로 본다(법64의2⑥, 법20③ 후단).

(2) 재선거 또는 보궐선거로 선임된 임원의 임기

임원 중 일부의 궐원으로 인한 재선거 또는 보궐선거로 선임된 임원의 임기는 ⅰ) 재선거의 경우에는 재선거 실시 전에 실시한 선거로 선출된 임원의 남은 임기(제1호), ⅱ) 보궐선거의 경우에는 전임자의 남은 임기(제2호)로 한다(법64의2⑥, 법20②).[16]

4. 임원의 직무

(1) 회장의 직무
(가) 중앙회 대표

회장은 중앙회를 대표한다(법65① 본문). 다만, 신용공제대표이사가 대표하는 업무에 대하여는 그러하지 아니하다(법65① 단서).

---

16) 부칙 <법률 제19329호, 2023. 4. 11.> 제4조(재선거로 선임된 임원의 임기에 관한 적용례) 제20조 제2항의 개정규정(제64조의2 제6항에서 준용하는 경우를 포함)은 이 법 시행 이후 선임되는 임원부터 적용한다[시행일: 2023. 10. 12.].

(나) 전담업무 등

회장은 신용공제대표이사가 대표하는 업무를 제외한 중앙회의 업무를 총괄한다(법65② 본문). 다만, 지도이사, 금고감독위원회의 위원장("금고감독위원장") 또는 전무이사가 전담하여 처리하는 업무에 대해서는 각각 지도이사, 금고감독위원장, 전무이사에게 위임하여 전결처리하게 하여야 한다(법65② 단서).

(다) 궐위 등의 경우 직무대행

회장이 부득이한 사유로 그 직무를 수행할 수 없을 때에는 임원 중에서 정관으로 정하는 순서에 따라 그 직무를 대행한다(법65③).

(라) 신용공제대표이사 등에 대한 성과평가

회장은 신용공제대표이사, 지도이사 및 전무이사에 대하여 매년 성과평가를 하여야 한다(법65의2⑦).

이에 따른 성과평가 방법, 절차 등 필요한 사항은 정관으로 정한다(법65의2⑧).

(2) 신용공제대표이사 직무

(가) 전담업무 및 중앙회 대표

신용공제대표이사는 ⅰ) 신용사업(법67①(5))과 그 부대사업, 금고 및 금고의 회원을 위한 공제사업(법67①(6))과 그 부대사업 및 국가나 공공단체가 위탁하거나 보조하는 사업(법67①(7)) 중 신용사업이나 공제사업과 관련되는 사업과 그 부대사업, 다른 법령에서 중앙회의 사업으로 정하는 사업(법67①(8)) 중 신용사업이나 공제사업과 관련되는 사업과 그 부대사업, 그 밖에 목적 달성에 필요한 사업으로서 주무부장관의 승인을 받은 사업(법67①(13)) 중 신용사업이나 공제사업과 관련되는 사업과 그 부대사업(제1호), ⅱ) 앞의 제1호의 소관 업무에 관한 경영목표의 설정(제2호), ⅲ) 앞의 제1호의 소관 업무에 관한 사업계획과 자금계획의 수립(제3호), ⅳ) 앞의 제1호의 소관 업무에 관한 교육 및 지원 계획의 수립(제4호)의 업무를 전담하여 처리하며, 그 업무에 관하여 중앙회를 대표한다(법65의2①).

(나) 궐위 등의 경우 직무대행

신용공제대표이사가 부득이한 사유로 직무를 수행할 수 없을 때는 이사회에서 정하는 이사가 그 직무를 대행한다(법65의2⑤).

(3) 지도이사의 직무

(가) 전담업무

지도이사는 ⅰ) 금고의 사업 및 경영의 지도(법67①(1))사업과 그 부대사업, 금고 사업에 대한 지원(법67①(4))사업과 그 부대사업, 의료지원사업(법67①(9))과 그 부대사업, 금고의 회계방법이나 그 밖에 장부·서류의 통일 및 조정(법67① (11))사업과 그 부대사업, 국제기구 및 외국과의 지역개발 협력사업으로서 행정안전부장관의 승인을 받은 사업(법67①(12))과 그 부대사업(제1호), ⅱ) 국가나 공공단체가 위탁하거나 보조하는 사업(법67①(7)) 중 금고의 지도와 관련된 사업과 그 부대사업, 다른 법령에서 중앙회의 사업으로 정하는 사업(법67①(8)) 중 금고의 지도와 관련된 사업과 그 부대사업, 그 밖에 목적 달성에 필요한 사업으로서 행정안전부장관의 승인을 받은 사업(법67①(13)) 중 금고의 지도와 관련된 사업과 그 부대사업(제2호)의 업무를 전담하여 처리한다(법65의2②).

(나) 궐위 등의 경우 직무대행

지도이사가 부득이한 사유로 직무를 수행할 수 없을 때는 이사회에서 정하는 이사가 그 직무를 대행한다(법65의2⑤).

(4) 금고감독위원장의 직무

(가) 전담업무

금고감독위원장은 금고의 감독과 검사(법67①(3)) 및 그 부대사업에 관한 업무를 전담하여 처리한다(법65의2③).

(나) 궐위 등의 경우 직무대행

금고감독위원장이 부득이한 사유로 직무를 수행할 수 없을 때에는 금고감독위원회에서 정하는 위원이 그 직무를 대행한다(법65의2⑥).

(5) 전무이사의 직무

(가) 전담업무

전무이사는 중앙회 사업 중 신용공제대표이사, 지도이사 또는 금고감독위원장이 전담하여 처리하는 사업 외의 사업과 관련된 업무를 전담하여 처리한다(법65의2④).

(나) 궐위 등의 경우 직무대행

전무이사가 부득이한 사유로 직무를 수행할 수 없을 때는 이사회에서 정하는 이사가 그 직무를 대행한다(법65의2⑤).

사　업

제1절 자금차입

Ⅰ. 신협중앙회

1. 금융위원회의 승인

중앙회는 사업을 수행하기 위하여 자금을 차입할 수 있다(법78②). 중앙회는 사업을 수행하기 위하여 국가·공공단체·한국은행 또는 다른 금융기관이나 국제기구로부터 자금을 차입하는 경우 미리 금융위원회의 승인을 얻어야 한다(법78⑤, 정관47① 본문).

2. 금융위원회 승인의 예외

일시적인 유동성 확보를 위하여 직전 사업연도 말 현재 자산총액의 3%의 범위 안에서 부보금융회사(예금자보호법2(1))로부터 만기 30일 이내의 자금을 차입하는 경우는 금융위원회의 승인을 받을 필요가 없다(법78⑤, 영19의5①).

3. 차입금의 최고한도

차입금의 최고한도는 이사회에서 정한다(정관47②).

Ⅱ. 농협중앙회

1. 자금차입 또는 자금운용: 국가·공공단체 또는 금융기관

중앙회는 사업목적을 달성하기 위하여 국가·공공단체 또는 금융기관으로부터 자금을 차입하거나 금융기관에 예치 등의 방법으로 자금을 운용할 수 있다(법134②).

2. 자금차입 또는 물자와 기술 도입: 국제기구·외국 또는 외국인

중앙회는 사업목적을 달성하기 위하여 국제기구·외국 또는 외국인으로부터 자금을 차입하거나 물자와 기술을 도입할 수 있다(법134③).

Ⅲ. 수협중앙회

1. 자금차입 또는 자금운용

(1) 국가·공공단체 또는 금융기관

중앙회는 사업을 하기 위하여 국가, 공공단체 또는 금융기관으로부터 자금을 차입하거나 금융기관에 예치하는 방법 등으로 자금을 운용할 수 있다(법138②).

(2) 국가 차입자금의 대출
(가) 비조합원인 수산업자에 대한 대출

국가로부터 차입한 자금은 조합원이 아닌 수산업자에게도 대출할 수 있다(법168, 법60⑥).

(나) 해양수산부장관의 통보 사항

해양수산부장관은 조합원이 아닌 수산업자에 대한 자금의 대출에 관하여

ⅰ) 대출 대상자 및 지원 규모(제1호), ⅱ) 대출 한도 및 조건(제2호), ⅲ) 그 밖에 자금의 대출에 필요한 사항(제3호)을 정하여 조합, 중앙회 및 수협은행 등 관련 기관에 통보하여야 한다(법168, 법60⑥, 시행규칙9).

2. 자금차입 또는 물자와 기술 도입

중앙회는 사업을 하기 위하여 국제기구·외국 또는 외국인으로부터 자금을 차입하거나 물자와 기술을 도입할 수 있다(법138③).

Ⅳ. 산림조합중앙회

1. 자금차입 또는 자금운용: 국가·공공단체·한국은행 등

중앙회는 사업을 수행하기 위하여 국가·공공단체·한국은행 또는 다른 금융회사등으로부터 자금을 차입하거나 한국은행 또는 다른 금융회사 등에 예치하는 등의 방법으로 자금을 운용할 수 있다(법108③(1)).

2. 자금차입 또는 물자와 기술 도입: 국제기구·외국 또는 외국인

중앙회는 사업을 수행하기 위하여 해외 임산자원의 개발, 국제기구·외국 또는 외국인으로부터의 자금차입 또는 물자 및 기술을 도입할 수 있다(법108③(3)).

3. 투자권고 등

중앙회는 사업을 수행하기 위하여 ⅰ) 해외임산자원의 개발 등과 관련이 있는 법인 또는 단체(제1호), ⅱ) 임업과 관련이 있거나 임업에 투자를 하고자 하는 법인 또는 단체(제2호)로 하여금 중앙회의 사업에 대한 자금 및 물자의 기탁 또는 투자의 권고를 할 수 있다(법108③(2), 영14).

Ⅴ. 새마을금고중앙회

1. 행정안전부장관의 승인

중앙회는 사업을 원활하게 수행하기 위하여 필요한 경우에는 행정안부장관의 승인을 받아 필요한 자금을 차입할 수 있다(법67② 본문).

2. 행정안전부장관의 승인의 예외

신용사업에 필요한 자금을 차입하는 경우에는 승인받지 아니하고 차입할 수 있다(법67② 단서).

3. 차입대상기관

중앙회는 국가·공공단체 또는 금융기관으로부터 소요 자금을 차입할 수 있다(법67④, 법28③, 영32①).

4. 자금의 차입한도

소요자금의 차입한도는 출자금 총액과 적립금 합계액의 5배를 초과할 수 없다(법67④, 법28③, 영32②).

제2절 타법인 출자

Ⅰ. 신협중앙회

1. 금융위원회 승인

중앙회는 사업을 수행하기 위하여 필요한 경우에는 다른 법인에 출자할 수 있다(법78③). 중앙회가 출자하려는 경우에는 미리 금융위원회의 승인을 받아야 한다(법78⑤).

2. 금융위원회 승인의 예외

직전 사업연도 말 자산총액의 3%의 범위 안에서 투자를 목적으로 다른 회사의 의결권 있는 발행주식총수(출자지분을 포함)의 15% 미만을 취득하는 것은 제외한다(법78⑤, 영19의5②).

3. 총회 보고

다른 법인에 출자한 때에는 출자의 목적, 출자의 조건과 범위, 회원 및 중앙회 사업과의 연관성 및 출자대상법인의 현황 등에 관한 사항을 총회에 보고하여야 한다(정관46②).

Ⅱ. 농협중앙회

1. 의결권 있는 주식취득

(1) 취득제한

중앙회는 다른 법인이 발행한 의결권 있는 주식(출자지분을 포함)의 15%를 초과하는 주식을 취득할 수 없다(법137① 본문).

(2) 취득제한의 예외

중앙회는 ⅰ) 사업(법134①) 수행을 위하여 필요한 경우(제1호), ⅱ) 주식배당이나 무상증자에 따라 주식을 취득하게 되는 경우(제2호), ⅲ) 기업의 구조조정 등으로 인하여 대출금을 출자로 전환함에 따라 주식을 취득하게 되는 경우(제3호), ⅳ) 담보권의 실행으로 인하여 주식을 취득하게 되는 경우(제4호), ⅴ) 기존 소유지분의 범위에서 유상증자에 참여함에 따라 주식을 취득하게 되는 경우(제5호), ⅵ) 신주인수권부사채 등 주식관련 채권을 주식으로 전환함에 따라 주식을 취득하게 되는 경우(제6호), ⅶ) 농협경제지주회사의 주식을 취득하는 경우(제7호), ⅷ) 농협금융지주회사의 주식을 취득하는 경우(제8호)에는 다른 법인이 발행한 의결권 있는 주식(출자지분을 포함)의 15%를 초과하는 주식을 취득할 수 있다(법137① 단서).

2. 출자한도 기준인 자기자본

(1) 다른 법인에 대한 출자한도

중앙회가 사업 수행을 위하여 다른 법인에 출자한 경우 그 금액의 총합계액은 자기자본 이내로 한다(법137② 본문). 여기서 자기자본은 출자금(납입출자금, 회전출자금, 비누적적 우선출자금, 가입금 등), 자본잉여금, 이익잉여금(이월결손금이 있는 때에는 이를 공제한 금액), 자본조정 및 기타포괄손익누계액을 합산하여 산정한다(영16).

(2) 같은 법인에 대한 출자한도

같은 법인에 대한 출자한도는 자기자본의 20% 이내에서 정관으로 정한다(법137② 단서).

3. 자기자본 초과 출자와 출자 목적 등의 보고

중앙회가 농협경제지주회사(법137①(7)) 및 농협금융지주회사(법137①(8))의 주식을 취득하는 경우에는 자기자본을 초과하여 출자할 수 있다(법137③ 전단). 이 경우 중앙회는 회계연도 경과 후 3개월 이내에 출자의 목적 및 현황, 출자대상 지주회사 및 그 자회사의 경영현황 등을 총회에 보고하여야 한다(법137③ 후단).

4 공동출자 운영의 원칙

중앙회는 주식배당이나 무상증자에 따라 주식을 취득하게 되는 경우(법137①(2)) 및 기업의 구조조정 등으로 인하여 대출금을 출자로 전환함에 따라 주식을 취득하게 되는 경우(법137①(3))에 따른 사업을 수행하기 위하여 다른 법인에 출자하려면 회원과 공동으로 출자하여 운영함을 원칙으로 한다(법137④).

Ⅲ. 수협중앙회

1. 출자한도 기준인 자기자본

(1) 다른 법인에 대한 출자한도

중앙회는 사업을 하기 위하여 자기자본(신용사업특별회계의 자기자본은 제외)의 범위에서 다른 법인에 출자할 수 있다(법141의3① 본문).

(2) 같은 법인에 대한 출자한도

같은 법인에 대한 출자한도는 자기자본의 20% 이내에서 정관으로 정한다

(법141의3① 단서).

2. 의결권 있는 주식취득

(1) 취득제한

중앙회는 다른 법인이 발행한 의결권 있는 주식(출자지분을 포함)의 15%를 초과하는 주식을 취득할 수 없다(법141의3② 본문).

(2) 취득제한의 예외

중앙회는 ⅰ) 사업 수행을 위하여 필요한 경우(제1호), ⅱ) 주식배당이나 무상증자에 따라 주식을 취득하게 되는 경우(제2호), ⅲ) 기업의 구조조정 등으로 인하여 대출금을 출자로 전환함에 따라 주식을 취득하게 되는 경우(제3호), ⅳ) 담보권의 신행으로 인하여 주식을 취득하게 되는 경우(제4호), ⅴ) 기존 소유지분의 범위에서 유상증자에 참여함에 따라 주식을 취득하게 되는 경우(제5호), ⅵ) 신주인수권부사채 등 주식 관련 채권을 주식으로 전환함에 따라 주식을 취득하게 되는 경우(제6호), ⅶ) 수협은행의 주식을 취득하는 경우(제7호)에는 다른 법인이 발행한 의결권 있는 주식(출자지분을 포함)의 15%를 초과하는 주식을 취득할 수 있다(법141의3② 단서).

3. 다른 법인에 대한 출자한도의 예외

중앙회가 수협은행의 주식을 취득하기 위하여 출자하는 경우(법141의3②(7)) 그 출자금은 다른 법인에 대한 출자에 포함되지 아니하는 것으로 본다(법141의3③).

4. 자기자본 초과 출자와 출자 목적 등의 보고

중앙회가 수협은행의 주식을 취득하기 위하여 출자하는 경우(법141의3②(7))에는 자기자본을 초과하여 출자할 수 있다(법141의3④ 전단). 이 경우 사업전담대표이사는 3개월 이내에 출자의 목적 및 금액 등을 총회에 보고하여야 한다(법141의3④ 후단).

5. 공동출자 운영의 원칙

중앙회는 사업을 수행하기 위하여 다른 법인에 출자하는 경우 회원과 공동으로 출자하여 운영함을 원칙으로 한다(법141의3⑤).

Ⅳ. 산림조합중앙회

1. 출자한도 기준인 자기자본

(1) 다른 법인에 대한 출자한도

중앙회는 사업을 수행하기 위하여 자기자본의 범위에서 다른 법인에 출자할 수 있다(법111③ 본문).

(2) 동일 법인에 대한 출자한도

동일 법인에 대한 출자한도는 자기자본의 20% 이내로 한다(법111③ 단서, 정관5⑥ 단서).

(3) 총회 의결

다른 법인에 출자하고자 할 때에는 출자의 목적, 출자대상기업의 실태조서, 본회 사업과의 관련성, 출자조건과 범위, 자기자본의 현황에 관한 서면을 붙여 총회의 의결을 받아야 한다(정관5⑦).

2. 공동출자 운영의 원칙

중앙회는 사업을 수행할 때 회원과 공동으로 출자하여 운영할 수 있다(법111①).

3. 공동출자 회원에 대한 우선 배당

중앙회는 회원과 공동으로 출자하여 사업을 운영하는 경우 해당 사업의 이익금 중 일부를 공동출자를 한 회원에게 우선적으로 배당하여야 한다(법111②).

V. 새마을금고중앙회

1. 자기자본 범위 내 출자

중앙회는 문화 복지 후생사업(법67④, 법28①(2)) 및 지역사회 개발사업(법67④, 법28①(4))을 수행하기 위하여 필요하면 자기자본의 범위에서 다른 법인에 출자할 수 있다(법67③).

2. 이사회 의결

다른 법인에 출자하고자 할 때에는 출자의 목적, 출자대상 기업의 실태조서, 출자조건과 범위, 자기자본의 현황 등에 관한 사항을 이사회의 의결을 받아야 한다(정관59④).

제3절 비회원의 사업 이용

I. 신협중앙회

1. 조합의 사업 이용 의제

조합의 조합원이 사업을 이용하는 경우에는 조합이 이용하는 것으로 본다(법78④).

2. 비회원에 대한 대출 및 공제사업 이용

중앙회는 조합의 이용에 지장이 없는 범위에서 조합이 아닌 자("비회원")에게 자금의 대출(법78①(5) 나목)과 공제사업(법78①(6))을 이용하게 할 수 있다(법78의2①).

비회원에 대한 대출을 할 때의 대출 범위, 대출 규모 및 동일인 대출한도 등에 대해서는 대통령령으로 정한다(법78의2②).

3. 대출 규모: 총대출한도

중앙회의 비회원에 대한 대출규모는 조합으로부터 예치된 여유자금 및 상환준비금 등의 운용(법78①(5) 가목) 사업을 관리하는 회계에서 상환준비금을 제외한 자금("신용예탁금")을 수납·운용하는 회계의 직전 사업연도 말 자산총액("신용예탁금자산총액")의 3분의 1을 초과할 수 없다(법78의2②, 영19의6①, 감독규정18의3①).

따라서 총 대출한도는 직전 사업연도 말 자산총액의 1/3이다.

4. 대출 범위: 개인 및 법인의 경우

중앙회의 비회원에 대한 대출 범위는 다음과 같다.

(1) 개인인 경우

비회원이 개인인 경우 조합이 동일인에 대한 대출등의 한도(법42)로 인하여 그 개인에 대하여 대출하지 못하는 부분으로 한정한다(영19의6②(1)).

(2) 법인인 경우
(가) 원칙

비회원이 법인인 경우 조합이 동일인에 대한 대출등의 한도(법42)의 50% 이상을 대출한 경우로서 그 법인에 대하여 추가적으로 대출이 필요한 부분으로 한정한다(영19의6②(2)).

(나) 예외

법인에 대한 대출을 하기 위하여 중앙회와 ⅰ) 은행(지방은행과 외국은행의 국내지점·대리점은 제외)(제1호), ⅱ) 한국산업은행(제2호), ⅲ) 중소기업은행(제3호), ⅳ) 한국수출입은행(제4호), ⅴ) 농협은행(제5호)의 어느 하나에 해당하는 자가 그 구성원으로 참가한 일시적인 단체에서 구성원 사이에 미리 협의된 대출조건에 따라 중앙회가 분담하여 그 법인에 대출하는 경우에는 조합이 그 법인에 대출을 하는지 여부와 관계없이 대출을 할 수 있다(법78의2②, 영19의6③).

5. 동일인 대출한도

중앙회의 비회원에 대한 대출한도는 다음의 구분에 따른다(법78의2②, 영19의6④).

(1) 동일 개인 대출한도

동일한 개인에 대한 대출한도는 3억원이다(영19의6④(1)). 동일한 개인에 대한 대출한도를 산정함에 있어 부동산공시법 제28조의 규정에 의한 감정평가법인의 부동산 감정평가액의 50% 이내에서 취급하는 담보대출금액은 20억원의 범위 내에서 이를 포함하지 아니한다(감독규정18의3③).

(2) 동일 법인 대출한도

동일한 법인에 대한 대출한도는 300억원(제3항 각 호 외의 부분에서 정하는 대출의 경우에는 500억원)이다(영19의6④(2)).

(3) 동일차주 대출한도

동일인 및 그와 동일차주[1]에 대한 대출한도 비회원에 대한 대출규모의 5% 이내이다(영19의6④(3)).

(4) 거액 대출한도

대출금액이 150억원(제3항 각 호 외의 부분에서 정하는 대출의 경우에는 300억원)을 초과하는 동일인 및 동일차주에 대한 거액대출의 총합계액은 비회원에 대한 대출규모의 50% 이내이다(영19의6④(4)).

Ⅱ. 농협중앙회

1. 비회원의 사업 이용

중앙회는 회원이 이용하는 데에 지장이 없는 범위에서 회원이 아닌 자에게

---

1) 동일차주("금융위가 정하여 고시하는 신용위험을 공유하는 자")는 공정거래법 제2조 제2호의 규정에 의한 기업집단에 속하는 회사를 말한다(감독규정18의3②).

그 사업을 이용하게 할 수 있다(법135① 본문).

2. 비회원의 사업 이용의 제한

교육·지원 사업, 농업경제사업, 또는 축산경제사업 중 판매사업(농업인이 아닌 자의 판매사업은 제외), 의료지원사업, 상호금융사업, 금융업 및 금융업의 영위와 밀접한 관련이 있는 회사의 사업, 국가나 공공단체가 위탁하거나 보조하는 사업, 다른 법령에서 중앙회의 사업으로 정하는 사업, 중앙회의 설립 목적의 달성에 필요한 사업으로서 농림축산식품부장관의 승인을 받은 사업 외의 사업에 대한 비회원의 이용은 정관으로 정하는 바에 따라 제한할 수 있다(법135① 단서).

3. 회원 이용의 의제

회원의 조합원의 사업 이용은 회원의 이용으로 본다(법135②).

Ⅲ. 수협중앙회

1. 비회원의 사업 이용

중앙회는 회원의 이용에 지장이 없는 범위에서 회원이 아닌 자에게 사업을 이용하게 할 수 있다(법139① 본문).

2. 비회원의 사업 이용의 제한

중앙회는 회원이 아닌 자가 교육·지원 사업, 다른 경제단체·사회단체 및 문화단체와의 교류·협력, 어업통신사업, 어업협정 등과 관련된 국제 민간어업협력사업, 다른 법령에서 중앙회의 사업으로 정하는 사업, 교육·지원 사업에 부대하는 사업, 경제사업에 부대하는 사업, 법 제138조 제1항 제4호부터 제15호까지의 사업에 부대하는 사업을 이용하는 경우 각 사업별로 그 회계연도 사업량의 3분의 1의 범위에서 그 이용을 제한할 수 있다(법139① 단서, 영20의2④).

3. 회원 이용의 의제

회원의 조합원 및 그와 동일한 세대에 속하는 사람, 준회원, 어촌계 또는 단체가 중앙회의 사업을 이용하는 경우에는 회원이 이용한 것으로 본다(법139②).

Ⅳ. 산림조합중앙회

1. 비회원의 사업 이용

중앙회는 회원의 이용에 지장이 없는 범위에서 비회원에게 사업을 이용하게 할 수 있다(법109①, 정관75① 본문).

2. 비회원의 사업 이용의 제한

다음의 어느 하나에 해당하는 때, 즉 ⅰ) 비회원의 사업이용이 회원의 사업 이용에 직접적인 지장을 줄 때(제1호), ⅱ) 비회원의 사업 이용을 다수의 회원이 반대하거나 여건의 변동으로 본회의 운영에 불이익을 가져온다고 판단될 때(제2호)에는 중앙회는 비회원의 사업 이용을 일부 또는 전부를 제한할 수 있다(정관75① 본문).

3. 회원 이용의 의제

회원의 구성원의 사업 이용은 회원의 이용으로 본다(법109②).

Ⅴ. 새마을금고중앙회

중앙회는 회원의 이용에 지장이 없는 범위에서 비회원에게 사업을 이용하게 할 수 있다(법67④, 법30).

제4절 여유자금 및 상환준비금의 운용

Ⅰ. 신협중앙회

1. 여유자금 및 상환준비금 등의 운용방법

중앙회는 조합으로부터 예치된 여유자금 및 상환준비금 등(법78①(5) 가목)의 자금을 ⅰ) 조합에 대한 대출(제1호), ⅱ) 국채, 공채, 회사채, 그 밖의 유가증권의 매입(제2호), ⅲ) 부보금융회사 및 체신관서(영19의7①)에 대한 예치(제3호), ⅳ) 그 밖의 ㉠ 조합이 아닌 자에 대한 대출(신용예탁금에 한한다)(가목), ㉡ 조합에 대한 어음할인(나목), ㉢ 신용협동조합예금자보호기금("기금")에 대한 대출(다목), ㉣ 위험회피 목적으로서의 파생상품의 매입(신용예탁금으로 매입하는 경우로 한정)(라목), ㉤ 투자일임업자에의 위탁을 통한 운영(마목)의 방법(제4호) 중 어느 하나에 해당하는 방법으로 운용하여야 한다(법79①, 영19의7②).

2. 매입할 수 있는 유가증권의 종류

중앙회가 매입할 수 있는 유가증권의 종류는 다음의 구분에 의한다(법79②, 영19의7③).

(1) 상환준비금으로 매입할 수 있는 유가증권

중앙회가 상환준비금으로 매입할 수 있는 유가증권은 ⅰ) 국채증권·지방채증권 및 특수채증권(가목), ⅱ) 금융위원회가 신용도 또는 신용평가등급 등을 고려하여 고시하는 회사채(나목),[2] ⅲ) 증권집합투자기구의 집합투자증권 또는 신탁업자가 발행하는 수익증권으로서 상장주식등의 편입비율이 30% 이하인 것(다목), ⅳ) 단기금융집합투자기구의 집합투자증권(라목), ⅴ) 그 밖에 상환준비금의

---

2) "금융위가 신용도 또는 신용평가등급 등을 고려하여 고시하는 회사채"라 함은 ⅰ) 부보금융기관(예금자보호법2(1)) 또는 체신관서가 지급보증한 회사채(제1호), ⅱ) 신용평가업인가를 받은 자("신용평가전문기관") 중에서 2(신용평가전문기관의 업무정지등 부득이한 사유가 있는 경우에는 1) 이상의 자로부터 BBB＋ 이상의 평가등급을 받은 회사채(다만 사모사채의 경우에는 신용평가전문기관으로부터 BBB＋ 이상의 평가등급을 받은 경우에도 이를 매입할 수 없다)(제2호)를 말한다(감독규정18의4① 본문). 다만, 앞의 제2호의 회사채 평가등급은 BBB− 이상으로 한다(감독규정18의4① 단서).

운용을 위하여 필요하다고 인정되는 것으로서 금융위원회가 정하여 고시하는 유가증권(마목)[3]이다(영19의7③(1)).

(2) 신용예탁금으로 매입할 수 있는 유가증권

신용예탁금으로 매입할 수 있는 유가증권은 자본시장법상 증권인 채무증권, 지분증권, 수익증권, 투자계약증권, 파생결합증권, 증권예탁증권이다(영19의7③(2) 가목 본문). 다만, 채무증권이나 수익증권으로서 투자위험 등을 고려하여 금융위원회가 정하여 고시하는 증권[4]은 제외한다(영19의7③(2) 가목 단서).

3. 매입할 수 있는 유가증권의 한도

중앙회가 매입할 수 있는 유가증권의 한도는 다음의 구분에 따른다(법79②, 영19의7①).

(1) 상환준비금으로 매입할 수 있는 유가증권의 한도

중앙회는 전월 말 상환준비금 운용자금의 10%를 초과하여 증권집합투자기구의 집합투자증권 또는 신탁업자가 발행하는 수익증권(영19③(1) 다목)을 매입하여서는 아니 된다(영19의7④(1), 감독규정18의4④).

---

3) "그 밖에 상환준비금의 운용을 위하여 필요하다고 인정되는 것으로서 금융위원회가 정하여 고시하는 유가증권"이라 함은 ⅰ) 채무자회생법에 의해 회생절차 개시의 결정을 받은 기업(제1호), ⅱ) 기업구조조정 촉진법에 의해 채권금융기관이 기업구조조정을 위한 목적으로 관리절차가 진행 중인 기업(제2호), ⅲ) 기업구조조정 촉진을 위한 금융기관 등의 협약·협의에 의해 기업개선작업을 추진 중인 기업(제3호)의 어느 하나에 해당하는 기업에 대한 회사채 등이 출자전환되어 보유하게 되는 그 기업의 지분증권을 말한다(감독규정18의4②).

4) "투자위험 등을 고려하여 금융위원회가 정하여 고시하는 증권"은 ⅰ) 감독규정 제18조의4 제1항 본문 및 단서에 규정된 회사채 외의 회사채(제1호), ⅱ) 신용평가전문기관 중에서 2(신용평가전문기관의 업무정지등 부득이한 사유가 있는 경우에는 1) 이상의 자로부터 A1 이상의 평가등급을 받은 기업어음증권 외의 기업어음증권(제2호), ⅲ) 특별자산집합투자기구의 집합투자증권 중 사회기반시설에 대한 민간투자법 제2조에서 정한 사회기반시설 및 관련자산에 투자하는 증권 이외의 집합투자증권(제3호), ⅳ) 혼합자산집합투자기구의 집합투자증권 중 차입금의 총액 이내에서 투자하는 증권 이외의 집합투자증권(제4호)을 말한다(감독규정18의4③).

(2) 신용예탁금으로 매입할 수 있는 유가증권의 한도

(가) 신용예탁금 자산총액의 20%

중앙회는 ⅰ) 지분증권(가목), ⅱ) 증권집합투자기구의 집합투자증권으로서 그 투자대상이 지분증권 또는 위험회피 목적 외의 파생상품을 포함하는 증권(나목)의 매입액의 합계액이 전월 말 신용예탁금 자산총액의 20%를 초과해서는 아니 된다(영19의7④(2) 전단, 감독규정18의4⑤).

이 경우 증권집합투자기구의 집합투자증권으로서 그 투자대상이 지분증권 또는 위험회피 목적 외의 파생상품을 포함하는 증권(앞의 나목)의 매입액은 집합투자규약에서 정한 지분증권과 위험회피 목적 외의 파생상품에의 투자한도액으로 한다(영19의7④(2) 후단).

(나) 신용예탁금 자산총액의 30%

중앙회는 자본시장법상 증권인 채무증권, 지분증권, 수익증권, 투자계약증권, 파생결합증권, 증권예탁증권 중 ⅰ) 지분증권 및 증권집합투자기구의 집합투자증권으로서 그 투자대상이 지분증권 또는 위험회피 목적 외의 파생상품을 포함하는 증권(가목), ⅱ) 채무증권(나목), ⅲ) 증권집합투자기구의 집합투자증권(채무증권에만 투자하는 경우로 한정)(다목), ⅳ) 단기금융집합투자기구의 집합투자증권(라목)을 제외한 증권의 매입액의 합계액이 전월 말 신용예탁금 자산총액의 30%를 초과해서는 아니 된다(영19의7④(3), 감독규정18의4⑥).

4. 여유자금 운용과 이자지급 또는 이익배분

중앙회는 조합으로부터 예치되어 운용하는 여유자금(법78①(5)가목)에 대해서는 조합에 이자를 지급하거나 운용 실적에 따른 이익을 배분할 수 있다(법78⑥).

해당 조문은 중앙회의 "실적배당상품"을 의미하는 것으로서, 실적상품에 대한 근거규정이 2015년 신협법 개정으로 도입되었고, 현재 중앙회의 실적상품관리규정과 실적상품업무방법서를 통해 운영되고 있다.

Ⅱ. 농협중앙회

1. 회원의 여유자금의 운용·관리

(1) 여유자금의 운용·관리 방법

중앙회가 회원의 여유자금을 운용·관리(법134①(4) 가목)할 때에는 ⅰ) 회원에 대한 대출(제1호), ⅱ) 한국은행 또는 금융기관(영9① 각호＝은행, 집합투자업자·신탁업자·종합금융회사·투자매매업자 및 투자중개업자, 한국산업은행, 중소기업은행, 체신관서, 지역조합 및 신용사업을 수행하는 품목조합)에의 예치(제2호), ⅲ) 금융기관에 대한 대출(제3호), ⅳ) 공공기관에 대한 대출(제4호), ⅴ) 자본시장법 제4조에 따른 증권의 매입(제5호), ⅵ) 자본시장법 제5조 제1항에 따른 파생상품거래(제6호), ⅶ) 법인에 대한 대출(제7호), ⅷ) 중앙회 내에서 다른 사업부문으로의 운용(제8호), ⅸ) 그 밖에 농림축산식품부장관이 금융위원회와 협의하여 정하는 방법에 따른 운용(제9호)의 방법으로 하여야 한다(영15①).

(2) 법인에 대한 대출
(가) 원칙

법인에 대한 대출(영15①(7))은 직전 회계연도 말 여유자금 예치금 잔액의 3분의 1을 초과할 수 없으며 같은 법인에 대한 대출은 대출 당시 여유자금 예치금 잔액의 5%를 초과할 수 없다(영15② 본문).

(나) 예외: 은행 등의 지급보증

은행(영9①(1)), 신용보증기금, 기술보증기금, 주택금융신용보증기금, 농림수산업자신용보증기금 또는 지역신용보증재단이 지급보증하는 경우에는 위 원칙의 예외로서 대출한도를 초과할 수 있다(영15② 단서).

(3) 부대사업의 범위

중앙회는 회원의 여유자금의 운용·관리(법134①(4) 가목)의 부대사업으로 ⅰ) 유가증권의 대차거래(제1호), ⅱ) 환매조건부 채권 매매(다만, 매도거래는 국가, 지방자치단체, 공공기관, 한국은행 또는 금융기관으로 한정)(제2호)의 사업을 할 수 있다(영15의3 전단). 이 경우 그 사업이 다른 법령에 따라 인가, 허가 등을 받아야 하는 것일 때에는 해당 인가, 허가 등을 받은 범위에서 그 사업을 할 수 있다(영 15의3 후단).

2. 회원의 상환준비금의 운용·관리

(1) 상환준비금의 운용·관리 방법

중앙회가 회원의 상환준비금을 운용·관리(법134①(4) 가목)할 때에는 ⅰ) 회원에 대한 대출(제1호), ⅱ) 한국은행 또는 금융기관(영9① 각호＝은행, 집합투자업자·신탁업자·종합금융회사·투자매매업자 및 투자중개업자, 한국산업은행, 중소기업은행, 체신관서, 지역조합 및 신용사업을 수행하는 품목조합)에의 예치(제2호), ⅲ) 금융기관에 대한 단기대출(제3호), ⅳ) 공공기관에 대한 단기대출(제4호), ⅴ) 농산물을 가공하거나 영농자재를 생산하는 업체(자기자본이 100억원 이상이고, 자기자본대비 부채비율이 200% 이내인 법인으로 한정)에 대한 단기대출(제5호), ⅵ) 증권(자본시장법4)의 매입(제6호), ⅶ) 증권의 매입과 관련된 위험회피를 위한 파생상품거래(제7호)의 방법으로 하여야 한다(영15의2).

(2) 부대사업의 범위

중앙회는 회원의 상환준비금의 운용·관리(법134①(4) 가목)의 부대사업으로 ⅰ) 유가증권의 대차거래(제1호), ⅱ) 환매조건부 채권 매매(다만, 매도거래는 국가, 지방자치단체, 공공기관, 한국은행 또는 금융기관으로 한정)(제2호)의 사업을 할 수 있다(영15의3 전단). 이 경우 그 사업이 다른 법령에 따라 인가, 허가 등을 받아야 하는 것일 때에는 해당 인가, 허가 등을 받은 범위에서 그 사업을 할 수 있다(영 15의3 후단).

Ⅲ. 수협중앙회

1. 회원의 여유자금의 운용·관리

(1) 여유자금의 운용·관리 방법

중앙회가 회원의 여유자금을 운용·관리(법138①(4) 가목)할 때에는 ⅰ) 회원에 대한 대출(제1호), ⅱ) 한국은행 또는 금융기관(영23③ 각호＝은행, 투자매매업자, 투자중개업자, 집합투자업자, 신탁업자 및 종합금융회사, 한국산업은행, 중소기업은행, 한

국수출입은행, 지구별수협, 신용사업을 하는 업종별수협 및 수산물가공수협, 체신관서)에
의 예치(제2호), iii) 금융기관(영23③ 각호＝은행, 투자매매업자, 투자중개업자, 집합투
자업자, 신탁업자 및 종합금융회사, 한국산업은행, 중소기업은행, 한국수출입은행, 지구별
수협, 신용사업을 하는 업종별수협 및 수산물가공수협, 체신관서)에 대한 대출(제3호),
iv) 공공기관에 대한 대출(제4호), v) 자본시장법 제3조에 따른 금융투자상품의
매입(제5호), vi) 상호금융예금자보호기금에 대한 자금지원(제6호), vii) 법인에 대
한 대출(제7호), viii) 중앙회 내에서 다른 사업 부문으로의 운용(제8호), ix) 그 밖
에 해양수산부장관이 금융위원회와 협의하여 정하는 방법에 따른 운용(제9호)의
방법으로 하여야 한다(영27의3①).

(2) 법인에 대한 대출
(가) 원칙
법인에 대한 대출(영27의3①(7))은 직전 회계연도 말 여유자금 예치금 잔액
의 3분의 1을 초과할 수 없으며, 같은 법인에 대한 대출은 대출 당시 여유자금
예치금 잔액의 5%를 초과할 수 없다(영27의3② 본문).
(나) 예외: 은행 등의 지급보증
은행(영21③(1)), 신용보증기금, 기술보증기금, 주택금융신용보증기금 또는
농림수산업자신용보증기금이 지급보증하는 경우에는 원칙에 대한 예외로 대출한
도를 초과할 수 있다(영27의3② 단서).

(3) 상호금융업의 부대사업의 범위
중앙회는 상호금융업의 부대사업으로 i) 유가증권의 대차거래(제1호), ii)
환매조건부 채권의 매매[다만, 매도거래는 국가, 지방자치단체, 공공기관, 한국은행 또
는 금융기관(영21③ 각호)으로 한정]의 사업을 할 수 있다(영27의4 전단). 이 경우 그
사업이 다른 법령에 따라 인가, 허가 등을 받아야 하는 것일 때에는 해당 인가,
허가 등을 받은 범위에서 그 사업을 할 수 있다(영27의4 후단).

2. 회원의 상환준비금의 운용·관리
(1) 상환준비금의 운용·관리 방법
중앙회가 회원의 상환준비금을 운용·관리(법138①(4) 가목)할 때에는 i) 회

원에 대한 대출(제1호), ⅱ) 한국은행 또는 금융기관(영23③ 각호＝은행, 투자매매업자, 투자중개업자, 집합투자업자, 신탁업자 및 종합금융회사, 한국산업은행, 중소기업은행, 한국수출입은행, 지구별수협, 신용사업을 하는 업종별수협 및 수산물가공수협, 체신관서)에의 예치(제2호), ⅲ) 앞의 금융기관에 대한 단기대출(제3호), ⅳ) 공공기관에 대한 단기대출(제4호), ⅴ) 자본시장법 제3조에 따른 금융투자상품의 매입(파생상품의 경우 위험회피를 위한 거래로 한정)(제5호), ⅵ) 상호금융예금자보호기금에 대한 자금지원(제6호)의 방법으로 하여야 한다(영27의2).

(2) 상호금융업의 부대사업의 범위

중앙회는 상호금융사업의 부대사업으로 ⅰ) 유가증권의 대차거래(제1호), ⅱ) 환매조건부 채권의 매매[다만, 매도거래는 국가, 지방자치단체, 공공기관, 한국은행 또는 금융기관(영21③ 각호)으로 한정]의 사업을 할 수 있다(영27의4 전단). 이 경우 그 사업이 다른 법령에 따라 인가, 허가 등을 받아야 하는 것일 때에는 해당 인가, 허가 등을 받은 범위에서 그 사업을 할 수 있다(영27의4 후단).

Ⅳ. 산림조합중앙회

1. 회원의 여유자금의 운용·관리

(1) 여유자금의 운용·관리 방법

중앙회는 회원의 여유자금을 ⅰ) 회원에 대한 대출(제1호), ⅱ) 한국은행 또는 금융회사등(영11①＝은행, 투자매매업자·투자중개업자·집합투자업자·신탁업자 및 종합금융회사, 한국산업은행, 중소기업은행, 체신관서, 지역조합)에의 예치(제2호), ⅲ) 금융회사등에 대한 대출(제3호), ⅳ) 공공기관에 대한 대출(제4호), ⅴ) 자본시장법 제3조에 따른 금융투자상품의 매입(제5호), ⅵ) 법인에 대한 대출(제6호), ⅶ) 중앙회 내에서 다른 사업 부문으로의 운용(제7호), ⅷ) 그 밖에 산림청장이 금융위원회와 협의하여 정하는 방법에 따른 운용(제8호)의 방법으로 운용·관리하여야 한다(영13의3①).

(2) 법인에 대한 대출

(가) 원칙

법인에 대한 대출(영13의3①(6))은 직전 회계연도 말 여유자금 잔액의 3분의 1을 초과할 수 없으며, 같은 법인에 대한 대출은 대출 당시 여유자금 잔액의 5%를 초과할 수 없다(영13의3② 본문).

(나) 예외: 은행 등의 지급보증

은행, 신용보증기금, 기술보증기금, 주택금융신용보증기금, 농림수산업자 신용보증기금, 신용보증재단, 기금 또는 재단이 지급보증하는 경우에는 같은 법인에 대하여 대출 당시 여유자금 잔액의 5%를 초과하여 대출할 수 있다(영13의3② 단서).

2. 회원의 상환준비금의 운용 · 관리

중앙회는 회원의 상환준비금을 ⅰ) 회원에 대한 대출(제1호), ⅱ) 한국은행 또는 금융회사등(영11①＝은행, 투자매매업자 · 투자중개업자 · 집합투자업자 · 신탁업자 및 종합금융회사, 한국산업은행, 중소기업은행, 체신관서, 지역조합)에의 예치(제2호), ⅲ) 금융회사등에 대한 1년 이내의 단기대출("단기대출")(제3호), ⅳ) 공공기관에 대한 단기대출(제4호), ⅴ) 자본시장법 제3조에 따른 금융투자상품의 매입(파생상품의 경우 위험회피를 위한 거래로 한정)(제5호), ⅵ) 상호금융예금자보호기금에 대한 대출(제6호)의 방법으로 운용 · 관리하여야 한다(영13의2).

Ⅴ. 새마을금고중앙회

1. 여유자금 운용의 방법

중앙회는 ⅰ) 금융기관에의 예탁이나 신탁업자에의 금전신탁(제1호), ⅱ) 국채, 지방채 및 회장이 정하는 유가증권의 매입(제2호), ⅲ) 그 밖에 여유자금의 안정성과 수익성을 저해하지 아니하는 범위에서 투자자산의 위험을 회피하기 위한 목적의 장외파생상품에 대한 투자(제3호)의 방법으로 여유자금을 운용한다(영33, 감독기준30).

위의 운용 방법으로 자금을 운용함에 있어서는 수익률이 높은 종목을 선정하되 안정성이 보장되는 기관을 이용하여야 한다(정관61②).

2. 여유자금 운용과 이자지급 또는 이익배분

중앙회는 금고로부터 수납받아 운용하는 여유자금(법67①(5) 가목)에 대하여
는 금고에 이자를 지급하거나 운용실적에 따른 이익금을 분배할 수 있다(법67⑤).
여기서 중앙회가 이익금을 분배하는 경우에는 자본시장법을 적용하지 아니한다
(법67⑥).

제
6
장

회 계

제1절 사업연도

Ⅰ. 신협중앙회

중앙회의 사업연도는 정관에서 정한다(법81⑤, 법46). 중앙회의 사업연도는 매년 1월 1일부터 12월 31일까지로 한다(정관51).

Ⅱ. 농협중앙회

중앙회의 회계연도는 정관으로 정한다(법161, 법62). 중앙회의 회계연도는 매년 1월 1일에 시작하여 12월 31일에 종료한다(정관121).

Ⅲ. 수협중앙회

중앙회의 회계연도는 매년 1월 1일부터 12월 31일까지로 한다(법168, 법65,

정관93).

Ⅳ. 산림조합중앙회

중앙회의 회계연도는 매년 1월 1일부터 12월 31일까지로 한다(법122, 법53, 정관82).

Ⅴ. 새마을금고중앙회

중앙회의 사업연도는 매년 1월 1일부터 12월 31일까지로 한다(법70④, 법32, 정관82).

제2절 회계의 구분 등

Ⅰ. 신협중앙회

1. 회계의 종류

중앙회의 회계는 일반회계와 특별회계로 구분하되(감독규정20 및 14①), 각 회계별 사업 부문은 정관에서 정한다(법81⑤, 법47①).

2. 일반회계

중앙회의 사업은 일반회계로 한다(정관52② 전단).

중앙회는 ⅰ) 신용사업에 공여하는 건물·집기 등 고정자산(제1호), ⅱ) 신용사업과 관련된 건물유지비, 충당금, 제 경비 등 공통관리비(제2호)를 신용사업회계로 구분계리한다(감독규정20 및 14③).

3. 신용사업회계의 자금 전용

중앙회가 신용사업회계의 여유자금을 경제사업, 지도사업 등 신용사업 외의 회계로 전용하는 경우에는 일정률의 이자를 계상한다(감독규정20 및 15).

4. 특별회계의 설치

신용사업 및 공제사업등 기타 일반회계와 구분경리할 필요가 있는 사업은 특별회계로 한다(정관52② 후단).

중앙회 회계규정(제4조)에 따르면 특별회계로는 신용사업특별회계, 상환준비금특별회계, 재정지원특별회계, 공제사업특별회계, 예금자보호기금특별회계, 전산특별회계, CUMALL특별회계, 실적상품특별회계, 사회적경제특별회계가 설치되어 있다. 실적상품특별회계는 중앙회 다른 회계와 구분하여 설치·운영되어야 하며, 상품별로 구분하여 관리한다. 각 회계의 효율적 운영을 위하여 필요한 경우에는 각 회계의 목적 수행에 지장을 초래하지 아니하는 범위에서 이사회의 의결을 거쳐 회계간 전입 또는 전출을 할 수 있다.

5. 회계처리기준 등

중앙회의 회계처리기준 및 결산에 관하여 필요한 사항은 금융위원회가 정한다(법81⑤, 법47② 본문). 다만, 계정과목 및 장부의 서식 등 세부사항은 중앙회장이 따로 정할 수 있다(법81⑤, 법47② 단서).

중앙회는 회계처리 및 재무제표 작성에 있어서 상호금융업감독규정 및 금융위원회가 정하는 「상호금융기관의 신용사업 회계처리기준」에 따라 적정하게 표시하여야 한다(감독규정20 및 15의2①). 이에 따라 신용협동조합법 및 동법 제95조에 의거 신용사업을 취급하는 기관("상호금융기관")의 신용사업에 관한 회계처리와 재무보고에 통일성과 객관성을 부여하기 위하여 신용협동조합법 제47조 및 상호금융업감독규정 제15조의2에 의거 상호금융기관의 회계처리 및 보고에 관한 기준을 정함을 목적으로 「상호금융기관의 신용사업 회계처리기준」(금융위원회 고시 제2015-20호)이 시행되고 있다.

상호금융업감독규정 및 「상호금융기관의 신용사업 회계처리기준」에서 정하지 않는 사항은 중앙회장이 정하는 바에 따른다(감독규정20 및 15의2②).

Ⅱ. 농협중앙회

1. 회계의 종류

중앙회의 회계는 일반회계와 특별회계로 구분한다(법161, 법63①).

2. 일반회계의 설치

일반회계는 사업관리회계를 설치하여 특별회계에 공통되는 부문과 어느 회계에도 속하지 않는 부문에 운용한다(정관123).

3. 특별회계의 설치

특별회계는 특정사업을 운영할 때, 특정자금을 보유하여 운영할 때 기타 일반회계와 구분경리할 필요가 있는 때에 설치한다(법161, 법63③, 정관124①).

특별회계의 설치에 관하여 필요한 사항은 규정으로 정한다(법161, 법63③, 정관124②).

4. 재무기준

일반회계와 특별회계 간의 재무관계 및 중앙회와 회원 간의 재무관계에 관한 재무기준은 농림축산식품부장관이 정하여 고시한다(법161, 법63④ 전단). 이에 따라 농업협동조합법 제63조 제4항(법 제107조, 제112조 및 제161조의 규정에 따라 준용하는 경우를 포함)에 따라 조합과 중앙회의 회계처리절차와 재무운영 방법을 정함으로써 경영의 합리화와 재무구조의 건전화를 도모함을 목적으로 「농업협동조합 재무기준」(농림축산식품부고시 제2018-87호)이 시행되고 있다.

Ⅲ. 수협중앙회

1. 회계의 종류

중앙회의 회계는 일반회계와 특별회계로 구분한다(법168, 법66①).

2. 일반회계의 구분

일반회계는 각 사업별 회계로 구분하여 회계처리하여야 한다(법168, 법66②). 일반회계는 특별회계를 제외한 부분으로 하되, 특별회계를 공통적으로 지원하는 부문을 포함한다(정관94②).

3. 특별회계의 설치

특별회계는 ⅰ) 특정 사업을 운영할 경우(제1호), ⅱ) 특정 자금을 보유하여 운영할 경우(제2호), ⅲ) 그 밖에 일반회계와 구분할 필요가 있는 경우(제3호)에 정관으로 정하는 바에 따라 설치한다(법168, 법66③).

4. 재무기준

다음의 어느 하나의 재무관계와 그에 관한 재무기준, 즉 ⅰ) 일반회계와 특별회계 간의 재무관계와 그에 관한 재무기준(제1호), ⅱ) 신용사업 부문과 신용사업 외의 사업 부문 간의 재무관계와 그에 관한 재무기준(제2호), ⅲ) 조합과 조합원 간의 재무관계와 그에 관한 재무기준(제3호)은 해양수산부장관이 정한다(법168, 법66④ 전단). 이에 따라 수산업협동조합법 제66조(법 제108조, 제113조 및 제168조의 규정에 따라 준용하는 경우를 포함)의 규정에 따라 조합과 중앙회의 회계처리절차와 재무운영의 방법을 정함으로써 경영의 합리화와 재무구조의 건전화를 도모함을 목적으로 「수산업협동조합 재무기준」(해양수산부고시 제2019-209)이 시행되고 있다.

이 경우 신용사업 부문과 신용사업 외의 사업 부문 간의 재무관계에 관한 재무기준에 관하여는 금융위원회와 협의하여야 한다(법168, 법66④ 후단).

Ⅳ. 산림조합중앙회

1. 회계의 종류

중앙회의 회계는 일반회계와 특별회계로 구분한다(법122, 법54①, 정관83①).

2. 일반회계

일반회계는 신용사업부문과 신용사업 외의 사업부문으로 구분하여 회계처리하여야 한다(정관83②).

3. 특별회계의 설치

특별회계는 특정사업을 운영할 때, 특정자금을 보유하여 운영할 때, 그 밖에 일반회계와 구분할 필요가 있을 때에 이사회의 의결을 받아 설치한다(법122, 법54③, 정관83③).

4. 재무기준

일반회계와 특별회계 간, 신용사업부문과 신용사업 외의 사업부문 간의 재무관계 및 조합과 조합원 간의 재무관계에 관한 재무기준은 산림청장이 정한다(법122, 법54④ 전단). 이에 따라 산림조합법 제54조 제4항(제122조에서 준용하는 경우를 포함)의 규정에 의하여 조합 또는 중앙회의 회계처리 절차와 재무운영 방법을 정함으로써 재무구조의 건전화와 경영의 합리화를 도모함을 목적으로 「산림조합 재무기준」(산림청 고시 제2019-86호)이 시행되고 있다.

이 경우 산림청장이 신용사업부문과 신용사업 외의 사업부문 간의 재무관계에 관한 재무기준을 정할 때에는 금융위원회와 협의하여야 한다(법122, 법54④ 후단).

Ⅴ. 새마을금고중앙회

1. 회계의 종류

중앙회의 회계는 일반회계와 특별회계로 구분하되, 각 회계별 사업부문은 정관으로 정한다(법70④, 법33③, 영17①).

2. 회계처리 및 재무제표 작성

중앙회의 회계처리 및 재무제표 작성은 새마을금고 감독기준 및 일반기업회계기준과 공정·타당하다고 인정되는 업계의 회계관행 등에 따라 적정하게 표시하여야 한다(감독기준28②).

3. 회계 간 전출입

중앙회는 총회의 의결을 얻어 각 회계의 수익금의 일부를 회계 간에 전출입할 수 있다(법70④, 법33③, 영17②).

4. 기타

금고의 회계에 관하여 필요한 사항은 중앙회장이 정한다(법70④, 법33③, 영17③).

제3절 사업계획과 수지예산: 사업계획서와 예산서

Ⅰ. 신협중앙회

1. 총회 부의와 의결

이사회는 매사업연도 개시전에 사업계획을 수립하고, 예산을 편성하여 정기총회에 부의하여야 한다(정관53①).

중앙회는 사업연도마다 사업계획서와 예산서를 작성하여 총회의 결의를 받아야 한다(법81①).

2. 총회 승인 전 집행

정기총회 승인 전까지의 예산은 전년도의 예산에 준하여 집행할 수 있다(정관53②).

Ⅱ. 농협중앙회

중앙회는 매 회계연도의 사업계획서 및 수지예산서를 작성하여 그 회계연도 개시 1개월 전에 총회의 의결을 거쳐야 한다(법159 전단). 이를 변경하려는 경우에도 또한 같다(법159 후단).

Ⅲ. 수협중앙회

중앙회는 매 회계연도의 사업계획서와 수지예산서를 작성하여 해당 회계연도가 시작되기 1개월 전에 총회의 의결을 거쳐야 한다(법162①). 중앙회가 제1항에 따른 사업계획과 수지예산을 변경하려면 총회의 의결을 거쳐야 한다(법162②).

Ⅳ. 산림조합중앙회

중앙회는 매 회계연도의 사업계획서와 수지예산서를 작성하여 해당 회계연도가 시작되기 전에 총회의 의결을 받아야 한다(법114① 전단). 의결 후 이를 변경할 때에도 또한 같다(법114① 후단).

Ⅴ. 새마을금고중앙회

1. 총회 승인

중앙회는 매 사업연도마다 사업계획 및 예산서를 작성하여 총회의 승인을 얻어야 하며, 정기총회 종료 후 2주 이내에 사업계획 및 예산서를 행정안전부장관에게 제출하여야 한다(감독기준28③).

2. 총회 의결 및 행정안전부 승인 등

중앙회는 매 사업연도마다 사업계획과 예산서를 작성, 총회의 의결을 거쳐 행정안전부장관에게 보고하여야 한다(법70① 본문). 다만, 정부로부터 자금이나 사업비의 전부 또는 일부를 보조받거나 융자받아 시행하는 사업은 그 사업계획서에 대하여 행정안전부장관의 승인을 받아야 한다(법70① 단서). 예산을 변경하려는 때에도 같다(법70②).

제4절 운영의 공개

Ⅰ. 신협중앙회

1. 서류 비치

회장은 정관, 총회의사록 및 회원명부를 주된 사무소에 비치하여야 한다(정관50①).

2. 회원의 서류 열람

회원은 정관, 총회의사록 및 회원명부를 열람할 수 있다(정관50③).

Ⅱ. 농협중앙회

1. 사업보고서의 공개

회장 또는 사업전담대표이사등은 정관으로 정하는 바에 따라 사업보고서를 작성하여 그 운영 상황을 공개하여야 한다(법161, 법65①).

2. 정관 등의 비치

회장 또는 사업전담대표이사등은 정관, 총회의 의사록 및 회원 명부를 주된 사무소에 갖추어 두어야 한다(법161, 법65②).

3. 이사회 의사록 등 열람

회원과 중앙회의 채권자는 영업시간 내에 언제든지 이사회 의사록(조합원의 경우에만 해당)과 정관, 총회의 의사록 및 회원 명부를 열람하거나 그 서류의 사본 발급을 청구할 수 있다(법161, 법65③ 전단). 이 경우 중앙회가 정한 비용을 지급하여야 한다(법161, 법65③ 후단).

4. 회계장부 등 열람 등

회원은 회원 100인이나 3% 이상의 동의를 받아 중앙회의 회계장부 및 서류의 열람이나 사본의 발급을 청구할 수 있다(법161, 법65④).

5. 중앙회의 열람 및 발급 의무

중앙회는 회계장부 및 서류의 열람이나 사본의 발급 청구에 대하여 특별한 사유가 없으면 발급을 거부할 수 없으며, 거부하려면 그 사유를 서면으로 알려야 한다(법161, 법65⑤).

6. 회원의 검사인 선임 청구

회원은 중앙회의 업무집행에 관하여 부정행위 또는 법령이나 정관을 위반한 중대한 사실이 있다고 의심이 되는 사유가 있으면 회원 100인이나 3% 이상의 동의를 받아 중앙회의 업무와 재산상태를 조사하게 하기 위하여 법원에 검사인의 선임을 청구할 수 있다(법65⑥ 전단). 이 경우 상법 제467조[1]를 준용한다(법161, 법65⑥ 후단).

Ⅲ. 수협중앙회

1. 사업보고서의 송부

회장 및 대표이사는 소관 업무에 대하여 매 회계연도 6월 말 기준 사업 전

---

1) 제467조(회사의 업무, 재산상태의 검사) ① 회사의 업무집행에 관하여 부정행위 또는 법령이나 정관에 위반한 중대한 사실이 있음을 의심할 사유가 있는 때에는 발행주식의 총수의 3% 이상에 해당하는 주식을 가진 주주는 회사의 업무와 재산상태를 조사하게 하기 위하여 법원에 검사인의 선임을 청구할 수 있다.
② 검사인은 그 조사의 결과를 법원에 보고하여야 한다.
③ 법원은 제2항의 보고에 의하여 필요하다고 인정한 때에는 대표이사에게 주주총회의 소집을 명할 수 있다. 제310조 제2항의 규정은 이 경우에 준용한다.
④ 이사와 감사는 지체없이 제3항의 규정에 의한 검사인의 보고서의 정확여부를 조사하여 이를 주주총회에 보고하여야 한다.

반에 관한 보고서를 작성하여 회원에게 송부하여야 한다(정관84① 전단). 이 경우 회장은 소관 업무에 대한 보고서를 대표이사에게 위임하여 작성하도록 한다(정관 84① 후단).

2. 정관 등의 비치

회장은 정관, 총회 의사록 및 회원명부를 주된 사무소에 갖춰 두어야 한다 (정관84②).

3. 결산보고서의 비치

결산보고서는 정기총회 1주일 전까지 주된 사무소에 갖춰 두어야 한다(정관 84③).

4. 서류의 열람 또는 사본 발급 청구

회원과 중앙회의 채권자는 영업시간 내에 언제든지 정관, 총회 의사록, 회원 명부, 결산보고서를 열람하거나 그 서류의 사본 발급을 청구할 수 있다(정관84④ 전단). 이 경우 본회가 정한 비용을 납부하여야 한다(정관84④ 후단).

5. 서류의 사용 제한

회원은 앞의 제4항에 따라 취득한 사항을 본회의 경영건전화, 부조리 방지 등 정당한 목적을 위하여 사용하여야 하며, 임원선거를 위한 상대방 비방, 경영 기밀 누설, 본회와 경합관계에 있는 사업을 수행하기 위한 목적 등 부당한 목적 으로 사용하여서는 아니 된다(정관84⑤).

Ⅳ. 산림조합중앙회

1. 사업보고서의 공개

회장은 연 1회 이상 사업 전반에 관한 보고서를 회원에게 공개하여야 한다 (법122, 법55의2①정관75의2①).

2. 정관 등의 비치

회장은 정관, 총회와 이사회의 의사록 및 회원명부를 주된 사무소에 갖추어 두어야 한다(법122, 법55의2②).

3. 이사회 의사록 등 열람

회원과 중앙회의 채권자는 정관, 총회와 이사회의 의사록 및 성명, 주소 또는 사업장, 가입 연월일을 기재한 회원명부를 열람하거나 그 서류의 사본 발급을 청구할 수 있다(법122, 법55의2③ 전단). 이 경우 중앙회가 정한 비용을 지급하여야 한다(법122, 법55의2③ 후단).

4. 회원의 회계장부 열람 등

회원은 회원 3% 이상의 동의를 받아 중앙회의 회계장부 및 서류 등의 열람 또는 사본 발급을 청구할 수 있으며 중앙회는 특별한 사유가 없으면 이를 거부할 수 없다(법122, 법55의2④, 정관75의2④).

5. 회원의 검사인 선임 청구

회원은 중앙회의 업무집행에 관하여 부정행위 또는 법령이나 정관을 위반한 중대한 사실이 있다고 의심이 되는 사유가 있을 때에는 회원 3% 이상의 동의를 받아 중앙회의 업무와 재산상태를 조사하게 하기 위하여 법원에 검사인의 선임을 청구할 수 있다(법122, 법55의2⑤ 전단, 정관75의2⑤ 전단). 이 경우 상법 제467조를 준용한다(법122, 법55의2⑤ 후단, 정관75의2⑤ 후단).

Ⅴ. 새마을금고중앙회

운영의 공개에 관한 규정이 없다.

제5절 결산보고서

Ⅰ. 신협중앙회

1. 정기총회 승인

중앙회는 매 사업연도 경과 후 3개월 이내에 해당 사업연도의 결산보고서와 감사위원회의 감사보고서 및 외부감사인의 감사보고서를 정기총회에 제출하여 승인을 받아야 한다(법81③).

2. 결산보고서의 비치와 열람

(1) 결산보고서의 비치

회장은 정기총회 7일 전까지 결산보고서를 주된 사무소에 비치하여야 한다(정관50②).

(2) 결산보고서의 열람

회원은 결산보고서를 열람할 수 있다(정관50③).

3. 대차대조표의 공고

회장은 총회에서 결산보고서의 승인을 얻은 후 대차대조표를 지체없이 공고하여야 한다(정관50④).

4. 결산보고서의 제출

중앙회는 정기총회가 끝난 후 2주 이내에 정기총회의 승인을 받은 결산보고서 및 감사보고서를 금융위원회(금융감독원장 위탁)에 제출하여야 한다(법81④).

Ⅱ. 농협중앙회

1. 제출과 비치

회장은 정기총회일 1주일 전까지 결산보고서(사업보고서, 재무상태표, 손익계산서, 잉여금처분안 또는 손실금처리안 등)를 감사에게 제출하고, 이를 주된 사무소에 두어야 한다(법161, 법71①).

2. 총회 승인 등

(1) 총회 승인

중앙회는 매 회계연도 경과 후 3개월 이내에 그 사업연도의 결산을 끝내고 그 결산보고서(사업보고서, 재무상태표, 손익계산서, 잉여금 처분안 또는 손실금 처리안)에 관하여 총회의 승인을 받아야 한다(법160①). 중앙회의 결산보고서에는 회계법인의 회계감사를 받은 의견서를 첨부하여야 한다(법160③).

회장은 결산보고서(사업보고서, 재무상태표, 손익계산서, 잉여금 처분안 또는 손실금 처리안 등)와 감사의 의견서(외부감사인에 의한 회계감사를 받은 경우의 회계감사보고서를 포함)를 정기총회에 제출하여 그 승인을 받아야 한다(법161, 법71③).

(2) 재무상태표의 공고

중앙회는 결산보고서의 승인을 받으면 지체 없이 재무상태표를 공고하여야 한다(법160②).

(3) 결산보고서의 농림축산식품부 제출

중앙회는 매 회계연도 경과 후 3개월 이내에 그 결산보고서를 농림축산식품부장관에게 제출하여야 한다(법160④).

(4) 열람 또는 사본 발급 청구

회원과 채권자는 결산보고서(사업보고서, 재무상태표, 손익계산서, 잉여금 처분안 또는 손실금 처리안 등)를 열람하거나 그 사본의 발급을 청구할 수 있다(법161, 법71② 전단). 이 경우 중앙회가 정한 비용을 지급하여야 한다(법161, 법71② 후단).

3. 임원의 책임해제

정기총회의 승인을 받은 경우 임원의 책임해제에 관하여는 상법 제450조를 준용한다(법161, 법71④). 따라서 정기총회에서 승인을 한 후 2년 내에 다른 결의가 없으면 중앙회는 이사와 감사위원의 책임을 해제한 것으로 본다(상법450 전단). 그러나 이사 또는 감사위원의 부정행위에 대하여는 그러하지 아니하다(상법 450 후단).

Ⅲ. 수협중앙회

1. 제출과 비치

회장은 정기총회 1주 전까지 결산보고서(사업보고서, 재무상태표 및 손익계산서와 잉여금처분안 또는 결손금처리안 등)를 감사위원회에 제출하고, 이를 주된 사무소에 갖추어 두어야 한다(법168, 법73①).

2. 열람 또는 사본 발급 청구

회원과 채권자는 정관, 총회의사록, 회원 명부 및 결산보고서(사업보고서, 재무상태표 및 손익계산서와 잉여금처분안 또는 결손금처리안 등)를 열람하거나 그 사본의 발급을 청구할 수 있다(법168, 법73② 전단). 이 경우 중앙회가 정한 수수료를 내야 한다(법168, 법73② 후단).

3. 정기총회 승인 및 재무상태표 공고

중앙회의 결산보고서에는 회계법인의 회계감사를 받은 의견서를 첨부하여야 한다(법163①).

회장은 결산보고서(사업보고서, 재무상태표 및 손익계산서와 잉여금처분안 또는 결손금처리안 등)와 감사의견서를 정기총회에 제출하여 승인을 받은 후 재무상태표를 지체 없이 공고하여야 한다(법168, 법73③).

4. 임원의 책임해제

결산보고서 및 감사의견서의 정기총회 승인을 받은 경우 임원의 책임해제에 관하여는 상법 제450조를 준용한다(법168, 법73④). 따라서 정기총회에서 승인을 한 후 2년 내에 다른 결의가 없으면 중앙회는 이사와 감사위원의 책임을 해제한 것으로 본다(상법450 전단). 그러나 이사 또는 감사위원의 부정행위에 대하여는 그러하지 아니하다(상법450 후단).

5. 결산보고서의 해양수산부 제출

중앙회는 매 회계연도가 지난 후 3개월 이내에 그 결산보고서를 해양수산부 장관에게 제출하여야 한다(법163②).

Ⅳ. 산림조합중앙회

1. 제출과 비치

회장은 정기총회일 1주 전까지 결산보고서(사업보고서, 재무상태표, 손익계산서, 잉여금처분안 또는 손실금처리안 등)를 감사위원회에 제출하고 이를 주된 사무소에 갖추어 두어야 한다(법122, 법57①).

2. 열람 또는 사본 발급 청구

회원과 채권자는 결산보고서(사업보고서, 재무상태표, 손익계산서, 잉여금처분안 또는 손실금처리안 등)를 열람하거나 사본 발급을 청구할 수 있다(법122, 법57② 전단). 이 경우 조합이 정한 비용을 지급하여야 한다(법122, 법57② 후단).

3. 정기총회 승인

회장은 결산보고서와 감사의 의견서를 정기총회에 제출하여 그 승인을 받아야 한다(법122, 법57③).

4. 재무상태표의 공고와 결산보고서의 산림청장 제출

중앙회는 매 회계연도 종료 후 2개월 이내에 해당 사업연도의 결산을 완료하고 결산보고서(사업보고서, 재무상태표, 손익계산서, 잉여금처분안 또는 손실금처리안 등)를 작성하여 총회의 승인을 받은 후 재무상태표를 지체 없이 공고하여야 하며 그 결산보고서를 산림청장에게 제출하여야 한다(법115, 정관85③).

5. 임원의 책임해제

결산보고서 및 감사의견서의 정기총회 승인을 받은 경우 임원의 책임해제에 관하여는 상법 제450조를 준용한다(법122, 법57④). 따라서 정기총회에서 승인을 한 후 2년 내에 다른 결의가 없으면 중앙회는 이사와 감사위원의 책임을 해제한 것으로 본다(상법450 전단). 그러나 이사 또는 감사위원의 부정행위에 대하여는 그러하지 아니하다(상법450 후단).

Ⅴ. 새마을금고중앙회

1. 제출과 비치

회장은 사업연도 종료 후 2월 이내에 당해 사업연도의 결산을 완료하고 정기총회 1주 전까지 결산보고서(사업보고서, 재무상태표, 손익계산서와 잉여금처분안 또는 손실금처리안을 포함)를 감사위원회에 제출하고 이를 주된 사무소에 비치하여야 한다(법70④, 법34①, 영19①).

2. 열람 또는 사본 발급 청구

회원이나 중앙회의 채권자는 결산보고서(사업보고서, 재무상태표, 손익계산서와 잉여금처분안 또는 손실금처리안을 포함)를 열람할 수 있으며, 금고가 정한 비용을 지급하고 그 서류의 사본을 청구할 수 있다(법70④, 법34③).

3. 정기총회 승인

회장은 감사의 의견서를 붙인 결산보고서를 정기총회에 제출하여 그 승인을 받아야 하며, 필요하다고 인정하면 외부감사법에 따른 감사인에게 결산보고서에 대한 감사를 의뢰할 수 있다(법70④, 법34②).

4. 행정안전부 제출

중앙회는 사업연도 경과 후 2개월 이내에 그 사업연도 결산을 끝내고 결산 보고서(사업보고서, 재무상태표, 손익계산서와 잉여금처분안 또는 손실금처리안을 포함)를 작성하여 총회의 승인을 받아야 하며, 정기총회가 끝난 후 2주 이내에 결산보 고서와 감사보고서를 행정안전부장관에게 제출하여야 한다(법70③).

제6절 제적립금의 적립

Ⅰ. 신협중앙회

1. 법정적립금

중앙회는 매 사업연도 이익금의 10% 이상을 납입출자금 총액의 2배가 될 때까지 법정적립금으로 적립하여야 한다(법81⑤, 법49①). 이는 중앙회의 자기자 본을 확대하여 재무구조의 안전성을 제고하기 위한 것으로 중앙회는 해산의 경 우 외에는 법정적립금을 사용하거나 배당에 충당할 수 없다(법81⑤, 법49②).

2. 임의적립금

중앙회는 사업준비금으로서 사업연도마다 이익금의 일부를 임의적립금으로 적립할 수 있다(법81⑤, 법50).

3. 특별적립금

중앙회는 정관에서 정하는 바에 따라 결손의 보전(補塡) 및 도난, 피탈(被奪) 및 화재 등의 불가항력적인 사고에 충당하기 위한 준비금으로서 사업연도마다 특별적립금을 적립할 수 있다(법81⑤, 법51).

중앙회는 결손의 보전 및 불가항력에 의한 사고에 충당하기 위한 준비금으로써 사업연도마다 이익금의 30%의 범위 안에서 특별적립금을 적립한다(정관54②).

Ⅱ. 농협중앙회

1. 법정적립금

중앙회는 매 회계연도의 손실 보전과 재산에 대한 감가상각에 충당하고도 남으면 자기자본의 3배가 될 때까지 잉여금의 10% 이상을 적립("법정적립금")하여야 한다(법161, 법67①).

법정적립금은 중앙회의 손실금을 보전하는 경우 외에는 사용하지 못한다(법161, 법70(1)).

2. 이월금

중앙회는 교육·지원 사업(법134①(1))의 사업비용에 충당하기 위하여 잉여금의 20% 이상을 다음 회계연도에 이월하여야 한다(법161, 법67③).

3. 임의적립금

중앙회는 정관으로 정하는 바에 따라 사업준비금 등을 적립("임의적립금")할 수 있다(법161, 법67④).

4. 자본적립금

중앙회는 ⅰ) 감자에 따른 차익(제1호), ⅱ) 자산재평가차익(제2호), ⅲ) 합병차익(제3호)을 자본적립금으로 적립하여야 한다(법161, 법69).

Ⅲ. 수협중앙회

1. 법정적립금

중앙회는 매 회계연도의 손실보전을 하고 남을 때에는 자기자본의 3배가 될 때까지 매 사업연도 잉여금의 10% 이상을 법정적립금으로 적립하여야 한다(법 168, 법70①).

법정적립금은 중앙회의 손실금을 보전하는 경우 외에는 사용하지 못한다(법 168, 법72).

2. 이월금

중앙회는 법정적립금·임의적립금 및 지도사업이월금을 정관으로 정하는 바에 따라 각 사업 부문별로 적립하고 이월할 수 있다(법165①).

중앙회는 정관으로 정하는 바에 따라 교육·지원 사업 등 지도사업에 드는 비용에 충당하기 위하여 잉여금의 20% 이상을 지도사업이월금으로 다음 회계연도로 이월하여야 한다(법165②).

3. 임의적립금

중앙회는 정관으로 정하는 바에 따라 사업준비금 등을 임의적립금으로 적립할 수 있다(법168, 법70③).

4. 자본적립금

중앙회는 ⅰ) 감자에 따른 차익(제1호), ⅱ) 자산재평가 차익(제2호), ⅲ) 합병차익(제3호), ⅳ) 그 밖의 자본잉여금(제4호)을 자본적립금으로 적립하여야 한다(법168, 법70④).

자본적립금은 중앙회의 손실금을 보전하는 경우 외에는 사용하지 못한다(법 168, 법72).

Ⅳ. 산림조합중앙회

1. 법정적립금

중앙회는 매 회계연도의 손실보전과 재산에 대한 감가상각에 충당하고 남는 금액이 있을 때에는 자기자본의 3배에 달할 때까지 잉여금의 10% 이상을 적립("법정적립금")하여야 한다(법122, 법56의2①).

법정적립금은 중앙회의 손실금을 보전할 때가 아니면 사용하지 못한다(법122, 법56의5).

2. 이월금

중앙회는 교육·지원 사업(법108①(1))의 사업비용에 충당하기 위하여 잉여금의 20% 이상을 다음 회계연도에 이월하여야 한다(법122, 법56의2③).

3. 임의적립금

중앙회는 매 회계연도 잉여금에서 법정적립금과 지도사업이월금을 공제하고 나머지가 있을 때에는 그 나머지 잉여금의 30% 이상을 사업준비금으로 경제사업부문, 상호금융사업부문, 상호금융사업부문, 공제사업부문의 각 사업부문별로 적립한다(법122, 법56의2④, 정관32①).

이에 따라 사업준비금을 적립하고 나머지가 있을 때에는 총회에서 정하는 금액으로 회원을 지원하기 위한 회원지원적립금 등으로 적립할 수 있다(법122, 법56의2④, 정관32②).

4. 자본적립금

중앙회는 ⅰ) 감자에 의한 차익(제1호), ③) 자산재평가 차익(제2호), ⅲ) 합병차익(제3호)을 자본적립금으로 적립하여야 한다(법122, 법56의4).

Ⅴ. 새마을금고중앙회

1. 법정적립금

중앙회는 매 사업연도마다 자기자본(자본금, 제적립금, 그 밖의 잉여금의 합계액에 결산상의 오류에 따른 금액을 가감한 금액)의 총액에 달할 때까지 잉여금의 15% 이상을 법정적립금으로 적립하여야 한다(법70④, 법35①).

중앙회는 대손금의 상각 이외에는 법정적립금을 사용하거나 배당에 충당하지 못한다(법70④, 법35②, 정관69②).

2. 특별적립금

중앙회는 결손의 보전과 불가항력에 의한 회계사고에 충당하기 위한 준비금으로서 매 사업연도마다 잉여금의 15% 범위에서 특별적립금을 적립할 수 있다(법70④, 법35③).

3. 임의적립금

중앙회는 사업이나 배당준비금으로서 매 사업연도마다 잉여금의 일부를 임의적립금으로 적립할 수 있다(법70④, 법35④).

제7절 손실금의 보전과 이익금(잉여금)의 배당

I. 신협중앙회

1. 손실금의 보전 순서와 이월

중앙회의 사업연도 중에 생긴 손실금은 미처분잉여금, 특별적립금, 임의적립금의 순으로 보전하되, 잔여손실금이 있으면 다음 사업연도로 이월한다(법81⑤, 법52①).

2. 이익금(잉여금)의 처분

중앙회는 손실금을 보전한 후가 아니면 이익금(잉여금)을 처분할 수 없다(법81⑤, 법53①). 제적립금을 공제한 잔여이익금은 총회의 결의를 거쳐 납입출자금에 비례하여 회원에게 배당한다(법81⑤, 법53② 전단). 이 경우 정관에서 정하는 바에 따라 이용실적에 비례한 배당을 병행할 수 있다(법81⑤, 법53② 후단).

Ⅱ. 농협중앙회

1. 손실금의 보전 순서와 이월

중앙회는 매 회계연도 결산의 결과 손실금(당기손실금)이 발생하면 미처분이월금·임의적립금·법정적립금·자본적립금·회전출자금의 순으로 보전하며, 보전 후에도 부족할 때에는 이를 다음 회계연도에 이월한다(법161, 법68①).

2. 잉여금의 배당 제한

중앙회는 손실을 보전하고 법정적립금, 이월금 및 임의적립금을 공제한 후가 아니면 잉여금 배당을 하지 못한다(법161, 법68②).

3. 잉여금의 배당

잉여금은 정관으로 정하는 바에 따라 ⅰ) 회원의 사업이용실적에 대한 배당(제1호), ⅱ) 정관으로 정하는 비율의 한도 이내에서 납입출자액에 대한 배당(제2호), ⅲ) 준회원의 사업이용실적에 대한 배당(제3호)의 순서로 배당한다(법161, 법68③).

Ⅲ. 수협중앙회

1. 손실금의 보전 순서와 이월

중앙회는 매 회계연도의 결산 결과 손실금(당기 손실금)이 발생하였을 때에는 미처분 이월금·임의적립금·법정적립금·자본적립금의 순으로 보전하고, 보전한 후에도 부족할 때에는 다음 회계연도로 이월한다(법168, 법71①).

2. 잉여금의 배당 제한

중앙회는 손실을 보전하고 법정적립금, 지도사업이월금 및 임의적립금을 공제한 후가 아니면 잉여금을 배당하지 못한다(법168, 법71②).

3. 잉여금의 배당 순서

잉여금은 정관으로 정하는 바에 따라 ⅰ) 조합원의 사업이용실적에 대한 배당(제1호), ⅱ) 조합원의 납입출자액에 대한 배당(제2호), ⅲ) 준조합원의 사업이용실적에 대한 배당(제3호)의 순서대로 배당한다(법168, 법71③).

Ⅳ. 산림조합중앙회

1. 손실금의 보전 순서와 이월

중앙회는 매 회계연도의 결산 결과 손실금(당기 손실금)이 발생하였을 때에는 미처분이월금, 임의적립금, 법정적립금, 자본적립금, 회전출자금의 순서에 따라 보전하며, 보전 후에도 부족할 때에는 다음 회계연도에 이월한다(법122, 법56의3①).

2. 잉여금의 배당 제한

중앙회는 손실을 보전하고 법정적립금, 이월금 및 임의적립금을 공제하기 전에는 잉여금의 배당을 하지 못한다(법122, 법56의3②).

3. 잉여금의 배당 순서

잉여금은 ⅰ) 조합원의 사업이용실적에 대한 배당(제1호), ⅱ) 정관으로 정하는 비율의 한도 이내에서 납입출자액에 대한 배당(제2호), ⅲ) 준조합원의 사업이용실적에 대한 배당(제3호)의 순서에 따라 배당을 실시한다(법122, 법56의3③).

Ⅴ. 새마을금고중앙회

1. 손실금의 보전 순서와 이월

중앙회는 사업연도 결산 결과 손실이 발생한 경우에는 특별적립금, 임의적립금의 순으로 이를 보전하되, 잔여손실금이 있으면 이를 다음 사업연도에 이월한다(법70④, 법35⑤).

2. 잉여금의 배당

중앙회는 손실금을 보전하고 적립금을 공제한 후가 아니면 잉여금을 배당할 수 없으며, 배당은 납입출자좌수에 비례하여야 한다(법35⑩ 전단). 이 경우 회원의 사업 이용 실적의 비율에 따른 배당을 병행할 수 있다(법35⑩ 후단).

제8절 출자감소

Ⅰ. 신협중앙회

중앙회가 여러 사업연도에 걸쳐 계속하여 손실이 있고 이를 보전할 적립금이 없을 때에는 총회의 결의를 거쳐 자본금을 감소할 수 있다(법82).

정관에 의하면 중앙회가 여러 사업연도에 걸쳐 계속하여 손실이 있고 이를 보전할 적립금이 없을 때에는 총회의 결의를 얻어 회원의 납입출자액이 감소된 것으로 할 수 있다(정관56).

Ⅱ. 농협중앙회

1. 출자감소의 의결

(1) 총회 의결과 재무상태표 작성

중앙회는 출자 1좌의 금액 또는 출자좌수의 감소("출자감소")를 총회에서 의결한 경우에는 그 의결을 한 날부터 2주일 이내에 재무상태표를 작성하여야 한다(법161, 법72①).

(2) 채권자의 이의와 공고 또는 최고

중앙회는 총회에서 의결을 한 날부터 2주일 이내에 채권자에 대하여 이의가 있으면 공고 후 3개월 이내에 조합의 주된 사무소에 이를 서면으로 진술하라는 취지를 공고하고, 이미 알고 있는 채권자에게는 따로 최고하여야 한다(법161, 법72②, 정관30②).

(3) 공고·최고기간과 최고 횟수

공고나 최고는 총회에서 의결을 한 날부터 2주일 이내에 하여야 하며, 공고기간은 1개월 이상으로 하고, 개별최고는 2회 이상으로 한다(법161, 법72③, 정관30③).

2. 출자감소에 대한 채권자의 이의

(1) 채권자의 이의 부진술과 승인 간주

채권자가 3개월 이내에 출자감소에 관한 의결에 대하여 서면으로 이의를 진술하지 아니하면 이를 승인한 것으로 본다(법161, 법73①, 정관례30①).

(2) 채권자의 이의 진술과 변제 또는 담보 제공

채권자가 이의를 진술한 경우에는 조합이 이를 변제하거나 상당한 담보를 제공하지 아니하면 그 출자감소의 의결은 효력을 발생하지 아니한다(법161, 법73②, 정관례30②).

Ⅲ. 수협중앙회

1. 출자감소의 의결

(1) 총회 의결과 재무상태표 작성

중앙회는 출자 1계좌의 금액 또는 출자계좌 수 감소("출자감소")를 총회에서 의결하였을 때에는 그 의결을 한 날부터 2주 이내에 재무상태표를 작성하여야 한다(법168, 법74①).

(2) 채권자의 이의와 공고 또는 최고

중앙회는 정관으로 정하는 바에 따라 제1항에 따른 감소 의결에 대하여 이의가 있는 채권자는 일정한 기일 이내에 이의를 제기하라는 취지를 2개월 이상 공고하고, 이미 알고 있는 채권자에 대하여는 따로 최고하여야 한다(법168, 법74②).

(3) 공고 · 최고기간

공고 또는 최고는 총회에서 의결을 한 날부터 2주 이내에 하여야 한다(법168, 법74③).

2. 출자감소에 대한 채권자의 이의

(1) 채권자의 이의 부진술과 승인 간주

채권자가 3개월 이내에 출자감소 의결에 대하여 이의를 제기하지 아니하면 이를 승인한 것으로 본다(법168, 법75①).

(2) 채권자의 이의 진술과 변제 또는 담보 제공

채권자가 출자감소 의결에 대하여 이의를 제기한 경우 지구별수협이 이를 변제하거나 감소분에 상당하는 담보를 제공하지 아니하면 그 의결은 효력을 발생하지 아니한다(법168, 법75②).

Ⅳ. 산림조합중앙회

1. 출자감소의 의결

(1) 총회 의결과 재무상태표 작성

중앙회는 총회에서 출자 1계좌의 금액 또는 출자계좌 수의 감소("출자감소")를 의결하였을 때에는 의결이 있는 날부터 2주 이내에 재무상태표를 작성하여야 한다(법122, 법58①).

(2) 채권자의 이의와 공고 또는 최고

중앙회는 총회의 의결이 있은 날부터 2주 이내에 채권자에 대하여 이의가 있으면 공고 후 3개월 이내에 중앙회 주사무소에 서면으로 진술하라는 취지를 공고하되 그 기간은 1개월 이상으로 하고 또한 그 사실을 이미 알고 있는 채권자에게는 개별로 이를 2회 이상 최고하여야 한다(법122, 법58②, 정관39②).

(3) 공고 · 최고기간 등

공고 또는 최고는 총회에서 의결이 있은 날부터 2주 이내에 하여야 한다(법 122, 법58③).

2. 출자감소에 대한 채권자의 이의

(1) 채권자의 이의 부진술과 승인 간주

채권자가 3개월 이내에 출자감소에 대한 의결에 대하여 서면으로 이의를 진술하지 아니하면 승인한 것으로 본다(법122, 법59①).

(2) 채권자의 이의 진술과 변제 또는 담보 제공

채권자가 이의를 진술하였을 때에는 중앙회가 변제하거나 또는 상당한 담보를 제공하지 아니하면 그 출자감소의 의결은 효력을 발생하지 아니한다(법122, 법59②).

Ⅴ. 새마을금고중앙회

1. 자본금의 감소 및 중앙회장 보고

중앙회가 여러 사업연도에 걸쳐 계속하여 손실이 있고 이를 보전할 적립금이 없는 경우에는 총회에서 회원 과반수(제13조 제1항 단서2)의 경우에는 151명 이상의 회원)의 출석과 출석한 회원 3분의 2 이상의 찬성을 받아 자본금을 감소하여 각 회원의 납입출자액이 감소한 것으로 할 수 있다(법70④, 법35⑥ 전단). 자본금을 감소한 경우에는 이를 회장에게 보고하여야 한다(법70④, 법35⑥ 후단).

이에 따라 중앙회는 자본금을 감소한 경우에는 총회의 의결이 있은 날부터 10일 이내에 ⅰ) 자본금의 감소내용(제1호), ⅱ) 재무제표(제2호), ⅲ) 채권자의 이의 신고에 관한 사항(제3호), ⅳ) 그 밖에 정관으로 정하는 사항(제4호)을 중앙회장에게 보고하고, 금고의 게시판에 1개월 이상 공고하여야 한다(법70④, 법35⑨,

---

2) 재적회원이 300명을 초과하는 경우에는 151명 이상 출석으로 개의하고 출석회원 과반수의 찬성으로 의결할 수 있다.

영20①). 채권자의 이의 신고의 기간은 공고일부터 2개월 이상이어야 한다(법70④, 법35⑨, 영20②).

2. 자본금 감소와 공고

자본금을 감소한 경우에는 이의신고 기간을 정하여 공고하여야 하며, 공고된 이의신고 기간에 채권자로부터 자본금 감소에 대한 이의신고가 없는 경우에는 이의가 없는 것으로 본다(법70④, 법35⑦).

3. 채권자의 이의신고와 금고의 변제 또는 담보 제공

채권자가 이의신고를 한 경우에는 중앙회가 이를 변제하거나 상당한 담보를 제공하지 아니하면 자본금의 감소는 그 효력을 발생하지 아니한다(법70④, 법35⑧).

감독, 검사 및 제재

감 독

제1절 정부의 감독

I. 신용협동조합

1. 금융위원회의 감독

금융위원회는 조합과 중앙회의 업무를 감독하고 감독상 필요한 명령을 할 수 있다(신협법83①).

2. 금융감독원장 위탁

금융위원회의 권한은 그 전부 또는 일부를 금융감독원장에게 위탁할 수 있다(신협법96①). 이에 따라 금융위원회는 조합과 중앙회의 업무 감독을 위한 경영실태 분석 및 평가, 설립인가 요건 심사, 외부감사 의뢰, 표준정관 및 표준규정에 대한 시정요구, 경영상황에 관한 주요정보 및 자료의 공시 등에 관한 권한을 금융감독원장에게 위탁한다(신협법96①, 신협법 시행령24①(4의2)).

3. 중앙회장 위탁

금융위원회의 권한은 그 전부 또는 일부를 중앙회장에게 위탁할 수 있다(신협법96①). 이에 따라 금융위원회는 조합의 신용사업과 관련하여 예탁금·적금 또는 대출등에 관한 업무방법을 고시할 수 있는데(신협법39③), 이에 따른 업무방법의 고시에 관한 권한을 중앙회장에게 위탁한다(신협법96①, 신협법 시행령24②).

금융감독원장은 필요하다고 인정할 때에는 금융감독원장의 권한 또는 금융위원회로부터 위탁받은 권한 중 일부를 중앙회장에게 위탁할 수 있다(신협법96②, 신협법 시행령24③). 이에 따라 조합의 업무 또는 재산에 관한 보고, 자료의 제출, 조합의 임·직원에 대한 조치요구, 임시임원의 선임 및 등기촉탁 등에 대한 권한을 위탁할 수 있다.

Ⅱ. 농업협동조합

지역농협과 지역축협(신용사업을 하는 품목조합 포함) 및 농업협동조합중앙회의 신용사업에 관하여는 신용협동조합법("신협법")상의 신용협동조합 및 신용협동조합중앙회의 신용사업에 대한 검사·감독(신협법95④, 신협법78①(3)) 규정을 적용한다(신협법95④).

1. 금융위원회의 감독

금융위원회는 농업협동조합("조합")과 농업협동조합중앙회("중앙회")의 업무(신용사업에 한함)를 감독하고 감독상 필요한 명령을 할 수 있다(신협법83①).

또한, 금융위원회는 대통령령으로 정하는 바에 따라 조합의 신용사업과 농협은행에 대하여 그 경영의 건전성 확보를 위한 감독을 하고, 그 감독에 필요한 명령을 할 수 있다(농협법162⑤).

(1) 금융감독원장 위탁

금융위원회는 조합과 중앙회의 업무 감독을 위한 경영실태 분석 및 평가에 관한 권한을 금융감독원장에게 위탁한다(신협법96①, 신협법 시행령24①(4의2)).

(2) 중앙회장 위탁

금융위원회는 조합의 신용사업과 관련하여 예탁금·적금 또는 대출등에 관한 업무방법을 고시할 수 있는데(신협법39③), 이에 따른 업무방법의 고시에 관한 권한을 중앙회장에게 위탁한다(신협법96①, 신협법 시행령24②).

2. 농림축산식품부장관의 감독

농림축산식품부장관은 농업협동조합법에서 정하는 바에 따라 조합등(조합, 조합공동사업법인과 품목조합연합회)과 중앙회를 감독하며 대통령령으로 정하는 바에 따라 감독상 필요한 명령과 조치를 할 수 있다(농협법162① 본문). 다만, 조합의 신용사업에 대하여는 금융위원회와 협의하여 감독한다(농협법162① 단서).

조합등(조합, 조합공동사업법인, 품목조합연합회)과 중앙회의 임원, 조합의 간부직원, 중앙회의 집행간부·일반간부직원, 파산관재인 또는 청산인이 법 제162조에 따른 감독기관의 감독·검사를 거부·방해 또는 기피한 경우에는 3년 이하의 징역 또는 3천만원 이하의 벌금에 처한다(농협법171(17)).

3. 지방자치단체의 장의 조합등 감독

지방자치단체의 장은 대통령령으로 정하는 바에 따라 지방자치단체가 보조한 사업과 관련된 업무에 대하여 조합등(조합, 조합공동사업법인, 품목조합연합회)을 감독하여 필요한 조치를 할 수 있다(농협법162④).

조합등(조합, 조합공동사업법인, 품목조합연합회)과 중앙회의 임원, 조합의 간부직원, 중앙회의 집행간부·일반간부직원, 파산관재인 또는 청산인이 법 제162조에 따른 감독기관의 감독·검사를 거부·방해 또는 기피한 경우에는 3년 이하의 징역 또는 3천만원 이하의 벌금에 처한다(농협법171(17)).

4. 금융위원회의 조합의 신용사업 감독

금융위원회는 대통령령으로 정하는 바에 따라 조합의 신용사업과 농협은행에 대하여 그 경영의 건전성 확보를 위한 감독을 하고, 그 감독에 필요한 명령을 할 수 있다(법162⑤).

조합등(조합, 조합공동사업법인, 품목조합연합회)과 중앙회의 임원, 조합의 간부직원, 중앙회의 집행간부·일반간부직원, 파산관재인 또는 청산인이 법 제162조에 따른 감독기관의 감독·검사를 거부·방해 또는 기피한 경우에는 3년 이하의 징역 또는 3천만원 이하의 벌금에 처한다(법171(17)).

5. 농림축산식품부장관의 감독권 일부 중앙회장 위탁

농림축산식품부장관은 농업협동조합법에 따른 조합등(조합, 조합공동사업법인, 품목조합연합회)에 관한 감독권의 일부를 대통령령으로 정하는 바에 따라 중앙회장에게 위탁할 수 있다(농협법162③).

조합등(조합, 조합공동사업법인, 품목조합연합회)과 중앙회의 임원, 조합의 간부직원, 중앙회의 집행간부·일반간부직원, 파산관재인 또는 청산인이 법 제162조에 따른 감독기관의 감독·검사를 거부·방해 또는 기피한 경우에는 3년 이하의 징역 또는 3천만원 이하의 벌금에 처한다(농협법171(17)).

(1) 조합 또는 연합회에 대한 권한 위탁

농림축산식품부장관은 법 제162조 제3항에 따라 중앙회의 회원인 조합 또는 연합회("중앙회의 회원")에 대한 ⅰ) 조합의 사업승인(제1호), ⅱ) 청산사무의 감독(제2호), ⅲ) 중앙회 회원의 직원의 위법행위에 대한 조치 요구(제3호), ⅳ) 중앙회의 회원에 대한 감사 중 일상적인 업무에 대한 감사와 그 결과에 따른 필요한 조치(제4호)의 권한을 중앙회장에게 위탁한다(농협법162③, 농협법 시행령51①).

(2) 조합공동사업법인에 대한 권한 위탁

농림축산식품부장관은 법 제162조 제3항에 따라 조합공동사업법인에 대한 ⅰ) 청산 사무의 감독(제1호), ⅱ) 조합공동사업법인에 대한 감사 중 사업계획과 수지예산의 집행에 대한 감사 및 그 결과에 따라 필요한 조치요구(제2호), ⅲ) 조합공동사업법인의 직원의 위법행위에 대한 조치요구(제3호), ⅳ) 조합공동사업법인에 대한 감사 중 일상적인 업무에 대한 감사와 그 결과에 따른 필요한 조치요구(제4호)의 권한을 중앙회장에게 위탁한다(농협법 시행령51②).

(3) 경영지도업무 위탁

농림축산식품부장관은 경영지도업무를 중앙회장에게 위탁한다(농협법162③, 농협법 시행령51③).

6. 감독의 수행을 위한 절차 및 방법 고시

농림축산식품부장관은 조합등(조합, 조합공동사업법인, 품목조합연합회)과 중앙회를 효율적으로 지원하고 감독(농협법162)을 효과적으로 수행하기 위하여 필요한 절차 및 방법 등 세부사항을 정하여 고시한다(농협법 시행령46②).

농업협동조합법 시행령 제46조 제2항에 따라 농업협동조합법 제162조에 따른 감독을 효과적으로 수행하기 위하여 필요한 절차 및 방법 등 세부사항을 정함을 목적으로 고시인「농업협동조합법에 따른 조합등과 중앙회 감독규정」(농림축산식품부 고시 제2016-24호, "농협감독규정")이 시행되고 있다(농협감독규정1).

이 고시는 농업협동조합법에 따라 설립된 지역농협, 지역축협, 품목조합("일선조합")과 농업협동조합중앙회("중앙회")에 적용한다(농협감독규정2①). 조합공동사업법인과 품목조합연합회에 관하여는 농림축산식품부장관이 별도로 정한 지침이 있는 경우를 제외하고는 이 고시에서 정한 일선조합에 관한 조항을 준용한다(농협감독규정2②).

Ⅲ. 수산업협동조합

지구별수협(법률 제4820호 수산업협동조합법중개정법률 부칙 제5조에 따라 신용사업을 하는 조합 포함) 및 수산업협동조합중앙회의 신용사업에 관하여는 신용협동조합법("신협법")상의 신용협동조합 및 신용협동조합중앙회의 신용사업에 대한 검사·감독(신협법95④, 신협법78①(3)) 규정을 적용한다(신협법95④).

1. 금융위원회의 감독

금융위원회는 수산업협동조합("조합")과 수산업협동조합중앙회("중앙회")의 업무(신용사업에 한함)를 감독하고 감독상 필요한 명령을 할 수 있다(신협법83①).

(1) 금융감독원장 위탁

금융위원회는 조합과 중앙회의 업무 감독을 위한 경영실태 분석 및 평가에 관한 권한을 금융감독원장에게 위탁한다(신협법96①, 신협법 시행령24①(4의2)).

(2) 중앙회장 위탁

금융위원회는 조합의 신용사업과 관련하여 예탁금·적금 또는 대출등에 관한 업무방법을 고시할 수 있는데(신협법39③), 이에 따른 업무방법의 고시에 관한 권한을 중앙회장에게 위탁한다(신협법96①, 신협법 시행령24②).

2. 해양수산부장관의 감독

해양수산부장관은 수산업협동조합법에서 정하는 바에 따라 조합등(조합 및 조합공동사업법인)·중앙회·수협은행 및 조합협의회의 업무를 감독하며, 감독을 위하여 필요한 명령과 조치를 할 수 있다(수협법169① 전단). 이 경우 수협은행에 대하여는 금융위원회와 협의하여야 한다(수협법169① 후단).

3. 해양수산부장관의 감독권 일부 중앙회장 위탁

해양수산부장관은 수산업협동조합법에 따른 조합등(조합 및 조합공동사업법인)에 관한 감독 업무의 일부를 중앙회의 회장에게 위탁할 수 있다(수협법169③).

이에 따라 해양수산부장관은 ⅰ) 청산사무의 감독(제1호), ⅱ) 경영지도 업무(경영지도에 필요한 세부사항의 제정·고시에 관한 업무 포함)(제2호), ⅲ) 조합에 대한 감사 중 일상적인 업무에 대한 감사와 그 결과에 따른 필요한 조치(제3호)의 권한을 회장에게 위탁한다(수협법 시행령62).

4. 지방자치단체의 장의 조합등 감독

지방자치단체의 장은 지방자치단체가 보조한 사업과 관련된 업무에 대하여 조합등을 감독하여 필요한 조치를 할 수 있다(수협법169④).

5. 금융위원회의 조합의 신용사업 감독

금융위원회는 조합의 신용사업과 수협은행에 대하여 그 경영의 건전성 확보를 위한 감독을 하고, 그에 필요한 명령을 할 수 있다(수협법169⑤).

6. 감독의 수행을 위한 절차 및 방법 고시

해양수산부장관은 감독(수협법169①)을 효과적으로 수행하기 위하여 필요한 절차 및 방법 등 세부사항을 정하여 고시하여야 한다(수협법 시행령61②).

이에 따라 감독을 효과적으로 수행하기 위하여 필요한 절차 및 방법 등 세부 사항을 정함을 목적으로 「수산업협동조합법에 따른 조합등과 중앙회 감독규정」 (해양수산부 고시 제2019-211호, "수협감독규정"))이 시행되고 있다(수협감독규정1)

이 고시는 지구별·업종별·수산물가공협동조합("조합")과 수산업협동조합중앙회("중앙회")에 적용한다(수협감독규정2①). 조합공동사업법인과 수산업협동조합협의회("조합협의회")에 관하여는 해양수산부장관이 별도로 정한 지침이 있는 경우를 제외하고는 이 고시에서 정한 조합에 관한 조항을 준용한다(수협감독규정2②).

Ⅳ. 산림조합

산림조합 및 산림조합중앙회의 신용사업에 관하여는 신용협동조합법("신협법")상의 신용협동조합 및 신용협동조합중앙회의 신용사업에 대한 검사·감독(신협법95④, 신협법78①(3)) 규정을 적용한다(신협법95④).

1. 금융위원회의 감독

금융위원회는 산림조합("조합")과 산림조합중앙회("중앙회")의 업무(신용사업에 한함)를 감독하고 감독상 필요한 명령을 할 수 있다(신협법83①).

(1) 금융감독원장 위탁

금융위원회는 조합과 중앙회의 업무 감독을 위한 경영실태 분석 및 평가에 관한 권한을 금융감독원장에게 위탁한다(신협법96①, 신협법 시행령24①(4의2)).

(2) 중앙회장 위탁

금융위원회는 조합의 신용사업과 관련하여 예탁금·적금 또는 대출등에 관한 업무방법을 고시할 수 있는데(신협법39③), 이에 따른 업무방법의 고시에 관한 권한을 중앙회장에게 위탁한다(신협법96①, 신협법 시행령24②).

2. 산림청장 또는 시·도지사의 감독

산림청장 또는 시·도지사(시·도지사는 산림조합법에 따른 "조합"에 대해서만 해당 규정을 적용한다)는 산림조합법에서 정하는 바에 따라 조합등(조합 및 조합공동

676 제4편 감독, 검사 및 제재

사업법인)과 중앙회를 감독하며, 대통령령으로 정하는 바에 따라 감독에 필요한 명령과 조치를 할 수 있다(산림조합법123① 본문).

3. 금융위원회의 조합의 신용사업 감독

금융위원회는 대통령령으로 정하는 바에 따라 조합의 신용사업에 대하여 그 경영의 건전성 확보를 위한 감독을 하고, 이에 필요한 명령을 할 수 있다(산림조합법123① 단서).

4. 산림청장 또는 시·도지사의 감독권 일부 중앙회장 위탁

산림청장 또는 시·도지사는 산림조합법에 따른 조합등(조합 및 조합공동사업법인)에 관한 감독권의 일부를 대통령령으로 정하는 바에 따라 회장에게 위탁할 수 있다(산림조합법123② 본문).

이에 따라 산림청장 또는 시·도지사는 ⅰ) 법 제46조 제1항 제12호 및 동조 제2항 제8호의 규정에 의한 조합의 사업승인(제1호), ⅱ) 법 제69조 제3항의 규정에 의한 청산사무의 감독(제2호), ⅲ) 법 제125조 제1항에 따른 조합등 직원의 위법행위 등에 대한 조치요구(제3호), ⅳ) 제22조에 따른 조합등의 일상적인 업무에 대한 감사와 그 결과에 따른 필요한 조치(제4호), ⅴ) 조합등이 국가의 융자 또는 보조를 받아 수행하는 사업에 대한 감사 및 그 결과에 따른 필요한 조치(제5호)의 권한을 회장에게 위탁한다(산림조합법 시행령28①).

또한 산림청장 또는 시·도지사는 경영지도업무(경영지도의 실시방법 등에 관하여 필요한 세부사항을 정하는 업무를 포함)를 회장에게 위탁한다(산림조합법 시행령28③).

5. 산림청장 또는 시·도지사의 감독권 일부 지방자치단체의 장 위임

산림청장 또는 시·도지사는 지방자치단체가 보조한 사업과 관련된 업무에 대한 감독권의 일부는 지방자치단체의 장에게 위임할 수 있다(산림조합법123② 단서).

이에 따라 산림청장 또는 시·도지사는 지방자치단체가 보조한 사업과 관련된 업무에 대한 제22조의 규정에 의한 감사 및 보고의 수리와 그 결과에 따른 필요한 조치에 관한 권한을 지방자치단체의 장에게 위임한다(산림조합법 시행령28②).

Ⅴ. 새마을금고

행정안전부장관은 새마을고금법에 따른 권한 중 일부를 특별시장, 광역시장, 도지사 또는 회장에게 위임할 수 있다(새마을금고법78).

1. 행정안전부장관의 감독

행정안전부장관은 ⅰ) 특별자치시장·특별자치도지사 또는 시장·군수·구청장이 감독하는 금고의 설립, 정관변경의 인가, 합병 및 금고 설립 인가의 취소와 관련된 사항을 제외하고 금고에 대한 감독을 수행하고(제1호), ⅱ) 중앙회에 대한 감독(제2호)을 수행한다(새마을금고법74① 본문).

2. 특별자치시장·특별자치도지사 또는 시장·군수·구청장의 감독

특별자치시장·특별자치도지사 또는 시장·군수·구청장은 금고의 설립, 정관변경의 인가, 합병 및 금고 설립 인가의 취소와 관련된 사항을 감독한다(새마을금고법74①(1)).

3. 신용사업과 공제사업: 금융위원회와 협의 감독

신용사업과 공제사업에 대해서는 행정안전부장관이 금융위원회와 협의하여 감독한다(새마을금고법74① 단서).

4. 공제사업 감독기준 제정: 행정안전부장관과 금융위원회 협의

행정안전부장관은 금고와 중앙회의 공제사업을 건전하게 육성하고 계약자를 보호하기 위하여 금융위원회 위원장과 협의하여 감독에 필요한 기준을 정하여야 한다(새마을금고법74⑦).

제2절 중앙회의 감독

Ⅰ. 신용협동조합

1. 지도 · 감독

중앙회장은 사업을 수행하기 위하여 조합을 지도 · 감독한다(신협법89① 전단).

2. 지침 등 보급과 자료제출 요구 등

(1) 자료제출 및 진술 요구 등

조합을 지도 · 감독하는 경우 중앙회장은 조합의 사업에 관한 지침 등을 작성하여 보급할 수 있으며, 필요한 경우에는 조합에 자료의 제출, 관계자의 출석 또는 진술을 요구할 수 있다(신협법89① 후단).

(2) 제출 또는 출석 의무

자료의 제출, 관계자의 출석 또는 진술을 요구받은 조합은 지체 없이 요구에 따라야 한다(신협법89②).

(3) 위반시 제재

조합 또는 중앙회의 임직원 또는 청산인이 법 제89조 제2항을 위반하여 자료의 제출, 출석 또는 진술을 거부하거나 거짓으로 자료를 제출하거나 진술을 한 경우에는 2년 이하의 징역 또는 2천만원 이하의 벌금에 처한다(신협법99②(7)).

3. 자료의 분석 · 평가 결과 공시

중앙회장은 조합으로부터 제출받은 자료를 금융위원회가 정하는 바에 따라 분석 · 평가하여 그 결과를 조합으로 하여금 공시하도록 할 수 있다(신협법89③).

4. 합병 권고 또는 재무상태의 개선 요청

중앙회장은 조합으로부터 제출받은 자료를 분석 · 평가 결과 대통령령으로 정하는 바에 따라 금융위원회가 정하는 기준에 해당되어 건전한 경영이 어렵다고 인정되는 조합에 대해서는 합병을 권고하거나 보유자산의 처분, 조직의 축소 등 재무상태의 개선을 위한 조치를 하도록 요청하여야 한다(신협법89④).

이에 따라 금융위원회는 ⅰ) 조합으로부터 제출받은 자료의 분석·평가 결과 경영건전성기준에 미달하는 조합(제1호), ⅱ) 기타 조합으로부터 제출받은 자료의 분석·평가 결과 재산상태 또는 경영이 건전하지 못하여 경영개선이 필요한 조합(제2호)에 대하여 중앙회장이 합병을 권고하거나 보유재산의 처분, 조직의 축소등 재무상태의 개선을 위한 조치를 요청하는 데에 필요한 기준을 정할 수 있다(신협법89④, 신협법 시행령22).

5. 금융위원회의 경영관리 판단 위한 검사

금융위원회는 조합이 재무상태의 개선을 위한 조치를 성실히 이행하지 아니한 경우에는 경영관리 요건에 해당하는지를 판단하기 위하여 업무와 재산에 관하여 검사(신협법83②)를 하여야 한다(신협법89⑤).

Ⅱ. 농업협동조합

1. 자료의 분석·평가 결과 공시

중앙회장은 조합으로부터 제출받은 자료를 금융위원회가 정하는 바에 따라 분석·평가하여 그 결과를 조합으로 하여금 공시하도록 할 수 있다(신협법95④, 신협법89③).

2. 중앙회의 지도

(1) 회원 지도와 규정 등 제정

회장은 농업협동조합법에서 정하는 바에 따라 회원을 지도하며 이에 필요한 규정이나 지침 등을 정할 수 있다(농협법142①).

(2) 회원의 경영상태 등 평가

(가) 경영개선요구 등 조치

회장은 회원의 경영상태 및 회원의 정관으로 정하는 경제사업 기준에 대하여 그 이행 현황을 평가하고, 그 결과에 따라 그 회원에게 경영개선요구, 합병권고 등의 필요한 조치를 하여야 한다(농협법142② 전단).

(나) 공고 · 통지 및 조치결과의 이사회와 총회 보고

조합장은 경영개선요구 등 조치를 받은 경우 그 사실을 지체 없이 공고하고 서면으로 조합원에게 알려야 하며, 조치 결과를 조합의 이사회 및 총회에 보고하여야 한다(농협법142② 후단).

조합등과 중앙회의 임원, 조합의 간부직원, 중앙회의 집행간부 · 일반간부직원, 파산관재인 또는 청산인이 법 제142조 제2항에 따른 총회나 이사회에 대한 보고를 하지 아니하거나 거짓으로 한 경우에는 3년 이하의 징역 또는 3천만원 이하의 벌금에 처한다(농협법171(3)).

(3) 농림축산식품부장관에 대한 처분 요청

회장은 회원의 건전한 업무수행과 조합원이나 제3자의 보호를 위하여 필요하다고 인정하면 해당 업무에 관하여 ⅰ) 정관의 변경(제1호), ⅱ) 업무의 전부 또는 일부의 정지(제2호), ⅲ) 재산의 공탁 · 처분의 금지(제3호), ⅳ) 그 밖에 필요한 처분(제4호)을 농림축산식품부장관에게 요청할 수 있다(농협법142③).

3. 중앙회의 자회사에 대한 감독

(1) 지도 · 감독

중앙회는 중앙회의 자회사(농협경제지주회사 및 농협금융지주회사의 자회사 포함)가 그 업무수행 시 중앙회의 회원 및 회원의 조합원의 이익에 기여할 수 있도록 정관으로 정하는 바에 따라 지도 · 감독하여야 한다(농협법142의2①).

(2) 경영개선 등의 조치요구

중앙회는 지도 · 감독 결과에 따라 해당 자회사에 대하여 경영개선 등 필요한 조치를 요구할 수 있다(농협법142의2②).

Ⅲ. 수산업협동조합

1. 자료의 분석·평가 결과 공시

중앙회장은 조합으로부터 제출받은 자료를 금융위원회가 정하는 바에 따라 분석·평가하여 그 결과를 조합으로 하여금 공시하도록 할 수 있다(신협법95④, 신협법89③).

2. 중앙회의 지도

(1) 회원 지도와 규약 등 제정

회장은 수산업협동조합법에서 정하는 바에 따라 회원을 지도하며 이에 필요한 규약·규정 또는 예규 등을 정할 수 있다(수협법142①).

(2) 회원의 경영상태 등 평가

(가) 경영개선요구 등 조치

회장은 회원의 경영상태를 평가하고 그 결과에 따라 회원에게 경영개선을 요구하거나 합병을 권고하는 등 필요한 조치를 할 수 있다(수협법142② 전단).

(나) 조치결과의 이사회와 총회 보고

회원조합장은 그 조치 결과를 조합의 이사회·총회 및 회장에게 보고하여야 한다(수협법142② 후단).

조합등 또는 중앙회의 임원·집행간부·일반간부직원·파산관재인 또는 청산인이 법 제142조 제2항에 따른 감독기관·총회·대의원회 또는 이사회에 대한 보고를 부실하게 하거나 사실을 은폐한 경우에는 3년 이하의 징역 또는 3천만원 이하의 벌금에 처한다(수협법177(3)).

(3) 해양수산부장관에 대한 처분 요청

회장은 회원의 건전한 업무 운영과 회원의 조합원 또는 제3자의 보호를 위하여 필요하다고 인정할 때에는 해당 업무에 관하여 해양수산부장관에게 ⅰ) 정관 또는 규약의 변경(제1호), ⅱ) 업무의 전부 또는 일부의 정지(제2호), ⅲ) 재산의 공탁·처분의 금지(제3호), ⅳ) 그 밖에 필요한 처분(제4호)을 하여 줄 것을 요청할 수 있다(수협법142③).

3. 중앙회의 자회사에 대한 감독

(1) 지도 · 감독

중앙회는 중앙회의 자회사가 그 업무수행 시 중앙회의 회원 및 회원의 조합원의 이익에 기여할 수 있도록 정관으로 정하는 바에 따라 지도 · 감독하여야 한다(수협법142의2①).

(2) 경영개선 등의 조치요구

중앙회는 지도 · 감독 결과에 따라 해당 자회사에 대하여 경영개선 등 필요한 조치를 요구할 수 있다(수협법142의2②).

Ⅳ. 산림조합

1. 자료의 분석 · 평가 결과 공시

중앙회장은 조합으로부터 제출받은 자료를 금융위원회가 정하는 바에 따라 분석 · 평가하여 그 결과를 조합으로 하여금 공시하도록 할 수 있다(신협법95④, 신협법89③).

2. 중앙회의 지도

(1) 회원 지도와 규정 등 제정

회장은 산림조합법에서 정하는 바에 따라 회원을 지도하며, 이에 필요한 규정 또는 지침 등을 정할 수 있다(산림조합법117①).

(2) 회원의 경영상태 등 평가
(가) 경영개선요구 등 조치

회장은 회원의 경영상태를 평가하고 그 결과에 따라 그 회원에게 경영개선, 합병권고 등의 필요한 조치를 요구할 수 있다(산림조합법117② 전단).

(나) 공고 · 통지 및 조치결과의 이사회와 총회 보고

조합장은 그 사실을 지체 없이 공고하고 서면으로 조합원에게 통지하여야 하며, 조치결과를 조합의 이사회 및 총회에 보고하여야 한다(산림조합법117② 후단).

(3) 시 · 도지사에 대한 처분 요청

회장은 회원에 대하여 그 업무의 건전한 운영과 조합원 또는 제3자의 보호를 위하여 필요하다고 인정할 때에는 해당 업무에 관하여 정관 또는 공제규정의 변경, 업무의 전부 또는 일부의 정지, 재산의 공탁 · 처분 금지 등 필요한 처분을 시 · 도지사에게 요청할 수 있다(산림조합법117③).

Ⅴ. 새마을금고

1. 지도 · 감독

회장은 새마을금고법과 새마을금고법에 따른 명령 또는 정관으로 정하는 바에 따라 금고를 지도하고 감독한다(새마을금고법79①).

2. 규정 제정 등

회장은 금고를 지도 · 감독하기 위하여 필요한 규정을 제정하고, 보고서 제출을 명하는 등 금고에 대하여 지시를 할 수 있다(새마을금고법79②).

3. 금고감독위원회의 설치 · 운영 등

(1) 금고감독위원회의 설치

금고의 감독 · 검사에 관한 업무를 독립적 · 전문적으로 처리하기 위하여 회장 소속으로 금고감독위원회를 둔다(새마을금고법79의2①).

(2) 심의 · 의결 사항

금고감독위원회는 ⅰ) 금고에 대한 감독 · 검사 방향 및 그 계획에 관한 사항(제1호), ⅱ) 금고의 감독 · 검사에 관한 규정의 제정 · 개정 · 폐지(제2호), ⅲ) 금고에 대한 검사에 관한 사항(제3호), ⅳ) 금고에 대한 회계감사에 관한 사항(제4

호), ⅴ) 금고의 임직원에 대한 제재에 관한 사항(제5호), ⅵ) 금고에 대한 행정처분에 관한 사항(제6호), ⅶ) 형사 기소된 임직원에 대한 제재에 관한 사항(제7호), ⅷ) 퇴임한 임원 등에 대한 통보내용에 관한 사항(제8호), ⅸ) 금고의 감독·검사와 관련하여 회장이 심의·의결을 요청하는 사항(제9호), ⅹ) 그 밖에 금고의 감독·검사와 관련하여 필요하다고 인정하는 사항(제10호)을 심의·의결한다(새마을금고법79의2②).

(3) 구성

금고감독위원회는 금고감독위원장을 포함한 5명의 위원으로 구성하고, 금고감독위원장은 상근으로 한다(새마을금고법79의2③).

(가) 위원의 선출

금고감독위원회의 위원은 금고의 임직원이 아닌 사람으로서 인사추천위원회에서 추천된 사람 중에서 이사회의 의결을 거쳐 총회에서 선출한다(새마을금고법79의3①).

(나) 위원의 자격요건

금고감독위원회의 위원은 금융, 회계, 감독 업무에 관한 전문지식과 경험이 풍부한 사람으로서 ⅰ) 중앙회 또는 금고에서 감사·감독(지도를 포함) 또는 회계 관련 부문에서 상근직으로 10년 이상 근무한 경력이 있을 것[다만, 중앙회 또는 금고에서 최근 2년 이내에 임직원으로 근무한 경우(금고감독위원회의 위원으로 근무 중이거나 근무한 경우는 제외)는 제외](제1호), ⅱ) 은행의 감사 또는 회계 부문에서 상근직으로 10년 이상 근무한 경력이 있을 것(제2호), ⅲ) 금융업 관련 국가기관·연구기관·교육기관이나 금융감독원에서 공무원이나 상근직으로 10년 이상 근무한 경력이 있을 것(제3호), ⅳ) 판사·검사·군법무관·변호사 또는 공인회계사의 직에 5년 이상 근무한 경력이 있을 것(제4호)의 자격요건을 갖추어야 한다(새마을금고법79의3②, 동법 시행령51의3).

(다) 위원장의 선출

금고감독위원장은 금고감독위원회 위원 중에서 호선한다(새마을금고법79의3③).

(라) 위원장 및 위원의 임기

금고감독위원장과 금고감독위원회 위원의 임기는 각각 3년으로 한다(새마을금고법79의3④).

(마) 보권 위원의 선출과 임기

금고감독위원장과 금고감독위원회 위원 중 결원이 생긴 때에는 보궐 위원을 선출하여야 하며, 그 보궐 위원의 임기는 전임자의 남은 기간으로 한다(새마을금고법79의3⑤).

(4) 사무기구 설치

금고감독위원회의 사무를 처리하고, 중앙회의 금고에 대한 감독·검사 업무를 효율적으로 수행하기 위하여 정관으로 정하는 바에 따라 금고감독위원회에 사무기구를 둔다(새마을금고법79의2④).

검사(감사)

제1절 정부의 검사

Ⅰ. 신용협동조합

1. 업무와 재산 검사

금융감독원장은 그 소속 직원으로 하여금 조합 또는 중앙회의 업무와 재산에 관하여 검사를 하게 할 수 있다(신협법83②).

금융감독원장은 중앙회장에게 조합의 업무와 재산에 관한 검사 권한을 위탁할 수 있다(신협법96②, 신협법 시행령24③(1)).

2. 자료제출 및 의견진술 요구 등

금융감독원장은 검사를 할 때 필요하다고 인정하는 경우에는 조합과 중앙회에 대하여 업무 또는 재산에 관한 보고, 자료의 제출, 관계자의 출석 및 의견의 진술을 요구할 수 있다(신협법83③).

금융감독원장은 중앙회장에게 조합의 업무 또는 재산에 관한 보고, 자료의 제출, 관계자의 출석 및 의견의 진술요구 권한을 위탁할 수 있다(신협법96②, 신협법 시행령24③(2)).

3. 증표제시

검사를 하는 사람은 그 권한을 표시하는 증표를 관계자에게 보여 주어야 한다(신협법83④).

4. 분담금 납부

금융감독원의 검사를 받는 조합 또는 중앙회는 검사 비용에 충당하기 위한 분담금을 금융감독원에 내야 한다(신협법83⑤).

이에 따른 분담금의 분담요율·한도 기타 분담금의 납부에 관하여는 금융위원회의 설치 등에 관한 법률 시행령 제12조(분담금)의 규정에 의한다(신협법83⑥, 동법 시행령20).

5. 위반시 제재

조합 또는 중앙회가 감독기관의 검사를 거부·방해·기피한 경우에는 2천만원 이하의 과태료를 부과한다(신협법101①(7)).

Ⅱ. 농업협동조합

1. 금융감독원의 신용사업에 대한 검사

지역농협과 지역축협(신용사업을 하는 품목조합 포함) 중앙회의 신용사업에 대하여는 검사·감독(신협법78①(3), 신협법83) 규정을 적용한다(신협법95④).

(1) 업무와 재산 검사

금융감독원장은 그 소속 직원으로 하여금 조합 또는 중앙회의 업무와 재산에 관하여 검사를 하게 할 수 있다(신협법83②).

금융감독원장은 중앙회장에게 조합의 업무와 재산에 관한 검사 권한을 위탁할 수 있다(신협법96②, 신협법 시행령24③(1)).

또한, 농협법에 따라 금융감독원장은 신용협동조합법 제95조에 따라 조합에 적용되는 같은 법 제83조에 따른 조합에 관한 검사권의 일부를 중앙회장에게 위탁할 수 있다(농협법162⑥)

(2) 자료제출 및 의견진술 요구 등

금융감독원장은 검사를 할 때 필요하다고 인정하는 경우에는 조합과 중앙회에 대하여 업무 또는 재산에 관한 보고, 자료의 제출, 관계자의 출석 및 의견의 진술을 요구할 수 있다(신협법83③).

금융감독원장은 중앙회장에게 조합의 업무 또는 재산에 관한 보고, 자료의 제출, 관계자의 출석 및 의견의 진술요구 권한을 위탁할 수 있다(신협법96②, 신협법 시행령24③(2)).

(3) 증표제시

검사를 하는 사람은 그 권한을 표시하는 증표를 관계자에게 보여 주어야 한다(신협법83④).

(4) 분담금 납부

금융감독원의 검사를 받는 조합 또는 중앙회는 검사 비용에 충당하기 위한 분담금을 금융감독원에 내야 한다(신협법83⑤).

이에 따른 분담금의 분담요율·한도 기타 분담금의 납부에 관하여는 금융위원회의 설치 등에 관한 법률 시행령 제12조(분담금)의 규정에 의한다(신협법83⑥, 신협법 시행령20).

(5) 위반시 제재

조합 또는 중앙회가 감독기관의 검사를 거부·방해·기피한 경우에는 2천만원 이하의 과태료를 부과한다(신협법101①(7)).

2. 농림축산식품부장관의 금융위원회에 대한 검사 요청

농림축산식품부장관은 감독에 따른 직무를 수행하기 위하여 필요하다고 인정하면 금융위원회에 조합이나 중앙회에 대한 검사를 요청할 수 있다(농협법162 ②).

조합등(조합, 조합공동사업법인, 품목조합연합회)과 중앙회의 임원, 조합의 간부 직원, 중앙회의 집행간부·일반간부직원, 파산관재인 또는 청산인이 법 제162조에 따른 감독기관의 감독·검사를 거부·방해 또는 기피한 경우에는 3년 이하의 징역 또는 3천만원 이하의 벌금에 처한다(농협법171(17)).

3. 금융감독원장의 검사권의 일부 중앙회장 위탁

금융감독원장은 신용협동조합법 제95조에 따라 조합에 적용되는 같은 법 제83조에 따른 조합에 관한 검사권의 일부를 회장에게 위탁할 수 있다(농협법162 ⑥).

조합등(조합, 조합공동사업법인, 품목조합연합회)과 중앙회의 임원, 조합의 간부 직원, 중앙회의 집행간부·일반간부직원, 파산관재인 또는 청산인이 법 제162조에 따른 감독기관의 감독·검사를 거부·방해 또는 기피한 경우에는 3년 이하의 징역 또는 3천만원 이하의 벌금에 처한다(농협법171(17)).

4. 농림축산식품부장관의 업무 또는 재산에 관한 자료제출 요구

농림축산식품부장관은 법 제161조의11 제7항 및 제162조 제1항에 따라 감독상 필요할 때에는 조합등(조합, 조합공동사업법인, 품목조합연합회)과 중앙회·농협은행에 대하여 업무 또는 재산에 관한 자료의 제출을 요구할 수 있고, 관계 공무원으로 하여금 업무 및 재산상황을 감사하게 하거나 필요한 사항을 보고하게 할 수 있으며, 그 결과에 따라 필요한 조치를 할 수 있다(농협법 시행령46①).

5. 지방자치단체의 장의 업무 또는 재산에 관한 자료제출 요구

지방자치단체의 장은 법 제162조 제4항에 따라 감독상 필요할 때에는 조합 등(조합, 조합공동사업법인, 품목조합연합회)에 대하여 업무 또는 재산에 관한 자료의 제출을 요구할 수 있고, 관계 공무원으로 하여금 업무 및 재산상황을 감사하게 하거나 필요한 사항을 보고하게 할 수 있으며, 그 결과에 따라 필요한 조치를 할 수 있다(농협법 시행령46③).

6. 금융위원회의 업무 또는 재산에 관한 자료제출 요구

금융위원회는 감독 및 명령을 위하여 조합의 신용사업 및 농협은행의 업무 또는 재산에 관한 자료의 제출을 요구할 수 있다(농협법 시행령46④).

Ⅲ. 수산업협동조합

1. 금융감독원의 신용사업에 대한 검사

지구별수협(법률 제4820호 수산업협동조합법중개정법률 부칙 제5조에 따라 신용사업을 하는 조합 포함) 및 중앙회의 신용사업에 대하여는 검사·감독(신협법78①(3), 신협법83) 규정을 적용한다(신협법95④).

(1) 업무와 재산 검사

금융감독원장은 그 소속 직원으로 하여금 조합 또는 중앙회의 업무와 재산에 관하여 검사를 하게 할 수 있다(신협법83②).

금융감독원장은 중앙회장에게 조합의 업무와 재산에 관한 검사 권한을 위탁할 수 있다(신협법96②, 신협법 시행령24③(1)).

(2) 자료제출 및 의견진술 요구 등

금융감독원장은 검사를 할 때 필요하다고 인정하는 경우에는 조합과 중앙회에 대하여 업무 또는 재산에 관한 보고, 자료의 제출, 관계자의 출석 및 의견의 진술을 요구할 수 있다(신협법83③).

금융감독원장은 중앙회장에게 조합의 업무 또는 재산에 관한 보고, 자료의 제출, 관계자의 출석 및 의견의 진술요구 권한을 위탁할 수 있다(신협법96②, 신협법 시행령24③(2)).

(3) 증표제시

검사를 하는 사람은 그 권한을 표시하는 증표를 관계자에게 보여 주어야 한다(신협법83④).

(4) 분담금 납부

금융감독원의 검사를 받는 조합 또는 중앙회는 검사 비용에 충당하기 위한 분담금을 금융감독원에 내야 한다(신협법83⑤).

이에 따른 분담금의 분담요율·한도 기타 분담금의 납부에 관하여는 금융위원회의 설치 등에 관한 법률 시행령 제12조(분담금)의 규정에 의한다(신협법83⑥, 신협법 시행령20).

(5) 위반시 제재

조합 또는 중앙회가 감독기관의 검사를 거부·방해·기피한 경우에는 2천만원 이하의 과태료를 부과한다(신협법101①(7)).

2. 해양수산부장관의 금융위원회에 대한 검사 요청

해양수산부장관은 직무를 수행하기 위하여 필요하다고 인정할 때에는 금융위원회에 조합, 중앙회 또는 수협은행에 대한 검사를 요청할 수 있다(수협법169②).

조합등(조합 및 조합공동사업법인) 또는 중앙회의 임원·집행간부·일반간부직원·파산관재인 또는 청산인이 감독기관의 검사 또는 중앙회의 감사를 거부·방해 또는 기피한 경우에는 3년 이하의 징역 또는 3천만원 이하의 벌금에 처한다(수협법177(16)).

3. 해양수산부장관의 업무 또는 재산 상황 감사 지시

해양수산부장관은 감독을 위하여 필요할 때에는 조합등(조합, 조합공동사업법인, 품목조합연합회), 중앙회, 수협은행 및 수산업협동조합협의회("조합협의회")에 대하여 소속 공무원으로 하여금 업무 및 재산 상황을 감사하게 할 수 있으며, 그 결과에 따라 필요한 조치를 할 수 있다(수협법 시행령61①).

4. 해양수산부장관 또는 금융위원회의 업무 또는 재산 상황의 보고 수령권

해양수산부장관 또는 금융위원회는 조합, 중앙회 또는 수협은행에 대하여 필요하다고 인정할 때에는 조합, 중앙회 또는 수협은행으로부터 그 업무 또는 재산 상황에 관한 보고를 받을 수 있다(수협법169⑥).

조합등(조합, 조합공동사업법인, 품목조합연합회) 또는 중앙회의 임원·집행간부·일반간부직원·파산관재인 또는 청산인이 법 제169조 제6항에 따른 감독기관·총회·대의원회 또는 이사회에 대한 보고를 부실하게 하거나 사실을 은폐한 경우에는 3년 이하의 징역 또는 3천만원 이하의 벌금에 처한다(수협법177(3)).

5. 지방자치단체의 장의 업무 또는 재산에 관한 자료제출 요구

지방자치단체의 장은 감독에 필요하다고 인정할 때에는 조합등(조합, 조합공동사업법인, 품목조합연합회)에 대하여 지방자치단체가 보조한 사업과 관련된 업무에 관한 자료의 제출을 요구할 수 있다(수협법 시행령61③ 전단). 이 경우 해당 조합등(조합, 조합공동사업법인, 품목조합연합회)은 정당한 사유가 없으면 그 요구에 따라야 한다(수협법 시행령61③ 후단).

6. 금융위원회의 업무 또는 재산에 관한 자료제출 요구

금융위원회는 감독에 필요하다고 인정할 때에는 조합(신용사업에 한정) 및 수협은행에 대하여 그 업무 또는 재산에 관한 자료의 제출을 요구할 수 있다(수협법 시행령61④ 전단). 이 경우 해당 조합 및 수협은행은 정당한 사유가 없으면 그 요구에 따라야 한다(수협법 시행령61④ 후단).

7. 조합에 대한 외부회계감사

조합 중 직전 회계연도 말 자산총액이 300억원(2015회계연도까지는 3천억원)이상인 조합은 제146조 제1항에 따른 감사를 받지 아니한 회계연도에는 외부감사법 제2조 제7호 및 제9조에 따른 감사인의 감사를 받아야 한다(수협법169⑦ 본문, 동법 시행령61⑤).

다만, 최근 5년 이내에 ⅰ) 형법 제355조(횡령, 배임) 또는 제356조(업무상의 횡령과 배임)에 해당하는 행위(제1호), ⅱ) 특정경제범죄법 제5조(수재 등의 죄) 또는 제7조(알선수재의 죄)에 해당하는 행위(제2호), ⅲ) 특정경제범죄법 제8조(사금융 알선 등의 죄)에 해당하는 행위(제3호), ⅳ) 조합자금의 편취·유용 또는 예산의 부당전용·초과사용 등의 회계부정(제4호)과 수협구조개선법 제2조 제3호 및 제4호에 따른 부실조합 및 부실우려조합은 외부감사법 제2조 제7호 및 제9조에 따른 감사인의 감사를 매년 받아야 한다(수협법169⑦ 단서, 동법 시행규칙10의2).

8. 공제사업 감독기준 고시: 해양수산부장관과 금융위원회 협의

해양수산부장관은 조합과 중앙회의 공제사업의 건전한 육성과 계약자의 보호를 위하여 금융위원회 위원장과 협의하여 감독에 필요한 기준을 정하고 이를 고시하여야 한다(수협법169⑧).

이에 따라 공제자가 영위하는 공제사업을 감독하기 위하여 필요한 사항을 정함으로써 어업인의 경제적·사회적 지위 향상 및 공제계약자 보호를 통해 공제사업의 건전한 육성을 도모함을 목적으로 「수산업협동조합 공제사업 감독기준」 (해양수산부 고시 제2022-21호)이 시행되고 있다.

Ⅳ. 산림조합

1. 금융감독원의 신용사업에 대한 검사

조합 및 중앙회의 신용사업에 대하여는 검사·감독(신협법78①(3), 신협법83) 규정을 적용한다(신협법95④).

(1) 업무와 재산 검사

금융감독원장은 그 소속 직원으로 하여금 조합 또는 중앙회의 업무와 재산에 관하여 검사를 하게 할 수 있다(신협법83②).

금융감독원장은 중앙회장에게 조합의 업무와 재산에 관한 검사 권한을 위탁할 수 있다(신협법96②, 신협법 시행령24③(1)).

(2) 자료제출 및 의견진술 요구 등

금융감독원장은 검사를 할 때 필요하다고 인정하는 경우에는 조합과 중앙회에 대하여 업무 또는 재산에 관한 보고, 자료의 제출, 관계자의 출석 및 의견의 진술을 요구할 수 있다(신협법83③).

금융감독원장은 중앙회장에게 조합의 업무 또는 재산에 관한 보고, 자료의 제출, 관계자의 출석 및 의견의 진술요구 권한을 위탁할 수 있다(신협법96②, 신협법 시행령24③(2)).

(3) 증표제시

검사를 하는 사람은 그 권한을 표시하는 증표를 관계자에게 보여 주어야 한다(신협법83④).

(4) 분담금 납부

금융감독원의 검사를 받는 조합 또는 중앙회는 검사 비용에 충당하기 위한 분담금을 금융감독원에 내야 한다(신협법83⑤).

이에 따른 분담금의 분담요율·한도 기타 분담금의 납부에 관하여는 금융위원회의 설치 등에 관한 법률 시행령 제12조(분담금)의 규정에 의한다(신협법83⑥, 신협법 시행령20).

(5) 위반시 제재

조합 또는 중앙회가 감독기관의 검사를 거부·방해·기피한 경우에는 2천만원 이하의 과태료를 부과한다(신협법101①(7)).

2. 산림청장, 시·도지사 및 금융위원회의 검사

산림청장, 시·도지사 및 금융위원회는 감독상 필요한 때에는 조합 및 조합공동사업법인("조합등")과 중앙회에 대하여 관계 공무원에게 업무 및 재산상황을 감사하게 하거나 필요한 사항을 보고하게 할 수 있으며, 그 결과에 따라 필요한 조치를 할 수 있다(산림조합법 시행령22①).

3. 산림청장 또는 시·도지사의 검사 및 금융감독원장에게 조합과 중앙회 검사 요청

산림청장 또는 시·도지사는 감독에 따른 직무를 수행하기 위하여 조합과 중앙회를 검사할 수 있으며, 필요하다고 인정할 때에는 금융감독원장에게 조합과 중앙회에 대한 검사를 요청할 수 있다(산림조합법123③).

4. 중앙회 및 조합에 대한 외부회계감사

산림청장 또는 시·도지사는 중앙회 및 ⅰ) 직전 회계연도 말 자산총액이 회원조합의 평균자산규모 이상인 조합(제1호), ⅱ) 직전 회계연도 말 총자산대비 순자본 비율이 2% 미만인 조합(제2호)에 대하여 조합원 보호를 위하여 외부감사가 필요하다고 인정하는 경우에는 외부감사법에 따른 감사인의 회계감사를 받게 할 수 있다(산림조합법123④, 산림조합법 시행령22② 본문).

다만, 조합의 경우 직전 회계연도 말 평균자산규모 등에 관한 통계자료가 없는 경우에는 전전년도의 통계자료에 의한다(산림조합법123④, 산림조합법 시행령22② 단서).

Ⅴ. 새마을금고

행정안전부장관은 새마을고금법에 따른 권한 중 일부를 특별시장, 광역시장, 도지사 또는 회장에게 위임할 수 있다(새마을금고법78).

1. 업무 및 재산상황에 관한 보고서 제출 명령

주무부장관, 특별자치시장·특별자치도지사 또는 시장·군수·구청장은 감독상 필요하다고 인정하면 금고 또는 중앙회에 대하여 그 업무 및 재산상황에 관한 보고서를 제출하도록 명하거나 관계자의 출석 및 의견의 진술을 요구할 수 있다(새마을금고법74② 전단). 이 경우 특별자치시장·특별자치도지사 또는 시장·군수·구청장의 재산상황에 관한 보고서 제출 명령은 금고에 한정한다(새마을금고법74② 후단).

2. 업무 및 재산 검사

행정안전부장관은 감독을 위하여 필요한 경우에는 그 소속 직원으로 하여금 금고 또는 중앙회의 업무와 재산에 관하여 검사를 하게 할 수 있고, 특별자치시장·특별자치도지사 또는 시장·군수·구청장은 감독을 위하여 필요한 경우에는 그 소속 직원으로 하여금 금고의 업무와 재산에 관하여 검사를 하게 할 수 있다(새마을금고법74③).

3. 행정안전부장관의 금융감독원장 등에 대한 검사 지원요청

주무부장관은 금고 또는 중앙회를 검사하기 위하여 필요한 경우에는 금융감독원장, 예금보험공사 사장 및 대통령령으로 정하는 기관장에게 지원요청을 할 수 있다(새마을금고법74④).

4. 행정안전부장관 등의 시정 등 감독상의 명령

주무부장관, 특별자치시장·특별자치도지사 또는 시장·군수·구청장은 ⅰ) 감독·검사 결과에 따라 필요한 경우(제1호), ⅱ) 금고 또는 중앙회의 의결사항이 위법·부당한 경우(특별자치시장·특별자치도지사 또는 시장·군수·구청장은 감독상 필요한 경우에 한정)(제2호)의 경우에는 금고 또는 중앙회에 대한 시정 등 감독상 필요한 명령을 할 수 있다(새마을금고법74⑤).

5. 감독상 필요한 조치 등에 관한 세부사항 고시

행정안전부장관은 금고 또는 중앙회에 대한 감독·검사와 시정 등 감독상 필요한 조치 등에 관한 세부사항을 정하여 고시하며, 특별자치시장·특별자치도지사 또는 시장·군수·구청장은 금고에 대한 감독·검사와 시정 등 감독상 필요한 조치 등에 관한 세부사항을 해당 특별자치시·특별자치도·시·군·구의 규칙으로 정한다(새마을금고법74⑥).

제2절 중앙회의 검사

Ⅰ. 신용협동조합

1. 업무검사

중앙회장은 필요하다고 인정할 때에는 그 소속 직원으로 하여금 조합의 업무를 검사하게 할 수 있다(신협법89⑥).

2. 과태료 부과에 필요한 사항의 금융위원회 보고

중앙회장은 조합에 대한 검사를 한 결과 과태료 부과대상 행위(신협법101①
각호)를 확인한 경우에는 과태료 부과에 필요한 사항을 금융위원회에 보고하여야
한다(신협법89⑧).

Ⅱ. 농업협동조합

1. 조합감사위원회의 설치

회원의 건전한 발전을 도모하기 위하여 중앙회에 회원의 업무를 지도·감사
할 수 있는 조합감사위원회를 둔다(농협법143①).

2. 조합감사위원회의 구성

조합감사위원회는 위원장을 포함한 5명의 위원으로 구성하되, 위원장은 상
임으로 한다(농협법143②).

(1) 위원장의 선출

조합감사위원회의 위원장은 인사추천위원회에서 추천된 사람을 이사회의
의결을 거쳐 총회에서 선출한다(농협법144① 본문). 다만, 조합, 중앙회 및 그 자
회사(손자회사를 포함)에서 최근 3년 이내에 조합감사위원회의 위원 이외의 임직
원으로 근무한 사람은 제외한다(농협법144① 단서).

(2) 위원의 임명

위원은 위원장이 제청한 사람 중에서 이사회의 의결을 거쳐 위원장이 임
명한다(농협법144② 본문). 다만, 회원의 조합장은 위원이 될 수 없다(농협법144
② 단서).

(3) 위원장 및 위원의 자격요건

위원장과 위원은 감사, 회계 또는 농정(農政)에 관한 전문지식과 경험이 풍

부한 사람으로서 ⅰ) 조합, 중앙회(중앙회의 자회사 및 손자회사를 포함), 연합회 또는 금융위원회법 제38조에 따른 검사대상기관(이에 상당하는 외국금융기관을 포함)의 감사, 회계 또는 농정부문에서 상근직으로 10년 이상 종사한 경력이 있는 사람(제1호), ⅱ) 농업·축산업 또는 금융업과 관련된 국가기관, 연구기관, 교육기관 또는 회사에서 종사한 경력이 있는 사람으로서 제1호에 규정된 사람과 같은 수준 이상의 자격이 있다고 중앙회의 정관으로 정하는 요건에 해당되는 사람(제2호), ⅲ) 판사·검사·군법무관·변호사 또는 공인회계사의 직에 5년 이상 종사한 경력이 있는 사람(제3호) 중에서 선임한다(농협법144③, 농협법 시행령22).

(4) 위원장과 위원의 임기

위원장과 위원의 임기는 3년으로 한다(농협법144④).

3. 조합감사위원회의 의결사항

조합감사위원회는 ⅰ) 회원에 대한 감사 방향 및 그 계획에 관한 사항(제1호), ⅱ) 감사결과에 따른 회원의 임직원에 대한 징계 및 문책의 요구 등에 관한 사항(제2호), ⅲ) 감사결과에 따른 변상 책임의 판정에 관한 사항(제3호), ⅳ) 회원에 대한 시정 및 개선 요구 등에 관한 사항(제4호), ⅴ) 감사규정의 제정·개정 및 폐지에 관한 사항(제5호), ⅵ) 회장이 요청하는 사항(제6호), ⅶ) 그 밖에 위원장이 필요하다고 인정하는 사항(제7호)을 의결한다(농협법145).

4. 회원에 대한 감사 등

(1) 재산 및 업무집행상황 감사

조합감사위원회는 회원의 재산 및 업무집행상황에 대하여 2년(상임감사를 두는 조합의 경우에는 3년)마다 1회 이상 회원을 감사하여야 한다(농협법146①).

(2) 회계감사 요청

조합감사위원회는 회원의 건전한 발전을 도모하기 위하여 필요하다고 인정하면 회원의 부담으로 회계법인에 회계감사를 요청할 수 있다(농협법146②).

(3) 감사결과의 통지 및 조치 요구

조합감사위원회의 위원장은 감사결과를 해당 회원의 조합장과 감사에게 알려야 하며 감사결과에 따라 그 회원에게 시정 또는 업무의 정지, 관련 임직원에 대한 ⅰ) 임원에 대하여는 개선, 직무의 정지, 견책 또는 변상(제1호), ⅱ) 직원에 대하여는 징계면직, 정직, 감봉, 견책 또는 변상(제2호)의 조치를 할 것을 요구할 수 있다(농협법146③).

(4) 조치 결과 통지

회원이 소속 임직원에 대한 조치 요구를 받으면 2개월 이내에 필요한 조치를 하고 그 결과를 조합감사위원회에 알려야 한다(농협법146④).

(5) 위원장의 농림축산식품부장관에 대한 조치 요청

조합감사위원회의 위원장은 회원이 2개월 기간 내에 필요한 조치를 하지 아니하면 1개월 이내에 임직원에 대한 조치를 할 것을 다시 요구하고, 그 기간에도 이를 이행하지 아니하면 필요한 조치를 하여 줄 것을 농림축산식품부장관에게 요청할 수 있다(농협법146⑤).

5. 기구 설치

조합감사위원회의 감사 사무를 처리하기 위하여 정관으로 정하는 바에 따라 위원회에 필요한 기구를 둔다(농협법143③).

Ⅲ. 수산업협동조합

1. 조합감사위원회의 설치

회원의 건전한 발전을 도모하기 위하여 회장 소속으로 회원의 업무를 지도·감사할 수 있는 조합감사위원회("위원회")를 둔다(수협법143①).

2. 조합감사위원회의 구성

위원회는 위원장을 포함하여 5명의 위원으로 구성하되, 위원장은 상임으로 한다(수협법143②).

(1) 위원장의 선출 등

위원회는 ⅰ) 인사추천위원회가 추천하여 이사회에서 선출하는 사람 2명(제1호), ⅱ) 기획재정부장관이 위촉하는 사람 1명(제2호), ⅲ) 해양수산부장관이 위촉하는 사람 1명(제3호), ⅳ) 금융위원회 위원장이 위촉하는 사람 1명(제4호)의 위원으로 구성하며, 위원장은 위원 중에서 호선으로 선출하고 회장이 임명한다(수협법144① 본문). 다만, 회원의 조합장과 조합원은 위원이 될 수 없다(수협법144① 단서).

(2) 위원장 및 위원의 자격요건

위원장과 위원은 감사 또는 회계 업무에 관한 전문지식과 경험이 풍부한 사람으로서 ⅰ) 조합 또는 중앙회의 감사·회계 또는 수산 관련 부문에서 상근직으로 10년 이상 종사한 경력이 있는 사람(다만, 조합에서 최근 2년 이내에 임직원으로 근무한 사람은 제외)(제1호), ⅱ) 은행의 감사 또는 회계 부문에서 상근직으로 10년 이상 종사한 경력이 있는 사람(제2호), ⅲ) 수산업 또는 금융업 관련 국가기관·연구기관·교육기관 또는 상사회사에서 상근직으로 10년 이상 종사한 경력이 있는 사람(제3호), ⅳ) 판사·검사·군법무관의 직에 5년 이상 종사하거나 변호사 또는 공인회계사로서 5년 이상 종사한 경력이 있는 사람(제4호)의 요건을 충족하여야 한다(수협법144②, 수협법 시행령30).

(3) 위원장과 위원의 임기

위원장과 위원의 임기는 3년으로 한다(수협법144③).

3. 조합감사위원회의 의결사항

위원회는 ⅰ) 회원에 대한 감사 방향 및 감사계획(제1호), ⅱ) 감사결과에 따른 회원의 임직원에 대한 징계 및 문책의 요구 등(제2호), ⅲ) 감사결과에 따른 회원의 임직원에 대한 변상책임의 판정(제3호), ⅳ) 회원에 대한 시정 및 개선 요구 등(제4호), ⅴ) 감사 관계 규정의 제정·개정 및 폐지(제5호), ⅵ) 회장이 요청하는 사항(제6호), ⅶ) 그 밖에 위원장이 필요하다고 인정하는 사항(제7호)을 의결한다(수협법145).

4. 회원에 대한 감사 등

(1) 재산 및 업무집행상황 감사

위원회는 회원의 재산 및 업무집행상황에 대하여 2년마다 1회 이상 회원을 감사하여야 한다(수협법146①).

(2) 회계감사 요청

위원회는 회원의 건전한 발전을 도모하기 위하여 필요하다고 인정하면 회원의 부담으로 외부감사법 제2조 제7호 및 제9조에 따른 감사인에게 회계감사를 요청할 수 있다(수협법146②).

(3) 감사결과의 통시 빛 조지 요구

회장은 감사결과를 해당 회원의 조합장과 감사에게 알려야 하며 감사결과에 따라 해당 회원에게 시정 또는 업무의 정지, 관련 임직원에 대한 ⅰ) 임원에 대하여는 개선, 직무의 정지, 견책 또는 변상(제1호), ⅱ) 직원에 대하여는 징계면직, 정직, 감봉, 견책 또는 변상(제2호)의 조치를 할 것을 요구할 수 있다(수협법146③).

(4) 조치 결과 통지

회원은 소속 임직원에 대한 조치 요구를 받으면 2개월 이내에 필요한 조치를 하고 그 결과를 회장에게 알려야 한다(수협법146④).

(5) 회장의 해양수산부장관에 대한 조치 요청

회장은 회원이 2개월의 기간 내에 필요한 조치를 하지 아니하면 1개월 이내에 조치를 할 것을 다시 요구하고, 그 기간에도 이행하지 아니하면 필요한 조치를 하여 줄 것을 해양수산부장관에게 요청할 수 있다(수협법146⑤).

5. 기구의 설치

위원회의 감사 사무를 처리하기 위하여 정관으로 정하는 바에 따라 위원회에 필요한 기구를 둔다(수협법143③).

Ⅳ. 산림조합

1. 조합감사위원회의 설치

회원의 건전한 발전을 도모하기 위하여 회장 소속으로 회원의 업무를 지도·감사할 수 있는 조합감사위원회("위원회")를 둔다(산림조합법118①).

2. 조합감사위원회의 구성

위원회는 위원장 1명을 포함한 5명의 위원으로 구성하되, 위원장은 상임으로 한다(산림조합법법118②).

(1) 위원장의 선출

위원장은 인사추천위원회가 추천한 사람을 총회에서 선출한다(산림조합법119①).

(2) 위원의 구성

위원은 ⅰ) 인사추천위원회가 추천하여 이사회에서 선출하는 사람 2명(제1호), ⅱ) 산림청장이 위촉하는 사람 1명(제2호), ⅲ) 금융위원회의 위원장이 위촉하는 사람 1명(제3호)의 사람으로 구성한다(산림조합법119②).

(3) 위원장 및 위원의 자격요건

위원장과 위원은 감사, 회계 또는 산림행정에 관한 전문지식과 경험이 풍부한 사람으로서 ⅰ) 조합, 중앙회(중앙회의 자회사를 포함) 또는 금융위원회법 제38조에 따른 검사 대상 기관(이에 상응하는 외국금융기관을 포함)의 감사·회계 또는 산림행정 부문에서 상시근무직으로 10년 이상 근무한 경력이 있는 사람(다만, 조합에서 최근 2년 이내에 임직원으로 근무한 사람은 제외)(제1호), ⅱ) 농림업 또는 금융업과 관련된 국가기관·연구기관·교육기관 또는 회사에서 근무한 경력이 있는 사람으로서 제1호에서 정한 사람과 같은 수준 이상의 자격이 있다고 중앙회의 정관으로 정하는 사람(제2호), ⅲ) 판사·검사·군법무관·변호사 또는 공인회계사의 직에 5년 이상 종사한 경력이 있는 사람(제3호)의 자격요건을 갖춘 사람 중에서 선임한다(산림조합법119③ 본문, 영20). 다만, 회원조합장은 위원장 또는 위원이 될 수 없다(산림조합법119③ 단서).

(4) 위원장 및 위원의 임기

위원장 및 위원의 임기는 3년으로 한다(산림조합법119④).

3. 조합감사위원회의 의결사항

위원회는 ⅰ) 회원에 대한 감사방향 및 감사계획의 수립(제1호), ⅱ) 감사결과에 따른 회원의 임직원에 대한 징계 및 문책 요구 등 필요한 조치(제2호), ⅲ) 감사결과에 따른 변상책임의 판정(제3호), ⅳ) 회원에 대한 시정 및 개선 요구 등 필요한 조치(제4호), ⅴ) 감사규정의 제정·개정 및 폐지(제5호), ⅵ) 회장이 요청하는 사항(제6호), ⅶ) 그 밖에 위원장이 필요하다고 인정하는 사항(제7호)을 의결한다(산림조합법120).

4. 회원에 대한 감사 등

(1) 재산 및 업무집행상황 감사

위원회는 회원의 재산 및 업무집행상황에 대하여 2년마다 한 번 이상 감사를 실시하여야 한다(산림조합법121①).

(2) 회계감사 요청

위원회는 회원의 건전한 발전을 도모하기 위하여 필요하다고 인정할 때에는 회원의 부담으로 회계법인에 회계감사를 요청할 수 있다(산림조합법121②).

(3) 감사결과의 통지 및 조치 요구

회장은 감사결과를 해당 회원의 조합장과 감사에게 통지하여야 하며 감사결과에 따라 해당 회원에게 시정 또는 업무정지를 명하거나 관련 임직원에 대하여 ⅰ) 임원에 대하여는 개선, 직무정지, 견책 또는 변상(제1호), ⅱ) 직원에 대하여는 징계면직, 정직, 감봉, 견책 또는 변상(제2호)의 조치를 할 것을 요구할 수 있다(산림조합법121③).

(4) 조치 결과 통지

회원이 임직원에 대한 조치 요구를 받았을 때에는 2개월 이내에 필요한 조치를 하고 그 결과를 위원회에 통지하여야 한다(산림조합법121④).

(5) 회장의 산림청장에 대한 조치 요청

회장은 회원이 제4항의 기간 내에 필요한 조치를 하지 아니하는 경우에는 1개월 이내에 제3항에 따른 조치를 할 것을 다시 요구하고, 같은 기간 내에도 이를 이행하지 아니하는 경우에는 필요한 조치를 하여 줄 것을 산림청장에게 요청할 수 있다(산림조합법121⑤).

5. 기구의 설치

위원회의 감사사무를 처리하기 위하여 정관으로 정하는 바에 따라 위원회에 필요한 기구를 둔다(산림조합법118③).

V. 새마을금고

1. 재산 및 업무집행상황 검사

회장은 금고의 재산 및 업무집행상황에 대하여 2년마다 1회 이상 금고를 검사하여야 한다(새마을금고법79③ 본문). 다만, 감독상 필요하다고 인정하는 경우에는 수시로 그 소속 직원에게 금고를 검사하게 할 수 있다(새마을금고법79③ 단서).

2. 회계감사 요청

회장은 필요하다고 인정하면 금고의 부담으로 외부감사법 제3조 제1항 제1호에 따른 회계법인에 회계감사를 요청할 수 있다(새마을금고법79④).

3. 검사결과 및 회계감사 결과의 통지

회장은 검사 결과와 회계감사 결과를 해당 금고의 이사장과 감사에게 알려야 한다(새마을금고법79⑤).

4. 경영개선 요구 또는 합병권고 조치

회장은 금고의 경영상태를 평가하고 그 결과에 따라 그 금고에 대하여 경영개선을 요구하거나 합병을 권고하는 등 필요한 조치를 할 수 있다(새마을금고법79⑥).

5. 금고에 대한 조치 또는 조치 요구

회장의 금고에 대한 감독·검사 결과, 금고에 대한 조치 또는 조치 요구에 대해서는 제74조의2(임직원에 대한 제재처분) 및 제74조의3(금고 등에 대한 행정처분) 제1항을 준용한다(새마을금고법79⑦).

(1) 임직원에 대한 제재
(가) 제재의 종류와 사유

회장은 금고의 임직원이 새마을금고법 또는 새마을금고법에 따른 명령이나 정관으로 정한 절차나 의무를 이행하지 아니한 경우에는 관련 임직원에 대하여 ⅰ) 임원에 대해서는 해임, 6개월 이내의 직무정지, 견책 또는 경고(제1호), ⅱ) 직원에 대해서는 징계면직, 정직, 감봉, 견책, 경고 또는 주의(제2호)의 조치를 하거나 금고 또는 중앙회에 조치를 요구할 수 있다(새마을금고법79⑦, 동법법74의2① 본문). 다만, 제2호의 경우에는 금고 또는 중앙회에 조치 요구만 할 수 있다(새마을금고법79⑦, 동법법74의2① 단서).[1]

(나) 직무정지

금고 또는 중앙회가 임직원의 해임 또는 징계면직의 조치를 요구받은 경우 해당 임직원은 그 날부터 그 조치가 확정되는 날까지 직무가 정지된다(새마을금고법79⑦, 동법74의2②).[2]

(다) 임시임원 선임

회장은 금고의 업무를 집행할 임원이 없는 경우에는 임시임원을 선임할 수 있다(새마을금고법79⑦, 동법74의2③).

---

1) [개정 2023. 4. 11.][시행일: 2023. 10. 12.]
2) [개정 2023. 4. 11.][시행일: 2023. 10. 12.]

임시임원이 선임되었을 때에는 금고는 지체 없이 이를 등기하여야 한다(새마을금고법79⑦, 동법74의2④ 본문). 다만, 금고가 그 등기를 게을리하는 경우 회장이 금고의 주된 사무소를 관할하는 등기소에 그 등기를 촉탁할 수 있다(동법74의2④ 단서).

(라) 임직원에 대한 제재처분의 세부기준

제재처분의 세부기준은 행정안전부령으로 정한다(새마을금고법79⑦, 동법74의2⑤).

1) 세부기준

임직원에 대한 제재처분의 세부기준은 [별표 1]과 같다(새마을금고법 시행규칙11의2①).

2) 제재의 가중

회장은 ⅰ) 견책 이상의 제재처분이 있은 날부터 3년 이내에 위반행위가 발생한 경우: 1단계 위의 제재처분(제1호), ⅱ) 2 이상의 위반행위가 경합되는 경우: 그 중 가장 무거운 제재처분보다 1단계 위의 제재처분(제2호)에 제재처분을 가중할 수 있다(동법 시행규칙11의2②).

3) 제재의 감경

회장은 ⅰ) 감독기관이 인지하기 전에 위반행위가 발생하였음을 자진하여 신고한 경우(제1호), ⅱ) 위반행위로 인하여 발생한 손실을 보전한 경우(제2호)에는 위반행위의 동기·내용·횟수 및 위반의 정도 등을 고려하여 제재처분을 1단계 아래로 감경할 수 있다(동법 시행규칙11의2③).

4) 제재 후 위반행위 적발시 조치

수개의 위반행위 중 적발된 일부에 대하여 제재처분을 한 후 나머지 위반행위가 적발된 경우에는 ⅰ) 추가로 적발된 위반행위를 제재처분의 사유에 포함하였더라도 제재처분의 수준이 높아지지 않았을 것으로 인정되는 경우에는 추가로 적발된 위반행위를 이유로 제재처분을 하지 아니하여야 하고(제1호), ⅱ) 추가로 적발된 위반행위를 제재처분의 사유로 하면 제재처분의 수준이 높아졌을 것으로 인정되는 경우에는 그 수준을 고려하여 별도로 제재처분(제2호)을 하여야 한다(동법 시행규칙11의2④).

(2) 금고에 대한 제재

회장은 금고가 새마을금고법 또는 새마을금고법에 따른 명령을 위반하여 건전한 운영을 해칠 수 있다고 인정하는 경우에는 금고에 대하여 ⅰ) 경고 또는 주의(제1호), ⅱ) 위반행위에 대한 시정명령(제2호), ⅲ) 6개월 이내의 업무의 전부 또는 일부 정지(제3호)의 어느 하나에 해당하는 조치를 할 수 있다(새마을금고법79⑦, 동법74의3①).

6. 임직원에 대한 조치 요구 및 조치와 통지

금고는 회장으로부터 소속 임직원에 대한 조치 요구를 받은 경우 2개월 이내에 필요한 조치를 하고 그 결과를 회장에게 알려야 한다(새마을금고법79⑧).

제3절 조합원 또는 회원의 검사청구

Ⅰ. 신용협동조합

1. 조합원의 조합에 대한 검사청구

조합원은 소속 조합의 업무집행 상황이 신용협동조합법등("이 법등") 또는 이 법등에 따른 명령·정관·규정에서 정한 절차나 의무에 위반된다고 판단하면 조합원 1% 이상의 동의를 받은 경우에는 중앙회에, 조합원 3% 이상의 동의를 받은 경우에는 금융감독원장에게 각각 소속 조합에 대한 검사를 청구할 수 있다(신협법89의2①).

2. 회원의 중앙회에 대한 검사청구

조합은 중앙회의 업무집행 상황이 이 법등 또는 이 법등에 따른 명령·정관·규정에서 정한 절차나 의무에 위반된다고 판단하면 조합 100분의 3 이상의 동의를 받아 금융감독원장에게 중앙회에 대한 검사를 청구할 수 있다(신협법89의2②).

3. 금융감독원장 또는 중앙회장의 검사의무

금융감독원장 또는 중앙회장은 조합에 대한 검사청구 또는 중앙회에 대한 검사청구를 받으면 지체 없이 검사를 하여야 한다(신협법89의2③).

Ⅱ. 농업협동조합

1. 조합원의 조합에 대한 검사청구

농림축산식품부장관은 조합원이 조합원 300인 이상이나 조합원 또는 대의원 10% 이상의 동의를 받아 소속 조합의 업무집행상황이 법령이나 정관에 위반된다는 사유로 검사를 청구하면 회장으로 하여금 그 조합의 업무 상황을 검사하게 할 수 있다(농협법168①).

(1) 검사청구서의 제출

조합원이 검사를 청구할 때에는 청구의 취지·이유 및 위반되었다고 주장하는 규정을 명기한 검사청구서를 농림축산식품부장관에게 제출하여야 한다(농협법 시행규칙10①).

(2) 중앙회장의 검사 실시

농림축산식품부장관은 검사청구서를 받았을 때에는 지체 없이 중앙회장으로 하여금 해당 조합을 검사하게 하여야 한다(농협법 시행규칙10②).

(3) 중앙회장의 검사결과 보고 및 조치

중앙회장이 조합을 검사하였을 때에는 2개월 이내에 그 결과를 농림축산식품부장관에게 보고하여야 하며, 보고를 받은 농림축산식품부장관은 검사결과의 적정 여부를 확인한 후 필요한 조치를 하여야 한다(농협법 시행규칙10③).

(4) 조치결과의 통지

농림축산식품부장관은 조치 결과를 해당 검사를 청구한 조합원에게 알려야 한다(농협법 시행규칙10④).

2. 회원의 중앙회에 대한 검사청구

농림축산식품부장관은 중앙회의 회원이 회원 10% 이상의 동의를 받아 중앙회의 업무집행상황이 법령이나 정관에 위반된다는 사유로 검사를 청구하면 금융감독원장에게 중앙회에 대한 검사를 요청할 수 있다(농협법168②).

Ⅲ. 수산업협동조합

1. 조합원의 조합에 대한 검사청구

해양수산부장관은 조합원이 조합원 10% 이상의 동의를 받아 소속 조합의 업무 집행상황이 법령 또는 조합의 정관에 위반된다는 사유로 검사를 청구하면 중앙회의 회장에게 그 조합의 업무 상황을 검사하게 될 수 있다(수협법174①).

조합원이 검사를 청구할 때에는 청구의 취지·이유 및 위반되었다고 주장하는 규정을 분명히 밝힌 검사청구서를 해양수산부장관에게 제출하여야 한다(수협법 시행규칙11).

2. 회원의 중앙회에 대한 검사청구

해양수산부장관은 중앙회의 회원이 회원 10% 이상의 동의를 받아 중앙회의 업무집행상황이 법령 또는 중앙회의 정관에 위반된다는 사유로 검사를 청구하면 금융감독원장에게 중앙회에 대한 검사를 요청할 수 있다(수협법174②).

Ⅳ. 산림조합

규정이 없다.

Ⅴ. 새마을금고

1. 회원의 금고에 대한 검사청구

회원이 재적회원 10% 이상의 동의를 받아 소속 금고의 업무 또는 회계의 집행상황이 법령, 정관 또는 공제규정에 위배된다는 이유로 검사를 청구한 경우에는 주무부장관은 회장에게 해당 금고의 업무상황을 검사하게 할 수 있다(새마을금고법81①).

행정안전부장관은 법 제81조 제1항에 따른 검사 청구를 받으면 회장에게 해당 금고를 검사하게 하고 그 결과를 보고하게 할 수 있다(동법 시행규칙12②).

회장은 제2항에 따라 금고를 검사하는 경우에는 2개월 이내에 그 결과를 행정안전부장관에게 보고하고, 보고를 받은 행정안전부장관은 검사 결과의 적정성을 확인한 후 필요한 조치를 하며, 그 처리 결과를 해당 검사를 청구한 회원에게 알려야 한다(동법 시행규칙12③).

2. 회원의 중앙회에 대한 검사청구

회원이 재적회원 10% 이상의 동의를 받아 중앙회의 업무나 회계의 집행상황이 법령, 정관 또는 공제규정에 위배된다는 이유로 검사를 청구한 경우에는 주무부장관은 금융감독원장에게 중앙회를 검사하게 할 수 있다(새마을금고법81②).

3. 검사청구서의 제출

회원은 법 제81조에 따른 검사 청구를 할 때에는 청구의 취지·이유 및 위반되었다고 주장하는 규정을 적은 검사청구서를 행정안전부장관에게 제출하여야 한다(동법 시행규칙12①).

제
3
장
/

제 재

제1절 신용협동조합

Ⅰ. 금융위원회와 금융감독원

1. 임직원에 대한 제재

(1) 재임 · 재직 중인 임직원

(가) 제재의 종류와 사유

1) 금융위원회의 조치

금융위원회는 조합 또는 중앙회의 임직원이 신용협동조합법 또는 신용협동조합법에 따른 명령·정관·규정에서 정한 절차·의무를 이행하지 아니한 경우에는 조합 또는 중앙회로 하여금 관련 임직원에 대하여 ⅰ) 임원에 대해서는 개선, 직무의 정지 또는 견책(제1호), ⅱ) 직원에 대해서는 징계면직, 정직, 감봉 또는 견책(제2호), ⅲ) 임직원에 대한 주의·경고(제3호)의 조치를 하게 할 수 있다(신협법84①).

2) 금융감독원장 위탁

앞의 ⅱ) 및 ⅲ)에 따른 임직원에 대한 조치요구 권한은 금융감독원장에게 위탁되어 있다(신협법96①, 신협법 시행령24①(6)).

(나) 직무정지와 그 사유

조합 또는 중앙회가 임직원의 개선, 징계면직의 조치를 요구(신협법84② 및 신협법89⑦(1))받은 경우 해당 임직원은 그 날부터 그 조치가 확정되는 날까지 직무가 정지된다(신협법84②).

(다) 임시임원의 선임

금융위원회는 조합 또는 중앙회의 업무를 집행할 임원이 없는 경우에는 임시임원을 선임할 수 있다(신협법84③). 임시임원의 선임은 금융감독원장에게 위탁되어 있다(신협법96①, 신협법 시행령24①(7)).

(라) 임시임원의 선임 등기

임시임원이 선임되었을 때에는 조합 또는 중앙회는 지체 없이 이를 등기하여야 한다(신협법84④ 본문). 다만, 조합 또는 중앙회가 그 등기를 해태하는 경우에는 금융위원회는 조합 또는 중앙회의 주된 사무소를 관할하는 등기소에 그 등기를 촉탁할 수 있다(신협법84④ 단서). 등기촉탁은 금융감독원장에게 위탁되어 있다(신협법96①, 신협법 시행령24①(7)).

(2) 퇴임 · 퇴직 중인 임직원

(가) 임직원에 대한 조치내용의 통보

금융위원회(신협법 제84조 제1항 각호의 어느 하나에 해당하는 조치 권한을 위탁받은 금융감독원장 및 중앙회장을 포함)는 조합 및 중앙회의 퇴임한 임원 또는 퇴직한 직원이 재임 중이었거나 재직 중이었더라면 ⅰ) 임원에 대해서는 개선, 직무의 정지 또는 견책(제1호), ⅱ) 직원에 대해서는 징계면직, 정직, 감봉 또는 견책(제2호), ⅲ) 임직원에 대한 주의 · 경고(제3호)의 조치(신협법84①)의 어느 하나에 해당하는 조치를 받았을 것으로 인정하는 경우에는 그 내용을 조합 또는 중앙회에 통보하여야 한다(신협법84의2①).

(나) 조합 또는 중앙회의 기록 · 유지

통보를 받은 조합 또는 중앙회는 이를 해당 임원 또는 직원에게 통보하고, 기록 · 유지하여야 한다(신협법84의2②).

2. 조합 및 중앙회에 대한 제재

(1) 제재의 종류와 사유

(가) 조합 또는 중앙회에 대한 금융위원회의 조치

금융위원회는 조합 또는 중앙회가 신용협동조합법 또는 신용협동조합법에 따른 명령을 위반하여 건전한 운영을 해칠 우려가 있다고 인정하는 경우 또는 금융소비자보호법 제51조 제1항 제4호,[1] 제5호[2] 또는 같은 조 제2항 각 호 외의 부분 본문 중 대통령령으로 정하는 경우[3]에 해당하는 경우(제3호에 해당하는 조치로 한정)에는 ⅰ) 조합 또는 중앙회에 대한 주의·경고(제1호), ⅱ) 해당 위반행위의 시정명령(제2호), ⅲ) 6개월 이내의 업무의 일부정지(제3호)의 어느 하나에 해당하는 조치를 할 수 있다(신협법85①).

(나) 금융감독원장 위탁

금융위원회는 조합 또는 중앙회에 대한 주의·경고(법85①(1))에 관한 권한을 금융감독원장에게 위탁한다(신협법96①, 신협법 시행령24①(8)).

(2) 조합 업무의 전부정지

금융위원회는 조합이 ⅰ) 거짓이나 그 밖의 부정한 방법으로 설립인가를 받은 경우(제1호), ⅱ) 인가내용 또는 인가조건을 위반한 경우(제2호), ⅲ) 업무의 정지기간에 그 업무를 한 경우(제3호), ⅳ) 해당 위반행위의 시정명령을 이행하지

---

[1] 4. 금융위원회의 시정명령 또는 중지명령을 받고 금융위원회가 정한 기간 내에 시정하거나 중지하지 아니한 경우(금융소비자보호법51①(4)).

[2] 5. 그 밖에 금융소비자의 이익을 현저히 해칠 우려가 있거나 해당 금융상품판매업등을 영위하기 곤란하다고 인정되는 경우로서 ⅰ) 판매제한·금지명령(금융소비자보호법49②)에 따르지 않은 경우, ⅱ) 1년 이상 계속하여 정당한 사유 없이 영업을 하지 않는 경우, ⅲ) 업무와 관련하여 제3자로부터 부정한 방법으로 금전등을 받거나 금융소비자에게 지급해야 할 금전등을 받는 경우, ⅳ) 6개월 이내의 업무의 전부 또는 일부의 정지, 위법행위에 대한 시정명령, 위법행위에 대한 중지명령, 위법행위로 인하여 조치를 받았다는 사실의 공표명령 또는 게시명령, 기관경고, 기관주의, 영업소의 전부 또는 일부 폐쇄, 수사기관에의 통보, 다른 행정기관에의 행정처분 요구, 경영이나 업무에 대한 개선 요구의 조치를 받은 날부터 3년 이내에 3회(금융소비자 보호에 관한 감독규정34②) 이상 동일한 위반행위를 반복한 경우(금융소비자보호법51①(5) 및 영41②).

[3] "대통령령으로 정하는 경우"란 [별표 1] 각 호의 경우를 말한다(금융소비자보호법51② 및 같은법 시행령41③). [별표 1]은 금융상품판매업자등 및 그 임직원에 대한 조치 또는 조치요구 기준을 규정하고 있다.

아니한 경우(제4호), ⅴ) 조합원이 1년 이상 계속하여 100인 미만인 경우(제5호), ⅵ) 조합의 출자금 합계액이 1년 이상 계속하여 출자금 합계액의 최저한도(법14 ④ 각호)의 구분에 따른 금액에 미달한 경우(제6호), ⅶ) 정당한 사유 없이 1년 이상 계속하여 사업을 하지 아니한 경우(제7호), ⅷ) 설립인가를 받은 날부터 6개월 이내에 등기를 하지 아니한 경우(제8호), ⅸ) 금융소비자보호법 제51조 제1항 제4호 또는 제5호에 해당하는 경우(제9호), ⅹ) 금융소비자보호법 제51조 제2항 각호 외의 부분 중 대통령령으로 정하는 경우(업무의 전부정지를 명하는 경우로 한정)(제10호)의 어느 하나에 해당하는 경우에는 6개월 이내의 기간을 정하여 업무의 전부정지를 명하거나 조합의 설립인가를 취소할 수 있다(신협법85②).

(3) 중앙회장의 의견 청취

금융위원회가 업무의 전부정지를 명하거나 설립인가를 취소하려면 중앙회장의 의견을 들어야 한다(신협법85③).

(4) 위반시 제재

조합 또는 중앙회가 신협법 제85조 제1항 제2호에 따른 시정명령을 이행하지 아니한 경우에는 2천만원 이하의 과태료를 부과한다(신협법101①(4의2)).

Ⅱ. 중앙회장

1. 임직원에 대한 제재

금융감독원장은 직원에 대한 징계면직, 정직, 감봉 또는 견책(신협법84①(2)) 요구 및 임직원에 대한 주의·경고 요구(신협법84①(3)) 권한을 중앙회장에게 위탁할 수 있다(신협법96②, 신협법 시행령24③(3)).

(1) 재임·재직 중인 임직원
(가) 제재의 종류와 사유

중앙회장은 검사결과에 따라 조합의 임직원이 신용협동조합법 또는 신용협동조합법에 따른 명령·정관·규정에서 정한 절차·의무를 이행하지 아니한 경우에는 조합으로 하여금 관련 임직원에 대하여 ⅰ) 임원에 대해서는 개선, 직무의 정지 또는 견책(제1호), ⅱ) 직원에 대해서는 징계면직, 정직, 감봉 또는 견책(제2호), ⅲ) 임직원에 대한 주의·경고(제3호)의 조치를 하게 할 수 있다(신협법89⑦ (1), 신협법84①).

(나) 직무정지와 그 사유

조합 또는 중앙회가 임직원의 개선, 징계면직의 조치를 요구받은 경우 해당 임직원은 그 날부터 그 조치가 확정되는 날까지 직무가 정지된다(신협법84②).

(다) 임시임원의 선임

중앙회장은 조합의 업무를 집행할 임원이 없는 경우에는 임시임원을 선임할 수 있다(신협법89⑦(3), 신협법84③).

(라) 임시임원의 선임 등기

임시임원이 선임되었을 때에는 조합은 지체 없이 이를 등기하여야 한다(신협법84④ 본문). 다만, 조합이 그 등기를 해태하는 경우에는 중앙회장은 조합의 주된 사무소를 관할하는 등기소에 그 등기를 촉탁할 수 있다(신협법89⑦(4), 신협법84④ 단서).

(2) 퇴임·퇴직 중인 임직원

(가) 중앙회장의 조치내용의 통보

제84조 제1항 각호의 어느 하나에 해당하는 조치 권한을 위탁받은 중앙회장은 조합의 퇴임한 임원 또는 퇴직한 직원이 재임 중이었거나 재직 중이었더라면 ⅰ) 임원에 대해서는 개선, 직무의 정지 또는 견책(제1호), ⅱ) 직원에 대해서는 징계면직, 정직, 감봉 또는 견책(제2호), ⅲ) 임직원에 대한 주의·경고(제3호)의 조치(신협법84①)의 어느 하나에 해당하는 조치를 받았을 것으로 인정하는 경우에는 그 내용을 조합 또는 중앙회에 통보하여야 한다(신협법84의2①).

(나) 조합의 통보와 기록·유지

통보를 받은 조합은 이를 해당 임원 또는 직원에게 통보하고, 기록·유지하여야 한다(신협법84의2②).

2. 조합에 대한 제재

(1) 제재의 종류와 사유

중앙회장은 조합이 신용협동조합법 또는 신용협동조합법에 따른 명령을 위반하여 건전한 운영을 해칠 우려가 있다고 인정하는 경우 또는 금융소비자보호법 제51조 제1항 제4호, 제5호 또는 같은 조 제2항 각 호 외의 부분 본문 중 대통령령으로 정하는 경우에 해당하는 경우(제3호에 해당하는 조치로 한정)에는 i) 조합에 대한 주의·경고(제1호), ii) 해당 위반행위의 시정명령(제2호), iii) 6개월이내의 업무의 일부정지(제3호)의 어느 하나에 해당하는 조치를 할 수 있다(신협법85①).

(2) 조합 업무의 전부정지

중앙회장은 조합이 i) 거짓이나 그 밖의 부정한 방법으로 설립인가를 받은 경우(제1호), ii) 인가내용 또는 인가조건을 위반한 경우(제2호), iii) 업무의 정지기간에 그 업무를 한 경우(제3호), iv) 해당 위반행위의 시정명령을 이행하지 아니한 경우(제4호), v) 조합원이 1년 이상 계속하여 100인 미만인 경우(제5호), vi) 조합의 출자금 합계액이 1년 이상 계속하여 출자금 합계액의 최저한도(법14④ 각호)의 구분에 따른 금액에 미달한 경우(제6호), vii) 정당한 사유 없이 1년 이상 계속하여 사업을 하지 아니한 경우(제7호), viii) 설립인가를 받은 날부터 6개월이내에 등기를 하지 아니한 경우(제8호), ix) 금융소비자보호법 제51조 제1항 제4호 또는 제5호에 해당하는 경우(제9호), x) 금융소비자보호법 제51조 제2항 각호 외의 부분 중 대통령령으로 정하는 경우(업무의 전부정지를 명하는 경우로 한정)(제10호)의 어느 하나에 해당하는 경우에는 6개월 이내의 기간을 정하여 업무의전부정지를 명할 수 있다(신협법89⑦(5), 신협법85②).

(3) 위반시 제재

조합이 법 제89조 제7항 제5호, 제85조 제1항 제2호에 따른 시정명령을 이행하지 아니한 경우에는 2천만원 이하의 과태료를 부과한다(신협법101①(4의2)).

3. 금융감독원장의 권한 위탁과 중앙회장의 조치 권한과의 관계

금융감독원장은 직원에 대한 징계면직, 정직, 감봉 또는 견책(신협법84①(2)) 요구 및 임직원에 대한 주의·경고 요구(신협법84①(3)) 권한을 중앙회장에게 위탁할 수 있다(신협법96②, 신협법 시행령24③(3)). 또한 임시임원의 선임 및 등기촉탁(신협법84③④) 권한도 중앙회장에게 위탁할 수 있다(신협법96②, 신협법 시행령24③(4)). 다만, 중앙회장은 신협법 제89조 7항 제1호에 따라 독자적인 조치권한이 있으므로, 위 권한의 범위는 신협법 제96조의 위임에 따른 신협법 시행령이 규정한 금융위원회 또는 금융감독원장으로부터 위탁받은 범위로 한정되지 않는다. 따라서 중앙회장은 검사결과에 따라 제84조 제1항에 따른 임직원에 대한 조치요구(조합 임원에 대한 개선, 직무의 정지 또는 견책, 직원에 대한 징계면직, 정직, 감봉 또는 견책, 임직원에 대한 주의·경고) 등을 할 수 있다.

제2절 농업협동조합

지역농협과 지역축협(신용사업을 하는 품목조합 포함) 및 중앙회의 사업에 관하여는 신용협동조합법 제84조(임직원에 대한 행정처분)를 적용한다(신협법95④, 신협법84).

Ⅰ. 임직원에 대한 제재

1. 제재의 종류와 사유

(1) 금융위원회(상호금융)의 조치

금융위원회는 조합 또는 중앙회의 임직원이 신용협동조합법 또는 신용협동조합법에 따른 명령·정관·규정에서 정한 절차·의무를 이행하지 아니한 경우에는 조합 또는 중앙회로 하여금 관련 임직원에 대하여 ⅰ) 임원에 대해서는 개선, 직무의 정지 또는 견책(제1호), ⅱ) 직원에 대해서는 징계면직, 정직, 감봉 또는 견책(제2호), iii) 임직원에 대한 주의·경고(제3호)의 조치를 하게 할 수 있다(신협법84①).

(2) 금융감독원장(상호금융)에 대한 위탁

앞의 ii) 및 iii)에 따른 임직원에 대한 조치요구 권한은 금융감독원장에게 위탁되어 있다(신협법96①, 신협법 시행령24①(6)).

2. 직무정지와 그 사유

조합 또는 중앙회가 임직원의 개선, 징계면직의 조치를 요구받은 경우 해당 임직원은 그 날부터 그 조치가 확정되는 날까지 직무가 정지된다(신협법84②).

3. 임시임원의 선임

금융위원회는 조합 또는 중앙회의 업무를 집행할 임원이 없는 경우에는 임시임원을 선임할 수 있다(신협법84③). 임시임원의 선임은 금융감독원장에게 위탁되어 있다(신협법96①, 신협법 시행령24①(7))).

4. 임시임원의 선임 등기

임시임원이 선임되었을 때에는 조합 또는 중앙회는 지체 없이 이를 등기하여야 한다(신협법84④ 본문). 다만, 조합 또는 중앙회가 그 등기를 해태하는 경우에는 금융위원회는 조합 또는 중앙회의 주된 사무소를 관할하는 등기소에 그 등기를 촉탁할 수 있다(신협법84④ 단서). 등기촉탁은 금융감독원장에게 위탁되어 있다(신협법96①, 신협법 시행령24①(7)).

II. 조합 및 중앙회에 대한 제재

1. 총회나 이사회의 위법 또는 부당 의결사항의 취소 또는 집행정지

농림축산식품부장관은 조합등과 중앙회의 총회나 이사회가 의결한 사항이 위법 또는 부당하다고 인정하면 그 전부 또는 일부를 취소하거나 집행을 정지하게 할 수 있다(농협법163).

2. 제재의 종류와 사유

농림축산식품부장관은 조합등이나 중앙회의 업무와 회계가 법령, 법령에 따른 행정처분 또는 정관에 위반된다고 인정하면 그 조합등이나 중앙회에 대하여 기간을 정하여 그 시정을 명하고 관련 임직원에게 ⅰ) 임원에 대하여는 개선, 직무의 정지 또는 변상(제1호), ⅱ) 직원에 대하여는 징계면직, 정직, 감봉 또는 변상(제2호), ⅲ) 임직원에 대한 주의·경고(제3호)의 조치를 하게 할 수 있다(농협법 164①).

3. 업무의 전부 또는 일부 정지

농림축산식품부장관은 조합등이나 중앙회가 시정명령 또는 임직원에 대한 조치를 이행하지 아니하면 6개월 이내의 기간을 정하여 그 업무의 전부 또는 일부를 정지시킬 수 있나(농협법164②).

4. 임직원의 직무정지

앞의 제재의 종류와 사유, 임원에 대하여는 개선, 직무의 정지, 견책 또는 변상(농협법146③(1)), 직원에 대하여는 징계면직, 정직, 감봉, 견책 또는 변상(농협법146③(2))에 따라 개선이나 징계면직의 조치를 요구받은 해당 임직원은 그 날부터 그 조치가 확정되는 날까지 직무가 정지된다(농협법164③).

제3절 수산업협동조합

지구별수협 및 중앙회의 사업에 관하여는 신용협동조합법 제84조(임직원에 대한 행정처분)를 적용한다(신협법95④, 신협법84).

Ⅰ. 임직원에 대한 제재

1. 제재의 종류와 사유

(1) 금융위원회(상호금융)의 조치

금융위원회는 조합 또는 중앙회의 임직원이 신용협동조합법 또는 신용협동조합법에 따른 명령·정관·규정에서 정한 절차·의무를 이행하지 아니한 경우에는 조합 또는 중앙회로 하여금 관련 임직원에 대하여 ⅰ) 임원에 대해서는 개선, 직무의 정지 또는 견책(제1호), ⅱ) 직원에 대해서는 징계면직, 정직, 감봉 또는 견책(제2호), ⅲ) 임직원에 대한 주의·경고(제3호)의 조치를 하게 할 수 있다(신협법84①).

(2) 금융감독원장(상호금융)에 대한 위탁

앞의 ⅱ) 및 ⅲ)에 따른 임직원에 대한 조치요구 권한은 금융감독원장에게 위탁되어 있다(신협법96①, 신협법 시행령24①(6)).

2. 직무정지와 그 사유

조합 또는 중앙회가 임직원의 개선, 징계면직의 조치를 요구받은 경우 해당 임직원은 그 날부터 그 조치가 확정되는 날까지 직무가 정지된다(신협법84②).

3. 임시임원의 선임

금융위원회는 조합 또는 중앙회의 업무를 집행할 임원이 없는 경우에는 임시임원을 선임할 수 있다(신협법84③). 임시임원의 선임은 금융감독원장에게 위탁되어 있다(신협법96①, 신협법 시행령24①(7))).

4. 임시임원의 선임 등기

임시임원이 선임되었을 때에는 조합 또는 중앙회는 지체 없이 이를 등기하여야 한다(신협법84④ 본문). 다만, 조합 또는 중앙회가 그 등기를 해태하는 경우에는 금융위원회는 조합 또는 중앙회의 주된 사무소를 관할하는 등기소에 그 등기를 촉탁할 수 있다(신협법84④ 단서). 등기촉탁은 금융감독원장에게 위탁되어 있다(신협법96①, 신협법 시행령24①(7))).

Ⅱ. 조합 및 중앙회에 대한 제재

1. 총회나 이사회의 위법 또는 부당 의결사항의 취소 또는 집행정지

해양수산부장관은 조합등과 중앙회의 총회·대의원회 또는 이사회의 소집 절차, 의결 방법, 의결 내용이나 선거가 법령, 법령에 따른 처분 또는 정관에 위반된다고 인정할 때에는 그 의결에 따른 집행의 정지 또는 선거에 따른 당선의 취소를 할 수 있다(수협법170①).

2. 제재의 종류와 사유

해양수산부장관은 조합등과 중앙회의 업무 또는 회계가 법령, 법령에 따른 처분 또는 정관에 위반된다고 인정할 때에는 그 조합등 또는 중앙회에 대하여 기간을 정하여 시정을 명하고 해당 임직원에 대하여 ⅰ) 임원에 대하여는 개선, 직무정지, 견책 또는 경고(제1호), ⅱ) 직원에 대하여는 징계면직, 정직, 감봉 또는 견책(제2호)의 조치를 하게 할 수 있다(수협법170②).

3. 업무의 전부 또는 일부 정지

조합등 또는 중앙회가 임직원의 개선, 징계면직의 조치를 요구받은 경우 해당 임직원은 그 날부터 그 조치가 확정되는 날까지 직무가 정지된다(수협법170③).

4. 임직원의 직무정지

해양수산부장관은 조합등 또는 중앙회가 시정명령 또는 임직원에 대한 조치를 이행하지 아니하면 6개월 이내의 기간을 정하여 해당 업무의 전부 또는 일부를 정지시킬 수 있다(수협법170④).

5. 업무정지의 세부기준

업무정지의 세부기준 및 그 밖에 필요한 사항은 해양수산부령으로 정한다

(수협법170⑤). 이에 따른 조합등 또는 중앙회에 대한 업무정지의 세부기준은 [별표 2]와 같다(수협법 시행규칙10의3).

제4절 산림조합

조합 및 중앙회의 사업에 관하여는 신용협동조합법 제84조(임직원에 대한 행정처분)를 적용한다(신협법95④, 신협법84).

Ⅰ. 임직원에 대한 제재

1. 제재의 종류와 사유

(1) 금융위원회(상호금융)의 조치

금융위원회는 조합 또는 중앙회의 임직원이 신용협동조합법 또는 신용협동조합법에 따른 명령·정관·규정에서 정한 절차·의무를 이행하지 아니한 경우에는 조합 또는 중앙회로 하여금 관련 임직원에 대하여 ⅰ) 임원에 대해서는 개선, 직무의 정지 또는 견책(제1호), ⅱ) 직원에 대해서는 징계면직, 정직, 감봉 또는 견책(제2호), ⅲ) 임직원에 대한 주의·경고(제3호)의 조치를 하게 할 수 있다(신협법84①).

(2) 금융감독원장(상호금융)에 대한 위탁

앞의 ⅱ) 및 ⅲ)에 따른 임직원에 대한 조치요구 권한은 금융감독원장에게 위탁되어 있다(신협법96①, 신협법 시행령24①(6)).

2. 직무정지와 그 사유

조합 또는 중앙회가 임직원의 개선, 징계면직의 조치를 요구받은 경우 해당 임직원은 그 날부터 그 조치가 확정되는 날까지 직무가 정지된다(신협법84②).

3. 임시임원의 선임

금융위원회는 조합 또는 중앙회의 업무를 집행할 임원이 없는 경우에는 임시임원을 선임할 수 있다(신협법84③). 임시임원의 선임은 금융감독원장에게 위탁되어 있다(신협법96①, 신협법 시행령24①(7)).

4. 임시임원의 선임 등기

임시임원이 선임되었을 때에는 조합 또는 중앙회는 지체 없이 이를 등기하여야 한다(신협법84④ 본문). 다만, 조합 또는 중앙회가 그 등기를 해태하는 경우에는 금융위원회는 조합 또는 중앙회의 주된 사무소를 관할하는 등기소에 그 등기를 촉탁할 수 있다(신협법84④ 단서). 등기촉탁은 금융감독원장에게 위탁되어 있다(신협법96①, 신협법 시행령24①(7)).

Ⅱ. 조합 및 중앙회에 대한 제재

1. 총회나 이사회의 위법 또는 부당 의결사항의 취소 또는 집행 정지

산림청장 또는 시·도지사는 조합등과 중앙회의 총회 또는 이사회가 의결한 사항이 위법하거나 부당하다고 인정할 때에는 그 전부 또는 일부를 취소하거나 집행을 정지하게 할 수 있다(산림조합법124).

2. 제재의 종류와 사유

산림청장 또는 시·도지사는 조합등 또는 중앙회의 업무와 회계가 법령, 법령에 따른 행정처분 또는 정관을 위반한다고 인정할 때에는 그 조합 또는 중앙회에 대하여 기간을 정하여 시정을 명하고 관련 임직원에 대하여 ⅰ) 임원에 대하여는 개선 또는 직무의 정지(제1호), ⅱ) 직원에 대하여는 징계면직, 정직 또는 감봉(제2호)의 조치를 할 것을 요구할 수 있다(산림조합법125①).

3. 업무의 전부 또는 일부 정지

산림청장 또는 시·도지사는 조합등 또는 중앙회가 시정명령 또는 임직원에 대한 조치 요구를 이행하지 아니하였을 때에는 6개월 이내의 기간을 정하여 그 업무의 전부 또는 일부를 정지시킬 수 있다(산림조합법125②).

4. 업무정지의 세부기준

업무정지의 세부기준 및 그 밖에 필요한 사항은 농림축산식품부령으로 정한다(법125③). 이에 따른 업무정지의 세부기준은 [별표]와 같다(산림조합법 시행규칙 3).

제5절 새마을금고

Ⅰ. 임직원에 대한 제재처분

1. 제재의 종류와 사유

행정안전부장관은 금고 또는 중앙회의 임직원이 새마을금고법 또는 새마을금고법에 따른 명령이나 정관으로 정한 절차나 의무를 이행하지 아니한 경우에는 관련 임직원에 대하여 ⅰ) 임원에 대해서는 해임, 6개월 이내의 직무정지, 견책 또는 경고(제1호), ⅱ) 직원에 대해서는 징계면직, 정직, 감봉, 견책, 경고 또는 주의(제2호)의 조치를 하거나 금고 또는 중앙회에 조치를 요구할 수 있다(새마을금고법74의2① 본문). 다만, 제2호의 경우에는 금고 또는 중앙회에 조치 요구만 할 수 있다(새마을금고법74의2① 단서).[4]

2. 직무정지

앞의 새마을금고법 제74조의2 제1항(제79조 제7항에서 준용하는 경우를 포함)에 따라 금고 또는 중앙회가 임직원의 해임 또는 징계면직의 조치를 요구받은 경우 해당 임직원은 그 날부터 그 조치가 확정되는 날까지 직무가 정지된다(새마을금고법74의2②).[5]

---

4) [개정 2023. 4. 11.][시행일: 2023. 10. 12.]
5) [개정 2023. 4. 11.][시행일: 2023. 10. 12.]

3. 임시임원 선임

행정안전부장관은 금고 또는 중앙회의 업무를 집행할 임원이 없는 경우에는 임시임원을 선임할 수 있다(새마을금고법74의2③).

임시임원이 선임되었을 때에는 금고 또는 중앙회는 지체 없이 이를 등기하여야 한다(새마을금고법74의2④ 본문). 다만, 금고 또는 중앙회가 그 등기를 게을리하는 경우 주무부장관이 금고 또는 중앙회의 주된 사무소를 관할하는 등기소에 그 등기를 촉탁할 수 있다(새마을금고법74의2④ 단서).

4. 임직원에 대한 제재처분의 세부기준

제재처분의 세부기준 및 절차는 행정안전부령으로 정한다(새마을금고법74의2⑤).

(1) 세부기준

법 제74조의2 제1항에 따른 임직원에 대한 제재처분의 세부기준은 [별표 1]과 같다(동법 시행규칙11의2①).

(2) 제재의 가중

행정안전부장관은 ⅰ) 견책 이상의 제재처분이 있은 날부터 3년 이내에 위반행위가 발생한 경우: 1단계 위의 제재처분(제1호), ⅱ) 2 이상의 위반행위가 경합되는 경우: 그 중 가장 무거운 제재처분보다 1단계 위의 제재처분(제2호)에 제재처분을 가중할 수 있다(동법 시행규칙11의2②).

(3) 제재의 감경

행정안전부장관은 ⅰ) 감독기관이 인지하기 전에 위반행위가 발생하였음을 자진하여 신고한 경우(제1호), ⅱ) 위반행위로 인하여 발생한 손실을 보전한 경우(제2호)의 어느 하나에 해당하는 경우에는 위반행위의 동기·내용·횟수 및 위반의 정도 등을 고려하여 제재처분을 1단계 아래로 감경할 수 있다(동법 시행규칙11의2③).

(4) 제재 후 위반행위 적발시 조치

수개의 위반행위 중 적발된 일부에 대하여 제재처분을 한 후 나머지 위반행위가 적발된 경우에는 ⅰ) 추가로 적발된 위반행위를 제재처분의 사유에 포함하였더라도 제재처분의 수준이 높아지지 않았을 것으로 인정되는 경우에는 추가로 적발된 위반행위를 이유로 제재처분을 하지 아니할 것(제1호), ⅱ) 추가로 적발된 위반행위를 제재처분의 사유로 하면 제재처분의 수준이 높아졌을 것으로 인정되는 경우에는 그 수준을 고려하여 별도로 제재처분을 할 것(제2호)에 따른다(동법 시행규칙11의2④).

Ⅱ. 형사 기소된 임직원에 대한 제재 등

1. 임원 또는 직원의 직무정지

행정안부장관과 회장은 중앙회 또는 금고 임직원이 형법 제355조부터 제357조까지, 특정경제범죄법 제5조(수재 등의 죄), 제7조(알선수재의 죄) 및 제8조(사금융 알선 등의 죄)의 죄를 범하여 형사 기소된 때에는 해당 임원 또는 직원의 직무정지를 명할 수 있다(새마을금고법79의4①).

2. 임원의 직무정지

행정안부장관과 회장은 중앙회 또는 금고의 임원이 제25조 제8항을 위반한 때에는 해당 임원의 직무정지를 명할 수 있다(새마을금고법79의4②).

Ⅲ. 퇴임한 임원 등에 대한 명령내용의 통보

1. 명령내용의 중앙회 또는 금고 통보

행정안전부장관과 회장은 중앙회 또는 금고에서 퇴임 또는 퇴직한 임직원이 재임 또는 재직 중이었더라면 ⅰ) 임원의 해임 또는 직무정지(제1호), ⅱ) 직원의 징계면직 또는 정직(제2호)의 어느 하나에 해당하는 명령을 받았을 것으로 인정되는 경우에는 그 받았을 것으로 인정되는 명령내용을 중앙회 또는 해당 금고에 통보하여야 한다(새마을금고법79의5①).

2. 중앙회 또는 금고의 임직원에 대한 통보 및 기록관리

통보를 받은 중앙회 또는 금고는 이를 해당 임직원에게 통보하고, 그 내용을 기록·관리하여야 한다(새마을금고법79의5②).

Ⅳ. 금고 및 중앙회에 대한 제재

행정안부장관은 금고 또는 중앙회가 새마을금고법 또는 새마을금고법에 따른 명령을 위반하여 건전한 운영을 해칠 수 있다고 인정하는 경우에는 금고 또는 중앙회에 대하여 ⅰ) 경고 또는 주의(제1호), ⅱ) 위반행위에 대한 시정명령(제2호), ⅲ) 6개월 이내의 업무의 전부 또는 일부 정지(제3호)의 어느 하나에 해당하는 조치를 할 수 있다(새마을금고법74의3①).

과태료

제1절 신용협동조합

Ⅰ. 개요

신용협동조합법 제101조는 일정한 위반행위에 대하여 2천만원 이하의 과태료를 부과하는 경우(제1항), 1천만원 이하의 과태료를 부과하는 경우(제2항)를 규정한다(신협법101①②). 과태료는 대통령령으로 정하는 바에 따라 금융위원회가 부과·징수한다(신협법101③). 과태료의 부과기준은 시행령 [별표 2]와 같다(신협법 시행령25). 시행령 [별표 2]는 과태료의 부과기준를 규정하고 있다.

Ⅱ. 2천만원 이하의 과태료

조합 또는 중앙회가 다음의 어느 하나에 해당하는 경우에는 2천만원 이하의 과태료를 부과한다(신협법101①).

1. 정관을 변경하였을 때에는 중앙회장의 승인을 받은 후 이를 등기하여야 하는데(신협법24 ②), 이를 위반하여 정관을 변경한 경우

1의2. 조합은 전월 말일 현재의 예탁금 및 적금 잔액의 10% 이상을 상환준비금으로 보유하여야 하며, 상환준비금의 일부를 중앙회에 예치하여야 하는데(신협법43①), 이를 위반하여 상환준비금을 보유하지 아니하거나 중앙회에 예치하지 아니한 경우

1의3. 조합이나 중앙회는 대출등의 계약을 체결하려는 자에게 금리인하를 요구할 수 있음을 알려야 하는데(신협법45의3②, 신협법79의2), 이를 위반하여 금리인하를 요구할 수 있음을 알리지 아니한 경우

2. 조합은 매 사업연도가 끝난 후 총회에서 결산보고서를 승인받으면 30일 이내에 중앙회장에게 제출하여야 하는데(신협법47④), 이를 위반하여 결산보고서를 중앙회장에게 제출하지 아니한 경우

3. 정당한 사유 없이 직전 연도 말 자산총액이 대통령령으로 정하는 기준액 이상인 組合으로서 금융위원회가 조합원의 보호를 위하여 외부감사가 필요하다고 인정하여 감사를 의뢰한 조합은 매년 감사인의 감사를 받아야 하는데(신협법47⑤), 이에 따른 감사인의 회계감사를 받지 아니한 경우, 그리고 중앙회는 사업연도마다 감사인의 회계감사를 받아야 하는데(신협법81②), 이에 감사인의 회계감사를 받지 아니한 경우

3의2. 조합은 금융위원회가 정하는 바에 따라 경영상황에 관한 주요 정보 및 자료를 공시하여야 하는데(신협법83의2), 이를 위반하여 공시하지 아니하거나 거짓으로 공시한 경우

4. 조합 또는 중앙회는 업무보고서를 다음 달 말일까지 제출해야 하는데(신협법83의4), 이에 따른 보고서를 제출하지 아니하거나 거짓으로 보고서를 제출한 경우

4의2. 금융위원회는 조합 또는 중앙회가 신용협동조합법 또는 신용협동조합법에 따른 명령을 위반하여 건전한 운영을 해칠 우려가 있다고 인정하는 경우 해당 위반행위의 시정명령를 내릴 수 있는데(신협법85①(2)), 이에 따른 시정명령을 이행하지 아니한 경우

5. 계약이전의 결정이 있는 경우 해당 부실조합 및 인수조합은 공동으로 그 결정의 요지 및 계약이전의 사실을 둘 이상의 일간신문에 지체 없이 공고하여야 하는데(신협법86의5②), 이를 위반하여 공고를 하지 아니한 경우

6. 금융위원회는 계약이전의 결정을 한 경우 해당 부실조합 및 인수조합으로 하여금 계약이 전과 관련된 자료를 보관·관리하도록 하고, 채권자등의 열람에

제공하도록 하여야 하는데(신협법86의5⑥), 이를 위반하여 계약이전과 관련된 자료를 보관·관리하지 아니하거나 채권자 등의 열람에 제공하지 아니한 경우

7. 감독기관의 검사를 거부·방해·기피한 경우

Ⅲ. 1천만원 이하의 과태료

고객응대직원에 대한 보호 조치 의무(신협법45의2)를 위반하여 직원의 보호를 위한 조치를 하지 아니하거나 직원에게 불이익을 준 조합에는 1천만원 이하의 과태료를 부과한다(신협법101②).

Ⅳ. 과태료의 부과기준

과태료는 금융위원회가 부과·징수한다(신협법101③). 과태료의 부과기준은 시행령 [별표 2]와 같다(신협법 시행령25).

[별표 2] 과태료의 부과기준(제25조 관련)

1. 일반기준

금융위원회는 위반행위의 정도, 위반행위의 동기와 그 결과 등을 고려하여 제2호에 따른 과태료 금액을 감경 또는 면제하거나 2분의 1 범위에서 가중할 수 있다. 다만, 가중하는 경우에도 법 제101조 제1항 및 제2항에 따른 과태료 금액의 상한을 초과할 수 없다.

2. 개별기준   (단위: 만원)

위반행위	근거 법조문	금액
가. 조합이 법 제24조 제2항을 위반하여 정관을 변경한 경우	법 제101조 제1항 제1호	1,200
나. 조합이 법 제43조 제1항을 위반하여 상환준비금을 보유하지 않거나 중앙회에 예치하지 않은 경우	법 제101조 제1항 제1호의2	2,000
다. 조합이 법 제45조의2를 위반하여 직원의 보호를 위한 조치를 하지 않거나 직원에게 불이익을 준 경우	법 제101조 제2항	600
라. 조합 또는 중앙회가 법 제45조의3 제2항(법 제79조의2에 따라 준용되는 경우를 포함)을 위반하여 금리인하를 요구할 수 있음을 알리지 않은 경우	법 제101조 제1항 제1호의3	1,000

마. 조합이 제47조 제4항을 위반하여 결산보고서를 중앙회장에게 제출하지 않은 경우	법 제101조 제1항 제2호	1,200
바. 조합 또는 중앙회가 정당한 사유 없이 제47조 제5항 또는 제81조 제2항에 따른 감사인의 회계감사를 받지 않은 경우	법 제101조 제1항 제3호	2,000
사. 조합이 법 제83조의2를 위반하여 공시하지 않거나 거짓으로 공시한 경우	법 제101조 제1항 제3호의2	1,200
아. 조합 또는 중앙회가 법 제83조의4에 따른 보고서를 제출하지 않거나 거짓으로 보고서를 제출한 경우	법 제101조 제1항 제4호	1,200
자. 조합 또는 중앙회가 법 제85조 제1항 제2호에 따른 시정명령을 이행하지 않은 경우	법 제101조 제1항 제4호의2	2,000
차. 조합이 법 제86조의5 제2항을 위반하여 공고를 하지 않은 경우	법 제101조 제1항 제5호	1,200
카. 조합이 법 제86조의5 제6항을 위반하여 계약이전과 관련된 자료를 보관관리하지 않거나 채권자등의 열람에 제공하지 않은 경우	법 제101조 제1항 제6호	600
타. 법인인 자가 감독기관의 검사를 거부·방해·기피한 경우	법 제101조 제1항 제7호	2,000
파. 법인이 아닌 자가 감독기관의 검사를 거부·방해·기피한 경우	법 제101조 제1항 제7호	1,000 다만, 임직원의 경우에는 400만 원으로 한다.

제2절 농업협동조합

Ⅰ. 과태료

1. 개요

농업협동조합법 제174조는 일정한 위반행위에 대하여 200만원 이하의 과태료를 부과하는 경우(농협법174①②), 제공받은 금액이나 가액의 10배 이상 50배 이하에 상당하는 금액의 과태료를 부과(상한액은 3천만원)하는 경우(농협법174③)를 규정한다. 과태료는 대통령령으로 정하는 바에 따라 농림축산식품부장관이 부과·징수한다(농협법174④). 과태료의 부과기준은 [별표 5]와 같다(농협법 시행령

52①). 과태료의 부과기준에 관하여는 「공공단체등 위탁선거에 관한 규칙」 제34
조 제3항·제4항 및 [별표 2]를 준용한다(농협법 시행령52②)고 규정하고 있다.

2. 200만원 이하의 과태료

농협법 제3조(명칭) 제2항·제112조의3(법인격 및 명칭) 제3항 또는 농협법
제138조(품목조합연합회) 제6항을 위반하여 명칭을 사용한 자에게는 200만원 이
하의 과태료를 부과한다(농협법174①).

조합등 또는 중앙회의 임원, 조합의 간부직원, 중앙회의 집행간부·일반간부
직원, 파산관재인 또는 청산인이 공고하거나 최고하여야 할 사항에 대하여 공고
나 최고를 게을리하거나 부정한 공고나 최고를 하면 200만원 이하의 과태료를
부과한다(농협법174②).

3. 제공받은 금액이나 가액의 10배 이상 50배 이하에 상당하는 금액 의 과태료

농협법 제50조의2(기부행위의 제한) 제1항 및 제5항(제107조·제112조 또는 제
161조에 따라 준용하는 경우를 포함)을 위반하여 금전·물품, 그 밖의 재산상의 이
익을 제공받은 자에게는 그 제공받은 금액이나 가액의 10배 이상 50배 이하에
상당하는 금액의 과태료를 부과하되, 그 상한액은 3천만원으로 한다(농협법174
④).

4. 과태료의 부과기준

과태료는 대통령령으로 정하는 바에 따라 농림축산식품부장관이 부과·징수
한다(법174④). 과태료의 부과기준은 [별표 5]와 같다(농협법 시행령52①). 과태료
의 부과기준에 관하여는 「공공단체등 위탁선거에 관한 규칙」 제34조 제3항·제4
항 및 [별표 2]를 준용한다(농협법 시행령52②).

[별표 5] 과태료의 부과기준(제52조 제1항 관련)
1. 일반기준
가. 위반행위의 횟수에 따른 과태료 부과기준은 최근 2년간 같은 위반행위로 과
   태료를 부과받은 경우에 적용한다. 이 경우 위반행위에 대하여 과태료 부과

처분을 한 날과 다시 같은 위반행위(과태료 부과처분 후의 위반행위만 해당
한다)를 적발한 날을 각각 기준으로 하여 위반횟수를 계산한다.

나. 부과권자는 위반행위의 동기와 위반정도 및 그 결과 등 다음 사항을 고려하
여 제2호의 개별기준에서 정한 금액의 2분의 1 범위에서 그 금액을 줄일 수
있다. 다만, 과태료를 체납하고 있는 위반행위자에 대해서는 그러하지 아니
하다.

  1) 위반행위자가 질서위반행위규제법 시행령 제2조의2 제1항 각 호의 어느
     하나에 해당하는 경우
  2) 위반행위가 사소한 부주의나 오류로 인한 것으로 인정되는 경우
  3) 위반행위자가 법 위반상태를 시정하거나 해소한 경우

2. 개별기준
(단위: 만원)

위반행위	근거 법조문	과태료 금액	
		1차 위반	2차 이상 위반
가. 법 제3조 제2항·제112조의3 제3항 또는 제138조 제6항을 위반하여 명칭을 사용한 경우	법 제174조 제1항	100	200
나. 조합등 또는 중앙회의 임원, 조합의 간부직원, 중앙회의 집행간부·일반간부직원, 파산관재인 또는 청산인이 공고하거나 최고하여야 할 사항에 대하여 공고나 최고를 게을리 하거나 부정한 공고나 최고를 한 경우	법 제174조 제2항	100	200

Ⅱ. 선거범죄신고자 등의 보호

농협법 제172조(벌칙)에 따른 죄(제174조 제4항의 과태료에 해당하는 죄를 포함)
의 신고자 등의 보호에 관하여는 공직선거법 제262조의2(선거범죄신고자 등의 보
호)를 준용한다(농협법175).

제3절 수산업협동조합

I. 개요

수산업협동조합법 제180조는 일정한 위반행위에 대하여 200만원 이하의 과태료를 부과하는 경우(수협법180①②), 제공받은 금액 또는 가액의 10배 이상 50배 이하에 상당하는 금액의 과태료를 부과(상한액은 3천만원)하는 경우(수협법180③)를 규정하고 있다. 과태료는 대통령령으로 정하는 바에 따라 해양수산부장관 또는 중앙선거관리위원회가 부과·징수한다(수협법180⑤). 구·시·군선거관리위원회가 법 제180조 제5항에 따라 과태료를 부과·징수하는 경우 그 성질에 어긋나지 아니하는 범위에서 「공직선거관리규칙」 제143조를 준용한다(수협법 시행령70).

II. 200만원 이하의 과태료 부과

수협법 제3조(명칭) 제2항, 제113조의3(법인격 및 명칭) 제3항 또는 제114조(수산업협동조합협의회) 제3항을 위반하여 명칭을 사용한 자에게는 200만원 이하의 과태료를 부과한다(수협법180①).

조합등 또는 중앙회의 임원·집행간부·일반간부직원·파산관재인 또는 청산인이 공고하거나 최고하여야 할 사항에 대하여 공고 또는 최고를 게을리하거나 부정한 공고 또는 최고를 한 경우에는 200만원 이하의 과태료를 부과한다(수협법180②).

III. 제공받은 금액 또는 가액의 10배 이상 50배 이하에 상당하는 금액의 과태료

수협법 제53조의2(기부행위의 제한)(제108조, 제113조 또는 제168조에 따라 준용하는 경우를 포함)를 위반하여 금전·물품이나 그 밖의 재산상의 이익을 제공받은 사람에게는 그 제공받은 금액 또는 가액의 10배 이상 50배 이하에 상당하는 금액의 과태료를 부과하되, 그 상한액은 3천만원으로 한다(수협법180③).

Ⅳ. 과태료 부과기준

과태료는 대통령령으로 정하는 바에 따라 해양수산부장관 또는 중앙선거관리위원회가 부과·징수한다(수협법180⑤). 구·시·군선거관리위원회가 법 제180조 제5항에 따라 과태료를 부과·징수하는 경우 그 성질에 어긋나지 아니하는 범위에서 「공직선거관리규칙」 제143조를 준용한다(수협법 시행령70).

제4절 산림조합

Ⅰ. 개요

산림조합법 제134조는 일정한 위반행위에 대하여 200만원 이하의 과태료를 부과하는 경우(산림조합법134①②), 제공받은 금액 또는 가액의 10배 이상 50배 이하에 상당하는 금액의 과태료를 부과(상한은 3천만원)하는 경우(산림조합법134④)를 규정하고 있다. 과태료는 대통령령으로 정하는 바에 따라 산림청장 또는 시·도지사가 부과·징수한다(산림조합법134⑤). 구·시·군선거관리위원회가 법 제134조 제4항에 따라 과태료를 부과·징수하는 경우에는 그 성질에 반하지 아니하는 범위에서 「공직선거관리규칙」 제143조를 준용한다(산림조합법 시행령29).

Ⅱ. 200만원 이하의 과태료 부과

산림조합법 제3조(명칭) 제2항 또는 제86조의3(법인격 및 명칭) 제3항을 위반한 자에게는 200만원 이하의 과태료를 부과한다(산림조합법134①).

조합등 또는 중앙회의 조합장, 회장, 간부직원, 상임이사, 이사, 감사, 집행간부, 일반간부직원, 파산관재인 또는 청산인이 공고 또는 최고하여야 할 사항에 대하여 공고 또는 최고를 하지 아니하거나 부정한 공고 또는 최고를 하였을 때에는 200만원 이하의 과태료를 부과한다(산림조합법134②).

Ⅲ. 제공받은 금액 또는 가액의 10배 이상 50배 이하에 상당하는 금액의 과태료 부과

산림조합법 제40조의2(기부행위의 제한) 제1항(제122조에 따라 준용되는 경우를 포함)을 위반하여 금전·물품 또는 그 밖의 재산상 이익을 제공받은 자는 그 제공받은 금액 또는 가액의 10배 이상 50배 이하에 상당하는 금액의 과태료를 부과하되, 그 상한은 3천만원으로 한다(산림조합법134④).

Ⅳ. 과태료의 부과기준

과태료는 대통령령으로 정하는 바에 따라 산림청장 또는 시·도지사가 부과·징수한다(산림조합법134⑤). 구·시·군선거관리위원회가 과태료를 부과·징수하는 경우에는 그 성질에 반하지 아니하는 범위에서 「공직선거관리규칙」 제143조(과태료의 부과·징수등)를 준용한다(산림조합법 시행령29).

제5절 새마을금고

Ⅰ. 개요

새마을금고법 제88조는 일정한 위반행위에 대하여 5천만원 이하의 과태료를 부과하는 경우(법88①), 2천만원 이하의 과태료를 부과하는 경우(새마을금고법88②), 1천만원 이하의 과태료를 부과하는 경우(새마을금고법88③)를 규정하고 있다. 과태료는 대통령령으로 정하는 바에 따라 행정안전부장관이 부과·징수한다(새마을금고법88④).

Ⅱ. 5천만원 이하의 과태료: 금고

새마을금고법 제28조의2(불공정한 거래행위의 금지 등)를 위반하여 불공정거래행위를 한 금고에는 5천만원 이하의 과태료를 부과한다(새마을금고법88①).

Ⅲ. 2천만원 이하의 과태료: 금고 또는 중앙회

새마을금고법 제31조의2 제2항 또는 제67조 제7항을 위반하여 금리인하를 요구할 수 있음을 알리지 아니한 금고 또는 중앙회에는 2천만원 이하의 과태료를 부과한다(새마을금고법88②).

Ⅳ. 1천만원 이하의 과태료: 금고의 임직원

새마을금고법 제28조의2(불공정한 거래행위의 금지 등)를 위반한 금고의 임직원에게는 1천만원 이하의 과태료를 부과한다(새마을금고법88③).

Ⅴ. 과태료의 부과기준

과태료는 대통령령으로 정하는 바에 따라 주무부장관이 부과·징수한다(새마을금고법88④).

1. 금고에는 2천만원, 임직원에게는 100만원 부과

행정안전부장관은 법 제88조 제1항 및 제2항에 따라 금고에는 2천만원, 임직원에게는 100만원의 과태료를 부과한다(새마을금고법88④, 동법 시행령60①).

2 감면 또는 가중

행정안전부장관은 위반행위의 정도, 위반 횟수, 위반행위의 동기와 그 결과 등을 고려하여 과태료 금액을 감경 또는 면제하거나 2분의 1의 범위에서 가중할 수 있다(새마을금고법88④, 동법 시행령60②).

3. 세부기준

과태료의 감경, 면제 및 가중에 관한 세부기준은 행정안전부장관이 정하여 고시한다(새마을금고법88④, 동법 시행령60③).

중앙회장은 금고 또는 그 임직원이 시행령 제16조의2(불공정거래행위의 유형 및 기준) 제1호·제4호·제5호·제6호의 규정을 위반하여 과태료의 부과를 행정안 전부에 건의하는 경우에는 [별표 10]을 따라야 한다(새마을금고 감독기준4의2⑧).

[별표 10] 과태료 부과기준(제4조의2 제8항 관련)

1. 과태료 산정방식

　가. 법 제28조의2 제1항 제1호 및 시행령 제16조의2 제1호, 제4호, 제5호 또 　　는 제6호를 위반하여 과태료를 부과하는 경우 대상건별 기준금액은 다음과 　　같다.

　1) 금고에 부과하는 경우: 2천만원

　2) 임직원에 부과하는 경우: 1백만원

　나. 구속행위의 동기 및 구속비율(여신거래와 관련하여 다음 금액을 여신금 　　액으로 나눈 비율), 대상상품을 고려하여 기준금액의 일정비율로 부과대상건 　　별 예정금액을 산정한다.

　1) 법 제28조의2 제1항 제1호 및 시행령 제16조의2 제4호, 제5호 또는 제4 　　조의2 제7항 제2호를 위반한 경우: 제4조의2 제5항 제1호 각 목 외의 부 　　분 본문에서 정하는 방법에 따라 산출된 월수입금액

　2) 시행령 제16조의2 제1호를 위반한 경우: 차용인의 금융상품 해약 또는 인 　　출이 제한된 총 금액

　3) 제4조의2 제7항 제1호를 위반한 경우: 실질적으로 차용인의 자금사용이 　　제한된 총 금액

　다. 위반자에게 가중·감면사유가 있는 경우에는 위 예정금액을 가중·감면 　하여 최종 과태료 부과금액을 결정한다.

　라. 과태료 부과 및 징수와 관련하여 이 기준에서 정하고 있는 내용을 제외 　하고는 질서위반 행위규제법에서 정하는 바를 따른다.

2. 예정금액의 산정

　과태료 부과대상건에 대하여 구속행위의 동기 및 구속비율을 고려하여 예정 　금액을 다음 표와 같이 산정한다.

구속비율 ＼ 동기	고의	과실
100분의 10 이상	기준금액의 100%	기준금액의 50%
100분의 5 이상 100분의 10 미만	기준금액의 50%	기준금액의 25%

100분의 2 이상 100분의 5 미만	기준금액의 25%	기준금액의 12.5%
100분의 2 미만	기준금액의 10%	기준금액의 5%

3. 최종 부과금액의 결정

위반자가 다음에 해당하는 경우에는 예정금액을 감면하거나 예정금액의 50% 범위에서 가중할 수 있다.

1) 가중 사유

   가) 위반횟수(최초 과태료 부과처분을 받은 날로부터 5년 이내에 법 제28조의2 위반행위를 추가로 위반한 경우)

   · 1회: 예정금액의 25% 이내에서 가중

   · 2회 이상: 예정금액의 50% 이내에서 가중

   나) 중소기업기본법 시행령 제8조에 따른 소기업(통계법에 따른 한국표준산업분류상 금융업, 보험 및 연금업, 금융 및 보험 관련 서비스업을 영위하는 기업과 주채무 계열에 소속된 소기업은 제외)이 차용인인 여신거래와 관련 법 제28조의2 제1항 제1호 및 시행령 제16조의2 제1호, 제4호, 제5호 또는 제6호를 위반한 경우 예정금액의 20% 이내에서 가중할 수 있다.

2) 감면 사유

   가) 동일 또는 유사한 위반행위의 방지를 위한 자체감사 또는 내부통제 시스템을 갖추어 시행하거나 대책을 마련하여 이행하는 등 상당한 주의 및 감독을 한 것으로 인정되는 경우에는 예정금액의 50% 이내에서 감경할 수 있다.

   나) 위반행위를 감독기관이 인지하기 전에 자진하여 신고하는 등 검사에 적극적으로 협조한 경우에는 예정금액의 30% 이내에서 감경할 수 있다.

   다) 위반행위를 감독기관이 인지하기 전에 스스로 시정 또는 치유한 경우에는 예정금액의 30% 이내에서 감경할 수 있다.

   라) 위반행위에 대하여 부과하려는 예정금액의 총액이 위반행위자의 연령(법인은 제외), 현실적인 부담능력, 환경 또는 위반행위의 내용 및 정황 등을 고려할 때 감경이 불가피하다고 인정되는 경우에는 예정금액의 50% 이내에서 감경할 수 있다.

4. 과태료 부과의 면제 및 기타사항

   가. 위반자에게 다음과 같은 사유가 있는 경우에는 과태료 부과를 면제할 수

있다.

1) 면제 사유

가) 위반자의 지급불능 등 과태료 납부가 사실상 불가능하여 과태료 부과의 실효성이 없는 경우

나) 동일한 위반행위에 대하여 형벌·과징금 등 실효성 있는 제재조치를 이미 받은 경우

다) 아래와 같이 해당 금고가 존재하지 않거나 임직원이 금고의 소속이 아닌 경우

· 금고 면제사유: 인가 취소조치를 이미 받았거나 받는 경우, 금고가 해산된(청산 및 신설합병 포함) 경우

· 임원 면제사유: 임원개선을 이미 받았거나 받는 경우

· 직원 면제사유: 징계면직을 이미 받았거나 받는 경우

라) 천재지변 등 부득이한 사정으로 위반행위를 한 경우

마) 공무원(중앙회장을 포함)의 서면회신이나 행정지도, 기타 공적인 견해표명에 따라 위법행위를 행한 경우 등 질서위반행위규제법 제8조(위법성의 착오)에서 정한 바와 같이 자신의 행위가 위법하지 아니한 것으로 오인하고 행한 행위로서 그 오인에 정당한 사유가 있는 경우

바) 동일한 위반행위에 대하여 당해 금고 및 직원 각각에 대하여 과태료를 부과할 수 있으나, 위반행위가 당해 금고의 경영방침 또는 당해 금고 이사장의 업무집행 행위로 발생되었거나 당해 금고의 내부통제의 미흡 또는 감독소홀에 기인하여 발생된 경우 그 직원

사) 최종 과태료 부과금액이 10만원 미만인 경우

아) 고의나 중대한 과실이 아닌 사소한 부주의나 오류로 인한 위반행위로서 금고 또는 금융거래자에 미치는 영향이 없거나 미미한 경우에는 임원에 대해서는 견책·경고, 직원에 대해서는 견책·경고·주의 또는 시정조치 등으로 갈음할 수 있다.

자) 기타 이에 준하는 사유가 있어 과태료부과 면제가 불가피하다고 인정되는 경우

나. 기타사항

최종 과태료 부과금액(동일인의 2개 이상의 동일한 종류의 위반행위가 경합하는 경우에는 해당 위반행위에 대한 최종 과태료 부과금액의 합산액)을 결정함에 있어서 10만원 단위 미만의 금액은 절사한다.

제
5
장
／

벌 칙

제1절 신용협동조합

Ⅰ. 개요

신용협동조합법 제99조는 일정한 위반행위에 대하여 3년 이하의 징역 또는 3천만원 이하의 벌금에 처하는 경우(제1항), 2년 이하의 징역 또는 2천만원 이하의 벌금에 처하는 경우(제2항), 1년 이하의 징역 또는 1천만원 이하의 벌금에 처하는 경우를 규정하고 있다(신협법99①②③).

또한 신협법 제100조는 양벌규정을 다음과 같이 규정하고 있다. 조합 또는 중앙회의 대표자나 대리인, 사용인, 그 밖의 종업원이 그 조합 또는 중앙회의 업무에 관하여 제99조 제1항 또는 제2항의 위반행위를 하면 그 행위자를 벌하는 외에 그 조합 또는 중앙회에도 해당 조문의 벌금형을 과(科)한다(법100 본문). 다만, 조합 또는 중앙회가 그 위반행위를 방지하기 위하여 해당 업무에 관하여 상당한 주의와 감독을 게을리하지 아니한 경우에는 그러하지 아니하다(신협법100 단서).

Ⅱ. 3년 이하의 징역 또는 3천만원 이하의 벌금

조합 또는 중앙회의 임직원 또는 청산인이 ⅰ) 조합 또는 중앙회의 사업 목적 외의 용도로 자금을 사용하거나 재산을 처분 또는 이용하여 조합 또는 중앙회에 손해를 끼친 경우(제1호), ⅱ) 제7조(설립)를 위반하여 설립인가를 받은 경우(제2호)에는 3년 이하의 징역 또는 3천만원 이하의 벌금에 처한다(신협법99① 전단). 이 경우 징역형과 벌금형을 병과할 수 있다(신협법99① 후단).

Ⅲ. 2년 이하의 징역 또는 2천만원 이하의 벌금

조합 또는 중앙회의 임직원 또는 청산인이 다음 각 호의 어느 하나에 해당하는 행위를 한 경우에는 2년 이하의 징역 또는 2천만원 이하의 벌금에 처한다(신협법99②).

1. 등기를 거짓으로 한 경우
2. 제42조(동일인에 대한 대출등의 한도)를 위반하여 동일인에 대한 대출등의 한도를 초과한 경우
3. 수뢰 등의 금지(법30의2) 규정을 위반한 경우, 조합은 매 사업연도 이익금의 10% 이상을 납입출자금 총액의 2배가 될 때까지 법정적립금으로 적립하여야 한다(법49①) 규정을 위반한 경우, 청산인은 조합의 채무를 변제하거나 변제에 상당하는 재산을 공탁하기 전에는 조합의 재산을 분배해서는 아니된다(법59③)는 규정을 위반한 경우
4. 금융위원회가 정하는 회계처리기준 또는 결산에 관한 기준(법47②)을 위반하여 거짓으로 재무제표를 작성하여 총회의 승인을 받은 경우
5. 중앙회는 매 사업연도 경과 후 3개월 이내에 해당 사업연도의 결산보고서와 감사위원회의 감사보고서 및 외부감사인의 감사보고서를 정기총회에 제출하여 승인을 받아야 한다(법81 ③)는 규정을 위반한 경우, 중앙회는 정기총회가 끝난 후 2주 이내에 승인을 받은 결산보고서 및 감사보고서를 금융위원회에 제출하여야 한다(법81④)는 규정을 위반한 경우
6. 금융위원회는 경영관리 요건의 어느 하나에 해당되어 조합원의 이익을 크게 해칠 우려가 있다고 인정되는 조합에 대해서는 관리인을 선임하여 경영관리

를 하게 할 수 있는데(법86 ①), 이에 따른 경영관리에 응하지 아니한 경우
7. 중앙회장은 사업을 수행하기 위하여 조합을 지도·감독하는데, 필요한 경우
   에는 조합에 자료의 제출, 관계자의 출석 또는 진술을 요구할 수 있는데, 이
   에 따라 자료의 제출, 관계자의 출석 또는 진술을 요구받은 조합은 지체 없
   이 요구에 따라야 한다(법89②)는 규정을 위반하여 자료의 제출, 출석 또는
   진술을 거부하거나 거짓으로 자료를 제출하거나 진술을 한 경우

Ⅳ. 1년 이하의 징역 또는 1천만원 이하의 벌금

조합 또는 중앙회가 아닌 자는 그 명칭에 "신용협동조합"이나 이와 유사한
문자를 사용해서는 아니 된다(법3②)는 규정을 위반한 자, 임원의 선거운동 제한
(법27의2, 법72⑧) 규정을 위반한 자, 정치 관여의 금지(법93) 규정을 위반한 자는
1년 이하의 징역 또는 1천만원 이하의 벌금에 처한다(신협법99③).

Ⅴ. 양벌규정

1. 의의

조합 또는 중앙회의 대표자나 대리인, 사용인, 그 밖의 종업원이 그 조합 또
는 중앙회의 업무에 관하여 제99조 제1항 또는 제2항의 위반행위를 하면 그 행
위자를 벌하는 외에 그 조합 또는 중앙회에도 해당 조문의 벌금형을 과(科)한다
(신협법100 본문).

2. 면책

조합 또는 중앙회가 그 위반행위를 방지하기 위하여 해당 업무에 관하여 상
당한 주의와 감독을 게을리하지 아니한 경우에는 그러하지 아니하다(신협법100
단서).

제2절 농업협동조합

Ⅰ. 벌칙

1. 10년 이하의 징역 또는 1억원 이하의 벌금

조합등의 임원 또는 중앙회의 임원이나 집행간부가 ⅰ) 조합등 또는 중앙회의 사업목적 외에 자금의 사용 또는 대출(제1호), ⅱ) 투기의 목적으로 조합등 또는 중앙회의 재산의 처분 또는 이용(제2호)의 어느 하나에 해당하는 행위로 조합등 또는 중앙회에 손실을 끼치면 10년 이하의 징역 또는 1억원 이하의 벌금에 처한다(농협법170①). 여기서 징역형과 벌금형은 병과(倂科)할 수 있다(농협법170②).

2. 3년 이하의 징역 또는 3천만원 이하의 벌금

조합등과 중앙회의 임원, 조합의 간부직원, 중앙회의 집행간부·일반간부직원, 파산관재인 또는 청산인이 다음 각 호의 어느 하나에 해당하면 3년 이하의 징역 또는 3천만원 이하의 벌금에 처한다(농협법171).

1. 제15조 제1항(제77조 제2항, 제107조 또는 제112조에 따라 준용되는 경우를 포함), 제35조 제2항(제107조 또는 제112조에 따라 준용되는 경우를 포함), 제75조 제2항(제107조 또는 제112조에 따라 준용되는 경우를 포함), 제75조 제5항(제107조 또는 제112조에 따라 준용되는 경우를 포함), 제78조 제1항(제107조에 따라 준용되는 경우를 포함), 제112조의5 제1항, 제112조의6 제2항, 제120조 제2항 또는 제121조 제1항에 따른 인가를 받아야 할 사항에 관하여 인가를 받지 아니한 경우

2. 제15조 제1항(제77조 제2항, 제107조 또는 제112조에 따라 준용되는 경우를 포함), 제30조 제1항(제107조·제112조·제112조의11 또는 제161조에 따라 준용되는 경우를 포함), 제35조 제1항(제107조·제112조 또는 제112조의11에 따라 준용되는 경우를 포함), 제43조 제3항(제107조·제112조 또는 제112조의11에 따라 준용되는 경우를 포함), 제54조 제1항부터 제3항까지(제107조·제112조 또는 제161조에 따라 준용되는 경우를 포함), 제64조(제107조 또는 제112조에 따라 준용되는 경우를 포함), 제75조 제1항(제107조 또는

제112조에 따라 준용되는 경우를 포함), 제77조 제1항(제107조 또는 제112조에 따라 준용되는 경우를 포함), 제82조 제2호(제107조·제112조 또는 제112조의10에 따라 준용되는 경우를 포함), 제123조, 제125조 제4항, 제125조의2 제3항 또는 제159조에 따라 총회·대의원회 또는 이사회(소이사회를 포함)의 의결을 필요로 하는 사항에 대하여 의결을 거치지 아니하고 집행한 경우

3. 제46조 제7항(제107조·제112조 또는 제129조 제5항에 따라 준용되는 경우를 포함) 또는 제142조 제2항에 따른 총회나 이사회에 대한 보고를 하지 아니하거나 거짓으로 한 경우

4. 제57조 제1항 제10호·제106조 제10호·제111조 제9호 또는 제134조 제1항 제9호에 따른 승인을 받지 아니하고 사업을 한 경우

5. 제66조(제107조 또는 제112조에 따라 준용되는 경우를 포함)를 위반하여 조합의 여유자금을 사용한 경우

6. 제67조 제1항(제107조·제112조·제112조의11 또는 제161조에 따라 준용되는 경우를 포함)을 위반하여 잉여금의 10% 이상을 적립하지 아니한 경우

7. 제67조 제3항(제107조·제112조 또는 제161조에 따라 준용되는 경우를 포함)을 위반하여 잉여금의 20% 이상을 다음 회계연도로 이월하지 아니한 경우

8. 제68조(제107조·제112조·제112조의11 또는 제161조에 따라 준용되는 경우를 포함)를 위반하여 손실을 보전 또는 이월하거나 잉여금을 배당한 경우

9. 제69조(제107조·제112조·제112조의11 또는 제161조에 따라 준용되는 경우를 포함)를 위반하여 자본적립금을 적립하지 아니한 경우

10. 제70조(제107조·제112조·제112조의11 또는 제161조에 따라 준용되는 경우를 포함)를 위반하여 법정적립금을 사용한 경우

11. 제71조 제1항·제3항(제107조·제112조·제112조의11 또는 제161조에 따라 준용되는 경우를 포함)을 위반하여 결산보고서를 제출하지 아니하거나 갖추지 아니한 경우

12. 제72조 제1항(제107조·제112조·제112조의11 또는 제161조에 따라 준용되는 경우를 포함) 또는 제80조에 따라 준용되는 제72조 제1항(제107조 또는 제112조에 따라 준용되는 경우를 포함)을 위반하여 재무상태표를 작성하지 아니한 경우

13. 제85조(제107조·제112조 또는 제112조의11에 따라 준용되는 경우를 포함)를 위반하여 총회나 농림축산식품부장관의 승인을 받지 아니하고 재산을 처분한 경우

14. 제87조(제107조 · 제112조 또는 제112조의11에 따라 준용되는 경우를 포함)를 위반하여 재산을 분배한 경우

15. 제88조(제107조 · 제112조 또는 제112조의11에 따라 준용되는 경우를 포함)를 위반하여 결산보고서를 작성하지 아니하거나 총회에 제출하지 아니한 경우

16. 제90조(제107조 · 제112조 · 제112조의11 또는 제161조에 따라 준용되는 경우를 포함), 제91조부터 제93조까지(제107조 · 제112조 · 제112조의11 또는 제161조에 따라 준용되는 경우를 포함), 제95조부터 제99조까지(제107조 · 제112조 또는 제112조의10에 따라 준용되는 경우를 포함) 또는 제102조(제107조 · 제112조 · 제112조의11 또는 제161조에 따라 준용되는 경우를 포함)에 따른 등기를 부정하게 한 경우

17. 제146조에 따른 중앙회의 감사나 제162조에 따른 감독기관의 감독 · 검사를 거부 · 방해 또는 기피한 경우

3. 2년 이하의 징역 또는 2천만원 이하의 벌금

다음의 어느 하나에 해당하는 자는 2년 이하의 징역 또는 2천만원 이하의 벌금에 처한다(농협법172①). 제1항의 규정에 따른 죄의 공소시효는 해당 선거일 후 6개월(선거일 후에 이루어진 범죄는 그 행위를 한 날부터 6개월)을 경과함으로써 완성된다(농협법172④ 본문). 다만, 범인이 도피하거나 범인이 공범 또는 증명에 필요한 참고인을 도피시킨 경우에는 그 기간을 3년으로 한다(농협법172④ 단서).

1. 제7조(공직선거 관여 금지) 제2항을 위반하여 공직선거에 관여한 자
2. 제50조(선거운동의 제한) 제1항 또는 제11항(제107조 · 제112조 또는 제161조에 따라 준용되는 경우를 포함)을 위반하여 선거운동을 한 자
3. 제50조의2(기부행위의 제한)(제107조 · 제112조 또는 제161조에 따라 준용하는 경우를 포함)를 위반한 자
4. 제50조의3(조합장의 축의 · 부의금품 제공 제한)(제107조 또는 제112조에 따라 준용되는 경우를 포함)을 위반하여 축의 · 부의금품을 제공한 자

4. 1년 이하의 징역 또는 1천만원 이하의 벌금

다음의 어느 하나에 해당하는 자는 1년 이하의 징역 또는 1천만원 이하의 벌금에 처한다(농협법172②). 제2항의 규정에 따른 죄의 공소시효는 해당 선거일

후 6개월(선거일 후에 이루어진 범죄는 그 행위를 한 날부터 6개월)을 경과함으로써 완성된다(농협법172④ 본문). 다만, 범인이 도피하거나 범인이 공범 또는 증명에 필요한 참고인을 도피시킨 경우에는 그 기간을 3년으로 한다(농협법172④ 단서).

1. 제50조(선거운동의 제한) 제2항(제107조·제112조 또는 제161조에 따라 준용되는 경우를 포함)을 위반하여 호별 방문을 하거나 특정 장소에 모이게 한 자
2. 제50조(선거운동의 제한) 제4항·제6항·제7항(제107조·제112조에 따라 준용되는 경우를 포함) 또는 제130조(임원의 선출과 임기 등) 제11항을 위반하여 선거운동을 한 자
3. 제50조(선거운동의 제한) 제8항부터 제10항까지(제107조·제112조 또는 제161조에 따라 준용되는 경우를 포함)를 위반한 자

5. 500만원 이상 3천만원 이하의 벌금

법 제50조(선거운동의 제한) 제3항(제107조·제112조 또는 제161조에 따라 준용되는 경우를 포함)을 위반하여 거짓사실을 공표하거나 후보자를 비방한 자는 500만원 이상 3천만원 이하의 벌금에 처한다(농협법172③).

제3항의 규정에 따른 죄의 공소시효는 해당 선거일 후 6개월(선거일 후에 이루어진 범죄는 그 행위를 한 날부터 6개월)을 경과함으로써 완성된다(농협법172④ 본문). 다만, 범인이 도피하거나 범인이 공범 또는 증명에 필요한 참고인을 도피시킨 경우에는 그 기간을 3년으로 한다(농협법172④ 단서).

Ⅱ. 선거범죄로 인한 당선무효 등

1. 당선무효 사유

조합이나 중앙회의 임원선거와 관련하여 다음의 어느 하나에 해당하는 경우에는 해당 선거의 당선을 무효로 한다(농협법173①).

1. 당선인이 해당 선거에서 제172조(벌칙)에 해당하는 죄를 범하여 징역형 또는 100만원 이상의 벌금형을 선고받은 때
2. 당선인의 직계 존속·비속이나 배우자가 해당 선거에서 제50조(선거운동의 제한) 제1항이나 제50조의2(기부행위의 제한)를 위반하여 징역형 또는 300

만원 이상의 벌금형을 선고받은 때. 다만, 다른 사람의 유도 또는 도발에 의하여 해당 당선인의 당선을 무효로 되게 하기 위하여 죄를 범한 때에는 그러하지 아니하다.

2. 재선거 입후보 제한

다음의 어느 하나에 해당하는 사람은 당선인의 당선무효로 실시사유가 확정된 재선거(당선인이 그 기소 후 확정판결 전에 사직함으로 인하여 실시사유가 확정된 보궐선거를 포함)의 후보자가 될 수 없다(농협법173②).

1. 제1항 제2호 또는 위탁선거법 제70조(위탁선거범죄로 인한 당선무효) 제2호에 따라 당선이 무효로 된 사람(그 기소 후 확정판결 전에 사직한 사람을 포함)
2. 당선되지 아니한 사람(후보자가 되려던 사람을 포함)으로서 제1항 제2호 또는 위탁선거법 제70조(위탁선거범죄로 인한 당선무효) 제2호에 따른 직계존속·비속이나 배우자의 죄로 당선 무효에 해당하는 형이 확정된 사람

Ⅲ. 선거범죄신고자에 대한 포상금 지급

조합 또는 중앙회는 제172조에 따른 죄(제174조 제4항의 과태료에 해당하는 죄를 포함)에 대하여 그 조합·중앙회 또는 조합선거관리위원회가 인지하기 전에 그 범죄 행위를 신고한 자에게 포상금을 지급할 수 있다(농협법176①).

1. 신고포상금의 상한액

선거범죄신고자에 대한 포상금의 상한액은 다음의 구분에 따른다(법176②, 시행규칙11① 전단). 이 경우 포상금 비용은 해당 조합 및 중앙회가 각각 부담하되, 중앙회는 조합이 부담해야 하는 포상금 비용의 일부를 지원할 수 있다(농협법176②, 동법 시행규칙11① 후단).

1. 조합장 선거의 경우: 해당 선거와 관련하여 지급할 수 있는 포상금의 총액은 3천만원으로 하되, 1건당 지급할 수 있는 포상금의 상한액은 1천만원으로 한다.

2. 중앙회장 선거의 경우: 해당 선거와 관련하여 지급할 수 있는 포상금의 총액
   은 5천만원으로 하되, 1건당 지급할 수 있는 포상금의 상한액은 1천만원으로
   한다.

2. 신고포상금의 지급기준 및 포상방법

포상금의 지급기준, 포상방법, 포상금심사위원회의 설치·운영, 포상금의 반
환 등에 관하여는 해당 선거의 성질에 반하지 아니하는 범위에서「공직선거관리
규칙」제143조의4부터 제143조의9까지의 규정을 준용한다(농협법176②, 동법 시행
규칙11②).

Ⅳ. 자수자에 대한 특례

1. 형 또는 과태료의 필요적 감면

법 제50조(선거운동의 제한)(제107조·제112조 또는 제161조에 따라 준용되는 경
우를 포함) 또는 제50조의2(기부행위의 제한)(제107조·제112조 또는 제161조에 따라
준용되는 경우를 포함)를 위반하여 금전·물품·향응, 그 밖의 재산상의 이익 또는
공사의 직을 제공받거나 받기로 승낙한 자가 자수한 때에는 그 형 또는 과태료
를 감경 또는 면제한다(농협법177①).

2. 자수 의제 시기

법 제177조 제1항에 규정된 자가 농업협동조합법에 따른 선거관리위원회에
자신의 선거범죄사실을 신고하여 선거관리위원회가 관계 수사기관에 이를 통보
한 때에는 선거관리위원회에 신고한 때를 자수한 때로 본다(농협법177②).

제3절 수산업협동조합

Ⅰ. 벌칙

1. 10년 이하의 징역 또는 1억원 이하의 벌금

조합등 또는 중앙회의 임직원이 ⅰ) 조합등 또는 중앙회의 사업 목적 외의 용도로 자금을 사용하거나 대출하는 행위(제1호), ⅱ) 투기의 목적으로 조합등 또는 중앙회의 재산을 처분하거나 이용하는 행위(제2호)로 조합등 또는 중앙회에 손실을 끼쳤을 때에는 10년 이하의 징역 또는 1억원 이하의 벌금에 처한다(법176 ①). 징역형과 벌금형은 병과할 수 있다(수협법176②).

2. 3년 이하의 징역 또는 3천만원 이하의 벌금

조합등 또는 중앙회의 임원·집행간부·일반간부직원·파산관재인 또는 청산인이 다음의 어느 하나에 해당하면 3년 이하의 징역 또는 3천만원 이하의 벌금에 처한다(수협법177).

1. 제14조 제1항 단서, 제16조 제1항(제80조 제2항, 제108조, 제113조 또는 제168조에 따라 준용되는 경우를 포함), 제37조 제2항(제108조 또는 제113조에 따라 준용되는 경우를 포함), 제77조 제2항(제108조 또는 제113조에 따라 준용되는 경우를 포함), 제78조 제3항(제108조 또는 제113조에 따라 준용되는 경우를 포함), 제113조의5 제1항, 제113조의6 제2항, 제126조 제2항에 따른 감독기관의 인가를 받지 아니한 경우
2. 제16조 제1항(제80조 제2항, 제108조, 제113조 또는 제168조에 따라 준용되는 경우를 포함), 제32조 제1항(제108조, 제113조, 제113조의10 또는 제168조에 따라 준용되는 경우를 포함), 제37조 제1항(제108조, 제113조 또는 제113조의10에 따라 준용되는 경우를 포함), 제57조 제1항부터 제3항까지(제108조 또는 제113조에 따라 준용되는 경우를 포함), 제67조(제108조 또는 제113조에 따라 준용되는 경우를 포함), 제77조 제1항(제108조 또는 제113조에 따라 준용되는 경우를 포함), 제80조 제1항(제108조 또는 제113조에 따라 준용되는 경우를 포함), 제84조 제2호(제108조, 제113조 또는 제113조

의10에 따라 준용되는 경우를 포함), 제126조 제1항, 제127조 제3항, 제135
조 제1항 및 제3항 또는 제162조에 따라 총회·대의원회 또는 이사회의 의결
을 거쳐야 하는 사항에 대하여 의결을 거치지 아니하고 집행한 경우

3. 제48조 제1항(제108조 또는 제113조에 따라 준용되는 경우를 포함), 제48조
제2항(제108조, 제113조 또는 제133조 제5항에 따라 준용되는 경우를 포함),
제131조 제4항, 제142조 제2항 또는 제169조 제6항에 따른 감독기관·총회·
대의원회 또는 이사회에 대한 보고를 부실하게 하거나 사실을 은폐한 경우

4. 제60조 제1항 제15호, 제107조 제1항 제13호, 제112조 제1항 제13호 또는
제138조 제1항 제17호에 따른 감독기관의 승인을 받지 아니한 경우

5. 제64조 제2항(제108조 또는 제168조에 따라 준용되는 경우를 포함)에 따른
의결을 거치지 아니한 경우

6. 제69조(제108조 또는 제113조에 따라 준용되는 경우를 포함)를 위반하여 조
합이 여유자금을 사용한 경우

7. 제70조 제1항·제3항·제4항(제108조, 제113조, 제113조의10 또는 제168조
에 따라 순봉되는 경우를 포함), 제70조 제2항(제108조 또는 제113조에 따
라 준용되는 경우를 포함) 또는 제165조를 위반하여 법정적립금 등을 적립
하거나 잉여금을 이월한 경우

8. 제71조(제108조, 제113조, 제113조의10 또는 제168조에 따라 준용되는 경우
를 포함) 또는 제166조 제1항·제2항을 위반하여 손실 보전을 하거나 잉여금
을 배당한 경우

9. 제72조(제108조, 제113조, 제113조의10 또는 제168조에 따라 준용되는 경우
를 포함)를 위반하여 법정적립금 및 자본적립금을 사용한 경우

10. 제73조 제1항부터 제3항까지(제108조, 제113조, 제113조의10 또는 제168조
에 따라 준용되는 경우를 포함) 또는 제163조를 위반한 경우

11. 제74조 제1항(제108조, 제113조, 제113조의10 또는 제168조에 따라 준용되
는 경우를 포함)을 위반하여 조합 및 중앙회가 재무상태표를 작성하지 아니
한 경우

12. 제87조(제108조, 제113조 또는 제113조의10에 따라 준용되는 경우를 포함)
를 위반하여 총회 또는 해양수산부장관의 승인을 받지 아니한 경우

13. 제89조(제108조, 제113조 또는 제113조의10에 따라 준용되는 경우를 포함)
를 위반하여 청산인이 재산을 분배한 경우

14. 제90조(제108조, 제113조 또는 제113조의10에 따라 준용되는 경우를 포함)
를 위반하여 총회의 승인을 받지 아니한 경우

15. 제92조(제78조 제5항, 제80조 제2항, 제108조, 제113조, 제113조의10 또는 제168조에 따라 준용되는 경우를 포함), 제93조부터 제95조까지(제108조, 제113조, 제113조의10 또는 제168조에 따라 준용되는 경우를 포함), 제97조부터 제100조까지(제108조, 제113조 또는 제113조의10에 따라 준용되는 경우를 포함) 또는 제103조(제108조, 제113조, 제113조의10 또는 제168조에 따라 준용되는 경우를 포함에 따른 등기를 부정하게 한 경우

16. 감독기관의 검사 또는 중앙회의 감사를 거부·방해 또는 기피한 경우

3. 2년 이하의 징역 또는 2천만원 이하의 벌금

다음의 어느 하나에 해당하는 자는 2년 이하의 징역 또는 2천만원 이하의 벌금에 처한다(수협법178①).

1. 제7조(공직선거 관여 금지) 제2항을 위반하여 공직선거에 관여한 자
2. 제53조(선거운동의 제한) 제1항(제108조, 제113조 또는 제168조에 따라 준용되는 경우를 포함)을 위반하여 선거운동을 한 자
3. 제53조(선거운동의 제한) 제10항(제108조, 제113조 또는 제168조에 따라 준용하는 경우를 포함)을 위반하여 선거운동을 한 자
4. 제53조의3(조합장의 축의·부의금품 제공 제한)(제108조 또는 제113조에 따라 준용하는 경우를 포함)을 위반하여 축의·부의금품을 제공한 자

제1항에 규정된 죄의 공소시효는 해당 선거일 후 6개월(선거일 후에 지은 죄는 그 행위가 있었던 날부터 6개월)이 지남으로써 완성된다(수협법178⑤ 본문). 다만, 범인이 도피하였거나 범인이 공범 또는 범인의 증명에 필요한 참고인을 도피시킨 경우에는 그 기간을 3년으로 한다(수협법178⑤ 단서).

4. 1년 이하의 징역 또는 1천만원 이하의 벌금

다음의 어느 하나에 해당하는 자(제108조, 제113조 또는 제168조에 따라 준용되는 자를 포함)는 1년 이하의 징역 또는 1천만원 이하의 벌금에 처한다(수협법178②).

1. 제53조(선거운동의 제한) 제2항을 위반하여 호별 방문을 하거나 특정 장소에

모이게 한 자

2. 제53조(선거운동의 제한) 제8항을 위반하여 선전벽보 부착 등의 금지된 행위를 한 자

3. 제53조(선거운동의 제한) 제4항부터 제7항까지의 규정을 위반한 자

4. 제53조의2(기부행위의 제한)를 위반한 자

제2항에 규정된 죄의 공소시효는 해당 선거일 후 6개월(선거일 후에 지은 죄는 그 행위가 있었던 날부터 6개월)이 지남으로써 완성된다(수협법178⑤ 본문). 다만, 범인이 도피하였거나 범인이 공범 또는 범인의 증명에 필요한 참고인을 도피시킨 경우에는 그 기간을 3년으로 한다(수협법178⑤ 단서).

5. 500만원 이상 3천만원 이하의 벌금

법 제53조(선거운동의 제한) 제3항(제108조, 제113조 또는 제168조에 따라 준용되는 자를 포함)을 위반하여 거짓 사실을 공표하는 등 후보자를 비방한 자는 500만원 이상 3천만원 이하의 벌금에 처한다(수협법178④).

제4항에 규정된 죄의 공소시효는 해당 선거일 후 6개월(선거일 후에 지은 죄는 그 행위가 있었던 날부터 6개월)이 지남으로써 완성된다(법178⑤ 본문). 다만, 범인이 도피하였거나 범인이 공범 또는 범인의 증명에 필요한 참고인을 도피시킨 경우에는 그 기간을 3년으로 한다(수협법178⑤ 단서).

Ⅱ. 선거범죄로 인한 당선무효 등

1. 당선무효 사유

조합이나 중앙회의 임원선거와 관련하여 다음의 어느 하나에 해당하는 경우에는 해당 선거의 당선을 무효로 한다(수협법179①).

1. 당선인이 그 선거에서 제178조에 따라 징역형 또는 100만원 이상의 벌금형을 선고받은 경우

2. 당선인의 직계 존속·비속이나 배우자가 해당 선거에서 제53조(선거운동의 제한) 제1항이나 제53조의2(기부행위의 제한)를 위반하여 징역형 또는 300

만원 이상의 벌금형을 선고받은 경우. 다만, 다른 사람의 유도 또는 도발에 의하여 해당 당선인의 당선을 무효로 되게 하기 위하여 죄를 저지른 때에는 그러하지 아니하다.

2. 재선거 입후보 제한

다음의 어느 하나에 해당하는 사람은 당선인의 당선무효로 실시사유가 확정된 재선거(당선인이 그 기소 후 확정판결 전에 사직함으로 인하여 실시사유가 확정된 보궐선거를 포함)의 후보자가 될 수 없다(수협법179②).

1. 제1항 제2호 또는 위탁선거법 제70조(위탁선거범죄로 인한 당선무효) 제2호에 따라 당선이 무효로 된 사람(그 기소 후 확정판결 전에 사직한 사람을 포함)
2. 당선되지 아니한 사람(후보자가 되려던 사람을 포함)으로서 제1항 제2호 또는 위탁선거법 제70조(위탁선거범죄로 인한 당선무효) 제2호에 따른 직계존속·비속이나 배우자의 죄로 당선무효에 해당하는 형이 확정된 사람

Ⅲ. 선거범죄 신고자 등의 보호

법 제178조에 규정된 죄(제180조 제3항의 과태료에 해당하는 죄를 포함)의 신고자 등의 보호에 관하여는 공직선거법 제262조의2를 준용한다(수협법181).

Ⅳ. 선거범죄 신고자에 대한 포상금 지급

조합은 제178조에 규정된 죄(제180조 제3항의 과태료에 해당하는 죄를 포함)에 대하여 해당 조합 또는 조합선거관리위원회가 인지하기 전에 그 범죄행위를 신고한 사람에게 정관으로 정하는 바에 따라 포상금을 지급할 수 있다(수협법182).

Ⅴ. 자수자에 대한 특례

1. 형 또는 과태료의 필요적 감면

법 제53조(선거운동의 제한)(제108조, 제113조 또는 제168조에 따라 준용하는 경우를 포함) 및 제53조의2(선거운동의 제한)(제108조, 제113조 또는 제168조에 따라 준용하는 경우를 포함)를 위반한 자 중 금전·물품·향응, 그 밖의 재산상의 이익 또는 공사의 직을 제공받거나 받기로 승낙한 자가 자수한 때에는 그 형 또는 과태료를 감경 또는 면제한다(수협법183①).

2. 자수 의제 시기

법 제183조 제1항에 규정된 자가 수산업협동조합법에 따른 선거관리위원회에 자신의 선거범죄 사실을 신고하여 선거관리위원회가 관계 수사기관에 이를 통보한 때에는 선거관리위원회에 신고한 때를 자수한 때로 본다(수협법183②).

제4절 산림조합

Ⅰ. 벌칙

1. 10년 이하의 징역 또는 1억원 이하의 벌금

조합등의 임원 또는 중앙회의 임원이나 집행간부가 조합등 또는 중앙회의 사업목적 외에 자금을 사용 또는 대출하거나 투기의 목적으로 조합등 또는 중앙회의 재산을 처분 또는 이용하였을 때에는 10년 이하의 징역 또는 1억원 이하의 벌금에 처한다(산림조합법130①). 징역형과 벌금형은 병과할 수 있다(산림조합법130②).

2. 3년 이하의 징역 또는 3천만원 이하의 벌금

조합등 또는 중앙회의 조합장, 회장, 간부직원, 상임이사, 이사, 감사, 집행간부, 일반간부직원, 파산관재인 또는 청산인이 다음의 어느 하나에 해당할 때에는 3년 이하의 징역 또는 3천만원 이하의 벌금에 처한다(산림조합법131).

1. 감독기관의 인가 또는 승인을 받아야 할 사항에 관하여 인가 또는 승인을 받지 아니하였을 때
2. 부정한 등기를 하였을 때
3. 감독기관·총회 또는 이사회에서 부실한 보고를 하거나 사실을 은폐하였을 때
4. 총회 또는 이사회의 의결이 필요한 사항에 대하여 의결을 받지 아니하고 집행하였을 때
5. 제56조(여유자금의 운용), 제57조(결산보고서의 제출·비치 등)(제86조의10 또는 제122조에 따라 준용되는 경우를 포함) 또는 제58조(출자감소의 의결) 제1항(제65조, 제86조의10 및 제122조에 따라 준용되는 경우를 포함)을 위반하였을 때
6. 제70조(청산인의 직무)(제86조의10에 따라 준용되는 경우를 포함), 제72조(청산인의 재산분배 제한)(제86조의10에 따라 준용되는 경우를 포함) 또는 제73조(결산보고서)(제86조의10에 따라 준용되는 경우를 포함)를 위반하였을 때
7. 감독기관 또는 중앙회의 감사를 거부·방해 또는 기피하였을 때

3. 2년 이하의 징역 또는 2천만원 이하의 벌금

다음의 어느 하나에 해당하는 행위를 한 자는 2년 이하의 징역 또는 2천만원 이하의 벌금에 처한다(산림조합법132①).

1. 제7조(공직선거 관여 금지) 제2항을 위반한 자
2. 제40조(선거운동의 제한) 제1항(제122조에 따라 준용되는 경우를 포함)을 위반한 사람
2의2. 제40조(선거운동의 제한) 제9항(제122조에 따라 준용되는 경우를 포함)을 위반한 사람
3. 제40조의2(기부행위의 제한)(제122조에 따라 준용되는 경우를 포함)를 위반한 자

제1항에 규정된 죄의 공소시효는 해당 선거일 후 6개월(선거일 후에 행하여진 범죄는 그 행위가 있는 날부터 6개월)이 지남으로써 완성된다(산림조합법132④ 본문). 다만, 범인이 도피하였거나 범인이 공범 또는 범죄의 증명에 필요한 참고인을 도피시켰을 때에는 그 기간을 3년으로 한다(산림조합법132④ 단서).

4. 1년 이하의 징역 또는 1천만원 이하의 벌금

법 제40조(선거운동의 제한) 제2항 및 제4항부터 제8항까지(제122조에 따라 준용되는 경우를 포함)의 규정을 위반한 자는 1년 이하의 징역 또는 1천만원 이하의 벌금에 처한다(산림조합법132②(1)).

제2항에 규정된 죄의 공소시효는 해당 선거일 후 6개월(선거일 후에 행하여진 범죄는 그 행위가 있는 날부터 6개월)이 지남으로써 완성된다(산림조합법132④ 본문). 다만, 범인이 도피하였거나 범인이 공범 또는 범죄의 증명에 필요한 참고인을 도피시켰을 때에는 그 기간을 3년으로 한다(산림조합법132④ 단서).

5. 500만원 이상 3천만원 이하의 벌금

법 제40조(선거운동의 제한) 제3항(제122조에 따라 준용되는 경우를 포함)을 위반한 자는 500만원 이상 3천만원 이하의 벌금에 처한다(산림조합법132③).

제3항에 규정된 죄의 공소시효는 해당 선거일 후 6개월(선거일 후에 행하여진 범죄는 그 행위가 있는 날부터 6개월)이 지남으로써 완성된다(수협법132④ 본문). 다만, 범인이 도피하였거나 범인이 공범 또는 범죄의 증명에 필요한 참고인을 도피시켰을 때에는 그 기간을 3년으로 한다(산림조합법132④ 단서).

Ⅱ. 선거범죄로 인한 당선무효 등

1. 당선무효 사유

조합 또는 중앙회의 임원선거와 관련하여 다음의 어느 하나에 해당하는 경우에는 해당 선거의 당선을 무효로 한다(산림조합법133①).

1. 당선인이 해당 선거에서 제132조(벌칙)에 해당하는 죄를 저질러 징역형 또는 100만원 이상의 벌금형을 선고받았을 때

2. 당선인의 직계 존속·비속이나 배우자가 해당 선거에서 제40조(선거운동의 제한) 제1항이나 제40조의2(기부행위의 제한)를 위반하여 징역형 또는 300만원 이상의 벌금형을 선고받았을 때. 다만, 다른 사람의 유도 또는 도발에 의하여 해당 당선인의 당선을 무효로 되게 하기 위하여 죄를 저질렀을 때에는 그러하지 아니하다.

2. 재선거 후보자 제한

다음의 어느 하나에 해당하는 사람은 당선인의 당선무효로 인하여 실시되는 재선거(당선인이 그 기소 후 확정판결 전에 사직하여 실시되는 보궐선거를 포함)의 후보자가 될 수 없다(산림조합법133②).

1. 제1항 제2호 또는 위탁선거법 제70조(위탁선거범죄로 인한 당선무효) 제2호에 따라 당선이 무효로 된 사람(그 기소 후 확정판결 전에 사직한 사람을 포함)
2. 당선되지 아니한 사람(후보자가 되려던 사람을 포함)으로서 제1항 제2호 또는 위탁선거법 제70조(위탁선거범죄로 인한 당선무효) 제2호에 따른 직계 존속·비속이나 배우자의 죄로 당선무효에 해당하는 형이 확정된 사람

Ⅲ. 선거범죄신고자 등의 보호

법 제132조(벌칙)에 규정된 죄(제134조 제4항의 과태료에 해당하는 죄를 포함)의 신고자 등의 보호에 관하여는 공직선거법 제262조의2(선거범죄신고자 등의 보호)를 준용한다(산림조합법135).

Ⅳ. 선거범죄신고자에 대한 포상금 지급

조합은 제132조(벌칙)에 규정된 죄(제134조 제4항의 과태료에 해당하는 죄를 포함)에 대하여 해당 조합 또는 조합선거관리위원회가 인지하기 전에 그 범죄행위를 신고한 자에게 정관으로 정하는 바에 따라 포상금을 지급할 수 있다(산림조합법136).

Ⅴ. 자수자에 대한 특례

1. 형 또는 과태료의 필요적 감면

법 제40조(선거운동의 제한)(제122조에 따라 준용되는 경우를 포함) 및 제40조의 2(기부행위의 제한)(제122조에 따라 준용되는 경우를 포함)를 위반하여 금전·물품· 향응, 그 밖의 재산상 이익 또는 공사의 직을 제공받거나 받기로 승낙한 사람이 자수하였을 때에는 그 형벌이나 과태료를 감경하거나 면제한다(산림조합법137①).

2. 자수 의제 시기

법 제137조 제1항에 규정된 사람이 이 법에 따른 선거관리위원회에 자신의 선거범죄 사실을 신고하여 선거관리위원회가 관계 수사기관에 이를 통보하였을 때에는 선거관리위원회에 신고한 때를 자수한 때로 본다(산림조합법137②).

제5절 새마을금고

Ⅰ. 개요

새마을금고법 제85조는 일정한 위반행위에 대하여 5년 이하의 징역 또는 5천만원 이하의 벌금에 처하는 경우(새마을금고법85①), 3년 이하의 징역 또는 3천만원 이하의 벌금에 처하는 경우(새마을금고법85②), 2년 이하의 징역 또는 2천만원 이하의 벌금에 처하는 경우(새마을금고법85③), 1년 이하의 징역 또는 1천만원 이하의 벌금에 처하는 경우(새마을금고법85④⑤)를 규정하고 있다.

또한 법 제86조는 양벌규정을 다음과 같이 규정하고 있다. 금고 또는 중앙회의 대표자나 대리인, 사용인, 그 밖의 종업원이 그 금고나 중앙회의 업무에 관하여 제85조 제1항 또는 제2항의 위반행위를 하면 그 행위자를 벌하는 외에 그 금고나 중앙회에도 해당 조문의 벌금형을 과(科)한다(새마을금고법86 본문). 다만, 금고나 중앙회가 그 위반행위를 방지하기 위하여 해당 업무에 관하여 상당한 주의와 감독을 게을리하지 아니한 경우에는 그러하지 아니하다(새마을금고법86 단서).

Ⅱ. 벌칙

1. 5년 이하의 징역 또는 5천만원 이하의 벌금

금고 또는 중앙회의 임직원이 ⅰ) 자금을 금고나 중앙회의 사업목적 외에 사용·대출하거나 금고나 중앙회의 재산을 투기 목적으로 처분하거나 이용한 경우(제1호), ⅱ) 경영지도 사항을 이행하지 아니한 경우(제2호)에는 5년 이하의 징역 또는 5천만원 이하의 벌금에 처한다(새마을금고법85①).

2. 3년 이하의 징역 또는 3천만원 이하의 벌금

금고나 중앙회의 임직원 또는 청산인이 다음의 어느 하나에 해당하는 행위를 한 경우에는 3년 이하의 징역이나 3천만원 이하의 벌금에 처한다(새마을금고법85②).

1. 감독기관의 인가나 승인을 받아야 하는 사항에 관하여 인가나 승인을 받지 아니하거나 인가가 취소된 후에도 업무를 계속하여 수행한 경우
2. 거짓으로 등기를 한 경우
3. 감독기관, 총회, 이사회에 대하여 거짓으로 자료를 제출하거나 진술(서면진술을 포함)한 경우
4. 총회나 이사회의 의결이 필요한 사항에 대하여 의결을 거치지 아니하고 집행한 경우
5. 제29조(동일인 대출한도)(제67조 제5항에서 준용하는 경우를 포함)를 위반한 경우
6. 금고나 중앙회로 하여금 제28조(사업의 종류 등) 제3항(제67조 제5항에서 준용하는 경우를 포함)에 따른 명령, 같은 조 제5항이나 제35조(적립금과 손익금의 처리)(제70조 제4항에서 준용하는 경우를 포함)를 위반하게 한 경우
7. 제31조(부동산 등의 소유 제한)(제70조 제4항에서 준용하는 경우를 포함)를 위반하여 금고나 중앙회로 하여금 동산이나 부동산을 소유하게 한 경우
8. 제44조(민법 등 준용)에 따라 준용되는 민법의 규정을 위반한 경우
9. 감독기관의 검사를 거부·방해 또는 기피하거나 해당 검사원의 질문에 거짓

으로 진술(서면 진술을 포함)하거나 자료를 제출한 경우

10. 제75조(경영공시)에 따른 경영공시를 이행하지 아니하거나 거짓으로 공시
    한 경우

3. 2년 이하의 징역 또는 2천만원 이하의 벌금

법 제22조(임원의 선거운동 제한) 제2항부터 제4항까지 및 제22조의2(기부행위
의 제한)(제64조의2 제6항에서 준용하는 경우를 포함)를 위반한 자는 2년 이하의 징
역이나 2천만원 이하의 벌금에 처한다(새마을금고법85③). 이 죄의 공소시효는 해
당 선거일 후 6개월(선거일 후에 이루어진 범죄는 그 행위를 한 날부터 6개월)을 경과
함으로써 완성된다(법85⑥ 본문). 다만, 범인이 도피하거나 범인이 공범 또는 증
명에 필요한 참고인을 도피시킨 경우에는 그 기간을 3년으로 한다(새마을금고법85
⑥ 단서).

4. 1년 이하의 징역 또는 1천만원 이하의 벌금

제5조(정치 관여 금지)를 위반하여 금고나 중앙회로 하여금 정치에 관여하는
행위를 하게 한 자는 다른 법률에 특별히 규정된 경우 외에는 1년 이하의 징역이
나 1천만원 이하의 벌금에 처한다(새마을금고법85④).

제2조(정의와 명칭) 제5항을 위반한 자는 1년 이하의 징역이나 1천만원 이하
의 벌금에 처한다(새마을금고법85⑤).

Ⅲ. 양벌규정

1. 의의

금고 또는 중앙회의 대표자나 대리인, 사용인, 그 밖의 종업원이 그 금고나
중앙회의 업무에 관하여 제85조 제1항 또는 제2항의 위반행위를 하면 그 행위자
를 벌하는 외에 그 금고나 중앙회에도 해당 조문의 벌금형을 과(科)한다(새마을금
고법86 본문).

2. 면책

금고나 중앙회가 그 위반행위를 방지하기 위하여 해당 업무에 관하여 상당

한 주의와 감독을 게을리하지 아니한 경우에는 그러하지 아니하다(새마을금고법 86 단서).

Ⅳ. 자수자에 대한 특례

1. 형의 감경 또는 면제

다음의 어느 하나에 해당하는 자가 자수한 때에는 그 형을 감경 또는 면제한다(새마을금고법87①).

1. 제22조(임원의 선거운동 제한) 제2항(제64조의2 제6항에서 준용하는 경우를 포함)을 위반하여 자기 또는 특정인을 금고의 임원으로 당선되게 하거나 당선되지 못하게 한 자
2. 제22조 제3항 또는 제4항(제64조의2 제6항에서 준용하는 경우를 포함)을 위반하여 선거 운동을 한 자

2. 자수 의제 시기

위의 법 제87조 제1항에 규정된 자가 새마을금고법에 따른 선거관리위원회에 자신의 선거범죄사실을 신고하여 선거관리위원회가 관계 수사기관에 이를 통보한 때에는 선거관리위원회에 신고한 때를 자수한 때로 본다(새마을금고법87②).

참고문헌

금융감독원(2021), 「금융감독개론」, 금융감독원(2021. 2).

박경환·정래용(2020), "협동조합 과세제도에 관한 연구: 과세특례 규정을 중심으로", 홍익
        법학 제21권 제2호 (2020. 6).

신협중앙회(2021), 「2021 여신업무방법서」,

신협중앙연수원(2021), 「2021 연수교재 신협법」.

전선애(2008), "신용협동조합의 예금보험제도 개선방안", 한국협동조합연구 제26권 제1
        호(2008. 3),

찾아보기

저자소개

이상복

서강대학교 법학전문대학원 교수. 서울고등학교와 연세대학교 경제학과를 졸업하고, 고려대학교에서 법학 석사와 박사학위를 받았다. 사법연수원 28기로 변호사 일을 하기도 했다. 미국 스탠퍼드 로스쿨 방문학자, 숭실대학교 법과대학 교수를 거쳐 서강대학교에 자리 잡았다. 서강대학교 금융법센터장, 서강대학교 법학부 학장 및 법학전문대학원 원장을 역임하고, 재정경제부 금융발전심의회 위원, 기획재정부 국유재산정책 심의위원, 관세청 정부업무 자체평가위원, 한국공항공사 비상임이사, 금융감독원 분쟁조정위원, 한국거래소 시장감시위원회 비상임위원, 한국증권법학회 부회장, 한국법학교수회 부회장, 금융위원회 증권선물위원회 비상임위원으로 활동했다.

저서로는 〈새마을금고법〉(2023), 〈산림조합법〉(2023), 〈수산업협동조합법〉(2023), 〈농업협동조합법〉(2023), 〈신용협동조합법〉(2023), 〈경제학입문: 돈의 작동원리〉(2023), 〈금융법입문〉(2023), 〈외부감사법〉(2021), 〈상호저축은행법〉(2021), 〈외국환거래법〉(개정판)(2023), 〈금융소비자보호법〉(2021), 〈자본시장법〉(2021), 〈여신전문금융업법〉(2021), 〈금융법강의 1: 금융행정〉(2020), 〈금융법강의 2: 금융상품〉(2020), 〈금융법강의 3: 금융기관〉(2020), 〈금융법강의 4: 금융시장〉(2020), 〈경제민주주의, 책임자본주의〉(2019), 〈기업공시〉(2012), 〈내부자거래〉(2010), 〈헤지펀드와 프라임 브로커: 역서〉(2009), 〈기업범죄와 내부통제〉(2005), 〈증권범죄와 집단소송〉(2004), 〈증권집단소송론〉(2004) 등 법학 관련 저술과 철학에 관심을 갖고 쓴 〈행복을 지키는 法〉(2017), 〈자유·평등·정의〉(2013)가 있다. 연구 논문으로는 '기업의 컴플라이언스와 책임에 관한 미국의 논의와 법적 시사점'(2017), '외국의 공매도규제와 법적시사점'(2009), '기업지배구조와 기관투자자의 역할'(2008) 등이 있다. 문학에도 관심이 많아 장편소설 〈모래무지와 두우쟁이〉(2005), 〈우리는 다시 강에서 만난다〉(2021)와 에세이 〈방황도 힘이 된다〉(2014)를 쓰기도 했다.

상호금융업법

초판발행	2023년 7월 30일
지은이	이상복
펴낸이	안종만·안상준
편 집	김선민
기획/마케팅	최동인
표지디자인	벤스토리
제 작	우인도·고철민·조영환
펴낸곳	(주) **박영사**
	서울특별시 금천구 가산디지털2로 53, 210호(가산동, 한라시그마밸리)
	등록 1959. 3. 11. 제300-1959-1호(倫)
전 화	02)733-6771
f a x	02)736-4818
e-mail	pys@pybook.co.kr
homepage	www.pybook.co.kr
ISBN	979-11-303-4500-0 93360

copyright©이상복, 2023, Printed in Korea

정 가   48,000원